ANNA KATHARINA EMMERICH

DAS ARME LEBEN UNSERES HERRN JESU CHRISTI

DAS ARME LEBEN UNSERES HERRN JESU CHRISTI

Nach den Gesichten

der gottseligen

ANNA KATHARINA EMMERICH

Augustinerin des Klosters Agnetenberg zu Dülmen

(† 9. Febr. 1824)

PATTLOCH VERLAG

Auswahl aus den Tagebüchern des Clemens Brentano
herausgegeben und mit einem Nachwort
versehen von
Theo Rody

Imprimatur:
Würzburg, 23. Juni 1954
Dr. Brander
p. t. Generalvikar

Pattloch Verlag 1989
11. Auflage

Gesamtherstellung: Wiener Verlag, Himberg bei Wien
Einbandentwurf: Werner van Treeck
ISBN 3 629 91006 8

INHALT

NACH DER AUFERSTEHUNG

Maria wird mit dem heiligen Joseph vermählt

Joseph war unter sechs Brüdern der dritte. Seine Eltern lebten in einem großen Gebäude vor Bethlehem, dem ehemaligen Geburtshaus Davids, von dem aber nur die Hauptmauern noch übrig waren. Sein Vater hieß Jakob. Vor dem Hause war ein großer Hof- oder Gartenraum mit einem Quellbrunnen unter einem Brunnenhause von Stein, dessen Wasser aus Tierköpfen hervorsprudelte. Der Garten war mit Mauern und bedeckten Laubgängen umgeben.

Joseph mochte acht Jahre alt sein. Er war ganz anders als seine Brüder, hatte viel Talent und lernte sehr gut; aber er war einfältig, still und fromm und ohne Ehrgeiz. Ich sah, daß die anderen Knaben ihm allerlei Possen spielten und ihn überall herumstießen.

Die Eltern waren nicht recht mit ihm zufrieden; sie wollten, er solle bei seinen Talenten sich zu einem weltlichen Amte bereiten. Er aber hatte gar keine Neigung dazu und war ihnen zu einfältig.

Joseph war sehr fromm und betete sehr nach der Ankunft des Messias. Ich sah ihn auch immer mit Scheu vor dem weiblichen Geschlechte. Kurz, ehe er zur Vermählung mit Maria nach Jerusalem gerufen wurde, war er im Begriffe, sich noch einen einsameren Winkel zum Gebete an seiner Wohnung einzurichten. Da erschien ihm ein Engel im Gebete und sagte ihm, er solle dieses nicht tun; denn wie einstens der Patriarch Joseph in Ägypten um diese Zeit durch Gottes Willen der Verwalter des Getreides in Ägypten geworden, so solle auch ihm nun das Kornhaus des Heiles anvertraut werden. Joseph verstand dies in seiner Demut gar nicht und begab sich ins Gebet. Endlich wurde er nach Jerusalem berufen, um mit der Heiligen Jungfrau vermählt zu werden.

Diese aber verlangte nicht aus dem Tempel, es war ihr aber gesagt, daß sie vermählt werden müsse. Ich sah einen alten vornehmen Priester, der nicht mehr gehen konnte, in das Allerheiligste tragen. Es wurde ein Rauchopfer gebracht. Der Priester betete vor einer Rolle sitzend, und in einem Gesichte wurde seine Hand auf die Stelle des Propheten Jesaias gelegt, wo von der Wurzel Jesse, aus der ein Zweig aufblühen solle, geschrieben steht. (Jes. 11,1.) Darauf sah ich alle unverheirateten Männer aus dem Stamme Davids im Lande zum Tempel gerufen werden. Viele erschienen in feierlichen Kleidern, und Maria wurde ihnen vorgestellt. Ich sah einen darunter aus der Gegend von Bethlehem, einen sehr frommen Jüngling, der immer sehr darum betete, zur Ankunft des Messias beitragen zu dürfen. Er trug ein großes Verlangen, mit Maria vermählt zu werden. Da Maria aber weinte und keinen Mann verlangte, sah ich, daß der Hohepriester allen Männern Zweige gab und daß jeder seinen Zweig während des Gebetes und Opfers in der Hand halten mußte. Dann wurden alle Zweige in das Heiligste gelegt, weil der, dessen Zweig erblühen würde, der Mann Mariä werden sollte. Jener Jüngling schrie indessen draußen in einer Halle des Tempels mit ausgebreiteten Armen zu Gott und weinte sehr, als sein Zweig und alle anderen nicht geblüht hatten. Die Männer verließen darauf den Tempel, und der Jüngling begab sich auf den Berg Karmel, wo seit Elias immer Einsiedler wohnten, und lebte dort im Gebete nach dem Messias.

Ich sah aber, daß die Priester nochmals allerlei Rollen nachschlugen, ob nicht noch ein Nachkomme Davids da sei, der ausgeblieben. Und da sie sechs Brüder von Bethlehem angezeichnet fanden, von denen einer unbekannt und verschollen war, forschten sie diesem nach und entdeckten so den Aufenthalt Josephs, sechs Meilen von Jerusalem bei Samaria in einem Örtchen an einem kleinen Fluß, wo er unter einem anderen Meister Zimmermannsarbeit trieb. Er wohnte hier in einem Häuschen am Wasser allein. Es wurde ihm angezeigt, daß er zum Tempel kommen müsse. Er kam in seiner besten Kleidung. Auch ihm wurde ein Zweig gegeben, und da er ihn auf den Altar legen wollte, blühte oben eine weiße Blume wie eine Lilie heraus. Und ich sah ein Licht wie den Heiligen Geist über ihn kommen. Man führte Joseph sodann zu Maria in ihre Kammer, und sie nahm ihn als ihren Gemahl an.

Die Vermählung fiel, glaube ich, auf unseren 23. Januar. Sie wurde in Jerusalem am Berge Sion in einem Hause gehalten, wo oft solche Feste gehalten wurden. Die sieben Jungfrauen, welche mit Maria aus dem Tempel entlassen wurden, waren schon abgereist. Sie wurden nun zurückgerufen und begleiteten Maria nach der Vermählung in einem festlichen Zuge nach Nazareth, wo Anna ihr Häuschen ganz allein eingerichtet hatte. Die Vermählungsfeier dauerte sieben oder acht Tage. Es waren die Frauen und die Jungfrauen, die Gespielinnen Mariä am Tempel, zugegen und noch viele Verwandte Joachims und Annas. Auch zwei Töchter aus Gophna. Es wurden viele Lämmer geopfert und geschlachtet. Ich habe Maria in ihrem Brautkleide recht deutlich gesehen.

Die Jungfrauen am Tempel flochten das künstliche Haargeflecht Mariä. Ich habe es gesehen, es waren mehrere damit beschäftigt, und es ging geschwinder, als man denken sollte. Anna hatte die schönen Kleider gebracht, und Maria war so demütig und wollte sie nicht gerne anlegen.

Nach der Trauung wurde ihr das Haargeflecht um den Kopf aufgeschlagen, die Krone abgenommen, ein milchweißer Schleier bis auf die Mitte des Armes übergehängt und die Krone über dem Schleier aufgesetzt.

Die Heilige Jungfrau hatte rötlich gelbe Haare und dunkle, hohe feine Augenbrauen, eine sehr hohe Stirne, große niedergeschlagene Augen mit langen dunklen Wimpern, eine feine gerade längliche Nase, einen sehr edlen, lieblichen Mund, ein spitzes Kinn, eine mäßige Größe und schritt sehr zart, züchtig und ernst in ihrem reichen Putze einher. Sie legte bei ihrer Hochzeit hernach ein anderes gestreiftes, weniger prächtiges Kleid an, von welchem ich ein Stückchen unter meinen Reliquien besitze. Sie trug das gestreifte Kleid auch zu Kana und bei anderen heiligen Gelegenheiten. Das Hochzeitskleid trug sie noch einigemal im Tempel.

Nach der Vermählung ging Joseph nach Bethlehem, wo er Geschäfte hatte, und Maria zog mit zwölf oder fünfzehn Frauen und Jungfrauen nach dem Hause Annas bei Nazareth. Sie wanderten zu Fuß. Als Joseph wiedergekommen war, sah ich ein Fest in Annas Haus. Außer den gewöhnlichen Hausgenossen waren etwa sechs Gäste und mehrere Kinder zugegen. Es standen Becher auf dem Tische. Die Heilige Jungfrau trug einen mit roten, blauen und weißen Blumen gestickten Mantel und über dem Gesichte einen durchsichtigen und darüber einen schwarzen Schleier.

Ich sah danach Joseph und Maria in dem Hause Nazareth. Joseph hatte vorne im Hause, vor dem Küchenraume einen abgesonderten Raum, eine dreieckige Kammer. Beide waren scheu voreinander. Sie waren sehr stille und beteten.

Einmal sah ich, daß Anna sich rüstete, nach Nazareth zu gehen. Sie trug ein Bündel unter dem Arme, das sie Maria bringen wollte. Sie ging über eine Ebene und durch ein Gebüsch nach Nazareth, welches vor einer Anhöhe lag. Maria weinte sehr und begleitete Anna noch ein Stückchen Wegs zurück. Joseph war vorne im Hause in seinem Abschlag allein.

Sie hatten keine eigentliche Haushaltung. Sie erhielten alles von Anna. Ich sah Maria spinnen, auch nähen, doch mit weiten Stichen. Die Kleider hatten nicht viele Nähte und waren ganze Bahnen. Auch sticken und mit weißen Stäbchen stricken oder wirken sah ich sie. Sie kochte sehr einfach, und während des Kochens wurde das Brot in der Asche gebacken. Sie tranken auch Schafmilch und aßen von Fleisch meist nur Tauben.

Mariä Verkündigung und Heimsuchung

Ich hatte ein Bild von Mariä Verkündigung am Tage des kirchlichen Festes, aber ich empfing dabei wiederum die bestimmte Erklärung, daß Maria vier Wochen früher, am 25. Februar, Jesum Christum empfangen habe.

Ich sah die Heilige Jungfrau kurze Zeit nach ihrer Vermählung im Hause zu Nazareth. Joseph war nicht da; er war mit zwei Lasttieren auf dem Wege nach Tiberias begriffen, um seine Geräte zu holen. Es war aber Anna im Hause und ihre Magd und noch zwei von den Jungfrauen, welche mit Maria im Tempel gewesen. Im Hause war alles neu von Anna eingerichtet. Gegen Abend beteten sie alle um einen runden Schemel stehend und aßen dann Kräuter, welche aufgetragen wurden. Anna ging noch lange beschäftigt im Hause hin und wieder. Die Heilige Jungfrau aber ging die paar Stufen hinauf nach ihrem Gemache. Hier legte sie ein langes wollweißes Betkleid mit einem Gürtel an und nahm einen weißgelben Schleier über das Haupt. Dann trat die Magd herein, zündete die mehrarmige Lampe an und ging wieder weg. Maria nahm ein niedriges Tischchen von der Wand, an der es zusammengeklappt stand, und stellte es in die Mitte des Gemaches. Es hatte eine halbrunde Platte, welche vor zwei Füßen niederhing; einer davon war doppelt, und die eine Hälfte konnte unter den runden Teil der Platte vorgeschoben werden, so daß das Tischchen auf drei Füßen zu stehen kam.

Als das Tischchen aufgestellt war, legte Maria einen kleinen runden Wulst davor und ließ sich, die beiden Hände auf das Tischchen stützend, auf die Knie nieder. Sie hatte den Rücken ihrer Schlafstelle zugekehrt, die Türe der Kammer war zu ihrer Rechten. Über den Boden war ein Teppich gebreitet. Maria ließ den Schleier über ihr Angesicht nieder und faltete die Hände, nicht die Finger, vor der Brust. Ich sah sie lange so mit höchster Inbrunst beten. Sie betete um die Erlösung und den verheißenen König und daß ihr Gebet doch auch einigen Anteil an seiner Sendung haben möge. Sie kniete lange wie entzückt, das

Angesicht gegen den Himmel erhoben; dann senkte sie das Haupt auf die Brust und betete. Dann sah sie zu ihrer Rechten und erblickte einen leuchtenden Jüngling mit fließenden gelben Haaren. Es war der Erzengel Gabriel. Seine Füße berührten die Erde nicht. Er war in einer schrägen Linie von oben in einer Fülle von Licht und Glanz niedergeschwebt. Das ganze Gemach war voll Licht; die Lampe war wie dunkel dagegen. Der Engel sprach mit ihr, die beiden Hände leise vor der Brust von sich bewegend. Ich sah die Worte wie leuchtende Buchstaben aus seinem Munde gehen. Maria antwortete, sah aber nicht auf. Und der Engel sprach wieder, und Maria lüftete, wie auf Befehl des Engels, den Schleier ein wenig, blickte ihn an und sprach: „Ich bin die Magd des Herrn, mir geschehe, wie du gesagt hast!" Da sah ich sie in tiefer Entzückung. Ich sah die Decke der Stube nicht mehr. Es war eine Lichtwolke über dem Hause und eine Lichtbahn bis in den offenen Himmel. In dem Ursprunge dieses Lichtes sah ich ein Bild der Heiligsten Dreifaltigkeit; es war wie ein dreieckiges Licht, und was ich dachte, sah ich darin: den Vater, den Sohn, den Heiligen Geist.

Als Maria gesprochen: „Mir geschehe, wie du gesagt", sah ich die Erscheinung des Heiligen Geistes mit Menschenantlitz und mit Scheinen wie Flügeln umgeben. Aus Brust und Händen sah ich drei Lichtergrüße sich in die Rechte der Heiligen Jungfrau niedersenken und unter ihrem Herzen sich in eins verbinden. In diesem Augenblicke war Maria ganz durchleuchtet und wie durchsichtig; es war, als ziehe die Undurchsichtigkeit wie Nacht vor diesem Lichtergruß zurück.

Indem der Engel und mit ihm die Lichterstrahlen wieder verschwanden, sah ich durch ihre in den Himmel sich hinziehende Lichtbahn viele geschlossene weiße Rosen mit grünen Blättchen auf Maria niederfallen, welche ganz in sich versunken den menschgewordenen Sohn Gottes als eine kleine menschliche Lichtgestalt mit allen ausgebildeten Gliedern, selbst den Fingerchen, in sich erblickte. Es war um Mitternacht, als ich dies Geheimnis sah.

Mir wurde auch gezeigt, warum der Erlöser neun Monate lang im Mutterschoße weilen und als ein Kindlein geboren werden, nicht aber vollendet wie Adam auftreten und nicht die Schönheit Adams im Paradiese annehmen wollte. Der menschgewordene Sohn Gottes wollte Empfängnis und Geburt, welche durch den Sündenfall so sehr entheiligt wurden, wieder heiligen. Maria ward seine Mutter, und er ist nicht früher gekommen, weil Maria die erste und einzige Frau war, die allein unbefleckt empfangen worden. Jesus ist dreiunddreißig Jahre und dreimal sechs Wochen alt geworden.

Ich dachte noch: hier in Nazareth ist es anders als in Jerusalem, wo die Frauen nicht den Tempel betreten dürfen. Hier in dieser Kirche zu Nazareth ist eine Jungfrau der Tempel selber, und das Allerheiligste ist in ihr.

Die Verkündigung Mariä war geschehen, ehe Joseph zurückgekehrt war. Er hatte sich in Nazareth noch nicht ansässig gemacht, als er sich mit Maria auf die Reise nach Hebron begab. Die Heilige Jungfrau trug nach der Empfängnis Jesu ein großes Verlangen, ihre Base Elisabeth zu besuchen. Ich sah sie mit Joseph auf der Reise, die gegen Mittag ging. Einmal sah ich sie in einer Hütte von Flechtwänden übernachten, welche mit Laubwerk und schönen weißen Blüten überwachsen war. Sie hatten von da etwa noch zwölf Stunden zum Hause Zachariä.

Elisabeth hatte im Gesichte erkannt, daß eine ihres Stammes den Messias gebären werde, und sie hatte an Maria gedacht, sich sehr nach ihr gesehnt und sie im Geiste zu sich kommen gesehen. Sie bereitete rechts im Eingang des Hauses ein Stübchen mit Sitzen. Hier harrte sie auf die Erwartete und sah oft lange nach ihr hinaus.

Elisabeth war bejahrt und groß, hatte ein feines kleines Gesicht, und ihr Kopf war eingehüllt. Sie kannte Maria nur dem Rufe nach. Die Heilige Jungfrau, Elisabeth erblickend, erkannte sie gleich und eilte Joseph voraus, der sich zurückhielt, ihr entgegen. Maria war schon zwischen den benachbarten Häusern, deren Bewohner, über ihre Schönheit erstaunt und von ihrem Wesen gerührt, sich mit einer gewissen Bescheidenheit zurückzogen. Als sie zusammenkamen, grüßten sie sich freundlich mit Darreichung der Hände, und ich sah ein Leuchten in Maria und aus ihr einen Strahl in Elisabeth übergehen und Elisabeth ganz wunderbar bewegt.

Maria und Elisabeth traten im Hause in eine Halle, wo auch die Feuerstelle war. Hier faßten sie sich bei den Armen, lehnten die Wangen aneinander, und ich sah Licht zwischen beiden niederstrahlen. Da ward Elisabeth ganz innig und trat mit erhobenen Händen zurück und rief aus: „Gebenedeit bist du unter den Weibern, und gebenedeit ist die Frucht deines Leibes. Woher kommt mir das, daß die Mutter meines Herrn zu mir kommt? Sieh, als ich deinen Gruß hörte, hüpfte das Kind freudig unter meinem Herzen. Oh, selig bist du! Du hast geglaubt, und es wird vollendet werden, was dir vom Herrn gesagt worden ist."

Unter den letzten Worten führte sie Maria in das bereitete Kämmerchen, auf daß sie sich setze. Es waren nur ein paar Schritte hin. Maria ließ den Arm der Elisabeth, den sie gefaßt hatte, kreuzte die Hände vor der Brust und sprach in Begeisterung den Lobgesang: „Meine Seele verherrlicht den Herrn, und mein Geist frohlockt in Gott, meinem Heilande, weil er geschaut hat auf die Niedrigkeit seiner Magd; denn sieh, von nun an werden alle Geschlechter mich seligpreisen, weil Großes mir getan, der mächtig und dessen Name heilig und dessen Barmherzigkeit von Geschlecht zu Geschlecht bei denen ist, die ihn fürchten. Er hat Macht in seinen Arm gesetzt und zerstreut die Stolzen in ihres Herzens Sinn; er hat die Mächtigen von ihrem Sitze abgesetzt und die Niedrigen erhöht; die Hungernden hat er mit Gütern erfüllt und die Reichen leer entlassen. Er hat Israel, seinem Sohne, aufgeholfen eingedenk seiner Barmherzigkeit, wie er gesprochen hat zu unseren Vätern, zu Abraham und seinen Nachkommen für die Ewigkeit."

Elisabeth aber sah ich das ganze Gebet in gleicher Begeisterung mitbeten. Nun setzten sie sich auf niedrige Sitze, und es stand ein kleiner Becher auf dem Tischchen. Ich aber war so selig, setzte mich auch in die Nähe und habe alles mitgebetet. Zwei Mägde und zwei Diener sind im Hause; sie bereiten einen Tisch unter einem Baume. Joseph und Zacharias kommen und essen einiges. Joseph wollte gleich wieder heim; er wird aber acht Tage bleiben. Er weiß nichts von der Empfängnis Mariä. Die Frauen schweigen davon, sie hatten beide einen geheimen Bezug in ihrer Empfindung aufeinander.

Da alle beisammen waren, beteten sie eine Art Litanei, und ich sah mitten in derselben ein Kreuz erscheinen und war doch damals kein Kreuz. Ja, es war, als besuchten sich zwei Kreuze.

Am Abend saßen sie alle wieder zusammen bei einer Lampe unter dem Baume des Gartens. Es war eine Decke wie ein Zelt unter dem Baume ausgespannt, und es standen niedrige Stühle mit Lehnen umher. Joseph und Zacharias sah ich dann nach einem Gebetsorte, und Elisabeth und Maria in ihr Kämmerchen gehen. Sie waren ganz innig und beteten das Magnificat zusammen. Die Heilige Jungfrau trug einen schwarzen durchsichtigen Schleier, den sie niedersenkte, wenn sie mit Männern sprach.

Hierauf, bei Mondschein in einer stillen Nacht voll Sternen, trat Joseph, von Zacharias geleitet, seine Rückreise an. Sie beteten erst alle getrennt. Joseph hatte wieder sein Bündelchen bei sich, worin Brötchen und ein kleines Krüglein und seinen Stab, der oben krumm war. Zacharias hatte einen langen Stab, oben mit einem Knopfe. Sie hatten beide Reisemäntel über den Kopf geschlagen. Ehe sie gingen, umarmten sie Maria und Elisabeth wechselseitig, indem sie dieselben ans Herz drückten. Küssen sah ich damals nicht. Sie schieden ganz heiter und ruhig, und die beiden Frauen begleiteten sie noch ein Stückchen. Dann wandelten sie allein durch die unbeschreiblich liebliche Nacht.

Maria und Elisabeth gingen nun ins Haus zurück in die Kammer Mariä. Es brannte in dieser eine Lampe auf einem Arm aus der Wand wie immer, wenn sie betete und schlafen ging. Die beiden Frauen standen sich wieder verschleiert gegenüber und beteten das Magnificat. Sie beteten die ganze Nacht. Ich weiß die Ursache nicht mehr. Am Tage sehe ich Maria allerlei Arbeit tun, zum Beispiel Decken flechten.

Die Heilige Jungfrau blieb drei Monate bis nach der Geburt des Johannes bei Elisabeth und reiste noch vor der Beschneidung nach Nazareth zurück. Joseph kam ihr die Hälfte des Weges entgegen, und nun bemerkte er, daß sie gesegneten Leibes; aber er äußerte sich nicht und kämpfte mit seinen Zweifeln. Maria, welche diese voraus besorgt hatte, war ernst und nachdenklich, und dies vermehrte seine Unruhe. In Nazareth begab sich Maria zu den Eltern des Diakon Parmenas und blieb einige Tage dort. Die Unruhe Josephs stieg dermaßen, daß er, als Maria in das Haus zurückkehrte, sich entschloß zu fliehen. Da erschien ihm der Engel und tröstete ihn.

Vorbereitung der Reise nach Bethlehem

Ich sehe die Heilige Jungfrau seit mehreren Tagen bei Anna; Joseph aber am Hause zu Nazareth allein, wo eine Magd Annas ihm die Haushaltung führt. Sie erhielten überhaupt ihren Unterhalt aus Annas Haus, solange diese lebte. Ich sehe die Heilige Jungfrau bei Anna an Teppichen und Binden nähen und sticken. Es ist eine große Geschäftigkeit im Hause. Joachim muß schon lange tot sein; ich sehe den zweiten Mann Annas im Hause und ein Mägdlein von sechs bis sieben Jahren, welches Maria zur Hand ging und von ihr belehrt wurde. Wenn es nicht eine Tochter der Anna war, so war es von Maria Cleophä und hieß auch Maria.

Die Zeit von Christi Geburt, wie ich sie sehe, ist wohl vier Wochen früher, als unsere Weihnacht. Ich sehe sie um Katharinatag und auch Mariä Verkündigung gegen Ende Februar.

Joseph sah ich von Jerusalem zurückgekehrt; er hatte Opfervieh dahingebracht und in dem Hause vor dem Bethlehemer Tore eingestellt, wo sie auch vor Mariä Reinigung später einkehrten.

Als er auf der Heimreise von Jerusalem um Mitternacht über das Feld Chimki, etwa sechs Stunden von Nazareth, zog, erschien ihm ein Engel und sagte ihm, er solle alsbald mit Maria nach Bethlehem reisen; denn ihr Kind solle dort geboren werden. Er solle nur wenig und geringes Geräte mitnehmen und namentlich keine Spitzen und gestickte Decken. Der Engel bestimmte ihm alles. Joseph war darüber sehr bestürzt. Es ward ihm auch gesagt, daß er außer dem Esel, worauf Maria sitze, eine einjährige Eselin mitnehme, welche noch nicht geworfen; diese solle er mit sich freilaufen lassen und den Wegen folgen, welche sie gehe.

Ich sah Joseph und Maria im Hause zu Nazareth und auch Anna. Er sagte ihnen, was ihm verkündet sei; und sie bereiteten sich auf die Reise. Anna war sehr bekümmert darüber. Die Heilige Jungfrau hatte es innerlich wohl gewußt, daß sie ihr Kind in Bethlehem gebären solle; sie hatte aber aus Demut geschwiegen. Sie wußte es aus den Prophezeiungen. Sie hatte alle die prophetischen Schriften auf die Geburt des Messias in ihrem Schränkchen zu Nazareth, sie las sie sehr oft und flehte um ihre Erfüllung.

Ich sah Joseph und Maria in Begleitung von Anna, Maria Cleophä und einigen Knechten in der Stille die Reise von Annas Haus antreten. Ein Esel trug einen bequemen Quersitz für Maria und ihr Gepäck. Auf dem Felde Chimki, wo der Engel dem Joseph erschienen war, hatte Anna ein Weidefeld; und hier mußten die Knechte die einjährige Eselin holen, welche Joseph mitnehmen sollte. Sie lief der Heiligen Familie nach. Hier trennten sich Anna und Maria Cleophä und die Knechte von Joseph und Maria nach einem rührenden Abschied.

Darauf sah ich die Heilige Familie in einem sehr kalten Tale gegen einen Berg ziehen.

Ich sah danach die Heilige Familie an einem großen Bauernhofe ankommen. Die Frau war nicht zu Hause. Der Mann wies den heiligen Joseph ab, er könne wohl noch weiter kommen. Es war dieses Haus etwa zwei Stunden weiter als der Terebinthen-Baum. Sie zogen nun noch weiter und fanden die Eselin in einem leeren Hirtenschuppen, wo sie einkehrten. Es waren einige Hirten da, welche ausräumten. Sie waren ihnen ganz freundlich, gaben ihnen auch noch Stroh und kleine Reiser oder Schilfbündel zum Feuern. Diese Hirten gingen auch nach dem Hause, wo sie abgewiesen worden waren und sprachen, welche schöne, wunderbare Frau und welch ein liebreicher, frommer Mann diese Reisenden seien. Die Frau jenes Bauern war nun nach Hause gekommen und zankte, daß er sie abgewiesen. Ich sah sie auch in die Nähe der Hütte gehen, wo sie eingekehrt waren; aber sie scheute sich, einzutreten.

Am Sabbat kam die Wirtin mit ihren drei Kindern zu Maria und auch die Frau des vorigen Hauses mit ihren zwei Kindern. Maria unterhielt sich mit den Kindern und lehrte sie. Sie hatten kleine Pergamentrollen, aus denen sie lesen mußten. Auch ich durfte vertraulich mit Maria sprechen. Sie hat mir gesagt, wie unendlich selig es ihr in ihrem Zustande sei, sie fühle keine Beschwerde, aber manchmal sei ihr innerlich so unendlich groß, und sie schwebe wie in sich selbst; sie fühle, daß sie Gott und den Menschen umgebe und daß der, den sie umgebe, sie trage.

Joseph ging mit dem Wirt auf seine Felder. Diese Herbergsleute gewannen Maria sehr lieb und hatten großes Mitleid mit ihrer Lage. Sie wollten sie bei sich zurückhalten und zeigten ihr die Stube, welche sie ihr einräumen wollten. Sie trat aber frühmorgens mit Joseph die Weiterreise an.

Sie zogen nun eine kleine Strecke weiter zu einem Schuppen. Joseph machte Licht und bereitete Maria ein Lager, wozu sie mithalf. Er führte den Esel herein und fand noch Streu und Futter für ihn. Sie ruhten hier ein wenig, und ich sah sie früh noch im Dunkeln aufbrechen. Sie mögen vom vorigen Orte hierher ungefähr sechs Stunden gehabt und etwa sechsundzwanzig von Nazareth und zehn von Jerusalem entfernt sein. Das Haus hier lag eben; nun aber wurde der Weg wieder aufsteigend in der Richtung von Gabatha nach Jerusalem. Sie sind bisher auf keiner großen Landstraße gereist, haben aber mehrere Handelsstraßen durchschnitten, welche vom Jordan her nach Samaria und in die Straßen laufen, welche von Syrien nach Ägypten führen. Die Wege außer diesen breiten Straßen, die sie kamen, sind sehr schmal und im Gebirge oft so, daß ein Mensch schon geschickt darauf gehen muß, die Esel aber können überaus sicher gehen.

Ankunft in Bethlehem und Herbergsuche

Der Weg von der letzten Herberge nach Bethlehem mochte etwa drei Stunden sein. Sie zogen an der Nordseite von Bethlehem herum und nahten der Stadt von der Abendseite. Eine Strecke Wegs von der Stadt, etwa eine Viertelstunde, kamen sie an ein großes Gebäude, mit Höfen und kleineren Häusern umgeben. Es standen auch Bäume davor, und vielerlei Volk lagerte in Zelten drum her. Es war das ehemalige väterliche Haus Josephs und das Stammhaus Davids. Jetzt ist hier das Einnahmehaus der römischen Schätzung.

Joseph hatte auch noch einen Bruder in der Stadt. Er war ein Wirt; aber nicht sein rechter Bruder, er war ein Nachkind. Joseph ging gar nicht zu ihm.

Joseph ging gleich in das Haus, denn jeder der ankam, mußte sich anmelden und erhielt einen Zettel, den er am Tore abgeben mußte, um in die Stadt eingelassen zu werden. Die Stadt hatte nicht eigenlich ein Tor; aber es führte der Weg doch zwischen ein paar Mauerresten hinein, wie durch ein zerstörtes Tor. Joseph kam etwas spät zu der Steuer; doch wurde er ganz freundlich behandelt.

Joseph zog dann mit Maria gerade nach Bethlehem, das weit auseinanderliegend gebaut war, hinein bis in die Mitte der Stadt. Er ließ Maria mit dem Esel immer am Eingang einer Straße halten und ging hinein, eine Herberge zu suchen. Maria mußte oft lange warten, bis er betrübt wieder zurückkam. Überall war es voll, überall wurde er abgewiesen. Endlich sagte er, als es schon dunkel war, sie wollten nach der anderen Seite der Stadt hinziehen, da fände sich gewiß noch ein Unterkommen. Sie zogen nun eine Straße, die mehr ein Feldweg als eine eigentliche Straße war, denn die Häuser lagen an Hügeln zerstreut und kamen am Ende derselben an einen tiefer liegenden freien Platz oder ein Feld. Hier stand ein sehr schöner Baum mit glattem Stamm; die Äste breiteten sich wie ein Dach umher. Darunter führte Joseph die Heilige Jungfrau und das Lasttier und verließ sie wieder, um Herberge zu suchen. Er geht von Haus zu Haus. Seine Freunde, von welchen er Maria gesprochen, wollen ihn nicht kennen. In diesem Suchen kehrt er einmal zu Maria unter dem Baume zurück und weint. Sie tröstet ihn. Er sucht von neuem; da er aber die nahe Entbindung seiner Frau als Hauptbeweggrund anführt, weisen sie ihn noch leichter ab.

Endlich kam Joseph ganz betrübt wieder. Ich sah, daß er weinte, und aus Betrübnis, weil er keine Herberge gefunden, zu nahen zögerte. Er sagte, daß er von seiner Jugend her noch einen Ort vor der Stadt wisse, der den Hirten gehöre, und wo sie ihre Niederlage hätten, wenn sie Vieh zur Stadt brächten, er habe sich dort oft zum Gebet abgesondert und vor seinen Brüdern verborgen. Zu dieser Jahreszeit seien keine Hirten da; oder kämen sie auch, so würde er doch leicht mit ihnen einig werden. Sie wollten da einstweilen ein Obdach finden; er wolle dann, wenn sie erst in Ruhe sei, von neuem zu suchen ausgehen.

Es waren keine Häuser in der Nähe. Das Gewölbe war an einer Seite mit rohem Mauerwerk ergänzt, von wo aus der Zugang ins Tal der Hirten offen stand. Joseph setzte die leichte geflochtene Türe los. Als sie hier ankamen, lief ihnen die Eselin entgegen, welche gleich bei Josephs Vaterhaus schon von ihnen weg außerhalb der Stadt herum hierhergelaufen war. Sie spielte und sprang ganz lustig um sie herum, und Maria sagte noch: „Sieh, es ist gewiß der Wille Gottes, daß wir hier sein sollen.“

Joseph war aber sehr betrübt und ein wenig stille beschämt, weil er so oft von der guten Aufnahme in Bethlehem gesprochen hatte. Es war ein Obdach vor der Türe, worunter er den Esel stellte und Maria einen Sitz bereitete. Es war ungefähr acht Uhr, als sie hier waren, und dunkel. Joseph machte Licht und ging in die Höhle. Der Eingang war sehr eng, es stand allerlei dickes Stroh an den Wänden, wie Binsen, und es waren braune Matten darübergehängt. Auch hinten in dem eigentlichen Gewölbe, wo oben einige Luftlöcher herein waren, war nichts in Ordnung. Joseph räumte aus und gewann hinten soviel Raum, daß er Maria eine Lager- und Sitzstelle machen konnte. Maria setzte sich auf eine Decke und hatte ihr Bündel neben sich liegen, worauf sie sich lehnte. Auch der Esel wurde hereingebracht. Joseph heftete eine Lampe an die Wand, und als Maria ruhte, ging er auf das Feld gegen die Milchhöhle zu und legte einen Schlauch in ein sehr kleines Bächlein, daß er vollaufen sollte. Er ging auch noch zur Stadt und holte kleine Schüsseln und Reiserbündel und ich meine auch Früchte. Es war zwar Sabbat, aber wegen der vielen Fremden in der Stadt, die allerlei Unentbehrliches brauchten, waren an den Straßenecken Tische aufgerichtet, worauf die nötigsten Lebensbedürfnisse und Geräte lagen. Der Wert wurde dabei niedergelegt. Ich meine, es standen Knechte oder heidnische Sklaven dabei, ich weiß es nicht mehr recht.

Die inneren Wände der Höhle waren, wo sie von Natur gewachsen, wenngleich nicht ganz glatt, doch angenehm und reinlich und hatten für mich etwas Anmutiges.

Der Boden lag tiefer als der Eingang und war auf drei Seiten mit einer erhöhten Steinbank breiter und schmäler umgeben. Auf einer solchen breiteren Bank stand der Esel. Er hatte keinen Trog vor sich, es wurde ihm ein Schlauch hingestellt oder an die Ecke angehängt. Hinter dem Esel war eine kleine Seitenhöhle, nur so groß, daß der Esel darin stehen konnte. Es wurde das Futter hier aufbewahrt. Neben dem Stand des Esels war eine Rinne, und ich sah, daß Joseph täglich die Höhle reinigte.

Auch da, wo Maria lag, ehe sie gebar und wo ich sie in der Geburt erhoben sah, war eine solche Steinbank. Der Ort, wo die Krippe stand, war eine tief einspringende Seitenwölbung der Höhle. Nahe an dieser Einwölbung befand sich ein zweiter Eingang in die Höhle. Über der Höhle zog sich ein Bergrücken hin, der zur Lage der Stadt führte.

Christi Geburt

Ich sah, wie Joseph am folgenden Tage für Maria in der sogenannten Säughöhle, der Grabhöhle der Amme Abrahams, Maraha genannt, die geräumiger war, als die Krippenhöhle, einen Sitz und Lager bereitete. Sie brachte dort einige Stunden zu, während welcher Joseph die Krippenhöhle mehr ausräumte und besser in Ordnung brachte.

Es war fünf Uhr abends, als Joseph die Heilige Jungfrau wieder in die Krippenhöhle zurückbrachte. Hier hängte er noch mehrere Lampen auf, auch versorgte er unter dem Obdach vor der Türe die freudig aus dem Felde herbeigeeilte Eselin.

Als Maria ihm sagte, es nahe ihre Zeit, er möge sich ins Gebet begeben, verließ er sie und ging nach seinem Schlafraume zurück, um zu beten. Er sah noch einmal, ehe er in sein Kämmerchen eintrat, nach dem Hintergrund der Höhle zurück, wo Maria, ihm den Rücken kehrend, kniend auf ihrem Lager betete, das Angesicht nach Morgen gewendet. Er sah die Höhle voll Licht, Maria war ganz wie von Flammen umgeben. Ich sah den Glanz um Maria immer größer werden. Die Lichter, welche Joseph angesteckt hatte, waren nicht mehr zu sehen. Sie kniete in einem weiten, weißen Gewande, das vor ihr ausgebreitet war. In der zwölften Stunde war sie im Gebete entrückt. Ich sah sie von der Erde empor gehoben, daß man den Boden unter ihr sah. Sie hatte die Hände auf der Brust gekreuzt. Der Glanz um sie vermehrte sich. Ich sah die Decke der Höhle nicht mehr. Es war wie eine Straße von Licht über ihr bis zum Himmel empor, in der ein Licht das andere und eine Gestalt die andere durchdrang und Lichtkreise in himmlische Gestalten übergingen. Maria betete aber nieder zur Erde schauend. Da gebar sie das Jesuskind. Ich sah es wie ein leuchtendes, ganz kleines Kind, das heller war, als der übrige Glanz auf der Decke vor ihren Knien liegen. Es war mir, als sei es ganz klein und werde vor meinen Augen größer. Es war aber dieses alles eine bloße Bewegung in so großem Glanze, daß ich nicht weiß, ob ich und wie ich das sah. Selbst die tote Natur war in innerer Bewegung. Die Steine des Bodens und der Wände der Krippenhöhle waren wie lebendig.

Es mochte wohl eine Stunde nach der Geburt sein, als Maria den heiligen Joseph rief, der noch immer im Gebete lag. Als er ihr nahte, warf er sich in Andacht, Freude und Demut kniend auf sein Angesicht, und Maria bat ihn nochmals, er solle das heilige Geschenk des Himmels ansehen. Da nahm er das Kind auf seine Arme. Die Heilige Jungfrau wickelte nun das Jesuskind in eine rote und darüber in eine weiße Hülle, bis unter die Ärmchen und nach oben in ein anderes Tüchlein. Sie hatte nur vier Windeln bei sich. Sie legte es hierauf in die Krippe, welche mit Binsen und anderen feinen Pflanzen gefüllt und worüber eine Decke an den Seiten überhängend gebreitet war.

Die Heilige Jungfrau hatte ihr Lager und ihren Sitz neben der Krippe. Ich sah sie aufrecht sitzen und auch an der Seite liegen in den ersten Tagen. Doch sah ich sie auf keine Art besonders krank oder erschöpft. Sie war vor und nach der Geburt ganz weiß gekleidet. Wenn Leute zu ihr kamen, saß sie meist neben der Krippe und war mehr eingewickelt.

Ich sah die Herden bei dem Hügel der drei Hirtenältesten unter Schuppen; an dem ferneren Turme der Hirten aber teilweise noch unter freiem Himmel. Ich sah die drei Hirtenältesten von der wunderbaren Nacht bewegt zusammen vor ihrer Hütte stehen und umherschauen und einen herrlichen Glanz über der Krippe erblicken. Auch die Hirten bei dem entfernteren Turme waren in voller Bewegung. Sie waren auf das Turmgerüst gestiegen und sahen nach der Krippe hin, über welcher sie einen Glanz bemerkten. Ich sah, wie eine Lichtwolke zu den drei Hirten niederkam. Ich bemerkte in derselben auch ein Übergehen und Verwandeln in Formen und hörte die Annäherung eines süßen, lauten und doch leisen Gesanges. Die Hirten erschraken anfangs; aber es standen bald fünf oder sieben leuchtende liebliche Gestalten vor ihnen, welche ein großes Band wie einen Zettel in den Händen trugen, worauf Worte mit handlangen Buchstaben geschrieben waren. die Engel sangen das Gloria.

Denen am Turme erschienen sie auch, und ich weiß nicht mehr, wo sonst. Die Hirten sah ich nicht augenblicklich zur Krippe eilen, wohin die drei ersten wohl eine und eine halbe Stunde hatten, und die am Turme der Hirten wohl noch einmal so weit. Aber ich sah sie sogleich bedenken, was sie dem neugeborenen Heilande zum Geschenk mitbringen wollten, und so schnell als möglich diese Geschenke zusammensuchen. Die drei Hirten kamen schon am frühen Morgen zur Krippe.

Ich sah, daß in dieser Nacht Anna in Nazareth, Elisabeth in Juta, Noemi, Hanna und Simeon am Tempel Gesichte und Eröffnungen von der Geburt des Heilandes hatten. Das Kind Johannes war unbeschreiblich froh. Nur Anna wußte, wo das neugeborene Kind war; die anderen und selbst Elisabeth wußten zwar von Maria und sahen sie im Gesicht, aber sie wußten nichts von Bethlehem.

Im Lande der Heiligen Drei Könige sah ich ein großes Wunder. Sie hatten auf einem Berge einen Turm, wo sich abwechselnd immer einer von ihnen mit mehreren Priestern aufhielt, um die Sterne zu beobachten. Was sie in den Sternen sahen, schrieben sie auf und teilten es einander mit. In dieser Nacht waren zwei der Könige hier, Mensor und Sair. Der dritte, welcher gegen Morgen des Kaspischen Meeres wohnte und Theokeno hieß, war nicht dabei. Es war ein bestimmtes Sternbild, nach dem sie immer schauten und dessen Veränderungen sie beobachteten. Sie empfingen dabei Gesichte und Bilder am Himmel. So auch in der heutigen Nacht, und zwar in mehreren Veränderungen. Es war nicht ein Stern, in dem sie das Bild sahen, es waren mehrere Sterne in einer Figur, und es war eine Bewegung in den Sternen. Sie sahen einen schönen, farbigen Bogen über dem Bild des Mondes, auf dem eine Jungfrau saß. Das linke Bein hatte sie in sitzender Stellung, das rechte hing mehr gerade herunter und stand auf dem Monde. Auf der linken Seite der Jungfrau erschien über dem Bogen ein Weinstock, auf der rechten ein Bündel Ähren. Vor der Jungfrau sah ich die Gestalt eines Kelches, wie der beim heiligen Abendmahle, erscheinen oder heller aus ihrem Glanze hervortreten. Aus dem Kelche stieg ein Kind empor, und über dem Kinde erschien eine helle Scheibe, wie eine leere Monstranz, aus der Strahlen wie Ähren ausgingen. Ich hatte den Begriff des Sakramentes dabei. Zur Linken der Jungfrau stieg eine achteckige Kirche mit einem goldenen Tore und zwei kleinen Seitentüren empor. Die Jungfrau bewegte mit der rechten Hand Kind und Hostie in die Kirche, die während dem sehr groß wurde und in der ich die Heiligste Dreifaltigkeit erblickte. Über der Kirche erhob sich ein Turm. Die gleichen Bilder hatte auch Theokeno, der dritte der Könige, in seiner Heimat.

Über dem Haupte der auf dem Bogen sitzenden Jungfrau stand ein Stern, der plötzlich aus seiner Stellung heraus und vor ihnen am Himmel hinschwebte. Und sie empfingen dabei, wie sonst nie, eine Stimme und Verkündigung, daß die Geburt des von ihnen und ihren Voreltern schon so lange erwarteten Kindes in Judäa nun eingetreten sei und daß sie dem Sterne folgen sollten. Schon in den letzten Tagen vor der Heiligen Nacht hatten sie von ihrem Turme aus allerlei Bilder am Himmel gesehen, und wie Könige zu dem Kinde zogen und es verehrten. Darum nahmen sie jetzt ohne Säumen ihre Schätze zusammen und machten sich mit Gaben und Geschenken auf die Reise. Sie meinten, sie wollten nicht die letzten sein. Ich sah, daß nach wenigen Tagen alle drei auf dem Wege zusammentrafen.

Ich sah, daß das Jahr der Welt 3997 noch nicht voll war, als

Jesus geboren wurde. Die nicht vollen vier Jahre von seiner Geburt bis zum Schlusse des vierten Jahrtausends hat man nachher ganz vergessen und dann vier Jahre später unsere neue Jahrzahl angefangen. Christus ist also nicht ganz volle acht Jahre früher als unsere Zeitrechnung geboren.

Anbetung der Hirten

In der Morgendämmerung nach der Geburt kamen die drei Hirtenältesten mit Geschenken, welche sie zusammengeholt hatten, zu der Krippenhöhle. Ihre Geschenke bestanden in kleinen Tieren, die eine Ähnlichkeit mit Rehen hatten. Sie hatten lange Hälse, klare schöne Augen und waren sehr fein und schnell. Die Hirten führten sie an feinen Fäden neben und hinter sich. Sie trugen auch lebende größere Vögel unter dem Arme und hatten geschlachtete über die Schultern hängen.

Am Eingang der Krippenhöhle sagten sie Joseph, was ihnen der Engel verkündigte, und wie sie kämen, das Kind der Verheißung zu verehren und zu beschenken. Joseph nahm ihre Geschenke an und ließ sie die Tiere in den Kellerraum neben der Seitentüre der Krippenhöhle bringen. Dann führte er sie zu der Heiligen Jungfrau, die neben der Krippe an der Erde auf der Decke saß und das Jesuskind vor sich auf dem Schoße hielt. Die Hirten warfen sich, ihre Stäbe im Arme haltend, auf die Knie, weinten vor Freude und blieben lange da in großer Süßigkeit; dann sangen sie den Lobgesang der Engel und einen Psalm, den ich vergessen habe. Als sie Abschied nahmen, gab ihnen die Heilige Jungfrau noch das Kind auf die Arme.

Die drei Hirtenältesten kehrten abwechselnd wieder und halfen Joseph, alles an der Krippenhöhle und umher bequemer einrichten. Auch sah ich mehrere fromme Frauen bei der Heiligen Jungfrau, welche ihr Dienste erwiesen. Sie waren Essenerinnen und wohnten nicht weit von der Krippenhöhle an dem Talgrunde in kleinen Felsenzellen nebeneinander. Sie hatten kleine Gärtchen bei ihrer Wohnung und unterrichteten Kinder ihrer Versammlung. Der heilige Joseph hatte sie gerufen, er kannte diese Genossenschaft schon von Jugend auf; denn, wenn er vor seinen Brüdern in der Krippenhöhle sich verbarg, hat er auch diese frommen Frauen an der Felsenwand besucht. Sie kamen abwechselnd zu der Heiligen Jungfrau, trugen kleine Bedürfnisse und Holzbündelchen zu und kochten und wuschen für die Heilige Familie.

Ich sah auch die Magd Annas mit einem alten Knechte von Nazareth her zur Krippe kommen. Sie war eine Witwe und der Heiligen Familie verwandt. Sie brachte von Anna allerlei Bedürfnisse mit und blieb bei der Heiligen Jungfrau. Der alte Knecht weinte Freudentränen und kehrte wieder zurück, um Anna Botschaft zu bringen.

Tags darauf sah ich die Heilige Jungfrau mit dem Jesuskinde und der Magd auf einige Stunden die Krippenhöhle verlassen. Aus der Türe heraustretend, wendete sie sich unter dem Obdache rechts und verbarg sich nach einigen Schritten in der Seitenhöhle, in welcher bei Christi Geburt die Quelle entsprungen war. Sie verweilte an vier Stunden in dieser Höhle. Es kamen nämlich Männer aus Bethlehem als Spione des Herodes, weil durch die Reden der Hirten das Gerücht verlautete, es sei dort ein Wunder mit einem Kinde geschehen. Ich sah, daß diese Männer einige Reden mit dem heiligen Joseph wechselten, welchen sie vor der Krippenhöhle antrafen und daß sie ihn mit vornehmem Lächeln verließen.

Ein Verwandter Josephs, der Vater jenes Jonadab, welcher bei der Kreuzigung Jesu ein Tuch darreichte, ist zum Sabbat gehend auch zur Krippe gekommen. Joseph war ganz gut mit ihm. Der Verwandte hatte durch Leute seines Ortes von der wunderbaren Lage Josephs gehört und kam, ihn zu beschenken und das Jesuskind und Maria zu besuchen. Joseph nahm aber nichts an und verpfändete ihm seine Eselin mit der Bedingung, gegen das empfangene Geld sie wieder einlösen zu können. Darnach feierten Maria, Joseph, die Magd und zwei Hirten, welche vorne im Gange standen, den Sabbat in der Krippenhöhle. Es brannte eine Lampe mit sieben Dochten, und auf einem weiß und rot bedeckten Tischchen lagen die Gebetsrollen.

Die Beschneidung

Joseph kam mit fünf Priestern und einer Frau, welche bei solchen Fällen gebraucht wurde, von Bethlehem zurück. Sie trugen den Beschneidungsstuhl und eine achteckige Steinplatte mit sich, in welcher das Geräte war. Alles dieses wurde im Gange der Höhle an seine Stelle gesetzt. Der Stuhl war ein Kasten, der auseinander gezogen wurde und dann eine Art niederes Ruhebett mit einer Lehne an einer Seite bildete. Er wurde rot bedeckt. Der Beschneidungsstein hatte wohl über zwei Fuß im Durchmesser. Er war in der Mitte mit einer Metallplatte bedeckt, unter welcher in einer Vertiefung des Steines allerlei Büchsen mit Flüssigkeiten und an der Seite die Beschneidungsmesser in abgeteilten Räumen lagen. Dieser Stein ward auf das Schemelchen gelegt, das mit einem Tuche bedeckt bis jetzt immer auf der Geburtsstelle Jesu gestanden hatte und nun neben den Beschneidungsstuhl gestellt wurde. Die Priester gingen auch zu Maria und dem Kinde; sprachen mit ihr und erhielten das Kind auf die Arme. Mit Joseph sprachen sie über den Namen, welchen das Kind erhalten sollte. Während der Nacht haben sie noch viel gebetet und gesungen, und es war mit Anbruch des Tages, daß das Kind beschnitten wurde. Maria war dabei sehr bange und betrübt. Als die Beschneidung geschehen war, wurde das Jesuskind rot und darüber weiß bis unter die Ärmchen gewickelt; und auch diese wurden eingebunden; und der Kopf mit einem Tuche umwickelt. Es wurde wieder auf den achteckigen Stein gelegt und noch über dasselbe gebetet. Wenn ich gleich weiß, daß der Engel Joseph schon gesagt, das Kind solle Jesus heißen, so habe ich doch eine dunkle Erinnerung, als habe der Priester den Namen nicht gleich gebilligt und mit den anderen noch gebetet. Und ich sah, daß ein leuchtender Engel vor dem Priester stand und den Namen Jesus auf einer Tafel, wie die über dem Kreuze, ihm vorhielt. Ich sah auch, daß der Priester diesen Namen auf ein Pergament schrieb. Ich weiß nicht, ob er selbst oder andere Gegenwärtige den Engel sahen; aber er schrieb den Namen aus Eingebung sehr erschüttert und gerührt auf. Nach der Handlung empfing Joseph das Kind zurück und übergab es der Heiligen Jungfrau, welche im Hintergrunde der Krippenhöhle mit zwei Frauen gestanden war. Sie nahm das Kind weinend auf ihre Arme und beruhigte es.

Am Abend des folgenden Tages sah ich Elisabeth von Juta auf einem Esel mit einem alten Knechte bei der Höhle ankommen. Joseph empfing sie sehr freundlich. Ihre und Marias Freude war ungemein groß, als sie sich umarmten. Elisabeth drückte das Kind an ihr Herz. Sie schlief in der Höhle mit Maria neben der Stelle, wo Jesus war geboren worden. Vor dieser stand ein Gestell, worauf sie das Kind manchmal legten.

Maria erzählte Elisabeth alles, wie es ihr ergangen. Und als sie ihre Not um ein Unterkommen bei der Ankunft in Bethlehem erzählte, weinte Elisabeth herzlich. Sie erzählte ihr auch umständlich, wie es ihr bei der Geburt Jesu gewesen sei; und ich erinnere mich noch, daß sie sagte, sie sei in der Stunde der Verkündigung zehn Minuten in Entzückung gewesen, und es sei ihr gewesen, als verdopple sich ihr Herz, und sie sei mit unaussprechlichem Heil erfüllt. In der Stunde der Geburt aber habe sie eine große Sehnsucht empfunden, und es sei ihr gewesen, als werde sie kniend von Engeln emporgehoben und als trenne sich ihr Herz auseinander und die eine Hälfte scheide von ihr. Zehn Minuten sei sie so entzückt gewesen und habe eine innerliche Leerheit und eine Sehnsucht nach Etwas außer ihr empfindend, einen Glanz vor sich erblickt, und als wachse die Gestalt ihres Kindes vor ihren Augen. Da habe sie es sich bewegen sehen und weinen hören und habe sich besonnen und das Kind von der Decke auf an ihre Brust genommen; denn anfangs habe sie gezögert, es aufzufassen, weil es so mit Glanz umgeben gewesen sei.

Elisabeth sagte ihr: „Du hast nicht geboren wie andere Mütter. Die Geburt des Johannes war auch süß, aber sie war nicht wie die deinige.“

Als Anna mit ihrem zweiten Manne und einem Knechte ankam, war ihre Freude und Rührung über das Jesuskind, das ihr die Ärmchen entgegenstreckte, sehr groß. Maria erzählte ihr alles wie der Elisabeth. Anna weinte mit Maria, und dies alles ward von Liebkosungen des Jesuskindes unterbrochen.

Anna hat Maria und dem Kinde mancherlei mitgebracht, Decken und Binden. Maria hat schon vieles von ihr empfangen; aber es bleibt doch alles ärmlich in der Krippenhöhle, weil sie alles, was irgend entbehrlich ist, gleich wieder wegschenkt.

Die Reise der Heiligen Drei Könige

Einige Tage nach dem Aufbruch aus der Heimat sah ich den Zug des Theokeno mit den Zügen Mensors und Sairs in einer verfallenen Stadt zusammentreffen.

Der Stamm Mensors war von angenehm bräunlicher Farbe. Der Stamm Sairs war braun, jener Theokenos aber von schimmernder gelblicher Farbe. Von glänzendem Schwarz sah ich nur die Sklaven, deren sie alle hatten.

Die Vornehmen saßen auf ihren hochbepackten Dromedaren zwischen Bündeln, welche mit Teppichen überdeckt waren. Sie hatten Stäbe in der Hand. Ihnen folgten andere Tiere, fast wie Pferde so groß, worauf Diener und Sklaven zwischen Gepäck ritten. Angekommen stiegen sie ab, packten die Tiere ganz ab und gaben ihnen an den Brunnen zu trinken.

Mensor, der bräunliche, war ein Chaldäer, seine Stadt hieß ungefähr wie Acajaja, sie lag von einem Flusse umgeben, wie auf einer Insel. Er war meist auf dem Felde bei seinen Herden; nach Christi Tod wurde er von dem heiligen Thomas getauft und Leander genannt. Sair, der braune, war um Christnacht schon zum Zuge gerüstet bei Mensor. Nur er und sein Stamm waren so braun, aber mit roten Lippen; die übrigen Leute umher waren weiß. Sair hatte die Taufe der Begierde. Er lebte nicht mehr, als Jesus in das Land der Könige kam. Theokeno war aus Medien, einem höher hinauf liegenden Lande. Es lag so wie ein Stück zwischen zwei Meere hinein. Er wohnte in einer Stadt, deren Namen ich vergessen, sie bestand aus Zeltgebäuden, die auf einer Grundlage von Steinen errichtet waren. Theokeno war der reichste. Ich meine, er hätte einen geraderen Weg gehabt nach Bethlehem und habe, um mit den andern vereint zu ziehen, einen Umweg machen müssen; ich glaube fast, er hat bei Babylon vorbei gemußt, um zu ihnen zu kommen. Er wurde vom heiligen Thomas Leo getauft. Die Namen Kaspar, Melchior, Balthasar wurden den Königen gegeben, weil sich diese Namen so zu ihnen reimen. Denn Kaspar heißt: er geht mit Liebe; Melchior: er schweift drumher, er geht mit Schmeichelei, er geht so sanft nähernd zu. Balthasar: er greift mit seinem Willen schnell zu, er greift mit seinem Willen in Gottes Willen rasch zu.

Maria hatte ein Gesicht von der Annäherung der Könige, da sie in Causur Rasttag hielten. Sie erzählte es Joseph und Elisabeth.

Endlich sah ich die Könige in dem ersten jüdischen Orte ankommen. Es war ein kleines zerstreut liegendes Städtchen, wo viele Häuser mit hohen Zäunen umgeben waren. Sie waren hier in gerade Linie mit Bethlehem; aber sie nahmen ihren Weg doch rechts, weil die Straße nicht anders ging. Als sie in diesen Ort kamen, sangen sie besonders schön und waren ganz freudig; denn der Stern schien hier ungemein helle, und es war hier Mondschein, so daß man deutlich die Schatten sehen konnte. Jedoch schienen die Einwohner entweder den Stern nicht zu sehen oder keinen besonderen Anteil daran zu nehmen; allein sie waren ungemein dienstfertig. Einige der Reisenden waren abgestiegen, und die Einwohner waren ihnen behilflich, die

Tiere zu tränken. Ich dachte hier noch an Abrahams Zeiten, wie da alle Menschen so gut und hilfreich waren. Viele Einwohner führten den Zug, Zweige tragend, durch die Stadt und gingen ein Stück Weges mit ihnen. Ich sah den Stern nicht immer leuchtend vor ihnen, manchmals war er ganz dunkel, es war als scheine er heller, wo gute Leute lebten, und wann die Reisenden ihn irgendwo recht hell sahen, so wurden sie besonders bewegt und glaubten, da müsse vielleicht der Messias sein. Die Könige wurden aber auch besorgt, ihr großer Zug möge viel Aufsehen und Gerede machen.

Die Könige bei Herodes

Es mochte gegen Mittag sein, da sie über den Jordan setzten. Sie bezahlten die Überfuhrleute, welche zurückblieben und sie allein gewähren ließen; nur ein paar derselben halfen ihnen. Der Jordan war nicht breit damals und voll Sandbänke. Es wurden Bretter über Balkenroste gelegt und die Dromedare darauf gestellt. Es ging ziemlich geschwinde. Anfangs schienen die Könige gegen Bethlehem zu ziehen; dann wendeten sie sich aber und kamen gegen Jerusalem. Ich sah die Stadt hoch gegen den Himmel aufgetürmt liegen. Es war nach Sabbatschluß, als sie vor der Stadt anlangten.

Der Zug der Könige war wohl eine Viertelstunde lang. Als sie vor Jerusalem stillhielten ward der Stern ihnen unsichtbar. Sie wurden darüber sehr bekümmert. Die Könige saßen auf Dromedaren, drei andere Dromedare waren mit Gepäck beladen; die anderen saßen meistens auf schnellen gelblichen Tieren mit feinen Köpfen, ich weiß nicht, ob Pferden oder Eseln, sie sahen ganz anders aus als unsere Pferde. Bei den Vornehmeren waren diese Tiere sehr schön gedeckt und aufgezäumt und mit goldenen Sternen und Kettchen behängt. Einige ihres Gefolges gingen ans Tor und kehrten mit Aufsehern und Soldaten zurück. Ihre Ankunft war zu dieser Zeit, da kein Fest war, und da sie keinen Handel trieben, auch auf diesem Wege her, ungewöhnlich. Sie sagten, warum sie kämen. Sie sprachen von dem Sterne und dem Kinde; man wußte hier nichts davon. Sie meinten gewiß, sie hätten sich geirrt.

Man führte nun den Zug außen um die Stadt herum und brachte ihn mehr von der Seite des Kalvarienberges wieder herein. Nicht weit vom Fischmarkt wurden sie mit ihren Tieren in ein rundes Gehöft gebracht, welches mit Hallen und Wohnungen umgeben war und vor dessen Toren Wachen standen. In der Mitte des Hofes war ein Brunnen, an dem sie ihre Tiere tränkten; ringsum waren Ställe und Räume unter Bogen, wo sie alles unterbrachten. Das Gehöft lag nach einer Seite an einem Berge, auf der anderen Seite war es frei und von Bäumen umgeben. Ich sah die Leute mit Fackeln kommen, welche ihr Gepäck durchsuchten.

Das Schloß des Herodes lag nicht ferne von diesem Hofe auf der Höhe, und ich sah den ganzen Weg bis hinauf mit Fackeln oder Feuerkörben auf Stangen beleuchtet. Ich sah auch Leute vom Schloß niederkommen und den ältesten König Theokeno hinaufholen. Er wurde unter einem Bogen empfangen und dann in einen Saal gebracht. Er sprach hier mit einem Hofherrn, der alles dem Herodes hinaufberichtete, welcher wie unsinnig darüber wurde und die Könige auf den andern Morgen zu sich bestellte. Er ließ ihnen sagen, sie möchten nur ausruhen, er wolle nachforschen und ihnen melden, was er erfahre.

Als Theokeno wieder hinabkam, wurden die Könige noch mehr betrübt und ließen einiges Abgepackte wieder aufpacken. Sie schliefen auch nicht.

Da Theokeno bei Herodes war, mochte es gegen elf Uhr in der Nacht sein. Es war ein Fest bei ihm, viele Lichter in Sälen und auch Weibsleute. Was Theokeno ihm melden ließ, versetzte ihn in argen Schrecken. Er schickte Diener an den Tempel und sonst in die Stadt. Und ich sah, daß Priester, Schriftgelehrte und alte Juden mit Rollen zu ihm kamen. Sie hatten ihre Kleider und Brustschilder und Gürtel mit Buchstaben an, sie deuteten auf die Blätter. Es waren ihrer wohl an zwanzig, die um ihn waren. Ich sah sie auch mit ihm auf das Dach des Schlosses hinaufgehen und nach den Sternen sehen. Herodes war in großer Unruhe und Verwirrung, die Schriftgelehrten aber redeten ihm alles wieder aus und suchten ihm immer zu beweisen, daß es mit dem Gerede der Könige nichts sei, daß diese Völker immer allerlei Phantastereien mit Sternen hätten und daß, wenn etwas daran wäre, sie es am Tempel und in der Heiligen Stadt doch eher wissen müßten.

Morgen bei Tagesanbruch sah ich abermals einen Hofherrn hinabkommen und alle drei Könige mit ihm hinaufgehen. Sie wurden in einen Saal geführt, wo zum Empfange einige Gerichte und grüne Zweige und Büsche in Gefäßen aufgestellt waren. Die Könige rührten die angebotenen Speisen nicht an; sie blieben stehen, bis Herodes kam, dem sie mit Verbeugung entgegentraten und kurz fragten, wo der neugeborene König der Juden sei, dessen Stern sie gesehen und den anzubeten sie gekommen seien. Dem Herodes war doch sehr angst; aber er ließ es sich nicht anmerken. Es waren noch einige Schriftgelehrte bei ihm. Er fragte sie näher um den Stern aus und sagte ihnen, von Bethlehem Ephrata laute die Verheißung. Mensor erzählte ihm aber das letzte Gesicht, das sie bei dem Stern gehabt, worüber er in eine noch größere innere Angst kam, daß er gar nicht wußte, wie er sie genug verbergen sollte. Mensor sagte, sie hätten eine Jungfrau gesehen und vor ihr ein liegendes Kind, aus dessen rechter Seite ein Lichtzweig ausgegangen, auf welchem ein Turm mit vielen Toren gestanden, der zu einer großen Stadt geworden sei. Das Kind habe mit Schwert und Zepter als ein König darüber gestanden, und sie hätten sich selbst und die Könige der ganzen Welt kommen, sich beugen und das Kind anbeten gesehen; denn es habe ein Reich, welches alle Reiche überwinden werde. Herodes riet ihnen, ganz still nach Bethlehem zu ziehen, und zwar unverzüglich, und dann wenn sie das Kind gefunden hätten, sollten sie zurückkehren und es ihm melden, damit er es auch anzubeten komme. Ich sah die Könige wieder hinabgehen und sogleich aufbrechen. Der Tag brach an, die Leuchten auf dem Schloßweg brannten noch. Das Gesindel, das ihnen gefolgt war, war gestern abend in die Stadt eingekehrt.

Die Könige in Bethlehem

Ich sah die Könige in derselben Ordnung, wie sie gekommen waren, aus Jerusalem durch ein Tor mittagwärts fortziehen, zuerst Mensor der Jüngste, dann Sair und zuletzt Theokeno. Es folgte ihnen ein Haufen Leute bis zu einem Bache vor der Stadt, wo er sie wieder verließ und nach Jerusalem zurückkehrte. Jenseits des Baches machten sie halt und sahen nach ihrem Stern, und als sie ihn erblickten, wurden sie sehr froh und zogen mit süßem Gesang wieder weiter. Was mich aber wunderte, war, daß der Stern sie nicht den geraden Weg von Jerusalem nach Bethlehem führte; sondern sie zogen mehr gegen Abend an einem Städtchen vorüber, das mir sehr bekannt ist. Hinter demselben sah ich sie an einem schönen Platze halten und beten. Es entsprang eine Quelle vor ihnen, sie stiegen ab und gruben der Quelle ein Becken, das sie mit reinem Sand und Rasen umgaben. Sie ruhten hier mehrere Stunden und tränkten ihre Tiere; denn in Jerusalem hatten sie durch Störung und Sorge gar keine Ruhe gehabt.

Der Stern, der bei Nacht wie eine Feuerkugel aussah, sah jetzt ungefähr wie der Mond bei Tage aus; doch schien er nicht scharf rund, sondern wie gezackt. Ich sah, daß er sich oft hinter Wolken verbarg.

Sie kamen in der Dämmerung vor Bethlehem an dem Tor an, wo Joseph mit Maria gehalten hatte. Da ihnen hier der Stern verschwand, zogen sie vor das Haus, wo ehedem die Eltern Josephs gewohnt und wo Joseph mit Maria sich hatte einschreiben lassen; sie glaubten, daß sie hier den Neugeborenen finden würden. Es war ein größeres Haus mit mehreren kleinen umher, ein geschlossener Hof lag davor und vor diesem ein mit Bäumen bepflanzter Platz mit einem Brunnen. Ich sah auf diesem Platze römische Soldaten wegen des in dem Hause befindlichen Schätzungsamtes. Es war hier ein großes Gedränge um sie. Ihre Tiere waren unter den Bäumen bei dem Brunnen und wurden getränkt. Sie selber waren abgestiegen, und man erwies ihnen allerlei Ehre; man war nicht so grob als mit Joseph. Man präsentierte ihnen auch Zweige und etwas zu essen und zu trinken. Ich sah aber, daß es meistens wegen der Goldstückchen war, die sie auch hier austeilten.

Ich sah, daß sie hier lange unentschieden verweilten und noch immer unruhig waren, bis ich ein Licht jenseits Bethlehems über der Gegend, wo die Krippe war, am Himmel aufsteigen sah. Es war ein Leuchten, als wenn der Mond aufgeht. Ich sah, daß sie sich wieder aufsetzten und um die Mittagsseite von Bethlehem herum gegen die Morgenseite hinzogen, so daß sie das Feld zur Seite hatten, wo den Hirten die Geburt Christi war verkündigt worden. Sie mußten an einem Graben hin und um verfallene Mauern herumziehen. Sie machten diesen Weg, weil sie in Bethlehem nach dem Tale der Hirten als einem guten Lagerplatz gewiesen wurden. Es liefen ihnen auch einige Leute von Bethlehem nach. Sie sagten diesen aber nicht davon, wen sie hier suchten.

Der heilige Joseph schien um ihre Ankunft zu wissen. Ob er es von Jerusalem aus erfahren oder durch ein Gesicht, weiß ich nicht; aber ich hatte ihn schon unter Tags allerlei aus Bethlehem holen gesehen, Früchte, Honig und Grünes. Ich sah auch, daß er die Höhle sehr geräumig gemacht, seine abgeschlagene Kammer im Eingange ganz zusammengestellt und das Holz und Küchengestell hinaus vor die Türe unter das Obdach gebracht hatte. Als der Zug in das Tal der Krippenhöhle hinabkam, stiegen sie ab und fingen an, ihr Lager aufzuschlagen; die Leute aber, die ihnen aus Bethlehem nachgelaufen waren, gingen wieder zur Stadt zurück. Schon hatten sie einen Teil des Lagers aufgeschlagen, als sie den Stern über der Höhle wieder erblickten und in ihm ganz deutlich ein Kind. Er stand gerade über der Krippe und zeigte mit seiner Lichtbahn senkrecht darauf nieder. Sie entblößten das Haupt und sahen den Stern wachsen, als nähere er sich und senke sich nieder. Ich meine, daß ich ihn so groß wie ein Bettuch werden sah. Anfangs waren sie ganz verwundert. Es war schon dunkel, kein Haus war hier zu sehen, nur der Hügel der Krippe, wie ein Wall. Bald aber wurden sie ungemein freudig und suchten den Eingang zur Höhle. Mensor öffnete die Türe und erblickte die Höhle voll Glanz und Maria und das Kind im Ende sitzend ganz wie die Jungfrau, die sie immer im Sternbilde gesehen hatten. Der König trat zurück und sagte es den beiden anderen. Nun gingen sie alle drei in den Eingang. Ich sah, daß Joseph mit einem alten Hirten zu ihnen herauskam und gar freundlich mit ihnen sprach. Sie sagten ihm einfältig, sie kämen den neugeborenen König der Juden, dessen Stern sie gesehen, anzubeten und ihm Geschenke zu bringen. Joseph hieß sie demütig willkommen. Sie zogen sich nun zurück, um zu ihrer Zeremonie sich vorzubereiten. Der alte Hirte aber ging mit den Dienern der Könige in das kleine Tal hinter dem Krippenhügel, wo Schuppen und Hirtenställe waren, um ihre Tiere zu versorgen. Der Zug nahm das ganze kleine Tal ein.

Ich sah nun die Könige ihre weiten fliegenden Mäntel von gelber Seide von den Kamelen herabnehmen und sich umhängen. Um die Mitte des Leibes befestigten sie an den Gürteln mit Kettchen Beutel und goldene Büchsen mit Knöpfchen wie Zuckerdosen. Sie wurden dadurch ganz breit in ihren Mänteln. Sie hatten auch eine kleine Tafel auf niedrigem Fuße bei sich, die sie auseinanderklappen konnten. Sie diente als Präsentierteller, wurde mit einem Teppich, woran Quasten, bedeckt, und darauf die Geschenke in Büchsen und Schalen gestellt.

Jeder König hatte die vier Begleiter aus seiner Familie bei sich. Alle folgten dem heiligen Joseph mit einigen Dienern unter das Vordach der Krippenhöhle.

Die Höhle sah ich voll von übernatürlichem Licht. Dem

Eingang gegenüber auf der Stelle der Geburt war Maria in mehr liegender als sitzender Stellung auf einen Arm gelehnt, neben ihr Joseph und ihr zur Rechten lag das Jesuskind in einer mit Teppich bedeckten, erhöht stehenden Mulde. Beim Eintritt Mensors richtete Maria sich in sitzender Stellung auf, verschleierte sich und nahm das Kind verhüllt vor sich auf den Schoß. Sie öffnete aber die Hülle, daß der Oberleib bis unter die Ärmchen unbedeckt erschien, und hielt es aufrecht an ihre Brust gelehnt, ihm das Köpfchen mit einer Hand stützend. Es hielt die Händchen vor der Brust, wie betend, war sehr freundlich und leuchtend und griff auch um sich her. Mensor ließ sich vor Maria auf die Knie nieder, beugte das Haupt, kreuzte die Hände vor der Brust und sprach, die Geschenke anbietend, andächtige Worte. Dann nahm er aus dem Beutel am Gürtel eine Handvoll fingerlanger, dicker schwerer Stäbchen hervor, die oben spitz, in der Mitte körnig und goldglänzend waren, und legte sie demütig als seine Gabe Maria neben das Kind auf den Schoß, und Maria nahm sie liebevoll und demütig an und bedeckte sie mit dem Zipfel ihres Mantels. Die Begleiter Mensors standen hinter ihm tiefgebeugten Hauptes. Mensor gab das Gold, weil er voll Treue und Liebe war und mit unerschütterlicher Andacht und Anstrengung immer nach dem Heile suchte.

Als er und die Seinen sich zurückzogen, ging Sair mit seinen vier Begleitern hinein und ließ sich auf die Knie nieder. Er trug in der Hand ein goldenes Weihrauchschiffchen voll kleiner grünlicher Körner wie Harz. Er gab den Weihrauch, denn er war der, welcher sich willig und ehrerbietig anschmiegte und liebreich dem Willen Gottes folgte. Er setzte sein Geschenk auf die kleine Tafel und kniete lange da.

Nach ihm nahte Theokeno der älteste. Er konnte nicht knien, er war zu alt und zu dick. Er stand gebeugt und stellte ein goldenes Schiffchen mit grünem Kraut auf die Tafel. Es war noch frisch und lebendig, es stand aufrecht wie ein ganz feiner grüner Busch mit weißen Blümchen. Er brachte Myrrhen; denn Myrrhen bedeuten Abtötung und überwundene Leidenschaften.

Dieser gute Mann hatte schwere Anfechtungen zum Götzendienst und zur Vielweiberei bekämpft. Er blieb sehr lange vor dem Jesuskinde, daß ich bange war für die guten Leute vom Gefolge, welche gar geduldig draußen vor dem Eingange harrten, bis auch sie das Jesuskind noch sehen könnten.

Die Reden der Könige und aller, welche nach ihnen zu- und abtraten, waren ungemein kindlich und wie liebestrunken. Sie begannen: „Wir haben seinen Stern gesehen und daß er der König über alle Könige ist. Wir kommen ihn anzubeten und ihm Geschenke zu bringen.“ Unter zärtlichsten Tränen empfahlen sie dem Jesuskinde mit heißen Bitten sich, die Ihrigen, ihr Land, ihre Leute, ihr Hab und Gut, alles, was ihnen nur auf Erden einen Wert hatte. Er solle ihre Herzen, ihre Seelen, alles, ihr Tun und Denken, hinnehmen, er solle sie erleuchten und ihnen alle Tugend schenken und der Erde Glück, Frieden und Liebe. Es ist nicht zu sagen, wie sie in Liebe und Demut glühten und wie die Tränen der Freude über ihre Wangen und den Bart des Ältesten flossen. Sie waren ganz selig, sie glaubten in dem Sterne drin angekommen zu sein, nach dem ihre Vorfahren sich so lange redlich gesehnt und in den sie so begierig geschaut hatten. Alle Freude der erfüllten Verheißung von vielen Jahrhunderten war in ihnen.

Joseph und Maria weinten auch und waren so freudig, wie ich sie nie gesehen. Die Ehre und Anerkennung ihres Kindes und Heilandes, den sie so arm betten mußten, und dessen hohe Würde in der stillen Demut ihrer Herzen verschwiegen ruhte, erquickte sie unendlich. Sie sahen ihm durch Gottes Allmacht aus der Ferne gesendet, trotz aller Menschen, was sie Ihm selbst nicht geben konnten: die Anbetung der Mächtigen mit heiliger Pracht. Ach, sie beteten mit an, seine Ehre beseligte sie.

Die Mutter Gottes nahm alles ganz demütig und dankbar an; sie sprach nicht, nur eine Bewegung unter ihrem Schleier drückte alles aus. Das Jesuskind hielt sie zwischen dem Schleier und dem Mantel, und sein Leibchen sah so leuchtend unter dem Schleier heraus. Erst zuletzt sprach sie auch einige freundliche

Worte mit jedem und schlug, wenn sie redete, den Schleier ein wenig zurück.

Die Könige gingen nun heraus nach ihrem Zelt. Es war Licht darin und recht schön.

Ich sah sie nachher in dem Zelt auf einem Teppich um ein niederes Tischchen liegen und daß Joseph Tellerchen mit Früchten, Brötchen, Honigwaben und Schüsselchen mit Kräutern hinbrachte und mitten unter ihnen saß und mitaß. Er war so fröhlich und gar nicht blöde und weinte immer vor Freude. Ich dachte dabei an meinen Vater, wie er bei meiner Profeß im Kloster unter so vielen vornehmeren Leuten sitzen mußte, wovor er in seiner Demut und Einfalt sich so gescheut hatte, wie er aber doch so fröhlich war und vor Freude weinte.

In Bethlehem sah ich an diesem Abende und in der Nacht nur bei dem elterlichen Hause Josephs ein Getümmel, und als die Könige kamen, ein Gelaufe in der Stadt; bei der Krippe war es anfangs sehr still. Hernach sah ich hier und da in der Ferne lauernde und murrende Juden zusammen stehen und hin und wieder gehen und in die Stadt berichten. In Jerusalem hatte ich an diesem Tage noch vieles Gelaufe von alten Juden und Priestern mit Schriften zu Herodes gesehen; dann aber wurde alles still, als wolle man nicht mehr davon gesprochen haben.

Am folgenden Tag waren alle abwechselnd nochmals in der Krippenhöhle. Den Tag über sah ich sie viel verschenken, besonders an die Hirten draußen auf dem Felde, wo sie ihre Tiere stehen hatten. Ich sah, daß sie armen alten Weibern, die ganz krumm gingen, Decken über die Schultern hängten. Ich sah auch ein großes Zudringen von den Juden aus Bethlehem, sie drückten den guten Leuten auf alle Weise Geschenke ab und sahen ihnen aus Prellerei ihre Sachen durch. Ich sah auch die Könige mehrere ihrer Leute entlassen, welche hier im Lande bei den Hirten bleiben wollten. Sie gaben ihnen von den Tieren welche, und diesen packten sie allerlei Decken und Geräte auf, auch Goldkörner schenkten sie ihnen und entließen sie freundlich. Ich weiß nicht, warum es heute so viel weniger Leute waren. Sie haben vielleicht in der Nacht schon viele entlassen und nach Hause geschickt.

Am Abend sah ich sie an der Krippe Abschied nehmen. Mensor ging zuerst allein hinein. Die Heilige Jungfrau gab ihm auch das Jesuskind in seine Arme. Er weinte sehr und leuchtete ganz vor Freude. Dann kamen auch die anderen und nahmen Abschied und weinten. Sie brachten noch viele Geschenke: einen großen Haufen von Zeug, Stücke von ganz blasser und von roter Seide, auch blumichte Zeuge und viele ganz feine Decken. Auch ihre großen, feinen Mäntel ließen sie da; sie waren fahl und von dünner Wolle, ganz leicht und flogen im Winde.

Die Heilige Jungfrau habe ich da auch stehend bei ihnen gesehen, als sie Abschied nahmen. Die Art, wie sie die Geschenke nahm, war ohne Freude an den Sachen, aber ungemein rührend, demütig und wahrhaftig dankend gegen den Geber. Ich habe keine Empfindung von Eigennutz an ihr gesehen bei diesem wunderbaren Besuch, als daß sie anfangs in Liebe zum Jesuskind und aus Mitleid mit dem hl. Joseph gedachte, nun würden sie vielleicht mehr Schutz haben und nicht mehr so verächtlich in Bethlehem behandelt werden wie bei der Ankunft, denn die Betrübnis und Beschämung Josephs hatte ihr so leid getan.

Danach bewirtete sie Joseph in ihrem Zelte bei der Krippe wieder, und die Häupter kehrten wieder in ihre Herberge nach Bethlehem. Inzwischen aber hatte die Obrigkeit in Bethlehem, ich weiß nicht, ob auf Herodes geheimen Antrag, oder aus eigenem Diensteifer, den Entschluß gefaßt, die Könige, die in Bethlehem waren, gefangenzunehmen und sie bei Herodes als unruhstiftend zu verklagen. Ich weiß nicht, wann dieses geschehen sollte. In der Nacht aber hatten die Könige in Bethlehem und zugleich die anderen, welche im Gezelt bei der Krippe zur Ruhe gezwungen waren, im Schlafe die Erscheinung eines Engels, der sie mahnte, aufzubrechen und auf einem anderen Wege zurückzueilen. Die bei der Krippe weckten sogleich Joseph und sagten es ihm. Und während sie ihre Leute aufbrechen und die Zelte abschlagen ließen, was mit unglaublicher Schnelligkeit geschah, eilte Joseph nach Bethlehem, es den dort Befindlichen zu sagen. Diese aber hatten dort das meiste zurückgelassen und kamen ihm schon auf dem Wege entgegen. Joseph sagte ihnen seine Botschaft; sie, daß sie dasselbe erfahren. In Bethlehem hatte man ihr Weggehen nicht beachtet. Da sie ohne ihr Gepäck leise fortzogen, konnte man denken, sie gingen zu ihren Leuten zu irgendeinem Gebet. Während die Häupter noch in der Krippe weinend Abschied nahmen, eilte das Gefolge schon in getrennten Zügen, um schneller reisen zu können, auf verschiedenen Wegen gegen Mittag durch die Wüste Engaddi dem Toten Meere entlang.

Die Könige flehten, die Heilige Familie möge mit ihnen fliehen, und baten dann, Maria möge sich mit Jesus doch in der Säughöhle verbergen, damit sie nicht ihretwegen möchte belästigt werden. Sie ließen noch vieles dem heiligen Joseph zum Verteilen zurück. Und die Heilige Jungfrau schenkte ihnen ihren großen Schleier, den sie vom Haupte nahm, und in welchen sie das Jesuskind beim Tragen immer miteinhüllte. Alle hatten das Kind noch in ihren Armen und weinten und redeten sehr rührend und ließen ihre leichten seidenen Mäntel Maria zurück. Dann bestiegen sie ihre Tiere und eilten hinweg. Ich sah den Engel bei ihnen auch draußen auf dem Felde. Er zeigte ihnen den Weg, den sie ziehen sollten. Es waren ihrer bei weitem nicht mehr so viele, und ihre Tiere waren nur wenig belastet.

Das Erscheinen des Zuges der Könige hatte in Bethlehem doch großes Aufsehen erregt. Viele Leute bereuten es, Joseph nicht beherbergt zu haben; andere schwatzten von den Königen als von abenteuerlichen Schwärmern; andere verbanden ihre Ankunft mit dem Gerede von den wunderbaren Erscheinungen vor den Hirten. Ich sah auch, wie von dem Gerichtshause in Bethlehem aus eine öffentliche Bekanntmachung an das zusammenberufene Volk erlassen wurde, daß man sich aller verkehrten Urteile und abergläubischen Gerüchte enthalten und nicht mehr nach der Wohnung der Leute vor der Stadt hingehen solle.

Als das Volk sich wieder verlaufen hatte, sah ich, daß Joseph zweimal in das Gerichtshaus geholt wurde. Als er das zweite Mal hinging, brachte er von den Gaben der Könige etwas und schenkte es den alten Juden, die ihn zur Rede gestellt hatten und welche ihn dann wieder entließen.

Die Geschenke der Könige, die Zeugstoffe, die Mäntel, die goldenen Gefäße, dies alles ist nach der Auferstehung zum ersten Gottesdienste verwendet worden. Sie hatten drei leichte Mäntel und einen dicken starken im Winter. Die leichten waren teils gelb, teils rot von ganz feiner Wolle; sie wehten im Winde, wenn sie zogen. Bei festlichen Gelegenheiten aber trugen sie seidene Mäntel von natürlicher glänzender Seidenfarbe. Sie hatten eine Schleppe, welche getragen werden mußte und am Rande mit Gold bestickt war.

Die heilige Anna bei Maria

Die Heilige Familie ist nach der Abreise der Könige in die andere Höhle hinübergezogen. Die Krippenhöhle sah ich ganz ausgeräumt, nur der Esel stand noch da. Alles, selbst der Herd, ward daraus entfernt. Ich sah Maria sehr ruhig in der neuen Wohnung, die ziemlich bequem nun eingerichtet ist. Ihr Lager ist an der Wand, neben ihr ruht das Jesuskind in einem länglichen aus breiten Baststreifen geflochtenen Korbe. Das obere Ende des Korbes, wo das Haupt des Jesuskindes liegt, ist mit einem Tuche überwölbt; der Korb selber steht auf einem gabelförmigen Gestell. Die Lagerstätte der Mutter Gottes und die Wiege des Jesuskindes sind durch Flechtwände von dem übrigen Raum der Höhle abgeschieden. Manchmal sitzt Maria vor dieser Abscheidung und hat das Kind neben sich. Entfernt hievon hat Joseph einen abgetrennten Raum. Über den Scheidewänden reicht aus der Mauer eine Stange heraus, welche eine

Lampe trägt. Ich sah, daß Joseph etwas in einer Schale und Wasser in einem Krüglein brachte. Er geht um seine Bedürfnisse nicht mehr nach Bethlehem. Die Hirten bringen ihm, was er braucht.

Ich sah jetzt Zacharias von Hebron zum ersten Male zur Heiligen Familie kommen. Er weinte vor Freude, hatte das Kind auf den Armen und betete etwas verändert den Lobgesang, den er bei der Beschneidung des Johannes gesprochen hatte. Er blieb auch den folgenden Tag bei Joseph und ging dann wieder weg.

Anna ist nun bei der Mutter Gottes wieder angekommen. Anna hatte ihre älteste Tochter bei sich, diese war größer als Anna und sah schier ebenso alt aus. Auch Annas zweiter Mann, älter und größer als Joachim, war mit ihr. Er hieß Eliud und war am Tempel beschäftigt, wo er mit den Opfertieren zu tun hatte. Anna hatte eine Tochter von ihm, die auch Maria hieß. Sie mochte um Christi Geburt schon sechs bis acht Jahre alt sein. Mit ihrem dritten Mann hatte Anna einen Sohn; er wurde auch Bruder Christi genannt. Es war mit der mehrmaligen Ehe Annas ein Geheimnis verbunden; sie tat es auf göttlichen Befehl. Die Gnade, aus der sie fruchtbar geworden mit Maria, war noch nicht erschöpft; es war, als ob ein Segen verzehrt werden müsse.

Der Mann Annas ist mit den Töchtern und der Magd bald wieder nach Hause gereist. Sie nahmen vieles von den Geschenken der Könige mit. Anna ist nun ganz allein bei Maria und Joseph. Sie bleibt noch, bis Eliud mit der Magd wieder zurückkommt. Ich sah sie mit Maria Decken flechten oder stricken. Sie schläft nun in der Höhle bei Maria, aber abgesondert.

In Bethlehem waren wieder Soldaten, welche in mehreren Häusern nach dem neugeborenen Königssohne forschten. Sie fielen mit ihren Fragen besonders einer vornehmen jüdischen Wöchnerin beschwerlich. In die Krippenhöhle kamen sie nicht; es war einmal angenommen, daß hier nur eine arme Judenfamilie gefunden worden sei, von der nicht weiter die Rede sein könne. Zu Joseph kamen aber zwei der alten Hirten, welche als die ersten zur Krippe gekommen waren, und warnten ihn. Ich sah nun Joseph, Maria und Anna mit dem Jesuskinde etwa eine halbe Viertelstunde von der Höhle in das Grab unter dem großen Terebinthenbaume flüchten, unter dem ich die Könige abends hatte singen hören. Der Baum steht auf einem Hügel. Unten an dem Hügel ist eine schräg liegende Türe; von da kommt man durch einen Gang an eine geradstehende Türe, die in das Grab führt. Es halten sich in dem Vorraum oft die Hirten auf.

Ein paar Tage vor der Heimreise Annas sah ich, daß Hirten in die Grabhöhle zu Maria kamen und davon sprachen, es kämen Leute von der Obrigkeit ihr Kind zu suchen. Joseph trug nun das Jesuskind in seinem Mantel eingeschlagen hinweg, und ich sah Maria wohl einen halben Tag lang sehr geängstigt ohne das Kind in der Höhle sitzen.

Als Eliud mit der Magd Annas von Nazareth her wieder angekommen war, um Anna abzuholen, sah ich eine rührende Feier in der Krippenhöhle. Joseph hatte die Abwesenheit Marias in der Grabhöhle benützt und mit den Hirten die ganze Krippenhöhle ausgeschmückt. Es hing alles voll von Blumenkränzen, die Wände und die Decke, und in der Mitte war eine Tafel gerüstet. Was von den schönen Teppichen und Stoffen der Könige noch nicht fortgebracht war, war über den Boden, an den Wänden und über den Tisch gebreitet, auf welchem eine Pyramide von Grün und Blumen bis zu einer Öffnung in der Decke hinauf errichtet war.

Ich sah Engelchöre in der Krippe erscheinen. Alle waren sehr glücklich und gerührt. Es war die Gedächtnisfeier der Vermählung von Joseph und Maria.

Nach diesem Feste sah ich die Abreise Annas mit Eliud. Sie nahmen auf zwei Eseln von den Geschenken der Könige mit, so viel davon noch hier waren.

Die Heilige Familie schickte sich nun auch zum Abzug an. Ich sehe sie ihren Hausrat immer mehr vermindern und die Flechtwände und andere Anstalten, die Joseph gemacht hatte, an die Hirten verschenken, welche sie wegtrugen.

In der Nacht aber vor ihrer Abreise zum Tempel sah ich Maria und Joseph von der Krippenhöhle förmlich Abschied nehmen. Sie breiteten die tiefrote Decke der Könige zuerst über jene Stelle der Höhle, wo das Jesuskind war geboren worden, legten das Kind darauf und beteten kniend dabei. Dann legten sie das Kind in die Krippe und beteten auch hier; zuletzt legten sie es auf die Stelle, wo es beschnitten worden, und beteten auch da. Die junge Eselin ließ Joseph verpfändet bei seinem Verwandten zurück; denn er dachte noch immer nach Bethlehem zurückzukehren und im Tal der Hirten sich eine Wohnung zu zimmern.

Mariä Reinigung

Vor Anbruch des Tages setzte sich Maria mit dem Jesuskinde auf den Esel. Sie hielt das Kind auf ihrem Schoß und hatte nur ein paar Decken und ein Bündel auf dem Esel. Sie saß auf einem Quersitz mit einem Fußbrettchen. Sie zogen links um den Krippenhügel an der Morgenseite von Bethlehem hin und wurden von niemand bemerkt.

Das Opfer, welches die Heilige Familie bei sich hatte, hing in einem Korb am Esel. Der Korb hatte drei Gefächer, zwei mit Früchten, ein drittes vergittertes mit Tauben. Gegen Abend kehrten sie etwa eine Viertelstunde vor Jerusalem neben einer größeren Herberge in einem kleinen Hause bei ein paar kinderlosen Eheleuten ein, von denen sie mit ungemeiner Freude empfangen wurden. Es war schon zwischen dem Bache Cedron und der Stadt. Ich hatte bei diesen Leuten auch den Knecht und die Magd Annas auf der Heimreise einkehren gesehen; und diese haben hier die Herberge für die Heilige Familie bestellt. Der Mann trieb Gärtnerei, schnitt Hecken und hatte die Wege zu besorgen. Die Frau war eine Verwandte von Johanna Chusa. Sie schienen mir Essener zu sein.

Am frühen Morgen, da es noch dunkel war, sah ich die Heilige Familie mit dem zur Reise gepackten Esel und dem Opferkorb, von den zwei alten Leuten begleitet, zum Tempel in die Stadt ziehen. Sie gingen zuerst in einen ummauerten Hof, wo der Esel in einen Schuppen eingestellt wurde. Die Heilige Jungfrau mit dem Kinde wurde von einer alten Frau empfangen und durch einen bedeckten Gang vorwärts nach dem Tempel geführt. Sie trug eine Leuchte, da es noch dunkel war. Hier in dem Gang kam Simeon voll Erwartung Maria entgegen, sprach freudig wenige Worte mit ihr, nahm das Jesuskind und drückte es an sein Herz und eilte dann nach einer andern Seite in den Tempel. Er war seit gestern abend, da er die Ankündigung des Engels empfangen, voll Sehnsucht und hatte hier, wo der Gang für die Frauen zum Tempel war, geharrt und die Ankunft kaum erwarten können.

Maria wurde nun von der Frau bis in eine Vorhalle jenes Teiles des Tempels geführt, wo die Opferung zu geschehen hatte, und hier in der Vorhalle empfingen sie Hanna und noch eine andere Frau (Noemi, ihre ehemalige Lehrerin). Simeon kam aus dem Tempel in diese Halle und führte Maria, welche das Kind auf den Armen hatte, in die Halle rechts am Vorhof der Frauen, wo auch der Schatzkasten stand, an dem Jesus saß, da er das Scherflein der Witwe empfing. Die alte Hanna, welcher Joseph den Korb mit den Tauben und Früchten übergab, folgte ihnen mit Noemi, und Joseph begab sich an den Standort der Männer.

Simeon führte Maria durch das Altargitter an den Opfertisch, auf dem sie das himmelblau eingehüllte Jesuskind in den Wiegenkorb legte. Maria trug ein himmelblaues Kleid, einen weißen Schleier und war in einen gelblichen langen Mantel gehüllt. Als das Kind in dem Korb lag, führte Simeon Maria wieder heraus nach dem Standorte der Frauen. Er selber ging dann vor den eigentlichen feststehenden Altar, auf welchem die Priesterkleider lagen und wo außer ihm sich noch drei andere Priester ankleideten. Einer trat nun hinter, einer vor und zwei an die Seiten des Tisches und beteten über das Kind. Nun trat Hanna zu Maria, gab ihr die Tauben und Früchte in zwei aufeinanderstehenden Körbchen und ging mit ihr an das Altargitter. Hier blieb Hanna zurück; Maria aber ward von Simeon durch das Gitter vor den Altartisch geführt, wo sie in eine der Schalen die Früchte, in die andere Münzen legte; die Tauben aber stellte sie in ihrem Korb auf den Tisch. Simeon blieb etwas neben Maria vor dem Tisch stehen. Der Priester aber hinter dem Tisch nahm das Kind aus dem Korb auf seine Hände, hob es empor und nach verschiedenen Seiten des Tempels und betete lange. Von ihm empfing Simeon das Kind, der es Maria in die Arme legte und aus einer Rolle, die neben ihm auf einem Pult lag, über sie und das Kind betete.

Nun geleitete Simeon Maria wieder vor das Gitter, von wo Hanna mit ihr an den vergitterten Ort der Frauen zurückging, wo indessen noch etwa zwanzig Frauen mit ihren Erstgeborenen angekommen waren. Joseph und mehrere andere Männer standen mehr zurück an dem Orte der Männer.

Nun begannen zwei Priester oben vor dem festen Altare einen Gottesdienst mit Räuchern und Beten und die in den Stuhlreihen bewegten sich auch, doch nicht so wie die heutigen Juden.

Als diese Feierlichkeit zu Ende war, ging Simeon zu dem Standort Mariä, nahm das Kind auf seine Arme und sprach vor Freude entzückt lange und laut. Und als er geendet, ward auch Hanna begeistert und sprach lange.

Maria wurde von Hanna und Noemi wieder in den Hof hinausgeleitet. Sie nahm von ihnen Abschied und traf hier mit Joseph und den alten Herbergsleuten wieder zusammen. Sie zogen nun mit dem Esel gleich aus Jerusalem hinaus, und die guten alten Leute gingen noch ein Stück Weges mit. Sie kamen am selben Tage bis Bethorom und übernachteten in dem Haus, wo die letzte Station Mariä bei der Reise in den Tempel vor dreizehn Jahren gewesen war. Hier waren Leute von Anna gesendet, um sie abzuholen.

Rückkehr nach Nazareth

Ich sah die Heilige Familie auf einem viel geraderen Wege nach Nazareth zurückkehren, als sie von da nach Bethlehem gereist war. Damals vermieden sie alle Ortschaften und kehrten nur in einzeln stehenden Häusern ein; jetzt aber zogen sie den geraden Weg, der viel kürzer war.

Joseph hatte in seinem Gewand eine Tasche und darin kleine Rollen von gelben glänzenden dünnen Blättchen, auf denen Buchstaben waren. Er hatte sie von den Heiligen Drei Königen empfangen. Die Silberlinge des Judas waren dicker und wie eine Zunge geformt.

Ich sah die Heilige Familie im Hause Annas bei Nazareth ankommen. Es waren dort die älteste Schwester Mariä, Maria Heli mit ihrer Tochter Maria Cleophä, eine Frau aus dem Orte Elisabeths und die Magd Annas, welche bei Maria in Bethlehem gewesen. Es wurde ein Fest, wie bei der Abreise des Kindes Mariä zum Tempel gefeiert; die Lampe brannte über dem Tisch, und es waren auch alte Priester anwesend. Es ging aber ganz still her. Alle hatten große Freude an dem Jesuskind, aber die Freude war still und innig. Ich habe nie viel Leidenschaften bei allen diesen heiligen Leuten gesehen. Sie hielten ein kleines Mahl, und die Frauen aßen, wie immer, von den Männern getrennt. An das ganze Bild erinnere ich mich nicht mehr; aber ich muß recht natürlich darin gewesen sein, denn ich hatte darin eine Gebetsarbeit. Ich sah in Annas Garten trotz der Jahreszeit noch viele Birnen und Pflaumen und andere Früchte auf den Bäumen, wenngleich die Blätter schon gefallen waren.

Ich vergesse immer zu sagen, wie ich in dieser Winterszeit die Witterung im gelobten Land sehe, weil mir alles so natürlich ist und ich immer meine, es müßte jedermann das schon wissen. Ich sehe oft Regen und Nebel, manchmal auch Schnee, der aber bald wieder schmilzt.

Der Weg vom Hause Annas bis zu Josephs Haus in Nazareth ist etwa eine halbe Stunde lang zwischen Gärten und Hügeln.

Ich sah, daß Joseph bei Anna vieles auf ein paar Esel packte, und daß er mit der Magd Annas nach Nazareth vor den Eseln herging. Maria wurde von Anna, welche das Jesuskind trug, dahin begleitet.

Maria und Joseph haben keine eigene Haushaltung; sie werden mit allem von Anna versorgt, die oft zu ihnen kommt. Ich sah die Magd Annas in einem Korb auf dem Kopf und einem an der Hand Nahrungsmittel dahintragen.

Den heiligen Joseph sah ich aus langen gelben, braunen und grünen Baststreifen Schirme, große Flächen und Decken oben an den Gemächern flechten. Er hatte einen Vorrat solcher geflochtener Tafeln in einem Schuppen neben dem Haus aufeinanderliegen. Er flocht allerlei Sterne, Herzen und andere Muster hinein. Ich dachte noch, wie er gar nicht ahnet, daß er bald fort muß.

Die Heilige Familie in Nazareth sah ich auch von Maria Heli, der ältesten Schwester der Heiligen Jungfrau, besucht. Sie kam mit der heiligen Anna und hatte ihren Enkel, einen etwa vierjährigen Knaben, den Sohn ihrer Tochter Maria Cleophä, bei sich. Ich sah die heiligen Frauen beisammen sitzen und wie sie das Jesuskind liebkosten und den Knaben auf die Arme legten. Es war ganz wie heutzutage. Maria Heli wohnte etwa drei Stunden gegen Morgen von Nazareth in einem kleinen Örtchen. Sie hatte ein Haus, fast so gut wie das ihrer Mutter Anna; es hatte einen ummauerten Hof mit einem Pumpbrunnen und einem steinernen Becken davor, in welches das Wasser floß, wenn man unten auf die Pumpe trat. Ihr Mann hieß Cleophas. Ihre Tochter Maria Cleophä, mit Alphäus verheiratet, wohnte am anderen Ende des Dorfes.

Flucht nach Ägypten

Als Herodes die Könige nicht wiederkommen sah, meinte er anfangs, sie hätten Jesum nicht gefunden, und es schien die ganze Sache etwas einzuschlafen. Nachdem Maria aber schon in Nazareth war, hörte Herodes von der Weissagung Simeons und Hannas bei der Opferung, und seine Sorge erwachte wieder. Ich sah ihn in so großer Unruhe wie damals, als die Könige nach Jerusalem gekommen waren. Er beriet sich mit alten Juden, welche aus langen Schriftrollen an Stäben ihm vorlasen. Er hatte auch viele Leute zusammenrufen und in einem großen Hofe mit Waffen und Kriegskleidern versehen lassen.

Ich sah diese Soldaten an drei Orten, in Bethlehem, Gilgal und Hebron. Die Einwohner waren in großer Bestürzung, weil sie gar nicht ahnen konnten, warum sie eine Besatzung erhielten. Die Soldaten blieben gegen dreiviertel Jahre an diesen Orten. Der Kindermord begann, als Johannes etwa zwei Jahre alt war.

Im Hause der Heiligen Familie zu Nazareth waren Anna und Maria noch anwesend. Maria mit dem Kinde hatte ihren getrennten Schlafraum rechts hinter der Feuerstelle, Anna hatte ihn davor links, und zwischen dem ihrigen und dem des heiligen Joseph hatte ihn Maria Heli.

Um Marias Lager war noch ein Vorhang oder Schirm; zu ihren Füßen lag das Jesuskind besonders gebettet; wenn sie sich aufrichtete, konnte sie es nehmen. Ich sah einen leuchtenden Jüngling vor Josephs Lager treten und mit ihm sprechen. Joseph richtete sich auf; aber er war schlaftrunken und legte sich wieder zurück, und ich sah, daß der Jüngling ihn nun bei der Hand faßte und emporzog. Da besann er sich und stand auf, und der Jüngling verschwand. Ich sah ihn nach der in der Mitte des Hauses brennenden Lampe gehen und sich ein Licht anzünden. Er ging vor die Kammer Mariä, pochte an und fragte, ob er nahen dürfe. Ich sah ihn hineingehen und mit Maria sprechen, welche ihren Schirm nicht öffnete. Dann sah ich ihn nach dem Stall zu seinem Esel und in eine Kammer gehen, worin allerlei Geräte lagen, und alles ordnen. Maria stand auf, kleidete sich gleich zur Reise an und ging zu Anna. Auch diese stand auf und Maria Heli und der Knabe. Ich kann nicht sagen, wie rührend die Betrübnis Annas und der Schwester war. Anna umarmte

Maria mehrmals unter Tränen und schloß sie an ihr Herz, als würde sie dieselbe nicht wiedersehen. Die Schwester warf sich platt an die Erde und weinte. Erst kurz vor dem Aufbruch nahmen sie das Jesuskind vom Bett. Alle drückten das Kind noch an ihr Herz; auch der Knabe bekam es zu umarmen. Maria nahm das Kind in eine Binde vor sich, welche über den Schultern befestigt war. Sie hatte einen langen Mantel umgeschlagen, der sie und das Kind verhüllte. Über dem Haupt trug sie einen großen Schleier, der den Kopf umspannte und vorne an den Seiten des Gesichts lang niederhing. Sie tat alles sehr ruhig und schnell und machte nur wenig Zubereitung zur Reise; ich sah nicht einmal, daß sie das Kind frisch wickelte. Sie hatte nur weniges Gerät bei sich; weit weniger, als sie von Bethlehem gebracht hatten. Es war nur ein kleines Bündel und einige Dekken. Joseph hatte einen Schlauch mit Wasser und einen Korb bei sich mit Fächern, worin Brote, Krüglein und auch lebendige Vögel. Auf dem Esel war für Maria mit dem Kind ein Quersitz mit einem Fußbrettchen. Sie ging eine Strecke mit Anna voraus. Es war der Weg gegen Annas Haus, doch mehr links. Anna umarmte und segnete sie, als Joseph mit dem Esel nahe kam und Maria aufstieg und fortritt. Es war noch vor Mitternacht, als sie das Haus verließen.

Das Jesuskind war zwölf Wochen alt. Ich sah dreimal vier Wochen.

Die Heilige Familie zog durch mehrere Orte in dieser Nacht, und ich sah sie erst des Morgens unter einem Schuppen ruhen und sich erquicken.

Die erste Herberge sah ich in dem kleinen Örtchen Nazara zwischen Legio und Massaloth nehmen. Die armen gedrückten Leute hier, welche die Heilige Familie beherbergten, waren keine rechten Juden; sie hatten weit über einen Gebirgsweg nach Samaria zum Tempel auf dem Berge Garizim zu gehen. Sie haben immer wie Sklaven am Tempel in Jerusalem und anderen öffentlichen Bauten arbeiten müssen. Die Heilige Familie konnte nicht mehr weiter kommen und wurde bei diesen verworfenen

Leuten sehr gut aufgenommen. Sie blieb auch den ganzen folgenden Tag dort. Auf der Rückkehr aus Ägypten hat sie diese armen Leute wieder besucht und auch, da Jesus zum ersten Male zum Tempel und wieder zurück nach Nazareth reiste. Diese ganze Familie hat sich später bei Johannes taufen lassen und ist auch zu der Gemeinde Jesu gekommen.

Nur drei Herbergen hat die Heilige Familie auf ihrer Flucht zum Übernachten gehabt; hier, dann in Anim oder Engannim bei dem Kameltreiber und zuletzt bei den Räubern. An den übrigen Tagen ruhten sie immer in Schluchten, Höhlen und den abgelegendsten Wildnissen auf ihren vielen mühsamen Umwegen.

Die sechste Nachtherberge sah ich in einer Höhle bei dem Berge und der Stadt Ephraim. Die Höhle lag in einer wilden Schlucht, eine Stunde etwa vom Haine Mambre. Ich sah die Heilige Familie hier sehr erschöpft und schwermütig ankommen. Maria war sehr traurig und weinte. Sie litten Mangel an allem. Sie waren einen ganzen Tag hier ruhend. Es geschahen hier mehrere Gnaden zu ihrer Erquickung. Eine Quelle entsprang in der Höhle, und eine wilde Ziege kam und ließ sich melken; auch wurden sie von einem Engel getröstet. In dieser Höhle betete oft ein Prophet. Auch Samuel hat sich hier einmal aufgehalten, und David hat hier umher seines Vaters Schafe gehütet, hat in ihr gebetet und Befehle durch Engel erhalten, auch die Mahnung und den Befehl, den Goliath zu töten.

Ich habe auch einmal gesehen, daß Maria einen Boten an Elisabeth sendete, welche dann ihr Kind an einen sehr versteckten Ort in der Wüste brachte. Zacharias ging nur ein Stück Weges an ein Wasser mit, wo Elisabeth mit dem Kind auf einem Balkenrost übersetzte. Zacharias ging von da nach Nazareth auf demselben Weg, den Maria beim Besuche Elisabeths gezogen war. Ich sah ihn auf der Reise.

Der letzte Ort von Judäa, durch den sie kamen, hatte einen Namen wie Mara. Ich dachte an den Stammort Annas; allein er war es nicht. Die Leute waren hier sehr wild und wüst, und die

Heilige Familie konnte nichts zur Labung von ihnen erhalten. Als sie von hier durch eine wüste Gegend weiter zogen, wußten sie sich fast nicht mehr zu helfen, denn sie hatten und fanden keinen Weg, und vor sich sahen sie eine finstere, unwegsame Gebirgshöhe. Maria war sehr erschöpft und traurig. Sie kniete mit dem Kind und Joseph nieder und flehte zu Gott. Da kamen mehrere große wilde Tiere, wie Löwen, um sie her und waren ganz freundlich. Ich sah, daß sie gesendet waren, ihnen den Weg zu zeigen. Sie sahen nach dem Gebirge hin, liefen hin und wieder zurück, gerade wie ein Hund, der einen wohinführen will. Ich sah auch die Heilige Familie endlich den Tieren folgen. Sie zogen über das Gebirge und kamen durch eine sehr unheimliche Gegend.

Abseits von ihrem Weg schimmerte durch die Nacht den Reisenden ein Licht entgegen. Es kam von der Hütte eines Raubgesindels, neben welcher es an einem Baum hing, um Reisende anzulocken. Der Weg war hier stellenweise abgegraben, und es waren auch Schnüre und Schellen darüber gespannt, um daran stoßende Wanderer zu bemerken. Da sah ich plötzlich einen Mann mit etwa fünf Gesellen die Heilige Familie umringen. Sie kamen in böser Absicht. Als sie aber das Kind erblickten, sah ich einen leuchtenden Strahl, wie einen Pfeil in das Herz des Mannes dringen, der nun seinen Gesellen befahl, diesen Leuten kein Leid anzutun. Maria sah diesen Strahl auch. Der Räuber brachte nun die Heilige Familie nach seinem Haus und erzählte seiner Frau, wie sein Herz bewegt worden sei. Die Leute waren anfänglich ganz scheu und blöde, was doch sonst ihre Art nicht schien; doch näherten sie sich nach und nach und stellten sich um die Heilige Familie, die sich in einem Winkel an die Erde gesetzt. Einzelne Männer gingen ab und zu, und die Frau brachte Maria kleine Brote, Früchte, Honigwaben und Becher mit Getränk. Auch der Esel wurde unter Dach gebracht. Die Frau räumte Maria ein kleines Gewölbe ein, wohin sie ihr eine Mulde mit Wasser brachte, um das Jesuskind zu baden. Sie trocknete ihr auch die Windeln am Feuer. Der Mann war so bewegt, daß er zu seinem Weibe sagte: „Dieses hebräische Kind ist kein gewöhnliches Kind, bitte die Frau, daß wir unser aussätziges Kind in seinem Badewasser waschen dürfen; vielleicht wird es ihm helfen." Als das Weib ihre Bitte der Heiligen Jungfrau vorbringen wollte, empfing sie, noch ehe sie es getan, von Maria die Weisung, ihren aussätzigen Knaben in diesem Wasser zu waschen, das nach dem Bade des Jesuskindes viel klarer war als zuvor. Der Knabe war etwa dreijährig und starrte von Aussatz. Er wurde auf den Armen liegend herbeigetragen. Wo das Wasser ihn berührte, fiel der Aussatz wie Schuppen auf den Grund der Mulde von ihm nieder. Der Knabe des Räubers war rein und genesen. Die Frau war außer sich vor Freude und wollte Maria und das Kind umarmen. Maria aber hielt abwehrend die Hand vor und ließ weder sich noch ihr Kind berühren.

Am frühen Morgen reiste die Heilige Familie weiter. Der Räuber und sein Weib hätten die Heilige Familie gerne noch länger bei sich behalten; sie versahen sie mit Nahrungsmitteln und begleiteten sie an den vielen Gruben vorbei über eine Strecke Wegs.

Als die Leute mit vieler Rührung Abschied nahmen, sagten sie die merkwürdigen Worte zu der Heiligen Familie: „Gedenket unser, wo ihr auch hinkommt!" Bei diesen Worten hatte ich ein Bild, daß der geheilte Knabe der gute Schächer geworden, der am Kreuz zu Jesus sprach „Gedenke meiner, wenn du in dein Reich kommen wirst!" Die Frau ist später bei den Leuten wohnhaft geworden, die um den Balsamgarten sich ansiedelten.

Als sie später durch eine Sandfläche nicht weiterzukommen wußten, sah ich ein sehr liebliches Wunder. Es sproßte zu beiden Seiten des Weges die Pflanze, Rose von Jericho, auf, mit ihren krausen Zweigen, den Blümchen in der Mitte und der geraden Wurzel. Freudig gingen sie darauf zu und sahen auf Gesichtsweite immer wieder solche Pflanzen aufsprossen und so fort die ganze Fläche entlang. Ich sah, daß der Heiligen Jungfrau eröffnet wurde, daß in späterer Zeit die Leute des Landes diese Rosen sammeln und an fremde Reisende um Brot verkaufen würden. Der Name dieser Gegend klang wie Gaza oder Goze.

Ich sah die Heilige Familie auf ägyptischem Grund und Boden in ebener, grüner Gegend mit Viehweiden. An den Bäumen waren Götzenbilder, wie Wickelpuppen oder Fische mit breiten Bändern, worauf Figuren oder Buchstaben, angebunden. Hie und da sah ich Leute von gedrungener fetter Gestalt zu diesen Götzenbildern treten und sie verehren. Die Heilige Familie ging nach einem Schuppen, worin Vieh stand, um auszuruhen. Das Vieh ging heraus und machte ihnen Platz. Sie hatten Mangel an aller Nahrung, hatten weder Brot noch Wasser. Maria hatte kaum Nahrung für ihr Kind. Niemand gab ihnen etwas. Sie haben alles menschliche Elend auf dieser Fluchtreise ausgestanden.

Endlich kamen einige Hirten, um das Vieh zu tränken; aber auch diese hätten nichts gegeben, wenn nicht Joseph darum gebeten hätte. Da schlossen sie den Brunnen auf und gaben ihm ein wenig Wasser.

Später sah ich die Heilige Familie sehr schmachtend und hilflos in einem Wald. Am Ausgang des Waldes stand ein schlanker, dünner Dattelbaum, die Früchte wuchsen oben im Gipfel, wie in einer Traube beisammen. Maria ging mit dem Jesuskind auf dem Arm zu dem Baum, betete und hob das Kind zu ihm empor; da neigte sich der Baum mit seinem Gipfel, als kniee er nieder, daß sie alle seine Früchte von ihm sammelten. Der Baum blieb in dieser Stellung. Ich sah, daß Maria viele von den Früchten an nackte Kinder austeilte, welche aus dem letzten Ort nachgelaufen waren.

Eine Viertelstunde von diesem Baum stand ein ungemein dicker Baum derselben Art, der hohl und groß wie eine Eiche war. Sie verbargen sich darin vor den nachziehenden Leuten. Am Abend sah ich sie in den Mauern eines verfallenen Ortes, wo sie übernachteten.

Die Heilige Familie kommt nach Heliopolis

Ich sah die Heilige Familie auf dem Wege nach Heliopolis. Sie war von der letzten Nachtherberge her von einem guten Mann begleitet, der, meine ich, von den Arbeitern an jenem Kanal war, über den sie sich hatte fahren lassen. Sie zogen auf einer sehr hohen langen Brücke über einen breiten Fluß (Nil). Er schien mehrere Arme zu haben. Sie kamen auf einen Platz vor dem Tore der Stadt, welcher mit einer Art von Promenade umgeben war. Hier stand auf einem Säulenfuß, der oben dünner als unten war, ein großes Götzenbild mit einem Ochsenkopf, welches etwas von der Gestalt eines Wickelkindes in den Armen trug. Das Götzenbild war mit einem Kreis von Steinen gleich Bänken oder Tischen umgeben, auf welche die Leute ihre Opfer niederlegten. Unfern von diesem Götzen stand ein sehr großer Baum, unter welchem die Heilige Familie sich zu ruhen niedersetzte.

Sie hatten kaum eine Weile unter dem Baum geruht, da entstand eine Erderschütterung, und das Götzenbild wankte und stürzte. Es entstand ein Auflauf und Geschrei unter dem Volk, und viele Kanalarbeiter aus der Nähe liefen herzu. Der gute Mann aber, der die Heilige Familie begleitete, führte sie nach der Stadt. Sie waren schon am Ausgang des Götzenplatzes, als das erschreckte Volk sie zornig mit Droh- und Schimpfworten umgab. Da bebte aber die Erde, der große Baum sank um, seine Wurzeln brachen aus dem Erdreich in die Höhe, und es entstand eine Lache schmutzigen Wassers, worin das Götzenbild so tief einsank, daß man kaum die Hörner noch sah, und einige der Bösesten sanken mit ein. Die Heilige Familie zog nun ruhig in die Stadt ein, wo sie in einer Halle eines großen Gemäuers mit vielen Räumen eines Götzentempels einkehrten. Auch in der Stadt waren Götzenbilder in den Tempeln umgestürzt.

Heliopolis hieß auch On. Aseneth, die Frau des ägyptischen Joseph war hier bei dem Götzenpriester Putiphar, und hier studierte auch Dionysius der Areopagite.

Die Heilige Familie wohnte unter einem niedrigen Säulengang, wo noch andere Leute sich Wohnungen eingebaut hatten. Die Hallen dieses Ganges waren von kurzen, runden und viereckigen Säulen gestützt. Oben darüber führte ein Weg, über den gegangen und gefahren wurde. Den Hallen gegenüber war ein Götzentempel mit zwei Höfen. Joseph machte sich vor seinem Raum einen Vorbau aus leichter Holzarbeit. Sein Esel war auch da. Der Raum war durch solche Splintwände abgeteilt, wie Joseph sie immer zu machen pflegte.

Ich sah den heiligen Joseph zu Hause und oft auch auswärts arbeiten. Er machte lange Stäbe mit runden Knöpfen, auch kleine niedere, dreibeinige Schemel mit einem Griff, um sie anzufassen, auch eine Art Körbe. Er verfertigte viele leichte Splintwände von Flechtwerk und sechs- oder achteckige leichte Türmchen von dünnen, leichten langen Brettern, oben spitz zugehend und in einem Knopf endend. Es war eine Öffnung dran, so daß ein Mann darin sitzen konnte wie in einem Schilderhäuschen.

Ich sah die Heilige Jungfrau Teppiche flechten und auch mit einer anderen Arbeit, wobei sie einen Stab neben sich hatte, an welchem oben ein Knollen befestigt war, ich weiß nicht mehr, ob sie spann oder sonst etwas wirkte. Ich sah auch öfter Leute sie und das Jesuskindchen besuchen, welches in einer Art Wiegenschiffchen neben ihr am Boden lag. Manchmal sah ich dieses Schiffchen erhöht auf einem Gestell, wie auf einem Sägebock stehen. Es waren nur wenige Juden hier, und ich sah sie umhergehen, als hätten sie kein Recht, hier zu leben.

Die Heilige Familie wohnte etwas über ein Jahr in Heliopolis, hatte aber von den ägyptischen Leuten viel zu leiden, denn sie wurde von ihnen wegen der umgestürzten Götzenbilder gehaßt und verfolgt. Auch hatte Joseph hier Mangel an Zimmerarbeit, da die Leute sehr fest bauten. Kurz bevor sie Heliopolis verließen, erfuhr die Heilige Jungfrau durch einen Engel den bethlehemischen Kindermord. Maria und Joseph waren sehr betrübt, und das Jesuskind, das schon gehen konnte und anderthalb Jahre alt war, weinte den ganzen Tag.

Die Ermordung der unschuldigen Kinder

Ich sah die Mütter mit ihren Knaben von den jüngsten bis zu den zweijährigen aus verschiedenen Orten um Jerusalem, Bethlehem, Gilgal und Hebron, wohin Herodes Soldaten verlegt hatte, und wo er durch dortige Vorgesetzte den Befehl dazu ergehen ließ, nach Jerusalem zu kommen. Ich sah manche Frauen bis von der arabischen Grenze her ihre Kinder nach Jerusalem bringen. Sie hatten mehr als eine Tagreise dahin. Die Mütter kamen in verschiedenen Haufen zur Stadt. Manche hatten zwei Kinder bei sich und ritten auf Eseln. Sie wurden alle in ein großes Gebäude geführt und die sie begleitenden Männer zurückgesendet. Die Leute kamen ganz fröhlich, denn sie glaubten, eine Belohnung zu erhalten.

Im Gerichtshaus war zu ebener Erde eine große Halle, wie ein Kerker oder eine Wachstube, im oberen Stockwerk aber war ein Saal, aus welchem die Fenster nach dem Hofe gingen. In diesem Saale sah ich die Gerichtsherren versammelt, welche Rollen vor sich auf dem Tisch liegen hatten. Herodes war auch da. Er trug eine Krone und einen roten, mit schwarz verbrämten weißen Pelz gefütterten Mantel und sah, von andern umgeben, vom Fenster aus dem Morden zu.

Die Mütter wurden einzeln mit ihren Knaben aus den Seitengebäuden in die große Halle unter dem Gerichtssaal gerufen. Beim Eintritt wurden ihnen die Kinder von den Kriegsknechten abgenommen und durch das Tor in den Hof hinausgebracht, wo ihrer zwanzig beschäftigt waren, sie mit Schwertern und Spießen durch Hals und Herz zu stechen. Es waren teils Kinder noch in Windeln, welche die Mütter am Arm trugen, teils Knäblein in gewirkten Röckchen. Sie kleideten sie nicht erst aus; sie stachen sie in Hals und Herz und schleuderten sie am Arm oder Beine gefaßt auf einen Haufen hin. Es war ein gräßlicher Anblick.

Die Mütter wurden in der großen Halle von den Soldaten eine zu der anderen zurückgedrängt, und als sie das Schicksal ihrer Kinder merkten, erhoben sie ein gräßliches Geschrei, zerrauften sich die Haare und umklammerten einander. Sie standen endlich so gedrängt, daß sie sich kaum rühren konnten. Ich meine, das Morden dauerte bis gegen Abend. Die Ermordeten wurden im Hof in einer großen Grube verscharrt. Die Mütter sah ich gebunden in der Nacht von Soldaten nach ihren Orten zurückgebracht werden. Auch an anderen Orten wurden die Kinder ermordet. Es dauerte mehrere Tage lang.

Ihre Zahl wurde mir mit einer Zahl gezeigt, die wie Ducen lautete, und die ich so oft zusammenzählen mußte, bis die ganze Zahl herauskam, ich meine, es waren siebenhundert und sieben oder siebzehn.

Die Stelle des Kindermordes in Jerusalem war der nachmalige Richthof unweit dem Gerichtshaus des Pilatus; doch zu dessen Zeit sehr verändert. Ich sah bei Christi Tod die Grube der Ermordeten einstürzen; es erschienen ihre Seelen und zogen von dannen.

Elisabeth war mit Johannes in die Wüste geflohen. Sie suchte lange, bis sie eine Höhle fand, und war vierzig Tage bei ihm. Ich sah aber, daß danach ein Essener aus der Genossenschaft am Berge Horeb, ein Verwandter der Tempelhanna, anfänglich alle acht und später alle vierzehn Tage ihm Nahrung brachte und ihm half. Johannes hätte vor der Verfolgung des Herodes auch in der Nähe seines elterlichen Hauses verborgen werden können; er wurde aber auf göttliche Eingebung in die Wüste geflüchtet, weil er getrennt von menschlichem Umgang und gewöhnlicher menschlicher Speise einsam aufwachsen sollte. Ich sah diese Wildnis fruchtbar. Es wuchsen Früchte, Beeren und Kräuter darin.

Rückkehr aus Ägypten – Johannes in der Wüste

Ich sah die Heilige Familie Ägypten verlassen. Herodes war schon länger tot; aber sie konnten noch nicht zurück, weil noch immer Gefahr war. Ich sah den heiligen Joseph, der immer mit

Zimmerarbeit beschäftigt war, an einem Abend sehr betrübt; denn die Leute hatten ihm nichts gegeben, und er konnte nichts mit nach Hause bringen, wo Mangel war. Er kniete einsam im Freien und betete. Er war sehr betrübt; der Aufenthalt unter diesem Volk ward immer unerträglicher. Sie hatten einen schändlichen Götzendienst und opferten selbst mißgestaltete Kinder. Wer ein gesundes opferte, glaubte, sehr fromm zu sein. Außerdem hatten sie einen noch schändlicheren geheimen Dienst. Auch die Juden im Judenorte waren ihm ein Greuel.

Als Joseph so betrübt zu Gott betete, sah ich, daß ein Engel zu ihm trat und sagte, nun solle er sich aufmachen und am folgenden Morgen aus Ägypten auf der gewöhnlichen Heerstraße ziehen; er solle sich nicht fürchten, denn er wolle bei ihnen sein. Ich sah Joseph diese Nachricht der Heiligen Jungfrau und Jesus bringen und sie ihr weniges Geräte auf den Esel packen.

Am anderen Morgen, da ihr Entschluß, abzureisen, bekannt wurde, kamen viele Leute betrübt zu ihnen und brachten allerlei Geschenke in kleinen Gefäßen von Bast. Mehrere Frauen hatten auch ihre Kinder mitgebracht. Es war unter ihnen eine vornehmere Frau mit einem mehrjährigen Knaben, welchen sie Mariensohn zu nennen pflegte, weil sie, lange vergebens auf einen Sohn hoffend, ihn auf das Gebet Mariä empfangen hatte. Diese Frau gab dem Jesusknaben dreieckige gelbe, weiße und braune Münzen; und Jesus sah dabei seine Mutter an. Der Knabe dieser Frau wurde von Jesus später unter seine Jünger aufgenommen und wurde Deodatus genannt. Die Mutter hieß Mira.

Ich sah viele Bilder ihrer ganzen Reise, die ohne besondere Gefahr für sie war. Maria war oft sehr bekümmert, daß dem Jesusknaben das Gehen in der heißen Sonne so beschwerlich war. Joseph hatte ihm ganze Schuhe aus Bast gemacht, die bis über die Knöchel fest gebunden wurden; aber ich sah sie doch oft stillehalten und Maria dem Knaben den Sand aus den Schuhen schütteln. Sie selber trug nur Sohlen. Jesus trug sein braunes Röckchen und mußte oft auf dem Esel sitzen. Er, Maria und Joseph hatten zum Schutz gegen die glühenden Sonnenstrahlen auf dem Kopf breite Bastschirme, welche sie mit einem Band unter dem Kinn befestigten.

Joseph wollte nicht nach Nazareth ziehen, sondern nach Bethlehem; doch war er unschlüssig, weil er hörte, es regiere nun Archeäus über Judäa, der auch sehr grausam war. Endlich erschien ihm ein Engel, der ihm sagte, daß er nach Nazareth ziehe. Anna lebte noch. Nur sie und einige Verwandte hatten von dem Aufenthalt der Heiligen Familie gewußt.

Ich hatte einen Blick auf den siebenjährigen Knaben Jesus, wie er zwischen Maria und Joseph wandelnd aus Ägypten nach Judäa zurückkam. Ich sah den Esel nicht bei ihnen. Sie trugen ihre Bündel selbst. Joseph war etwa dreißig Jahre älter als Maria. Ich sah sie auf einer Straße durch die Wüste, etwa zwei Stunden von der Höhle des Johannes entfernt. Der Knabe Jesus schaute wandelnd nach der Gegend hinüber, und ich sah, daß seine Seele nach Johannes sich wendete. Zugleich sah ich Johannes in seiner Höhle betend. Ein Engel in Gestalt eines Knaben trat zu ihm und sagte, dort ziehe der Heiland vorüber. Ich sah Johannes aus der Höhle hinaus mit ausgebreiteten Armen nach der Gegend eilen, wo sein Heiland vorüberwandelte. Er hüpfte und tanzte vor Freude. Es war dieses Bild ungemein rührend.

Johannes war schon lange in der Wüste, ehe die Heilige Familie aus Ägypten zurückkehrte. Er war nie in einer Schule. Der Heilige Geist hat ihn in der Wüste unterrichtet. Es wurde von seiner Kindheit auf viel von ihm geredet. Die Wunder seiner Geburt waren bekannt, und oft wurde ein Licht um das Kind gesehen. Herodes stellte ihm schon frühe nach, und vor dem Kindermord floh Elisabeth mit Johannes in die Wüste. Er konnte laufen und sich helfen und war nicht weit von der ersten Höhle Magdalenas. Elisabeth besuchte ihn manchmal.

In seinem sechsten oder siebenten Jahre sah ich ihn von seiner Mutter wieder in die Wüste führen. Als Elisabeth den Knaben vom Hause wegführte, war Zacharias nicht zugegen; er war aus

Schmerz weggegangen, um den Abschied nicht zu sehen, denn er liebte Johannes sehr. Doch hatte er ihm seinen Segen gegeben, denn er segnete Elisabeth und Johannes immer, sooft er wegging. Johannes hatte ein Gewand aus Fellen von der linken Schulter quer über Brust und Rücken niederhängen, unter der rechten Achsel war es zusammengeheftet; sonst trug er kein Gewand. Seine Haare waren bräunlich und dunkler als die Haare Jesu. In der Hand trug er einen weißen Stab, den er von Hause mitgenommen und immer in der Wüste behalten hat.

So sah ich ihn an der Hand seiner Mutter Elisabeth, einer langen, sehr eingehüllten raschen alten Frau mit kleinem feinem Gesichte über Land eilen. Er lief oft voraus, war ganz unbefangen und kindlich, jedoch nicht zerstreut. Ich sah sie über einen Fluß setzen; es war keine Brücke da, sie fuhren auf Balken hinüber, die im Wasser lagen. Elisabeth, eine sehr entschlossene Frau, ruderte mit einem Zweige. Sie wendeten sich nun gegen Morgen und kamen in eine Schlucht, die in der Höhe öde und felsig, in der Tiefe aber mit Gebüsch und besonders mit vielen Erdbeeren bewachsen war, wovon Johannes dann und wann eine aß. Als sie ein Stück in die Schlucht hineingegangen waren, nahm Elisabeth von Johannes Abschied. Sie segnete ihn, drückte ihn an ihr Herz, küßte ihn auf die beiden Wangen und die Stirne, kehrte dann um und sah sich noch oft weinend nach ihm um; er aber war ganz unbekümmert und ging ruhig weiter in die Schlucht. Ich ging mit ihm und ward bange, das Kind gehe zu weit von seiner Mutter und werde nicht mehr nach Hause finden. Da erhielt ich aber eine innere Stimme, ich solle nicht sorgen, das Kind wisse wohl, was es tue.

Nach dem Tode seines Vaters kam Johannes heimlich nach Juta, um Elisabeth zu trösten. Er hielt sich einige Zeit verborgen bei ihr auf. Sie erzählte ihm manches von Jesus und der Heiligen Familie, und er merkte sich einzelnes auf seiner Tafel mit Strichen an. Elisabeth wünschte, daß er mit ihr nach Nazareth gehe; er aber wollte es nicht tun, sondern ging wieder in die Wüste.

Zacharias war, da er mit einer Herde zum Tempel zog, in einem Hohlweg vor der Bethlehemer Seite von Jerusalem, wo man die Stadt nicht sehen konnte, von den Soldaten des Herodes überfallen und sehr mißhandelt worden. Die Soldaten schleppten ihn in ein Gefängnis an der Seite des Berges Sion, wo später die Jünger immer in den Tempel hinaufgingen. Er wurde schrecklich mißhandelt, gefoltert und endlich erstochen, weil er den Aufenthalt von Johannes nicht angeben wollte. Elisabeth war zu dieser Zeit bei Johannes in der Wüste. Als sie nach Juta zurückkehrte, wurde sie von Johannes eine Strecke weit begleitet. Dieser kehrte wieder um; Elisabeth aber erfuhr in Juta die Nachricht von der Ermordung ihres Mannes und fiel in großes Wehklagen.

Zacharias wurde von seinen Freunden in der Nähe des Tempels begraben. Er ist aber nicht jener Zacharias, der zwischen Tempel und dem Altare erschlagen wurde und den ich, als die Toten bei dem Kreuzestode Jesu aus den Gräbern hervorkamen, aus der Tempelmauer, wo der alte Simeon seine Betzelle gehabt hatte, herauskommen und im Tempel umherwandeln sah. Der letztere Zacharias wurde ermordet bei einem Streit, der über das Geschlecht des Messias und über gewisse Rechte und Orte einzelner Familien am Tempel zwischen mehreren stattfand.

Elisabeth konnte vor Trauer nicht mehr in Juta und ohne Johannes bleiben, sie kehrte zu ihm in die Wüste zurück, wo sie nach kurzer Zeit starb und von dem Essener, einem Verwandten der Tempelhanna, begraben wurde. Das Haus in Juta, das sehr wohl eingerichtet war, bewohnte ihre Schwestertochter. Johannes kam nach dem Tode seiner Mutter noch einmal heimlich dahin und ging dann noch tiefer in die Wüste und war fortan ganz allein. Seine Abhärtung und Kasteiung wurde immer strenger und sein Gebet länger und heftiger. Er hat den Heiland nur dreimal von Angesicht leiblicher Weise gesehen; aber Jesus war im Geiste bei ihm und auch Johannes, der stets im prophetischen Zustande war, sah Jesu Wandel im Geiste.

Ich sah Johannes als erwachsenen starken ernsten Mann bei

einer trockenen Grube in der Wüste. Er schien zu beten, und es kam Glanz über ihn wie eine lichte Wolke. Es war mir, als zöge dieser sich aus der Höhe von den überirdischen Wassern her. Es stürzte ein lichter glänzender Wasserstrom über ihn in das Becken nieder. Auf diesen Guß schauend sah ich Johannes nicht mehr am Rande des Beckens, sondern in dem Becken und von dem glänzenden Wasser übergossen, und das Becken war ganz mit dem schimmernden lichten Wasser erfüllt. Dann aber sah ich ihn wieder am Rande stehen, wie im Anfang. Ich sah ihn aber nicht heraus- und nicht hineinsteigen und glaube, daß das Ganze vielleicht ein Gesicht war, welches Johannes hatte, daß er zu taufen beginnen sollte, oder eine geistige Taufe, die im Gesicht über ihn kam.

Jesus im Tempel zu Jerusalem

In dem Hause zu Nazareth waren drei Wohnräume abgesondert. Der Raum der Mutter Gottes war der größte und angenehmste. Hier kamen Jesus, Maria und Joseph auch zum Gebet zusammen; sonst sah ich sie sehr selten beisammen. Jedes lebte sonst meist in seinem Raum allein. Joseph zimmerte in dem seinen. Ich sah ihn Stäbe und Latten schnitzen. Stücke Holz glatt machen, auch wohl einen Balken herantragen und sah Jesus ihm helfen. Maria war meist mit Nähen und einer Art Stricken mit kleinen Stäben beschäftigt, wobei sie mit untergeschlagenen Beinen saß und ein Körbchen neben sich hatte. Jedes schlief in seinem Verschlag allein, und das Lager bestand in einer Decke, welche morgens zu einem Wulst aufgerollt wurde.

Ich sah Jesus den Eltern alle mögliche Handreichung tun und auch auf der Straße und wo er Gelegenheit fand, jedermann freundlich, behilflich und dienstfertig sein. Er half seinem Pflegevater in dem Handwerk oder lebte in Gebet und Betrachtung. Allen Kindern von Nazareth war er ein Muster. Sie liebten ihn und fürchteten, ihm zu mißfallen; und die Eltern seiner

Gespielen pflegten diesen bei Untaten und Fehlern zu sagen: „Was wird Josephs Sohn sagen, wenn ich ihm dieses erzähle? Wie wird er sich darüber betrüben?“ Sie verklagten auch manchmal die Kinder freundlich vor ihm in ihrer Gegenwart und baten ihn: „Sage ihnen doch, daß sie dieses oder jenes nicht mehr tun!“ Und Jesus nahm das ganz kindlich und spielend auf, und voll Liebe bat er die Kinder, es so und so zu machen; betete auch mit ihnen um Kraft vom himmlischen Vater, sich zu bessern, beredete sie, Abbitte zu tun und ihre Fehler gleich zu bekennen.

In Nazareth lebte eine mit Joachim verwandte Essenerfamilie, welche vier Söhne mit Namen: Cleophas, Jacobus, Judas und Japhet hatte, die wenige Jahre jünger oder älter als Jesus waren. Auch sie waren Jugendgespielen Jesu, und sie und ihre Eltern pflegten immer mit der Heiligen Familie zusammen zum Tempel zu reisen. Diese vier Brüder wurden um die Zeit von Jesu Taufe Johannesjünger und nach dessen Ermordung Jünger Jesu. Sie kamen auch, da Andreas und Saturnin über den Jordan zogen, diesen nach und blieben den Tag über bei ihm und waren mit unter den Johannesjüngern, welche Jesus auf die Hochzeit nach Kana brachte. Cleophas ist derselbe, dem in Gesellschaft mit Lukas Jesus in Emmaus erschien. Er war verheiratet und wohnte zu Emmaus. Seine Frau kam später zu den Frauen der Gemeinde.

Jesus war schlank und schmächtig von Gestalt, mit einem schmalen, leuchtenden Angesicht; gesund aussehend, aber doch bleich. Seine ganz schlichten, rötlich gelben Haare hingen ihm gescheitelt über der hohen offenen Stirn auf die Schulter nieder. Er hatte einen langen, lichtbräunlich-grauen Hemdrock an, der wie gewebt bis auf die Füße ging; die Ärmel waren etwas weit an den Händen.

Acht Jahre alt zog er zum erstenmal mit den Eltern zum Osterfest nach Jerusalem und die folgenden Jahre immer.

Jesus hatte schon in den ersten Reisen bei den Freunden, wo sie in Jerusalem einkehrten, und bei Priestern und Lehrern Aufmerksamkeit erregt. So hatte Jesus, als er in seinem zwölften Jahre mit seinen Eltern in Gesellschaft ihrer Freunde und deren Söhne nach Jerusalem kam, schon allerlei Bekannte in der Stadt. Die Eltern hatten die Gewohnheit, einzeln mit ihren Landsleuten auf der Reise zu wandeln und wußten bei dieser nun fünften Reise Jesu, daß er immer mit den Jünglingen aus Nazareth zog.

Jesus hatte sich diesmal aber bei der Heimreise schon in der Gegend des Ölberges von seinen Begleitern getrennt, welche meinten, er habe sich zu seinen Eltern, welche folgten, gesellt. Jesus aber war nach der bethlehemitischen Seite von Jerusalem gegangen, in jene Herberge, wo die Heilige Familie vor Mariä Reinigung eingekehrt war. Die Heilige Familie glaubte ihn mit den anderen Nazarethanern voraus, diese aber glaubten ihn mit seinen Eltern folgend. Als diese alle auf der Heimkehr endlich in Gophna zusammentrafen, war die Angst Mariä und Josephs über seine Abwesenheit ungemein groß, und sie begaben sich sogleich nach Jerusalem zurück und fragten unterwegs und überall in Jerusalem nach ihm, konnten ihn aber nicht gleich finden, weil er gar nicht da gewesen, wo sie sich gewöhnlich aufhielten. Jesus hatte in der Herberge vor dem Bethlehems-Tore geschlafen, wo die Leute seine Eltern und ihn kannten.

Dort hatte er sich zu mehreren Jünglingen gesellt und war mit ihnen in zwei Schulen der Stadt gegangen; den ersten Tag in die eine, den zweiten in die andere. Am dritten Tage war er morgens in einer dritten Schule am Tempel und nachmittags im Tempel selbst gewesen, wo ihn seine Eltern fanden. Es waren diese Schulen verschiedener Art und nicht alle gerade Schulen über das Gesetz; es wurden auch andere Wissenschaften darin gelehrt; die letzte war in der Nähe des Tempels, aus welcher Leviten und Priester genommen wurden.

Jesus brachte durch seine Fragen und Antworten die Lehrer und Rabbiner aller dieser Schulen in ein solches Erstaunen und auch in solche Verlegenheit, daß sie sich vornahmen, am dritten Tage nachmittags im Tempel selbst auf dem öffentlichen Lehrort den Knaben Jesus durch die gelehrtesten Rabbiner in verschiedenen Fächern wieder zu demütigen. Es taten dieses die Lehrer und Schriftgelehrten untereinander; denn anfangs hatten sie eine Freude an ihm gehabt, nachher aber an ihm sich geärgert. Es geschah dieses in der öffentlichen Lehrhalle in der Mitte der Vorhalle des Tempels vor dem Heiligen, in dem runden Kreis, wo Jesus später auch gelehrt. Ich sah da Jesus in einem großen Stuhl sitzen, den er bei weitem nicht ausfüllte. Er war von einer Menge alter und priesterlich gekleideter Juden umgeben. Sie horchten aufmerksam und schienen ganz grimmig, und ich fürchtete, sie würden ihn ergreifen.

Da Jesus in den Schulen allerlei Beispiele aus der Natur und aus den Künsten und Wissenschaften in seinen Antworten und Erklärungen gebraucht hatte, so hatten sie hier Meister in allen solchen Sachen zusammengebracht. Als diese nun anfingen, mit Jesus im einzelnen zu disputieren, so sagte er, diese Dinge gehörten eigentlich nicht hierher in den Tempel, aber er wolle ihnen doch nun auch hierauf Antwort geben, weil es seines Vaters Wille so sei. Sie verstanden aber nicht, daß er hiermit seinen himmlischen Vater meinte, sondern glaubten, Joseph habe ihm befohlen, sich mit all seinen Wissenschaften sehen zu lassen.

Jesus antwortete und lehrte nun über Medizin und beschrieb den ganzen menschlichen Leib, wie ihn die Gelehrtesten nicht kannten; ebenso von der Sternkunde, Baukunst, Ackerbau, von der Meßkunst und Rechenkunst, von der Rechtsgelehrsamkeit und allem, was nur vorkam, und führte alles so schön wieder auf das Gesetz und die Verheißung, die Prophezeiung und auf den Tempel und die Geheimnisse des Dienstes und der Opfer aus, daß die einen immer in Bewunderung und die anderen beschämt in Ärger begriffen waren, und das immer abwechselnd, bis sie alle beschämt sich ärgerten, meistens weil sie Dinge hörten, die sie nie gewußt, nie so verstanden hatten.

Er hatte schon ein paar Stunden so gelehrt, als Joseph und Maria auch in den Tempel kamen und bei Leviten, die sie dort kannten, nach ihrem Kinde fragten. Da hörten sie, daß er mit den Schriftgelehrten in der Lehrhalle sei. Da dies nun kein Ort war, wo sie hingehen konnten, sandten sie den Leviten hin, er solle Jesus rufen. Jesus ließ ihnen aber sagen, er wolle zuerst sein Geschäft enden. Das betrübte Maria sehr, daß er nicht gleich kam. Es war dies das erste Mal, daß er die Eltern fühlen ließ, er habe noch anderen Befehlen zu folgen als den ihren. – Er lehrte wohl noch eine Stunde, und als alle widerlegt, beschämt und teils geärgert waren, verließ er die Lehrhalle und kam zu seinen Eltern in den Vorhof Israels und der Weiber. Joseph war ganz schüchtern und verwundert und sprach nicht; Maria aber nahte ihm und sprach: „Kind, warum hast du uns dies getan? Sieh, dein Vater und ich haben dich so schmerzlich gesucht!" Jesus aber war noch ganz ernsthaft und sagte: „Warum habt ihr mich gesucht? Wußtet ihr denn nicht, daß ich in dem sein muß, was meines Vaters ist?" Sie verstanden dies aber nicht und begaben sich gleich mit ihm auf die Rückreise.

Ich sah die Heilige Familie wieder zur Stadt hinausgehen. Sie vereinigten sich vor der Stadt mit drei Männern und zwei Weibern und einigen Kindern, die ich nicht kannte, die aber auch von Nazareth zu sein schienen. Mit diesen zusammen gingen sie noch um Jerusalem herum allerlei Wege, auch an den Ölberg und blieben in den schönen grünen Lustplätzen, welche da sind, hie und da stehen und beteten die Hände auf der Brust gekreuzt. Ich sah sie auch über einen Bach mit großer Brücke gehen. Dieses Gehen und Beten der kleinen Gesellschaft erinnerte mich lebhaft an eine Wallfahrt.

Als Jesus in Nazareth zurück war, sah ich im Hause der Anna ein Fest bereitet, wo alle Jünglinge und Mägdlein von den Verwandten und Freunden versammelt waren. Ich weiß nicht, ob es ein Freudenfest über sein Wiederfinden war oder sonst ein Fest, das man nach der Rückkehr vom Osterfest feierte, oder ein Fest, das man im zwölften Jahre der Söhne feierte. Jesus aber war dabei wie die Hauptperson.

Es waren schöne Laubhütten über der Tafel errichtet; es hingen Kränze von Weinlaub und Ähren darüber, die Kinder hatten auch Trauben und kleine Brote. Es waren bei diesem Fest 33 Knaben, lauter zukünftige Jünger Jesu, und ich hatte einen Bezug davon auf die Lebensjahre Jesu. Jesus lehrte und erzählte das ganze Fest hindurch den anderen Knaben eine ganz wunderbare und meist nicht verstandene Parabel von einer Hochzeit, wo Wasser in Wein werde verwandelt werden und die lauen Gäste in eifrige Freunde, und dann wieder von einer Hochzeit, wo der Wein in Blut und das Brot in Fleisch werde verwandelt werden, und das werde bei den Gästen bleiben bis zum Ende der Welt als Trost und Stärke und als ein lebendiges Band der Vereinigung. Er sagte auch einem verwandten Jünglinge mit Namen Nathanael: „Ich werde auf deiner Hochzeit sein."

Von diesem zwölften Jahre an war Jesus immer wie der Lehrer seiner Gespielen. Er saß oft mit ihnen zusammen und erzählte ihnen; auch wandelte er mit ihnen in der Gegend umher.

Tod des heiligen Joseph – Die Heilige Familie zieht nach Kapharnaum

Gegen die Zeit hin, da Jesus sein Lehramt begann, sah ich ihn immer mehr einsam und betrachtend. Joseph wurde gegen das dreißigste Jahr Jesu immer schwächer, und ich sah Jesus und Maria öfter mit ihm zusammen. Maria saß auch manchmal vor seinem Lager auf der Erde oder auf einer niederen runden Platte, welche drei Stollen hatte und deren sie sich wohl auch als Tisch bedienten. Ich sah sie selten essen, und wenn sie aßen oder dem heiligen Joseph eine Erquickung an sein Lager brachten, so waren es drei weiße, etwa zwei Finger breite, länglich viereckige Schnittchen, die auf einem Tellerchen nebeneinander lagen, oder kleine Früchte in einem Schälchen; auch gaben sie ihm aus einem Krug zu trinken.

Als Joseph starb, saß Maria zu Häupten seines Lagers und hatte ihn in den Armen, Jesus stand in der Gegend seiner Brust.

Ich sah die Stube mit Glanz und Engeln erfüllt. Er wurde, die Hände unter der Brust gekreuzt, ganz in ein weißes Tuch gewickelt, in einen schmalen Kasten gelegt und in einer recht schönen Grabhöhle beigesetzt, die er von einem guten Mann erhalten hatte. Es gingen außer Jesus und Maria nur wenige Menschen mit dem Sarge; aber ich sah ihn von Glanz und Engeln begleitet. Später wurde sein Leib von Christen nach Bethlehem in ein Grab gebracht. Ich meine immer, ihn jetzt noch unversehrt dort liegen zu sehen.

Nach dem Tod Josephs zogen Jesus und Maria in ein Örtchen von wenigen Häusern zwischen Kapharnaum und Bethsaida, wo ein Mann namens Levi aus Kapharnaum, der die Heilige Familie sehr liebte, Jesus ein Haus zum Aufenthalt übergab. Es war einzeln gelegen und mit einem Graben von stehendem Wasser umgeben. Von Levis Leuten wohnten ein paar zur Bedienung darin; die Lebensmittel aber sandte Levi von Kapharnaum.

Jesus hatte unter den jungen Leuten von Nazareth schon manche Anhänger gehabt; sie fielen aber immer wieder von ihm ab. Er wandelte mit ihnen im Land um den See umher und auch nach Jerusalem auf die Feste. Des Lazarus Familie in Bethanien war schon mit der Heiligen Familie bekannt. Die Pharisäer von Nazareth nannten Jesus einen Landstreicher und hatten einen Ärger an ihm. Levi hatte ihm dieses Haus gegeben, damit er ungestörter sei und seine Zuhörer darin versammeln könnte.

Maria Cleophä, welche mit ihrem dritten Ehemann, Simeons von Jerusalem Vater, das Haus Annas bei Nazareth bewohnte, ist nun in das Haus Mariä nach Nazareth mit ihrem Knaben Simeon gezogen. Ihre Knechte und übrigen Angehörigen sind in Annas Haus zurückgeblieben.

Als Jesus kurze Zeit darauf von Kapharnaum über Nazareth in die Gegend von Hebron reiste, wurde er von Maria, die ihm immer so rührend nachgeht, bis Nazareth begleitet, wo sie bis zu seiner Wiederkehr zurückblieb. Es kamen dahin auch Joses

Barsaba, Mariä Cleophä Sohn von zweiter Ehe mit Sabas, und noch ihre drei Söhne aus erster Ehe mit Alphäus: Simon, Jakobus Minor und Thaddäus, welch letztere schon außer dem Hause ihre Geschäfte trieben, um die Heilige Familie nach Josephs Tod zu trösten und Jesus wieder zu sehen, mit welchem sie seit seiner Kindheit keine nähere Verbindung hatten. Sie wußten zwar Allgemeines von Simeons und Hannas Prophezeiung bei Jesu Opferung im Tempel, aber glaubten nicht recht daran. Sie schlossen sich daher lieber an Johannes den Täufer, der bald darauf durch die Gegend zog.

Die öffentliche Lehre Jesu beginnt – Weg nach Hebron

Jesus wandelte von Kapharnaum über Nazareth nach Hebron. Er kam durch die unbeschreiblich schöne Landschaft von Genezareth und an den heißen Bädern von Emmaus vorüber. Diese lagen von Magdalum in der Richtung von Tiberias etwa eine Stunde weiter, als letzteres, am Abhange eines Berges. Auf den Wiesen stand sehr hohes, dichtes Gras, und am Abhang lagen die Häuser und Gezelte zwischen Reihen von Feigenbäumen, Dattelpalmen und Orangen. Es war dicht an der Straße eine Art Volksfest. Männer und Frauen hielten in getrennten Haufen Wettspiele um Früchte. Hier sah Jesus den Nathanael, auch Chased genannt, bei den Männern unter einem Feigenbaume stehen. Da Nathanael im Kampf gegen sinnliche Versuchung begriffen nach dem Spiele der Frauen hinüberschaute, blickte ihn Jesus im Vorübergehen warnend an. Nathanael fühlte, ohne Jesus zu kennen, eine tiefe Rührung von diesem Blick und dachte: der Mann hat einen scharfen Blick. Es war ihm, als sei er mehr, als ein anderer Mensch. Er fühlte sich getroffen, ging in sich, besiegte seine Versuchung und ward von nun an viel strenger gegen sich. Auch Nephtali, Bartholomäus genannt, meine ich hier gesehen zu haben, und daß Jesus auch ihn durch seinen Blick gerührt hat.

Jesus wandelte mit zwei seiner Jugendfreunde gen Hebron in Judäa. Diese beiden blieben ihm aber nicht getreu; sie trennten sich von ihm und haben sich erst nach der Auferstehung bei seiner Erscheinung auf dem Berge Thebez in Galiläa wieder bekehrt und an die Gemeinde geschlossen.

In Bethanien sprach Jesus bei Lazarus an. Lazarus sah viel älter als Jesus aus; er schien wohl auch Jahre älter. Er hatte ein großes Besitztum mit vielen Leuten, Gütern und Gärten. Martha hatte ihr eigenes Haus; und seine Schwester, die ganz für sich hinlebte, namens Maria, hatte auch ihre abgesonderte Wohnung. Magdalena lebte in Magdalum auf dem Schloße. Lazarus ist schon lange mit der Heiligen Familie bekannt. Er hatte schon früher Joseph und Maria bei ihren vielen Almosen unterstützt und von Anfang bis zuletzt sehr viel für die Gemeinde getan, und der ganze Säckel, den Judas führte, und all die ersten Einrichtungen der Gemeinde sind aus seinem Vermögen hervorgegangen.

Von Bethanien aus ging Jesus auch in den Tempel nach Jerusalem.

Als Jesus nach Hebron kam, ließ er in Hebron seine Gefährten zurück und sagte, er wolle noch einen Freund besuchen. Zacharias und Elisabeth lebten nicht mehr. Jesus zog zu der Wüste, wohin Elisabeth den Knaben Johannes gebracht hatte. Sie lag südlich zwischen Hebron und dem Toten Meer. Erst ging man über einen hohen Berg mit weißen Steinen und kam dann in ein liebliches Tal mit Palmbäumen. Dorthin ging Jesus. Er war in der Höhle, in welche Johannes zuerst von Elisabeth gebracht wurde, und ist dann über einen kleinen Fluß gegangen, über den Johannes auch gebracht worden. Ich sah ihn einsam und betend, als bereitete er sich zu seinem Lehramt. Aus der Wüste ging er wieder nach Hebron zurück. Überall legte er helfend Hand an. So half er am Toten Meere Leuten, die auf einem Rost von Balken fuhren; man spannte auch wohl ein Zeltdach darüber. Es waren Menschen, Vieh und Gepäck darauf. Jesus rief ihnen zu und schob ihnen einen Balken vom

Ufer an ihr Fahrzeug. Er half ihnen beim Landen heraus und stand ihnen beim Ausbessern des Fahrzeuges bei.

Zu Hebron hielt Jesus den Sabbat und entließ dort seine Reisegefährten. Er ging in die Häuser zu Kranken, tröstete sie, tat ihnen Handreichung, hob, trug, bettete sie, aber ich sah ihn nicht heilen. Seine Erscheinung war allen wohltätig und wunderbar. Er ging zu Besessenen, sie wurden ruhig in seiner Nähe; doch trieb er keine Teufel aus. Wo er ging und wandelte, half er überall, wo Hilfe nötig war. Er hob die Gefallenen auf, er labte die Durstigen und leitete die Wanderer über Stege und Bäche, und alle staunten den liebevollen Reisenden an. Von Hebron kam er an den Ausfluß des Jordans ins Tote Meer. Er schiffte über und zog an der Morgenseite des Flusses nach Galiläa hinauf. Ich sah ihn zwischen Pella und der Gegend von Gergesa hinwandeln. Er machte kleine Reisen und half überall. Er ging zu allen Kranken, selbst zu den Aussätzigen, tröstete, hob und bettete sie, ermahnte sie zum Gebet, wies ihnen Pflege und Heilmittel an und ward von allen bewundert. An einem Orte wußten Leute von der Prophezeiung Simeons und Hannas und fragten ihn, ob er dieser sei? Es begleiteten ihn gewöhnlich Leute aus Liebe von einem Orte zum anderen. Die Besessenen wurden in seiner Nähe ruhig.

Als Jesus wieder nach Nazareth zurückkam, suchte er die Bekannten seiner Eltern im Orte herum heim, wurde aber überall sehr kalt empfangen. Als er in die Synagoge zu lehren gehen wollte, wiesen sie ihn ab. Er sprach aber auf offenem Markt vor vielen Menschen, vor Sadduzäern und Pharisäern von dem Messias, er werde anders sein, als sich jeder nach seinem Gelüsten ihn vorstelle. Johannes den Täufer nannte er die Stimme in der Wüste. Es waren ihm aus der Gegend von Hebron zwei Jünglinge in langen Kleidern mit Gürteln wie Priester hierher gefolgt; sie gingen aber nicht immer mit ihm. Er hielt hier den Sabbat.

Darauf sah ich Jesus und Maria, Maria Cleophä und auch die Eltern des Parmenas, überhaupt etwa zwanzig Menschen, Nazareth verlassen und wieder gegen Kapharnaum ziehen. Sie hatten Esel mit Gepäck bei sich. Das Haus in Nazareth blieb gereinigt und geschmückt. Es war so ausgeräumt und mit Decken inwendig geordnet, daß es mir den Eindruck einer Kirche machte. Es blieb leer stehen. Der dritte Mann von Maria Cleophä, der in Annas Haus wirtschaftet, und auch ihre Söhne haben Sorge für das Haus. Maria Cleophä mit ihren jüngsten Söhnen Joses Barsabas und Simon wohnte nun ganz nah bei dem Häuschen, das Levi bei Kapharnaum dem Herrn eingeräumt, und die Eltern des Parmenas wohnten auch nicht ferne.

Jesus wanderte von da wieder von Ort zu Ort und erschien besonders dort, wo auch Johannes, da er aus der Wüste kam, gewesen war.

Er war auch in Kana, wo er Verwandte hatte, die er besuchte, und wo er auch gelehrt hat. Er ist noch nicht mit irgendeinem nachmaligen Jünger. Es ist, als lerne er erst die Menschen kennen und baue weiter auf dem, was Johannes in ihnen erregt. Von einem Ort zum andern begleitet ihn manchmal ein guter Mensch.

Einmal sah ich vier Männer, worunter nachmalige Jünger, in der Gegend zwischen Samaria und Nazareth an der Landstraße an einem Schattenplatz auf Jesus warten, der mit einem Begleiter herangewandelt kam. Sie gingen dem Herrn entgegen und erzählten ihm, daß sie von Johannes getauft seien, und wie er von der Nähe des Messias spreche. Sie erzählten auch, wie er mit den Soldaten so derb geredet und nur einige davon getauft habe. Er habe ihnen unter anderem gesagt, er könne ebensogut Steine aus dem Jordan nehmen und sie taufen. Sie wandelten mit Jesus weiter.

Es begegneten ihm sechs Männer, die von Johannis Taufe kamen; darunter war Levi, nachher Matthäus genannt, und zwei Söhne von Witwen aus Elisabeths Verwandtschaft. Sie kannten Jesus durch Verwandtschaft und vom Hörensagen, ahnten auch wohl, er könnte derjenige sein, von dem Johannes gesprochen; aber sie waren sich nicht gewiß. Sie erzählten von

Johannes, auch von Lazarus, dessen Schwestern und von Magdalena, die wohl auch einen Teufel haben müsse. Sie wohnte schon auf Schloß Magdalum. Diese Männer zogen mit Jesus, dessen Reden sie bewunderten.

Die Täuflinge, welche aus Galiläa zu Johannes kamen, erzählten diesem immer, was sie von Jesus wußten und gehört hatten, und die von Ainon, dem Tauforte Johannis, zu Jesus kamen, erzählten ihm von Johannes.

Jesus ging ohne Begleiter am See in eine durch einen Zaun abgeschlossene Fischerstelle, wo fünf Schiffe lagen. Am Ufer waren mehrere Hütten, worin sich Fischer aufhielten. Petrus war der Besitzer dieser Fischerei; er war mit Andreas in den Hütten. Johannes und Jakobus und ihr Vater Zebedäus und mehrere andere waren auf den Schiffen. Im mittelsten Schiff war der Vater von Petri Frau und drei Söhne desselben. Ich habe alle die Namen gewußt, aber wieder vergessen. Der Vater hatte auch den Namen Zelotes, weil er einmal mit den Römern einen Streit über eine Schiffahrtsgerechtigkeit auf dem See gehabt und durchgeführt hatte; und daher hatte er den Namen erhalten. Es waren etwa dreißig Menschen auf den Schiffen.

Jesus ging zwischen den Hütten und den Schiffen den abgezäunten Uferweg und sprach mit Andreas und andern; ich weiß nicht ob auch mit Petrus. Sie kannten ihn aber noch nicht. Er sprach von Johannes und von der Nähe des Messias. Andreas war schon getauft und ein Jünger des Johannes. Jesus sagte ihnen auch, er werde wieder zu ihnen kommen.

Jesus bei Eliud

Die Leute, bei welchen Jesus und die fünf Jünger vor Nazareth einkehrten, waren Essener und Freunde der Heiligen Familie. Sie wohnten hier in Gewölben von alten, zerbrochenem Mauerwerk getrennt und unverheiratet, Männer und einige Weiber. Sie hatten kleine Gärten, trugen lange weiße Kleider und die Frauen Mäntel. Sie hatten sonst am Tale Zabulon bei Herodes' Schloß gewohnt, waren aber aus Freundschaft zur Heiligen Familie hierher gezogen.

Der, bei welchem Jesus einkehrte, hieß Eliud, ein alter sehr ehrwürdiger Greis mit langem Bart. Er war Witwer, seine Tochter pflegte ihn. Er war ein Bruderssohn von Zacharias. Diese Leute lebten hier ganz still, besuchten die Synagoge zu Nazareth, waren der Heiligen Familie sehr ergeben, und ihnen war die Bewahrung des Hauses Mariä bei ihrer Abreise vertraut gewesen.

Am Morgen begaben sich die fünf Jünger Jesu nach Nazareth hinein, besuchten ihre Verwandten und Bekannten und die Schule. Jesus aber blieb bei Eliud zurück. Er betete mit ihm und sprach sehr vertraut mit ihm. Diesem einfachen frommen Mann waren viele Geheimnisse bekannt.

Am Morgen kamen die Heilige Jungfrau und Maria Cleophä zu Jesus. Jesus reichte seiner Mutter die Hand. Sein Betragen zu ihr war liebevoll, aber sehr ernst und ruhig. Sie war besorgt und bat ihn, nicht nach Nazareth zu gehen, wo man sehr erbittert war. Die nazarethanischen Pharisäer, die in der Synagoge zu Kimki ihn gehört, hatten den Unwillen neu aufgeregt. Jesus sagte ihr, er wolle die Schar, die mit ihm zur Taufe Johannis gehen werde, hier erwarten und dann durch Nazareth gehen. Er sprach noch viel mit ihr an diesem Tage, da sie noch etwa zwei- bis dreimal zu ihm kam. Er sagte ihr auch, daß er dreimal zum Pascha nach Jerusalem reisen werde, und das letzte Mal werde sie sehr betrübt dort sein. Er sagte ihr noch mehr Geheimnisse; ich habe es aber vergessen.

Maria Cleophä, eine schöne ansehnliche Frau, sprach mit Jesus am Morgen von ihren fünf Söhnen und bat ihn, er möge sie zu sich nehmen. Einer sei ein Schreiber, eine Art Schiedsmann, er heiße Simon, zwei seien Fischer, Jakob der Kleinere und Judas Thaddäus, sie seien Söhne ihres ersten Mannes Alphäus; dieser, ein Witwer, habe ihr einen Stiefsohn Matthäus zugebracht, über den sie heftig weinte, er sei ein Zöllner. Dann hatte sie von ihrem zweiten Mann Sabas noch einen Sohn Joses Barsabas, der auch bei der Fischerei sei. Sie hatte aber noch einen Knaben Simeon aus dritter Ehe mit dem Fischer Jonas. Jesus tröstete sie, sie würden zu ihm kommen; auch um Matthäus (der schon auf dem Weg nach Sidon bei ihm gewesen) tröstete er sie, er werde wohl noch einer der Besten werden.

Die Heilige Jungfrau reiste mit einigen verwandten Freundinnen von Nazareth in ihre Wohnung bei Kapharnaum zurück.

Den Tag hindurch war Jesus in sehr vertrautem Gespräch mit Eliud. Eliud fragte hin über seine Sendung. Jesus legte dem Greis alles aus. Er sagte ihm, daß er der Messias sei, und sprach mit ihm über die ganze Linie seiner menschlichen Herkunft und das Mysterium der Bundeslade. Dabei erfuhr ich, daß dieses Mysterium vor der Sündflut bereits in die Arche Noes gekommen und wie es von Geschlecht zu Geschlecht gelangt und von Zeit zu Zeit entrückt und wieder gegeben worden sei. Er sprach davon, daß Maria mit ihrer Geburt die Bundeslade des Geheimnisses geworden sei.

Jesus sprach auch viel mit Eliud von der Heiligkeit Annas und Joachims, auch von dem übernatürlichen Empfangenwerden Mariä unter der goldenen Pforte. Er sagte ihm, daß er nicht aus Joseph empfangen sei, sondern dem Fleische nach aus Maria, diese aber aus jenem reinen Segen, der Adam vor dem Falle genommen und durch Abraham auf Joseph in Ägypten und von diesem in die Bundeslade und aus dieser zu Joachim und Anna gelangt sei.

Er sagte, die Menschen zu erlösen, sei er in die ganze Schwachheit des menschlichen Daseins gesendet, fühle und empfinde alles wie ein Mensch und werde erhöht werden wie die Schlange Masis in der Wüste auf dem Calvarienberge, wo der Leib des ersten Menschen begraben liege. Er sagte, wie traurig es ihm gehen werde und wie undankbar die Menschen sein würden.

Eliud fragte immer gar einfältig und treuherzig; aber er verstand alles besser als die Apostel anfangs, er verstand alles mehr im Geist; doch konnte er nicht recht verstehen, wie es nun werden solle. Er fragte Jesus, wo dann sein Reich sein werde, in Jerusalem, in Jericho oder Engaddi? Jesus antwortete, wo er sei, da sei sein Reich, er werde kein äußerliches Reich haben.

Eliud erzählte von Annas Tod, und ich sah ein Bild ihres Todes. Ich sah Anna auf die Art wie Maria im hintern Gemach ihres größeren Hauses auf einem etwas höhern Lager liegend; ich sah, daß sie ungemein lebhaft und sprechend war und gar nicht wie eine Sterbende. Ich sah, daß sie ihre kleineren Töchter und ihre anderen Hausgenossen segnete, daß diese dann im Vorgemach waren. Ich sah, daß Maria zu Häupten, Jesus zu Füßen ihres Bettes standen. Sie segnete Maria und begehrte den Segen Jesu, der ein erwachsener Mann war und einen keimenden Bart hatte. Ich sah sie noch freudig sprechen. Sie sah empor, wurde schneeweiß und sah Tropfen wie Perlen auf ihre Stirn treten. Da schrie ich: „Ach, sie stirbt! sie stirbt!" und wollte sie in die Arme fassen in meiner Begierde; da war es, als komme sie zu mir und liege in meinen Armen, und erwachend glaubte ich sie noch zu halten.

Eliud erzählte auch noch vieles von den Tugenden Mariä im Tempel. Das sah ich auch alles in Bildern. Ich sah, daß ihre Lehrerin Noemi mit Lazarus verwandt war, und daß diese etwa fünfzigjährige Frau und alle andern am Tempel dienenden Frauen von den Essenern waren. Ich sah, daß Maria bei ihr stricken lernte, und daß sie schon als Kind mit ihr ging, wenn Noemi Gefäße und Geräte vom Opferblut reinigte und gewisse Teile des Opferfleisches empfing und zerteilte und zubereitete als Nahrungsmittel für die Tempeldienerinnen und Priester; denn diese wurden zum Teil dadurch gespeist. Später sah ich die Heilige Jungfrau in allem diesem helfen. Ich sah auch, daß Zacharias, wenn er den Dienst hatte, das Kind Maria besuchte, und daß auch Simeon sie kannte. So sah ich all' ihr frommes und demütiges Wandeln und Dienen am Tempel, wie Eliud dem Herrn davon erzählte.

Gegen Abend ging Jesus mit Eliud aus dessen Wohnung nach Nazareth. Vor den Mauern der Stadt, wo Joseph seinen Zimmerplatz hatte, wohnten mehrere gute, arme Leute, Bekannte von Joseph, unter deren Söhnen Jugendgespielen von Jesus waren. Eliud führte Jesus zu diesen Leuten. Man gab den Gästen einen Bissen Brot, einen Trunk Wasser, das man frisch hatte. In Nazareth war das Wasser besonders gut. Ich sah Jesus bei diesen Leuten an der Erde sitzen und sie zur Taufe Johannes ermahnen. Diese Leute tun etwas scheu mit Jesus, den sie früher wie ihresgleichen kannten und der jetzt von Eliud, welcher bei ihnen ein hochverdienter Mann ist, bei dem sie alle Rat und Trost suchen, zu ihnen so ernsthaft eingeführt wird und sie zur Taufe mahnt. Sie haben zwar von einem Messias gehört; können sich aber nicht denken, daß dieser es sein sollte.

Jesus sprach mit Eliud auch von seinem Weg zur Taufe. Er hatte viele Leute gesammelt und nach der Wüste bei Ophra bestellt; er sagte aber, daß er allein den Weg über Bethanien nehmen werde, wo er Lazarus sprechen wolle. Er nannte ihn bei einem andern allgemeinen Namen, den ich vergessen und sprach von dessen Vater, was er im Krieg gewesen sei. Er sagte, Lazarus und seine Schwestern seien reich und würden alles dem Dienste des Heiles aufopfern.

Lazarus hatte aber drei Schwestern, die ältere Martha und die jüngere Maria Magdalena und die mittlere, die auch Maria hieß. Diese lebte ganz abgesondert und still und galt als blödsinnig; sie heißt nur die stille Maria. Jesus sagte von diesen zu Eliud, Martha sei gut und fromm und werde ihm mit dem Bruder folgen. Von der stillen Maria sagte er: „Diese hatte einen großen Geist und Verstand; er ist ihr aber zu ihrem Heile genommen worden. Sie ist nicht für die Welt und jetzt ganz innerlich; aber sie sündiget nicht. So ich mit ihr reden würde, sollte sie wohl das Geheimste verstehen. Sie wird nicht lange mehr leben, wenn Lazarus und seine Schwestern mir folgen und alles für die Gemeinde geben. Die jüngste Schwester Maria ist verirrt; aber sie wird zurückkehren und höher stehen als Martha."

Eliud sprach auch von Johannes dem Täufer; er hatte ihn aber noch nicht gesehen und war noch nicht getauft. Sie übernachteten in der Herberge bei der Synagoge, von wo sie am folgenden Tage frühmorgens längs dem Berge Hermon nach der etwas wüsten Stadt Endor wanderten.

Es war keine Synagoge hier. Jesus ging mit Eliud an einen großen Platz, wo drei Seitengebäude mit Kämmerchen um einen Teich gebaut waren, um welchen ein grüner Baum war, und auf dem kleine Bade-Kähne schwammen; auch war eine Pumpe bei diesem Teiche. Es schien hier ein Heilbad; es wohnten Kranke in den Kammern umher. Jesus ging mit Eliud in ein solches Gebäude; man wusch ihm die Füße und bewirtete ihn. Er lehrte hernach diese Leute auf freiem Platz, wo ihm ein erhöhter Sitz errichtet ward; die Frauen, welche in einem der Flügel wohnten, traten hinten hin. Die Leute waren keine rechten Juden, waren vielmehr wie ausgestoßene Sklaven und mußten Tribut geben von den Früchten, die sie gewannen.

Nachmittags kehrte Jesus mit Eliud wieder zum Sabbatschluß in die Synagoge zurück.

Die Juden hatten seinen Besuch in Endor sehr übelgenommen; aber er verwies ihnen ihre Härte gegen diese verlassenen Menschen sehr streng, forderte sie zur Milde gegen dieselben auf und ermahnte sie, dieselben mit zur Taufe zu führen, zu welcher sie sich selbst auf seine Lehre entschlossen hatten. Sie waren Jesu nach seiner Lehre geneigter geworden. Gegen Abend kehrte Jesus mit Eliud gen Nazareth zurück, und ich sah sie auf dem Wege dahin, wie immer im Gespräch; manchmal blieben sie stehen und sprachen. Eliud erzählte wieder viel von der Flucht nach Ägypten, und ich sah das alles in Bildern. Er kam in das Gespräch durch die Frage an Jesus, ob dann sein Reich sich nicht auch über die guten Leute in Ägypten erstrecken würde, die in seiner Kindheit durch ihre Gegenwart gerührt worden seien.

Hier sah ich wieder, daß die Reise Jesu nach Lazarus Erwekkung durch das heidnische Asien bis nach Ägypten, welche ich schon früher einmal gesehen, kein Traum von mir war; denn Jesus sagte ihm, überall, wo ausgesäet sei, werde er vor seinem Ende die Halme sammeln.

Eliud wußte auch von Brot und Wein und Melchisedech; er konnte sich keinen Begriff von Jesus machen und fragte ihn, ob er denn vielleicht sei wie Melchisedech. Jesus sagte: „Nein, jener mußte sein Opfer vorbereiten, ich aber werde das Opfer selbst sein."

Jesus in Nazareth – Kindersegen und Abweisung dreier Jünglinge

Als Jesus noch hier wohnte, hatte er immer viel mit den Kindern zu tun, welche bei ihm still und ruhig wurden, wenn er sie segnete, wenn sie auch noch so ungebärdig weinten. Die Mütter, dessen eingedenk, brachten ihm ihre Kinder und wollten sehen, ob er nicht stolzer geworden sei. Es waren einige Kinder dabei, welche sich heftig bäumten und überschlugen, sie hatten wie Krämpfe und schrien heftig. Gleich nach seinem Segen wurden sie aber ruhig. Ich sah es von einigen wie einen dunklen Dampf ausgehen. Er legte den Knaben die Hand auf den Kopf und segnete sie auf die Art des Patriarchensegens in drei Linien, vom Haupt und den beiden Schultern hinab zum Herzen, wo diese Linien zusammenliefen. Die Mädchen ebenso, aber ohne Handauflegung. Er machte diesen aber ein Zeichen auf den Mund; ich dachte noch dabei, daß sie nicht so viel schwätzen sollten, es bedeutete aber wohl auch ein anderes Geheimnis. Er übernachtete mit seinen Jüngern in dem Haus eines Pharisäers.

Zu den fünf Begleitern Jesu sind jetzt noch vier andere gekommen, auch Verwandte und Freunde der Heiligen Familie. Ich meine, es war noch einer der drei Witwensöhne darunter und einer von Bethlehem, der aufgefunden hatte, daß er von Ruth abstamme, welche den Booz in Bethlehem geheiratet. Er nahm sie ordentlich zu seinen Jüngern auf. Es waren aber in

Nazareth ein paar reiche Familien, welche drei Söhne hatten, die in ihrer Jugend mit Jesus umgegangen waren; diese Söhne waren fein und gelehrt. Die Eltern, welche Jesu Lehre gehört und von seiner Weisheit viel vernommen hatten, beredeten sich, ihre Söhne sollten heute noch einmal eine Probe seiner Weisheit hören, und dann sollten sie ihm Geld bieten und dafür mit ihm reisen und an seiner Wissenschaft teilnehmen. Die guten Leute schlugen ihre Söhne hoch an und meinten, Jesus sollte ihr Hofmeister werden.

Die drei Jünglinge, etwa bis zwanzig Jahre alt, verlangten ihn zu sprechen; er wollte aber nicht, bis seine neun Jünger um ihn waren; das betrübte sie. Er sagte aber, er tue es, damit Zeugen dessen da seien, was er mit ihnen rede. Sie brachten ihm nun sehr bescheiden und demütig ihren und ihrer Eltern Wunsch vor, daß er sie als Schüler aufnehmen wolle; ihre Eltern wollten ihm Geld geben, sie wollten ihn begleiten und ihm in seiner Arbeit dienen und helfen. Jesus, sah ich, war betrübt, daß er es ihnen abschlagen mußte, teils wegen ihrer selbst, teils wegen seiner Jünger, denn er mußte ihnen Gründe angeben, welche sie jetzt noch nicht fassen konnten. Er sagte ihnen, wer Geld gebe, um etwas dafür zu gewinnen, der wolle zeitlichen Nutzen von seinem Gelde haben; wer aber seinen Weg wolle, der müsse allen irdischen Besitz verlassen. Auch müsse, wer ihm folge, seine Eltern und seine Freundschaft verlassen. Auch freiten und heirateten seine Jünger nicht. So sagte er ihnen sehr schwere Punkte, und sie wurden sehr niedergeschlagen und sprachen noch von den Essenern, daß diese doch auch teils verheiratet seien. Jesus sagte ihnen, diese handelten gut nach ihren Gesetzen; seine Lehre aber müsse ausführen, was jene vorbereitet usw. Er entließ sie und sagte, sie möchten sich besinnen.

Die drei Jünglinge kamen am folgenden Tage wieder zu Jesus und baten noch einmal um Aufnahme. Sie versprachen ihm ganz zu gehorchen und zu dienen. Jesus wies sie abermals zurück, und ich sah, daß es ihn betrübte, daß sie die Ursache seiner Weigerung nicht einsehen konnten. Er redete dann mit den neun Jüngern, die auf seinen Befehl noch einige Wege zu machen und dann zu Johannes zu ziehen im Begriffe standen. Er sagte ihnen über die Abgewiesenen: sie verlangen, etwas zu gewinnen, haben aber nicht den Sinn, aus Liebe alles zu geben. Sie, die Jünger, aber verlangen nichts und würden darum erhalten. Er sprach noch sehr schön und tief von der Taufe und sagte ihnen, sie sollten über Kapharnaum gehen und seiner Mutter sagen, daß er zur Taufe gehe, und sollten sich mit den Jüngern Johannes, Petrus, Andreas besprechen über Johannes, diesem aber sagen, daß er komme.

Die Jünger ziehen zur Taufe

Die von Jesus abgesendeten Jünger sah ich in Kapharnaum ankommen, doch ungefähr nur fünf der bekannteren. Sie sprachen mit Maria; zwei gingen nach Bethsaida und holten Petrus und Andreas. Jakob der Kleinere, Simon, Thaddäus, Johannes und Jakobus der Größere waren auch zugegen. Die Jünger erzählten von Jesu Milde, Sanftmut und Weisheit; die andern sprachen mit der höchsten Begeisterung von Johannes, seiner strengen Lebensart und Lehre, und wie sie nie einen solchen Ausleger der Propheten und des Gesetzes gehört. Selbst Johannes sprach begeistert von dem Täufer, obschon er Jesus kannte; denn seine Eltern hatten früher nur ein paar Stunden von Nazareth gewohnt, und Jesus liebte ihn schon als Kind. Sie hielten hier den Sabbat.

Tags darauf sah ich die neun Jünger von den obengenannten begleitet auf dem Wege gen Tiberias, von wo sie gegen Ephron durch die Wüste nach Jericho zu und zu Johannes zogen. Petrus und Andreas haben besonders eifrig für den Täufer gesprochen, er sei von vornehmen Priestergeschlecht, sei von Essenern in der Wüste unterrichtet, dulde keine Unordnung, sei so streng als weise. Die Jünger erwähnten die Milde Jesu und seine Weisheit; die anderen setzten ihnen entgegen, daß durch seine Nachgiebigkeit mancherlei Unordnung entstehe und führten Beispiele an; auch er sei von Essenern unterrichtet, als er jüngst verreist gewesen. Johannes hörte ich auf diesem Wege nichts mehr sagen. Sie gingen nicht ganz mit, sondern nur ein Stück Weges, einige Stunden. Ich dachte bei diesem Gespräch, die Menschen waren doch damals schon wie jetzt.

Der Herr ging in eine Herberge. Es hatten sich hier zwei Scharen von Täuflingen versammelt, welche durch die Wüste zum Täufer ziehen wollten, und sie hatten hier schon von der Ankunft Jesu gesprochen. Er sprach am Abend noch mit ihnen, und sie zogen morgen fort. Man wusch dem Herrn die Füße; er nahm einen kleinen Imbiß, dann sonderte er sich zum Gebet und zur Ruhe ab.

Am Morgen ging er in die Schule, wo sich viele Leute versammelten. Er lehrte wie gewöhnlich von der Taufe und der Nähe des Messias, und daß sie ihn nicht erkennen würden. Er verwies ihnen auch das eigensinnige Hängen an alten leeren Gewohnheiten, worin diese Leute einen besonderen Fehler hatten. Sie waren im ganzen ziemlich einfach und nahmen alles gut auf.

Jesus ließ sich von dem Vorsteher der Synagoge nachher noch zu etwa zehn Kranken führen. Er heilte keinen; denn er hatte schon Eliud und seinen fünf Jüngern gesagt, in der Nähe von Jerusalem werde er es vor der Taufe nicht tun. Es waren meistens Wassersüchtige, Gichtkranke und auch kranke Frauen. Er ermahnte sie und sagte ihnen einzeln, was sie geistlicherweise tun sollten, insofern ihre Krankheiten zum Teil Sündenstrafen seien. Einzelnen befahl er, sich zu reinigen und zur Taufe zu gehen.

In der Herberge war noch kein Mahl, und es waren viele Männer des Ortes zugegen. Vor der Mahlzeit sprachen diese von Herodes, von seiner verbotenen Verbindung, tadelten und forschten nach Jesu Ausspruch hierüber. Jesus tadelte diese Handlung strenge, sagte aber auch, so man andere richten wolle, müsse man sich auch selbst richten, und sprach scharf über die Ehesünden.

Es waren aber an diesem Orte viele Sünder, und Jesus sprach mit den einzelnen und verwies ihnen ihr Leben im Ehebruche ernstlich. Er sagte vielen ihre ganz geheimen Sünden, so daß sie erschüttert Buße versprachen. Er ging von hier gen Bethanien zu, was wohl sechs Meilen sein kann, und kam wieder in Berge. Es ist jetzt dort im Lande winterlich, viel Nebel und trüb und nachts manchmal kalter Reif. Jesus hüllte das Haupt in ein Tuch. Er geht nun ganz morgenwärts.

Nach Bethanien kam Jesus in der Nacht. Lazarus war in seinem Besitztum in Jerusalem, an der Abendseite des Berges Sion auf der Seite des Kalvarienberges gelegen, noch vor einigen Tagen gewesen, war aber nach Bethanien gekommen; denn er wußte um Jesu Ankunft durch Jünger. Das Schloß in Bethanien gehörte eigentlich Martha. Lazarus war aber lieber hier, und sie wirtschafteten zusammen. Sie erwarteten Jesus, und es war ein Mahl bereitet. Martha bewohnte ein Haus an der anderen Seite des Hofes gelegen. Es waren Gäste im Hause. Bei Martha war Seraphia (Veronika), Maria Markus und noch eine betagte Frau von Jerusalem. Sie war mit Maria im Tempel gewesen und hatte diesen bei ihrem Eintritte verlassen; sie wäre gerne drinnen geblieben, ist aber auch durch eine Fügung Gottes verehelicht worden. Bei Lazarus waren Nikodemus, Johannes Markus, der eine Sohn Simeons, und ein alter Mann, Obed genannt, ein Bruder oder Brudersohn des Mannes der Hanna vom Tempel. Alle waren heimliche Freunde Jesu, teils durch Johannes den Täufer, teils durch die Familie und durch die Prophezeiungen Simeons und Hannas am Tempel.

Nikodemus war ein forschender, denkender Mann, der auf Jesus hoffte und sehr begierig war. Alle hatten die Johannestaufe. Sie waren auf Lazarus Einladung heimlich hier. Nikodemus diente nachher Jesus und seiner Sache immer heimlich.

Lazarus hatte Diener ausgesendet, Jesus auf dem Wege einzuholen, und etwa eine halbe Stunde vor Bethanien traf ihn sein alter treuer Diener, der hernach noch ein Jünger geworden, auf dem Wege. Er warf sich vor ihm auf das Antlitz nieder und sprach: „Ich bin der Knecht des Lazarus, so ich Gnade finde vor dir, meinem Herrn, folge mir nach seinem Hause!“ Jesus hieß ihn aufstehen und folgte ihm. Er war freundlich und verhielt sich doch seiner Würde gemäß. Eben dieses gab ihm das Hinreißende. Sie liebten den Menschen und fühlten Gott. Der Diener brachte ihn in eine Vorhalle am Eingang in das Schloß bei einem Brunnen. Hier war alles bereitet; er wusch Jesu die Füße, legte ihm andere Sohlen an. Jesus hatte ein paar grün gefütterte, gepolsterte, dicke Sohlen an, als er hier ankam. Er ließ sie stehen und legte hier ein paar harte Sohlen mit ledernen Riemen an, die er fortan trug. Der Diener lüftete und schüttelte ihm auch die Kleider aus. Als er die Füße gewaschen, kam Lazarus mit seinen Freunden. Er brachte ihm einen Becher und einen Bissen. Jesus umarmte Lazarus und grüßte die andern mit Handreichung. Sie dienten ihm alle gastfreundlich und geleiteten ihn nach dem Hause; Lazarus führte ihn aber vorher in die Wohnung Marthas. Die hier anwesenden Frauen warfen sich verschleiert an die Erde nieder; Jesus hob sie an der Hand auf und sagte zu Martha, daß seine Mutter hierher kommen würde, um seine Rückkehr von der Taufe zu erwarten.

In der Nacht, da Jesus bei Lazarus ankam, sah ich die Heilige Jungfrau, Johanna Chusa, Maria Cleophä, die Witwe Lea und Maria Salome in einer Herberge zwischen der Wüste Gibea und der Wüste Ephraim, etwa fünf Stunden von Bethanien, übernachten. Sie schliefen in einem Schuppen, der von allen Seiten mit leichten Wänden geschlossen war. Er war in zwei Räume geteilt, welche die heiligen Frauen eingenommen hatten; der hintere Raum war die Küche. Vor dem Hause stand eine offene Hütte, in welcher ein Feuer brannte; die männlichen Begleiter schliefen oder wachten dort, die Wohnung des Herbergsvaters war in der Nähe.

Am folgenden Tage lehrte Jesus, hie und da wandelnd, in den Höfen und Gärten des Schlosses. Er sprach sehr ernst und rührend; und so liebevoll er war, so würdig hielt er sich und sprach kein unnötig Wort. Alle liebten ihn und folgten ihm, und doch waren sie alle schüchtern. Lazarus war ihm am vertrautesten, die anderen Männer mehr bewundernd und sich zurückhaltend.

Jesus bei der Familie des Lazarus

Von Lazarus begleitet ging Jesus auch zu den Frauen, und Martha führte ihn zu ihrer stillen Schwester Maria, mit der er sprechen wollte. Sie gingen durch die Türe einer Mauer aus dem großen Hofe in einen kleineren, doch geräumigen von Mauern umschlossenen Gartenhof, an den die Wohnung Mariä anstieß. Jesus blieb in dem Gärtchen, und Martha ging, ihre stille Schwester zu rufen. Das Gärtchen war ganz zierlich, in der Mitte stand ein großer Dattelbaum; außerdem standen allerlei Würzkräuter und Stauden darin. Auch war ein Brunnen darin mit einem Rande darum und in der Mitte des Brunnens ein Steinsitz, zu welchem vom Rande auf einem Brette die stille Maria wohl ging und da unter einem Zeltdach, das den Brunnen überspannte, vom Wasser umgeben sitzen konnte. Martha ging zu ihr und sagte ihr, sie möge in den Hof kommen, es erwarte sie jemand. Sie war ganz gehorsam, legte ihren Schleier um und trat, ohne ein Wort zu sprechen, in den Hof, worauf Martha wegging. Sie war ganz schön und groß und etwa dreißig Jahre alt, sah meistens zum Himmel empor, und wenn sie selten einmal zur Seite, wo Jesus ging, blickte, geschah es doch nur halb und unbestimmt, als sähe sie in die Ferne. Sie sagte nie „ich", sondern „du", wenn sie von sich selbst sprach, so, als sähe sie sich woanders und rede sich an. Sie sprach Jesus nicht an und warf sich nicht vor ihm nieder. Jesus sprach zuerst mit ihr, und sie wandelten in dem Gärtchen umher, sie sprachen nicht eigentlich zusammen. Die stille Maria sah immer empor und sprach himmlische Dinge aus, als sähe sie dieselben. Auch Jesus sprach so; er redete von seinem Vater und mit seinem Vater; sie sah Jesus nie an, nur manchmal sprach sie halb zur Seite gegen ihn gewendet. Ihr gegenseitiges Gespräch war mehr ein Gebet, ein Lobgesang, eine Betrachtung, ein Aussprechen von Geheimnissen als ein Gespräch. Maria schien nicht zu wissen, daß sie lebte, ihre Seele war in einer andern Welt, und ihr Leib handelte hier.

Um halb zwei Uhr kam die Heilige Jungfrau mit Maria Chusa, Lea, Maria Salome und Maria Kleophä an. Der vorausgehende Begleiter kündete ihre Nähe an, und Martha, Seraphia, Maria Markus und Susanna gingen mit dem nötigen Gerät und mit Erquickung nach derselben Halle am Anfang der Schloßumgebungen, sie zu empfangen, wo Jesus gestern von Lazarus empfangen worden war. Sie bewillkommneten sich, und die Anwesenden wuschen den Ankommenden die Füße; auch legten die heiligen Frauen andere Kleider um, schürzten sich nieder und legten andere Schleier um. Sie waren alle in weiße, gelbliche oder bräunere ungefärbte Wolle gekleidet. Sie nahmen eine kleine Erquickung und gingen in Marthas Wohnung.

Jesus und die Männer kamen, sie zu begrüßen, und Jesus ging mit der Heiligen Jungfrau allein und sprach mit ihr. Er sagte ihr aber sehr liebevoll und ernst, daß seine Laufbahn nun beginne, er gehe zu der Taufe Johannes, von da werde er wieder zu ihr kommen und noch eine kurze Zeit in der Gegend von Samaria mit ihr sein; dann aber werde er in die Wüste gehen und vierzig Tage darin sein. Als Maria von dieser Wüste hörte, war sie sehr betrübt und bat flehentlich, er möge doch nicht an diesen schrecklichen Ort gehen, daß er nicht verschmachte. Jesus sagte ihr da, sie solle fortan ihn nicht mit menschlicher Sorge hindern wollen; er müsse tun, was er tue, er beginne einen schweren Weg; die mit ihm seien, müßten mit ihm leiden, er wandle aber nun den Weg seiner Sendung, und sie müsse allen bloß persönlichen Anspruch nun opfern, er werde sie lieben wie immer, aber er sei nun für alle Menschen. Sie solle tun, was er sage, und sein himmlischer Vater werde sie belohnen; denn es beginne nun, was ihr Simeon verkündet, es werde ein Schwert durch ihre Seele gehen. Die Heilige Jungfrau war sehr betrübt und ernst, aber auch stark und in Gott ergeben, denn er war sehr gütig und liebreich.

Jesus ging nach dem Mahl und einiger Ruhe mit Lazarus allein gegen Jericho zur Taufe. Ein Diener des Lazarus ging mit einer Fackel am Anfang mit. Es war Nacht. Nach einer halben Stunde etwa kamen sie an eine Herberge; sie gehörte Lazarus, und es haben nachher die Jünger sich oft da aufgehalten. Doch ist es nicht jene andere, die weiter nach anderer Seite entlegen auch von ihnen gebraucht wurde, und von der ich oft erzählt habe. Die Halle aber, wo Jesus und nachher Maria den Empfang von Lazarus erhalten, war jene, an welcher Jesus verweilte und lehrte vor des Lazarus Erweckung, da Magdalena ihm entgegenging. Als sie an die Herberge kamen, zog Jesus seine Sohlen aus und ging barfuß. Lazarus bat ihn aus Mitleid wegen des wilden steinigen Weges, er möge dieses doch nicht tun; Jesus aber sagte ernst: „Lasse dieses so geschehen! Ich weiß, was ich zu tun habe", und so schritten sie in der Wildnis fort. Die Wüste streckt sich fünf Stunden mit einigen Felsschluchten gegen Jericho, dann kommt zwei Stunden weit das fruchtbare Tal von Jericho; doch ist auch dieses von wilden Stellen durchzogen. Von dort sind noch zwei Stunden zu Johannes Taufstelle. Jesus ging viel schneller als Lazarus und war oft eine Stunde voraus.

Eine Schar, worunter Zöllner, die Jesus aus Galiläa zur Taufe gesendet hatte, kehrte von der Taufe zurück und zog eine Strecke seitwärts von ihm durch die Wüste gen Bethanien. Jesus kehrte nirgends ein. Jericho blieb ihm links liegen. Es lagen auch ein paar andere Orte abseits seines Weges, doch ging er vorüber.

Die Freunde des Lazarus, Nikodemus, Simeons Sohn, Johannes Markus hatten wenig mit Jesus gesprochen; aber untereinander waren sie in steter Bewunderung seines Wesens, seiner Weisheit, seiner menschlichen, selbst seiner körperlichen Eigenschaften, und sooft er abwesend war, oder wenn sie hinter ihm herwandelten, sagten sie zueinander: „Welch' ein Mensch! So war keiner, so kommt keiner wieder, wie sanft, wie weise, wie alles durchdringend, wie einfach! Aber ich verstehe ihn nicht ganz und muß doch glauben, so sagt er es. Man kann ihm nicht ins Antlitz schauen, es ist, als lese er jedes Gedanken. Welche Gestalt, welches hohe Wesen! Welche Raschheit und doch kein Laufen! Wer kann so wandeln wie er! Wie schnell kommt er seine Wege! Unermüdet kommt er an und wandert wieder um seine Stunde. Welch' ein Mann ist er geworden!" Dann sprachen sie von seiner Kindheit, von der Lehre im Tempel und auch, was sie von Gefahren gehört, die er auf seiner ersten Reise auf dem Wasser (Salzmeer) bestanden und wie er den Schiffern geholfen habe. Keiner aber ahnte, daß sie von dem Sohne Gottes redeten. Sie fanden ihn größer als alle Menschen, ehrten ihn und waren schüchtern; aber sie hielten ihn für einen wundervollen Menschen. Obed von Jerusalem war ein bejahrter Mann und ein Bruderssohn von dem Mann der alten Hanna am Tempel; er war einer der sogenannten Ältesten am Tempel, im Synedrium, ein frommer Mann und einer von den geheimen Jüngern Jesu, hat auch der Gemeinde, so lange er lebte, Hilfe geleistet.

Die Bußpredigt und Taufe des Johannes

Johannes empfing eine Offenbarung über die Taufe, derzufolge er kurz vor seinem Ausgang aus der Wüste und schon näher am bewohnten Lande einen Brunnen baute. Ich sah ihn an der Abendseite einer steilen Felsenwand. Zu seiner Linken war ein Bach, vielleicht eine der Jordansquellen, der am Libanon zwischen zwei Bergen in einer Höhle entspringt (man sieht es nicht, bis man nahe dabei ist); zu seiner Rechten lag ein ebener, von Wildnis umgebener Platz, auf dem er einen Brunnen graben sollte. Johannes lag auf einem Knie, auf dem andern hatte er eine lange Rolle von Bast, auf die er mit einem Rohre schrieb. Die Sonne schien heiß auf ihn. Er sah gegen den Libanon, der ihm gegen Abend lag. Während er so schrieb, war es, als erstarre er. Ich sah ihn wie entzückt und als stehe ein Mann bei ihm, der während seiner Entzückung sehr viel auf die Rolle schrieb und zeichnete. Als Johannes zu sich kam, las er, was auf der Rolle stand und begann darauf die Arbeit des Brunnens mit vieler Anstrengung. Er hatte bei seiner Arbeit die Bastrolle an der Erde liegen mit zwei Steinen beschwert, daß sie nicht zusammenrollte und sah oft hinein, denn es schien alles da verzeichnet, wie er es machen sollte.

Er schälte den Rasen in runder Form ab und grub durch harten Mergelgrund ein rundförmiges geräumiges Becken sehr schön und sorgfältig und legte es mit verschiedenen Steinen aus, außer in der Mitte an der tiefsten Stelle, wo er bis auf eine kleine Wasserwelle gegraben hatte. Von der ausgeworfenen Erde machte er einen Rand um das Becken, welcher an fünf Stellen durchschnitten war. Vieren dieser Durchschnitte gegenüber pflanzte er in gleicher Entfernung vier schlanke Stämmchen, oben schön grün um das Becken. Es waren vier verschiedene Arten. Sie hatten in sich eine Bedeutung. In die Mitte des Beckens aber pflanzte er einen besonderen Baum mit schmalen Blättern und pyramidalischen Blütenbüscheln, welche mit einem stachligen Fruchtknoten umgeben waren. Dieser Baum hatte eine Zeitlang etwas welk vor seiner Höhle gelegen. Die vier Bäumchen umher schienen mehr schlanke Stauden, welche Beeren trugen. Er umgab ihren Fuß mit schützenden Erdhügeln.

Als er mit Ausgraben des Beckens bis auf die Welle gekommen war, wo hernach der mittelste Baum hingepflanzt wurde, führte er einen Graben aus dem Bach nächst seiner Höhle bis in das Becken, und ich sah ihn in der Wildnis Rohre sammeln, sie ineinander stecken und so das Wasser aus dem Bach in das Becken leiten und diese Leitung mit Erde bedecken. Er konnte dieselbe auch schließen.

Er ließ nachher so viel Wasser aus dem Bach in das Becken, als nötig war; wenn zuviel darin war, floß es durch Ausflüsse über die umliegende Fläche und erquickte die Pflanzen.

Ich sah nachher, daß Johannes bis an den Gürtel in das Wasser hineinstieg, mit der einen Hand das mittelste Bäumchen umfaßte und mit seinem Stäbchen, woran er ein Kreuz und ein Fähnchen gemacht hatte, so in das Wasser schlug, daß es über seinem Haupte zusammenspritzte. Ich sah, daß dabei von oben eine Lichtwolke und ein Erguß über ihn kam, wie vom Heiligen Geist, und daß zwei Engel am Rande des Beckens erschienen und etwas zu ihm sprachen. Dies sah ich als seine letzte Handlung in der Wüste.

Der Brunnen war nach Jesu Tode noch im Gebrauch. Als die Christen flüchteten, wurden Reisende und Kranke dort getauft, auch pflegten sie dort zu beten. Damals, es war zu Petri Zeiten, war der Brunnen von einer Schutzmauer umgeben.

Zweimal zog Johannes drei Monate vor der Taufe durch das Land, den ankündigend, der nach ihm kommen sollte. Sein Wandeln geschah mit ungemeiner Gewalt und mit einem strengen Fortschreiten, schnell, doch ohne Hast. Es war kein ruhiges Wandeln, wie das des Heilandes. Wo er nichts zu tun hatte, sah ich ihn wohl laufen von Feld zu Feld. Er ging in die Häuser, in die Schulen zu lehren und versammelte das Volk auch auf Plätzen und Straßen um sich. Ich sah, daß Priester und Obrigkeiten ihn hie und da anhielten und zur Rede stellten, aber mit Staunen und Verwunderung wieder freiließen.

Der Ausdruck: „dem Herrn die Wege bereiten", war nicht bloß figürlich; denn ich sah Johannes sein Amt mit Wegebereitung beginnen und alle die Orte und Wege durchziehen, welche nachher Jesus und die Jünger gewandelt sind.

Johannes hat in seinem ganzen Leben den Heiland nur dreimal von Angesicht gesehen. Das erste Mal in der Wüste, als die Heilige Familie auf ihrer ägyptischen Fluchtreise in seiner Nähe vorüber zog und Johannes vom Geiste geführt heraneilte, seinen Meister zu grüßen, den er schon im Mutterleibe gegrüßt hatte. Er fühlte die Nähe seines Heilandes und daß er dürstete. Da betete der Knabe und stieß mit seinem Stäbchen in die Erde, worauf eine reichliche Quelle entsprang. Er eilte ihrem Laufe voraus und sah Jesus mit Maria und Joseph vorüberreisen, und da, wo die Quelle niederstürzte, tanzte er freudig und winkte mit seinem Fähnchen.

Das zweite Mal sah er Jesus bei der Taufe, das dritte Mal, als er ihn am Jordan vorübergehen sah und Zeugnis von ihm gab. Ich hörte den Heiland zu seinen Aposteln von der großen Überwindung des Johannes reden, daß er selbst bei der Taufe sich nur in den Schranken der feierlichen Anschauung gehalten, wenngleich sein Herz vor Liebe und Sehnsucht gebrochen sei. Nachher sei er demütig mehr vor ihm gewichen, als daß er seiner Liebe nachgegeben und ihn aufgesucht habe.

Johannes aber schaute den Herrn immerdar im Geiste, denn er war stets im prophetischen Zustande. Er sah Jesus als die Erfüllung seiner Sendung, als die Wirklichkeit seines prophetischen Rufes. Jesus war ihm nicht ein Zeitgenosse, nicht ein Mitlebender; er war ihm der Erlöser der Welt, der menschgewordene Gottessohn, der Ewige erscheinend in der Zeit, und er konnte gar nicht denken, mit ihm umgehen zu wollen.

Johannes taufte an verschiedenen Stellen. Zuerst bei Ainon in der Gegend von Salem; dann zu On gegenüber von Bethabara auf der Westseite des Jordan, nicht weit von Jericho. Die dritte Taufstelle war östlich des Jordans, ein paar Stunden nördlicher als die zweite. Dann taufte er zuletzt wieder in Ainon, wo er auch gefangengenommen ward.

Das Wasser, an dem Johannes tauft, ist ein Arm des Jordan, der an der Morgenseite des Flusses in einem Ausbug wohl eine Stunde Wegs macht. Dieser Arm ist an einigen Stellen so schmal, daß man darüberspringen kann, an andern wieder breiter. Sein Bett kann sich hie und da verändert haben; denn schon damals sah ich an manchen Stellen kein Wasser. Der Ausbug des Jordans umfaßt kleine Teiche und Brunnen, die ihr Wasser aus dem Jordansarm haben. Ein solcher Teich durch einen Wall von diesem Arm getrennt, ist die Taufstelle Johannes zu Ainon. Es lagen Röhren unter dem Wall, durch welche man das Wasser zu- und ablassen konnte. Der Platz war dazu von Johannes eingerichtet. Es war eine Bucht am Ufer eingeschnitten, und es gingen Zungen vom Lande hinein. Der Täufling stand zwischen zwei Zungen bis zum Gürtel im Wasser und lehnte sich auf ein Geländer, das vor allen den Zungen hinlief. Auf der einen Zunge stand Johannes und schöpfte Wasser mit einer Schale auf den Kopf des Täuflings, auf der entgegengesetzten Landzunge stand ein Getaufter, der die Hand auf die Schulter des Täuflings legte. Dem ersten hatte Johannes die Hand selbst aufgelegt. Die Täuflinge hatten den Oberleib nicht ganz entblößt; es wurde ihnen eine Art weißes Tuch umgeschlungen, nur die Schultern schauten heraus. Es war auch eine Hütte da, wo sie sich aus- und ankleideten. Ich habe hier keine Frauen taufen sehen. Der Täufer hat, sooft er tauft, ein langes weißes Gewand an.

Johannes mochte ein paar Wochen durch sein Lehren und Taufen berühmt geworden sein, da kamen einige Boten des Herodes von Kallirrhoe zu ihm. Herodes wohnte dort auf einem Schloß an der Morgenseite des Toten Meeres. Es sind dort viele Bäder und warme Quellen. Herodes wollte, daß Johannes zu ihm komme; allein er erwiderte seinen Boten: er habe vieles zu tun, wenn Herodes ihn sprechen wolle, könne er selber zu ihm kommen. Danach sah ich Herodes auf einem Wagen mit niedrigen Rädern, aber hohem Sitz, wo er alles wie von einem bedeckten Thron übersehen konnte, von Soldaten umgeben, nach einem Städtchen etwa fünf Stunden südlich von Ainon fahren, und er ließ Johannes dahin laden. Johannes kam vor den Ort in eine Fremdenhütte, und Herodes ging ohne Begleitung zu ihm dahin. Ich erinnere mich nur, daß Herodes ihm sagte, warum er in einer so elenden Hütte zu Ainon liege, er wolle ihm ein Haus dort bauen lassen; worauf Johannes erwiderte, er bedürfe keines Hauses, er habe, was er brauche und tue den Willen dessen, der größer sei als er. Er redete ernst und streng und kehrte zurück. Er hat fernabgewendet von Herodes gestanden und wenig gesprochen.

Ich sah, daß die Söhne des verstorbenen Alphäus und der Maria Cleophä, Simon, Jakobus Minor und Thaddäus und ihr Sohn aus zweiter Ehe mit Sabas, Joses Barsabas, sich von Johannes bei Ainon haben taufen lassen. Auch Andreas und Philippus waren bei ihm und wurden von ihm getauft; dann sind sie wieder zu ihrem Geschäfte gezogen; auch die anderen Apostel und viele Jünger haben bereits die Taufe.

Die Verfolgung des Täufers Johannes

In Jerusalem war eine große Beratung im Synedrium über Johannes. Es wurden von drei Behörden neun Männer an ihn gesendet. Anna sandte den Joseph von Arimathäa, den ältesten Sohn Simeons, und einen Priester, der die Opfer immer beschauen mußte. Aus dem Rat wurden auch drei gesendet und drei gemeine Bürger. Sie sollten Johannes ausfragen, wer er sei, und er solle nach Jerusalem kommen. Wenn seine Sendung eine gerechte wäre, so würde er sich beim Tempel erst gemeldet haben. Sie hielten sich über seine unschickliche Kleidung auf und darüber, daß er die Juden taufe, da man doch nur die Heiden zu taufen pflege. Einige glaubten auch, er sei Elias, von Jenseits wiedergekehrt.

Andreas und Johannes der Evangelist sind bei dem Täufer. Die meisten nachmaligen Apostel und viele Jünger außer Petrus, der bereits getauft ist, und Judas der Verräter, der jedoch schon in der Gegend von Bethsaida bei den Fischern gewesen und sich um Jesus und Johannes erkundigt hat, sind jetzt bei ihm gewesen.

Als die Gesandten von Jerusalem bei Johannes ankamen, hatte er seit drei Tagen nicht mehr getauft; nun aber begann er eben wieder. Die Gesandten wollten, daß er sie anhöre; er aber sagte, sobald er fertig wäre, und antwortete ihnen dann derb und kurz. Sie hielten ihm vor, daß er eigenmächtig sei, er solle sich in Jerusalem melden, er solle nicht so wüst gekleidet sein. Als sich die Gesandten wieder zurückgezogen, blieben Joseph von Arimathäa und der Sohn Simeons bei Johannes zurück und empfingen von ihm die Taufe. Es waren aber viele Leute da, welche

Johannes nicht taufen wollte; diese wendeten sich nun an die Gesandten und beschuldigten ihn der Parteilichkeit.

Die nachmaligen Apostel kehrten wieder in ihre Gegenden zurück, erzählten von Johannes und werden aufmerksam auf Jesus durch Johannes' Lehre.

Joseph von Arimathäa, nach Jerusalem zurückreisend, begegnete Obed, einem Verwandten der Seraphia (Veronika), der ein Tempeldiener war. Er erzählte diesem auf seine Frage vieles von Johannes. Obed ließ sich nun auch von Johannes taufen. Als ein Tempeldiener gehörte er unter die geheimen Jünger und kam erst später zu Jesus.

Ich sah hier einen Engel zu Johannes treten, der ihm sagte, er solle auf die andere Seite des Jordan ziehen bei Jericho; denn es nahe sich, der da kommen solle, und er solle ihn verkünden.

Darauf brachen Johannes und seine Jünger an der Taufstelle zu Ainon die Zelthütten ab, zogen einige Stunden an der Morgenseite des Jordan hinab und setzten dann auf die westliche Seite über den Jordan, wo sie wieder eine Strecke aufwärts gingen. Hier waren Badeplätze, wie weiße ausgemauerte Gruben mit einem zu öffnenden und zu schließenden Kanal aus dem Jordan, der hier keine Inseln hatte.

Diese zweite Taufstelle lag zwischen Jericho und Bethagla an der Abendseite des Jordan, gegenüber von Bethabara, das etwas abwärts auf der Morgenseite des Jordan lag. Es sind vom Tauforte etwa fünf Meilen bis nach Jerusalem. Der gerade Weg führt über Bethanien durch eine Wüste und an einer Herberge vorüber, die aber etwas außer dem Wege liegt. Es ist hier eine lustige Gegend zwischen Jericho und Bethagla. Der Jordan hat schönes Wasser, es wird so hell, wenn man es stehen läßt. Es ist auch an manchem Orten ganz wohlriechend, denn es stehen viele blühende Büsche am Wasser, und die Blüten fallen hinein.

Von Jersualem wurden nun Leute vom Tempel, Pharisäer und Sadduzäer, zu Johannes abgesandt. Er wußte durch den Engel ihre Ankunft. Da sie gegen den Jordan kamen, sendeten sie einen Läufer vor sich her und ließen Johannes an einen naheliegenden Ort zu sich rufen. Er störte sich aber nicht an ihnen und taufte und lehrte fort. Er ließ ihnen durch den Läufer zurücksagen, wenn sie mit ihm sprechen wollten, könnten sie zu ihm kommen. Sie kamen nun selbst heran; aber Johannes ließ sich wieder nicht mit ihnen ein, sondern lehrte und taufte fort, und sie hörten seine Lehre und gingen wieder. Da er aber fertig war, beschied er sie unter ein Obdach oder Zelt, das die Jünger errichtet.

Hier kam Johannes von seinen Jüngern und vielen Menschen begleitet zu ihnen, und sie fragten ihn allerlei, ob er dies und jenes sei, und ich sah ihn immer verneinend antworten. Sie fragten auch, wer derjenige dann sei, von dem man rede. Es seien doch alte Prophezeiungen da, und jetzt sei ein Gerede unter dem Volke, als sei der Messias gekommen. Johannes sagte, daß einer unter ihnen aufgestanden, den sie nicht erkennten. Er habe ihn nie gesehen, und ehe er geboren sei, habe er ihm befohlen, seine Wege zu bereiten und ihn zu taufen. Sie sollten zu einer gewissen Zeit kommen, dann würde er zu seiner Taufe hier sein. Er redete noch sehr strenge und sagte, sie seien nicht zur Taufe, sondern zum Lauern gekommen. Sie aber sagten ihm, sie wüßten nun, wer er sei, er taufe ohne Beruf und sei ein Heuchler, in roher Kleidung usw., und zogen wieder ab.

Der Lehrort Johannes' war etwa eine kleine Stunde weit von der Stelle, wo er zu taufen pflegte. Es war dies ein den Juden heiliger Erinnerungsort. Er war mit Mauern umgeben wie ein Garten. Im Innern waren Hütten an den Wänden, mit Binsen gedeckt; in der Mitte lag ein Stein auf der Stelle, wo die durch den Jordan gezogenen Kinder Israel die Bundeslade zuerst niedergesetzt und ein Dankfest gehalten hatten. Über diesem Steine hatte Johannes seine Lehrhütte errichtet, ein großes Gezelt von Flechtwänden mit Binsen gedeckt. Am Fuße dieses Steines war der Lehrstuhl Johannes'. Hier lehrte er vor allen seinen Jüngern, als Herodes angezogen kam; und er ließ sich nicht von ihm stören.

Herodes war in Jerusalem mit der Frau seines Bruders, die

dort mit ihrer etwa sechszehnjährigen Tochter Salome gewesen, zusammengekommen. Er hatte das Gelüst, sich mit ihr zu vermählen und hatte die Frage über die Erlaubnis dieser Ehe dort vergebens dem Synedrium vorgelegt, und darüber war er in Streit mit dem Synedrium gekommen. Er fürchtete aber die öffentliche Stimme des Volkes und wollte diese durch einen Ausspruch des Propheten Johannes beschwichtigen. Er meinte, dieser würde gewiß, um seine Gunst zu gewinnen, seinen Schritt billigen.

Ich sah Herodes mit Salome, der Tochter der Herodias, und deren Kammerfrauen und etwa dreißig Begleitern in einem großen Zuge gegen den Jordan ziehen. Er und die Weiber saßen auf einem Wagen. Er hatte dem Johannes einen Boten gesandt. Dieser aber wollte ihn an der Taufstelle nicht haben, als einen Mann, der mit seinem Weibsvolke und Gefolge die heilige Handlung verunreinigte. Er stellte daher das Taufen ein und begab sich mit seinen Jüngern an den Lehrort und lehrte dort von der Sache, die Herodes wissen wollte, ganz derb. Er sagte, er solle auf den warten, der nach ihm kommen werde; er werde nicht lange mehr hier taufen, er müsse dem weichen, dessen Vorläufer er sei.

Er sprach so gegen Herodes, daß dieser wohl merkte, er kenne seine Absicht. Herodes aber ließ ihm eine große Rolle übergeben, die seinen Handel enthielt. Sie wurde vor Johannes niedergelegt, denn er wollte mit ihrer Berührung seine taufende Hand nicht beflecken. Ich sah hierauf Herodes unwillig mit seinem Gefolge den Ort verlassen. Er wohnte damals noch in den Bädern von Kallirrhoe, einige Stunden vom Taufort des Johannes. Er hatte einige von seinem Gefolge mit der Schriftrolle zurückgelassen, Johannes zu ihrer Bestätigung zu nötigen, aber vergebens. Johannes kehrte zu der Taufstelle zurück. Die Frauen waren prächtig, aber ziemlich ehrbar gekleidet. Magdalena war in ihrem Putz phantastischer.

Die Taufinsel

Johannes hielt seinen Jüngern am Jordan eine Lehre von der Nähe der Taufe des Messias. Er sagte, daß er ihn nie gesehen, sprach aber: „Ich will euch zum Zeugnis seine Taufstelle zeigen. Sehet, die Wasser des Jordan werden sich teilen, und es wird eine Insel entstehen!" In demselben Augenblick sah ich die Wellen des Flusses sich teilen, und es trat mit der Oberfläche des Wassers in gleicher Höhe eine kleine eirunde weiße Insel hervor. Es war dies die Stelle, wo die Kinder Israel über den Jordan mit der Bundeslade gezogen waren, und hier hatte auch Elias den Jordan mit seinem Mantel geteilt.

Es war eine große Rührung unter den Anwesenden; sie beteten und lobsangen. Johannes aber und die Jünger legten große Steine in das Wasser und Bäume und Zweige darüber und machten eine Brücke bis zur Insel und schütteten kleine weiße Steinchen über die Brücke. Als sie fertig war, konnte das Wasser unten durchrauschen. Johannes und seine Jünger pflanzten zwölf Bäumchen um die Insel und zogen sie in eine oben offene Laube zusammen. Zwischen dieselben setzten sie noch kleinere Hekken, welche viel am Jordan hin und her wuchsen. Sie hatten weiße und rote Blüten und gelbe Früchte mit einem Krönchen wie Mispeln. Es sah sehr schön aus, denn einige blühten, andere waren voller Früchte.

Die emporgetauchte Insel, der Ort, wo die Lade beim Durchzug durch den Jordan gestanden, schien felsig und das Flußbett mehr ausgewaschen als zu Zeiten Josuas; das Wasser aber schien viel niedriger, so daß ich nicht weiß, ob das Wasser wich oder die Insel stieg, da Johannes sie als Jesu Taufstelle hervorrief.

Links von der Brücke, nicht in der Mitte, sondern näher an dem Rande der Insel, war eine Grube gemacht, in welcher klares Wasser emporstieg. Es führten einige Stufen hinab, und dicht an dem Wasserspiegel lag ein dreieckiger, glatter roter Stein, auf welchem Jesus bei der Taufe stehen sollte. Zur Rechten dieses Steines stand ein feiner Palmbaum mit Früchten, den

Jesus bei der Taufe mit dem Arme umfaßte. Der Rand des Brunnens war zierlich ausgelegt und alles sehr schön gearbeitet.

Die Stelle, worauf die Bundeslade im Jordan gestanden, ist aber gerade der Ort des Taufbrunnens Jesu auf der Insel, die vom Wasser entblößt erschien.

Als die Israeliten und die Bundeslade herüber und die zwölf Steine aufgerichtet waren, begann der Jordan zu strömen.

Der Wasserspiegel des Taufbrunnens lag in der Insel so tief, daß von dem Ufer aus der Täufling nur bis unter die Brust konnte gesehen werden. Die Vertiefung war leise abfallend, und das achteckige Wasserbecken, welches ungefähr fünf Fuß im Durchmesser hatte, war von einem fünfmal durchschnittenen Rande umgeben, auf welchem mehrere Menschen Raum hatten.

Als Johannes wieder am Taufplatz beschäftigt war, sah ich wieder eine Sendung von etwa zwanzig Personen von allen Behörden Jerusalems sich ihm nahen, ihn zur Rechenschaft zu ziehen. Sie warteten an dem Ort, wo das Fest gewesen und beschieden Johannes zu sich. Er kam aber nicht. Ich sah sie tags darauf etwa eine kleine halbe Stunde von der Taufstelle. Johannes ließ sie nicht einmal in den Kreis der vielen umliegenden Wohnungen kommen. Es war dieser Umkreis abgezäunt. Ich sah Johannes nach seiner Arbeit, etwas sich ferne haltend, mit ihnen reden. Er sprach wie immer mit ihnen, nahm ihre Fragen nicht alle an und berief sich auf den, der bald kommen werde zu seiner Taufe, der mehr sei als er und den er nie gesehen.

Darauf sah ich Herodes auf seinem Maultier in einer Art Kasten sitzend, auch das Weib seines Bruders, mit dem er lebte, stolz und frech geschmückt, kraus und breit gekleidet, ebenso auf einem Maultier sitzend mit Gefolge einiger Diener bis in die Nähe des Tauforts kommen. Das Weib hielt in einiger Entfernung auf dem Maultier. Herodes aber stieg ab und nahte mehr, und Johannes ließ sich aus einiger Entfernung mit ihm in ein Gespräch ein. Herodes rechtete mit Johannes; denn dieser hatte einen Bann über ihn ausgesprochen, nach dem er ihm neulich die Schrift zur Verteidigung seiner unerlaubten Verbindung vorgelegt. Er hatte ihn von aller Teilnahme an der Taufe und dem Heile des Messias ausgeschlossen, wenn er nicht von diesem schändlichen Verhältnisse ablasse. Herodes fragte, ob Johannes einen Jesus von Nazareth kenne, von dem jetzt ein Gerücht im Lande sei, ob er Boten von ihm empfange, ob dieser es sei, von dem er immer verkündige. Er möge es ihm sagen, denn er wolle sich an diesen mit seiner Sache wenden. Johannes erwiderte, dieser werde ihn ebensowenig anhören als er. Er sei und bleibe ein Ehebrecher, er möge seinen Handel vorbringen, wo er wolle, es werde immer ein Ehebruch bleiben. Da Herodes ihn fragte, warum er nicht näher zu ihm herkomme und immer nur aus der Ferne zu ihm schreie, sagte Johannes: „Du warst blind und bist durch den Ehebruch noch blinder geworden, und je näher ich dir komme, je blinder wirst du werden; wenn ich aber in deiner Gewalt sein werde, wirst du tun, was dich gereuen wird!“ Es lag hierin eine Prophezeiung auf seinen Tod. Herodes und das Weib verließen nun Johannes sehr erbittert.

Die Zeit naht, da Jesus zur Taufe kommt. Johannes sah ich sehr betrübt. Er sehnte sich sehr, Jesus möge zur Taufe kommen, dann wolle er vor ihm nach jenseits weichen und werde nicht lange unter ihnen sein. Seine Jünger waren sehr betrübt darüber und wollten nicht, daß er sie verlasse.

Die Taufe Jesu

Jesus, schneller als Lazarus wandelnd, kam an zwei Stunden vor diesem an der Taufstelle Johannis an. Es war Dämmerung, als er in der Nähe derselben auf dem Wege unter eine Schar Leute kam, welche auch zur Taufe gingen. Sie kannten ihn nicht, und er wandelte unter ihnen den Weg mit fort; aber sie schauten doch nach ihm, denn er war ihnen auffallend. Als sie ankamen, war es Morgen. Eine ungemeine Menge Menschen war versammelt, und Johannes lehrte mit einer großen Begeisterung von der Nähe des Messias und der Buße, und wie er nun weichen werde. Jesus stand mitten in dem Gedränge der Zuhörer. Johannes fühlte seine Nähe und sah ihn auch wohl und war ungewohnt freudig und eifrig; aber er unterbrach seine Rede nicht und fing hierauf an zu taufen.

Er hatte schon sehr viele getauft, und es war etwa gegen zehn Uhr, als Jesus in der Reihe der Täuflinge auch zu seiner Stelle an den Taufteich hinabstieg. Da beugte sich Johannes vor ihm und sagte: „Ich habe nötig, von dir getauft zu werden, und du kommst zu mir!“ Jesus erwiderte ihm: „Lasse es jetzt geschehen; denn es ziemt sich, daß wir alles Rechte erfüllen, daß du mich taufst und ich von dir getauft werde.“ Er sagte ihm auch: „Du sollst die Taufe des Heiligen Geistes und des Blutes empfangen.“ Da sagte ihm Johannes, er möge ihm zu der Insel folgen. Jesus sagte, er wolle es tun, aber dann solle von dem Wasser, daraus alle getauft wurden, in jenes Becken gelassen werden, und alle, die mit ihm jetzt hier seien, sollten auch dort getauft werden, und der Baum, um den er gefaßt, solle nachher an die gewöhnliche Taufstelle gepflanzt werden, daß alle daran faßten.

Der Heiland begab sich nun mit Johannes und dessen zwei Jüngern Andreas und Saturnin (Andreas war den Jüngern und Begleitern des Herrn, von denen oben die Rede war, von Kapharnaum hierhergefolgt) über die Brücke auf die Insel und ging in ein kleines Gezelt, das dicht an der Morgenseite des Taufbrunnens zum Aus- und Ankleiden errichtet war. Die Jünger folgten auf die Insel; bis an das Ende der Brücke aber standen die Menschen und am Ufer eine große Menge. Auf der Brücke konnten etwa drei Menschen nebeneinander stehen, einer der vordersten war Lazarus.

Die neun Jünger Jesu, welche in letzter Zeit immer mit ihm gewesen, gingen zu dem Brunnen hinab und standen auf dessen Rand. Jesus legte in dem Zelt seinen Mantel ab, dann den Gürtel und einen wollgelben Rock, vorn offen, mit Schlingen geschlossen, dann jene schmale wollene Bahn um den Nacken über der Brust gekreuzt, die sie nachts und im Wetter um das Haupt schlangen. Nun hatte er noch ein braunes gewirktes Hemd auf bloßen Leib, mit welchem er heraustrat und zum Rand des Brunnes hinabstieg, wo er es über das Haupt auszog. Er hatte um die Mitte des Leibes eine Binde, welche um die einzelnen Beine bis zu den halben Füßen gewickelt war. Alle seine Kleider empfing Saturnin und gab sie dem am Rande der Insel stehenden Lazarus zu halten.

Nun stieg Jesus in den Brunnen hinab, in welchem er bis an der Brust im Wasser stand. Mit der Linken umfaßte er den Baum und hielt die Rechte vor der Brust, die weiße Leibbinde schwamm mit aufgelösten Rändern auf dem Wasser. Johannes stand an dem südlichen Ende des Brunnens, er hatte eine Schale mit breitem Rand, durch welche drei Rinnen liefen. Er bückte sich, schöpfte Wasser und ließ es in drei Strahlen über das Haupt des Herrn fließen. Ein Strahl floß auf das Hinterhaupt, einer in die Mitte des Hauptes, einer über das Vorderhaupt und Angesicht.

Die Worte, die Johannes beim Taufen sprach, weiß ich nicht mehr genau, aber ungefähr: „Jehova durch Cherubim und Seraphim gieße seinen Segen über dich aus mit Weisheit, Verstand und Stärke." Ich weiß nicht recht, ob es gerade diese drei letzten Worte waren; aber es waren drei Gaben für Geist, Seele und Leib, und war auch drin enthalten, so viel jeder bedürfe, um dem Herrn Geist, Seele und Leib erneuert wieder zu bringen.

Indem nun Jesus aus der Tiefe des Taufbrunnens heraufstieg, hüllten Andreas und Saturnin, die zur Rechten des Täufers um den dreieckigen Stein standen, ein Tuch um ihn, womit er sich abtrocknete und legten ihm ein langes weißes Taufhemd um, und als er nun auf den dreieckigen roten Stein trat, der zur Rechten des Eintritts in den Brunnen lag, legten sie ihm die Hand auf die Schulter und Johannes auf das Haupt.

Da dieses vorüber war, standen sie eben im Begriff, die Stufen heraufzusteigen, als die Stimme Gottes über Jesus kam, der allein, betend auf dem Steine stand. Es kam ein großes Brausen vom Himmel und wie ein Donner, und alle Anwesenden bebten und schauten empor. Es senkte sich auch eine weiße Lichtwolke nieder, und ich sah eine geflügelte Gestalt von Licht über Jesus, die ihn wie ein Strom übergoß. Ich sah auch, als sei der Himmel offen, und sah die Erscheinung des himmlischen Vaters in gewöhnlicher Gestalt und hörte die Worte: „Dieses ist mein lieber Sohn, an dem ich Wohlgefallen habe", in der Stimme des Donners.

Jesus aber war ganz von Licht durchgossen, und man konnte ihn kaum ansehen, seine Gestalt war ganz durchsichtig. Ich sah auch Engel um ihn.

Ich sah aber in einiger Entfernung auf dem Wasser des Jordan den Satan, eine schwarze dunkle Gestalt, wie eine Wolke und sah in dieser Wolke ein Gewimmel von scheußlichem schwarzem Gewürm und Getier sich um ihn drängen. Es war, als werde alles Böse, alle Sünde, alles Gift aus der ganzen Gegend, da der Heilige Geist sich ergoß, in Gestalten sichtbar und flüchte sich in diese dunkle Gestalt als ihren Urquell hinein. Es war gräulich, aber erhöhte den unbeschreiblichen Glanz und die Freude und Klarheit, welche sich über den Herrn und die Insel ergoß. Der heilige Taufbrunnen leuchtete bis auf den Grund, und alles war verklärt. Da sah man die vier Steine, auf welchen die Bundeslade gestanden, im Grunde des Brunnens freudig schimmern, und auf den zwölf Steinen, um den Brunnen, wo die Leviten gestanden, schienen anbetende Engel zu stehen, denn es hatte der Geist Gottes vor allen Menschen dem lebendigen Grundstein, dem auserwählten köstlichen Eckstein der Kirche Zeugnis gegeben, um den wir, als lebendige Steine gebaut, ein geistliches Haus und ein heiliges Priestertum bilden müssen, um Gott wohlgefällige geistliche Opfer durch seinen lieben Sohn, an dem er Wohlgefallen hat, bringen zu können.

Hierauf aber stieg Jesus die Stufen hinan und begab sich unter das Zelt bei dem Taufbrunnen, und Saturnin brachte seine

Kleider hinein, die Lazarus gehalten hatte, und Jesus legte sie an. Angekleidet trat er aus dem Zelt und von seinen Jüngern umgeben auf den freien Platz der Insel zur Seite des mittleren Baumes. Johannes aber redete mit großer Freudigkeit zu dem Volk und gab Zeugnis von Jesus, daß er der Sohn Gottes und der verheißene Messias sei. Er führte alle Verheißungen der Patriarchen und Propheten an, welche nun erfüllt seien und sprach aus, was er gesehen und die Stimme Gottes, die sie alle gehört und daß er nun bald, so Jesus zurückkehre, hier weichen werde. Auch sprach er von diesem Ort, daß hier die Lade des Bundes gestanden, als Israel das Land der Verheißung empfangen und daß nun der Erfüller des Bundes hier selbst von seinem Vater, dem allmächtigen Gott, bezeugt worden sei. Er wies auch alle zu ihm und pries den Tag der erfüllten Sehnsucht von Israel selig.

Es waren unterdessen noch viele Leute und auch Freunde Jesu gekommen. Nikodemus, Obed, Joseph von Arimathäa, Johannes Markus und andere sah ich unter der Menge. Johannes sagte auch dem Andreas, er solle in Galiläa die Taufe des Messias verkünden. Auch Jesus bestätigte einfach, Johannes habe die Wahrheit gesprochen, sagte auch, er werde eine kurze Zeit sich entfernen, dann sollten alle Kranken und Betrübten zu ihm kommen, er wolle sie trösten und ihnen helfen; sie möchten sich bis dahin vorbereiten mit Buße und guten Werken. Er werde sich entfernen und dann das Reich, welches ihm sein himmlischer Vater gegeben, antreten. Jesus sprach dieses in einer Art Parabel, wie von einem Königssohn, der, ehe er seinen Thron in Besitz nehme, sich absondere, den Beistand seines Vaters erflehe und sich sammle usw.

Es waren unter den vielen Anwesenden auch einige Pharisäer, welche diese Worte ganz lächerlich auslegten. Sie sagten: „Er ist vielleicht doch nicht des Zimmermanns Sohn, sondern das untergeschobene Kind irgendeines Königs und wird nun hingehen und sich seine Leute sammeln und in Jerusalem einziehen." Es kam ihnen das sehr kurios und unbesonnen vor.

Johannes fuhr aber fort, alle Anwesenden nun auf der Insel im Taufbrunnen Jesu an diesem Tage zu taufen. Es waren meistens Leute, die später zur Gemeinde Jesu kamen. Sie traten in das Wasser, das den Rand des Brunnens umgab, und der Täufer stand sie taufend auf demselben.

Jesus aber mit den neuen Jüngern und einigen, die hier zu ihm kamen, verließ die Taufstelle. Es folgten Lazarus, Andreas und Saturnin. Sie hatten auf seinen Befehl einen Schlauch mit Wasser aus Jesu Taufbrunnen gefüllt und trugen ihn mit sich. Die Anwesenden warfen sich vor Jesus nieder und flehten, er möge bei ihnen bleiben. Er versprach aber wiederzukehren und ging von dannen.

Von hier ging Jesus mit seinen Jüngern ein paar Stunden weiter gegen einen Hof, der die vorletzte Herberge Mariä vor Bethlehem gewesen war, wovon es etwa vier Stunden entfernt sein mochte. Es kamen ihm Männer aus dem Haus entgegen und warfen sich vor ihm auf dem Weg nieder, ihn einzuladen. Er ward hier sehr freudig aufgenommen. Diese Leute gingen fast täglich zu der Lehre Johannis und wußten das Wunder seiner Taufe. Es ward ihm ein Mahl bereitet und auch ein Bad, welches warm war, auch hatten sie ihm ein schönes Lager gemacht. Jesus lehrte hier.

Es lebte die Frau noch, welche vor dreißig Jahren die Heilige Familie beherbergt hatte. Sie wohnte in dem Hauptgebäude allein, die Kinder wohnten daneben und sendeten ihr die Speisen. Als Jesus sich gewaschen hatte, ging er auch zu der Frau. Sie war blind und seit mehreren Jahren ganz zusammengekrümmt. Jesus sprach zu ihr von der Barmherzigkeit und Gastfreiheit, von unvollendeten Werken und von dem Eigennutz und stellte ihr jetziges Elend als eine Strafe dafür dar. Die Frau war sehr gerührt und gestand ihren Fehler ein, und Jesus heilte sie. Er befahl ihr, sich in das Wasser zu legen, worin er sich gewaschen hatte. Da gewann sie das Licht der Augen wieder und ward gerade und gesund. Er befahl ihr aber, nicht davon zu reden.

Die Leute fragten ihn hier ganz einfältig wieder: Wer denn nun größer sei, er oder Johannes? Er antwortete: „Der, von dem Johannes Zeugnis gibt." Sie sprachen auch von Johannis Stärke und Eifer und von der schönen kräftigen Gestalt Jesu. Jesus sagte ihnen, in vierthalb Jahren würden sie keine Gestalt mehr an ihm sehen und ihn nicht wiedererkennen, so würde dieser Leib verunstaltet werden. Er sprach von der Kraft und dem Eifer des Johannes, als eines, der an das Haus der Schlafenden anpoche vor der Ankunft des Herrn, als eines, der den Weg durch die Wüste breche, auf daß der König einziehen könne, als von einem Strom, der das Flußbett reinige.

Morgens bei Tagesanbruch ging Jesus mit seinen Jüngern und einer nachziehenden Schar, die sich hier zu ihm gesammelt hatte, gegen den Jordan, welcher von hier drei Stunden, wo nicht mehr, entlegen sein mochte. Der Jordan fließt in einem breiten Tal, welches auf beiden Seiten wohl eine halbe Stunde ansteigt.

Es war ein schöner Anblick von des Johannes Taufteich zu den beiden Ufern aufwärts, welche sehr fruchtbar waren. Der eigentlich recht lustige Strich von Obst und Reichtum war am Galiläischen Meere; hier aber und um Bethlehem war mehr Feldbau und Durra, Knoblauch und Gurken und Wiesen.

Jesus war schon am Bundesladenstein vorüber und zog etwa eine Viertelstunde weit von Johannis Hütte, wo dieser lehrend stand, durch eine Talöffnung eine sehr kurze Strecke vorüber, wo man Johannes ferne sehen konnte. Jesus war hier dem Täufer nicht länger als ein paar Minuten sichtbar. Johannes aber ward vom Geiste ergriffen, er deutete auf Jesus hin und rief aus: „Siehe das Lamm Gottes, welches die Sünden der Welt hinwegnimmt." Jesus wandelte vorüber, seine Jünger in Haufen zerstreut, vor und nach. Die Schar, welche sich zuletzt angehängt hatte, war die letzte. Es war am frühen Morgen. Sehr viele Leute liefen auf die Worte des Johannes heran. Aber Jesus war schon vorüber. Sie riefen ihm ein Lobpreisen nach; aber sie sprachen ihn nicht mehr.

Als die Leute zurückkehrten, sagten sie zu Johannes: es zögen so viele Menschen mit Jesus. Sie hätten auch vernommen, daß seine Jünger schon getauft hätten; was das werden solle? Johannes wiederholte ihnen nochmals, daß er bald diesen Ort vor Jesus verlassen werde, denn er sei nur ein Vorläufer und Knecht gewesen. Es war dies den Jüngern gar nicht recht, sie waren auf die Jünger Jesu etwas eifersüchtig.

Jesus nahm nun die Richtung seines Weges nordwestlich, ließ Jericho rechts und ging nach Gilgal, welches etwa zwei Stunden von Jericho lag. Er verweilte auf diesem Weg an manchen Orten, wo ihn die Kinder teils lobsingend begleiteten, teils in die Häuser liefen und die Eltern herausholten.

Jesus lehrt in Bethanien

Jesus lehrte im Hause des Lazarus von der Johannis- und Messiastaufe, vom Gesetz und der Erfüllung und den Sekten der Juden und ihrer Art. Die Freunde hatten Schriftrollen nach Jerusalem gebracht, aus denen er ihnen Stellen der Propheten auslegte, die sich auf den Messias bezogen. Es waren aber nicht alle bei dieser Auslegung, nur Lazarus und einige Vertraute.

Jesus sprach mit ihnen auch von seinem künftigen Aufenthalt. Sie rieten ihm, sich nicht in Jerusalem niederzulassen und teilten ihm mit, was dort alles von ihm geredet werde. Sie schlugen ihm Salem zum Aufenthalt vor, weil dort wenige Pharisäer seien. Er sprach von allen diesen Orten und von Melchisedech, dessen Priestertum erfüllt werden müsse; dieser habe alle Wege gemessen und die Stellen gegründet, wo sein himmlischer Vater wolle, daß der Menschensohn wandeln solle. Er sagte ihnen auch, daß er meistens am See Genesareth sein werde. Diese Unterredung wurde an einem abgesonderten Ort in Gemächern am Garten, wo Bäder waren, gehalten.

Jesus sprach auch mit den Frauen in den ehemaligen Gemächern Magdalenas, die auf die Straße von Jerusalem sahen.

Lazarus brachte auf Jesu Begehren die stille Schwester Maria hierher zu ihm und verließ ihn; die anderen Frauen wandelten indes in der Vorhalle.

Diesmal war das Wesen der stillen Maria gegen Jesus etwas anders. Sie warf sich vor ihm nieder und küßte ihm die Füße. Jesus ließ es geschehen und hob sie auf bei der Hand. Sie sprach wiederum emporschauend die tiefsinnigsten und wunderbarsten Dinge aus, und zwar auf eine ganz einfache natürliche Weise. Sie sprach von Gott und seinem Sohne und seinem Reiche wie eine Bauernmagd von dem Vater ihres Herrn und dessen Erbe.

Von sich selbst sprach die stille Maria als von einer Gefangenen. Ihr Leib schien ihr ein Gefängnis. Sie wußte nicht, daß dies das Leben sei; sie wünschte sehr nach Hause. Es sei hier alles so enge, und alle verstehen sie nicht, sie seien wie blind. Aber sie wolle auch gerne bleiben, sie wolle es ruhig aushalten, sie verdiene es gewiß nicht besser. Jesus redete sehr liebevoll mit ihr, tröstete sie und sprach: „Du wirst nach dem Pascha, wenn ich wieder hierher komme, zurück in die Heimat gehen.“ Er segnete sie auch; sie kniete vor ihm, er hielt die Hände über sie; und es ist mir, als habe Jesus etwas aus einer Flasche über ihr Haupt gegossen; ich weiß nicht recht, ob Öl oder Wasser.

Die stille Maria war eine sehr heilige Person; niemand kannte sie und verstand sie, sie lebte ganz in Gesichtern von dem Werk der Erlösung, das niemand ahnte, sie aber ganz kindlich verstand. Man hielt sie für blödsinnig. Als Jesus ihr die Zeit ihres Todes gesagt: dann solle sie nach Hause gehen aus ihrer Gefangenschaft, salbte er ihren Leib zum Tode. Man kann daraus abnehmen, daß es etwas mehr auf sich hat mit dem Leib, als die Leute so meinen. Jesus erbarmte sich der stillen Maria, welcher als einer vermeintlichen Blödsinnigen keine Einbalsamierung bevorstand. Ihre Heiligkeit aber war ein Geheimnis. Jesus entließ nun die stille Maria, und sie ging nach ihrer Wohnung zurück.

Nachher sprach Jesus noch mit den Männern von Johannis

Taufe und der Taufe des Heiligen Geistes. Ich erinnere mich keines sehr großen Unterschiedes zwischen der Johannistaufe und der ersten Taufe von Jesu Jüngern; diese stand nur der Sündenvergebung näher. Ich habe auch keinen von Johannes Getauften vor der Sendung des Heiligen Geistes wieder taufen sehen.

Vor dem Sabbat gingen die jerusalemischen Freunde noch nach der Stadt zurück. Aram und Themeni gingen mit Joseph von Arimatäa. Jesus hatte ihnen gesagt, daß er sich einige Zeit absondern wolle, um sich auf sein schweres Lehramt vorzubereiten. Er sagte ihnen nicht, daß er fasten wolle.

Jesus in der Wüste – Die Versuchung

Jesus ging vor dem Sabbat, von Lazarus begleitet, in die Herberge des Lazarus nach der Wüste zu. Er sagte diesem auch allein, daß er nach vierzig Tagen wieder kommen werde. Aus der Herberge setzte er seinen Weg allein und barfuß fort. Er ging im Anfang nicht in der Richtung von Jericho, sondern gegen Mittag, als wolle er gen Bethlehem, als wolle er zwischen dem Aufenthalt von Annas Verwandten und dem von Josephs Verwandten bei Maspha durch; dann wandte er sich gegen den Jordan zu, umging alle Orte auf Fußpfaden und kam an dem Ort dicht vorüber, wo einmal die Arche gestanden und wo Johannes das Fest gefeiert hatte.

Etwa eine Stunde von Jericho bestieg er das Gebirge und begab sich in eine weite Höhle. Dies Gebirge zieht sich von Jericho zwischen Morgen und Mittag über den Jordan hinüber gegen Madian hin.

Jesus hat hier bei Jericho sein Fasten begonnen, hat es in verschiedenen Teilen dieser Wüste jenseits des Jordan fortgesetzt und hier wieder beschlossen, wohin ihn der Teufel auf den Berg getragen. Dieser Berg hat auf seiner Spitze eine sehr weite Aussicht. Er ist teils mit Gesträuch bewachsen, teils einsam und kahl. Er liegt eigentlich nicht so hoch wie Jerusalem selbst, aber er liegt auf tieferem Grunde und auf diesem mehr einsam erhaben. Auf der Berghöhe von Jerusalem liegt der Hügel des Kalvarienberges am höchsten, so daß er mit der Höhe des Tempelgebäudes gleich ist. Von Bethlehems Seite und gegen Mittag liegt Jerusalem ganz gefährlich steil; von dieser Seite ist auch kein Eingang und alles von Palästen eingenommen.

Jesus bestieg in der Nacht den einen steilen wilden Berg in der Wüste, den man jetzt Quarantania nennt. Es sind drei Rükken auf diesem Berg und drei Höhlen, eine über der andern. Hinter der obersten Höhle, in welche Jesus ging, sah man in den steilen dunklen Abgrund hinunter; der ganze Berg war voll schrecklicher, gefährlicher Spalten. In derselben Höhle hatte vor 400 Jahren ein Prophet gewohnt, dessen Namen ich vergessen. Auch Elias hat einstens längere Zeit heimlich hier gewohnt; er erweiterte die eine Höhle. Ohne daß jemand wußte woher, kam er manchmal hier herab unter das Volk, prophezeite und stiftete Frieden. Vor 150 Jahren hatten etwa 25 Essener hier ihre Wohnungen. Am Fuß dieses Berges stand das Lager der Israeliten, als sie mit der Bundeslade und den Posaunen um Jericho herumzogen. Der Brunnen, dessen Wasser Elisäus versüßte, ist auch in der Gegend. St. Helena hat diese Höhlen zu Kapellen einrichten lassen. Ich habe einmal in einer derselben ein Gemälde der Versuchung an der Wand gesehen. Es ist später auch ein Kloster da oben gewesen. Ich kann mir immer nicht denken, wie nur die Arbeiter da hinaufkommen konnten. Helena hat sehr viele heilige Orte mit Kirchen geschmückt. Sie baute auch jene Kirche über das Geburtshaus der Mutter Anna, zwei Stunden vor Sephoris. In Sephoris selbst hatten Annas Eltern auch ein Haus. Wie traurig, daß die meisten dieser heiligen Orte bis an die Erinnerung an sie verwüstet sind! Wenn ich als junges Mädchen vor Tag im Winter durch den Schnee nach Coesfeld zur Kirche ging, sah ich alle diese heiligen Orte so deutlich und sah oft, wie gute Menschen, sie vor Verwüstung zu schützen, sich vor den zerstörenden Kriegsleuten platt in den Weg warfen.

Das Wort in der Schrift: „Er ward vom Geiste in die Wüste geführt", heißt: der Heilige Geist, der in der Taufe, insofern Jesus alles Göttliche nach seiner Menschheit an sich geschehen ließ, über ihn kam, bewegte ihn, in die Wüste zu gehen und sich zu seinen Berufsleiden vor seinem himmlischen Vater menschlich vorzubereiten.

Jesus betete in der Höhle mit ausgebreiteten Armen kniend zu seinem himmlischen Vater um Kraft und Trost in allen ihm bevorstehenden Leiden. Er sah alle seine Leiden voraus und flehte um die nötigen Gnaden in jedem einzelnen. Ich hatte Bilder von allem Kummer und allen Leiden und sah Jesus Trost und Verdienst für jedes empfangen. Eine weiße Lichtwolke, groß wie eine Kirche, ließ sich über ihn nieder, und nach den einzelnen Gebeten nahten ihm geistige Gestalten, welche in seiner Nähe menschliche Form gewannen, ihn ehrten und ihm irgendeinen Trost, eine Verheißung brachten. Ich erkannte, daß Jesus hier in der Wüste allen Trost, alle Stärkung, alle Hilfe, allen Sieg in Anfechtungen für uns erwarb, alles Verdienst im Kampf und Sieg für uns erkaufte, allen Wert der Abtötung und des Fastens für uns vorbereitete, und daß er hier alle seine bevorstehende Arbeit und Leiden Gott dem Vater aufopferte, um den künftigen Geistes- und Gebetsarbeiten der an ihn Glaubenden einen Wert zu geben. Ich erkannte den Schatz, welchen Jesus der Kirche dadurch gründete und welchen sie in der vierzigtägigen Fastenzeit eröffnet. Jesus schwitzte bei diesem seinem Gebete Blut.

Nun aber sah ich, daß die Engel sich vor Jesus beugten, ihn verehrten und fragten, ob sie ihm ihre Sendung vorstellen dürften und ob es noch sein Wille sei, für die Menschen als Mensch zu leiden, wie dieses sein Wille gewesen, da er aus seinem himmlischen Vater herabgestiegen sei und Fleisch angenommen habe im Leibe der Jungfrau? Da nun Jesus abermals diese Leiden annahm, richteten die Engel ein hohes Kreuz vor ihm auf, welches sie in seinen einzelnen Teilen tragend herangekommen waren. Es war dies Kreuz in der Gestalt, wie ich es immer sehe; aber es bestand aus vier Stücken, wie ich immer die Kreuzkelter sehe. Der obere Teil des Kreuzstammes nämlich, der zwischen den beiden eingesetzten Armen hervorsteigt, war auch abgesondert. Fünf Engel trugen den unteren Stamm des Kreuzes, drei den oberen Teil, drei den linken und drei den rechten Kreuzarm, drei den Klotz, worauf seine Füße ruhten, drei trugen eine Leiter, ein anderer einen Korb mit allerlei Stricken und Werkzeug, andere Speer, Rohr, Ruten, Geißeln, Dornenkrone, Nägel und alle seine Spottkleider, ja alles, was bei seinem Leiden vorkam.

Das Kreuz aber schien hohl, man konnte es auftun wie einen Schrank, und es war in allen seinen Teilen mit unzähligen mannigfaltigen Marterwerkzeugen angefüllt. In der Mitte aber, wo Jesu Herz gebrochen ward, war eine Verschlingung von allen möglichen Bildern der Pein in den verschiedensten Instrumenten, und war die Farbe des Kreuzes von einer rührend schmerzlichen Blutfarbe.

So waren alle Teile und Stellen des Kreuzes von verschiedenen schmerzlichen Farben, aus denen man die Pein erkennen konnte, welche da erlitten werden sollte, und wo sie in Strahlen nach dem Herzen hinlief. Auch die Instrumente auf jeder Stelle hatten die Gestalt der zukünftigen Peinen.

Es waren in dem Kreuze auch Gefäße mit Galle, Essig; aber auch Salben und Myrrhen und etwas wie Gewürz, wahrscheinlich auf Tod und Grablegung sich beziehend.

Außerdem waren darin eine Menge von langen aufgerollten Bahnen, wie handbreite Zettel von verschiedenen Farben, worauf verschiedene Leiden und Leidensarbeiten geschrieben waren. Die Farben deuteten auf verschiedene Grade und Arten von Finsternis, welche zu erleuchten und auszubleichen waren durch Leiden. Schwarz war das, was verloren ging, braun das Trübe, Dürre, Trockene, Vermischte, Schmutzige, rot das Schwere, Irdische, Sinnliche, gelb das Weichliche, Leidenscheuende. Es waren halbgelbe, halbrote Bahnen dabei, beides mußte weiß werden. Dann waren auch eine Menge ganz weißer Bahnen darin, wie Milchbahnen, und die Schrift war leuchtend in ihnen; man sah sie durch. Diese bezeichneten das Gewonnene, Vollendete.

Alle diese farbigen Bänder waren wie die Rechnung der Arten der Schmerzen und Arbeiten, welche Jesus in seinem Wandel und Leiden mit den Jüngern und anderen Menschen haben würde.

Auch wurden Jesus all' jene Menschen vorgeführt, durch welche er am meisten geheime Leiden haben würde: die Tücke der Pharisäer, der Verräter Judas, die mitleidslosen Juden bei seinem schmählichen bitteren Tode.

Alles ordneten und entwickelten die Engel vor dem Heiland mit einer unaussprechlichen Ehrfurcht und einer priesterlichen Ordnung; und als das ganze Leiden vor ihm aufgerichtet und ausgesprochen war, sah ich Jesus und die Engel weinen.

Ich sah an einem späteren Tage auch, daß die Engel Jesus den Undank der Menschen, den Zweifel, Spott, Hohn, Verrat, Verleugnung der Freunde und Feinde bis zu seinem Tode und nach demselben in Bildern zeigten, und alles, was von seiner Arbeit und Pein verloren gehe. Sie zeigten ihm aber auch zum Troste alles, was gewonnen werde. Sie zeigten mit den Händen nach den Bildern. In allen diesen Vorstellungen des Leidens Jesu sah ich das Kreuz Jesu wie immer von fünf Holzarten und mit eingesetzten Armen, unter jedem Arm einen Keil, einen Ruheklotz unter den Füßen. Das Stück des Stammes über dem Haupt, woran der Titel, sah ich einzeln aufgezapft; denn der Stamm war anfangs zu niedrig, um die Schrift über das Haupt zu setzen. Es war aufgesetzt wie der Deckel auf eine Nadelbüchse.

Der Satan kannte nicht die Gottheit Christi. Er hielt ihn für einen Propheten. Er hatte seine Heiligkeit von Jugend auf gesehen und auch die Heiligkeit seiner Mutter, die gar nicht auf den Satan merkte. Sie nahm keine Versuchung auf. Es war kein Stoff in ihr, woran er anknüpfen konnte.

Ich tat da die innere Frage, wie es denn ihm so ganz verborgen sei, daß Christus Gott sei? Und ich erhielt darüber Weisungen und erkannte nun ganz deutlich den unbegreiflichen Nutzen für die Menschen, daß der Satan und sie selber es nicht wußten, und daß sie es mußten glauben lernen. Ein Wort sagte mir der Herr, das ich behalten, nämlich: „Der Mensch hat nicht gewußt, daß die Schlange, die ihn verführt, der Satan war, darum darf auch der Satan nicht wissen, daß es Gott ist, der den Menschen erlöst." Ich sah auch, daß der Satan die Gottheit Christi nicht eher erfuhr, als da er die Seelen aus der Vorhölle befreite.

Jesus litt Hunger und Durst. Ich sah ihn mehrmals vor der Höhle. Gegen Abend kam der Satan wie ein großer kräftiger Mann den Berg herauf. Er hatte unten zwei Steine aufgehoben, von der Länge kleiner Brote, aber eckig, denen er aufsteigend in seinen Händen die volle Gestalt der Brote gab. Er hatte etwas ungemein Grimmiges, da er zu Jesus in die Höhle trat. Er hatte in jeder Hand einen der Steine und sagte zu ihm etwa so viel wie: „Du hast recht, daß du keine Früchte aßest, sie reizen nur die Eßlust. Wenn du aber Gottes geliebter Sohn bist, über den der Geist bei der Taufe gekommen, siehe! ich habe gemacht, daß sie wie Brote aussehen, so mache du Brot aus diesen Steinen." Jesus sah nicht nach dem Satan; ich hörte ihn nur die Worte sagen: „Der Mensch lebt nicht vom Brote." Diese Worte habe ich allein deutlich behalten. Nun wurde der Satan ganz grimmig, streckte seine Krallen gegen Jesus aus, wobei ich die beiden Steine auf seinen Armen liegen sah, und entfloh. Ich mußte lachen, daß er seine Steine wieder mitnehmen mußte.

Gegen Abend des folgenden Tages sah ich den Satan in der Gestalt eines mächtigen Engels zu Jesus mit großem Gebrause heranschweben. Er war in der Art kriegerischer Bekleidung, wie ich den heiligen Michael erscheinen sehe; doch immer kann man durch seinen großen Glanz etwas Finsteres und Grimmiges durchsehen. Er prahlte gegen Jesus und sagte ungefähr: „Ich will dir zeigen, wer ich bin und was ich vermag und wie mich die Engel auf den Händen tragen. Sieh dort Jerusalem! sieh den Tempel! ich will dich auf seine höchste Spitze stellen; da zeige, was du vermagst und ob Engel dich heruntertragen." Indem er so hinzeigte, war es, als sähe ich Jerusalem und den Tempel dicht vor dem Berge liegend; ich glaube aber, daß dies nur eine Vorstellung war. Jesus gab ihm keine Antwort. Der Satan faßte ihn bei den Schultern und trug ihn durch die Luft, aber niedrig schwebend, nach Jerusalem und stellte ihn auf die Spitze eines Turmes, deren vier auf den vier Ecken des Tempelumfanges standen, die ich sonst nicht beachtet hatte. Dieser Turm stand an der Abendseite gegen Sion zu, der Burg Antonia gegenüber. Der Tempelberg ging da sehr steil hinab. Diese Türme waren wie Gefängnisse; in einem derselben wurden die kostbaren Kleider des Hohenpriesters bewacht. Sie waren oben platt, daß man darauf herumgehen konnte. Es erhob sich aber noch ein hohler Kegel in der Mitte dieser Fläche, der oben mit einer großen Kugel endete, auf der wohl für zwei Menschen zum Stehen Raum war. Man hatte da den ganzen Tempel unter sich zu überschauen.

Auf diesen höchsten Punkt des Turmes stellte der Satan Jesus, der nichts sagte. Der Satan aber flog hinab auf den Grund und sagte: „Wenn du Gottes Sohn bist, so zeige deine Macht und lasse dich auch herab; denn es steht geschrieben: er wird seinen Engeln Befehl geben, daß sie dich auf den Händen tragen, daß du an keinen Stein stoßest." Da sprach Jesus: „Es steht auch geschrieben, du sollst deinen Herrn nicht in Versuchung führen." Da kam der Satan ganz ergrimmt wieder zu ihm, und Jesus sagte: „Brauche deine Gewalt, die dir gegeben ist."

Da faßte ihn der Satan sehr grimmig wieder an den Schultern und flog mit ihm über die Wüste hin gegen Jericho zu. Auf dem Turm sah ich gegen Abend Dämmerlicht am Himmel. Er schien mir diesmal langsamer zu fliegen. Ich sah ihn in Zorn und Grimm mit Jesus bald hoch, bald niedrig und schwankend schweben wie einer, der seine Wut auslassen will und des Gegenstandes nicht mächtig wird. Er trug Jesus auf denselben Berg, sieben Stunden von Jerusalem, auf welchem er die Fasten begonnen hatte.

Ich sah, daß er ihn dicht über einen alten Terebinthenbaum wegtrug, der groß und mächtig in dem ehemaligen Garten eines der Essener stand, die vor Zeiten hier gewohnt; auch Elias hatte sich hier aufgehalten. Er stand hinter der Höhle nicht weit von dem schroffen Abhang. Solche Bäume werden dreimal im Jahre angezapft und geben jedesmal einen etwas geringeren Balsam.

Der Satan stellte den Herrn auf der höchsten Spitze des Berges an einer überhängenden unzulänglichen Klippe hin, viel höher als die Höhle. Es war Nacht; aber indem der Satan um sich her zeigte, war es hell, und man sah die wunderbarsten Gegenden nach allen Richtungen der Welt. Der Teufel sagte ungefähr zu Jesus: „Ich weiß, du bist ein großer Lehrer und willst jetzt Schüler berufen und deine Lehre ausbreiten. Sieh! hier alle diese herrlichen Länder, diese mächtigen Völker! und sieh hier das kleine Judäa dagegen! Dorthin gehe! ich will dir alle diese Länder übergeben, wenn du niederkniest und mich anbetest." Mit diesem Anbeten meinte der Teufel eine Erniedrigung, welche damals oft unter den Juden und besonders den Pharisäern vor hohen Personen und Königen üblich war, wenn sie etwas von ihnen erlangen wollten. Der Teufel hatte hier eine ähnliche, nur erweiterte Versuchung vor wie damals, als er in Gestalt eines Beamten des Herodes aus Jerusalem zu Jesus kam und ihn nach Jerusalem in das Schloß forderte, ihn dort zu unterstützen in seiner Sache. Als der Satan so umherzeigte, sah man große Länder und Meere, dann ihre Städte, dann ihre Könige in Pracht und Triumph und mit vielen Kriegsvölkern und Aufzügen umgeben einherziehen. Man sah dies alles ganz deutlich, als sei man nahe dabei, und noch deutlicher; man war wirklich überall darin, und jedes Bild, jedes Volk war verschieden in Glanz und Pracht, Sitten und Gebräuchen.

Der Satan strich auch die einzelnen Vorzüge der Völker heraus und zeigte besonders nach einem Lande, wo sehr große und prächtige Leute, schier wie Riesen, waren, ich meine, es war Persien, und riet ihm vor allem, dahin lehren zu gehen. Palästina zeigte er ihm aber ganz klein und unbedeutend. Es war dies ein ganz wunderbares Bild. Man sah so viel und so klar! und alles war so glänzend und prächtig!

Jesus sprach nichts als die Worte: „Du sollst Gott, deinen Herrn, anbeten und ihm allein dienen. Weiche von mir, Satanas!“ Da sah ich den Satan in einer unbeschreiblich gräulichen Gestalt sich von dem Felsen wegheben und in die Tiefe niederstürzen und verschwinden, als verschlinge ihn die Erde.

Gleich hierauf sah ich eine Schar von Engeln sich Jesus nahen, vor ihm sich beugen und ihn, wie auf den Händen, sanft mit ihm an den Felsen niederschwebend, in die Höhle tragen, in welcher Jesus die vierzigtägige Fasten begonnen hatte. Es waren zwölf Engel und dienende Scharen, welche auch eine bestimmte Zahl hatten. Ich weiß nicht mehr gewiß, ob 72; aber ich bin geneigt, es zu glauben, denn ich hatte während des ganzen Bildes eine Erinnerung an Apostel und Jünger. Es ward nun in der Höhle ein Dank- und Siegesfest und ein Mahl gefeiert. Ich sah die Höhle von den Engeln inwendig mit einer Weinlaube überzogen, von der herab eine Siegeskrone von Laub über Jesus schwebte. Alles dieses geschah in wunderbarer Ordnung und Feierlichkeit und war sinnbildlich und leuchtend und bald vollendet; denn das in einer Intention Hingepflanzte oder Gebrachte folgte der Intention ganz lebendig nach und breitete sich nach seiner Bestimmung aus.

Die Engel brachten auch eine anfangs kleine Tafel heran mit himmlischen Speisen besetzt, welche sich schnell wachsend vergrößerte. Die Speisen und Gefäße waren solche, wie ich sie immer an Himmelstafeln sehe, und ich sah Jesus und die zwölf Engel und auch die andern ihrer teilhaftig werden. Denn es war kein Essen durch den Mund und durch ein Zusichnehmen und Übergehen der Fruchtgestalten in die Genießenden und ein Erquickt- und Teilhaftigwerden derselben. Es war, als wenn die innere Bedeutung der Speisen nun in den Genießenden überginge. Es ist das nicht auszusprechen.

Am Ende der Tafel stand ein leuchtender großer Kelch und kleine Becher um ihn hin in der Gestalt, wie bei Einsetzung des Abendmahles, nur geistig und größer, und auch ein Teller mit solchen dünnen Brotscheiben. Ich sah, daß Jesus aus dem großen Kelch in die Becher eingoß und Bissen des Brotes in dieselben tauchte, und daß die Engel dieselben erhielten und wegbrachten. In dieser Handlung ging dies Bild vorüber, und Jesus verließ die Höhle gegen den Jordan hinabgehend.

Die Engel, welche Jesus dienten, erschienen in verschiedener Form und Ordnung; die, welche zuletzt mit Wein und Brot verschwanden, waren in priesterlicher Kleidung. Ich sah aber in demselben Augenblick allerlei wunderbaren Trost über die jetzigen und späteren Freunde Jesu kommen. Ich sah Jesus der Heiligen Jungfrau in Kana im Gesicht erscheinen und sie erquicken. Ich sah Lazarus und Martha gerührt und von Liebe zu Jesus erfüllt. Ich sah die stille Maria von einem Engel mit der Gabe vom Tische des Herrn wirklich gespeiset. Ich sah den Engel bei ihr und sie es ganz kindlich empfangen. Sie hatte alle Leiden und Versuchungen Jesu immer mitgesehen und lebte ganz in diesem Schauen und Mitleiden und wunderte sich nicht. Auch Magdalena sah ich wunderbar bewegt. Sie war mit Schmuck zu einem Fest beschäftigt, als sie eine plötzliche Angst über ihr Leben und innere Begierde nach Rettung überfiel, so daß sie ihren Schmuck an die Erde warf und von ihrer Umgebung verlacht wurde. Viele nachmalige Apostel sah ich auch erquickt und voll Sehnsucht. Den Nathanael sah ich in seiner Wohnung an alles denken, was er von Jesus gehört, und sehr von ihm gerührt, aber wie er es wieder aus dem Sinne schlug. Petrus, Andreas und alle andern sah ich gestärkt und gerührt. Es war dies ein sehr wunderbares Bild.

Johannes war in dieser Zeit immerfort mit Taufen beschäftigt. Herodes bemühte sich, daß er zu ihm komme; er sandte auch an ihn, über Jesus ihn auszuholen. Johannes behandelte ihn aber immer geringschätzig und wiederholte sein altes Zeugnis von Jesus. Auch Abgesandte von Jerusalem waren wieder bei ihm, ihn über Jesus und ihn selbst zur Rede zu stellen. Johannes antwortete wie immer, er habe ihn früher nicht mit Augen gesehen, er sei aber gesandt, seinen Weg zu bereiten.

Seit der Taufe Jesu lehrte Johannes immer, daß das Wasser durch die Taufe Jesu und den Heiligen Geist, der auf Jesus gekommen, geheiligt sei; und daß aus dem Wasser sehr viel Böses gewichen sei. Es war wie ein Exorzisieren des Wassers. Jesus ließ sich taufen, damit das Wasser geheiligt werde. Die Taufe Johannis war nun reiner und heiliger; darum sah ich auch Jesus in einem abgesonderten Becken taufen und aus diesem in den Jordan und das allgemeine Taufbad leiten und auch Jesus und die Jünger von dem Wasser mitnehmen zu fernerer Taufe.

Andreas war noch nicht eigentlich zum Jünger aufgenommen. Jesus hatte ihn nicht gerufen, er war selbst gekommen und hatte sich angeboten, er wolle gern bei ihm sein. Er war dienstbegieriger und sich anbietender als Petrus, der dachte gar leicht, dazu bin ich zu gering, das ist über meine Kräfte, und dabei ging er seinen Geschäften nach. Auch Saturnin und die beiden Vettern Josephs von Arimathäa, Aram und Themeni, hatten sich so angeschlossen an Jesus.

Es wären aber noch viele andere Jünger Johannis zu Jesus gekommen, dessen Taufstelle immer leerer ward, wenn nicht einige eigensinnige Jünger Johannis, welchen das übel gefiel, sie davon abgehalten hätten. Diese klagten gegen Johannes darüber und meinten, es sei unrecht von Jesus, hier zu taufen, das sei seine Sache nicht; und Johannes hatte genug zu tun, ihre Kurzsichtigkeit zu belehren. Er sagte ihnen, sie sollten sich seiner Worte erinnern, wie er das immer vorausgesagt, daß er nur den Weg bereite, und daß er nun bald ganz diesen Wandel verlassen werde, wenn die Wege bereitet seien. Sie hatten aber Johannes sehr lieb, und es wollte ihnen das gar nicht in den Kopf. Es war schon so voll bei Jesu Taufstelle, daß er zu seinen Jüngern sagte, sie wollten morgen weiter wandeln.

Berufung des Petrus, Andreas, Johannes und Philippus

Jesus brach vor Tag von Thebez auf und zog mit den Jüngern erst östlich, dann sich gegen Norden wendend am Fuße der Berge im Jordanstal gegen Tiberias zu. Er zog durch Abel-Mehula, einen schönen Ort, wo das Gebirge sich mehr nördlich wendet, die Geburtsstadt des Elisäus. Die Stadt zieht sich über einen Bergrücken, und ich bemerkte den großen Unterschied der Fruchtbarkeit an der Sonnen- und Nordseite. Die Leute waren hier ziemlich gut. Sie hatten von Jesu Wunder zu Kibzaim und Thebez gehört. Sie hielten ihn auf dem Wege auf und wünschten, er möge hier bleiben und heilen. Es war schier ein Auflauf. Jesus verweilte nicht lange. Der Ort war etwa vier Stunden von Thebez. Jesus zog neben Scythopolis und dem Jordan hin.

Als Jesus von Abelmehula weiterreiste, kamen ihm, während die andern Freunde schon in Gennabris waren, Andreas mit Petrus und Johannes bei einem Städtchen, etwa sechs Stunden von Tiberias, entgegen. Petrus war mit Johannes in der Gegend der Fischerei wegen gewesen. Sie wollten auch nach Gennabris. Andreas aber beredete sie, erst dem Herrn entgegenzugehen. Andreas führte nun seinen Bruder zu Jesus, und dieser sprach unter andern Reden zu ihm: „Du bist Simon des Jonas Sohn, künftig wirst du Kephas heißen.“ Es geschah dieses kurz in der Ansprache. Zu Johannes sagte er etwas vom nächsten Wiedersehen. Hierauf zogen Petrus und Johannes nach Gennabris. Andreas aber blieb bei Jesus, der von hier in die Umgegend von Tarichäa wandelte.

Als Jesus mit Andreas in die Nähe von Tarichäa kam, kehrte er in einem zur Fischerei Petri gehörigen Hause nahe am See ein, wo Andreas die Herberge schon bestellt hatte. In die Stadt ging Jesus nicht; die Einwohner hatten etwas Finsteres, Widerwärtiges und waren sehr auf Wucher und Gewinn. Simon, der hier ein Amt hatte, war mit Thaddäus und Jakobus Minor, seinen Brüdern, auf dem Fest in Gennabris, wo auch Jakobus Major und Johannes waren. Lazarus, Saturnin und Simeons

Sohn kamen hier zu Jesus und auch der Bräutigam von Kana. Dieser lud Jesus und alle seine Begleiter auf seine Hochzeit.

Die Hauptursache, aus welcher Jesus ein paar Tage um Tarichäa verweilte, war, daß er den künftigen Aposteln und Jüngern Zeit lassen wollte, sich die Gerüchte und das, was Andreas und Saturnin ihnen erzählt hatten, einander mitzuteilen und sich darüber zu verständigen. Ich sah auch, daß Andreas, während Jesus in der Gegend wandelte, in dem Hause blieb und mit einem Rohr Briefe auf Streifen von Baumbast schrieb; man konnte das Geschriebene durch ein gespaltenes Holz zurückschieben und aufrollen. Es kamen in das Haus oft Männer und Jünglinge, welche Arbeit suchten; Andreas brauchte sie als Boten. Er schickte diese Briefe an Philippus und seinen Halbbruder Jonathan und nach Gennabris an Petrus und die andern, meldete ihnen, daß Jesus auf den Sabbat nach Kapharnaum kommen werde und beschied sie dahin.

Von Kapharnaum aber kam eine Botschaft an Andreas, er möge Jesus doch bitten zu kommen, es warte schon mehrere Tage ein Bote aus Kades auf ihn, der ihn um Hilfe anflehen solle.

Jesus ging darauf mit Andreas, Saturnin, Obed und einigen Johannesjüngern von dem Fischerhause bei Tarichäa nach Kapharnaum, das nicht hart am See, sondern an der Höhe und Südseite eines Berges lag, der an der Abendseite des Sees ein Tal bildet, durch das der Jordan sich in den See ergießt. Jesus und die Seinigen wandelten verteilt. Andreas kam auf dem Weg mit seinem Stiefbruder Jonathan und mit Philippus zusammen, welche ihm auf seine Nachricht entgegengekommen waren; mit Jesus aber trafen sie nicht zusammen. Andreas sprach lebhaft mit ihnen, erzählte alles, was er von Jesus gesehen und beteuerte, er sei wahrhaftig der Messias. Wenn sie ihm folgen wollten, so brauchten sie ihn gar nicht darum zu ersuchen; sie sollten nur achtgeben, wenn sie es herzlich verlangten, werde er sie mit einem Winke, einem Worte aufnehmen.

Jesus wohnte mit Andreas, Saturnin, einigen Johannesjüngern, Lazarus und Obed in einem Haus, das dem Bräutigam Nathanael gehörte, dessen Eltern nicht mehr lebten, die ihm ein großes Erbe hinterlassen hatten.

Die von Gennabris hierher gekommenen künftigen Jünger hielten sich noch in einer gewissen Scheu zurück, denn sie schwankten teils zwischen der Autorität, welche das Urteil Nathanael Chaseds bei ihnen hatte, und den großen Dingen, die Andreas und die andern Johannesjünger ihnen von Jesus gesagt hatten, teils hielt sie Blödigkeit und Andreas zurück, der ihnen gesagt, sie brauchten sich nicht anzutragen, sie sollten nur seine Lehre hören, sie würden dann schon bewegt werden.

Als Jesus am Sabbat in der Synagoge lehrte, waren ungemein viele Menschen versammelt und alle Freunde und Verwandte Jesu. Seine Lehre war den Leuten ganz neu und hinreißend. Er sprach von der Nähe des Reiches Gottes, von dem Licht, das man nicht unter den Scheffel stellen müsse, vom Sämann und vom Glauben gleich einem Senfkorn. Es waren dieses aber nicht bloß jene Parabeln, sondern eine ganz andere Ausführung derselben. Die Parabeln waren nur kurze Beispiele und Gleichnisse, die er aussprach und seine Lehre daraus ausführte. Ich habe zwar wohl mehrere Parabeln in seinen Lehren gehört, als im Evangelium vorkommen; aber diese waren es, welche er sehr oft wiederholte, jedoch immer wieder anders ausführte.

Nach Sabbatschluß ging Jesus neben der Synagoge in ein kleines Tal mit seinen Jüngern, das wie ein Spazierplatz oder ein Absonderungsort war; es standen Bäume vor dem Eingang und in dem Tal. Die Söhne der Maria Kleophä, des Zebedäus und andere Jünger gingen mit ihm; Philippus aber, der scheu und demütig war, zögerte zurückbleibend und wußte nicht, ob er wohl mit in das Tal gehen dürfte. Da wendete sich Jesus, der vor ihm herging, mit dem Haupte zu ihm und sagte: „Folge mir nach!“ und Philippus ging nun freudig mit den andern. Es waren etwa zwölf.

Jesus lehrte an diesem Ort unter einem Baume von der Nachfolge und seinem Berufe. Andreas, der ungemein eifrig und begeistert war, daß die andern alle so überzeugt, als er von der

Messiaswürde Jesu sein möchten, und der sich freute, daß die Lehre Jesu am Sabbat alle so hingerissen hatte, hatte das Herz so voll, daß er, wo es sich fügte, den andern nochmals alles beteuerte, was er von Jesu Taufe und den Wundern gesehen.

Ich hörte auch, daß Jesus den Himmel zum Zeugen anrief, sie würden noch größere Dinge sehen, und daß er von seiner Sendung von dem himmlischen Vater sprach.

Er sprach auch von ihrer Nachfolge: sie sollten bereit sein; wenn er sie rufe, sollten sie alles verlassen! Er wolle für sie alle sorgen, und sie sollten keinen Mangel leiden. Sie mögen ihr Gewerbe immer noch treiben, denn er werde Ostern, welche herannahen, noch erst anders tun; wenn er sie aber rufen werde, sollten sie unbekümmert folgen. Solche Erklärungen tat er auf unbefangene Fragen der Anwesenden; wie sie es mit den ihrigen halten sollten? So zum Beispiel erwähnte Petrus, er könne doch seinen alten Stiefvater (Philipps Oheim) jetzt nicht gleich verlassen. Doch hob Jesus alle diese Besorgnisse schon durch die Erklärung, daß er vor dem Osterfest nicht beginnen werde; daß sie sich von ihrem Gewerbe, nur insoweit als ihr Herz daran hänge, gleich trennen sollten; äußerlich könnten sie es treiben, bis er sie rufe, einstweilen sollten sie die Übergabe ihrer Geschäfte vorbereiten. Nachher ging er mit ihnen an dem entgegengesetzten Ende des Tales hinaus nach dem Wohnorte seiner Mutter in der Häuserreihe zwischen Kapharnaum und Bethsaida. Die näheren Verwandten folgten dahin, ihre Mütter waren auch dort.

Tags darauf ging Jesus mit den Jüngern und Verwandten sehr früh nach Kana zu. Maria und die andern Frauen gingen den geraden kürzeren Weg allein; es war nur ein schmaler Pfad und lief mehr über Gebirg. Die Frauen gingen mehr über solche Pfade, weil sie dort einsamer wandelten; sie bedurften auch keiner breiten Pfade, weil sie gewöhnlich in einer Reihe hintereinander gingen. Voraus und nachfolgend in einiger Entfernung ging ein Führer. Ihr Weg lief ungefähr sieben Stunden von Kapharnaum zwischen Mittag und Abend.

Jesus machte mit seinen Begleitern einen Umweg über Gennabris, welcher Weg breiter und mehr zum Lehrwandel geeignet war; denn Jesus stand oft still, deutete und erklärte etwas. Der Weg Jesu lief südlicher als Mariä Weg, er betrug von Kapharnaum ungefähr sechs Stunden nach Gennabris und wendete sich von dort gegen Abend drei Stunden bis Kana.

Gennabris war eine schöne Stadt. Es war eine Schule und eine Synagoge, auch eine Redeschule und viel Handel dort. Nathanael hatte sein Schreiberamt vor der Stadt in einem hohen Haus, es waren noch einige Häuser darum her. Nathanael kam nicht zur Stadt, obschon ihn seine Freunde, die Jünger, dazu aufforderten.

Jesus lehrte hier in der Synagoge und nahm mit einem Teil der Jünger einen Imbiß bei einem reichen Pharisäer. Andere der Jünger waren schon voraus gezogen. Zu Philippus hatte Jesus gesagt, er solle zu Nathanael gehen und ihn auf dem Weg zu ihm bringen.

Jesus wurde sehr ehrenvoll hier in Gennabris behandelt; die Leute wünschten, er möge doch länger bei ihnen bleiben und sich der Kranken erbarmen, er sei auch ihr Landsmann. Er ging aber bald wieder fort gegen Kana.

Hochzeit zu Kana

Als Jesus mit seinen Jüngern vor Kana ankam, wurde er von Maria, von den Brauteltern, dem Bräutigam und anderen, welche ihm entgegengegangen waren, sehr ehrerbietig empfangen. Er wohnte mit seinen vertrauten Jüngern und namentlich mit den nachmaligen Aposteln in einem einzelnen Haus, welches der Mutter-Schwester des Bräutigams gehörte, die ebenfalls eine Tochter der Sobe, Annas Schwester, war. Sie vertrat bei der ganzen Feierlichkeit Mutterstelle bei dem Bräutigam. Der Vater der Braut hieß Israel und stammte aus Ruth von Bethlehem. Er war ein wohlhabender Mann, der ein großes Frachtgeschäft, Packhäuser, große Herbergen und Futterplätze für Karawanen längs der Heerstraße und viele Unterbeamte hatte.

Aus Galiläa waren alle Verwandten der heiligen Anna und Joachims, im ganzen über hundert Gäste, in Kana vereinigt. Von Jerusalem kamen Maria Markus, Johannes Markus, Obed und Veronika. Jesus selber brachte an Jüngern wohl fünfundzwanzig Gäste.

Wohl hatte Jesus schon in seinem zwölften Jahre bei der Kindermahlzeit im Hause der heiligen Anna, da er von dem Tempel zurückkam, dem Bräutigam nach einigen geheimnisvollen Reden über Brot und Wein gesagt, daß er einst auf seiner Hochzeit erscheinen werde; allein seine jetzige Teilnahme an dieser Hochzeit hatte doch, wie jedes andere Ereignis seines irdischen Wandels, außer der höheren geheimnisvollen Ursache auch ihre äußerlichen, scheinbar gewöhnlichen Veranlassungen. Schon mehrmals hatte Maria Jesus durch Boten gebeten, auf diese Hochzeit zu kommen. Es war nach menschlicher Weise unter den Verwandten und Bekannten der Heiligen Familie das Gerede entstanden: Maria, seine Mutter, sei eine verlassene Witwe; er ziehe durch das Land, kümmere sich nicht um sie und seine Familie. Er wollte darum auf die Hochzeit mit seinen Freunden kommen und ihr Ehre antun. Die Hochzeit wurde als eine eigene Sache von ihm angesehen, und er hatte einen Teil des ganzen Festes über sich genommen; darum war Maria schon so frühe da und half, alles einzurichten. Jesus hatte übernommen, allen Wein auf der Hochzeit zu liefern, weshalb Maria so sorglich sagte, daß es an Wein fehle. Jesus hatte auch Lazarus und Martha, welche Maria in der Anordnung beistanden, nach Kana beschieden; und Lazarus war es, der, was Jesus und Maria allein bekannt war, jenen Teil der Kosten trug, welche Jesus übernommen hatte. Jesus hatte ein großes Vertrauen zu ihm. Er empfing alles gerne von ihm, und dieser war selig, alles zu geben. Lazarus war auch bis zuletzt wie der Schatzmeister der Gemeinde. Er wurde während des ganzen Festes als ein besonders vornehmer Herr von dem Brautvater mit Auszeichnung behandelt, der sich persönlich viel um seine Bedienung bemühte. Lazarus war sehr fein gesittet, ernst, ruhig und mit freundlicher Zurückhaltung in seinem Benehmen; er redete wenig und achtete stets mit Innigkeit auf Jesus.

Außer dem Wein hatte Jesus auch einen Teil des Mahles übernommen, nämlich die vorzüglicheren Speisen, Früchte und allerlei Vögel und Kräuter. Für alles dieses war gesorgt. Veronika hatte von Jerusalem einen Korb mit wunderbaren Blumen und künstlichem Zuckerwerk mitgebracht. Jesus war wie der Herr des Festes. Er leitete alle Vergnügungen und würzte sie mit Lehren. Er teilte auch die ganze Festordnung ein und sagte, daß alle an diesen Tagen nach Brauch und Sitte sich ergötzen, aber aus allem in ihrer Freude Weisheit ziehen sollten. Unter anderem sagte er, daß sie täglich zweimal das Haus verlassen wollten, um im Freien sich zu unterhalten.

Mit jenen Jüngern, welche nachmals seine Apostel wurden, sprach Jesus in diesen Tagen viel allein; die anderen Jünger waren nicht dabei zugegen. Jesus wandelte aber auch mit allen Jüngern und Gästen in der Gegend umher und lehrte, und die nachmaligen Apostel legten wieder andern die gehörten Lehren Jesu aus. Dieses Wandeln der Gäste diente, daß man die Zubereitungen zum Feste desto ungestörter machen konnte; doch waren mehrere Jünger und auch Jesu manchmal im Haus und bei den Zurüstungen, um dies oder jenes anzuordnen; und weil mehrere darunter waren, welche ein Geschäft bei dem Brautzug hatten.

Jesus wollte an diesem Feste allen seinen Freunden und Verwandten sich zu erkennen geben und wollte, daß alle, die er bis jetzt erwählt hatte, sich untereinander und den Seinigen in der größeren Offenheit bei einem Fest bekannt würden.

Auch in der Synagoge, wo alle Gäste versammelt waren, lehrte Jesus von der Freude erlaubter Ergötzung, ihrer Bedeutung, ihrem Maß, ihrem Ernst, ihrer Weisheit; dann auch von der Ehe, von Mann und Weib, von der Enthaltung und Keuschheit und der geistlichen Ehe. Am Schluß der Lehre trat das Brautpaar vor Jesus, und er belehrte sie einzeln.

Am dritten Tage nach Jesu Ankunft war morgens ungefähr neun Uhr die Trauung. Die Braut wurde von den Brautjungfern aufgeputzt; ihre Kleidung war auf die Art, wie das Kleid der Mutter Gottes bei ihrer Hochzeit, ebenso auch ihre Krone, nur war diese reicher verziert. Das Netz ihrer Haare war aber nicht fein in einzelnen Linien verbunden, sondern mehr in dickeren Strängen. Als ihre Kleidung fertig war, wurde sie der Heiligen Jungfrau und den anderen Frauen gezeigt.

Die Trauung geschah vor der Synagoge durch die Priester. Die Ringe, die sie wechselten, hatte der Bräutigam von Maria zum Geschenk erhalten, und Jesus hatte sie bei seiner Mutter gesegnet. Merkwürdig war mir bei der Trauung, was ich bei der Trauung Josephs und Mariä nicht beobachtet, der Priester verwundete den Bräutigam und die Braut mit einem spitzen Instrument an der Stelle des linken Ringfingers, wo der Ring hinzustecken kam; er ließ von dem Bräutigam zwei, von der Braut einen Tropfen Bluts in einen Becher Wein tröpfeln, welchen sie gemeinschaftlich austranken und den Becher weggaben. Es wurden dann noch manche anderen Sachen, Tücher und Kleidungsstücke an dabeistehende Arme verschenkt. Als die Brautleute nach dem Festhaus zurückgebracht waren, empfing sie Jesus daselbst.

Der Raum des Festhauses vor der geschmückten Feuerstelle war durch zwei niedere Schirmwände so, daß die zu Tisch liegenden Gäste sich sehen konnten, in drei Räume geteilt, in deren jedem eine schmale lange Tafel stand. Jesus lag im mittelsten Raum oben an der Tafel mit den Füßen gegen die geschmückte Feuerstelle zu. An diesem Tisch saßen Israel, der Brautvater, die männlichen Verwandten Jesu und der Braut und auch Lazarus. An den Seitentafeln saßen die anderen Hochzeitsgäste und Jünger. Die Frauen saßen in dem Raume hinter der Feuerstelle, konnten aber alle Worte des Herrn hören. Der Bräutigam diente zu Tische. Es war jedoch auch ein Speisemeister mit einer Schürze da und einige Diener. Bei den Frauen diente die Braut und einige Mägde.

Als die Speisen aufgetragen waren, wurde auch ein gebratenes Lamm vor Jesus gesetzt. Es hatte die Füße kreuzweis gebunden. Als nun der Bräutigam Jesus ein Kästchen brachte, worin die Zerlegemesser lagen, sagte Jesus zu ihm allein, er solle sich jener Kindermahlzeit nach dem Osterfest erinnern, da er eine Parabel von einer Hochzeit erzählt und ihm gesagt hatte, er werde auf seine Hochzeit kommen. Dieses werde mit dem heutigen Tage erfüllt. Der Bräutigam wurde dadurch sehr ernsthaft;denn er hatte auf jenes Ereignis ganz vergessen, Jesus war bei dem Mahl, wie während der ganzen Hochzeit, sehr heiter und zugleich lehrreich; er begleitete jede Handlung des Mahles mit einer Auslegung ihrer geistigen Bedeutung. Er sprach auch von der Fröhlichkeit und festlichen Aufheiterung. Er erwähnte, der Bogen müsse nicht immer gespannt sein, ein Feld müsse durch Regen erquickt werden. Er sagte Parabeln darüber. Als Jesus das Lamm zerlegte, erzählte er besonders wunderbare Dinge. Er sprach vom Trennen des Lammes von der Herde, vom Auserwähltwerden, nicht zur Lust, sondern um zu sterben; dann vom Braten, vom Ablegen der Roheit durch das Feuer der Reinigung, dann vom Zerlegen der einzelnen Glieder: so müßten die, welche dem Lamme folgen wollten, sich auch trennen von den innigst fleischlich Verwandten. Und als er die einzelnen Stücke herumreichte und sie das Lamm nun aßen, sagte er: also von den Seinigen getrennt und zerteilt werde das Lamm in ihnen allen eine sie gemeinsam verbindende Nahrung; so auch müsse, wer dem Lamm folge, seiner Weide entsagen, seinen Leidenschaften absterben, von den Gliedern seiner Familie sich trennen und eine Nahrung und Speise der Vereinigung werden durch das Lamm und in seinem himmlischen Vater.

Jeder Gast hatte einen Teller oder Brotkuchen vor sich. Jesus legte auch eine dunkelbraune Platte mit gelbem Rande vor, die herumgereicht wurde. Ich sah ihn manchmal ein Büschchen Kraut in der Hand halten und darüber lehren.

Jesus hatte den zweiten Gang des Hochzeitsmahles und auch den Wein zu bestreiten übernommen, und es war für alles durch seine Mutter und Martha gesorgt. Als nun der zweite Gang, bestehend aus Vögeln, Fischen, Honigbereitungen, Früchten und einer Art Backwerk, welches Veronika mitgebracht hatte, auf den Seitentisch aufgetragen war, trat Jesus hinzu und schnitt jedes Gericht an; dann legte er sich wieder zu Tische. Die Gerichte wurden aufgetragen; der Wein aber fehlte. Jesus lehrte. Da nun die Heilige Jungfrau, welcher dieser Teil des Mahles zu besorgen oblag, sah, daß der Wein mangle, ging sie zu Jesus und erinnerte ihn, daß er ihr gesagt, er werde für den Wein sorgen. Jesus, der von seinem himmlischen Vater lehrte, erwiderte: „Weib, bekümmere dich nicht! Mache dir und mir keine Sorge! Meine Stunde ist noch nicht gekommen." Es war dieses keine Härte gegen die Heilige Jungfrau. Er sprach zu ihr „Weib" und nicht „Mutter", weil er in diesem Augenblicke als Messias, als der Sohn Gottes, eine geheimnisvolle Handlung vor seinen Jüngern und allen Verwandten ausüben wollte und in göttlicher Kraft anwesend war.

In solchen Augenblicken, wo Jesus als das eingefleischte Wort handelte, wird ein jeder dadurch, daß er als der genannt ist, der er ist, mehr gewürdigt und in der Heiligkeit der Handlung gewissermaßen durch die Nennung seines Namens wie mit einer Würde, einem Amte belehnt. Maria war das „Weib", welches den geboren, der hier als ihr Schöpfer an den Wein gemahnt wird für seine Geschöpfe, denen er zeigen will, daß er der Sohn Gottes und nicht, daß er der Sohn Mariä ist. Als er am Kreuze starb und sie weinte, sagte er auch: „Weib, siehe das ist dein Sohn!" auf Johannes deutend. Da Jesus ihr gesagt, er werde für den Wein sorgen, tritt Maria hier auf in ihrer Würde als Mittlerin und Fürsprecherin und stellt ihm den Mangel des Weines vor. Der Wein aber, den er geben wollte, war mehr als Wein im gewöhnlichen Sinn, er bezog sich auf das Geheimnis des Weines, den er einst in sein Blut verwandeln wollte. Er sagte daher: meine Stunde ist noch nicht gekommen, erstens, daß ich den versprochenen Wein gebe, zweitens, daß ich Wasser in Wein verwandle, drittens, daß ich den Wein in mein Blut verwandle.

Maria war nun nicht mehr besorgt für die Gäste der Brautleute; sie hatte ihren Sohn gebeten, und darum sagte sie zu den Dienern: „Tut alles, was er euch sagen wird."

Es ist dasselbe, als wenn die Braut Jesu, die Kirche, zu ihm betet: „Herr, deine Söhne haben keinen Wein", und es sagte Jesus zu ihr nicht Braut, sondern: „Kirche bekümmere dich nicht, sei nicht beunruhigt, meine Stunde ist noch nicht gekommen!" Und als sagte die Kirche zu den Priestern: „Beobachtet alle seine Winke und Befehle, denn er wird euch helfen!"

Maria sagte also zu den Dienern, sie sollten die Befehle Jesu erwarten und erfüllen. Nach einiger Zeit befahl Jesus den Dienern, die leeren Krüge vor ihn zu bringen und umzukehren. Sie brachten die Krüge heran, es waren drei Wasser- und drei Weinkrüge, und zeigten, daß sie leer waren, indem sie dieselben umgewendet über ein Becken hielten. Jesus befahl ihnen, sie allesamt mit Wasser zu füllen; sie trugen sie fort nach dem Brunnen, der sich in einem Kellergewölbe befand und aus einem steinernen Wasserkasten und einer Pumpe bestand. Die Krüge waren groß und schwer von Erde; an einem vollen hatten zwei Mann an den beiden Henkeln des Kruges zu tragen. Sie hatten mehrere mit Zapfen geschlossene Röhren von oben nach unten; und wenn das Getränk bis zu einer gewissen Höhe geleert war, wurde der niedere Zapfen geöffnet und dieser Ausguß gebraucht. Die Krüge wurden beim Ausgießen nicht gehoben, sondern nur auf ihren hohen Füßen etwas gesenkt.

Die Mahnung Mariä geschah leise; die Antwort Jesu laut, ebenso der Befehl, Wasser zu schöpfen. Als die Krüge gefüllt mit Wasser alle sechs bei dem Speise- oder Schenktische aufgestellt waren, ging Jesus dahin und segnete die Krüge; und als er wieder zu Tische lag, sagte er: „Schenket ein und bringet dem Speisemeister einen Trunk!" Da nun dieser den Wein versuchte, ging er zu dem Bräutigam und sagte, sonst gebe man den guten Wein zuerst, und wenn die Gäste berauscht seien, dann gebe man gewöhnlich schlechteren; er aber habe den köstlichen Wein zuletzt gegeben. Er wußte nicht, daß dieser Wein von Jesus zu besorgen übernommen war wie dieser ganze Teil des Mahles, was allein nur der Heiligen Familie und der Hochzeitsfamilie bekannt war. Da tranken auch der Bräutigam und der Brautvater mit großem Erstaunen, und die Diener beteuerten, daß sie Wasser geschöpft und die Trinkgefäße und Becher auf den Tafeln gefüllt hätten. Nun tranken alle. Es war aber kein Lärm über das Wunder, es war eine Stille und Ehrfurcht in der ganzen Gesellschaft, und Jesus lehrte viel über dieses Wunder. Er sagte unter anderem: die Welt gebe den starken Wein zuerst und betrüge die Berauschten mit schlechtem Getränke, so aber nicht das Reich, welches sein himmlischer Vater ihm gegeben; das reine Wasser werde da zu köstlichem Wein, wie die Lauigkeit zum Geiste und starkem Eifer werden müsse. Er sprach auch von der Mahlzeit, welche er in seinem zwölften Jahre nach der Rückkehr von der Lehre im Tempel mit mehreren der hier Anwesenden als Knabe gefeiert, und wie er damals von Brot und Wein gesprochen und eine Parabel von einer Hochzeit erzählt habe, wo das Wasser der Lauigkeit werde in den Wein der Begeisterung verwandelt werden, und wie dieses nun vollbracht sei. Dann sprach er auch, daß sie größere Wunder erleben würden. Er werde mehrere Ostern halten, und an den letzten Ostern werde Wein in Blut und Brot in Fleisch verwandelt werden, und er werde bei ihnen bleiben und sie trösten und stärken bis ans Ende; auch würden sie nach jenem Mahle Dinge an ihm geschehen sehen, welche sie jetzt nicht verstehen könnten, so er sie ihnen sagte. Er sagte dieses alles nicht so plan hin, sondern es war in Parabeln gehüllt, welche ich vergessen habe, es war aber dieses der Sinn davon. Sie hörten alles mit Scheu und Verwunderung. Alle aber waren wie verwandelt durch diesen Wein, und ich sah, daß sie nicht durch das Wunder allein, sondern auch mit dem Wein selbst, wie früher durch die Früchte, innerlich eine wesentliche Stärkung und Veränderung empfangen hatten. Alle seine Jünger, seine Verwandten und alle Festgenossen waren nun überzeugt von seiner Macht und Würde und seiner Sendung; sie glaubten alle an ihn, und in allen war dieser Glaube gleich verbreitet, und sie waren alle besser und einig und innig geworden, die von dem Wein getrunken hatten. So war er hier zum erstenmal in seiner Gemeinde, und es war das erste Zeichen, welches er in derselben und für dieselbe zu seiner Bestätigung in ihrem Glauben getan, darum auch wird es als erstes Wunder in seiner Geschichte erzählt, wie das Abendmahl das letzte, wo sie bereits glaubten.

Am Schlusse des Mahles kam der Bräutigam noch zu Jesus allein und sprach mit ihm sehr demütig und erklärte ihm, wie er aller Begierde sich abgestorben fühle und gerne mit seiner Braut in Enthaltung leben möge, so sie es ihm gestatte, und auch die Braut kam zu Jesus allein und sagte dasselbe, und Jesus rief sie beide zusammen und sprach mit ihnen von der Ehe und der gottgefälligen Reinheit und den hundertfältigen Früchten des Geistes. Er sprach von vielen Propheten und heiligen Leuten, welche keusch gelebt und dem himmlischen Vater ihr Fleisch geopfert, und wie sie viele verlorene Menschen, die sie zum Guten zurückgeführt, gleich geistlichen Kindern gewonnen hätten, und wie ihre Nachkommenschaft groß und heilig sei. Er sprach alles dieses im Sinne von Zerstreuen und von Sammeln; und sie taten ein Gelübde der Enthaltung, als Bruder und Schwester zu leben, auf drei Jahre. Sie knieten auch vor Jesus, und er segnete sie.

Jesus in Kapharnaum und am See Genezareth

Nach dem Sabbat ging Jesus in der Nacht mit seinen Jüngern nach Kapharnaum. Der Bräutigam, sein Vater und mehrere andere begleiteten ihn ein Stück Weges. Die Armen hatten sehr viel bei dem Hochzeitsmahle erhalten; denn nichts kam zweimal auf den Tisch, alles wurde gleich ausgeteilt.

Ich sah schon vor dem Sabbat auf zwei Fasttage, welche danach eintraten, vorausgekocht. Alles Feuer wurde zugesetzt und die überflüssigen Fenster geschlossen. Die Wohlhabenden haben

Stellen am Herd, wo unter heißer Asche alles warm bleibt. Diese Fasten hielt Jesus in Kapharnaum, wo er auch in der Synagoge lehrte. Zweimal des Tages wurden ihm Kranke gebracht, die er heilte. Die Jünger aus Bethsaida gingen nach Hause und kamen teils wieder. Er ging auch in der Gegend umher und lehrte; in der Ruhezeit war er bei Maria.

Am Abend, da der Sabbat begann, lehrte Jesus in der Synagoge von Kapharnaum. Sie hatten noch eine besondere Feier, die sich auf Tobias bezog, der in dieser Gegend gewesen war und viel Gutes getan hatte. Er hatte auch Güter an die Schulen und Synagogen hinterlassen. Jesus lehrte von der Dankbarkeit.

Nach dem Sabbat ging Jesus wieder zu seiner Mutter, mit welcher er sich allein unterhielt, selbst einen Teil der Nacht hindurch. Er sprach von seinem künftigen Wandel, wie er nun an den Jordan ziehe, an Ostern nach Jerusalem, wie er dann die Apostel berufen und ganz öffentlich auftreten werde; wie man ihn in Nazareth verfolgen werde und von seiner folgenden Laufbahn, und auf welche Weise sie und die anderen Frauen daran teilnehmen würden. Es war damals im Hause Mariä eine schon sehr bejahrte Frau, dieselbe arme, verwandte Witwe, welche ihr in die Krippenhöhle als Magd von Anna war gesendet worden. Sie war so alt, daß Maria ihr mehr diente als sie Maria.

Jesus ging aber mit Lazarus, welcher mit Obed, Simeons Sohn, gestern abend wiedergekommen war, und mit diesem vom Taufort am Morgen früh nach der Gegend von Bethlehem zwischen Bethagla und dem mehr abendlich liegenden Ophra. Jesus ging diesen Weg, weil Lazarus ihm erzählen wollte, was man in Jerusalem von ihm spreche, und weil Jesus ihn und durch ihn die Freunde unterrichten wollte, wie sie sich dabei verhalten sollten. Sie kamen auf dem Reisewege Josephs und Mariä nach Bethlehem ungefähr drei Stunden weit bis zu einer Reihe von armen Hirtenwohnungen in einsamer Gegend. Lazarus erzählte Jesu das Gerede in Jerusalem, wie man teils erbittert, teils spottend, teils neugierig von ihm spreche, und wie sie sagten, sie wollten sehen, wenn er auf Ostern zum Feste komme, ob er dann auch so kühn sein werde mit seinen Wundern in einer großen Stadt wie beim unwissenden Volke und in Galiläa. Er erzählte Jesu auch, was die Pharisäer aus verschiedenen Orten von ihm berichtet hätten und von ihrer Spioniererei. Jesus beruhigte ihn über all' dieses Gerede und wies ihn auf allerlei Stellen in den Propheten, worin dies alles vorbedeutet sei. Er sagte ihm auch, daß er noch etwa acht Tage am Jordan sein und dann wieder nach Galiläa ziehen werde, daß er zu Ostern nach Jerusalem kommen, nachher aber seine Jünger berufen werde. Auch über Magdalena tröstete er ihn, von der er sagte, daß schon ein Funke des Heiles in sie gefallen sei, der sie ganz entzünden werde.

Die Tochter des Jairus und Maria Magdalena

Jesus verließ am Schlusse des Festes Ono mit einigen zwanzig Jüngern und reiste nach Galiläa. Er kehrte auf seiner Reise zuerst in jenen Hirtenhäusern ein, in deren einem Joseph und Maria auf der Reise nach Bethlehem so hart abgewiesen wurden. Jesus hat die Einwohner der guten Herberge besucht und belehrt, bei denen der bösen Herberge aber hat er übernachtet und sie ermahnt. Die Frau lebte noch, sie lag krank, und Jesus heilte sie. Dann kam Jesus durch Aruma, wo er früher schon gewesen. Jairus, ein Nachkomme des Esseners Chariot, der in dem nahegelegenen, etwas verachteten Ort Phasael wohnte, und der damals Jesu gebeten hatte, seine kranke Tochter zu heilen, was dieser ihm auch für die Zukunft versprochen, hatte heute Jesu einen Boten hierher entgegengesendet und ihn an seine versprochene Hilfe erinnert. Seine Tochter war gestorben. Da ließ Jesus seine Jünger allein weiterziehen und beschied sie, an einem bestimmten Ort wieder mit ihm zusammenzutreffen. Er selbst aber folgte dem Boten des Jairus nach Phasael.

Als Jesus in das Haus des Jairus trat, lag die Tochter schon ganz zum Begräbnis bereitet in Tücher und Binden eingewikkelt und von der klagenden Familie umgeben. Jesus ließ noch mehrere Leute des Ortes um sie versammeln, befahl die Grabbinden und Tücher aufzulösen, faßte dann die Tote bei der Hand und befahl ihr aufzustehen. Da richtete sie sich in die Höhe und stand auf. Sie war etwa sechzehn Jahre alt und nicht gut. Sie liebte ihren Vater nicht, der sie doch über alles liebte. Sie ärgerte sich an seinem frommen Verkehr mit armen, verachteten Leuten. Jesus erweckte sie vom Tode des Leibes und der Seele. Sie hat sich gebessert und ist später zu der Gemeinde der heiligen Frauen gekommen. Jesus ermahnte alle, nichts von diesem Wunder zu sprechen und hat deswegen auch die Jünger nicht anwesend sein lassen. Es ist dieser nicht der Jairus von Kapharnaum gewesen, dessen Tochter er später auch von den Toten erweckt hat.

Alle Jünger aus Galiläa waren ihm hier entgegengekommen. Nathanael Chased, Nathenael der Bräutigam, Petrus, Jakobus, Johannes, die Söhne der Maria Kleophä, alle waren hier. Lazarus, Martha, Seraphia (Veronika) und Johanna Chusa, die früher aus Jerusalem gereist, hatten Magdalena in Magdalum besucht und sie beredet, nach Jezrael zu ziehen, um den wundervollen, weisen, wohlredendsten und schönsten Jesus, von welchem das ganze Land voll sei, wenigstens zu sehen, wo nicht zu hören. Sie hatte den Bitten der Frauen nachgegeben und sie mit vieler, eitler Pracht hierher begleitet. Als sie nun aus der Herberge aus einem Fenster Jesus mit seinen Jüngern durch die Straße wandern sah und Jesus sie ernst anblickte, hat dieser Blick sie so tief in die Seele getroffen und so wunderbar in Beschämung und Verwirrung gesetzt, daß sie aus der Herberge in ein Haus der Aussätzigen, worin auch blutflüssige Frauen gewesen, in eine Art Hospital, dem ein Pharisäer vorgestanden, aus einem überwältigenden Gefühl ihres Elends, geeilt ist. Die Leute der Herberge aber, denen ihr Wandel bekannt war, sprachen: „Da gehört sie hin, zu den Aussätzigen und Blutflüssigen!“

Magdalena aber war in das Haus der Aussätzigen gelaufen, um sich zu demütigen, so sehr hatte sie der Blick Jesu erschüttert; denn sie hatte sich aus Eitelkeit, um nicht mit so vielen armen Leuten zusammen zu sein, in eine vornehmere Herberge als die andern Frauen begeben. Martha und Lazarus und die andern Frauen sind hierauf mit ihr nach Magdalum zurückgereist und haben dort den nächsten Sabbat gefeiert. Es ist eine Synagoge dort.

Jesus beschwichtigt den Sturm und kommt nach Nazareth

Etwas aber sah ich in der Nacht von Jesus, was mir unbeschreiblich rührend und wunderbar war. Es war ein großer Windsturm diese Nacht im gelobten Lande, und ich sah Jesus mit mehreren andern Leuten beten. Er betete mit ausgebreiteten Händen um Abwendung der Gefahr. Ich hatte von da einen Blick nach dem Galiläischen See und sah einen großen Sturm auf demselben und die Schiffe Petri, des Andreas und Zebedäus in großer Not. Die Apostel sah ich ruhig in Bethanien schlafen; es waren nur ihre Knechte auf den Schiffen. Ich sah aber, während Jesus betend stand, seine Erscheinung auch dort auf den Schiffen, bald auf dem einen, bald auf dem andern, bald auf dem See; es war, als arbeite er, als halte er zurück, als weise er ab. Er war es nicht in Persönlichkeit; denn ich sah ihn nicht gehen. Er stand etwas höher als die Notleidenden, er schwebte. Die Leute sahen ihn aber nicht, es war sein Geist im Gebet fortwirkend. Niemand wußte es; aber er half. Vielleicht, daß die Schiffsknechte an ihn geglaubt und seine Hilfe angerufen haben.

Von Sephoris wandelte Jesus auf Umwegen über einzelne Höfe, wo er tröstete und lehrte, nach Nazareth, das nur zwei Stunden von Sephoris entfernt ist.

Die drei reichen Jünglinge von hier, welche früher schon einmal vergeblich gebeten, waren wieder bei Jesus, ihn zu bitten, er möge sie zu Jüngern aufnehmen; sie sind beinahe vor ihm niedergekniet. Er aber hat sie abgewiesen und ihnen gewisse

Punkte gesagt, wenn sie diese befolgten, dann könnten sie zu ihm kommen. Er wußte wohl, daß sie ganz zeitliche Absichten hatten, weil sie es besser nicht verstanden. Sie wollten ihm folgen wie einem Philosophen und gelehrten Rabbiner und dann mit großer Gelehrsamkeit der Stadt Nazareth eine Ehre machen; auch mochten sie sich ärgern, daß armer Leute Kinder aus Nazareth bei ihm waren und sie nicht.

Auf der Weiterreise kamen Lazarus, Johannes Markus und Obed entgegen, mit denen Jesus nach dem etwa fünf Stunden entfernten Gut Lazari bei Thirza wanderte. Sie kamen unbemerkt zur Nachtzeit an, wo schon alles zu ihrem Empfang vorbereitet war. Das Gut lag am Gebirge gegen Samaria zu, nicht ferne von dem Felde Jakobs. Ein sehr alter Jude, der barfuß und gegürtet ging, war dort Verwalter; er war schon auf dem Gut, da Maria und Joseph auf der Reise nach Bethlehem hier Herberge gehabt haben. Auf demselben Gut haben Martha und Magdalena im letzten Lehrjahr, da Jesus in Samaria lehrte, ihn bewirtet und gebeten, zu dem kranken Lazarus zu kommen.

Am Sabbat begann das Tempelweihfest Zorobabels; aber nicht so feierlich als das Makkabäer Weihfest. Es sind aber doch wieder in den Häusern, auf den Straßen und auf Feldern bei den Hirten und in der Synagoge sehr viele Lichter und Feuer angezündet worden. Jesus war den größten Teil des Tages mit allen Jüngern in der Synagoge zu Thirza. Er hat wieder in Lazarus' Haus gegessen, aber nur weniges. Der größte Teil der Speisen ward immer den Armen in Thirza ausgeteilt, deren es sehr viele dort gibt. Solche Austeilungen geschahen fortwährend bei seinem Hiersein. Die Stadt hat noch Spuren ihrer ehemaligen Größe durch Mauern und alte Türme. Es scheint, als habe ihr Umfang sonst das eine Viertelstunde entlegene Haus des Lazarus umfaßt; man sieht es an allerlei, jetzt mit Gärten versehenen Mauerresten und Grundlagen. Lazarus hat diese Besitzung noch von seinem Großvater. Er ist hier wie überall in großer Ehre und Achtung als ein sehr reicher und frommer, ja erleuchteter Mann. Sein Betragen ist auch sehr von dem aller

Menschen ausgezeichnet. Er ist sehr ernst und redet sehr wenig; dann aber sehr sanft und doch mit Gewicht.

Als das Fest zu Ende war, verließ Jesus mit Lazarus und den Jüngern Thirza und setzte die Reise nach Judäa fort. Der Weg war der Mariä und Josephs nach Bethlehem; jedoch nicht gerade dieselben Pfade, aber derselbe Landstrich durch die Gebirge seitwärts von Samaria. Ich habe sie in der Nacht einen hohen Berg hinaufwandeln sehen. Es war eine überaus milde helle Nacht, und es lag ein sehr wohltätiger Taunebel über der Gegend. Es sind etwa achtzehn Begleiter bei Jesus. Sie gingen zu zwei und zwei auf den Pfaden, ein Trupp vor, einer nach Jesus und einzelne in der Mitte. Jesus steht oft stille, redet oder betet; der Weg eignet sich dazu. Sie sind einen großen Teil der Nacht durchgegangen, haben dann am Morgen geruht und etwas zu sich genommen; dann sind sie noch über ein kaltes Gebirg gezogen und haben alle Städte vermieden.

Abends vor Sabbat sah ich sie in der Herberge der Hirten zwischen den zwei Wüsten ankommen, etwa vier bis fünf Stunden von Bethanien, wo Maria und die heiligen Frauen übernachteten, als sie zu Jesus nach Bethanien vor der Taufe abgereist sind. Die Hirten aus der Gegend versammelten sich und brachten Geschenke und Lebensmittel. Die Herberge ward zum Betorte eingerichtet, eine Lampe angezündet, und sie blieben hier. Jesus lehrte und feierte den Sabbat hier. Er war auf dieser sehr unwegsamen und einsamen Reise auch an der Stelle gewesen, wo Maria auf der Reise nach Bethlehem so gefroren hat und wo ihr nachher so warm geworden ist.

Jesus verweilte den ganzen Sabbat über mit den Jüngern unter diesen Hirten, die sehr glücklich und gerührt waren; selbst Jesus schien heiterer unter den schuldlosen einfachen Leuten. Nach dem Sabbat wandelte Jesus nach dem vier Stunden entfernten Bethanien.

Osterfeier in Jerusalem

Jesus wohnte in Lazari Haus zu Bethanien in demselben Raum wie sonst. Er ist wie eine Synagoge und der Betort des Hauses; in der Mitte steht das gewöhnliche Pult, auf dem die Gebetsrollen und Schriften liegen. Seine Schlafstelle ist ein anhängendes, abgeschlagenes Kämmerchen.

Am Morgen nach seiner Ankunft ging Martha nach Jerusalem zu Maria Markus und den andern Frauen, um anzuzeigen, daß Jesus mit ihrem Bruder in das Haus der Maria Markus kommen werde. Jesus kam mit Lazarus gegen Mittag dahin. Bei dem Mahle waren Veronika, Johanna Chusa, Susanna, die Jünger Jesu und Johannis aus Jerusalem, Johannes Markus, die Simeonssöhne, Veronikas Sohn, Josephs von Arimathäa Vettern, in allem etwa neun Männer; Nikodemus und Joseph waren nicht dabei. Jesus sprach von der Nähe des Reiches Gottes, von seinem Berufe, von der Nachfolge und selbst dunkel von seinem Leiden.

Das Haus des Johannes Markus liegt vor der Stadt an der Morgenseite, dem Ölberge gegenüber, und Jesus brauchte dahin nicht durch die Stadt zu gehen. Am Abend ging er wieder mit Lazarus nach Bethanien. In Jerusalem wird da und dort schon von ihm geredet, der neue Prophet von Nazareth sei in Bethanien. Manche freuen sich auf ihn, andere sind ärgerlich. In den Gärten und am Wege des Ölberges standen hie und da Leute, auch einige Pharisäer, um ihn zu sehen, wenn er vorüberkomme. Sie mochten es zufällig gehört oder in Bethanien auskundschaftet haben, daß er in die Stadt komme. Es redete ihn aber keiner an; einige wichen scheu hinter die Hecke zurück und sahen ihm nach. Sie sagten zueinander: „Das ist der Prophet von Nazareth, Josephs des Zimmermanns Sohn."

Er geht ganz ohne Scheu umher und hat meist einen langen, gewirkten, weißen Rock an. Es ist ein Prophetenrock. Oft erscheint er sehr gewöhnlich und fällt gar nicht auf, und man verliert ihn leicht aus den Augen. Manchmal aber ist seine Erscheinung ganz außerordentlich; sein Antlitz ist dann leuchtend und übernatürlich. Als er abends nach Bethanien zurückgekehrt war, kamen einige Jünger von Johannes zu ihm, unter welchen Saturnin. Sie grüßten ihn und erzählten von Johannes, daß nicht sehr viele Täuflinge mehr zu ihm kommen; aber Herodes habe viel mit ihm zu schaffen. Nikodemus ist an diesem Abend zu Lazarus nach Bethanien gekommen und hat Jesu Lehre gehört.

Am folgenden Morgen ging Jesus zu Simon dem Pharisäer, der eine Herberge oder ein Festhaus in Bethanien hatte. Es war eine Mahlzeit bei ihm, wo Nikodemus, Lazarus, die Jünger des Johannes und die Jünger von Jerusalem versammelt waren; auch Martha und die Frauen von Jerusalem waren zugegen. Nikodemus redet fast gar nicht in Jesu Gegenwart; er hält sich zurück und hört nur mit Verwunderung zu. Joseph von Arimathäa ist gerade heraus und fragt wohl manchmal. Simon der Pharisäer ist nicht böse, aber jetzt noch ein schwankender Mann, der es mit Jesu Partei aus Freundschaft mit Lazarus hält, aber auch mit den Pharisäern gut steht.

Jesus sprach bei dieser Mahlzeit vieles von den Propheten und der Erfüllung der Weissagungen. Er lehrte von dem Wunder der Empfängnis Johannes des Täufers, und wie Gott ihn von dem Kindermord des Herodes befreit habe und wie er nun die Wege bereitend aufgetreten sei. Er sprach auch von der geringen Aufmerksamkeit der Menschen auf die Erfüllung der Zeiten, wobei er sagte: „Dreißig Jahre sind es! Und wer gedenket noch daran, außer wenige fromme, einfältige Menschen, daß drei Könige wie ein Kriegsheer aus dem Morgenland mit kindlichem Vertrauen einem Sterne folgten und kamen und suchten einen neugeborenen König der Juden und fanden ein armes Kind armer Leuten? Drei Tage waren sie da! Wären sie zu einem vornehmen Fürstenkinde gekommen, man hätte sie nicht so leicht vergessen!“ Er erwähnte aber nicht, daß er dieses Kind war.

Von Lazarus und Saturnin begleitet, ging Jesus in Bethanien in die Häuser mehrerer armer frommer Kranker von der Arbeiterklasse und heilte etwa sechs derselben. Es waren Lahme,

Wassersüchtige und Schwermütige. Er befahl auch den Geheilten, aus dem Hause zu gehen und sich in die Sonne zu setzen. Es ist in Bethanien noch gar kein Auflauf wegen Jesus. Auch bei dieser Handlung blieb alles ganz still. Lazarus, den man sehr hoch achtet, trägt dazu bei, daß die Leute sich hier zurückhalten.

Im Haus des Lazarus waren die Jünger und viele andere fromme Leute zugegen. Jesus lehrte in einer großen Halle, worin ein Lehrstuhl war, auf die nämliche Weise wie neulich, da er von den drei Königen sprach und wandte ihre Aufmerksamkeit auf Ereignisse aus früherer Zeit. Er sagte: „Sind es jetzt nicht gerade achtzehn Jahre, da ein kleiner Bachir (das muß wohl so viel heißen wie Schüler) im Tempel so wunderbar mit den Schriftgelehrten disputierte, und daß diese so erbittert über ihn wurden?“ Er erzählte auch, was der kleine Bachir gelehrt habe.

Jesus war mit Obed, der am Tempel diente, und den anderen jerusalemischen Jüngern wieder im Tempel bei der Sabbatfeier. Sie standen paarweise bei den andern jungen israelitischen Männern. Jesus hatte ein weißes gewirktes Kleid, einen Gürtel und weißen Mantel an, ähnlich, wie ihn die Essener tragen. Es war aber doch etwas Ausgezeichnetes an ihm. Seine Kleidung war besonders rein und schien sehr zierlich, wahrscheinlich weil er sie trug. Er sang und betete aus Rollen wechselnde Gesänge mit. Es waren auch Vorbeter da. Man war wieder befremdet und verwundert über ihn, ohne doch mit ihm zu reden; und selbst untereinander sprachen sie nicht öffentlich von ihm. Ich sah aber die wunderbare Gemütsbewegung vieler.

Am vierten Nisan war Jesus mit etwa zwanzig Jüngern den ganzen Morgen im Tempel. Nachher hat er im Hause Mariä Markus gelehrt und einen Imbiß genommen. Dann war er in Bethanien bei dem Pharisäer Simeon mit Lazarus.

Es werden jetzt schon viel Lämmer ausgemustert.

Nach dem Sabbat ging Jesus nach Bethanien. Ich habe ihn bis jetzt noch nicht mit der stillen Maria sprechen gesehen. Ich glaube ihr Ende ist nahe. Es scheint sich etwas mit ihr verändert zu haben. Sie liegt an der Erde auf grauen Decken und wird von Mägden im Arm gehalten. Sie war in einer Art Ohnmacht. Sie scheint mir der irdischen Welt näher gerückt und wird wohl auf Erden noch etwas leiden müssen. Sie war bis jetzt immer abwesenden Geistes und nichts von der Welt wissend. Jetzt aber scheint sie mehr ins Leben zurückgesetzt; sie wird nun wissen, dieser Jesus hier in Bethanien, der in ihrer Zeit und Nähe lebe, sei es, der so bitter leiden müsse. Sie wird noch im Leben, im Leibe die Schmerzen des Mitleids aushalten und dann bald sterben.

In der Nacht vom Samstag hat Jesus die stille Maria besucht und lange mit ihr gesprochen. Sie saß teils auf ihrem Lager, teils ging sie umher. Sie ist nun ganz bei Verstand und weiß den Unterschied von Diesseits und Jenseits, und daß Jesus der Heiland und das Osterlamm ist, und daß er so schrecklich leiden wird. Sie ist darüber unaussprechlich traurig, und die Welt kommt ihr zum Erdrücken schwer und finster vor. Besonders aber betrübt sie der Undank der Menschen, welchen sie voraussieht. Jesus sprach lange mit ihr von der Nähe des Reiches Gottes und seinen Leiden, segnete und verließ sie. Sie wird bald sterben. Sie ist jetzt außerordentlich schön und groß, schneeweiß und leuchtend, und hat Hände wie Elfenbein und so lange schlanke Finger.

Jesus heilte am Morgen viele Leute in Bethanien ganz öffentlich, die man dahin gebracht hatte, darunter auch Fremde, die aufs Fest gekommen waren, Lahme und Blinde. Es kamen auch einige Männer aus dem Tempel zu ihm und stellten ihn zur Rede über sein Tun und Lassen, und wer ihn berechtigt habe, gestern im Tempel in der Lehre mitzusprechen?

Er antwortete ihnen sehr ernst und sprach wieder von seinem Vater. Die Pharisäer wagten sich nicht recht an ihn, sie fühlten einen Schrecken in seiner Nähe und wußten nicht, was sie an ihm hätten. Jesus aber lehrte tags darauf wieder im Tempel. Alle die galiläischen Jünger, welche auf der Hochzeit in Kana gewesen, sind nun gekommen. Maria und die heiligen Frauen wohnten bei Maria Markus. – Lazarus hat viele ausgemusterte Lämmer gekauft und schlachten lassen und unter die armen Taglöhner und Arbeiter verteilt.

Austreibung der Krämer aus dem Tempel

Da Jesus mit allen Jüngern zum Tempel kam, wies er viele Krämer mit grünem Krautwerk, Vögeln, Lämmern und allerlei Eßwaren in großer Liebe und Freundlichkeit aus dem Umfange des Vorhofs der Betenden weit zurück in den Vorhof der Heiden. Er ermahnte sie freundlich, daß dieses ganz unschicklich sei, besonders das Geblöke der Lämmer und des Viehs und half mit den Jüngern selbst ihre Tische tragen und ihnen Plätze anweisen.

Als Jesus wieder mit seinen Jüngern im Tempel war, wies er die Krämer noch einmal hinweg. Da jetzt alle Zugänge wegen des bevorstehenden Osterlammschlachtens offen waren, hatten sich wieder viele bis zum Vorhof der Betenden vorgedrängt. Jesus wies sie zurück und schob ihre Tische hinweg. Es ging gewaltsamer als das letztemal. Die Jünger räumten vor ihm her; es war aber freches Volk dabei, welches mit heftigen Gebärden und vorgestrecktem Halse sich ihm widersetzte, so daß Jesus selbst mit einer Hand einen Tisch zurückschob. Sie vermochten nichts gegen ihn. Der Platz ward bald leer und alles bis zum äußersten Hofe hinausgeschafft. Er sagte ihnen warnend, er habe sie nun zweimal in Güte weggewiesen, wenn er sie nochmals hier fände, werde er Gewalt brauchen. Da schimpften die Frechsten nach ihm hin: was sich der Galiläer, der Schüler von Nazareth, hier herausnehme, sie fürchteten sich nicht vor ihm. Hierauf hat das Wegschaffen begonnen. Es stand dabei viel Volk umher, das ihn bewunderte. Die frommen Juden gaben ihm recht und lobten ihn in der Entfernung. Man rief auch: der Prophet von Nazareth! Die Pharisäer, die sich darüber ärgerten und schämten, hatten schon vor einigen Tagen in der Stille Ermahnungen an das Volk bekannt machen lassen, man solle während des Festes sich nicht an den Fremdling anhängen, ihm nicht nachlaufen und nicht viel von ihm schwätzen. Das Volk wird aber immer aufmerksamer auf ihn; denn es sind nun schon sehr viele Leute hier, die er gelehrt oder geheilt hat.

Als Jesus beim Herausgehen aus dem Tempel in einem Vorhof einen Lahmen geheilt hatte, der ihn angerufen, ging dieser, Jesus freudig verkündend, in den Tempel und verursachte großes Aufsehen.

Passamahl

Jesus war tags darauf nicht im Tempel, sondern in Bethanien. Ich dachte noch, als sich so viele Krämer wieder im Tempel vorgedrungen hatten, wenn er jetzt da wäre, es würde ihnen übel gehen. Nachmittags wurden im Tempel die Osterlämmer geschlachtet. Es geschah dieses mit unbeschreiblicher Ordnung und Fertigkeit. Jeder trug sein Osterlamm auf den Schultern herbei. Alle standen sehr ordentlich, und jeder hatte Raum genug. Es waren drei Höfe um den Altar, wo sie stehen konnten; zwischen dem Altar und Tempel stand kein Volk. Vor den Schlachtenden waren Geländer und Gestelle mit Bequemlichkeiten; sie standen jedoch so dicht, daß das Blut des einen Lammes den Schlächter des anderen bespritzte; ihre Kleider waren alle voll Blut. Die Priester standen in vielen Reihen bis zum Altar, und die vollen und leeren Blutbecken liefen von Hand zu Hand. Ehe die Israeliten die Lämmer ausweideten, stießen und kneteten sie dieselben auf eine eigene Art, so daß sie die Eingeweide, wobei der Nächststehende beim Halten des Lammes behilflich war, mit einem Griff leicht herausrissen. Das Hautabziehen ging sehr schnell, sie lösten die Haut etwas ab und befestigten sie an einen runden Stock, den sie bei sich hatten, hängten das Lamm um ihren Hals vor die Brust und drehten dann den Stock mit den beiden Händen um, auf welchen das Fell sich aufrollte.

Gegen Abend war man mit dem Schlachten fertig. Ich sah einen blutroten Abendhimmel.

Lazarus, Obed und Saturnin schlachteten die drei Lämmer, welche Jesus und seine Freunde aßen. Die Mahlzeit war im Hause des Lazarus am Berg Sion. Es ist dieses ein großes Gebäude mit zwei Flügeln. Im Saal, wo sie aßen, war auch der Bratofen; doch ganz anders als der Herd im Cönaculum. Er war mehr in die Höhe, so wie die Herde in Annas und Marias Haus zu Kana. In der aufrecht führenden dicken Mauer waren Löcher, worin man das Lamm stellte, von oben herab. Es war ausgespannt mit Holz, wie gekreuzigt. Der Saal war schön geschmückt, und es aßen die drei Parteien an einer Tafel, welche mir auffallend ganz in Kreuzgestalt aufgestellt war. Lazarus saß oben am kurzen Kreuzende, wo auch viele Schüsseln mit bittern Kräutern standen. Die Osterlämmer standen wie hier verzeichnet ist, und die einzelnen Namen stehen nach einzeln benannten Sitzen. Um Jesus her standen Verwandte und Jünger aus Galiläa, um Obed und Lazarus die Jerusalemischen Jünger, um Saturnin die Johannesjünger. Alle zusammen waren mehr als dreißig.

Es war dieses Ostermahl auf andere Weise als das letzte Ostermahl Jesu. Es war mehr jüdisch. Alle hatten hier Stäbe in der Hand, waren aufgeschürzt und aßen sehr geschwind; dort hatte Jesus zwei Stäbe kreuzweis. Sie sangen auch Psalmen und aßen stehend sehr geschwind das Osterlamm ganz auf. Später lagen sie zu Tisch. Es war aber doch etwas anders, als wie es die Juden aßen. Jesus legte ihnen alles aus, und sie ließen allerlei zugesetzte pharisäische Gebräuche weg. Jesus zerlegte die drei Lämmer und diente zu Tische. Er sagte, daß er dieses jetzt als ein Diener tue. Hernach waren sie noch bis in die Nacht zusammen und sangen und beteten.

Es war heute so still und schauerlich in Jerusalem. Die Juden, welche nicht schlachteten, hielten sich in den Häusern, die alle mit grünem, dunklem Laubwerk geschmückt waren. Die ungeheuer vielen Menschen waren nach dem Schlachten so sehr im Innern der Häuser beschäftigt, und alles hielt sich so still, daß es mir einen ganz betrübten Eindruck machte.

Ich sah heute auch, wo alle die Osterlämmer für die vielen Fremden, welche teils vor den Toren lagerten, gebraten wurden. Es waren vor und auch innerhalb der Stadt an gewissen Plätzen ganze lange, breite, niedere Mauern errichtet, so daß man oben darauf gehen konnte. In diesen Mauern war Ofen an Ofen. In gewissen Entfernungen wohnte ein Aufseher, der auf alles achtgab, und bei dem man das Nötige um ein Geringes haben konnte. Bei solchen Öfen kochten und brieten auch Reisende und Fremde zu andern Festen und Zeiten. – Das Verbrennen des Fettes des Osterlammes dauerte bis in die Nacht im Tempel, dann wurde nach der ersten Nachtwache der Altar gereinigt und sehr früh die Tore wieder geöffnet.

Jesus und seine Jünger hatten die Nacht meist mit Gebet und mit wenigem Schlaf in Lazari Haus am Berge Sion zugebracht; die galiläischen Jünger schliefen in angebauten Räumen. Als der Tag anbrach, gingen sie schon nach dem Tempel hinaus, der mit vielen Lampen erleuchtet war. Es zogen schon von allen Seiten her Leute mit ihren Opfern hinauf. Jesus mit seinen Jüngern war in einem Vorhof und lehrte. Wiederum stand eine Menge von Krämern bis dicht an den Vorhof der Betenden und Weiber, sie waren kaum ein paar Schritte vom betenden Volke. Als aber noch mehrere heranzogen, wies Jesus sie zurück und befahl den Dastehenden, zu weichen. Sie widersetzten sich und riefen die Wächter in der Nähe um Hilfe, und diese zeigten es dem Synedrium an, weil sie aus sich selbst es nicht wagten. Jesus befahl den Krämern, zu weichen; und da sie frech trotzten, zog er aus seinem Gewande einen von Binsen oder dünnen Weiden gedrehten Strick hervor, schob einen Ring daran zurück, wodurch die eine Hälfte sich in eine Menge Fäden, wie eine Geißel, auflöste. So drang er gegen die Krämer an, stieß die Tische um, trieb die Widerspenstigen vor sich her; die Jünger gingen an beiden Seiten vor ihm her und drängten und schoben alles hinweg. Nun kamen eine Menge Priester aus dem Synedrium und stellten ihn zur Rede: wer ihm ein Recht dazu gebe, hier so zu verfahren? Er sagte ihnen, wenn gleich das Heiligtum vom Tempel gewichen sei und er seinem Untergang entgegen gehe, so sei er doch ein geweihter Ort und das Gebet so vieler Gerechten sei zu ihm gewendet; er sei kein Ort des Wuchers, des Betrugs und niedrigen Handelgetümmels. Da sie ihn auf die Rede, sein Vater habe es ihm befohlen, fragten, wer sein Vater sei, erwiderte er: er habe jetzt keine Zeit, dieses zu erklären und sie verstünden es auch nicht, und somit wendete er sich von ihnen und fuhr fort, die Krämer zu vertreiben.

Es waren aber auch zwei Scharen von Soldaten angekommen, und die Priester wagten nichts gegen Jesus, denn sie schämten sich selbst der Unordnung; auch war viel Volk versammelt, das dem Propheten recht gab, so daß die Soldaten selbst Hand mit anlegen mußten, die Krämer-Tische wegzuschaffen und die umgestoßenen Tische und Waren wegzuräumen. So schafften Jesus und die Jünger die Krämer bis vor den äußersten Vorhof hinaus; diejenigen aber, welche bescheiden waren und mit Tauben, kleinen Broten und andern Erquickungen in den Mauer-Zellen des Vorhofs nötig waren, ließ Jesus dastehen. Er ging hierauf mit den Seinigen in den Vorhof Israels. Es mochte dieses ungefähr 7 bis 8 Uhr morgens geschehen sein.

Am Abend dieses Tages zog eine Art Prozession in das Tal Kidron, die Erstlings-Garbe abzuschneiden.

Da Jesus an einem späteren Tage im Vorhofe des Tempels ungefähr zehn Lahme und Stumme heilte, erregte dieses ein großes Aufsehen; denn die Geheilten erfüllten alles mit ihrem Jubel. Man stellte ihn abermals zur Rede; er aber antwortete sehr scharf, und das Volk war sehr begeistert für ihn. Er hörte nach dem Gottesdienst der Lehre in einer Halle des Tempels mit den Jüngern zu. Man lehrte über ein Buch Mosis. Er machte öfters Einwürfe, denn es war hier eine Art Schule, wo man disputieren konnte, und alle brachte er zum Schweigen und gab eine ganz verschiedene Auslegung.

Jesus war in allen diesen Tagen schier gar nicht bei seiner

Mutter, die immer bei Maria Markus den ganzen Tag in Sorgen, Tränen und Gebet wegen des Aufsehens war, das er machte. Den Sabbat hielt Jesus bei Lazarus in Bethanien, wohin er nach dem Lärm, den seine Heilung im Tempel verursachte, sich zurückgezogen. Nach dem Sabbat aber suchten die Pharisäer Jesus im Hause der Maria Markus in Jerusalem, um ihn einzuziehen. Sie fanden ihn aber nicht, sondern seine Mutter und andere heilige Frauen und geboten diesen, als seinen Anhängerinnen, mit harten Worten, die Stadt zu verlassen. Da wurden die Mutter Jesu und die andern Frauen sehr betrübt und eilten weinend nach Bethanien zu Martha. Maria trat weinend in die Stube, wo Martha bei ihrer kranken Schwester, der stillen Maria, war, welche wieder ganz im äußeren Leben war und alles, was sie sonst im Geiste gesehen hatte, nun zur Wirklichkeit werden sah. Sie konnte ihre Betrübnis nicht mehr ertragen und starb in der Gegenwart Mariä, Maria Kleophä, Marthas und der anderen Frauen.

Nikodemus kam in diesen Tagen durch des Lazarus Vermittlung trotz der ausgesprochenen Verfolgung zu Jesus, der die Nacht hindurch neben ihm an der Erde liegend lehrte. Vor Tagesanbruch ging Jesus mit Nikodemus nach Jerusalem in des Lazarus Haus am Sion. Hier kam auch Joseph von Arimathäa zu ihm. Er sprach mit ihnen, und sie demütigten sich vor ihm und erklärten, daß sie wohl erkennten, wie er mehr als ein Mensch sei, und sie gelobten, ihm zu dienen treu bis ans Ende. Jesus aber gebot ihnen Zurückhaltung. Sie baten ihn, er möge sie in der Liebe erhalten.

Danach kamen noch alle Jünger, die das Pascha mit ihm gegessen hatten. Er gab ihnen Lehren und Befehle für die nächste Zukunft. Sie reichten sich die Hände und weinten und trockneten die Tränen mit der schmalen Halsbahn, welche sie auch um das Haupt hüllten.

Der Brief des Königs Abgarus

Von Bethanien, wo Jesus einige Zeit in Verborgenheit sich noch aufgehalten hatte, zog er an die Taufstelle bei Ono. Die Einrichtungen zum Taufen waren durch Aufseher gehütet worden. Es sammelten sich Jünger um Jesus, und vieles Volk strömte herbei. Da Jesus vor der Menge lehrte, die teils im Kreise stehend, teils auf Holzgerüsten sitzend zuhörte, nahte auf einem Kamel ein Fremder mit sechs Begleitern, die auf Maultieren ritten, und machte in einiger Entferung vom Lehrplatze halt, wo Zelte aufgeschlagen waren. Er war von dem kranken König Abgarus mit Geschenken und einem Brief an Jesus gesendet, worin er gebeten wurde, er möge doch nach Edessa kommen und ihn heilen. Abgarus war krank; er hatte einen Ausschlag, der ihm in die Füße getreten war, daß er hinkte. Reisende hatten ihm von Jesus, seinen Wundern, dem Zeugnisse des Johannes und der Erbitterung der Juden auf dem letzten Osterfeste erzählt, was ihm großes Verlangen einflößte, von Jesus geheilt zu werden.

Der junge Mann, der den Brief zu überbringen hatte, konnte malen und hatte den Befehl, wenn Jesus nicht kommen würde, sein Bildnis zurückzubringen. Ich sah, wie dieser Mann sich vergebens bemühte, zu Jesus zu gelangen; er suchte bald hier, bald dort durch die Volksmenge zu dringen, um die Lehre mitanzuhören und zugleich das Angesicht Jesu abzubilden. Da sagte Jesus einem der Jünger, er solle dem Manne, der hinter den Leuten herumwandle und nicht herzukommen könne, Platz machen und ihn auf ein nahe stehendes Gerüst führen. Der Jünger brachte den Gesandten dahin und stellte auch seine Begleiter mit ihren Gaben, die in Stoffen, Goldplättchen und sehr feinen Lämmern bestanden, so auf, daß sie sehen und hören konnten.

Der Gesandte, froh, endlich Jesus zu erblicken, legte gleich sein Malergerät vor sich auf die Knie, sah Jesus mit großer Verwunderung und Aufmerksamkeit an und arbeitete. Er hatte ein weißes Täfelchen vor sich, wie von Buchsbaum. Da riß er zuerst mit einem Stift den Umriß von Jesu Kopf und Bart ohne Hals hinein; dann war es, als schmiere er Wachs darauf und drücke Formen hinein. Dann riß er mit dem Stifte wieder allerlei hinein, tupfte und drückte wieder ab, und so arbeitete er lange fort und konnte nie recht zustande kommen. Sooft er Jesus ansah, war es, als erstaune er über sein Antlitz und müsse wieder frisch anfangen. Lukas malte nicht ganz auf diese Weise; er wendete auch Pinsel an. Das Bild des Mannes hier schien mir teils erhaben, so daß man es auch fühlen konnte.

Jesus lehrte noch eine Zeitlang weiter und sendete dann den Jünger zu dem Manne und ließ ihm sagen, er möge näher kommen und seine Sendung erfüllen. Da ging der Mann von seinem Sitz herab zu Jesus, und die Diener mit den Geschenken und Lämmern gingen hinter ihm her. Er hatte ohne Mantel kurze Kleider an, schier nach der Weise eines der Heiligen Drei Könige. An dem linken Arm hatte er sein Gemälde an einem Riemen hängen. Es war herzförmig wie ein Schild, und in der Rechten hatte er das Schreiben des Königs. Er warf sich vor Jesus auf die Knie, verbeugte sich tief, so auch die Diener, und sprach: „Dein Knecht ist der Diener Abgars, des Königs von Edessa, der krank ist und dir diesen Brief sendet und dich bittet, diese Gaben von ihm anzunehmen." Da nahten die Knechte mit den Geschenken. Jesus sagte, es gefalle ihm die gute Meinung seines Herrn, und befahl den Jüngern, die Geschenke zu sich zu nehmen und an den ärmsten Leuten hier herum zu verwenden. Jesus faltete den Brief auseinander und las ihn. Ich erinnere mich nur noch, daß unter anderm darin stand: er könne Tote erwecken und er bitte ihn, zu ihm zu kommen und ihn zu heilen. Der Brief war, als sei die Fläche, worauf geschrieben war, steifer, die ganze Umgebung aber des Briefes weich, wie von Zeug, Leder oder Seide, worin der Brief eingeschlagen wurde. Auch sah ich einen Faden daran hängen.

Als Jesus den Brief gelesen hatte, drehte er die Brieffläche um und schrieb mit einem starken Stifte, den er aus dem Gewande zog und aus dem er etwas herausschob, auf die andere Seite des Briefes mehrere Worte ziemlich groß und schlug den Brief wieder ein. Dann ließ er sich Wasser geben, wusch das Angesicht und drückte das weiche Umschlagende des Briefes gegen sein Angesicht und gab es dem Gesandten, der damit auf das Bild drückte. Nun war das Bild ganz ähnlich. Der Maler war voll Freude und wendete das Bild, an dem Riemen hängend, gegen die Zuschauer, warf sich vor Jesus nieder und reiste sogleich wieder ab. Einige seiner Diener aber blieben zurück und folgten Jesus, der nach dieser Lehre über den Jordan an den zweiten Taufort zog, den Johannes verlassen hatte. Sie ließen sich hier taufen.

Von Ono begab sich Jesus mit den Jüngern an den mittleren Taufort oberhalb von Bethabara gegenüber von Gilgal und ließ hier durch Andreas, Saturnin, Petrus und Jakobus taufen. Es war eine große Volksmenge ab und zu versammelt. Dieser Zulauf des Volkes erregte neues Aufsehen bei den Pharisäern. Sie sendeten Briefe an alle Synagogenvorsteher des Landes, Jesus auszuliefern, wo man ihn fände, und die Jünger zu ergreifen, über seine Lehre auszufragen und zurechtzuweisen. Jesus aber verließ von wenigen Jüngern begleitet den Taufort und wanderte durch Samaria und Galiläa in die Grenzen von Tyrus; die anderen Jünger zerstreuten sich nach ihrer Heimat. Herodes ließ in dieser Zeit den Johannes durch Soldaten nach Kallirrhoe bringen, wo er ihn in einem Gewölbe seines Schlosses gegen sechs Wochen gefangen hielt, danach wieder freigab.

Während Jesus mit wenigen Jüngern auf dem Wege durch Samaria über das Feld Esdrelon kam, kehrte Bartholomäus von der Taufe Johannis kommend nach seiner Heimat Dabbeseth zurück und traf mit den Jüngern zusammen. Andreas sprach mit ihm mit großer Begeisterung von dem Herrn. Bartholomäus hörte alles mit Freude und Ehrfurcht an, und Andreas, welcher sehr gerne unterrichtete Männer zu Jüngern vorschlug, nahte sich Jesu und sprach von Bartholomäus, daß dieser ihm wohl gerne nachfolgen würde. Da nun Bartholomäus an Jesus vorüberging, zeigte Andreas denselben Jesus, der ihn anblickend zu Andreas sagte: „Ich kenne ihn; er wird folgen. Ich sehe Gutes in ihm und werde ihn seiner Zeit berufen." Bartholomäus lebte in Dabbeseth nicht weit von Ptolemais und war ein Schreiber. Ich sah auch, daß er hierauf mit Thomas zusammenkam, mit diesem von Jesus sprach und ihn für Jesus geneigt machte.

Die Jünger waren teils in Jerusalem, teils in Gennabris vor großen Versammlungen zur Rechenschaft über Jesus, seine Lehre und Absichten und ihren Umgang mit ihm von den Pharisäern gezogen und mannigfach belästigt worden. Petrus, Andreas und Johannes sah ich einmal mit gebundenen Händen; sie zerrissen aber ihre Bande mit leichter Bewegung, wie durch ein Wunder. Man hatte sie in der Stille wieder entlassen, und sie waren in ihre Heimat zurückgekehrt.

Jesus ermahnte sie zur Beharrlichkeit und sagte ihnen, daß sie von ihrem Gewerbe sich mehr und mehr losmachen und seine Lehre in ihrer Umgegend unter dem Volke weiter verbreiten sollten. Er werde bald wieder bei ihnen sein und seinen öffentlichen Lehrwandel wieder beginnen, wenn er zu ihnen nach Galiläa kommen werde.

An einem folgenden Tage, da Jesus wieder den ganzen Tag über gelehrt hatte, kamen, als alle Juden sich entfernt hatten, etwa zwanzig Heiden zu Jesus. Diese hatten schon mehrere Tage zuvor darum bitten lassen. Simeons Haus war wohl eine halbe Stunde getrennt von der Stadt, und die Heiden durften nicht weiter als an einen gewissen Turm oder Bogen kommen. Jetzt brachte Simeon aber diese zu Jesus, den sie ehrerbietig grüßten und um Belehrung baten. Er sprach lange mit ihnen in einem Saal, so spät noch, daß die Lampen angezündet wurden. Er tröstete sie, erzählte in einer Parabel von den Heiligen Drei Königen und sprach, daß das Licht sich zu den Heiden wenden werde.

Als die Leute hinweg waren, wandelten Jesus und die Jünger voneinander getrennt aus dem Ort, vereinigten sich auf dem Wege wieder und zogen morgenwärts gegen Adama am See Merom. In schönem hohem Gras unter Bäumen hielten sie Nachtruhe.

Jesus lehrt

Am anderen Tage etwa gegen neun Uhr morgens begab sich Jesus mit den Jüngern nach dem Lehrplatz, wo mehr als hundert auserlesene Männer im Schatten der Bäume versammelt waren und im äußersten Kreis auch einige Frauen. Auf dem Wege dahin kamen Jesus und die Jünger an das Schloß des Stadtobersten, der gerade in seinem Prachtkleid und in Begleitung seiner Leute dahin ziehen wollte. Jesus aber befahl ihm, dieses nicht zu tun, sondern wie die anderen Männer im langen Mantel und Bußkleid zu erscheinen. Sie trugen wollfarbene Mäntel und Skapuliere, die auf der Brust gespalten, rückwärts ein ganzer Lappen und über der Schulter mit einem schmalen Riemen verbunden waren. Die Lappen waren schwarz, und mit verschiedenfarbigen Buchstaben waren sieben Hauptsünden darauf verzeichnet. Die Frauen waren mit verhülltem Kopf. Da Jesus an den Lehrstuhl schritt, beugten sich die Leute ehrerbietig; der Oberste und die Vornehmeren der Stadt standen dicht um den Lehrstuhl. Die Jünger hatten im äußeren Umkreise auch Leute um sich, darunter die Frauen, vor denen sie lehrten. Zuerst erhob Jesus seine Augen gen Himmel und betete laut zu dem Vater, von dem alles kommt, auf daß die Lehre reuige und offene Herzen gewinnen möge, und befahl den Leuten, ihm nachzusprechen, welches sie taten. Seine Lehre währte ununterbrochen von neun Uhr morgens bis vier Uhr nachmittags. Einmal war eine Pause, und sie brachten ihm einen Becher zur Erquickung und einen Bissen. Die Zuhörer gingen ab und zu, je nachdem sie Geschäfte in der Stadt hatten. Jesus lehrte von der Buße und von der Taufe, von welcher er hier umher überhaupt als von einer geistlichen Reinigung und Abwaschung sprach. Frauen wurden vor Pfingsten gar keine getauft; aber unter den Kindern wohl Mägdlein von fünf bis acht Jahren, doch keine Erwachsenen. Ich weiß das Geheimnis hiervon nicht mehr. Auch von Moses, von den zerbrochenen Gesetztafeln, von dem Goldenen Kalb, von dem Donner und Blitz auf Sinai war die Lehre.

Als Jesus geendet hatte und die Lehre ganz fertig war und bereits mehrere Leute, auch der Oberste, nach der Stadt zurückgegangen waren, trat ein alter, großer, wohlgebildeter Jude mit einem langen Bart ganz kühn zu Jesus an den Lehrstuhl und sagte: „Nun will ich auch mit dir sprechen; du hast 23 Wahrheiten vorgebracht; es gibt deren aber 24"; und nun zählte er eine Reihe Wahrheiten hintereinander her und begann zu disputieren. Jesus aber sagte ihm: „Ich habe dich um deiner eigenen Bekehrung wegen hier geduldet und hätte dich sonst vor allem Volke hinweggewiesen; denn du bist ohne Einladung hierhergekommen. Du sagst, es gebe 24 Wahrheiten, und ich hätte nur 23 gelehrt, du setzest mir aber schon 3 hinzu, denn es gibt nur 20, die ich gelehrt." Und nun zählte Jesus 20 Wahrheiten nach den Buchstaben des hebräischen Alphabets her, wonach jener auch hergezählt hatte, und lehrte hierauf über die Sünde und Strafe derjenigen, welche der Wahrheit etwas hinzusetzten. Der alte Jude wollte aber auf keine Art sein Unrecht erkennen, und es waren Leute da, die ihm beistimmten und ihn mit Schadenfreude anhörten. Jesus aber sagte zu ihm: „Du hast einen schönen Garten, bringe mir die gesundesten, edelsten Früchte, sie sollen verderben zum Zeichen deines Unrechtes! Du hast einen geraden, gesunden Körper, du sollst verkümmern, so du Unrecht hast, auf daß du sehest, wie das Edelste verdirbt und mißgestaltet wird, so man der Wahrheit etwas hinzusetzet! So du aber ein einziges Zeichen zu tun vermagst, sollen deine 24 Wahrheiten wahr sein."

Da eilte der Jude mit seinen Gehilfen in seinen nicht entfernten Garten. Er hatte darin alles, was nur selten und kostbar war an Früchten, Gewürz und Blumen, auch in Gittern allerlei ausgesuchte seltene Tiere und Vögel und in der Mitte ein ziemliches Wasserbecken mit seltenen Fischen zu seiner Lust. Schnell sammelte er mit seinen Freunden die edelsten Früchte, gelbe Äpfel und jetzt schon Trauben in ein paar kleine Körbe; kleinere Früchte aber in einer wie von durcheinandergeflossenen bunten Glasfäden geschliffenen Schale. Außerdem nahm er auch in Gitterkörben verschiedene Vögel und seltene Tiere von der Größe eines Hasen und einer kleinen Katze mit sich.

Jesus hatte unterdessen noch von der Hartnäckigkeit gelehrt und von der Zerstörung, welche durch das Zusetzen zu der Wahrheit erfolge.

Als nun der alte Jude mit seinen Begleitern alle seine Raritäten in den Körben und Käfigen um den Lehrstuhl Jesu niedergesetzt hatte, gab es ein großes Aufsehen in der Versammlung. Da er aber stolzierend hartnäckig auf seiner früheren Behauptung blieb, erfüllten sich die Worte Jesu an allem, was er gebracht. Die Früchte begannen, sich innerlich zu bewegen; es brachen von allen Seiten häßliche Würmer und Tiere aus ihnen hervor, welche sie zerfraßen, so daß bald von einem Apfel nichts mehr übrig blieb als ein Stückchen Schale, auf dem Kopfe eines Wurmes hin- und herwankend. Die mitgebrachten kleinen Tiere aber sanken in sich zusammen, ergossen Eiter, aus dem sich Würmer bildeten, welche die Tiere, die endlich wie rohes Fleisch wurden, benagten. All dieses war so ekelhaft, daß die Versammlung, welche sich neugierig herangedrängt, entsetzt zu schreien und sich abzuwenden begann, um so mehr, da der Jude zu gleicher Zeit ganz gelb und bleich ward und sich nach der einen Seite krumm zusammenzog.

Das Volk begann bei diesem Wunder ein ungeheures Geschrei und Getöse, und der alte Jude wehklagte, bekannte sein Unrecht und flehte zu Jesus um Erbarmen. Es war ein solcher Tumult, daß der Oberste aus der Stadt, welcher schon wieder zurückgegangen war, gerufen werden mußte, um die Ruhe herzustellen, da der Jude sein Unrecht bekannte und eingestand, daß er zur Wahrheit etwas hinzugesetzt habe.

Auf die heftige Buße des Mannes und auf sein Flehen zu allen Anwesenden, sie sollten doch für ihn bitten, daß er wieder geheilt werde, segnete Jesus die Dinge, die er gebracht und ihn; und alles kehrte alsbald wieder in seinen vorigen Zustand zurück: die Früchte, die Tiere und der Mann, welcher sich mit Tränen dankend vor Jesus niederwarf.

Dieser Mann hat sich so bekehrt, daß er einer der treuesten Anhänger Jesu ward und noch viele andere zur Bekehrung brachte. Er teilte aus Buße einen großen Teil seiner schönen Gartenfrüchte an die Armen aus. Dieses Wunder machte einen großen Eindruck auf alle Zuhörer, welche um zu essen ab- und zugegangen waren. Solch ein Wunder war hier wohl nötig, denn diese Leute waren, wenn sie auch von ihren Irrtümern überzeugt wurden, doch sehr hartnäckig, wie dieses meistens bei Leuten gemischter Abkunft der Fall ist, denn sie stammten von Samaritanern, die in gemischte Ehen mit Heiden getreten und von Samaria vertrieben worden waren.

Jesus gab seinen Begleitern allerlei Verhaltungsregeln; denn er sagte, er gehe bald hier weg und komme nur noch einmal wieder. Unter anderem ermahnte er sie, nicht so viele Bewegungen beim Gebet zu machen, was sie hier im Übermaß taten; und vor allem nicht so streng gegen die Sünder und Heiden zu sein, sondern sich ihrer zu erbarmen. Hierbei erzählte er die Parabel vom ungerechten Haushalter und legte sie ihnen wie ein Rätsel vor. Sie wunderten sich darüber, und er sagte ihnen, warum die Handlung des Haushalters gelobt werde. Es schien mir, als verstehe Jesus unter dem ungerechten Haushalter die Synagoge, unter den anderen Schuldnern die Sekten und Heiden. Die Synagoge solle den Sekten und Heiden die Schuld herabsetzen, da sie mit der Gewalt und den Gnaden ausgerüstet sei, d. i. unverdient und ungerecht den Reichtum besitze, um sich, wann etwa selbst verstoßen, in die Fürbitte der mild behandelten Schuldner flüchten zu können.

Die Parabel vom ungerechten Verwalter

Schon als Kind sah ich diese und die anderen Parabeln wie in lebenden Bildern vor meinen Augen vorübergehen und glaubte, einzelne Figuren aus ihnen hie und da im Leben wieder zu erkennen. So ging es mir auch mit diesem Haushalter, den ich immer als einen buckligen Rentmeister mit rötlichem Bart sehr flink und geschwind habe laufen sehen, und wie er die Unterpächter mit einem Rohr schreiben ließ. Ich sah den ungerechten Haushalter in der Wüste von Arabien, nicht weit von dem Ort, wo die Kinder Israels murrten, in einem Zeltschloß wohnen. Es hatte sein Herr, der weit weg wie über dem Libanon wohnte, ein Korn- und Ölfeld hier, das schon auf der Grenze des gelobten Landes lag. An beiden Seiten des Feldes wohnten zwei Bauern, denen es verpachtet war. Der Haushalter war ein kleiner buckliger Kerl, sehr fertig und listig, der dachte, der Herr komme noch nicht, und schlemmte darauf los und ließ alles drunter und drüber gehen. Auch die beiden Bauern verbrachten alles mit Zechen. Auf einmal sah ich den Herrn kommen. Ich sah fern über hohem Gebirge wie eine prächtige Stadt und Palast und sah eine wunderschöne Straße von dem Palast gerade hierher und sah den König von dort herabkommen mit einem großen Zuge von Kamelen und kleinen niedrigen Wagen mit Eseln bespannt und seinem ganzen Hofstaat. Ich sah diese Ankunft so, wie ich etwa eine Straße aus dem himmlischen Jerusalem niederkommen sehe, und es war ein himmlischer König, der auf der Erde ein Weizen- und Ölgut hatte. Er kam aber doch auf Art der altväterischen Könige mit einem großen Zug. Ich sah ihn hoch oben herunterkommen; denn der Rentmeister, der kleine Kerl, war bei ihm verklagt, daß er alles verschleudere.

Die Schuldner des Herrn waren zwei Leute mit langen Rökken und vielen Knöpfen bis herunter; der Rentmeister hatte ein Mützchen auf. Das Schloß des Rentmeisters lag etwas mehr gegen die Wüste, das Weizen- und Ölfeld, an dessen beiden Seiten die Bauern wohnten, lag mehr gegen das Land Kanaan. Sie lagen im Dreieck zueinander. Über dem Kornfeld kam der Herr nieder. Die beiden Schuldner verpraßten die Einkünfte mit dem Rentmeister und hatten wieder arme Untertanen, die alles herschaffen mußten. Der Rentmeister merkte oder sah die Ankunft des Herrn aus der Ferne und war in der größten Angst und bereitete ein großes Gastmahl und war sehr schwänzelnd und emsig. Als der Herr angelangt war, sprach er zum Rentmeister: „Ei, was muß ich von dir hören, daß du meine Güter verschwendest; stelle Rechnung, du kannst nicht mehr Haushalter sein!“ Da sah ich den Haushalter schnell die beiden Bauern berufen; sie hatten Rollen, die sie aufrollten. Er fragte sie, was sie schuldig seien; denn das wußte er nicht einmal, und sie zeigten es. Er aber hatte ein krummes Rohr, da ließ er sie ganz geschwind weniger hinschreiben und dachte, wenn ich vertrieben werde, krieche ich bei ihnen unter und habe zu leben; denn ich kann nicht arbeiten.

Ich sah nun, daß die Bauern ihre Untergebenen zu dem Herrn schickten mit Kamelen und Eseln, und sie hatten Korn in Säcke und Oliven in Körbe geladen. Die, so die Oliven brachten, brachten auch Geld; das waren kleine Stäbchen von Metall in Bündeln, größer und kleiner, nach den Summen mit Ringen zusammengefügt. Der Herr sah aber an den Bündeln, die er voriges Mal empfangen, daß dieses viel zu wenig sei und sah aus der falsch gestellten Rechnung die Absicht des Rentmeisters, und er lächelte gegen seine Hofherren und sprach: „Seht, der Mann ist listig und klug, er will sich Freunde machen bei seinen Untergebenen; die Kinder der Welt sind klüger in ihrem Treiben als die Kinder des Lichtes, die selten im Guten so tun wie er im Bösen, dann würden sie belohnt wie dieser bestraft.“ Ich sah aber, daß der bucklige Schelm abgesetzt und weiter zurück in die Wüste geschickt wurde. Es war dort Orgrund (gelber, harter, unfruchtbarer Eisensand, Ocker) und Ellernholz, und er war ganz bestürzt und betrübt. Ich sah aber doch, daß er endlich zu hacken und zu bauen begann. Die zwei Bauern sah ich auch vertreiben und ihnen etwas bessere Flecken im Sand anweisen; die armen Untergebenen aber kriegten nun das Feld zu besorgen, denn ihnen war alles abgedrungen worden.

Jesus auf dem Berg bei Berotha

In der Nacht vom Sabbat auf den Sonntag zog Jesus vor Tag von Adama, wo er nach dem Sabbat Abschied genommen, doch ohne zu sagen, daß er nicht wieder komme, mit seinen Jüngern und mehreren Juden nach dem Berg zur Lehre.

Die Volksmenge war bereits auf dem Berg versammelt. Schon am Abend vorher waren Leute nach dem Sabbat heraufgezogen und hatten den Platz in Ordnung gebracht. Es war ein umwallter Raum oben und ein Lehrstuhl darin. Die Leute, welche an beiden Seiten des Berges in Reihen von Häusern wohnten, beschäftigten sich auch mit Zeltbereitung und hatten solche schon mit Stangen und Stricken fertig. Sie hatten sie heraufgebracht und den Lehrstuhl und andere Plätze überspannt. Diese Stelle war merkwürdig; denn Josua hat hier ein Dankfest gehalten, als er die Kanaaniter besiegte. Es war auch Wasser in Schläuchen und Brot und Fische in Körben heraufgebracht. Diese Körbe waren wie bei uns die Bienenkörbe, man konnte oben noch einen darauf setzen, und es waren Gefache darin, daß man Verschiedenes hineinlegen konnte.

Als Jesus auf der Höhe des Berges unter dem Volke ankam, jauchzte es ihm entgegen: „Du bist der wahre Prophet! der Helfer!“ usw. und wo er durch die Menge ging, beugten sie sich vor ihm. Es mochte wohl schon neun Uhr sein, als er oben ankam; denn es war von Adama wohl sechs bis sieben Stunden hier herauf.

Es waren auch viele Besessene heraufgeführt worden, welche tobten und schrien. Jesus aber sah sie an und befahl ihnen zu schweigen; und sie wurden ruhig und genasen von seinem Blick und Befehl.

Als Jesus auf die Rednerstelle gekommen und das Volk durch die Jünger geordnet und ruhig war, betete er erst zu dem himmlischen Vater, von dem alles kommt, und das Volk betete auch. Hierauf begann er seine Lehre. Er sprach aber von diesem Ort, und was hier geschehen, von den Kindern von Israel, wie

Josua damals hier erschienen und diese Länder von den Kanaaniten und dem Heidentum befreit, und wie Azor zerstört worden sei, und erklärte dieses sinnbildlich: so komme jetzt die Wahrheit und das Licht abermals zu ihnen mit Gnade und Sanftmut, sie von der Macht der Sünde zu befreien, sie sollten nicht widerstehen wie die Kanaaniter, damit die Strafe Gottes nicht über sie komme wie über Azor. Er erzählte auch eine Parabel, die er später wieder brauchte, sie steht im Evangelienbuch, ich meine, es war von Weizen und Ackerbau. Er lehrte auch von Buße und der Ankunft des Reiches und sprach hier deutlicher von sich und dem himmlischen Vater, als er noch hier im Lande getan.

Hier kamen auch die Söhne der Johanna Chusa und der Veronika zu ihm, die Lazarus abgesandt hatte, ihn wegen der zwei Kundschafter zu warnen, welche die Pharisäer von Jerusalem nach Adama geschickt hatten. Die Jünger brachten sie in einer Pause zu ihm, und er sagte ihnen, sie möchten sich gar nicht um ihn so ängstigen; seinen Beruf werde er erfüllen, er danke für ihre Liebe usw. Die Abgesandten der Pharisäer waren mit den unzufriedenen Juden aus Adama auch hier oben. Jesus sprach nicht mit ihnen, lehrte aber laut, wie man auf ihn lauere und ihn verfolge; doch werde es ihnen nicht gelingen, zu verhindern, was der Vater im Himmel ihm aufgetragen habe. Er werde bald wieder unter ihnen erscheinen und die Wahrheit und das Reich verkünden.

Es waren auch viele Weiber mit ihren Kindern da und verlangten seinen Segen. Die Jünger waren aber besorgt und meinten, er solle es nicht tun wegen der Lauerer, die zugegen waren; doch Jesus verwies ihnen diese Angst und sagte, daß er die Gesinnung der Frauen als gut sehe, und daß die Kinder gut werden würden, und er ging durch die Reihen durch und segnete sie.

Es dauerte die Lehre bis gegen Abend von zehn Uhr morgens, und dann wurde das Vok zur Speisung gelagert. Es waren an einer Seite des Berges Feuer mit Rosten, worauf die Fische geröstet wurden. Es war eine schöne Ordnung, die Einwohner jeder einzelnen Stadt lagen zusammen und wieder die Leute der einzelnen Straßen und dann wieder die Familien und Nachbarn. Eine jede Straße hatte ihren Mann, der die Speise holte und verteilte. Die einzelnen Speisenden oder einer von einer Anzahl, die zusammensaß, hatten ein zusammengerolltes Leder anhängen, welches aufgerollt zum Teller diente, auch hatten sie Speiseinstrumente, beinerne Messer und Löffel, am Stiel mit einem Gewerb verbunden bei sich. Teils hatten sie Flaschenkürbisse anhängen, teils gewickelte Becher von Bast, worin sie das Getränk aus den Schläuchen empfingen. Manche konnten sich solche Becher sehr schnell an Ort und Stelle oder unterwegs bereiten. Die Vorsteher empfingen die Speisen von den Jüngern und verteilten immer eine Portion unter vier oder fünf Zusammensitzenden, denen sie etwas Fisch und Brot auf das zwischen ihnen liegende Leder legten. Jesus segnete die Speisen, ehe sie ausgeteilt wurden, und es fand auch hier eine Vermehrung der Speise statt, denn sie reichte sonst bei weitem nicht hin für die paar tausend Menschen, welche zugegen waren. Jede Gruppe erhielt nur eine kleine Portion, als sie aber gegessen hatten, waren sie alle satt, und es blieb noch vieles übrig, das von den Armen in Körbe gesammelt und mitgenommen wurde.

Es waren einige römische durchziehende Soldaten unter den Zuhörern, und zwar solche, die den Lentulus in Rom kannten oder denen er zu befehlen hatte; denn er hatte auch Soldaten unter sich. Vielleicht waren sie auch von ihm beauftragt, sich um Jesus zu erkundigen; denn sie kamen zu den Jüngern und baten um einige von Jesus gesegnete Brötchen, um sie dem Lentulus zukommen zu lassen. Sie erhielten solche Brötchen und steckten sie in Beutel, die sie über die Schulter hängen hatten.

Als die Mahlzeit zu Ende ging, war es schon dunkel, und man brauchte Fackeln. Jesus segnete das Volk und verließ mit den Jüngern den Berg. Er trennte sich aber von ihnen; sie gingen einen näheren Weg nach Bethsaida und Kapharnaum zurück.

Er selbst ging mit Saturnin und dem verwandten Jünger südwestlich nach einer Stadt zur Seite von Berotha, welche Zedad heißt, und übernachtete in einer Herberge vor der Stadt.

Ich sah Jesus in der Nacht vom Montag auf Dienstag im Gebirge mit Saturnin und dem andern Jünger wandeln. Weil er nun einsam ging und betete, und sie ihn darüber fragten, lehrte er sie vom einsamen Gebet und vom Gebet überhaupt. Er sprach ein Beispiel von Schlangen und Skorpionen: wenn ein Kind um einen Fisch bittet, wird ihm der Vater keinen Skorpion geben usw. Ich sah ihn an diesem Tage noch in verschiedenen kleinen Orten bei Hirten heilen und ermahnen und auch in der Stadt Gatepher, wo Jonas geboren ist, und wo Verwandte von Jesus wohnten. Er heilte auch hier und ging dann gegen Abend bis nach Kapharnaum.

Wie unermüdet war Jesus! und wie scharf strengte er auch die Jünger und Apostel an! Sie waren anfangs manchmal erstaunlich müde. Welch' ein Unterschied zwischen heutzutage! Die Jünger hatten, da sie auf der Landstraße zogen, den Leuten nach und entgegen zu gehen, sie zu belehren oder zu einer Lehre zu Jesus zu berufen.

Im Hause Mariä bei Kapharnaum waren Lazarus, Obed, die Neffen Josephs von Arimathäa, der Bräutigam von Kana und einige andere Jünger angekommen; auch waren wohl sieben Frauen von Verwandten und Freunden bei Maria, Jesus zu erwarten. Man ging aus und ein und schaute ihm auf der Straße entgegen. Es kamen auch die Jünger Johannis und brachten die Nachricht seiner Gefangennehmung, worüber große Betrübnis entstand. Diese Jünger gingen dann Jesu entgegen, trafen ihn nicht weit von Kapharnaum und brachten ihm die Botschaft. Er beruhigte sie und kam zu seiner Mutter allein. Er hatte seine Jünger vorausgesendet. Lazarus kam ihm entgegen und wusch ihm in der Vorhalle des Hauses die Füße.

Ich sah nun ein Mahl bereiten, die Männer lagen um den Tisch; am anderen Ende der Tafel saßen die Frauen mit unterschlagenen Füßen. Man sprach von Johannis Gefangennehmung mit Unwillen. Jesus verwies ihnen das, er sagte, sie sollten nicht urteilen und zürnen, alles dieses müsse so sein; wäre Johannes nicht hinweggenommen, so könnte er nicht sein Werk beginnen und jetzt nach Bethanien gehen. Er erzählte auch von den Leuten, bei denen er gewesen war. Von der Ankunft Jesu wußte niemand als die Anwesenden und die vertrauten Jünger. Jesus schlief, wo die anderen anwesenden Fremden schliefen, in einem Seitenanbau. Er bestellte die Jünger nach dem nächsten Sabbat in die Nähe von Bethoron auf ein einzelnes hochgelegenes Haus.

Die Gefangennahme des Täufers Johannes

Herodes hatte den Täufer schon einmal vom Taufplatz entführt und einige Wochen lang als Gefangenen bei sich zurückgehalten in der Meinung, ihn umzustimmen oder einzuschüchtern. Er hatte ihn aber aus Scheu vor der großen Volksmenge, welche herzugeströmt war, um Johannes zu hören, wieder entlassen. Johannes hatte sich darauf an seinen früheren Taufplatz bei Ainon gegenüber von Salem begeben, anderthalb Stunden östlich vom Jordan und zwei Stunden südlich von Succoth, wo sein Taufbrunnen in der Nähe eines etwa eine Viertelstunde großen Sees sich befand, aus dem zwei Bäche, einen Hügel umfließend, hinab in den Jordan sich ergießen. An diesem Hügel befand sich der Rest eines alten, noch bewohnbaren Schlosses mit Türmen, und es zogen sich Alleen und Gärten mit anderen Wohnungen darum her. Zwischen dem See und dem Hügel lag der Taufbrunnen des Johannes; in der Mitte des geräumigen, kesselförmig vertieften Gipfels des Hügels aber hatten seine Jünger über einer treppenförmig aufgemauerten Erhöhung eine Bedeckung mit Zeltwerk errichtet, wo Johannes lehrte. Diese Gegend gehörte dem Philippus; sie lag aber wie eine Spitze in das Land des Herodes hinein, welcher sich deshalb noch etwas scheute, sein Vorhaben an Johannes auszuführen.

Johannes ist, seit er von Herodes zurückgekehrt, wie von einem neuen Feuer durchgossen. Seine Stimme klingt ungemein lieblich, doch ganz gewaltig und übermäßig weit, man versteht ein jedes Wort. Er ruft weit hinaus, und ein paar tausend Menschen verstehen ihn. Er ist wieder mit Fellen bedeckt und rauher gekleidet als bei On, wo er oft ein langes Kleid anhatte. Er lehrte von Jesus, wie man ihn verfolgt habe in Jerusalem, und zeigte nach Obergaliläa, dort wandle er, heile; er werde bald wieder kommen, seine Verfolger würden nichts über ihn vermögen, bis sein Werk erfüllt sei.

Auch Herodes und sein Weib kamen mit einem Zug Soldaten zum Lehrort Johannes'. Er reiste von seinem Schloß zu Livias zwölf Stunden neben Dibon hin, wo er über zwei Arme eines Flüßchens mußte. Bis gen Dibon zu war der Weg ganz gut, dann aber wurde er sehr beschwerlich und ungleich, eigentlich nur für Fußgänger und Lasttiere gangbar. Herodes fuhr aber auf einem langen, schmalen Wagen, worauf man seitwärts lag und saß; es saßen noch mehrere bei ihm. Die gewöhnlichen Räder waren dicke, runde niedrige Scheiben ohne Speichen; es waren jedoch noch andere größere Räder und Rollen hinten angehängt. Der Weg war so ungleich, daß sie auf der einen Seite hohe, auf der andern niedere Räder ansteckten. Es ging sehr beschwerlich. Das Weib des Herodes saß auch auf einem solchen Wagen mit Kammerfrauen. Die Wagen wurden von Eseln gezogen. Soldaten und anderes Gefolge zogen vor und nach.

Herodes zog hin, weil Johannes jetzt wieder lauter und heftiger lehrte als je zuvor, und weil er ihn gerne hörte und wissen wollte, ob er nichts gegen ihn vorbringe. Sein Weib lauerte aber nur auf eine Gelegenheit, ihn zum Äußersten gegen Johannes zu bringen. Sie stellte sich ganz wohlgesinnt, obschon sie nur aus Arglist mitfuhr. Eine heimliche Ursache für Herodes war es auch, daß er erfahren, Aretas, ein arabischer König und Vater seiner verstoßenen ersten Frau, sei zu Johannes gereist und halte sich unter dessen Jüngern auf. Er wollte nun diesen beobachten, ob er nicht gegen ihn unter dem Volke dort etwas anzettle. Diese erste, sehr schöne und gute Frau war nun wieder bei ihrem Vater, der von Johannis Lehre und Widerspruch gegen Herodes Tat gehört hatte und sich nun selbst zu seinem Troste von Johannis Lehre überzeugen wollte. Er erschien aber gar nicht auffallend, sondern war ganz einfach gekleidet unter Johannis Jüngern verborgen, zu denen er sich wie einer aus ihnen hielt. Herodes kehrte in dem alten Schloß an dem Hügel ein und saß, da Johannes lehrte, auf einer stufenförmigen Terrasse vor dem Schloß; sein Weib, von ihren Leuten und Wachen umgeben, auf Kissen unter einem Zeltdach. Johannes schrie zum Volk, sie sollten sich an der Ehe des Herodes nicht ärgern, sie sollten ihn ehren, ohne ihn nachzuahmen; das freute und ärgerte Herodes. Die Gewalt, mit der Johannes sprach, ist unbeschreiblich. Er redete wie der Donner so laut und doch ganz lieblich und verständlich. Es war, als wollte er sein Letztes tun. Er hatte seinen Jüngern auch schon gesagt, seine Zeit gehe bald zu Ende; sie sollten ihn aber nicht verlassen, sie sollten ihn besuchen, wenn er gefangen würde. Er hatte schon drei Tage nicht gegessen noch getrunken, nur gelehrt und von Jesus gesprochen und dem Herodes seinen Ehebruch verwiesen. Die Jünger baten ihn sehr, er möge doch einhalten und sich erquicken; er ließ aber nicht nach und war ganz begeistert.

Johannes wußte, daß seine Gefangenschaft nahe sei und hatte darum so begeistert geredet und gleichsam Abschied genommen. Er hatte Jesus lauter verkündet als je; er komme nun, er selber aber müsse weichen, zu ihm sollten sie sich wenden. Er selber werde bald entrissen werden. Sie seien ein rauhes, hartes Volk, sie sollten gedenken, wie er zuerst gekommen und die Wege des Herrn bereitet, Brücken und Stege gebaut, Steine gewälzt, die Taufbrunnen geordnet und die Wasser geleitet habe. Es sei eine schwere Arbeit gewesen mit harter Erde, harten Felsen, knorrigem Holz. Dann habe er es mit dem Volke zu tun gehabt, das so verhärtet grob und eigensinnig. Die aber, die er gerührt habe, sollten nun zum Herrn gehen, zum geliebten Sohn des Vaters; wen er aufnehmen werde, der sei aufgenommen, wen er verwerfen werde, der sei verworfen, was er vorbereitet. Er verwies dem Herodes mehrfach vor allem Volk heftig seinen Ehebruch, und Herodes, der ihn sonst ehrte und fürchtete, ergrimmte innerlich; er ließ sich aber nichts merken. Die Lehre war geschlossen, die Scharen zogen nach allen Seiten hinweg, auch die Leute aus Arabien und Aretas, der Schwiegervater Herodis, mit ihnen. Herodes hatte ihn nicht zu sehen bekommen. Das Weib des Herodes war schon früher wieder fort, und nun reiste auch Herodes ab, der seinen Grimm verbarg und freundlich von Johannes Abschied nahm.

Johannes sendete noch mehrere Jünger mit Botschaften nach verschiedenen Seiten ab, entließ die andern und begab sich in sein Zelt, im Gebet sich zu versammeln. Es dunkelte schon, die Jünger hatten sich entfernt; da umringten etwa zwanzig Soldaten das Zelt, nachdem sie Wachen auf allen Seiten aufgestellt. Einer um den anderen trat hinein. Johannes erklärte, daß er ruhig folgen werde, er wisse, daß seine Zeit gekommen sei und daß er Jesus Platz machen müsse; sie brauchten ihn nicht zu fesseln, er folge ihnen freiwillig, sie sollten ihn ruhig abführen, um keine Störung zu machen. Und so gingen dann zwanzig Mann mit starken Schritten mit ihm von dannen. Er hatte nur sein rauhes Fell und seinen Stab. Es nahten aber einige Jünger, als man ihn wegführte, er nahm mit einem Blick Abschied von ihnen und sagte, sie sollten ihn in der Gefangenschaft besuchen. Nun aber entstand ein Zusammenlauf der Jünger und der Leute. Es hieß: sie haben Johannes weggeführt! Da war Wehklagen und Jammern! Sie wollten nach, wußten aber den Weg nicht; die Soldaten hatten sich von dem gewöhnlichen Wege abgewendet und zogen eine ganz fremde Bahn nach Süden zu. Es war große Verwirrung, Jammern und Wehklagen. Die Jünger zerstreuten sich nach allen Seiten und flohen wie bei Jesu Gefangennehmung und verbreiteten die Nachricht im ganzen Lande.

Johannes wurde zuerst in einen Turm zu Hesebon gebracht. Die Soldaten waren mit ihm die ganze Nacht hindurch gezogen. Gegen Morgen kamen ihnen andere Soldaten von Hesebon entgegen; denn es war schon laut geworden, daß Johannes gefangen sei, und es liefen hie und da Leute zusammen. Die Soldaten, welche ihn führten, schienen eine Art Leibwache des Herodes zu sein; sie hatten Helme und Schuppen und Ringe auf Brust und Schultern gegen Hiebe, auch lange Spieße.

In Hesebon sammelten sich viele Leute vor dem Gefängnis des Johannes, so daß die Wachen genug zu tun hatten, sie fortzutreiben. Es gingen oben Öffnungen aus dem Gefängnis, Johannes stand in seinem Kerker und rief mit lauter Stimme, daß die draußen es hörten; er habe die Wege bereitet, Felsen gebrochen, harte Bäume gefällt, Quellen geleitet, Brunnen gegraben, Brücken gebaut, er habe mit widerspenstigen, harten Gegenständen zu tun gehabt; so sei auch dieses Volk, und darum sei er gefangen. Sie sollten sich zu jenem wenden, den er verkündigt habe, zu jenem, der über die gebahnten Wege herankomme. Wenn der Herr einziehe, treten die Wegebereiter ab, alle sollten sich zu Jesus wenden; er sei nicht würdig, dessen Schuhriemen aufzulösen. Jesus sei das Licht und die Wahrheit und der Sohn des Vaters usw. Seine Jünger lud er ein, ihn zu besuchen in seinem Gefängnis, denn man werde noch nicht wagen, Hand an ihn zu legen, seine Stunde sei noch nicht gekommen. Er redete und lehrte diese so laut und vernehmlich, als stehe er noch auf seiner Redestelle unter dem versammelten Volk. Nach und nach vertrieben die Wachen das Volk. Der Zulauf und die Reden Johannis wiederholten sich noch mehrmals.

Johannes wurde nun von Hesebon durch Soldaten nach dem hoch und steil liegenden Machärus in das Gefängnis abgeführt. Er saß mit mehreren in einem niederen schmalen überdeckten Wagen wie in einem Kasten, der mit Eseln bespannt war. In Machärus führten ihn die Soldaten den steilen Bergpfad hinan in die Festung, zogen mit ihm aber nicht durch das Tor hinein, sondern nebenan durch den Wall, wo sie einen sonst mit Rasen bedeckten Gang öffneten der etwas niedersteigend zu einer Türe von Erz und durch diese unter dem Festungstor hinweg in ein großes unterirdisches Gewölbe führte, das von oben her

Lichtöffnungen hatte und reinlich, aber ohne jede Art von Bequemlichkeit war.

Herodes war vom Taufplatz hinweg nach seinem Schloß Herodium gezogen, das der alte Herodes erbaut hatte, und wo er einmal zur Belustigung Leute in einem Teiche hatte ertränken lassen. Hier hielt er sich aus Unmut verborgen und ließ niemand vor. Manche ließen sich melden, um über die Gefangennehmung Johannis sich zu beschweren. Darüber wurde ihm bange, und er verschloß sich in seinen Gemächern.

Nach einiger Zeit konnten die Jünger Johannis, wenn es ihrer nur wenige waren, dem Gefängnis sich nähern, mit Johannes reden und ihm durch das Gitter etwas reichen; kamen aber ihrer viele, so wurden sie von den Wachen zurückgewiesen. Johannes befahl den Jüngern, in Ainon noch so lange zu taufen, bis Jesus dahin kommen und taufen lassen werde. Das Gefängnis war hell und groß, hatte aber als Lagerstätte nur eine Bank von Stein. Johannes war sehr ernst. Er hatte immer etwas Tiefsinniges, Trauriges in seinem Angesicht, als einer, der das Lamm Gottes liebte und verkündigte, aber wußte, daß sie es töten werden.

Jesus in Bethanien

Auf dem Wege von Kapharnaum nach Bethanien kam Jesus mit Lazarus und den fünf jerusalemischen Bürgern durch die Gegend von Bethulien.

In Bethanien waren mit Lazarus und den fünf jerusalemischen Jüngern gegen fünfzehn Jünger und Anhänger Jesu und sieben Frauen versammelt: Saturnin, Nikodemus, Joseph von Arimathäa, seine Neffen, die Söhne Simeons der Johanna Chusa und Veronika und Obed's; an Frauen: Veronika, Johanna Chusa, Susanna, Maria Markus und die Witwe Obeds, Martha und ihre verständige bejahrte Dienerin, die eine der Pflegerinnen des Herrn und der Jünger wurde. Diese alle harrten still und wie heimlich auf die Ankunft Jesu in einem großen unterirdischen

Gewölbe von Lazari Schloß. Gegen Abend kam Jesus an und ging durch eine Hintertüre in die Gärten. Lazarus kam ihm in einer Halle entgegen, wo er ihm die Füße wusch. Es war hier ein vertieftes Becken, wohin aus dem Hause ein Kanal geleitet war, in welchem Martha warmes und kaltes Wasser gemischt hineingoß, das in das Becken floß. Jesus, auf dem Rand sitzend, stellte die Füße hinein, und Lazarus wusch und trocknete sie. Dann schüttelte er Jesu Kleider aus, legte ihm andere Sohlen an und reichte ihm einen Imbiß und Trunk.

Nun begab sich Jesus mit ihm durch einen langen Laubgang nach dem Hause hinab in das gewölbte Gemach. Die Frauen verschleierten sich und beugten sich kniend vor ihm; die Männer beugten sich bloß tief. Er sprach eine Begrüßung aus und segnete sie alle. Dann legte man sich bald zur Mahlzeit. Die Frauen saßen auf einer Seite des Tisches auf Polstern mit untergeschlagenen Füßen.

Nikodemus war ungemein bewegt und begierig auf Jesu Worte. Die Männer sprachen mit Unwillen von Johannis Gefangenschaft. Jesus sagte: das habe so kommen müssen und sei der Wille Gottes: sie sollten von allen solchen Dingen nicht sprechen, um kein Aufsehen zu machen und dadurch Gefahr zu erregen. Wenn Johannes nicht wäre hinweggetan worden, hätte er noch nicht hier wirken können. Die Blütenblätter müßten fallen, wenn die Frucht kommen solle.

Als der Sabbat vorüber war, geschah nun das, weshalb Jesus hauptsächlich nach Bethanien gekommen war. Die heiligen Frauen nämlich hatten mit Betrübnis erfahren, welchen Mangel Jesus und seine Begleiter auf ihren Reisen zu leiden hatten und wie es Jesu besonders auf der letzten eiligen Reise nach Tyrus so übel gegangen, daß er die harten Brotrinden, die ihm Saturnin zusammenbettelte, in Wasser geweicht essen mußte. Darum hatten sich die Frauen zur Errichtung von Herbergen und zur Ausstattung derselben mit allen Bedürfnissen erboten; und Jesus hatte ihr Anerbieten angenommen. Das hierzu Notwendige mit ihnen zu bereden, war Jesus jetzt hierhergekommen. Da er nun erklärte, er werde fortan an allen Orten öffentlich lehren, boten sich Lazarus und die Frauen nochmals zur Errichtung von Herbergen an, weil besonders die Juden in den Städten Jerusalems, von den Pharisäern aufgewiegelt, Jesus und seinen Jüngern nichts verabreichten. Sie baten also den Herrn, ihnen die Hauptruhepunkte seiner Lehrreisen und die Zahl seiner Jünger zu bestimmen, um die Zahl der Herbergen und das Maß der Vorräte danach zu berechnen.

Hierauf gab ihnen Jesus die Richtung und die Ruhepunkte seiner Lehrreisen und die Zahl der Jünger ungefähr an; und es wurden etwa fünfzehn einzurichtende Herbergen mit vertrauten, teils verwandten Pflegern zu besetzen bestimmt, und zwar durch das ganze Land, mit Ausnahme des Landstriches von Chabul gegen Tyrus und Sidon hin.

Die heiligen Frauen überlegten nun zusammen, welchen Bezirk und welche Art Vorsorge eine jede von ihnen zu übernehmen hätte, und so teilten sie die Einsetzung der Herbergspfleger, die Lieferung von Gerätschaften, Decken, Kleidern, Sohlen usw. und deren Reinigung und Ausbesserung und die Besorgung von Broten und anderen Nahrungsmitteln untereinander. Alles dieses geschah vor und während der Mahlzeit, und Martha war recht an ihrer Stelle. Danach aber sollte durch das Los die Verteilung der Unkosten unter ihnen stattfinden.

Nach der Mahlzeit waren Jesus, Lazarus, die Freunde und heiligen Frauen in einem großen Gewölbe heimlich versammelt. Jesus lehrte von der Barmherzigkeit Gottes mit seinem Volke, wie er einen Propheten nach dem andern gesendet habe, wie sie alle verkannt und mißhandelt worden, und wie dies Volk die letzte Gnadenzeit auch verworfen und wie es ihm ergehen würde. Als er lange darüber gesprochen, sagten einige zu ihm: „Herr, erzähle uns dieses in einer schönen Parabel", und Jesus erzählte wieder die Parabel von einem König, der seinen Sohn in den Weinberg sendete, nachdem alle seine Diener von untreuen Rebleuten erschlagen worden, und wie sie auch diesen erschlagen hätten.

Am Schluß dieser Lehre waren einige der Männer hinausgegangen, und Jesus ging mit andern im Saale wandelnd hin und wieder. Martha aber, welche von den Frauen ab- und zuging, nahte sich ihm und sprach viel von ihrer Schwester Magdalena nach der Erzählung Veronikas von ihr mit großer Sorge.

Während Jesus mit den Männern im Saal auf- und abging, saßen die Frauen und spielten eine Art Losspiel zum Besten ihrer Verpflegungsämter. Sie hatten eine Tafel auf Rollen zwischen sich auf dem erhöhten Sitzplatz. Diese Tafel war ein in fünf Ecken sternförmig auslaufender, etwa zwei Zoll hoher Kasten. Auf der oberen Fläche dieses inwendig hohlen und in verschiedene Fächer geteilten Kastens waren von den fünf Ecken nach dem Mittelpunkt hin fünf vertiefte Rinnen eingeschnitten und zwischen diese Rinnen verschiedene Löcher eingebohrt, welche in das Innere des Kastens führten. Jede der Frauen hatte lange aufgereihte Perlenschnüre und viele andere kleine Edelsteine bei sich, von welchen jede nach der Spielordnung eine Anzahl vermischt, dicht zusammen in eine der Rinnen einlegte; dann legte eine nach der andern eine kleine feine Büchse am Ende der Rinne hinter die letzte Perle und schnellte durch einen Druck der Hand einen kleinen feinen Pfeil aus der Büchse gegen die nächstliegende Perle, wodurch die ganze Linie einen Stoß erhielt, so daß einzelne Perlen oder Steinchen aus der Reihe heraussprangen und entweder durch die Öffnungen ins Innere des Kastens fielen oder auf andere Rinnen übersprangen. Wenn alle Perlen aus den Linien ausgeschossen waren, wurde die Tafel, welche auf kleinen Rollen stand, etwas hin- und hergerüttelt, wodurch die ins Innere gefallenen Perlen und Steinchen in mehrere kleine Kästchen fielen, welche man am Rande der Tafel herausziehen konnte, und deren jedes seine besondere Besitzerin hatte. So zog dann jede der heiligen Frauen ein Kästchen heraus und sah, was sie für ihr Amt gewonnen und von ihrem Geschmeide verloren hatte. Obeds Witwe hatte ihren Mann noch nicht lange verloren, sie trauerte noch, und ihr Mann war noch vor der Taufe mit Jesus zusammen bei Lazarus gewesen.

In diesem Spiel ging den heiligen Frauen eine sehr köstliche Perle verloren, welche zwischen ihnen niedergefallen war. Als sie alles wegräumten und mit großer Sorge nach der Perle suchten und sie endlich mit der größten Freude wiederfanden, trat Jesus zu ihnen und erzählte ihnen die Parabel von der verlorenen Drachme und der Freude des Wiederfindens und bildete aus ihrer verlorenen und nach fleißigem Suchen mit Freude wiedergefundenen Perle ein neues Gleichnis auf Magdalena. Er nannte sie eine Perle köstlicher als viele, welche von der Lostafel der heiligen Liebe auf die Erde gefallen und verlorengegangen sei. Mit welcher Freude, sprach er, würdet ihr diese kostbare Perle wiederfinden! Da fragten die Frauen ganz bewegt: „Ach Herr, wird diese Perle wieder zu finden sein?" Und Jesus sagte ihnen: fleißiger noch als das Weib in der Parabel nach der Drachme und der Hirt nach dem verlorenen Schäflein zu suchen! Auf diese versprachen alle tiefgerührt, noch emsiger nach Magdalena als nach der Perle zu suchen und sich weit mehr zu freuen, wenn sie dieselbe wiedergefunden.

Jesus am Jakobsbrunnen

Am folgenden Tage ging Jesus über das Flüßchen und den Berg Garizim zur Rechten lassend gegen Sichar. Nur Andreas, Jakobus Major und Saturnin blieben bei ihm, die übrigen gingen nach anderen Richtungen. Jesus ging zu dem Brunnen Jakobs, der nördlich vom Berge Garizim und südlich vom Berge Ebal im Erbe Josephs auf einem kleinen Hügel ist, von welchem eine Viertelstunde westlich Sichar in einem Tal liegt, das sich wohl noch eine Stunde längs der Stadt westlich hinzieht. Von Sichar etwa zwei starke Stunden nördlich liegt Samaria auf einem Berge.

Es war gegen Mittag, als Jesus mit den drei Jüngern zu dem Hügel kam. Er sendete sie nach Sichar, Speise zu holen; denn es hungerte ihn. Er selbst ging allein den Hügel hinauf, sie zu erwarten. Es war ein heißer Tag, Jesus war sehr müde und dürstete. Er setzte sich eine Strecke vom Brunnen an den Rand des Weges, der von Sichar hinaufführte und schien, den Kopf auf die Hand stützend, auf jemand zu harren, der den Brunnen öffne und ihm zu trinken gebe. Ich sah aber eine samaritische Frau von etwa dreißig Jahren, den Schlauch am Arme hängend, von Sichar aus den Hügel heraufsteigen, um Wasser zu holen. Sie war schön, und ich sah, wie rasch und kräftig mit großen Schritten sie den Hügel hinaufging. Ihr Anzug war vornehmer als gewöhnlich und schien etwas gewählt.

Der Kopf der Frau war mit Binden umwunden, man sah keine Haare; vor der Stirne ragte an diesem Kopfputz wie ein Türmchen ein Haken hervor, hinter welchem der vordere Teil des Schleiers aufgeschürzt ruhte, der über das Gesicht herabgelassen bis zur Brust reichte.

Die Frau hatte ihre bräunliche, grobe ziegen- oder kamelhaarene Schürze, worin oben Taschen waren, über den rechten Arm geworfen, so daß sie den ledernen Schlauch etwas bedeckte, welchen sie an diesem Arme hängen hatte. Diese Schürze schien eine gewöhnliche Arbeitsschürze beim Wasserschöpfen zu sein, um die Kleider nicht durch den Eimer oder Schlauch zu verderben.

Der Schlauch war von Leder, wie ein Sack ohne Naht; an zwei Seiten war er etwas ausgewölbt, als sei er mit gebogenen festen Holzflächen gefüttert; die anderen zwei Seiten legten sich, wenn er leer war, in Falten, wie die Falten einer Brieftasche, zusammen. An den beiden festen Seiten waren mit Leder überzogene Handhaben befestigt, durch welche ein lederner Riemen gezogen war, an welchem die Frau den Schlauch an dem Arme trug. Die Mündung des Schlauches war enger und ließ sich zum Eingießen trichterartig auseinander tun und wieder schließen, wie man die Arbeitstaschen schließt. Leer hing der Schlauch platt an der Seite nieder, gefüllt rundete er sich und faßte so viel wie ein gewöhnlicher Wassereimer.

So sah ich die Frau rüstig den Hügel hinanschreiten, wo sie das Wasser am Brunnen Jakobs für sich und andere holte. Ich habe sie gar lieb, sie ist so gutmütig, so geistreich und freimütig. Sie heißt Dina, ist das Kind einer gemischten Ehe und von samaritischer Sekte. Sie lebt in Sichar, wo sie eigentlich nicht gebürtig ist, ihren Verhältnissen nach unbekannt unter dem Namen Salome; aber man mag sie und den Mann wegen ihres offenen, freundlichen, dienstfertigen Wesens in dem Orte gar wohl leiden.

Wegen der Windungen des Pfades konnte Dina den Herrn nicht eher sehen, als bis sie vor ihm stand. Sein Anblick, wie er da so einsam dürstend am Wege zum Brunnen saß, hatte etwas ungemein Überraschendes. Er war mit einem langen weißen Rock von feiner weißer Wolle, mit breitem Gürtel wie mit einer Albe bekleidet. Es war ein Prophetenrock, den ihm die Jünger gewöhnlich nachtrugen. Er legte ihn an, wenn er bei öffentlichen Gelegenheiten lehrte oder prophetisch wirkte.

Dina, plötzlich aus dem Wege hervor Jesu entgegentretend, stutzte bei seinem Anblick, ließ den Schleier vor ihrem Angesicht nieder und zögerte, vorüberzugehen; denn der Herr saß dicht am Wege. Ich sah nach ihrer Gemütsart in ihrem Innern den flüchtigen Gedanken aufblitzen: ein Mann! Was will er hier? Ist dies eine Versuchung? Jesus, den sie als einen Juden erkannte, sah sie leuchtend und freundlich an, und indem er die Füße zurückzog, weil der Weg hier sehr enge war, sagte er zu ihr: „Gehe vorüber und gib mir zu trinken!"

Das rührte die Frau, weil die Juden und Samariten gegenseitig nur Blicke des Abscheues voneinander gewohnt waren, und sie verweilte noch und sprach: „Warum bist du hier so allein zu dieser Stunde? Wenn man mich hier mit dir erblicken würde, gäbe es ein Ärgernis." Da erwiderte Jesus, seine Gefährten seien in der Stadt, um Speisen zu holen, und Dina sprach: „Ja, die drei Männer, denen ich begegnete! Aber sie werden um diese Stunde wenig erhalten. Was die Sichemiten heute bereitet haben, brauchen sie für sich selbst." Sie sprach, als sei ein Fest oder Fasttag heute in Sichar, und nannte einen andern Ort, wohin sie hätten nach Speise gehen sollen.

Jesus sagte ihr abermals: „Geh' vorüber und gib mir zu trinken!" Da ging Dina an ihm vorüber, der sich erhob und ihr zum Brunnen folgte, den sie aufschloß. Hierher wandelnd, sprach sie: „Wie kannst du als ein Jude von einer Samariterin zu trinken begehren?" Und Jesus antwortete ihr: „Kenntest du die Gabe Gottes und wüßtest du, wer der ist, der von dir zu trinken begehrt, so hättest du ihn selbst gebeten, und er hätte dir lebendiges Wasser gegeben."

Da schloß Dina die Decke des Brunnens und den Eimer los und sprach zu Jesu, der sich auf den Rand des Brunnens setzte: „Herr, du hast ja kein Schöpfgefäß, und die Quelle des Brunnens liegt sehr tief, woher hast du denn das lebendige Wasser? Bist du denn noch größer als unser Vater Jakob, der uns diesen Brunnen gab und selbst daraus trank mit seinen Kindern und mit seinem Vieh?" Als sie dieses sagte, sah ich ein Bild, wie Jakob diesen Brunnen grub und wie das Wasser ihm entgegenquoll. Die Frau verstand aber Jesu Rede vom Quellwasser; und unter diesen Reden ließ sie den Eimer an der Walze, die schwer ging, nieder und zog ihn auf, und ich sah, daß sie ihre Ärmel mit den Armspangen in die Höhe schob, so daß sich das Zeug oben bauschte, und wie sie mit bloßem Arme ihren Schlauch aus dem Eimer füllte und eine kleine, aus Bast gewundene Tüte mit Wasser gefüllt Jesu reichte, welcher auf dem Rande des Brunnens sitzend trank und zu ihr sprach: „Wer von diesem Wasser trinkt, den dürstet bald wieder; wer aber von dem lebendigen Wasser, das ich ihm geben werde, trinken wird, der wird in alle Ewigkeit nicht mehr dürsten! Ja, das Wasser, das ich ihm gebe, wird in ihm eine Quelle werden, die sich bis ins ewige Leben erhebet."

Dina sprach freudig zu Jesus: „Herr, gib mir solches lebendiges Wasser, damit ich nicht mehr dürste und nicht mehr so mühselig hier Wasser schöpfen muß!" Aber sie war doch durch seine Worte vom lebendigen Wasser gerührt und ahnte, ohne sich dessen ganz bewußt zu sein, Jesus verstehe unter dem lebendigen Wasser die Erfüllung der Verheißung. So sprach sie dann die Bitte um das lebendige Wasser in einer prophetischen Bewegung ihres Herzens aus. Ich habe immer gefühlt und erkannt, daß die Personen, mit welchen der Erlöser etwas zu tun hatte, nicht bloß nur einzelne Menschen waren; sie waren immer zugleich ein vollkommenes Bild einer ganzen Gattung von Menschen. Daß sie dies aber waren, das war die Fülle der Zeit; und so stand eigentlich in Dina der Samariterin die ganze samaritische, vom wahren Glauben Israels, vom Brunnen der lebendigen Wasser getrennte Sekte vor dem Erlöser.

Jesus dürstete am Brunnen Jakobs nach den erwählten Seelen Samarias, um sie mit den lebendigen Wassern zu erquicken, von welchen sie sich losgetrennt hatten. Und es war hier der noch rettungsfähige Teil der abtrünnigen Sekte von Samaria, welcher nach diesem lebendigen Wasser dürstete, und gewissermaßen die offene Hand hinreichte, es zu empfangen. Samaria sprach aus Dina: „Gib mir, o Herr, den Segen der Verheißung, lösche mein langes Dürsten, hilf mir zu dem lebendigen Wasser, damit ich mehr Trost empfange als nur aus diesem zeitlichen Brunnen Jakobs, durch welchen wir allein noch mit den Juden Gemeinschaft haben."

Als Dina so gesprochen hatte, sagte Jesus zu ihr: „Gehe nach Hause, rufe deinen Mann und kehre wieder!" Und ich hörte, daß er ihr dieses zweimal sagte, indem er nicht hier sei, sie allein zu unterrichten. Hiermit aber sprach der Erlöser zur Sekte: „Samaria, rufe mir den herbei, dem du angehörst, den, der im geheiligten Bunde rechtmäßig dir verbunden ist." Dina erwiderte dem Herrn: „Ich habe keinen Mann!"

Samaria gestand dem Bräutigam der Seelen, sie habe keinen Bund, niemanden gehöre sie an. Jesus versetzte: „Du hast recht, denn fünf Männer hast du gehabt, und der, mit dem du jetzt lebst, ist dein Mann nicht; das hast du wahr gesagt." Mit diesen Worten sagte der Messias zur Sekte: „Samaria, du sprichst die Wahrheit; mit den Götzen von fünf Völkern warst du vermählt, deine jetzige Bindung mit Gott ist kein ehelicher Bund." Hier erwiderte Dina, die Augen niederschlagend und das Haupt beugend: „Herr, ich sehe, daß du ein Prophet bist", und sie senkte ihren Schleier wieder. Es erkannte die samaritische Sekte die göttliche Sendung des Herrn und gestand sich schuldig.

Ganz als verstehe Dina den prophetischen Sinn der Worte Jesu: „und der, mit dem du jetzt lebst, ist dein Mann nicht", nämlich deine jetzige Verbindung mit dem wahren Gott ist unrechtmäßig, außergesetzlich, der Gottesdienst der Samariten ist durch Sünde und Eigenmacht getrennt von dem Bunde Gottes mit Jakob, ganz als fühle sie die Bedeutung dieser Worte, deutete sie gegen Süden auf den naheliegenden Tempel auf dem Berge Garizim und sprach Belehrung suchend: „Unsere Väter haben auf diesem Berge angebetet, und ihr sagt, zu Jerusalem sei der Ort, wo man anbeten müsse." Da belehrte sie Jesus mit den Worten: „Weib! Glaube mir, es kommt die Stunde, da ihr weder auf dem Garizim noch in Jerusalem den Vater anbetet." Damit sprach Jesus: „Samaria, die Stunde kommt, wo nicht hier, noch im Tempel Gott in dem Heiligtum angebetet wird, weil er unter euch wandelt." Und weiter fuhr er fort: „Ihr wißt nicht, was ihr anbetet, aber wir wissen, was wir anbeten, denn das Heil kommt von den Juden." Hierbei sagte er ihr ein Gleichnis von wilden unfruchtbaren Nebenschößlingen der Bäume, welche ins Holz und Laub schössen und keine Frucht brächten. Hiermit hatte der Heiland zu der Sekte gesprochen: „Samaria, du hast keine Sicherheit der Anbetung, du hast keinen Bund, kein Sakrament, kein Pfand des Bundes, keine Bundeslade, keine Frucht; alles dieses, die Verheißung und Erfüllung haben die Juden, aus ihnen wird der Messias geboren."

Und weiter sprach Jesus: „Aber es kommt die Stunde, und sie ist schon da, wo die wahren Anbeter den Vater im Geist und in der Wahrheit anbeten; denn auch der Vater will solche Anbeter. Gott ist ein Geist und die ihn anbeten, müssen ihn im Geiste und in der Wahrheit anbeten." Hiermit sprach der Erlöser: „Samaria, die Stunde kommt, ja sie ist schon da, wo der Vater von den rechten Anbetern in dem Heiligen Geiste und in dem Sohne, welcher der Weg und die Wahrheit ist, angebetet werden muß." Dina aber erwiderte Jesu: „Ich weiß, daß der Messias kommt. Wenn er nun kommen wird, so wird er uns alles eröffnen." In diesen Worten sprach der Teil der samaritischen Sekte, welchem ein Ausspruch an die Verheißung zustehen konnte, hier am Brunnen Jakobs: „Ich hoffe und glaube an die Ankunft des Messias, er wird uns helfen." Jesus erwiderte ihr: „Ich bin es, ich, der mit dir redet."

Und dies war ebensoviel, als hätte er zu allen aus Samaria, welche sich bekehren wollten, gesagt: „Samaria! Ich kam zum Brunnen Jakobs und dürstete nach dir, du Wasser aus diesem Brunnen! Und da du mich tränkest, verhieß ich dir lebendiges Wasser, das nimmer dürsten läßt: und du gestandest mir glaubend und hoffend deine Sehnsucht nach diesem Wasser. Sieh', ich lohne dir, denn du hast meinen Durst nach dir durch dein Verlangen nach mir gestillt. Samaria, ich bin der Quell des lebendigen Wassers, ich bin der Messias, der mit dir redet."

Als Jesus gesagt: Ich bin es, der mit dir redet, blickte ihn Dina staunend und von heiliger Freude zitternd an; plötzlich aber raffte sie sich auf, ließ ihren Wasserschlauch stehen, ließ den Brunnen offen und eilte den Hügel hinab nach Sichar, ihrem Manne und allen zu verkünden, was ihr geschehen. Es war streng verboten, den Brunnen Jakobs offenstehen zu lassen; aber was kümmerte sie noch der Brunnen Jakobs; was kümmerte sie ihr Eimer voll irdischen Wassers! Sie hatte lebendiges Wasser empfangen, und ihr liebevolles freudiges Herz verlangte alle damit zu erquicken. Indem sie aber aus dem offenstehenden Brunnenhaus eilte, lief sie an den drei Jüngern vorüber, welche Speise gebracht hatten und schon einige Zeit lang in kleiner Entfernung vor der Türe des Brunnenhauses befremdet standen, was nur ihr Meister so lange mit einem samaritischen Weibe zu reden haben könne. Sie fragten ihn aber nicht aus Ehrerbietung. Dina aber lief hinab nach Sichar und sagte ihrem Mann und anderen Leuten auf der Straße mit großem Eifer: „Kommt hinauf zum Brunnen Jakobs, da werdet ihr einen Mann sehen, der hat mir alles geheime Tun meines Lebens gesagt, kommt, er ist wohl der Messias!"

Währenddessen traten die drei Apostel zu Jesus an den Brunnen und boten ihm kleine Brote und Honig aus ihrem Korbe an und sprachen: „Meister, esse!" Jesus stand auf, verließ den Brunnen und sprach: „Ich habe eine Speise zu essen, die ihr nicht kennt." Die Jünger aber sprachen untereinander: „Hat ihm jemand zu essen gebracht?" Und dachten wohl heimlich gar, hat ihm das samaritische Weib zu essen gebracht? Jesus wollte nicht verweilen, um hier noch erst zu essen, sondern er ging den Hügel gegen Sichar hinab, und während die Jünger hinter ihm herwandelnd aßen, sprach er zu ihnen: „Meine Speise ist, den Willen dessen zu tun, der mich gesendet hat, daß ich sein Werk vollbringe." Er meinte damit, daß er die Leute in Sichar bekehre, nach deren Heil seine Seele hungere. Er sprach noch mehreres hiervon mit ihnen.

In der Nähe der Stadt kam Dina, die Samariterin, schon wieder Jesu entgegengeeilt. Sie gesellte sich ganz demütig, aber voll Freude und Offenheit zu ihm, und Jesus sprach, bald stillstehend, bald sachte wandelnd, noch vieles mit ihr. Er enthüllte all ihr Treiben von je und ihre ganze Gesinnung. Sie war sehr gerührt und versprach für sich und ihren Mann, alles zu verlassen und Jesu zu folgen, der ihr mancherlei Wege anzeigte, ihre persönlichen Verschuldungen zu büßen und zu tilgen.

Dina war eine geistreiche Frau von Stand aus gemischter Ehe, einer jüdischen Mutter und eines heidnischen Vaters, auf einem Landsitze bei Damaskus geboren. Sie verlor ihre Eltern früh und wurde von einer ausschweifenden Amme genährt, wodurch sie böse Leidenschaften einsog. Fünf Männer hatte sie hintereinander gehabt; sie wurden teils durch Kummer, teils durch ihre Liebhaber hinweggeräumt. Sie hatte drei Töchter und zwei schon ziemlich erwachsene Söhne, die bei den Verwandten ihrer Väter zurückgeblieben waren, als sie selbst Damaskus verlassen mußte.

Die Söhne kamen später zu den 72 Jüngern. Der Mann, mit

dem sie jetzt lebte, war ein Verwandter eines ihrer früheren Männer, ein reicher Kaufmann. Sie zog, weil sie samaritischer Religion war, mit ihm nach Sichar, führte ihm die Haushaltung und lebte unehelich mit ihm. In Sichar hielt man sie für Eheleute. Er war ein starker Mann, von etwa 36 Jahren mit rotem Angesicht und rötlichem Bart. Dina hatte manches gleich Magdalena in ihrem Leben, aber sie war noch tiefer gesunken; doch sah ich auch einmal, daß im Anfang von Magdalenas bösem Leben in Magdalum einer ihrer Liebhaber durch einen zweiten ums Leben kam. Dina war eine ungemein geistreiche, freimütige, leicht hingegebene, anmutige Frau von großer Lebendigkeit und Raschheit, aber immer in ihrem Gewissen gedrückt. Sie lebte jetzt ehrbarer, nämlich mit diesem ihrem angeblichen Manne allein in einem abgesonderten, mit einem Wassergraben umgebenen Hause nahe am Brunnentor in Sichar, wo man, ohne sie zu verachten, doch nicht viel mit ihr umging, weil sie abweichende Sitten hatte und etwas verschieden und gezierter gekleidet ging, was man ihr jedoch als einer Fremden zugute hielt.

Während Jesus mit dem Weibe sprach, folgten ihm die Jünger immer in einiger Entfernung mit dem Gedanken, was er nur mit dem Weib zu reden habe? „Wir haben die Speise mit solcher Mühe gekauft, warum ißt er nun nicht?"

In der Nähe von Sichar aber verließ Dina den Herrn und eilte voraus, ihrem Manne und vielen andern Leuten entgegen, die neugierig aus dem Tor herausströmten, Jesus zu sehen. Und da Jesus nahte, stand Dina an der Spitze und zeigte ihnen den Herrn. Die Leute voll Freude jubelten und jauchzten ihm Willkommen zu. Jesus aber winkte ihnen stillstehend mit der Hand, zu schweigen, redete einige Minuten freundlich zu ihnen und sagte ihnen unter anderem: sie sollten ja alles glauben, was das Weib ihnen gesagt habe. Er war auch in dieser Rede so wunderbar freundlich, und sein Blick war so leuchtend und eindringend, daß alle Herzen erschüttert und zu ihm hingerissen wurden. Dringend baten sie Jesus, doch auch in ihre Stadt zu kommen und sie zu lehren. Er versprach es ihnen, ging aber jetzt vorüber. Dieses geschah etwa zwischen drei und vier Uhr nachmittags.

Indem er so mit den Samariten vor dem Tore sprach, kamen die übrigen Jünger, worunter auch Petrus, die morgens nach anderer Richtung etwas zu bestellen gegangen waren, wieder zu ihm. Auch sie waren erstaunt und nicht recht zufrieden, daß er so lange mit den Samariten sprach. Sie fühlten sich teils verlegen deswegen; denn sie waren in dem Vorurteil, gar nicht mit diesem Volk zu verkehren, aufgewachsen und daher dergleichen ganz ungewohnt. Sie fühlten der Mühseligkeiten des gestrigen und vorgestrigen Tages, an allen Hohn und Beschimpfung, an allen bittern Mangel, den sie ertragen; und doch hatten sie erfahren, daß die Frauen in Bethanien so vieles hergeschossen und hatten sich es leichter erwartet. Nun sahen sie den Verkehr mit den Samariten und meinten stille, auf diese Weise sei es freilich kein Wunder, daß man ihn nicht besser aufnähme. Sie hatten auch immer wunderliche, irdische Gedanken von dem Reiche im Kopfe, das Jesus gründen werde, und dachten, wenn dies alles in Galiläa bekannt würde, so würde man sie vielleicht verhöhnen.

Petrus hatte in Samaria viel mit dem Jüngling gesprochen, der aufgenommen werden wollte, der sich aber noch immer besann; er sprach mit Jesus davon.

Jesus ging nun mit ihnen allen etwa eine halbe Stunde um die Stadt nordöstlich, und sie ruhten dort unter den Bäumen. Auf diesem Weg und hier sprach der Herr mit ihnen von der Ernte. Er sagte: es sei ein Sprichwort, das auch sie oft im Munde führten: „Es ist noch vier Monate, und dann kommt die Ernte. Die Faulen wollten immer alle Arbeit weit hinausschieben, aber sie sollten nur sehen, alle Felder stünden weiß zur Ernte.“ Damit meinte er die Samariten und die andern, welche zur Bekehrung reif seien. „Sie, die Jünger, seien zur Ernte berufen, aber sie hätten nicht gesäet, andere hätten gesäet, nämlich die Propheten und Johannes und er selbst. Wer erntet, empfängt Lohn und sammelt die Früchte für das ewige Leben, so daß der

Säemann und die Schnitter sich zusammen freuen; denn hier ist das Sprichwort wahr, ein anderer säet, ein anderer erntet. Ich habe euch gesendet, das, was ihr nicht gebaut habt, einzuernten, andere haben es gebaut, ihr seid in die Arbeit eingetreten." – Solches sprach er mit den Jüngern aber nur eine kurze Weile und trennten sich hierauf; mit Jesus blieben nur Andreas, Philippus, Saturnin und Johannes, die anderen gingen zwischen Thebez und Samaria gegen Galiläa zu.

Jesus ging aber nun, Sichar zur Rechten lassend, etwa eine Stunde südöstlich mit den Jüngern nach einem Feld, wo an zwanzig zerstreute Hirtenhäuser und Zelte standen. Hier, in einem der größeren Häuser, erwarteten ihn die Heilige Jungfrau und Maria Kleophä, dann die Frau Jakobs des Größeren und die zwei der Witwen. Sie waren schon den ganzen Tag hier gewesen, hatten Speise mitgebracht und auch kleine Balsamflaschen. Sie bereiteten ein Mahl. Jesus reichte seiner Mutter bei dem Empfange beide Hände; sie neigte das Haupt vor ihm, die Frauen grüßten, sich beugend, und die Hände vor der Brust kreuzend. Es war vor dem Hause ein Baum, unter welchem die Mahlzeit eingenommen wurde.

Es nahten sich nun schüchtern mehrere Leute aus Sichar und unter ihnen Dina, die Frau vom Brunnen. Sie wagten nicht gleich heranzukommen, weil sie nicht gewohnt waren, mit jüdischen Hirten zu verkehren. Dina aber nahte zuerst, und ich sah, daß sie mit den Frauen und der Heiligen Jungfrau sprach, und daß nach der Mahlzeit Jesus mit den Jüngern von den heiligen Frauen Abschied nahm, welche sich gleich zur Rückreise nach Galiläa, wohin Jesus übermorgen abgeht, anschickten.

Jesus zog nun mit Dina und den andern Samariten nach Sichar. Diese Stadt ist nicht sehr groß, hat aber breite Straßen und große Plätze. Das samaritische Bethaus ist geschmückter und reicher gebaut von außen als die Synagoge an kleinen jüdischen Orten. Die Frauen in Sichar sind nicht so zurückgezogen wie die Jüdinnen; sie verkehren mehr mit den Männern. Als Jesus nach Sichar kam, umgab ihn gleich eine große Volksmenge.

Er ging nicht in ihre Synagoge, er lehrte durchwandelnd hie und da auf den Straßen und auf dem Platze, wo ein Redestuhl stand. Überall war der Zusammenlauf der Menschen sehr groß; sie waren voll der Freude, daß der Messias zu ihnen gekommen sei.

Dina, wenngleich sehr gerührt und in sich gekehrt, ist doch unter den Frauen ihm am nächstenstehend. Man achtet sie jetzt besonders, weil sie Jesus zuerst gefunden. Sie sandte auch ihren Mann, mit dem sie lebte, zu Jesus, der wenige ermahnende Worte zu ihm sprach. Der Mann stand ganz verschüchtert und sich seiner Sünde schämend vor ihm. Jesus verweilte nicht lange in Sichar, er zog zum entgegengesetzten Tore wieder hinaus und lehrte vor der Stadt noch hier und da bei Häusern und Gärten, welche sich eine gute Strecke weit im Tale hinzogen. Er blieb aber eine starke halbe Stunde weit vor Sichar in einer Herberge und versprach den Leuten, am folgenden Tag wieder in Sichar zu lehren.

Als Jesus wieder nach Sichar hineinging, lehrte er den ganzen Tag in der Stadt auf dem Redestuhl und vor der Stadt auf Hügeln; am Abend aber wieder in der Herberge. Es waren Leute aus der ganzen Gegend da; sie strömten bald hier, bald dorthin. Es hieß: jetzt lehrt er hier, jetzt lehrt er dort. – Der Jüngling von Samaria hörte auch einmal zu, sprach aber nicht mit Jesus.

Dina ist überall voran und schreitet durch das Volk auf Jesus zu. Sie ist sehr aufmerksam, sehr gerührt und ernst. Sie hat wieder mit ihm gesprochen, sie will sich gleich von dem Manne trennen. Sie wollen all das ihrige nach seinem Willen für die künftige Gemeinde und die Armen anwenden. Jesus sagte ihr, wie sie es tun sollte. Es waren sehr viele Leute gerührt, und sie sagten zu der Frau: „Du hast recht gesagt; nun haben wir ihn selbst gehört, er ist der Messias!“ Die gute Frau ist jetzt ganz obenan und so ernst und freudig: ich habe sie immer besonders lieb gehabt.

Jesus gegen die Sadduzäer

Von dem Gut des Lazarus ging Jesus mit den drei Jüngern wieder südöstlich etwa vier Stunden zurück nach dem hochgelegenen Ort Atharot, einem Hauptsitz der Sadduzäer. Die hier wohnenden Sadduzäer hatten nach Ostern ebenso wie die Pharisäer von Gennabris die Jünger verfolgt, mehrere gefangengenommen und mit Verhören gequält. Einzelne von ihnen waren auch neulich in Sichar gewesen und hatten Jesu Lehren belauert, da er im besonderen auch die Härte der Pharisäer und Sadduzäer gegen die Samariter rügte. Sie hatten damals schon den Plan gemacht, Jesus in Versuchung zu führen, und hatten ihn aufgefordert, den Sabbat in Atharot zu halten. Er wußte aber ihr Beginnen und ging den weiteren Weg nach Ginnäa. Mit den Pharisäern in Ginnäa hatten sie sich beredet und am Sabbat morgens Boten zu ihm geschickt: „Er habe so schön von der Menschenliebe gelehrt; man solle seinen Nächsten lieben wie sich selbst; er möge doch nach Atharot kommen und einen Kranken heilen. Wenn er ihnen dieses Zeichen tue, so wollen sie alle und auch die Pharisäer von Ginnäa an ihn glauben und seine Lehre in der Gegend ausbreiten."

Jesus kannte ihre Bosheit und wußte um den Betrug, den sie mit einem Mann gegen ihn vor hatten. Dieser Mann lag schon mehrere Tage unbeweglich und tot; sie aber behaupteten gegen alle Einwohner der Stadt, er liege in Entzückung; selbst seine Frau wußte nicht, daß er tot sei. Hätte nun Jesus ihn erweckt, so hätten sie gesagt, daß er nicht tot gewesen. Sie kamen Jesu entgegen und führten ihn vor das Haus des Toten, der einer der ersten Sadduzäer gewesen war und es am ärgsten gegen die Jünger getrieben hatte. Sie trugen ihn auf einem Tragbett heraus auf die Straße, als Jesus herankam. Es standen wohl fünfzehn Sadduzäer und alles Volk umher. Die Leiche sah ganz schön aus; sie hatten sie aufgeschnitten und einbalsamiert, um Jesus zu betrügen. Jesus sagte aber: „Dieser Mensch ist tot und bleibt tot"; da sagten sie, er sei nur entzückt, und wenn er tot sei, so sei er jetzt gestorben. Jesus aber sprach: „Er hat die Auferstehung geleugnet und wird hier nicht auferstehen! Ihr habt ihn mit Gewürzen gefüllt; aber seht, mit welchen Gewürzen! Deckt seine Brust auf!“ Da sah ich, daß einer auf der Brust des Toten die Haut wie eine Klappe aufhob, und es brachen eine Menge Würmer sich reckend und rührend daraus hervor. Die Sadduzäer wurden ganz grimmig; denn Jesus sagte alle seine Sünden und Verbrechen laut und öffentlich aus, und daß dieses die Würmer des bösen Gewissens wären, welche er sonst bedeckt habe, und die jetzt sein Herz zerfressen. Er sprach auch drohend ihren Betrug und böse Absicht aus und sprach sehr hart von den Sadduzäern und auch vom Gericht über Jerusalem und alle, welche das Heil nicht annehmen würden. Sie brachten den Toten aber ganz geschwind wieder in das Haus, und es war ein entsetzliches Lärmen und Schmähen. Als Jesus zum Tore mit den Jüngern wieder hinauszog, warf das aufgehetzte Gesindel mit Steinen hinter ihnen her; denn die Aufdeckung der Würmer und ihrer Bosheit hatte sie gewaltig geärgert.

Unter dem bösen Gesindel waren doch auch einzelne wohlgesinnte Leute, welche weinten. Es wohnten in einer Straße abgesondert kranke, blutflüssige Weiber, die an Jesus glaubten und flehten in der Ferne, denn sie durften als unrein nicht nahen. Er ging, es wohl wissend, barmherzig durch ihre Straße, und da er vorüber war, gingen sie in seine Fußstapfen und küßten sie, und er schaute sich um, und sie genasen.

Jesus übernachtete auf diesem Hügel, wohin ihm Jünger aus Galiäa entgegengekommen waren, in dem Schuppen einer offenen Herberge, wo sie auch etwas aßen, was die Jünger mitgebracht. Es waren Andreas und der Bräutigam Nathanael und zwei Knechte des sogenannten Hauptmannes von Kapharnaum. Sie baten Jesus sehr dringend, der Sohn des Mannes sei so krank, er möge doch eilen. Er sagte aber, er werde kommen zur rechten Zeit.

Der Hauptmann war ein in Ruhestand versetzter Vorsteher des Herodes Antipas über einen Teil von Galiläa. Er war von guter Gesinnung und hatte die Jünger in ihrer letzten Verfolgung gegen die Pharisäer unterstützt, hatte ihnen auch schon mit Geld und Lebensmitteln ausgeholfen. Er war aber noch nicht ganz gläubig, obschon er an die Wunder glaubte. Er wünschte sehr um des Kindes willen und auch um die Pharisäer zu beschämen, Jesus möchte das Wunder an seinem Sohne tun, und auch die Jünger wünschten es. Sie hatten mit ihm gesprochen: „Da sollen sich die Pharisäer ärgern! Da sollen sie sehen, wer er ist, dem wir folgen!"

Darum hatten auch Andreas und Nathanael die Botschaft übernommen. Jesus wußte dieses. Er lehrte noch am Morgen der Weiterreise. Die zwei Knechte des Hauptmannes, welche Sklaven und Heiden waren und Speise mitgebracht hatten, bekehrten sich und zogen mit Andreas und Nathanael wieder gegen Kapharnaum.

Der Hauptmann von Kapharnaum

Von Naim wandelte Jesus am Tabor vorüber und Nazareth zur Linken lassend nach Kana, wo er bei einem Schriftgelehrten an der Synagoge einkehrte. Der Vorhof des Hauses war bald voll Menschen, die von Engannim aus seine Ankunft erfahren hatten und ihn hier erwarteten. Er lehrte den ganzen Morgen, als ein Diener des Hauptmannes von Kapharnaum mit mehreren Begleitern auf Maultieren ankam. Er war sehr eilig und wie in großer Angst und Sorge und suchte von allen Seiten vergebens durch das Volk zu Jesus durchzudringen, vermochte es aber nicht. Da er mehrmals vergebens zugedrungen war, begann er heftig zu rufen: „Ehrwürdiger Meister, lasse deinen Knecht vor dich! Ich bin hier als Gesandter meines Herrn von Kapharnaum und als er selbst und als der Vater seines Sohnes, ich bitte dich, doch gleich mit mir zu kommen, denn mein Sohn ist sehr krank und dem Tode nahe." Jesus hörte nicht auf ihn; er aber suchte, da man auf ihn aufmerksam wurde, noch mehr einzudringen;

drang jedoch nicht durch und schrie von neuem dasselbe: „Komme doch gleich mit mir, mein Sohn ist am Sterben!" Da er so ungestüm schrie, wendete Jesus das Haupt zu ihm und redete dann zu ihm, dem Volk zu Gehör: „Wenn ihr nicht Zeichen und Wunder sehet, so glaubet ihr nicht. Ich weiß deine Sache wohl. Ihr wollt damit prahlen und den Pharisäern trotzen und bedürft es ebensosehr als sie. Das ist nicht meine Sendung, daß ich Wunder tue zu euren Zwecken. Ich bedarf nicht eurer Bestätigung. Ich werde mich bewähren, wo es der Wille meines Vaters ist, und werde Wunder tun, wo meine Sendung es erfordert!" Er sprach lange und schmähte ihn vor allem Volke: er warte darum schon lange auf ihn, seinen Sohn heilen zu lassen, um damit gegen die Pharisäer zu prahlen. Sie sollten aber nicht Wunder an sich für andere begehren, sie sollten glauben und sich bekehren.

Das hörte der Mann ohne allen Erfolg an, ließ sich nicht irremachen und drang noch näher und rief nochmals: „Was kann das helfen, Meister? Mein Sohn ist am Sterben! Komme doch gleich mit mir, er ist vielleicht schon tot!" Da sagte Jesus zu ihm: „Gehe hin, dein Sohn lebt!" Der Mann sagte noch: „Ist das gewiß?" Und Jesus sagte: „Er ist gesund in dieser Stunde auf mein Wort." Da glaubte ihm der Mann und begehrte nicht ferner, daß Jesus mit ihm reise, bestieg sein Maultier und ritt sehr schnell nach Kapharnaum. Jesus sagte auch noch: dieses Mal wolle er es noch tun, in einem ähnlichen Fall nicht wieder.

Ich sah diesen Mann nicht als den königlichen Beamten selbst, doch aber als den Vater des Sohnes. Er war ein erster Hausbeamter jenes Hauptmanns von Kapharnaum. Dieser hatte keine Kinder, aber lange danach verlangt und hatte einen Sohn dieses seines vertrauten Dieners und seines Weibes als den seinen angenommen, der jetzt schon vierzehn Jahre alt war. Der Bote kam als der Gesandte und als der Herr und Vater selbst. Ich habe das alles gesehen, und es ist mir das ganze Verhältnis erklärt worden, und darum hat vielleicht Jesus ihn auch so lange rufen lassen. Es war dieses übrigens nicht bekannt.

Der Knabe hatte schon lange nach Jesus verlangt. Zuerst war die Krankheit gelinde, und sie verlangten schon nach Jesus um der Pharisäer wegen. Seit vierzehn Tagen aber wurde die Krankheit heftiger, und der Knabe hatte bei den vielen Arzneien immer gesagt: „Die vielen Tränkchen helfen mir nicht; nur Jesus, der Prophet von Nazareth, wird mir helfen." Da nun die Gefahr so groß war, hatten sie schon nach Samaria Botschaft mit den heiligen Frauen und dann wieder durch Andreas und Nathanael gegen Engannim geschickt; endlich ritt der Vater und Verwalter selbst nach Kana, wo er Jesus fand. Jesus hatte aber gezögert, um ihre Absicht zu strafen.

Es war von Kana nach Kapharnaum eine Tagreise. Der Mann eilte aber so, daß er noch vor Nacht ankam. Ein paar Stunden von Kapharnaum waren ihm schon Knechte entgegengekommen, die sagten, daß der Knabe gesund sei. Sie hätten ihm nachziehen und sagen wollen, er brauche sich weiter nicht zu bemühen, wenn er Jesus noch nicht gefunden hätte; man hätte die Kosten sparen können, denn der Knabe sei um die siebente Stunde plötzlich von selbst gesund geworden. Da sagte er ihnen die Worte Jesu, und sie wunderten sich und eilten mit ihm nach Hause. Ich sah aber den Hauptmann Serobabel mit dem Knaben ihm unter der Türe entgegenkommen. Der Knabe umarmte ihn, und er erzählte die Worte Jesu und seine mitgewesenen Knechte beteuerten alles. Da war ein großer Jubel. Ich sah auch ein Mahl bereiten. Der Jüngling saß zwischen seinem Pflegevater und wirklichen Vater, und die Mutter saß auch dabei. Der Knabe liebte den rechten Vater ebenso sehr wie den vermeintlichen, und jener hatte auch so große Gewalt im Hause.

Nachdem Jesus den Mann von Kapharnaum abgefertigt hatte, heilte er noch mehrere Kranke, welche in einem Hof des Hauses gebracht waren. Es waren mehrere Besessene dabei, doch nicht von der bösartigen Gattung. Die Besessenen wurden oft mit zu seiner Lehre geführt; wenn sie kamen, so tobten und warfen sie sich entsetzlich. Sobald aber Jesus ihnen Ruhe befahl, da wurden sie ganz still; nach einer gewissen Zeit aber war es, als könnten sie es nicht länger mehr aushalten, und sie fingen wieder an zu zucken. Dann winkte Jesus mit der Hand, und sie hielten wieder ein, und nach der Lehre befahl er dem Satan auszuweichen, wobei sie gewöhnlich ein paar Augenblicke wie ohnmächtig zusammensanken und dann fröhlich dankend erwachten und nicht wußten, wie ihnen gewesen war. Es sind aber solche gutartige Besessene, Menschen, welche ohne ihre Schuld besessen sind. Ich kann es nicht deutlich erklären; aber ich habe es hier und auch sonst deutlich gesehen, wie es zusammenhängt, daß neben einem bösen Menschen, welcher aus Gnade und Langmut noch verschont bleibt, oft der Satan einen schwachen Unschuldigen, der jenem Bösen verwandt ist, in Besitz nimmt. Es ist dann, als wenn dieser einen Teil der Strafe des andern auf sich nehme. Ich kann dieses nicht so recht deutlich machen; es hängt damit zusammen, daß wir Glieder eines Leibes sind, und es ist so, wie wenn ein gesundes Glied durch die Sünden eines andern Gliedes infolge eines geheimen inneren Bezuges erkrankt. Solche Besessene waren hier. Die Bösartigen sind viel fürchterlicher und wirken mit dem Satan mit; die andern leiden nur und sind dazwischen ganz fromm.

Jesus ging um Kapharnaum herum nach der Wohnstelle seiner Mutter, wo noch etwa fünf Frauen und Petrus, Andreas, Jakobus und Johannes versammelt waren. Sie kamen ihm entgegen, und es war eine große Freude über seine Ankunft und seine Wunder. Er nahm hier ein Mahl und begab sich dann gleich mit den Jüngern nach Kapharnaum zum Sabbat. Die Frauen blieben zu Hause.

In Kapharnaum waren eine große Volksmenge und viele Kranke versammelt. Die Besessenen liefen und schrien in den Straßen, als Jesus kam. Er gebot ihnen zu schweigen und ging mitten durch nach der Synagoge. Nach dem Gebet ward ein hartnäckiger Pharisäer namens Manasse aufgerufen: an ihm sei die Reihe vorzulesen. Jesus aber begehrte die Rollen und sagte, daß er lesen wolle. Da gaben sie ihm die Rolle, und er las zuerst aus dem Anfang des fünften Buches Mosis bis zu dem

Murren der Kinder Israel und lehrte von dem Undank ihrer Väter und von der Barmherzigkeit Gottes mit ihnen und von der Nähe des Reiches, und daß sie sich jetzt hüten sollten, wie damals zu tun. Er legte alle jene Wege und Irrsale auf ihre jetzigen Irrtümer aus und stellte das damalige gelobte Land dem jetzt so nahen Reiche gegenüber. Dann las er auch noch das erste Kapitel vom Jesaias. Er legte es auf die jetzige Zeit aus und sprach von den Lastern und der Strafe, und wie sie so lange einen Propheten erwartet hätten und wie sie nun mit dem umgehen würden, den sie jetzt hätten. Er sprach von allerlei Tieren, die ihren Herrn erkennten, sie aber würden ihn nicht erkennen. Er sprach auch, wie der, der ihnen helfe, durch ihre Mißhandlung aussehen werde, und wie Jerusalem würde gestraft werden, wie die heilige Gemeinde nur sehr klein sein werde. Der Herr werde sie aber groß machen, und die andern würden vertilgt werden. Er sprach, sie sollten sich bekehren und wenn sie auch ganz mit Blut bedeckt wären, sollten sie zu Gott schreien und sich bessern, und sie würden rein werden. Er lehrte dann noch von Manasse, wie er so schändlich gewesen sei und wie er gelästert habe vor Gott und darum zur Strafe gefangen sei nach Babylon geführt worden, und wie der sich bekehrt, zu Gott gebetet und noch Verzeihung erhalten habe. Er schlug auch eine Rolle wie zufällig auf und las die Stelle Jesaias 7, 14. „Sieh' eine Jungfrau wird gebären" und legte dieses auf sich aus und auf die Ankunft des Messias.

Dasselbe hatte er bei seiner Anwesenheit in Nazareth vor seiner Taufe auch so ausgelegt, und sie hatten seiner noch gespottet und gesagt: „Butter und Honig haben wir ihn nicht viel essen sehen bei seinem Vater, dem armen Zimmermann."

Die Pharisäer und viele andere Leute in Kapharnaum waren gar nicht zufrieden, daß er ihnen heute so scharf über den Undank lehrte; denn sie hatten sich etwas Schmeichelhaftes erwartet, weil er so gut aufgenommen worden war. Die Lehre dauerte ziemlich lange, und als Jesus herausging, hörte ich ein paar Pharisäer sich einander zuflüstern: „Sie haben Kranke ausgestellt, ob er es wagen wird, sie am Sabbat zu heilen?" Man hatte die Straße mit Fackeln und viele Häuser mit Lampen erleuchtet. Einige Häuser der Übelgesinnten waren dunkel. Die Leute hatten, wo er vorüberging, noch Kranke vor den Häusern und Licht dabei; andere wurden mit Licht in den Armen ihrer Angehörigen in die Türen geschleppt. Es war ein großes Getümmel und Jauchzen in den Straßen, und mehrere Besessene schrien ihn an, und er befreite sie mit Befehl. Einen solchen sah ich ganz wild und wütend gegen Jesus springen und mit einem fürchterlichen Angesicht und empor gesträubten Haaren ihn anschreien: „Du! was willst du hier? was hast du hier zu schaffen?" Da stieß ihn Jesus zurück und sagte: „Fahre aus, Satan!" und ich sah den Menschen niederstürzen, als müßte er Hals und Beine gebrochen haben. Er richtete sich aber ganz verwandelt und sanft auf, kniete vor Jesus, weinte und dankte. Jesus befahl ihm, sich zu bessern. Viele sah ich ihn so im Vorübergehen heilen.

Darauf wandelte Jesus mit den Jüngern nach dem Hause seiner Mutter. Es war Nacht. Unterwegs sprach Petrus von seiner Haushaltung: er habe doch bei seiner Fischerei viel versäumt, da er so lange abwesend gewesen sei, er müsse für Frau und Kinder und für seine Schwiegermutter sorgen. Johannes erwiderte ihm: und er mit Jakobus muß für seine Eltern sorgen, das sei noch wichtiger als eine Schwiegermutter, und so redeten sie ganz natürlich und teils scherzhaft miteinander. Jesus aber sagte: es werde bald die Zeit kommen, da sie dieses Fischen ganz aufgeben würden und andere Fische fangen. Johannes war viel kindlicher und vertrauter mit Jesus als die andern; er war so lieblich und in alles ergeben, ohne Sorge und Widerspruch. Jesus ging zu seiner Mutter, die andern nach Hause.

Des anderen Tages ging Jesus früh mit seinen Jüngern nach Kapharnaum aus der Wohnung seiner Mutter, die etwa dreiviertel Stunden gegen Bethsaida zu liegt. Der Weg führte von da etwas aufwärts und dann wieder abwärts nach Kapharnaum. Ehe man zum Tore von Kapharnaum kam, lag ein Haus am

Wege, welches dem Petrus gehörte, der es für Jesus und die Jünger bestimmte und einen frommen alten Mann als Verwalter dahin setzte. Vom See war das Haus etwa anderthalb Stunden entfernt. In Kapharnaum fanden sich alle Jünger aus Bethsaida und der Umgegend ein, auch Maria und die heiligen Frauen kamen dahin. Es waren sehr viele Kranke, als Jesus kam, in den Straßen aufgestellt, welche schon zuvor gekommen und noch nicht geheilt waren. Jesus heilte sehr viele auf dem Wege zur Synagoge, in welcher er unter anderm über eine Parabel lehrte. Und da er beim Herausgehen vor der Synagoge noch lehrte, warfen sich mehrere vor ihm nieder und begehrten Vergebung ihrer Sünden. Es waren zwei ehebrecherische von ihren Männern verstoßene Weiber und etwa vier Männer, worunter die Verführer dieser Weiber. Sie zerflossen in Tränen und wollten ihre Sünden vor dem ganzen versammelten Volke bekennen. Jesus aber sagte zu ihnen, daß ihre Sünden ihm bekannt seien; es werde eine Zeit kommen, wo das offene Bekenntnis werde nötig sein; hier aber könne es nur Ärgernis und ihnen Verfolgung bringen. Er ermahnte sie auch, über sich zu wachen, damit sie nicht zurückfielen, nie aber, selbst bei dem Rückfall, nicht zu verzweifeln, sondern sich zu Gott zu wenden und zur Buße. Er vergab ihnen ihre Sünden; und da die Männer fragten, zu welcher Taufe sie gehen sollten, ob zu der Johannisjüngertaufe, oder ob sie seiner Jünger Taufe harren sollten, sagte er, sie sollten zur Johannisjüngertaufe gehen.

Die Pharisäer, die gegenwärtig waren, wunderten sich sehr, daß er Sünden zu vergeben wage, und setzten ihn darüber zur Rede. Jesus aber brachte sie mit seinen Antworten zum Schweigen und sagte, es sei ihm leichter, die Sünden zu vergeben, als zu heilen; denn wer aufrichtig bereue, dem seien die Sünden vergeben, und er sündige nicht leicht wieder; die Kranken aber, die geheilt würden am Leibe, blieben oft an der Seele krank und gebrauchten ihren Leib zur Sünde. Sie fragten ihn auch, ob denn nun, da diesen Weibern ihre Sünden vergeben seien, ihre Männer, die sie verstoßen, sie wieder nehmen müßten. Jesus sagte, hierüber erlaube die Zeit nicht zu sprechen; er wollte sie ein andermal darüber belehren. Auch über das Heilen am Sabbat fragten sie ihn, und er verteidigte sich und sagte: wenn ihnen ein Tier in den Brunnen falle am Sabbat, so zögen sie es heraus.

Die Jünger, von seiner letzten Lehre bewegt, sprachen mitleidig von den Samariten und erwähnten zu ihrem Lobe die Geschichte des Mannes, der bei Jericho unter die Räuber gefallen, an dem der Priester und Levit vorübergegangen, und den der Samarit aufgenommen und mit Wein und Öl gesalbt habe. Diese Geschichte war bekannt, sie war wirklich geschehen, und zwar in den ersten Zeiten bei Jericho. Jesus nahm von ihrem Mitleiden mit dem Verwundeten und ihrer Freude an der Wohltat des Samariters die Veranlassung, ihnen eine ähnliche Parabel zu erzählen. Er begann von Adam und Eva und dem Sündenfall, den er wie in der Bibel einfach erzählte, und wie sie aus dem Paradiese gestoßen auch in eine Wüste voll Räubern und Mördern gekommen mit ihren Kindern, und wie der Mensch daliege mit Sünden geschlagen und verwundet in der Wüste. Da habe der König des Himmels und der Erde alles mögliche getan, dem armen Menschen Hilfe zu verschaffen. Er habe sein Gesetz und ausgerüstete Priester gesendet und viele Propheten, und alle seien vorübergegangen, und keiner habe dem Kranken geholfen; teils habe er die Hilfe auch verschmäht. Endlich habe er seinen eigenen Sohn geschickt in armer Gestalt zu den elenden Menschen. Und nun beschrieb er seine eigene Armut: ohne Schuhe, ohne Kopfbedeckung, ohne Gürtel usw., und dieser habe Öl und Wein in seine Wunden gegossen, ihn zu heilen. Aber selbst die, welche mit allem gerüstet sich des Armen nicht erbarmt hätten, hätten den Sohn des Königs gefangen und getötet, der den Elenden mit Öl und Wein geheilt habe. Dieses gab er ihnen auf, darüber nachzudenken und ihm zu sagen, was sie davon dächten, er wolle es ihnen dann erklären. Sie verstanden ihn nicht; merkten aber doch, daß er sich mit dem armen Königssohne ganz beschrieben und hatten allerlei Gedanken und Geflüster untereinander: wer nur sein Vater sein möge, von dem er immer spreche? Er berührte auch noch ihre gestrige Besorgnis um ihr Versäumnis bei der Fischerei und führte den Königssohn an, der alles verlassen, und da die andern bei ihrer Fülle den elenden Verwundeten darben ließen, dieser ihn mit Öl und Wein gesalbt habe. Er sprach: „Der Vater werde die Diener seines Sohnes nicht verlassen, und sie würden alles reichlich wieder erhalten, wenn er in seinem Reiche sie um sich versammeln werde."

Unter solchen und manchen andern Lehren kamen sie unterhalb Bethsaidas an den See, wo Petri und Zebedäi Schiffe lagen. Es war eine abgeschlossene Uferstelle, und an dem Ufer waren mehrere leichte Erdhütten für die Fischer angebracht. Jesus ging mit den Jüngern hinab. Auf den Schiffen waren heidnische Sklaven, und keine Juden, mit Fischen beschäftigt, weil ein Fasttag war. Zebedäus war in der Hütte am Ufer. Jesus sagte: sie sollten aufhören zu fischen und ans Land kommen, und sie taten es. Da lehrte er auch hier.

Hierauf ging er den See aufwärts gegen Bethsaida, welches wohl eine halbe Stunde von hier liegt. Petri Fischergerechtigkeit umfaßt etwa eine Stunde des Ufers. Zwischen dem Lager der Schiffe und Bethsaida war eine Bucht, es gossen sich hier viele kleine Bäche in den See, Arme des Baches, der von Kapharnaum durch das Tal kommt und mehrere andere Quellen aufnimmt; vor Kapharnaum bildet er einen großen Teich. Jesus ging nicht ganz nach Bethsaida, sondern sie wendeten sich gegen Abend und gingen an der mitternächtlichen Seite des Tales bis an Petri Haus, das an der Morgenseite der Anhöhe liegt, an deren Abendseite das Haus Mariä sich befindet.

Jesus ging mit Petrus in sein Haus, wo Maria und die andern heiligen Frauen versammelt waren; die andern Jünger gingen nicht mit hinein, sie hielten sich in der Nähe im Garten auf oder gingen voraus nach Mariä Haus. Als Petrus mit Jesus in sein Haus ging, sagte er zu ihm: „Herr, wir haben einen Fasttag gehabt, aber du hast uns gesättigt." Petri Haus war ganz gut in Ordnung, mit Vorhof und Garten, es war lang, und oben konnte man darauf gehen und hatte eine schöne Aussicht nach dem See. Ich sah weder Petri Stieftochter noch Söhne, die er mit der Frau angeheiratet, sie schienen in der Schule zu sein. Seine Frau war bei den heiligen Frauen, er hatte keine Kinder mit ihr. Seine Schwiegermutter, eine kränkliche, hagere, große Frau, ging an den Wänden sich stüzend umher.

Jesus sprach lange mit den Frauen über die Einrichtung der Verpflegung hier oben an dem See, wo er sich viel aufzuhalten gedenke. Er ermahnte sie, ohne Verschwendung und Leichtsinn, aber auch ohne Sorge und Ängstlichkeit zu sein. Er für sich brauche sehr wenig, und es sei ihm nur für die Jünger nötig und für die Armen. Von da ging er mit den Jüngern nach Mariä Wohnung, wo er noch mit ihnen sprach und sich dann zum Gebete absonderte.

Der Bach von Kapharnaum fließt bei Petri Haus entlang, und er kann von da auf einem kleinen Kahne, in dessen Mitte ein Sitz ist, bis in den See mit seinem Fischgerät fahren.

Da die heiligen Frauen von Jesus hörten, daß er zum nächsten Sabbat nach Nazareth, welches neun bis zehn Stunden von hier ist, gehen wolle, sahen sie es nicht gern und wünschten, er möchte hier bleiben oder wenigstens doch bald wieder hierher kommen. Er sagte: er glaube nicht, daß er lange dort bleiben werde; denn sie würden nicht mit ihm zufrieden sein, weil er nicht tun könne, was sie verlangten. Er sagte auch mehrere Punkte, die sie ihm vorwerfen würden, und machte seine Mutter darauf aufmerksam. Er wolle es ihr sagen, so es eingetroffen.

Jesus in Bethsaida

Jesus ging mit den Jüngern von Mariä Haus an der mitternächtlichen Seite des Tales den Abhang des Berges entlang nach Bethsaida, welches etwa eine kleine Stunde Wegs war. Die heiligen Frauen gingen aus dem Hause Petri dort hin in das

Haus des Andreas, das am Ende von Bethsaida gegen Mitternacht lag, in gutem Stande, aber nicht so groß wie Petri Haus war.

Bethsaida ist ein kleines Fischerstädtchen, das nur in der Mitte etwas landeinwärts liegt und sich in zwei dünnen Armen an dem See hinstreckt. Von Petri Schiffstelle gegen Norden sieht man es vor sich liegen. Es ist meist von Fischern und außerdem von Deckenwebern und Zeltmachern bewohnt. Es ist ein rohes und einfältiges Volk und kommt mir immer vor wie die Torfarbeiter gegen andere Leute bei uns zu Lande. Die Decken werden aus Ziegen- und Kamelhaaren gemacht. Die langen Haare, welche die Kamele am Halse und der Brust haben, kommen wie Fransen und Borten an die Ränder, weil sie so schön glänzend sind.

Jesus lehrte hier in der Synagoge, welche nicht sehr groß ist, von der Nähe des Reiches Gottes und sprach es ziemlich deutlich aus, daß er der König dieses Reiches sei, und erregte die gewöhnliche Verwunderung seiner Jünger und Zuhörer. Er lehrte im allgemeinen, wie alle diese Tage, und heilte viele Kranke, welche vor die Synagoge gebracht wurden. Es schrien ihn auch mehrere Besessene an: „Jesus von Nazareth, Prophet, König der Juden!" Jesus befahl ihnen, zu schweigen, es sei die Zeit noch nicht, auszusprechen, wer er sei.

Als er seine Lehre und Heilung vollendet hatte, gingen sie nach dem Hause des Andreas, um zu essen; aber Jesus ging nicht hinein und sagte, er habe einen andern Hunger. Er ging aber mit Saturnin und einem andern Jünger eine halbe Viertelstunde etwa den See aufwärts von Andreä Haus in ein abgesondert am See liegendes Hospital, worin arme Aussätzige, Blödsinnige und sonst verlorene, elende Menschen schier ganz vergessen schmachteten. Es waren fast ganz nackte Leute darunter. Es folgte ihm niemand aus der Stadt, um sich nicht zu verunreinigen. Die Zellen dieser armen Leute gingen rund um einen Hof; sie kamen nicht heraus, man reichte ihnen die Speise durch Löcher in den Türen. Jesus ließ sie durch den Aufseher des Hauses herausführen und durch seine Jünger Decken und Kleider bringen, sie zu verhüllen. Er lehrte und tröstete sie, ging von einem zum andern im Kreise herum und heilte mit Auflegung der Hände viele. Manche überging er noch, und einzelnen befahl er, sich zu baden und andere Verrichtungen. Die Genesenen sanken vor ihm nieder, dankten und weinten. Es war rührend; diese Leute waren ganz verkommen. Jesus nahm den Verwalter mit zu Andreas Mahlzeit. Es kamen nun die Angehörigen von einzelnen Geheilten aus Bethsaida dahin und holten sie freudig ab, brachten ihnen Kleider und brachten sie nach Hause und in die Synagoge, Gott zu danken.

Es war bei Andreas eine recht schöne Mahlzeit von guten, großen Fischen. Sie aßen in einer offenen Halle, die Frauen an einem Tisch allein. Andreas diente zu Tisch. Seine Frau war sehr geschäftig und fleißig, sie kam nicht viel aus dem Hause. Sie hatte eine Art von Gewerbe mit Netzstricken und hatte viele arme Dirnen, welche sie damit beschäftigte, in großer Ordnung. Es waren auch arme, gefallene, verworfene Weibsleute darunter, die keine Zuflucht hatten, deren sie sich erbarmte, sie beschäftigte, sie belehrte und zum Gebet anführte.

Am Abend lehrte Jesus noch in der Synagoge und ging dann mit den Jüngern hinweg. Er kam noch an vielen Kranken vorüber, die er nicht heilte und sagte, es sei jetzt ihre Zeit noch nicht gekommen. Nachdem er von seiner Mutter Abschied genommen, ging er mit allen Jüngern in das Herberg-Haus vor Kapharnaum. Jesus sprach dort noch lange mit den Jüngern, sonderte sich dann ab und brachte auf einem spitz zulaufenden Hügel, der mit Zypressen bewachsen war, die Nacht im Gebete zu.

Jesus in Nazareth

Jesus ging von hier nach Nazareth, wohin er etwa zwei Stunden hatte. Es war noch vor dem Anbruch des Sabbats. Jesus lehrte hier von der Ankunft des Reiches, von der Erfüllung der

Prophezeiungen, begehrte die Rolle des Jesaias, rollte sie auf und las (61, 1): „Der Geist des Herrn ist auf mir, deshalb, weil mich gesalbt hat der Herr; frohe Botschaft zu bringen den Armen, hat er mich gesendet, auf daß ich heile die gedrückten Herzens sind und ankünde den Gefangenen Erlaß und den Eingekerkerten Aufschließung." Diese Stelle sprach er ganz so, daß von ihm selbst die Rede sei, daß der Geist Gottes über ihm und er gekommen sei, den armen, elendigen Menschen das Heil zu verkünden, und wie alles Unrecht sollte ausgeglichen werden, die Witwen getröstet, die Kranken geheilt, den Sündern vergeben werden.

Als Jesus des anderen Morgens wieder zur Synagoge kam, wollte ein Jude, an dem die gewöhnliche Reihe war, die Rolle nehmen; Jesus aber verlangte die Rolle und lehrte aus dem 5. Buch Moses Kap. 4 von dem Gehorsam gegen die Gebote, und daß man nichts hinzu und davon tun solle, und wie Moses den Kindern Israels alles wiederholt, was Gott geboten, und wie sie es schlecht gehalten hätten. Es kamen auch die Zehn Gebote in der Lesung vor und die Auslegung des ersten Gebots von der Liebe Gottes. Jesus lehrte hierüber sehr strenge und warf ihnen vor, wie sie allerlei zum Gesetz zuflickten, dem armen Volke Lasten auflegten und das Gesetz selbst nicht erfüllten. Er griff sie so ernst an, daß sie sich ärgerten; denn sie konnten nicht sagen, daß er die Unwahrheit spreche. Sie murrten aber und sagten zueinander: „Wie ist er auf einmal so keck! Er ist kurze Zeit hier weg und stellt sich, wunder wer er wäre. Er spricht gar, als sei er der Messias. Wir kennen aber seinen Vater, den armen Zimmermann gut und ihn auch. Wo hat er gelernt? Wie wagt er, uns das zu bieten?" Und so fingen sie an, sich still immer mehr über ihn zu ärgern; denn sie waren beschämt und überwiesen vor allem Volk.

Jesus aber lehrte ruhig fort und ging zu seiner Stunde hinaus zu der Essenerfamilie. Hier kamen die Söhne des reichen Mannes zu ihm, welche ihm schon die vorigen Male um Aufnahme unter die Jünger so dringend gebeten hatten, deren Eltern aber nur weltlichen Ruhm und Gelehrsamkeit suchten. Sie verlangten, er solle bei ihnen essen. Er nahm es nicht an; sie baten nochmals um Aufnahme und sagten, daß sie alles erfüllt hätten, was er ihnen geboten. Da sagte er ihnen: „Wenn ihr das getan habt, so bedürft ihr nicht, meine Schüler zu werden, so seid ihr selbst Meister", und somit wies er sie ab.

Er aß und lehrte bei den Essenern im häuslichen Kreise, und sie sprachen, wie sie auf mancherlei Weise bedrückt würden. Er riet ihnen, auch nach Kapharnaum zu ziehen, wo er künftig wohnen werde.

Unterdessen hatten die Pharisäer sich untereinander beraten und aufgehetzt und beschlossen, wenn er heute abend wieder so frei spreche, ihm zu zeigen, daß er kein Recht hier habe, und an ihm auszuüben, was man in Jerusalem längst gewünscht. Sie hofften aber noch immer, er würde einlenken und Wunder tun aus Respekt vor ihnen. Als Jesus in die Synagoge zum Schlusse des Sabbat kam, hatten sie Kranke vor die Synagoge gebracht. Er aber ging durch sie durch und heilte keinen. In der Synagoge fuhr er fort, von der Fülle der Zeit, von seiner Sendung, von der letzten Zeit der Gnade zu sprechen und von ihrem Verderben und ihrer Strafe, so sie sich nicht besserten, und wie er gekommen sei, zu helfen, zu heilen und zu lehren. So ärgerten sie sich immer mehr und besonders, da er sprach: „Ihr saget aber, Arzt heile dich selber! so du in Kapharnaum und sonst Wunder getan, tue sie nun auch hier in deiner Vaterstadt! Aber es gilt kein Prophet etwas in seiner Vaterstadt."

Er verglich die jetzige Zeit mit großer Hungersnot, und die einzelnen Städte mit armen Witwen und sagte: „Zu Elias Zeiten bei der Hungersnot waren auch viele Witwen im Lande, und der Prophet sei doch zu keiner gesandt worden als zu der Witwe zu Sarepta, und zu Elisäus Zeiten seien viele Aussätzige gewesen, und er habe doch nur Naaman den Syrer geheilt, und so verglich er ihre Stadt mit einem Aussätzigen, der nicht geheilt würde. Sie aber ergrimmten entsetzlich, daß er sie mit Aussätzigen verglich, und standen von ihren Sitzen auf und tobten gegen ihn und wollten ihn ergreifen. Er sagte aber: „Haltet, was ihr lehret und brechet den Sabbat nicht! Hernach tut, was ihr vorhabt!“ Da ließen sie ihn mit Murren und mancherlei Hohnreden fortlehren und verließen ihre Plätze und gingen hinab gegen die Türe.

Jesus aber lehrte noch weiter und legte seine letzten Worte aus, und dann begab er sich aus der Synagoge. Ungefähr zwanzig ergrimmte Pharisäer umgaben ihn vor der Türe, faßten ihn an und sagten: „Wohlan, nun komme mit uns an einen hohen Platz, da magst du deine Lehre nochmals vorbringen, da wollen wir dir antworten, wie auf deine Lehre zu antworten ist.“ Er sagte ihnen aber, sie sollen ihn lassen, er wolle ihnen folgen, und sie gingen rings um ihn, wie eine Wache, und vieles Volk hintendrein. Es war auch ein unbändiges Schmähen und Höhnen im Augenblick, da der Sabbat geschlossen war. Sie tobten durcheinander, jeder wollte einen bessern Hohn anbringen: „Wir wollen dir antworten! Du sollst zur Witwe von Sarepta gehen! Du sollst Naaman den Syrer heilen! Bist du Elias, so fahre gen Himmel, wir wollen dir einen guten Platz zeigen! Wer bist du? Warum hast du deinen Anhang nicht mitgebracht? Du hattest den Mut nicht! Hast du nicht mit deinen armen Eltern dein Brot gehabt? Und nun, da du satt bist, willst du uns schmähen! Aber wir wollen dich hören! Du sollst reden vor allem Volk unter freiem Himmel: Wir wollen dir antworten!“ Und so ging es unter Geschrei des Volkes den Berg hinan. Jesus aber lehrte immer ruhig fort und antwortete auf ihre Reden mit heiligen Sprüchen und tiefen Worten, welche sie teils beschämten, teils ergrimmten.

Die Synagoge lag ganz an der Abendseite von Nazareth. Es ward schon dunkel, sie hatten ein paar Leuchten bei sich und führten ihn an der Morgenseite der Synagoge herum und wendeten sich hinter ihr in einer breiten Straße wieder gegen Abend zur Stadt hinaus. Am Berge aufsteigend kamen sie an einen hohen Rücken, auf dessen mitternächtlicher Seite unten Sumpf war und der gegen Mittag zu einem Felsenvorsprung mit einem steilen Absturz bildete. Es war da eine Stelle, wo sie Verbrecher hinabzustürzen pflegten. Hier wollten sie Jesus nochmals zur Rede stellen und dann hinabstoßen. Der Abgrund ging in eine enge Schlucht. Als sie aber nicht mehr weit von dem Ort waren, stand Jesus, der wie ein Gefangener zwischen ihnen war, still, sie aber gingen schimpfend und höhnend weiter. Ich sah zwei lange, lichte Gestalten in diesem Augenblick neben Jesus und daß er eine Strecke zwischen dem nachdringenden Volk wieder zurückging und dann längs der Stadtmauer auf dem Bergrücken von Nazareth hin bis an das Tor, durch welches er gestern hereingekommen. Er ging wieder in das Haus der Essener. Es war diesen nicht bange um ihn gewesen: sie glaubten an ihn und erwarteten ihn. Er sprach mit ihnen von diesem Ereignis, sagte ihnen nochmals, nach Kapharnaum zu ziehen, erinnerte sie, daß er ihnen diese Behandlung vorausgesagt und verließ nach etwa einer halben Stunde die Stadt in der Richtung, als gehe er gen Kana zu.

Nichts war lächerlicher als die Torheit, Verwirrung und der Lärm der Pharisäer, als sie ihn auf einmal nicht mehr zwischen sich sahen. Es war ein Geschrei: „Halt! Wo ist er? Halt!" Das nachgehende Volk drang vor und sie zurück, es war auf dem schmalen Wege ein Gedränge und Getobe, einer ergriff den anderen, sie zankten und schrien und liefen nach allen Schluchten und leuchteten in die Höhlen, meinend, da habe er sich verkrochen. Sie liefen Gefahr, selbst Hals und Bein zu brechen, und einer schimpfte den anderen, daß er durch seine Schuld entwischt sei. Endlich kehrten sie ganz still wieder um, da Jesus längst aus der Stadt war, und besetzten die ganze Gegend des Berges mit Wachen. Zurückkehrend sagten sie: „Da sehe man, wer er sei, ein Gaukler, der Teufel habe ihm geholfen; jetzt werde er auf einmal in einem anderen Winkel wieder hervorkommen und alles in Aufruhr bringen."

Jesus lehrt und heilt in Kapharnaum

Am Vorabend wurden in Bethsaida und Kapharnaum Fahnen mit Knoten und Fruchtschnüren an den Synagogen und öffentlichen Häusern ausgehängt, weil der letzte Tag des Monats Ab eintrat und mit dem Sabbat der erste Elul begann. Nachdem Jesus am Morgen noch viele kranke Juden in Bethsaida geheilt hatte, ging er mit den Jüngern nach Petri Haus dicht vor Kapharnaum, wohin die Frauen schon vorausgegangen waren und wo ihn wieder viele Kranke erwarteten. Es waren zwei taube Männer dabei, denen Jesus die Finger in die Ohren legte. Zwei andere wurden herangeführt, die kaum gehen konnten, deren Arme unbeweglich steif und die Hände dick geschwollen waren. Jesus legte ihnen die Hand auf und betete und faßte sie bei den beiden Händen und bewegte diese auf und nieder, und sie waren genesen. Die Geschwulst aber wich nicht augenblicklich, sondern nach ein paar Stunden. Er ermahnte sie auch, ihre Hände künftig zur Ehre Gottes zu gebrauchen; denn sie waren wegen Sünden in diesem Zustand. Er heilte noch viele und ging dann zum Sabbat in die Stadt.

Es waren unbeschreiblich viele Leute darin. Man hatte auch die Besessenen aus dem Gefängnis losgelassen, und sie liefen Jesu auf den Straßen entgegen und schrien ihn an. Er befahl ihnen aber zu schweigen und auszufahren; da folgten sie ruhig zur Synagoge zum Erstaunen aller Menschen und hörten seine Lehre. Die Pharisäer und besonders die fünfzehn Neuangekommenen saßen um seinen Lehrstuhl her und behandelten ihn mit wirklicher Scheu und geheuchelter Ehrfurcht. Sie gaben ihm die Rollen, und er lehrte aus Jesaias (Kap. 49), daß Gott seines Volkes nicht vergessen habe. Er las: wenn auch ein Weib seines Kindes vergessen könne, so würde Gott seines Volkes doch nicht vergessen, und legte aus dem Folgenden aus, daß Gott durch die Gottlosigkeit der Menschen nicht könne gebunden werden, sich der Verlassenen zu erbarmen. Es sei die Zeit nun gekommen, wovon der Prophet spricht, Sions Mauern sehe er immerdar. Jetzt sei die Zeit, wo die Zerstörer fliehen würden und die Baumeister kommen. Er würde viele versammeln, sein Heiligtum zu zieren. Es würden so viele fromm und gut, so viele würden Wohltäter und Führer des armen Volkes werden, daß die unfruchtbare Synagoge sagen werde: wer hat mir diese Kinder gezeugt? Die Heiden werden sich zur Kirche bekehren, die Könige ihr dienen! Der Gott Jakobs werde dem Feinde, werde der verderbten Synagoge ihre Leute entreißen und werde die, welche sich am Heiland wie Mörder vergreifen, gegen einander wüten und sich einander selbst erwürgen lassen. Er legte dieses auf den Untergang von Jerusalem aus, so es das Reich der Gnade nicht annehme. Gott frage, ob er sich denn von der Synagoge geschieden habe? Ob sie dann einen Scheidebrief habe? Ob er dann sein Volk verkauft habe? Ja! wegen der Sünden seien sie verkauft! Die Synagoge sei wegen ihrer Verbrechen verlassen! Er habe gerufen und gemahnt, und es habe niemand geantwortet. Aber Gott sei mächtig, er könne Himmel und Erde erschüttern. Alles legte Jesus auf seine Zeit aus. Er bewies, daß alles erfüllt sei, er sagte, daß der Vater ihn gesendet habe, das Heil zu verkünden und zu bringen und die von der Synagoge Verlassenen und Verführten zu sammeln, und die Stelle aussprach: „Gott der Herr habe ihm eine weise Zunge gegeben, die Verlassenen, Verirrten zurückzuführen, er habe ihm die Ohren früh geöffnet, seine Gebote zu hören, und er habe nicht widersprochen." Als Jesus dieses sagte, nahmen es die Pharisäer ganz plump, als lobe er sich selber. Wenn sie gleich von seiner Rede hingerissen waren und nach der Lehre zueinander sagten: „Nie habe ein Prophet so gelehrt", so zischelten sie sich dennoch in die Ohren. Er legte dann noch die Stelle des Propheten, daß er sich habe gewiß Mühe um sie gegeben, daß er sich habe ins Angesicht schlagen und seinen Leib habe geißeln lassen, auf die Verfolgung aus, die er erduldet und noch erdulden werde. Er sprach von seiner Mißhandlung in Nazareth; aber wer ihn verdammen wolle, der solle hervortreten! Alle seine Feinde würden veralten und verfallen mit ihrer Lehre, der Richter werde über sie kommen. Die Gottesfürchtigen sollten seine Stimme hören, die Unwissenden ohne Erleuchtung sollten zu Gott rufen und hoffen! Das Gericht werde kommen, und die das Feuer angezündet, würden dann zugrunde gehen. Das legte er wieder auf den Untergang des jüdischen Volkes und Jerusalems aus.

Sie konnten ihm kein Wort widersprechen, sie hörten ganz still zu, nur zischelten sie sich in die Ohren und höhnten und waren doch hingerissen. Er erklärte auch noch etwas aus Moses, das kommt aber immer zuletzt, und fügte noch eine Parabel an und sprach diese mehr zu seinen Jüngern, und zwar dem verräterischen jungen nazarethischen Schriftgelehrten zu Gehör. Es war die Parabel von den ausgeliehenen Talenten, weil dieser so eitel auf seine Kenntnisse war. Er wurde dadurch innerlich sehr beschämt, aber nicht gebessert. Jesus führte die Parabel nicht ganz so an, wie sie im Evangelium steht, aber ganz ähnlich.

Nach der Synagoge heilte er noch auf der Straße und ging dann vor das Tor mit seinen Jüngern in Petri Haus. Es waren auch Nathanael Chased und der Bräutigam und Thaddäus zu diesem Sabbat hierher von Kana gekommen. Thaddäus hielt sich öfters dort auf; er ging überhaupt viel her und hin im Lande, denn er handelte mit Fischernetzen, Segeltuch, Strickwerk. Das Haus wurde wieder voll von Kranken in der Nacht, und waren abgesondert auch mehrere blutflüssige Frauen da. Andere brachten Frauen auf einem Tragbett ganz eingewickelt. Sie sahen bleich und elend aus und hatten schon lange sich nach seiner Hilfe gesehnt. Diesmal legte er ihnen die Hände auf und segnete sie, die Bettlägerigen befahl er loszuwickeln und ihnen aufzustehen. Eine half der andern. Er ermahnte und entließ sie. In der Nacht sonderte Jesus sich zum Gebete ab.

Die lauernden Pharisäer in Kapharnaum hatten den Zweck ihrer Sendung nicht öffentlich ausgesprochen und hatten den Hauptmann Serobabel auch nur heimlich ausgefragt. Sie hielten sich hier auf unter dem Vorwand, wie manche Juden an andere

Orte auf den Sabbat zu reisen, besonders wo ein berühmter Lehrer war, und auch weil viele in die Gegend Genezareth kommen, sich von Geschäften in der Schönheit und Fruchtbarkeit derselben zu erholen.

Am folgenden Tag ging Jesus sehr früh nach Kapharnaum. Es waren unbeschreiblich viele Menschen und Kranke vor der Synagoge versammelt, von denen er viele heilte. Als er in die Synagoge hineinkam, wo die Pharisäer sich versammelt hatten, schrien ihm viele Besessene entgegen, und einer, der besonders rasend war, kam gegen ihn gerannt und schrie: „Was haben wir mit dir, Jesus von Nazareth? Du kamst uns zu verderben! Ich weiß, du bist der Heilige Gottes!" Da befahl ihm Jesus zu schweigen und von ihm auszufahren. Der Mensch stürzte zurück unter die andern und zerrte sich, aber der Teufel fuhr aus und schrie, und der Mensch ward ganz ruhig und warf sich vor Jesus nieder. Da sagten viele Leute, und besonders die Jünger den Pharisäern zu Gehör, die sich darüber ärgerten: „Was ist doch das für eine neue Lehre? Wer mag er sein? Er hat Gewalt über die unreinen Geister!"

Es war aber eine so erstaunliche Volksmenge, und waren so viele Kranke in und um der Synagoge, daß Jesus auf einer Stelle der Synagoge lehren mußte, welche nach innen und auch nach dem menschenvollen Vorhofe sah. Es standen die Pharisäer um ihn nach innen. und nach außen lehrte er zu dem Volke. Er wendete sich bald herein bald heraus. Die Hallen um die Synagoge waren geöffnet, und die Zuhörer füllten nicht allein den Vorhof, sondern standen auch auf den flachen Dächern der den Vorhof einschließenden Gebäude, auf welche Stufen hinauf führten. Unten befanden sich Zellen und Räume für Betende und Büßende. Den Kranken waren besondere Plätze eingeräumt.

Jesus lehrte wieder sehr lebhaft aus Jesaias und deutete alles auf diese Zeit und auf sich. „Die Zeiten seien erfüllt, und das Reich nahe sich. Immer hätten sie sich nach der Erfüllung der Prophezeiungen gesehnt und den Propheten und Messias verlangt, der ihre Bürde ihnen abnehme; aber wenn er da sein werde, werden sie ihn nicht wollen, weil er nicht nach ihren verkehrten Vorstellungen sein werde." Er nannte nun die Zeichen des Propheten, nach deren Erfüllung sie sich immer sehnten, die sie noch in den Schulen aus den Rollen lasen und darum beteten; und zeigte deren Erfüllung. Er sagte: „Die Lahmen werden gehen, die Blinden sehen, Taube hören. Tun sie es etwa nicht? Was will diese Versammlung der Heiden zur Lehre? Was schreien die Besessenen? Warum fahren die Teufel aus? Warum loben die Genesenen Gott? Verfolgen ihn die Verderber nicht? Umgeben ihn nicht die Lauerer? Aber sie werden den Sohn des Weinbergsherrn hinausstoßen und erschlagen, und wie wird es ihnen ergehen? Wollt ihr das Heil nicht annehmen, so soll es doch nicht verloren sein, und ihr sollt es den Armen, Kranken, Sündern und Zöllnern, den Büßenden, den Heiden selbst nicht wehren, zu denen es sich von euch abwenden wird!" Auf diese Art war der Inhalt seiner Lehre. Er sagte auch: „Ihr erkennt Johannes als einen Propheten, den sie gefangen haben! Geht zu ihm in sein Gefängnis, fragt ihn, wessen Wege er bereitet hat, und von wem er Zeugnis gibt!" Indem er so lehrte, wurde der Grimm der Pharisäer immer größer, und sie zischelten und murrten sich in die Ohren.

Es schleppten aber unter seiner Lehre acht halbkranke Männer vier an einer unreinen Krankheit leidende vornehme Männer aus Kapharnaum zur Synagoge, nach einer Stelle in den Vorhof, wo Jesus sie sehen und sie seine Worte hören konnten. Die durften ihrer Krankheit halber nur an einer Seite durchgebracht werden, die jetzt aber durch das Gedränge eingenommen war, und deswegen mußten die Halbkranken die Bettlägerigen an einer Stelle über ein Mauerwerk heben und sich durch die Leute drängen, welche wichen, weil sie unrein waren. Als die Pharisäer dieses sahen, ärgerten sie sich und murrten über diese Leute, als offenbare Sünder, welche an einer unreinen Krankheit litten, und sprachen laut davon, welche Unordnung dieses sei, daß solche Leute sich in ihre Nähe wagten! Da ihre Reden durch das Volk fortgehend zu diesen Kranken kamen, wurden sie sehr traurig und fürchteten sich, da Jesus ihre Sünden vernommen, möchte er sie nicht heilen. Sie waren aber voll Reue und hatten sich längst nach seiner Hilfe gesehnt. Als Jesus aber dieses Murren der Pharisäer hörte, wendete er sich im Augenblick, da die Kranken so betrübt wurden, hinaus mit seiner Rede nach dem Vorhof, wo sie lagen, sah sie liebevoll und ernst an und rief ihnen zu: „Euere Sünden sind euch vergeben!" Da brachen die armen Leute in Tränen aus; die Pharisäer aber murrten mit großer Erbitterung: „Wie wagt er das zu sagen? Wie kann er Sünden vergeben!" Jesus aber sagte: „Folget mir hinab, und seht was ich tue! Was ärgert ihr euch, daß ich den Willen meines Vaters tue? Wollt ihr nicht das Heil, so sollt ihr es den Bußfertigen doch nicht mißgönnen! Ihr ärgert euch, daß ich am Sabbat heile. Ruht die Hand des Allmächtigen am Sabbat, Gutes zu tun und Böses zu strafen? Nährt er, heilt er, segnet er nicht am Sabbat? Macht er euch am Sabbat nicht krank? Läßt er euch am Sabbat nicht sterben? Ärgert euch nicht, daß der Sohn am Sabbat den Willen und die Werke seines Vaters tut!" Und als er den Kranken nahegekommen war, stellte er die Pharisäer ferne von ihnen in eine Reihe und sagte: „Bleibt hier, denn sie sind euch unrein, mir sind sie es nicht; denn ihre Sünden sind ihnen vergeben! Und nun saget: ist es schwerer zu einem reumütigen Sünder zu sagen: deine Sünden sind dir vergeben, als dem Kranken zu sagen: stehe auf und trage dein Bett von dannen?" Sie konnten nichts antworten, und Jesus ging zu den Kranken, legte einem nach dem andern die Hände auf, betete über sie wenige Worte, hob sie an den Händen empor und befahl ihnen, Gott zu danken und nicht mehr zu sündigen und ihre Betten hinwegzutragen. Sie standen alle vier von den Betten auf; die acht, die sie getragen, die auch halb krank waren, waren ganz rüstig und halfen den andern aus den einhüllenden Decken. Diese schienen nur etwas müde und ungewohnt; sie schlugen aber die Tragen ihrer Betten zusammen, nahmen sie auf die Schultern, und es gingen alle zwölf freudig unter dem Gesange: „Gelobt sei der Herr Gott Israels! Er hat Großes an uns getan, er hat sich über sein Volk erbarmt und uns durch seinen Propheten geheilt", durch die staunende und jauchzende Menge von dannen.

Die Pharisäer aber, voll Ärger und ganz beschämt, gingen ihres Weges ohne Abschied zu nehmen. Es ärgerte sie alles, wie und was Jesus tat, und daß er nicht mit ihnen einerlei Meinung war, daß sie die Gerechten, Weisen, Erwählten nicht waren, daß er mit Leuten zu tun hatte, welche sie verachteten. Sie hatten tausend Aber und sagten auch, er halte die Fasten nicht richtig, er gehe mit Sündern, Heiden, Samaritern und allerlei Gesindel um. Er sei selbst von geringer Abkunft, er lasse seinen Jüngern zu viel Freiheit und halte sie nicht in gehörigem Respekt. Kurz, alles war ihnen recht; und doch konnten sie nichts einwenden, konnten seine Weisheit und erstaunlichen Wunder nicht leugnen und verwickelten sich nur immer mehr in größeren Grimm und Verleumdung. Wenn man das Leben Jesu so ansieht. so findet man alles Volk und die Priester so, wie viele auch heutzutage sind; wenn Jesus jetzt käme, würde es ihm mit vielen Schriftgelehrten und der Polizei noch viel schlimmer ergehen.

Die Krankheit jener Geheilten war ein unreiner Fluß. Sie waren ganz ausgezehrt und starr, als hätte sie der Schlag gerührt. Die acht andern waren teilweise an einer Seite gelähmt. Die Betten waren zwei Stangen mit Füßen und einem Querholz, in der Mitte war eine Matte gespannt. Sie rollten das Ganze zusammen und trugen es auf den Schultern wie ein paar Stangen hinweg. Es war ungemein rührend, als diese Leute so singend durch das Volk zogen.

Jesus heilt Petri Schwiegermutter und bereitet Petrus auf sein Amt vor

Jesus ging nun ohne Verweilen mit den Jüngern zum Tor hinaus und den Berg entlang nach Petri Haus bei Bethsaida; denn sie hatten ihn dringend gerufen, weil sie glaubten, Petri

Schwiegermutter wolle sterben. Ihre Krankheit hatte sehr zugenommen, denn sie hatte ein hitziges Fieber. Jesus ging gerade in ihre Kammer. Es waren noch andere mit ihm, ich meine auch Petri Tochter. Er trat an die Seite ihres Lagers, wo ihr Kopf lag, und lehnte sich gegen das Lager, halb stehend, halb sitzend, so daß ihr Kopf ihm nahe war. So sprach er einiges mit ihr und legte ihr die Hand auf Kopf und Brust, und sie ward ganz still. Da stand er vor ihr, nahm ihre Hand und hob sie ins Sitzen und sagte: „Gebt ihr zu trinken!" Es gab ihr Petri Tochter zu trinken aus einer schifförmigen Schale. Jesus segnete das Getränk und befahl ihr aufzustehen, und sie erhob sich von dem niedrigen Lager. Sie war ganz eingewickelt und hatte noch einen weiten Schlafrock darüber. Sie ließ die Einhüllung liegen, stieg herab und dankte dem Herrn und mit ihr das ganze Haus.

Bei der Mahlzeit trug die Genesene mit andern Frauen auf und diente ganz gesund zu Tisch. Danach ging Jesus mit Petrus, Andreas, Jakobus und Johannes und mehreren andern Jüngern an den See an Petri Fischerstelle und lehrte hauptsächlich davon, daß sie bald diese Arbeit ganz würden liegen lassen und ihm folgen. Petrus wurde ganz bange, er warf sich vor Jesus auf die Knie nieder und bat, er möge doch auf seine Unwissenheit und Schwäche sehen und nicht verlangen, daß er bei so wichtigen Dingen sein solle; er sei so etwas gar nicht würdig und vermöge nicht, andere zu unterrichten. Jesus sagte, daß sie keine weltliche Sorge haben sollten, und daß der, welcher den Kranken Gesundheit gebe, auch ihnen Nahrung und die Kraft zu ihren Verrichtungen geben werde. Die andern waren ganz zufrieden; Petrus allein konnte vor Demut und Einfalt nicht begreifen, wie er kein Fischer, sondern ein Lehrer sein sollte. Es war dieses noch immer das Berufen nicht, welches im Evangelium steht; dieses ist noch nicht gewesen. Jedoch hat Petrus sein Gewerbe schon mehr dem Zebedäus übergeben. Nach diesem Spaziergang am See ging Jesus wieder gegen Kapharnaum und fand ungemein viele Kranke vor der Stadt um Petri Haus. Er heilte viele und lehrte dann noch in der Synagoge.

Als aber das Gedränge immer größer ward, entzog sich Jesus der Menge unbemerkt und ging ohne alle Begleitung nach einer sehr angenehmen wilden Schlucht, welche sich südwärts von Kapharnaum von dem Gute Serobabels nach den Wohnungen seiner Knechte und Arbeitgeber hinzieht. In dieser Schlucht waren Höhlen, Büsche und Quellen, auch wurden viele Vögel und allerlei zahme seltene Tiere darin gehalten. Es war eine künstlich gepflegte Wildnis und der dem Serobabel gehörige, übrigens öffentliche Teil des Lustlandes Genezareth. Jesus blieb hier die Nacht einsam im Gebet; seine Jünger wußten nicht, wo er war. Es war jetzt die zweite Ernte hier in der Gegend.

Frühmorgens verließ Jesus diese Wildnis, kehrte nicht mehr nach Kapharnaum zurück, sondern befahl dem Petrus, der mit andern Jüngern ihn aufgesucht hatte, daß er ihm den Parmenas, Saturnin, Aristobolus und Tharzissus nach einem gewissen Orte hinsenden solle, wo er mit ihnen zusammentreffen werde, und wanderte darauf nach dem Badesee von Bethulien. Er umging die Höhe des Tales, an der Magdalum liegt, das ihm ein paar Stunden östlich zur Linken blieb. An der Mittagsseite dieser Höhe lag die Stadt Jotapata.

Johannes im Gefängnis – Herodes verhört ihn über Jesus

Herodes und sein Weib waren in Machärus. Ich sah, daß Herodes den Täufer vor sich rufen ließ. Herodes saß in einem großen Saale in der Nähe der Gefängnisse, von seiner Wache und mehreren Beamten und Schriftgelehrten und besonders von Herodianern und Sadduzäern umgeben. Johannes wurde durch einen Gang in diesen Saal gebracht und stand vor der großen offenen Türe zwischen den Wachen. Ich sah das Weib des Herodes mit großer Frechheit und voll Hohn an Johannes vorüber in den Saal hineinstreichen und sich auf einen hohen Sitz niederlassen. Dieses Weib hatte eine andere Gesichtsform als die meisten jüdischen Frauen. Alle Formen waren sehr spitz und scharf und der Kopf selbst sehr spitz. Ihre Mienen waren in steter Bewegung. Sie war sehr schön gewachsen und in ihrer Kleidung sehr frech und getrieben, sehr eng geschnürt. Sie mußte jedem unschuldigen Menschen ärgerlich sein und lockte doch alle Augen auf sich.

Herodes fragte den Johannes, er solle ihm deutlich sagen, was er von Jesus halte, der solchen Aufruhr in Galiläa mache; wer er denn sei? Ob er an seine Stelle nun komme? Er habe zwar gehört, daß er früher von ihm verkündet habe; aber er habe dieses nicht besonders beachtet; er solle nun nochmals ihm seine volle Meinung sagen, denn dieser Mensch führe wunderbare Reden, spreche von einem Reiche, nenne sich in Gleichnissen einen Königssohn und dergleichen, da er doch der Sohn eines armen Zimmermanns sei. Nun sah ich, daß Johannes mit lauter Stimme und ganz, als rede er vor dem versammelten Volke, von Jesus Zeugnis gab: wie er nur sein Wegbereiter sei, wie er nichts sei gegen ihn, wie nie ein Mensch noch Prophet das gewesen, noch sein werde, was er sei; daß er der Sohn des Vaters, der Christus, der König der Könige, der Heiland und Hersteller des Reiches sei, daß keine Gewalt über die seine, daß er das Lamm Gottes sei, welches die Sünden der Welt trage usw. So redete er von Jesus laut rufend, nannte sich seinen Vorläufer und Wegebereiter und geringsten Diener. Er sprach dieses alles in solcher Begeisterung laut und hatte ein so übernatürliches Wesen, daß Herodes in die größte Angst kam und sich zuletzt gar die Ohren zuhielt. Er sagte hierauf zu Johannes: „Du weißt, daß ich dir wohl will, aber du redest Aufruhr erregend gegen mich vor dem Volk, indem du meine Ehe verwirfst! So du deinen verkehrten Eifer mäßigst und vor dem Volke meine Verbindung anerkennst, will ich dich freilassen, und du magst hingehen und lehren und taufen!“ Da erhob Johannes abermals seine Stimme mit großem Ernst gegen Herodes und strafte ihn seines Wandels vor dem Volk und sagte ihm: „Ich kenne deine Gesinnung und weiß, daß du das Rechte erkennst und vor dem Gericht erzitterst; aber du hast dich mit Schleppsäcken behängt und liegst in den Schlingen der Unzucht gefangen!“ Der Grimm des Weibes bei diesen Reden war nicht auszusprechen, und Herodes kam in solche Angst, daß er den Johannes schnell wegzubringen gebot. Er ließ ihn in einen andern Kerker bringen, welcher keine Aussicht nach außen hatte, so daß er nicht mehr vom Volke konnte gehört werden.

Dieses Verhör hielt Herodes aus Sorge über den Aufruhr der Täuflinge und die Nachrichten der Herodianer von Jesu Wunder.

Es war aber im ganzen Lande ein Gespräch wegen der strengen Hinrichtung einiger Ehebrecher in Jerusalem, welche die Herodianer aus Galiläa dahin geliefert hatten. Man sprach davon, daß man die kleinen Verbrecher hinrichte und die großen laufen lasse, und daß eben diese Ankläger, die Herodianer, dem ehebrecherischen Herodes zugetan seien, und daß dieser den Johannes gefangengenommen, weil er ihn des Ehebruchs beschuldigt hatte. Herodes war dabei nicht gut zumut. Ich habe diese Ehebrecher richten sehen. Man las ihnen ihr Verbrechen vor und stieß sie in einer Halle in ein schmales Loch, an dessen Rand sie standen. Sie fielen auf ein Messer, das ihnen die Kehle abschnitt, und unten in einem Gewölbe standen Büttel, welche die Leichname beiseite schleppten. Es war eine Maschine, in die sie stürzten. Es war in der Gegend, wo Jakobus gerichtet wurde.

Jesus lehrte auch am folgenden Tage noch unter den Ackerleuten, da Andreas, Jakobus und Johannes hierher zu ihm kamen. Nathanael war in seinem Hause in der Vorstadt bei Gennabris.

Ein Herodianer trat ganz ehrerbietig zu ihm und bat ihn, doch zu erklären, wie groß denn die Zahl derer sein würde, welche in sein Reich kommen. Sie wollten ihn mit dieser Frage fangen, weil alle durch die Beschneidung daran teilhaben sollten, und weil er sogar von den Heiden und Verschnittenen dabei gesprochen und so viele Juden verworfen hatte. Jesus ging auf diese Frage nicht mit bestimmter Antwort ein, sondern er lehrte weit umher und kam zuletzt auf einen Punkt, welcher die Frage ganz aufhob. Er antwortete etwa mit einer Frage: wie viele dann aus der Wüste in Kanaan eingegangen seien? Und ob sie nicht alle durch den Jordan gegangen? Wie viele das Land denn wirklich besessen? Und ob sie es denn je ganz erobert hätten? Ob sie es nicht noch jetzt teils mit den Heiden teilen müssen? Ob sie nie und nirgends daraus vertrieben worden seien? Er sagte auch, es werde keiner in sein Reich eingehen als durch den engen Weg und die Brauttüre. Ich hatte die Erklärung, es sei dieses Maria und die Kirche, in welcher wir durch die Taufe wiedergeboren werden, und aus welcher der Bräutigam geboren sei, auf daß er uns durch sie in die Kirche hineinführe und durch sie wieder zu Gott. Er setzte dem Eingehen durch die Brauttüre das Eingehen durch die Seitentüre entgegen. Es war ein ähnliches Gleichnis, wie das vom Guten Hirten und Mietling (Joh. 10,1). Auch hier sagte er: durch die Türe allein gehe der Eingang. Die Rede Jesu am Kreuz vor seinem Tode, da er Maria die Mutter des Johannes und diesen den Sohn Mariä nennt, habe einen geheimen Sinn dieser Wiedergeburt aus- und ineinander durch Jesu Tod.

Sie konnten an diesem Abend ihm nichts anhaben und hatten sich auch erst auf den Schluß des Sabbats dazu bereitet. Es ist wunderlich, wenn sie beisammen sind, so haben sie immer ein großes Maul, wie sie Jesus fangen und festhalten wollen in seinen Lehren, und wenn er zugegen ist, können sie nichts vorbringen, sind ganz erstaunt und teils auch überzeugt, aber voll Grimm.

Heute sah ich, daß Herodes nach jenem Verhör des Johannes Beamte zu dem aufrührerischen Volk schickte, welche der Menge sehr sanft vorstellten, sie möchten keine Sorge um Johannes haben und sich ruhig nach Hause begeben. Er befinde sich sehr wohl und genieße eine freundliche Behandlung. Herodes habe ihn nur näher bei sich haben wollen; durch ihren Aufstand könnten sie einen bösen Schein auf ihn werfen und seine Lage verschlimmern. Sie sollten sich daher nach Hause begeben; dann werde er wohl bald wieder zum Taufen erscheinen. Da nun auch die Boten von Jesus und die Johannisjünger mit ihren Aufträgen ankamen, so zerstreuten sich die Leute nach und nach. Herodes war aber in einer großen Bangigkeit und Unruhe. Die Hinrichtung der Ehebrecher in Jerusalem hatte das Volk auf die Erinnerung seiner ehebrecherischen Ehe gebracht, und es murrte laut darüber, daß er Johannes gefangenhalte, weil er die Wahrheit gesagt und das Gesetz aufrechtgehalten, nach welchem jene in Jerusalem getötet worden. Zudem hörte er noch von den Taten und Lehren Jesu in Galiläa; auch war es ihm zu Ohren gekommen, daß er jetzt an den Jordan herabkommen und lehren wolle. Er war in großer Furcht, es möchte dadurch das unruhige Volk noch mehr aufgewiegelt werden; und in dieser Angst sah ich ihn eine Versammlung von Pharisäern und Herodianern halten, um sich zu beratschlagen, wie man Jesus zurückhalten könne. Der Schluß war, daß er auch aus diesen zu Jesus absendete, welche ihm ganz fein möchten zu verstehen geben, er solle sich doch in Obergaliläa und jenseits des Sees mit seinen Lehren und Wundern aufhalten und nicht im Land des Herodes in Galiläa und ja nicht nach dem Jordan herab ins Gebiet des Herodes kommen. Sie sollten ihn warnen mit dem Beispiel des Johannes, weil Herodes sich leicht gezwungen sehen könnte, ihn zu Johannes gefangenzulegen. Diese Gesandtschaft reiste heute nach Galiläa ab.

Am folgenden Morgen lehrte Jesus wieder in der Synagoge ohne vielen Widerspruch; denn sie wollten ihn in der Mittagslehre alle zusammen anfallen. Er lehrte wieder abwechselnd aus Jesaias und 5. Mosis. Es kam auch Gelegenheit vor, von würdiger Haltung des Sabbats zu reden, und er lehrte viel davon. Die Kranken dieser Stadt hatten nicht gewagt, ihn um Hilfe anzuflehen, so waren sie eingeschüchtert.

Jesus sprach in der Synagoge auch den Laurern zu Gehör von der Gesandtschaft des Herodes an ihn: „Wenn sie kommen, so sollten sie den Füchsen sagen, sie möchten dem Fuchs die Nachricht bringen, er brauche sich um ihn nicht zu ängstigen; er möge ungehindert sein Treiben fortsetzen und sein Werk an Johannes vollenden. Er werde sich übrigens nicht an ihn stören und lehren, wohin er gesendet sei, in jeder Gegend, und zu Jerusalem, wenn es nötig sei. Er werde seine Aufgabe vollenden und seinem Vater im Himmel Rechenschaft davon geben." Sie ärgerten sich sehr darüber.

Nach dem Sabbat war in einem öffentlichen Lustort der Stadt ein großes Gastmahl wegen Vollendung der Ernte, und Jesus mit seinen Jüngern war dazu eingeladen. Es waren die meisten vornehmen Bürger und auch manche Fremde da, selbst einzelne reiche Bauern. Man aß an mehreren Tischen. Es befanden sich von allen Früchten, Obst und Getreide auf dem Tisch, selbst Geflügel, und alles, was besonders in dieser Ernte ergiebig gewesen, war doppelt da, auch Tiere, gebraten als Speise und geschlachtet und zur Zubereitung fertig, als ein Bild des Überflusses.

Man hatte Jesu und seinen Jüngern die obersten Stellen angewiesen; aber ein hoffärtiger Pharisäer hatte sich im voraus obenan gesetzt. Jesus, dem Tische nahend, sprach mit ihm heimlich und fragte, wie er an diesen Platz komme? Da sagte er: „Weil hier die löbliche Gewohnheit ist, daß die Gelehrten und Vornehmeren obenan sitzen." Jesus entgegnete: „Die, welche auf Erden die ersten Plätze einzunehmen strebten, würden keinen Platz in dem Reich seines Vaters haben", und der Mann setzte sich ganz beschämt weiter hinab, wo er sich aber doch anstellte, als habe er dieses aus eigenem Besserdünken getan. Bei Tisch erklärte Jesus noch einiges vom Sabbat, besonders (Jesaias 58, 7) „brich dem Hungrigen dein Brot, und die so im Elend sind, führe ins Haus." Und fragte auch: „Ob es nicht eine Gewohnheit dieses Festes, als eines Dankfestes des Überflusses sei, die Armen zu Gast zu ziehen und mit ihnen zu teilen? Er wundere sich, daß man dieses habe abkommen lassen; wo denn die Armen seien? Da sie ihn eingeladen, obenan gesetzt und ihn zum Meister der Tafel gemacht hätten, so müsse er sich auch um die rechtmäßigen Gäste bekümmern. Sie sollten die

Leute hereinrufen, die er geheilt, und alle übrigen Armen." Da sie es aber nicht gleich taten, gingen seine Jünger und riefen die Armen auf allen Straßen; und als sie bald kamen, gab ihnen Jesus und die Jünger ihre Stellen, und die Schriftgelehrten machten sich nach und nach fort. Jesus aber und die Seinigen und einzelne gute Leute dienten den Armen und teilten noch alles aus, was übrig war, wodurch eine große Freude umher entstand. Dann begab er sich mit den Seinigen zu dem Pharisäer Dinotus vor der Abendseite der Stadt in Ruhe.

Segnung der Kinder und Verhältnis zu Johannes

Er segnete nachher die Kinder insgemein und verließ mit den Jüngern den Ort, gegen Osten dem Jordan zugehend.

Unterwegs lehrte Jesus noch auf dem Felde vor einzelnen Hütten, wo sich Haufen von Feldarbeitern und Hirten versammelten. Sie kamen erst nachmittags, etwa gegen vier Uhr, vor Bezech an, welches etwa zwei Stunden östlich von Abelmehola am Jordan liegt.

Die beiden Eheleute, welche in Bezech der Herberge vorstanden, waren fromme, gute Leute und lebten nach einem Gelübde in Enthaltung, obwohl sie keine Essener waren. Sie waren mit der Heiligen Familie ferne verwandt. Jesus sprach mehrmals während seines Hierseins allein mit diesen Leuten.

Alle anwesenden Freunde und Jünger aßen und schliefen in der neu angelegten Herberge mit Jesus. Es waren Geschirre, Decken, Teppiche, Lager, Scheidwände, auch Sohlen und einzelne Kleidungsstücke durch des Lazarus und der Frauen Fürsorge für sie bereit.

Jesus hielt am Morgen eine große herrliche Lehre auf einem Hügel mitten im Ort, wo die Einwohner ihm einen Lehrstuhl zubereitet hatten. Es waren sehr viele Menschen da, auch etwa zehn Pharisäer, welche aus benachbarten Orten hierher gekommen waren, um auf seine Lehre zu lauern. Er lehrte hier sehr mild und liebevoll gegen das Volk, welches gutartig und durch den Besuch von Johannis Lehre und durch die Taufe, welche viele empfangen hatten, schon sehr gebessert war.

Tags darauf lehrte Jesus wieder in der Synagoge aus Jesaias 51 und 52 und 5. Mosis 16 bis 21. Er sprach von Johannes und dem Messias, von den Kennzeichen des Messias in anderer Weise, als gewöhnlich, denn er sprach es sehr deutlich aus, daß er der Messias sei, da viele der Anwesenden durch die Lehren Johannis schon sehr vorbereitet waren. Es floß diese Lehre aus Jesaias 52, 13 bis 15. Er sprach: der Messias werde sie versammeln, werde voll Weisheit sein, erhöht und verherrlicht werden; und wie viele sich über das unter den Heiden zertretene und verwüstete Jerusalem entsetzt hätten, so werde auch sein Erlöser unter den Menschen ohne Ansehen, verfolgt und verachtet erscheinen. Er werde viele Heiden taufen und reinigen, die Könige würden von ihm belehrt schweigen, und die, denen er nicht verkündet worden sei, würden seine Lehre vernehmen, würden ihn sehen. Er wiederholte auch alle seine Taten und Wunder seit seiner Taufe und alle Verfolgung, die er erlitten zu Jerusalem und zu Nazareth, die Verachtung, das Lauern und Hohngelächter der Pharisäer. Er erwähnte das Wunder zu Kana, die geheilten Blinden, Stummen, Tauben, Lahmen, die Erweckung der Tochter des Jairus zu Phasael. Er zeigte nach der Gegend hin und sagte: „Es ist nicht sehr weit von hier; gehet und fragt, ob dem nicht so sei!“ Er sagte: „Ihr habt den Johannes gesehen und erkannt, er hat euch gesagt, daß er sein Vorläufer, sein Wegbereiter sei! War Johannes weichlich, zärtlich, vornehm? Oder war er einer aus der Wüste? Wohnte er in Palästen, aß er köstliche Speisen, trug er zarte Kleider, sprach er feine glatte Worte? Er sagte aber, daß er der Vorläufer sei; trägt denn der Diener nicht die Kleider seines Herrn? Wird ein König, ein glänzender, mächtiger, reicher, wie ihr ihn erwartet, als euren Messias, einen solchen Vorläufer haben? Aber ihr habt den Erlöser, und ihr wollt ihn nicht erkennen, er ist nicht nach eurer Hoffart, und weil er nicht so ist wie ihr wollt, so wollt ihr ihn nicht erkennen!“

Er lehrte auch noch vieles über 5. Moses 18. 18. 19. „Ich will ihnen einen Propheten erwecken aus ihren Brüdern, und wer seine Worte in meinem Namen nicht hören will, von dem will ich Rechenschaft fordern." Es war eine gewaltige Lehre, und es wagte keiner, ihm zu widersprechen. Er sagte auch: „Johannes war einsam in der Wüste und ging zu niemand; das war euch nicht recht. Ich gehe von Ort zu Ort, lehre und heile, und das ist euch auch nicht recht! Was wollt ihr für einen Messias? Jeder will etwas anderes! Ihr seid wie die Kinder, welche auf den Straßen laufen; jedes macht sich ein anderes Instrument, darauf zu blasen, der eine ein tiefes Horn von Bast, der andere eine hohe Rohrpfeife." Nun nannte er allerlei Kinderspielwerk her, und wie jedes wolle, man solle in seinem Tone singen, und jedem gefalle nur sein Spielwerk.

Gegend Abend, als Jesus aus der Synagoge kam, war eine große Menge Kranker vor derselben versammelt. Viele lagen auf Tragbetten, und es waren Zeltdächer über sie gespannt. Jesus ging von seinen Jüngern begleitet von einem zum andern und heilte sie. Dazwischen waren hie und da Besessene, welche tobten und ihn anschrien. Er befreite sie, indem er vorüberging und ihnen zu schweigen befahl. Es waren Lahme, Schwindsüchtige, Wassersüchtige mit Geschwüren am Hals wie Drüsen, Taube und Stumme. Er heilte sie alle einzeln mit Auflegung der Hände, doch war seine Art und Berührung verschieden. Die Genesenen waren teils gleich ganz geheilt, nur noch etwas schwach, teils erleichtert, und die Genesung folgte schnell, je nachdem die Art des Übels und das Gemüt des Kranken war. Die Geheilten gingen von dannen und sangen einen Psalm Davids. Es waren aber so viele Kranke, daß Jesus nicht ganz herumkommen konnte. Die Jünger halfen ihm mit Heben, Aufrichten, Loswickeln der Kranken, und Jesus legte Andreas, Johannes und Judas Barsabas die Hände auf den Kopf und nahm ihre Hände in seine Hand und befahl ihnen, einem Teil der Kranken in seinem Namen zu tun, wie er tue. Sie taten dieses auch sogleich und heilten viele.

Hierauf begab sich Jesus mit den Jüngern nach der Herberge, wo sie eine Mahlzeit hatten, sonst war niemand dabei. Er ließ aber einen großen Teil der Speisen, die übrig waren und die er segnete, hinaus zu den vor Bezech lagernden armen Heiden und auch zu andern Armen bringen. Diesen Heiden-Karawanen war von Jüngern gelehrt worden.

Jesus geht nach Ainon und Maria von Supha

Jesus lehrte und heilte noch vor der Herberge. Das Taufvolk, die Karawane der Heiden und viele andere Menschen zogen nach dem Jordan, um überzusetzen. Dann kamen sie über ein Flüßchen, nächst welchem Sukkoth ihnen zur Linken lag, als sie es überschritten hatten. Sie ruhten zwischen Sukkoth und Ainon, welche Orte etwa vier Stunden voneinander sein mochten, unter Zelten.

In Ainon waren unzählige Menschen versammelt. Die Heiden lagerten sich zwischen dem Hügel, worauf Ainon liegt, und dem Jordan. Auch zehn Pharisäer waren hier, teils aus Ainon, teils von anderen Orten, darunter auch der Sohn des Simeon von Bethanien. Doch waren kluge und billige Leute unter ihnen.

Hier vor dem Ort kamen die Pharisäer, worunter Simon des Aussätzen Sohn, Jesus und den Jüngern entgegen und empfingen sie ganz freundlich und ehrenvoll, brachten sie in ein Zelt, wuschen ihnen die Füße, schüttelten ihnen die Kleider aus und erquickten sie mit Honig und Brot und einem Becher. Jesus äußerte, daß billig denkende Leute unter ihnen seien; es tat ihm jedoch leid, daß sie dieser Sekte angehörten. Er folgte ihnen in die Stadt, wo er gleich in einen Hof trat, in welchem eine große Menge von Kranken aller Art, fremde und einheimische, auf ihn harrten. Sie lagen teils unter Zelten, teils unter gegen den Hof zu offenen Hallen.

Dieser Hof endete mit einer weiten Säulenhalle, in welche von der Stadt her ein Eingang war; ich sah viele Zuschauer, die

Pharisäer und auch mehrere Frauen in dieser Halle. Jesus aber hatte den Pharisäern hier, weil billige Leute unter ihnen waren, und sie ihn doch teils aufrichtig und anständig empfangen hatten, einen gewissen Vorzug im Vergleich mit andern Orten zugestanden; denn er wollte ihrem Vorwurf begegnen, als gäbe er sich immer nur mit Zöllnern, Sündern und Bettlern ab. Er wollte ihnen zeigen, daß er sie in allen Ehren lasse, so sie sich anständig und wohlgesinnt betrügen. Sie machten sich darum besonders zu tun, die Leute in Ordnung zu halten, und er ließ es geschehen.

Während Jesus heilte, trat zur hinteren Pforte der großen Halle eine schöne fremdgekleidete Frau von mittlerem Alter herein. Sie hatte Kopf und Haare mit einem dünnen Schleier umwunden, der mit Perlen durchflochten war.

Sie trat sehr traurig und bang, voll Scham und Kummer herein; ihr bleiches Gesicht war verweint und von Trauer ganz verwirrt. Sie wollte zu Jesus; es waren viele Menschen da, und sie konnte nicht hinzu. Die geschäftigen Pharisäer traten ihr entgegen; sie sagte: „Führt mich zu dem Propheten, daß er mir meine Sünden vergebe und mich heile!" Die Pharisäer versetzten: „Weib, gehe nach Haus! Was willst du hier? Er wird nicht mit dir reden. Wie kann er dir deine Sünden vergeben? Er wird sich nicht mit dir befassen, du bist eine Ehebrecherin!" Als die Frau dies hörte, erblaßte sie, kriegte ein schreckliches Angesicht, warf sich an die Erde hin, zerriß ihre Mantelhülle von oben bis unten, zerraufte sich die Decke ihres Hauptes und schrie: „Ach, so bin ich dann verloren! Nun fassen sie mich! Sie zerreißen mich! Da sind sie!" Und nannte fünf Teufel, die in sie fuhren, den ihres Ehemannes, und vier ihrer Buhler. Es war ein schrecklicher Anblick. Einige umherstehende Frauen hoben sie auf und brachten die wehklagende gepeinigte Frau nach ihrer Wohnung zurück. Jesus wußte das wohl; wollte aber die Pharisäer hier nicht beschämen, ließ ruhig alles geschehen und fuhr in seiner Heilung fort; denn ihre Stunde war noch nicht gekommen.

Hierauf begab er sich mit den Jüngern und Pharisäern vom Volke begleitet durch die Stadt hinauf auf die Höhe nach dem Lehrplatze Johannis in Mitte des von überwachsenen Wällen und einzelnen Gebäuden umgebenen Hügels, an welchem an der Seite, wo sie heraufkamen, das halbwüste Schloß lag, in dessen Turm Herodes bei Johannis Lehre gewohnt hatte. Es war der ganze Hügelrand schon mit harrendem Volke bedeckt. Jesus stieg auf den Lehrhügel Johannis, der mit einem Zelt, das nach allen Seiten offen war, überspannt war. Er hielt eine große Lehre, in welcher er die Barmherzigkeit Gottes mit den Menschen und insbesondere mit seinem Volke und alle Führungen und Verheißungen, die ganze Schrift durchgehend, ausführte und die Erfüllung von allem in der jetzigen Zeit nachwies. Er sprach jedoch nicht so deutlich als zu Bezech, daß er der Messias sei. Er sprach auch von Johannes, seiner Gefangenschaft und Arbeit. Es wurden die Scharen des Volkes abwechselnd, ihn zu hören, ab- und zugeführt. Jesus fragte auch einzelne Scharen, warum sie wollten getauft sein? Warum sie bis jetzt gewartet hätten? Was sie unter der Taufe verstünden? Er teilte sie auch in Klassen, welche zuerst und welche erst später nach mehreren Belehrungen getauft wurden. Ich entsinne mich der Antwort von einer Schar der Täuflinge auf die Frage, warum sie geharret bis jetzt? Es sagte einer: „Weil Johannes immer lehrte, daß einer komme, der größer sei als er, so hätten sie diesen erharret, um noch größere Gnade zu erhalten." Hierauf hoben alle, welche derselben Meinung waren, die Hände in die Höhe und bildeten eine Gesellschaft, welcher dann von Jesus gewisse Lehren und Anweisungen der Vorbereitung und Taufzeit gegeben wurden.

Nachmittags etwa gegen drei Uhr war diese Lehre geschlossen, und Jesus ging nebst den Jüngern mit den Pharisäern vom Hügel zur Stadt hinab, wo sie ihm ein großes Mahl in einer offenen Herbergshalle bereitet hatten. Als aber Jesus in die Nähe des Festhauses kam, ging er nicht mit hinein, sondern sagte: „Ich habe einen anderen Hunger", und fragte sie, obschon er es wußte, nach dem Hause, wo das Weib wohne, das sie am

Morgen von ihm abgewiesen? Da zeigten sie ihm das Haus nahe bei dem Festhaus, und er ließ sie stehen und ging durch den Vorhof hinein.

Ich sah, als Jesus nahte, die große Qual und Angst der Frau im Hause. Der Teufel, der sie im Besitz hatte, trieb sie aus einem Winkel in den andern; sie war wie ein furchtsames Tier, das sich verkriechen will. Als Jesus durch den Hof einging und sich der Gegend nahte, wo sie war, floh sie durch einen Gang an dem Anhang des Hügels, worauf ihr Haus lag, in einen Keller und stieg dort in ein Gefäß wie ein Faß, doch oben enger als unten, und da sie sich darin verbergen wollte, zersprang es mit großem Geklirre. Es war ein großes irdenes Gefäß. Jesus aber stand still und rief: „Maria von Supha, Weib des... (hier sprach er den Namen ihres Mannes aus, den ich vergessen). Ich befehle dir im Namen Gottes, komme zu mir!" Da kam die Frau von Kopf bis zu den Füßen ganz zugewickelt, als zwänge sie der Teufel, noch in ihren Mantel sich zu verkriechen, wie ein Hund, der Schläge erwartet, auf allen vieren zu Jesus Füßen gekrochen. Jesus aber sagte zu ihr: „Stehe auf!" Da stand sie auf, zog aber die Hülle so heftig über ihr Gesicht und um ihren Hals, als wollte sie sich mit dem Tuch erwürgen. Da sprach der Herr: „Decke dein Angesicht auf!" Und sie wand den Schleier vom Gesicht. Ihre Augen hielt sie niedergeschlagen und abgewendet, als zwänge sie eine innerliche Gewalt von Jesus hinweg. Er aber nahte sein Haupt dem ihrigen und sagte: „Schaue mich an!" Und sie tat es. Er hauchte sie an, da zitterte sie, und ein schwarzer Dampf wich nach allen Seiten von ihr. Sie sank vor Jesus in die Knie zusammen. Es waren aber ihre Mägde bei dem Lärm des zerspringenden Gefäßes genaht und standen in einiger Ferne. Jesus befahl ihnen, das Weib in das Haus auf ein Ruhebett zu bringen, und folgte ihr mit ein paar Jüngern, die bei ihm waren. Er fand sie in heftigen Tränen. Er nahte ihr, legte ihr die Hand auf das Haupt und sprach: „Deine Sünden sind dir vergeben!" Sie weinte entsetzlich und richtete sich auf. Nun kamen ihre drei Kinder in die Stube, ein Knabe etwa von zwölf Jahren und zwei Mägdlein von etwa neun und sieben Jahren; diese hatten gelbgestickte Röckchen mit kurzen Armen. Jesus ging zu diesen Kindern, sprach mit ihnen freundlich, fragte und lehrte sie. Die Mutter sagte: „Danket dem Propheten! Er hat mich geheilt!" Da warfen sich die Kinder vor Jesus auf die Erde; er aber segnete sie und führte sie einzeln zu der Mutter nach ihrem Alter und legte ihre Hände in die der Mutter, und es schien mir, als nähme er dadurch einen Schimpf von den Kindern, als seien es nun rechtmäßige Kinder; denn es waren Kinder, die sie im Ehebruch empfangen. Jesus tröstete noch die Frau, daß sie mit ihrem Manne könne ausgesöhnt werden und ermahnte sie, in Reue und Buße fortzufahren und gerecht zu leben; dann ging er mit den Jüngern zur Mahlzeit bei den Pharisäern.

Es war diese Frau aus der Gegend von Supha im Moabiter-Lande und ein Nachkomme von Orpha, der Witwe Cheljons, der Schwiegertochter Noemis, welche auf das Anraten Noemis nicht mit nach Bethlehem ging, wohin Ruth, die andere Witwe ihres Sohnes Mahalon, sie begleitete. Diese Orpha, Witwe Cheljons, des Sohnes Elimelechs von Bethlehem, heiratete in Moab wieder, und aus dieser Familie stammte Maria die Suphanitin. Sie war eines Juden Weib und reich, sie war eine Ehebrecherin; die drei Kinder, die sie bei sich hatte, waren außereheliche. Ihr Mann hatte sie verstoßen und die rechtmäßigen Kinder bei sich behalten. Sie wohnte in einem eigenen Hause in Ainon, war seit langer Zeit voll Reue und Buße, führte sich sehr gut und zurückgezogen auf, und andere rechtschaffene Frauen in Ainon waren ihr ganz gut. Die Lehre des Täufers gegen den Ehebruch des Herodes hatte sie noch mehr erschüttert. Sie war oft von fünf Teufeln besessen, welche sie plötzlich wieder eingenommen hatten, als sie mit ihrer letzten Hoffnung zu dem Hofe ging, wo Jesus heilte und wo die Abweisung der Pharisäer, die sie in ihrer großen Kleinmütigkeit als wahrhaft annahm, sie an den Rand der Verzweiflung brachte. Durch ihre Abstammung von Orpha, Ruths Schwägerin, hatte sie eine Berührung mit Jesu

Abstammung aus David; es wurde mir gezeigt, wie dieser abgeirrte Strom, der in ihr bis zu solcher Sünde getrübt worden, durch Jesu Gnade auch mit ihr wieder zur Reinheit kam und in die Kirche einging.

Jesus kam nun in das Festhaus zu den Pharisäern und den übrigen Jüngern und lag mit ihnen zu Tische. Sie waren etwas geärgert, daß er an ihnen vorübergegangen und selbst die Frau aufgesucht hatte, welche sie früher vor so vielen Leuten so hart abgewiesen hatten; sie sprachen aber nichts davon, weil sie einen Verweis fürchteten. Jesus behandelte sie während des Mahles noch immer mit Achtung und lehrte in manchen Vergleichen und Parabeln. Gegen die Mitte des Mahles kamen die drei Kinder der Suphanitin in ihren Feierkleidern herein; das eine Töchterlein trug ein weißes Krüglein mit wohlriechendem Wasser, das andere ein ähnliches mit Nardenöl, der Knabe hatte auch ein Gefäß, Sie traten in den Saal an die offene Seite des Tisches, warfen sich vor Jesus nieder und stellten die Geschenke vor ihm auf die Tafel. Es folgte ihnen Maria selbst mit ihren Mägden, wagte aber nicht hervorzutreten. Sie war verschleiert und trug eine Schale von schimmerndem, bunt in sich marmoriertem Glas, in welcher, von aufrechtstehenden feinen lebendigen Kräutern umgeben, allerhand teure Gewürze lagen; ihre Kinder hatten auch solche kleinere Schalen niedergesetzt. Die Pharisäer schauten verdrießlich gegen die Frau und die Kinder. Jesus aber sagte zu der Frau: „Nahe dich, Maria!" Und sie trat demütig hinter ihn, und ihre Kinder, denen sie es gab, setzten ihr Geschenk zu den andern auf die Tafel. Jesus dankte ihr. Die Pharisäer murrten wie später bei Magdalenas Geschenk; sie meinten, dieses sei eine große Verschwendung und sei ganz gegen die Mäßigkeit und gegen das Mitleid der Armen. Sie wollten aber nur etwas gegen die arme Frau einzuwenden haben. Jesus redete mit dieser sehr freundlich und auch gegen die Kinder, schenkte diesen einige Früchte, womit sie hinweggingen. Die Suphanitin stand immer noch verschleiert demütig hinter Jesus, und dieser sagte zu den Pharisäern: alle Gaben kommen von Gott. Für Köstliches gebe der Dank das Köstlichste, was er habe, es sei dieses keine Verschwendung; die Leute, welche diese Gewürze sammeln und bereiten, müssen auch leben. Er befahl aber einem der Jünger, den Wert davon unter die Armen zu verteilen. Er sprach nachher noch einiges über die Bekehrung und Reue dieser Frau und stellte ihre Achtung vor allen wieder her, forderte auch die Einwohner auf, ihr mit Liebe zu begegnen. Die Frau sprach kein Wort, sie weinte immer unter ihrem Schleier still hin, warf sich dann schweigend vor Jesus nieder und verließ den Speisesaal.

Jesus lehrte noch gegen den Ehebruch: wer sich rein fühle unter ihnen vom geistlichen Ehebruch? Er sprach, daß Johannes den Herodes nicht bekehrt; aber diese habe sich bekehrt. Er sprach vom verlorenen und wiedergefundenen Schaf. Er hatte die Frau auch zu Hause schon getröstet: es sollen gute Kinder aus deinen Kindern werden, und hatte ihr Hoffnung gemacht, daß sie zu den Frauen bei Martha kommen solle, um für die Pflege zu arbeiten.

Die Feier des Opfers Jephtes

Jesus verweilte nicht lange hier; es war nur eine Ehrenbezeigung auf dem Durchzug.

Er zog von Mahanaim an dem Nordufer des Jabok noch etwa eine Stunde östlich, wo die Stelle war, wo Jakob und Esau zusammenkamen. Das Tal machte hier eine Bucht. Er lehrte seine Jünger über alle diese Wege. Nach einer Weile gingen sie wieder über den Jabok auf dessen mittägliches Ufer, nicht weit unter der Vereinigung zweier Flüßchen zum Jabok. Dann gingen sie etwa noch eine Meile östlich und hatten die Wüste Ephraim zur rechten Hand.

Hier gegen Osten des Waldes Ephraim auf einem Bergrükken über dem Tal liegt Ramoth-Galaad, eine schöne, regelmäßig und reinlich gebaute Stadt, in welcher auch Heiden einige

Straßen und einen Tempel innehatten. Es versahen hier Leviten den Gottesdienst. Ein Jünger war vorausgegangen, Jesu Ankunft zu melden; die Leviten und andere ansehnliche Leute erwarteten ihn schon in einem Zelte vor der Stadt bei einem Brunnen. Sie wuschen den Ankommenden die Füße, gaben ihnen einen Imbiß und Trunk und geleiteten sie in die Stadt, wo schon sehr viele Kranke auf einem Platz versammelt waren, welche Jesus um Hilfe anflehten. Er heilte viele. Als der Abend anbrach, lehrte er auch noch in der Synagoge; denn es war dieses der Sabbat vom Opferfest der Tochter Jephtes, welches in dieser Stadt ein Trauer- und Volksfest war. Es waren besonders viele Jungfrauen und auch andere Leute aus der Gegend hier.

Jesus wohnte einem großen Gedächtnisfest des Opfers der Tochter Jephtes bei. Er zog mit seinen Jüngern und den Leviten vor die Ostseite der Stadt auf einen schönen Platz im Freien, wo alle Anstalten zu dem Fest getroffen waren. Es war da alles Volk von Ramoth-Galaad in weiten Kreisen versammelt. Hier stand noch der Hügel mit dem Altar, worauf die Tochter Jephtes geopfert worden war, und diesem gegenüber ein Halbkreis von Rasensitzen für die Jungfrauen und auch Sitze für die Leviten und Richter der Stadt. Alles zog in einem langen ordentlichen Zuge zu der Stelle hinaus. Die Jungfrauen von Ramoth und viele von andern Städten umher waren auf dem Fest und trugen Trauerkleider. Eine Jungfrau stellte, weiß gekleidet und verschleiert, die Tochter Jephtes selbst vor. Eine Schar andrer Jungfrauen war ganz dunkel gekleidet, hatte das Kinn verhüllt und an einem Vorderarm schwarz gefranste Riemen niederhängen. Sie stellten die klagenden Gespielinnen der Jephtias vor. Es gingen Blumen streuende Mägdlein vor dem Zug, und einige bliesen auf kleinen Flöten gar betrüblich; auch drei Lämmer wurden hinausgeführt. Es war hier ein sehr rührendes und langes Fest mit allerlei Gebräuchen, Lehren und Gesängen in großer Ordnung, worin teils Handlungen jenes traurigen Opfers vorgestellt, teils Gedächtnisgesänge und Psalmen gesungen wurden. Die Vorstellerin der Jephtias wurde in Chören von den

Gespielinnen getröstet und beklagt; sie selbst verlangte nach ihrem Tode. Es wurde unter den Leviten auch in einigen Chören wie ein Rat über sie gehalten; sie selbst trat herzu und sprach gewisse Reden, worin sie die Erfüllung des Gelübdes verlangte. Man hatte geschriebene Rollen bei allen diesen Handlungen, die man teils auswendig wußte, teils ablas.

Jesus aber war bei diesem Fest lebhaft teilnehmend. Er stellte selbst den obersten Richter oder Priester vor und sagte teils einige übliche Reden, teils hielt er vor und unter dem Feste lange Lehren. Es wurden zum Gedächtnis der Jephtias drei Lämmer geopfert, das Blut um den Altar gesprengt und das gebratene Fleisch den Armen gegeben. – Jesus lehrte auch die Mägdlein von der Eitelkeit, und es kam dabei heraus, als hätte Jephtias vom Tode freigesprochen werden können, wenn sie nicht so eitel gewesen wäre.

Das Fest dauerte bis nachmittags. Die Mägdlein wechselten die Rolle der Jephtias das ganze Fest hindurch ab; bald setzte sich diese, bald jene auf den Steinstuhl in die Mitte des Kreises und wechselte darauf mit der Vorigen unter dem Zelte das Kleid. Sie war gekleidet wie die Jephtias beim Opfer.

Jesus sprach: „Jephtias! Du hättest zu Hause Gott danken sollen für den Sieg, den er dem Volke gegeben; aber du zogest eitel und den Ruhm einer Heldentochter suchend mit eitlem Putz und großem Festgeräusch hinaus, vor den Töchtern des Landes prahlend."

Jephte war als der Sohn einer heidnischen Mutter durch die rechtmäßigen Kinder seines Vaters aus Ramoth, das auch Maspha heißt, vertrieben und lebte in dem nahen Lande Tob mit anderem Kriegsgesindel von Freibeuterei. Er hatte von seiner verstorbenen heidnischen Frau eine einzige Tochter, die schön, außerordentlich klug und ziemlich eitel war. Jephte war ein sehr rascher, gewaltiger, fester Mann von einer großen Siegesbegierde und hielt strenge auf sein Wort. Er war wie ein heidnischer Kriegsheld, obwohl er ein Jude war. Er war ein Werkzeug in der Hand Gottes. Voll Begierde, zu siegen und das

Haupt des Landes zu sein, aus dem er vertrieben worden war, tat er das feierliche Gelübde, dem Herrn als Brandopfer das zu opfern, was ihm nach dem Siege zuerst aus seinem Hause entgegenkommen werde. Seine einzige Tochter erwartete er wohl nicht, die andern aus seinem Hause liebte er nicht.

Das Gelübde gefiel Gott nicht; aber er ließ es zu, und die Erfüllung mußte durch eine Fügung ihn selbst und seine Tochter strafen und seine Nachfolger in Israel vertilgen. Seine Tochter wäre vielleicht sehr bösartig durch den Sieg und die Erhebung des Vaters geworden; jetzt büßte sie zwei Monate und starb für Gott und mochte auch ihren Vater zur Besinnung bringen und frömmer machen. Die Tochter kam mit einem großen Zug von Jungfrauen mit Gesang, Flöten und Pauken ihrem Vater wohl schon über eine Stunde Wegs vor der Stadt entgegen, noch ehe er jemand gesehen hatte. Als sie ihr Unglück erfuhr, ging sie in sich und verlangte zwei Monate vor dem Opfer mit ihren Gespielen in die Einsamkeit zu gehen, um ihren Tod als Jungfrau zu beweinen, da nun ihr Vater keine Nachkommen in Israel haben sollte, auch um sich durch Buße zu ihrem Opfertod zu bereiten. Sie zog mit mehreren Jungfrauen über das Tal von Ramoth in das Gebirge gegenüber und lebte da zwei Monate in Zelten unter Gebet und Fasten in Bußkleidern. Die Mägdlein von Ramoth wechselten bei ihr ab. Sie beweinte besonders ihre Eitelkeit und Ruhmsucht. Es wurde auch ein Rat und Gericht über sie gehalten, ob sie von dem Tode könnte befreit werden; es war aber nicht möglich, denn sie war vom Vater mit einem heiligen Schwure gelobt worden, war daher ein Opfer, das auf keine Weise gelöst werden konnte. Ich sah auch, daß sie die Erfüllung selbst verlangte und mit großer Klugheit und Rührung sprach.

Ihr Opfertod war mit großer Trauer begleitet, ihre Gespielinnen sangen Klagelieder umher. Sie saß an demselben Ort, wo sie am Feste vorgestellt wurde. Auch hier war nochmals Rat gehalten worden, ob sie könne gelöst werden; aber sie trat abermals hervor und verlangte zu sterben, wie es auch bei der

Festzeremonie geschah. Sie war in ein weißes Gewand gekleidet, von der Brust bis zu den Füßen ganz umwickelt; vom Kopf aber bis auf die Brust nur mit dünnem, durchsichtigem, weißem Stoff verschleiert, so daß man ihr Angesicht, ihre Schultern und ihren Hals durchschimmern sah. Sie trat selbst vor den Altar, ihr Vater nahm nicht Abschied von ihr und verließ den Opferplatz. Sie trank aus einer Schale roten Trank; ich glaube, um bewußtlos zu werden. Einer von den Kriegsleuten Jephtes mußte sie töten. Es wurden ihm die Augen verbunden, zum Zeichen, daß er nicht ein Mörder sei, da er nicht gesehen, als er sie getötet. Sie wurde in seinen linken Arm gelegt, er setzte ein spitzes, kurzes Eisen auf ihren Hals an der Seite und stach ihr die Kehle ab. Als sie den roten Trank getrunken, war sie wie ohnmächtig, und da faßte sie der Kriegsmann an. Zwei ihrer Gespielinnen, die wie ihre Brautführerinnen waren, auch in weißer Kleidung, fingen das Blut in einer Schale auf und gossen es auf den Altar. Sie wurde nachher von den Jungfrauen eingewickelt und der Länge nach auf den Altar gelegt, dessen Oberfläche ein Rost war. Das Feuer ward darunter angezündet, und als ihre Gewänder verkohlt waren und alles wie ein schwarzer Haufen aussah, nahmen Männer die Leiche mitsamt dem Roste und hoben denselben auf den Rand des nebenstehenden offenen Grabmales und ließen, den Rost schief haltend, die Leiche hinabgleiten, worauf das Grab geschlossen wurde. Dieses Grab stand noch zu Jesu Zeit.

Die Gespielinnen der Jephtias und viele Anwesende hatten ihre Schleier und Tücher mit ihrem Blut bezeichnet. Auch von der Asche des Opferfeuers wurde gesammelt. Ehe sie in der Opferkleidung hervortrat, wurde sie von ihren Begleiterinnen unter einem Zelte gebadet und geschmückt herausgebracht.

Es war wohl über zwei Stunden Weges im Gebirge gegen Norden von Ramoth, wo Jephtias ihrem Vater mit ihren Gespielen entgegengekommen war. Sie ritten auf kleinen Eseln, die mit Bändern geschmückt und mit vielen klingenden Schellen behangen waren. Eine ritt vor Jephtias und zwei an ihrer Seite, dann folgten die andern mit Sang und Klang. Sie sangen das Lied Mosis über den Untergang der Ägypter. Als Jephte seine Tochter erblickte, zerriß er seine Kleider und war trostlos. Jephtias war nicht so traurig; sie war still, als sie ihr Schicksal hörte.

Als sie zur Wüste mit den Gespielinnen ging, welche Nahrungsmittel mitnahmen, so viel zum Fasten gehörten, sprach ihr Vater das letzte Mal mit ihr, es war dies gewissermaßen schon der Anfang des Opfers; denn damals legte er ihr die Hand, wie man den Schlachtopfern tut, auf das Haupt und sprach die einfachen Worte: „Gehe hin, du wirst keinen Mann haben", und sie antwortete: „Nein, ich werde keinen Mann haben." Nachher sprach er nicht mehr mit ihr. Nach ihrem Tode ließ er ihr und seinem Siege ein schönes Denkmal in Ramoth mit einem kleinen Tempel darüber erbauen und ordnete eine Gedächtnisfeier jährlich am Opfertage an, um das Andenken seines traurigen Gelübdes zur Warnung für alle Verwegenen zu erhalten (Richt. 11, 39. 40).

Jephtes Mutter war eine Heidin, die Jüdin geworden; sein Weib war die Tochter eines aus Heiden und Juden unehelich geborenen Mannes. Seine Tochter war bei seiner Vertreibung nicht mit ihm im Lande gewesen, sondern die ganze Zeit in Ramoth geblieben, wo ihre Mutter indessen starb. Jephte war nach seiner Berufung aus Tob durch seine Landsleute noch nicht in seiner Geburtsstadt gewesen; er hatte im Lager vor Mizpa alles abgeredet und gleich das Volk gesammelt, sein Haus und seine Tochter hatte er noch nicht gesehen. Da er das Gelübde tat, dachte er nicht an sie, sondern an die andern Verwandten, die ihn verstoßen hatten, und darum strafte ihn Gott.

Vier Tage lang dauerte das Fest. Jesus ging mit seinen Jüngern auch in das Quartier der Heiden in Ramoth, welche ihn mit großer Ehrerbietung am Eingang ihrer Straße empfingen. Nicht weit von ihrem Tempel war ein Lehrplatz, wohin mehrere Kranke und alte Leute gebracht wurden, welche er heilte. Diejenigen, welche ihn hatten rufen lassen, schienen Gelehrte, Priester und Philosophen zu sein; sie wußten vom Zuge der Könige, und wie sie die Geburt des Königs der Juden aus den Sternen gesehen, denn sie waren von einem verwandten Glauben und hatten auch mit den Sternen zu tun. Es war hier nicht weit ein solches Gerüst wie im Lande der Hl. Drei Könige auf einem Hügel, auf welchem sie nach den Sternen sahen. Sie hatten sich lange nach Belehrung gesehnt und empfingen sie nun von Jesus selbst. Er sprach ganz tiefsinnige Lehren gegen sie aus von der Heiligsten Dreifaltigkeit, und ich hörte die Worte, die mir besonders auffielen: „Drei sind, die Zeugnis geben, das Wasser, das Blut und der Geist, und diese sind in eins beisammen." Er sprach auch vom Sündenfall, vom verheißenen Erlöser und vieles von der Führung der Menschen, von der Sündflut, dem Zuge durchs Rote Meer und den Jordan und von der Taufe. Er sagte ihnen, daß die Juden das gelobte Land nicht ganz eingenommen hätten, und daß viele Heiden darin übriggeblieben; daß er nun komme, das einzunehmen, was sie übriggelassen, und es seinem Reiche einzuverleiben; aber nicht mit dem Schwerte, sondern mit der Liebe und Gnade. Er rührte viele ganz ungemein und sendete sie nach Ainon zur Taufe. Sieben alten Männern aber, welche nicht mehr hinkonnten, ließ er von zwei Jüngern die Taufe hier geben. Es ward ein Becken gebracht und vor sie gestellt, sie selbst traten in eine Badezisterne, welche hier nahe war, so daß sie bis an die Knie im Wasser standen; über das Wasserbecken ward ein Geländer gestellt, worauf sie sich lehnten. Zwei Jünger legten den Täuflingen die Hände auf die Schulter, und Matthias, der Johannisjünger, goß ihnen nach der Reihe das Wasser aus einer Schale, woran ein Stiel war, über den Kopf. Jesus sprach den Jüngern die Taufformel vor, die sie bei der Taufe sprechen sollten. Die Leute waren sehr reinlich, schön weißgekleidet.

Jesus lehrte noch im allgemeinen das Volk von der Keuschheit und der Ehe; die Weiber lehrte er besonders vom Gehorsam, der Demut und der Kinderzucht. Die Leute waren sehr gut und begleiteten ihn mit großer Liebe zurück. Als Jesus in die Judenstadt zurückkehrte, heilte er noch vor der Synagoge.

Die Leviten hatten es nicht gern gesehen, daß er bei den Heiden gewesen war, und er lehrte auch in der Synagoge, wo das Jephte-Fest noch fortgesetzt wurde, von der Berufung der Heiden und daß viele derselben vor den Kindern Israel in seinem Reiche sitzen würden; und daß er gekommen sei, die Heiden, welche die Israeliten nicht bezwungen hätten, mit dem gelobten Lande durch die Gnade, Lehre und Taufe zu vereinigen. Er lehrte auch vom Siege und Gelübde Jephtes.

Während Jesus in der Synagoge lehrte, feierten die Jungfrauen ihr Fest bei dem Monument, das Jephte seiner Tochter errichtet hatte und das später erneuert und durch viele Beiträge vom Schmuck der Jungfrauen an den jährlichen Festen verschönert worden war. Es stand in einem runden Tempel, dessen Decke eine Öffnung hatte.

In der Mitte dieses Tempelchens auf einem Postamente befand sich die sitzende Figur der Tochter Jephtes von weißem Marmor auf einem ähnlichen Stuhl, wie sie vor dem Opfer gesessen. Ihr Kopf reichte schon in die erste Rundung der schneckenförmigen Kuppel. Rings um die Figur war so viel Raum, daß wohl drei Menschen nebeneinander vorüber konnten.

Die verstoßene Frau des Tetrarchen Philippus

Von Ephron wandelte Jesus mit seinen Jüngern und mehreren Rechabiten etwa fünf Stunden nordöstlich nach Betharamphtha-Julias, einer schönen, höher gelegenen Stadt.

Die Stadt liegt groß und ausgedehnt um den Berg. Der westliche Teil ist von Juden bewohnt, der östliche und ein Teil der Höhe von den Heiden. Beide Teile der Stadt sind durch einen gemauerten Weg und durch einen Lustplatz mit Alleen geschieden. Oben auf dem Berge liegt ein schönes Schloß mit Türmen, Gärten und Bäumen. Es wohnte eine geschiedene Frau des Tetrarchen Philippus hier oben, welcher die Einkünfte dieser Gegend zum Unterhalt angewiesen sind. Sie hatte fünf erwachsene Töchter bei sich und stammte von den Königen von Gessur. Sie hieß Abigail und war schon eine bejahrte Frau, stark und schön und von sehr gutem und wohltätigem Charakter.

Jesus wurde in Betharam gut empfangen und bewirtet. Er heilte am Morgen nach seiner Ankunft viele kranke Juden, lehrte am Abend in der Synagoge und auch am Morgen über den Zehenten und die Erstgeburt 5. Mos. 26–29. und Jesaias K. 60.

Abigail stand bei den Einwohnern in einem sehr guten Lob, sie sendete auch Gaben an die Juden herab zur Bewirtung Jesu und der Jünger. – Am 1. Tisri war die Feier des Neujahrsfestes.

Während der öffentlichen Feste ging Jesus zu den Heiden. Abigail hatte ihn dringend um seine Anwesenheit gebeten, und die Juden selbst, denen sie vieles Gute erwiesen, baten ihn, mit ihr zu reden. Ich sah ihn nebst einigen seiner Jünger durch die Judenstadt nach der Heidenstadt auf einem öffentlichen mit Bäumen bepflanzten Lustplatz gehen, der zwischen beiden Stadtteilen lag, und wo gewöhnlich die Zusammenkunft der Juden und Heiden bei Geschäften war. Hier war Abigail mit ihrem Gefolge, ihren fünf erwachsenen Töchtern und vielen heidnischen Jungfrauen und andern Heiden versammelt. Abigail war eine große, starke Frau von etwa fünfzig Jahren, wohl eben so alt wie Philippus. Sie hatte etwas Trauriges und Sehnsüchtiges an sich, verlangte nach Hilfe und Belehrung, wußte aber nicht, was sie anfangen sollte; denn sie war in ihre Verhältnisse verwickelt und von Aufsehern belauert. Sie warf sich vor Jesus nieder, der sie aufrichtete und sie und alle Anwesenden belehrte, indem er auf und nieder ging. Er sprach von der Erfüllung der Prophezeiungen, der Berufung der Heiden und von der Taufe.

Jesus empfing von Abigail die gewöhnlichen Ehrenbezeigungen. Sie hatte jüdische Diener bestellt, welche ihm die Füße wuschen und ihm den Willkomm reichten. Sie bat ihn sehr demütig um Vergebung, daß sie seine Ansprache gewünscht, sagte, daß sie schon lange nach seiner Lehre verlangt habe und bat ihn, an einem Fest teilzunehmen, das sie ihm bereitet habe. Jesus war sehr gütig gegen alle und besonders gegen sie, und alle seine Worte wie sein Anblick erschütterten sie tief; denn sie war voll Kummer und von halber Erkenntnis. Diese Lehre der Heiden dauerte bis gegen Mittag. Dann begab sich Jesus auf Abigails Einladung nach der Morgenseite der Stadt, nicht weit vom Tempel der Heiden, wo viele Bäder und eine Art Volksfest war; denn die Heiden feierten auch den heutigen Neumond mit besonderer Pracht.

Das Mahl, woran Abigail zu Tische liegend teilnahm, wurde größtenteils auf Jesu Befehl den Armen verteilt.

Jesus lehrte auch nach der Mahlzeit, und es bekehrten sich viele Heiden, die nach Ainon zur Taufe zogen. Am Abend stieg er bei Fackelschein den Berg wieder hinauf und sprach mit Abigail in der Vorhalle ihres Schlosses unter Säulen. Es waren einige Beamte des Philippus bei ihr, welche sie stets beobachteten. Sie war dadurch sehr gehindert in allem, was sie tat, und gab dem Herrn ihre Verlegenheit durch einen Blick zu verstehen, den sie auf diese Männer warf. Jesus kannte aber ihr ganzes Innere und die Bande, welche sie gefangen hielten. Er hatte Mitleid mit ihr. Sie fragte, ob sie versöhnt werden könne mit Gott; ein Punkt drücke sie unaufhörlich, der Ehebruch an ihrem rechten Mann und dessen Tod. Jesus tröstete sie und sagte, ihre Sünden seien ihr vergeben, sie solle in guten Werken fortfahren, harren und beten. Sie war vom Geschlecht der Jebusiten. Diese Heiden pflegten ihre krüppelhaften Kinder verkommen zu lassen und hatten viel Aberglauben mit Zeichen der Geburt.

Der Götze Moloch

Es klagten unter den Heidinnen auch die Mütter, daß sie so viel Unglück mit ihren Kindern hätten, und die Priesterin sie nicht immer heilen könne. Da befahl ihnen Jesus, diese Priesterin zu rufen. Diese Frau kam ungern und wollte nicht herein.

Sie war ganz verhüllt. Jesus befahl ihr zu nahen. Sie sah ihn aber nicht an und wendete das Gesicht ab, und ihr Betragen war auf die Art wie das der Besessenen, welche innerlich gezwungen werden, sich von dem Anblick Jesu abzuwenden, aber doch auf seinen Befehl wieder herannahen. Jesus sagte aber zu den versammelten Heidinnen und Männern: „Ich will euch zeigen, welche Weisheit ihr in dieser Frau und ihrer Kunst verehrt", und somit befahl er, ihre Geister sollten sie verlassen. Da ging wie ein schwarzer Dampf von ihr, und allerlei Gestalten von Ungeziefer, Schlangen, Kröten, Ratten, Drachen wichen in diesem Dampf wie Schatten von ihr ab. Es war ein greulicher Anblick, und Jesus sagte: „Seht! Welcher Lehre ihr folget." Die Frau aber sank auf die Erde in die Knie und weinte und wimmerte. Nun war sie ganz geschmeidig und gutwillig, und Jesus befahl ihr zu sagen, wie sie es machte, um die Kinder zu heilen, und sie sagte unter Tränen halb wider ihren Willen, wie sie gelehrt sei; wobei denn herauskam, daß sie die Kinder durch Zauberei krank machte, um sie zur Ehre der Götter zu heilen. Jesus befahl ihr nun mit ihm und den Jüngern dahinzugehen, wo der Gott Moloch stehe, und er ließ mehrere heidnische Priester dazurufen. Es versammelte sich vieles Volk umher; denn es war die Heilung der Kinder schon bekannt geworden. Es war dieser Ort kein Tempel, sondern ein Hügel, rings von Gräbern umgeben, und der Gott selbst war zwischen den Gräbern unter der Erde in einem Gewölbe, das mit einem Deckel verdeckt war. Jesus sagte den Götzenpriestern, sie möchten ihren Gott doch hervorrufen; und da sie ihn durch eine Maschine heraufsteigen machten, bedauerte sie Jesus, daß sie einen Gott haben, der sich nicht selbst helfen könne.

Er sagte der Priesterin, sie sollte nun laut das Lob ihres Gottes aussprechen und erzählen, wie sie ihm dienten und was er ihnen dafür gäbe. Da ging es der Frau wie dem Propheten Balaam, sie sagte laut alle Greuel dieses Dienstes aus und verkündete die Wunder des Gottes Israels vor allem Volk. Jesus befahl nun seinen Jüngern, den Götzen umzuwerfen und hin-

und herzuwälzen; sie taten es. Er sagte aber: „Seht, welchen Götzen ihr dient; seht die Geister, die ihr anbetet." Und es erschienen aus dem Bilde herausfahrend vor den Augen aller Anwesenden allerlei teuflische Gestalten, die zitterten und umherkrochen und wieder in die Erde hinab bei den Gräbern verschwanden. Die Heiden waren sehr erschreckt und beschämt. Jesus sagte: „Wenn wir euren Götzen wieder in die Grube hinabwerfen, wird er wohl in Stücke gehen!" Die Priester baten ihn aber, er möge ihn doch nicht zerbrechen; und er ließ ihn wieder aufrichten und hinabhaspeln. Die meisten Heiden waren sehr gerührt und beschämt, besonders die Priester; einige waren jedoch sehr unwillig. Das Volk aber war ganz auf Jesu Seite. Er hielt ihnen noch eine schöne Lehre, und es bekehrten sich viele. Der Moloch saß wie ein Ochse auf den Hinterbeinen und hatte Arme wie einer, der etwas auf die beiden Arme fassen will, und diese Arme konnte er mit einem Gewerbe an sich ziehen. Der Kopf war in einen weiten Rachen gespalten, und auf der Stirne hatte er ein gekrümmtes Horn. Er saß in einer weiten Schale, hatte um den Leib herum mehrere Vorsprünge wie offene Taschen. Bei Festen wurden ihm lange Riemen um den Hals gehängt. In dem Becken unter ihm ward Feuer gemacht beim Opfer. Es brannten immer viele Lampen um den Rand des Beckens vor ihm. Sonst hatten sie ihm oft Kinder geopfert; jetzt durften sie nicht mehr. Sie opferten ihm allerlei Tiere, welche sie in den Öffnungen des Leibes verbrannten oder durch die Öffnung des Kopfes hineinwarfen. Das schönste Opfer war für ihn eine syrische Kamelziege. Es waren auch Zugwerke da, an denen sie sich zum Götzen hinablassen konnten, der ganz in der Erde und zwischen lauter Gräbern stand. Sein Dienst war nicht mehr recht im Gang, sie riefen ihn nur bei Zaubereien an, und die Frau hatte besonders wegen der kranken Kinder mit ihm zu tun. In jede der Taschen an seinem Leibe erhielt er besondere Opfer. Sonst wurden ihm die Kinder in die Arme gelegt und durch das Feuer unter ihm und in ihm (er war hohl) verzehrt. Er zog dann die Arme an sich und erdrückte sie, daß sie nicht laut schrien. Er hatte ein Gewerb in den Beinen, und sie konnten ihn auch aufstellen. Er war mit Strahlen umgeben.

Als mir die Abgötterei der Menschen, die Tier- und Götzenanbetung von den ersten Zeiten an und die häufige Hinwendung der Israeliten zu den Götzen und die große Barmherzigkeit Gottes durch die Propheten gezeigt wurde und ich mich wunderte, wie die Menschen nur solchen Greuel anbeten konnten, wurde mir in einem Bilde derselbe Greuel als noch jetzt bestehend gezeigt, aber nur auf eine geistliche Weise.

Ich sah, daß es jetzt so greulich ist als je; und daß diese Götzenbilder nichts Zufälliges hatten, sondern daß, wenn die Gottlosigkeit und Abgötterei der jetzigen Menschen auf einmal eine körperliche Gestalt und ihr Empfinden ein Handeln würde, dieselben Götzen dastehen würden.

Laubhütten- und Versöhnungsfest

Von Jogbeha ging Jesus über Sukkoth nach Ainon. Der Weg von Sukkoth an war etwa eine Stunde lang, sehr angenehm und durch die Lager der Karawanen und der zur Taufe Ziehenden sehr belebt. Er war jetzt mit langen Reihen von Laubhütten bedeckt, an welchen die Leute noch mit der Ausrüstung beschäftigt waren, weil mit Ausgang des Sabbats das Laubhüttenfest begann. Jesus lehrte da und dort auf dem Wege. Vor Ainon war ein schönes Zelt aufgeschlagen und ihm ein festlicher Empfang von Maria der Suphanitin bereitet. Es waren die Angesehensten der Stadt, die Priester und Maria mit ihren Kindern und Freundinnen zugegen. Die Männer wuschen Jesu und den Jüngern die Füße, und es ward ihnen ein Trunk und Imbiß, köstlicher als gewöhnlich, gereicht. Die Kinder der Maria waren mit anderen Kindern dabei beschäftigt. Die Frauen warfen sich verschleiert vor Jesus auf das Angesicht. Er grüßte und segnete alle freundlich. Maria weinte immer vor Dank und Freude und lud Jesus ein, ihr Haus zu betreten; und als er in die Stadt ging, trugen die Kinder lange Blumengewinde mit wollenen Bändern vor, neben und hinter ihm her.

Jesus ging in den Hof der Maria unter eine Laube mit einigen Jüngern. Sie warf sich nochmals vor ihm nieder, weinte und dankte und auch ihre Kinder, welche er liebkoste. Sie erzählte, daß Dina, die Samaritin, hier gewesen, und daß der Mann, mit dem sie bis jetzt gelebt, sich habe taufen lassen. Sie kannte diese Frau; denn ihr eigener Mann mit ihren drei ehelichen Kindern lebte in Damaskus. Sie hatte mit der Samaritin das Lob Jesu recht angestimmt. Sie war voll Freude und zeigte Jesus viele köstliche Priesterkleider und eine hohe Priestermütze, welche sie für den Tempel verfertigt hatte; denn sie war ungemein geschickt in solchen Arbeiten und hatte viel Geld und Gut. Jesus war sehr liebevoll gegen sie. Er sprach mit ihr auch von ihrem Manne, daß sie wieder mit ihm zusammenkommen und zu ihm ziehen solle, weil sie dort Nutzen schaffen könne; ihre unehelichen Kinder sollten sonstwo untergebracht werden. Sie solle zuerst einen Boten an ihren Mann senden, daß er zu ihr komme. Jesus ging aus ihrem Hause an den Taufplatz auf den Lehrstuhl und lehrte.

Es waren auch Lazarus, Joseph von Arimathäa, Veronika, Simeons Söhne und andere jerusalemische Jünger auf diesen Sabbat hierhergereist. Andreas, Johannes und Jünger des Täufers waren noch hier; Jakobus der Kleinere aber war zurück. Der Täufer ließ Jesus abermals sagen, er möge doch nach Jerusalem gehen und offen vor aller Welt sagen, wer er sei. Er ist so ungeduldig, so begierig, weil er selbst ihn nicht mehr verkündigen kann, und doch der Drang dazu so groß in ihm ist.

Als der Sabbat begann, lehrte Jesus in der Synagoge von der Erschaffung der Welt, von den Wassern und dem Sündenfalle und sehr deutlich von dem Messias; auch aus Jesaias 42 und 43 redete er sehr erschütternd und deutlich auf sich und das Volk. Nach dem Sabbat war noch eine Mahlzeit im öffentlichen Festhaus, welche Maria, die Suphanitin, angeordnet hatte. Der Tisch und das Haus waren schön geschmückt mit Grün, Blumen und Lampen, und es waren sehr viele Gäste und auch solche da, welche Jesus geheilt hatte. Die Frauen saßen durch eine Scheidewand getrennt. Maria kam aber unter dem Mahle und stellte köstliche Würze mit ihren Kindern auf den Tisch und goß eine Flasche Wohlgeruch über sein Haupt und warf sich vor ihm nieder. Er war sehr freundlich und erzählte Parabeln. Niemand tadelte die Frau; denn man liebte sie wegen ihrer Freigebigkeit.

Jesus heilte am Morgen darauf mehrere Kranke, lehrte in der Synagoge und auch öffentlich, wo die Heiden, welche getauft waren, und die, welche die Taufe noch erwarteten, mit zuhören konnten. In der öffentlichen Lehre sprach er von dem verlorenen Sohn so lebendig und natürlich, als wenn er der Vater wäre, der den Sohn wiederfindet. Er streckte seine Arme aus und sagte: „Seht! seht! da kehrt er zurück, wir wollen ihm ein Fest feiern!“ Es war alles so natürlich, daß die Leute hin- und herschauten, als sei alles wirklich da, was Jesus sagte. Bei Erwähnung des Kalbes, das der Vater dem wiedergefundenen Sohne schlachten ließ, sprach er noch anders und geheimnisvoller. Es war, als sagte er: „Welche Liebe aber, wenn der himmlische Vater, um seine verlorenen Kinder zu retten, seinen eigenen Sohn als Schlachtopfer hingibt!“ Es ging die Lehre besonders auf die Bußfertigen, Getauften und auf die Heiden, welche wie der zurückgekehrte, verlorene Sohn geschildert wurden. Alle Anwesenden waren voll Freude und Liebe zueinander. Es hatte diese Lehre viele Wirkungen an dem Laubhüttenfeste, so daß die Heiden sehr freundlich hier bewirtet wurden. Als Jesus am Nachmittag mit den Jüngern und vielen Leuten aus Ainon zwischen Ainon und dem Jordan wandelte, wo schöne Wiesen und Blumen waren und wo die Zelte der Heiden standen, sprachen alle von dem verlorenen Sohn, waren froh und glücklich und voll Liebe zueinander.

Von Ainon ging Jesus auch nach dem nahen Sukkoth zurück, von den Jüngern und vielen Leuten begleitet. Der größte Teil des Weges war mit Laubhütten und Zelten bedeckt.

Sukkoth am nördlichen Ufer des Jabok war eine schöne Stadt, und es war eine sehr schöne Synagoge da. Es wurde heute hier ein anderes Fest außer dem Laubhüttenfest zum Gedächtnis der Versöhnung zwischen Esau und Jakob gefeiert. Sie waren den ganzen Tag damit beschäftigt. Es waren Leute aus der ganzen Gegend hier. In Ainon waren unter den Schulkindern auch viele von den Waisenkindern aus der Schule in Abelmehola gewesen, die heute nach Sukkoth kamen. Es war der wirkliche Gedächtnistag von Jakobs und Esaus Versöhnung, welche nach der Überlieferung der Juden am heutigen Tage geschehen war.

Die Synagoge, eine der schönsten, die ich je gesehen, war heute durch den großen Festschmuck von unzähligen Kränzen, Laubgewinden und schönen blinkenden Lampen noch viel prächtiger. Sie hat acht Säulen und ist hoch. An beiden Seiten des Gebäudes laufen Gänge hin, welche zu langen Gebäuden führen, in denen Wohnungen der Leviten und Schulen sind. Ein Teil der Synagoge ist erhöht, und hier steht vorn gegen die Mitte eine geschmückte Säule mit Gefächern und Brüstungen umher, worin Gesetzrollen bewahrt werden. Hinter diesem Gerüst steht ein Tisch, an welchem man durch einen Vorhang einen abgesonderten Raum bilden kann. Ein paar Schritte weiter zurück befindet sich eine Reihe von Sitzen der Priester und in der Mitte ein etwas erhöhter Sitz für den Lehrenden. Hinter diesen Sitzen steht ein Rauchaltar, über welchem oben in der Decke eine Öffnung ist, und hinter diesem Altar am Ende des Gebäudes stehen Tische, worauf die Gaben gestellt werden. Unten in der Mitte der Synagoge stehen die Männer nach ihren Klassen, links etwas erhöht ist der Ort der Weiber abgegittert, und rechts ist die Stelle der Schulkinder, nach ihren Klassen und ihrem Geschlechte ebenso.

Es war heute das ganze Fest ein Fest der Aussöhnung mit Gott und den Menschen, und es war ein Sündenbekenntnis, ein öffentliches oder auch privates dabei, wie jeder wollte. Alle gingen um den Rauchaltar und opferten Gaben zur Aussöhnung, erhielten auch eine Buße und taten freiwillige Gelübde. Es hatte viel Ähnliches mit unserer Beichte. Der Priester auf dem Lehrstuhl lehrte von Jakob und Esau, welche sich heute mit Gott und untereinander ausgesöhnt und auch wie Laban und Jakob sich ausgesöhnt und wie sie geopfert, und ermahnte sie zur Buße. Viele Anwesende waren durch die Lehre Johannis früher und die Lehre Jesu vor einigen Tagen sehr gerührt und hatten nur auf diesen feierlichen Tag gewartet. Die Männer, welche ihr Gewissen beschwert fühlten, gingen durch das Gitter bei dem Gesetzstuhl und hinter dem Altare herum und stellten ihr Opfer auf die Tische, welches ein Priester empfing. Dann traten sie vor die Priester hinter dem Gesetzkasten und bekannten entweder öffentlich vor ihnen ihre Sünden oder begehrten einen der Priester, welchen sie wollten. Der trat dann mit ihnen hinter den Vorhang an dem Tische, und sie bekannten ihm heimlich, und er legte ihnen eine Buße auf. Es wurde dabei Rauchwerk auf den Altar gestreut, und der Rauch mußte auf eine gewisse Weise wolkend oben hinausziehen, wobei die Leute an solchen Zeichen zu erkennen glaubten, ob die Reue des Sünders gut und ob die Sünden vergeben seien. Während dessen sangen und beteten die übrigen Juden. Die Sünder legten eine Art Glaubensbekenntnis ab, von Gesetz und ihrem Bleiben bei Israel und dem Allerheiligsten. Dann warfen sie sich zur Erde und bekannten, worin sie gefehlt hatten, oft mit Tränen. Die büßenden Frauen kamen nach den Männern; ihre Opfer wurden von den Priestern empfangen, und sie ließen den Priester hinter ein Gitter rufen, wo sie bekannten.

Die Juden klagten sich allerlei Verletzungen ihrer Gebräuche und auch der Sünden gegen die Zehn Gebote an. Sie hatten aber auch etwas Seltsames in ihrem Bekenntnis, was ich nicht recht wieder zu erzählen weiß. Sie klagten sich darin der Sünden ihrer Voreltern an und sprachen von einer sündigen Seele derselben, die sie von ihnen empfangen hätten, und von einer heiligen Seele, die sie von Gott hätten, und es war ganz, als sprächen sie von zwei Seelen. Die Lehrer sagten auch etwas davon; es war so ein Gerede, als sprächen sie, ihre sündige Seele bleibe nicht in uns, und unsere heilige Seele bleibe in uns. Es war ein Gerede von einem Durcheinander und Ineinander und Auseinander sündiger und heiliger Seelen, das ich nicht mehr recht weiß. Jesus aber lehrte nachher anders davon und sagte dabei, das solle nicht mehr so sein, ihre sündigen Seelen sollten nicht mehr in uns sein, und es war eine rührende Lehre; denn sie deutete darauf, daß er für alle Seelen genug tun werde. Sie klagten sich also der Sünden ihrer Eltern an, und es war, als wüßten sie, daß durch sie allerlei Übel über sie kämen, und als glaubten sie, durch sie in der Sündengewohnheit noch selber zu sein.

Jesus war erst später, da die Bußandacht schon im Gange war, gekommen. Er wurde vor der Synagoge empfangen und stand anfangs an der einen Seite oder bei den Lehrern, während ein anderer lehrte. Es war etwa fünf Uhr, als er kam. Die Opfer der Büßenden bestanden in allerlei Früchten und auch in Münzen und Kleidungsstücken für die Priester, auch Stoffen, seidenen Quasten und Knoten in Gürteln usw. und hauptsächlich in Rauchwerk, wovon etwas verbrannt wurde.

Nun sah ich ein rührendes Schauspiel. Während der Sündenbekenntnisse und Opfer der Büßenden sah ich eine vornehme Frau in dem vergitterten Stuhl, den sie für sich allein zunächst an dem abgesperrten Bußplatz hatte, sehr unruhig und bewegt. Ihre Magd war bei ihr und hatte ihre Opfergaben in einem Korbe neben sich auf einem Schemel stehen. Sie konnte gar nicht erwarten, daß sie an die Reihe komme; und da sie endlich ihre Betrübnis und Begierde nach Versöhnung nicht mehr aushalten konnte, trat sie und ihre Magd mit dem Opfer vor ihr her, verschleiert durch das Gitter gegen die Priester hin an einen Ort, wo die Weiber gar nicht hinzukommen pflegten. Die dort stehenden Aufseher wollten sie zurückdrängen; aber die Magd ließ sich nicht halten, sie drängte sich durch und rief: „Platz! Macht Platz für meine Frau! Sie will opfern, sie will büßen, Platz für sie! Sie will ihre Seele reinigen!“ So drang die Frau ganz bewegt und ganz zerknirscht vor die Priester, welche ihr teils entgegentraten, und flehte um Versöhnung auf ihren Knien liegend. Sie wiesen sie aber zurück, sie gehöre nicht hierher; jedoch ein junger Priester nahm sie bei der Hand und sagte: „Ich will dich aussöhnen. Gehört dein Leib nicht hierher, so gehört deine Seele doch hierher, weil du büßt!" Er wendete sich mit ihr gegen Jesus und sagte: „Rabbi entscheide du!" Da warf sich die Frau vor Jesus auf das Angesicht, und er sprach: „Ja, ihre Seele gehört hierher, lasse das Menschenkind büßen!" Und der Priester trat mit ihr in das Zelt. Da sie wieder hervortrat, warf sie sich unter Tränen an die Erde platt hin und sprach: „Wischt eure Füße an mir ab; denn ich bin eine Ehebrecherin", und die Priester berührten sie mit den Füßen. Es wurde ihr Mann herzugerufen, der nichts davon wußte, aber er wurde durch Jesu Reden, der jetzt auf dem Lehrstuhle stand, sehr gerührt. Er weinte, und seine Frau, verhüllt an der Erde vor ihm liegend, bekannte ihre Schuld und war mehr sterbend in Tränen als lebend. Jesus sprach zu ihr: „Deine Sünden sind dir vergeben. Stehe auf du Kind Gottes!" Und der Mann war tief erschüttert und reichte seiner Frau die Hand. Ihre Hände wurden sodann mit der Frau Schleier und des Mannes schmaler langer Halshülle zusammengebunden und nach seinem Segen gelöst. Es war wie eine neue Trauung. Die Frau war nach ihrer Aussöhnung ganz wie berauscht vor Freude. Sie rief schon früher, als sie die Opfer hinreichte: „Betet, betet, räuchert, opfert, daß mir meine Sünden vergeben werden!" Und nun stammelte und rief sie allerlei Psalmenstellen aus und wurde von dem Priester nach ihrem Gitterstuhl zurückgebracht.

Ihr Opfer bestand in vielen der kostbaren Früchten, welche am Laubhüttenfest gebraucht werden; sie waren künstlich aufeinandergelegt, so daß sie sich nicht drückten. Sie opferte auch Borten, seidene Troddeln und Quasten für Priesterkleider. Verbrennen aber ließ sie mehrere schöne, seidene Kleider, in denen sie vor ihrem Buhlen Eitelkeit getrieben. Sie war eine große, mächtige, schön gewachsene Frau und von einem lebendigen feurigen Geiste. Wegen ihrer großen Reue und ihres freiwilligen Bekenntnisses wurde ihr die Schuld erlassen, und ihr Mann söhnte sich herzlich mit ihr aus. Sie hatte keine Kinder aus dem Ehebruch. Sie selbst hatte das Verhältnis abgebrochen und den Buhlen auch zur Buße gebracht. Sie brauchte ihn nicht vor den Priestern zu nennen; ihr Mann sollte ihn auch nicht kennen, und es wurde ihm verboten, nach ihm zu fragen, ihr, ihn zu nennen. Der Mann war fromm und vergaß und verzieh von Herzen. Das Volk hatte zwar die näheren Umstände nicht vernommen, sah jedoch die Störung und daß etwas Besonderes vorgehe und hörte den Ruf zu Gebet und Opfer der Frau. Alle beteten herzlich und freuten sich über die, welche Buße getan. Es waren sehr gute Leute an diesem Ort, wie überhaupt auf der ganzen Morgenseite des Jordan. Sie hatten viel mehr von den Sitten der Altväter.

Jesus lehrte noch sehr schön und rührend. Ich entsinne mich deutlich, daß er über die Sünden der Vorfahren und unseren Teil an denselben sprach und einiges in ihren Begriffen darüber berichtigte. Er bediente sich einmal des Ausdrucks: „Euere Väter haben Weinbeeren gegessen, und euch sind die Zähne davon stumpf geworden."

Die Schullehrer wurden auch über die Fehler ihrer Schulkinder gefragt und diese ermahnt. So sie sich selbst anklagten und Reue hatten, wurde ihnen vergeben.

Es waren aber viele Kranke vor der Synagoge, und wenn es gleich am Laubhüttenfest nicht gewöhnlich war, die Kranken heranzulassen, so ließ sie Jesus doch in die Gänge zwischen der Synagoge und den Lehrerwohnungen durch die Jünger bringen und ging am Schluß des Festes, da schon längst die ganze Synagoge von Lampen schimmerte, in die Gänge und heilte viele Kranke. Als er aber in diese Gänge trat, sendete die ausgesöhnte Frau zu ihm und bat, einige Worte mit ihm zu reden. Jesus ging zu ihr und trat mit ihr abseits. Da warf sich sich vor ihm nieder und sprach: „Meister! Der Mann, mit dem ich gesündigt habe, fleht dich an, daß du ihn versöhnest." Jesus sagte ihr, daß er nach dem Mahle an diesem Orte mit ihm sprechen wolle.

Nach der Heilung der Kranken war eine Laubhüttenmahlzeit an einem freien Platz des Ortes. Jesus, die Jünger, die Leviten und Vornehmeren des Ortes saßen in einer großen schönen Laube, die anderen Lauben waren umher. Die Frauen und Männer waren getrennt. Es wurden auch die Armen gespeist; jeder sendete vom Besten seines Tisches zu ihnen. Jesus ging von Tisch zu Tisch, auch zum Tische der Frauen.

Der Mann harrte in den Gängen bei der Synagoge und warf sich vor Jesus nieder und bekannte seine Schuld. Jesus ermahnte ihn, nicht wieder zu fallen und legte ihm eine Buße auf. Er mußte den Priestern eine gewisse Zeitlang wöchentlich etwas entrichten zu einem milden Zwecke. Er hatte nicht öffentlich geopfert, sondern sich ganz in Reue und Tränen zurückgehalten.

Jesus wurde vor seiner Abreise von Maria und vielen andern Leuten noch reichlich beschenkt. Alles wurde auf einen Haufen gelegt und sogleich an die Armen verteilt. Bei seinem Auszug aus der Stadt waren Lauben und Gewinde gespannt, wo er durchging. Alles begrüßte und lobsang ihm, und vor der Stadt wurden ihm von Frauen und Kindern Kränze gereicht. Es war dies Sitte am Laubhüttenfest. Es zogen auch viele Leute aus Ainon mit. Der Weg ging zwei Stunden diesseits im Jordanstale südlich; dann führte er über den Jordan, wendete sich abendlich etwa eine halbe Stunde, dann wieder südlich zu der Stadt Akrabis, welche an einem Bergrücken hinan liegt.

Aruma und Fest der Tempelweihe

Als Jesus nach Aruma kam, empfingen ihn die Pharisäer nicht vor dem Tor. Jesus ging mit etwa sieben Jüngern geschürzt durch das Stadttor ein. Da empfingen sie einige wohlgesinnte Bürger nach der Landessitte, wie man es Reisenden tut, die geschürzt zum Tor eingehen; denn die ungeschürzt kommen, hatten schon vor dem Tor Gastfreiheit empfangen. Sie führten sie in ein Haus, wuschen ihnen die Füße, reinigten die Kleider und reichten den Bissen. Danach ging Jesus in das Priesterhaus bei der Synagoge, wo sich Simons Bruder mit mehreren andern Pharisäern und Sadduzäern befand, welche von Thebez und andern Orten hierhergekommen waren. Sie nahmen Schriftrollen und gingen mit Jesus nach einem Badebrunnen vor der Stadt, wo sie über die Schriftstellen sich besprachen, welche in der heutigen Sabbatslesung vorkamen. Es war dieses wie ein Vorbereiten auf die Predigt. Sie sprachen ganz höflich und glatt mit Jesus und baten ihn, heute abend zu lehren; aber doch ja das Volk nicht aufrührerisch zu machen. Sie gaben das so zu verstehen. Jesus antwortete streng und gerade: Er werde lehren, was die Schrift enthalte, die Wahrheit, und sprach auch von Wölfen in Schafskleidern.

Es wurde in Aruma das Fest der Einweihung des salomonischen Tempels gefeiert. Die ganze Synagoge war voll von Lichtern. In der Mitte stand eine Pyramide von Lichtern. Der eigentliche Tag des Festes war schon vorbei, er war, wie ich meine, am Ende des Laubhüttenfestes; er wurde nachgefeiert. Jesus lehrte von der Einweihung und wie Gott dem Salomo erschien und ihm sagte: er wolle Israel und den Tempel erhalten, so es ihm treu bleibe, und wolle im Tempel wohnen unter ihnen; er werde ihn aber zerstören, wenn sie von ihm abfallen würden. Dieses legte Jesus auf die jetzige Zeit aus, in der es nun so weit gekommen sei; so sie sich nicht bekehrten, werde der Tempel zerstört werden. Er sprach sehr scharf davon. Die Pharisäer aber fingen an, mit ihm zu disputieren und legten dieses Wort Gottes aus als nicht so gesprochen, sondern als ein Gedicht, als eine Phantasie von Salomo. Der Disput wurde sehr lebhaft, und ich sah Jesus sehr eifrig reden. Er hatte ein Wesen, daß sie erschüttert wurden und ihn kaum anblicken konnten. Er sprach zu ihnen in Sätzen, welche aus der heutigen Sabbatslesung hervorgingen, von den Entstellungen und Verdrehungen der ewigen Wahrheiten, der Geschichte und von der Zeitrechnung der alten heidnischen Völker, z.B. der Ägypter, und wie sie es wagen könnten, diesen Heiden Vorwürfe zu machen, da sie selber bereits in so elendem Zustande seien, daß sie, was ihnen so nahe und so heilig überliefert sei, das Wort des Allmächtigen, auf welches sein Bund mit ihrem heiligen Tempel gegründet sei, als eine Fabel, als ein Gesicht nach ihrer Bequemlichkeit und nach der Art, die ihnen schmeichle, verwerfen. Er beteuerte und wiederholte die Verheißung Gottes an Salomo noch einmal und sagte ihnen, daß in ihrer sündhaften Entstellung und Auslegung die Drohung Jehovas sich schon der Erfüllung nähere; denn wo der Glaube an seine heiligsten Verheißungen wanke, wanke auch der Grund seines Tempels. Er sprach zu ihnen: „Ja! Der Tempel wird abgebrochen und zerstört werden, weil ihr an die Verheißungen nicht glaubt, weil ihr das Heilige nicht erkennt und nicht heilig haltet! Ihr werdet selbst an seiner Zerstörung arbeiten, es wird kein Teil an ihm unverletzt bleiben, er wird zerbrochen werden um eurer Sünden willen!“ Auf diese Art sprach Jesus, und zwar mit solcher Hindeutung, daß er sich selbst unter dem Tempel zu verstehen schien, wie er es vor seinem Leiden deutlicher sagte: „Ich werde ihn in drei Tagen wieder aufbauen.“ Es war hier nicht so deutlich ausgesprochen; aber doch so, daß sie mit Schauder und Ergrimmen das Wunderbare, Geheimnisvolle in seiner Rede fühlten. Sie murrten und wurden sehr unwillig, Jesus aber störte sich nicht und fuhr sehr schön in seiner Lehre fort, so daß sie nicht mehr widersprechen konnten und ganz wider ihren Willen innerlich überwältigt wurden. Beim Herausgehen aus der Synagoge reichten sie ihm die Hände, machten eine Art Entschuldigung und schienen äußerlich den Frieden herstellen zu wollen. Jesus sagte noch einige ernste Worte ganz sanft und verließ die Synagoge, welche geschlossen wurde.

Ich hatte ein Bild von Salomo, der vor dem Tempel bei dem Opferaltar auf einer Säule stehend das Volk anredete und laut zu Gott betete. Die Säule war so hoch, daß ihn jedermann sehen konnte. Man stieg inwendig hinauf; oben war eine breite Platte und ein Stuhl. Die Säule war beweglich, man konnte sie wegbringen. Ich sah nachher den Salomo auf der Burg Sion und noch nicht in seinem neuen Palast. Es war an demselben Ort, wo Gott auch mit David früher gesprochen hatte, besonders als Nathan bei ihm gewesen. Es war auch eine Terrasse unter einem Zeltdach, wo er schlief. Salomo betete daselbst; da kam ein unbeschreiblicher Glanz um ihn und eine Stimme aus demselben.

Salomo war ein schöner Mann, von angenehmer Größe, und seine Glieder waren voll, nicht so scharf und ausgedörrt wie die der meisten andern dort. Seine Haare waren braun und schlicht; er hatte einen reinen kurzen Bart, braune, durchdringende Augen, ein rundes, volles Gesicht mit etwas breiten Wangenknochen. Damals hatte er sich noch nicht der Unzahl heidnischer Weiber ergeben.

Jesu Wirken auf seiner Wanderung

Nachdem Jesus nochmals sehr ernst gegen die Pharisäer geredet hatte, daß sie den Geist ihrer Religion verloren hätten, daß sie nur an leere Formen und Gebräuche sich hielten, welche zuletzt der Teufel ausfülle, wie sie an den Heiden sehen könnten, verließ er Aruma und ging nach der Stadt Thänath-Silo, vor welcher eine der von Lazarus errichteten Herbergen war. Er lehrte danach vor Männern und Frauen, die auf dem Felde an großen Getreidehaufen arbeiteten in Parabeln vom Feldbau und vom verschiedenen Erdreich. Die Leute waren Sklaven und samaritischen Glaubens. Am Abend lehrte er auch in der Synagoge. Es war Neumond, und es hingen Fruchtkränze vor der Synagoge und anderen öffentlichen Gebäuden.

Vor der Synagoge hatten sich sehr viele Kranke angesammelt, besonders viele Lahme, Gichtische, Besessene und Blutflüssige, die er heilte. Er segnete viele kranke Kinder und auch gesunde. Die vielen Lahmen an den Händen und seiner Seite holten sich ihre Krankheit meist beim Feldbau und durch das Liegen an der feuchten Erde in der Nacht und bei Tag, wenn sie sich in Schweiß gearbeitet hatten. Ich habe das auch in den Feldern vor Gennabris in Galiläa gesehen.

Jesus heilte hier auf sehr viele Arten. Einige in der Ferne mit einem Blick und Wort, einige berührte er, andern legte er die Hände auf, andere hauchte er an, andere segnete er, andern bestrich er nur mit Speichel die Augen. Manche berührten ihn und wurden geheilt, andere ließ er genesen, ohne daß er sich zu ihnen wendete. Er verfuhr besonders in der letzten Zeit seines Wandels überhaupt schneller als im Anfang. Ich dachte wohl, die so verschiedenen Arten seiner Heilungen seien gewesen, um zu zeigen, daß er nicht an eine einzelne Art gebunden sei, sondern es auf alle Arten könne; aber Jesus sagt ja selbst im Evangelium einmal, daß eine Art der Teufel anders ausgetrieben werde als die andere. Er heilte gewiß jeden, wie es seinem Übel, seinem Glauben und seiner Natur angemessen war, so wie er noch jetzt jeden Sünder anders züchtigt, anders bekehrt. Jesus zerbrach die Ordnung der Natur nicht, er löste nur ihre Bande. Er zerhieb keinen Knoten, er löste ihn auf und konnte alle lösen, er hatte alle Schlüssel; und insofern er Gottmensch geworden war, handelte er in menschlichen Formen, die er heiligte. Ich hatte auch früher schon die Unterweisung, er habe vorbildlich so verschieden geheilt, um die Jünger die Formen für jede Handlung zu lehren. Die verschiedenen Formen des kirchlichen Segens und der Weihungen und Sakramente deuten schon hierauf.

Jesus ging gegen Mittag hinweg, es begleiteten ihn mehrere Menschen aus der Stadt. Er ging auf der ziemlich breiten Landstraße nach Nordost, die gegen Scythopolis führt. Er hatte Doch zur rechten und Thebez zur linken Seite auf dem östlichen Ende des Berges, worauf Samaria liegt. Er ging gegen den Jordan hinab in ein Tal, worin eine Quelle zum Jordan fließt. Hierher war ihm eine Schar von lernbegierigen Leuten, besonders von samaritischen Arbeitsleuten vorausgeeilt, welche ihn erwarteten und die er lehrte. Es lag links an der Höhe hinan ein kleiner Ort, aus einer langen Reihe Häuser bestehend, Aser-Michmethath, in welchen gegen Abend Jesus hineinging. Abelmehola mag von hier sieben Stunden sein. Es ist dieser Ort auf dem Wege Mariä und der Frauen, wenn sie nicht bei Samaria über das Gebirge nach Judäa wollen. Auch auf der Flucht nach Ägypten ist die Heilige Jungfrau mit Joseph hier herübergereist.

Es war unter dem Baum an Abrahams Brunnen, wo zur Zeit der Richter die falsche Prophetin ihre Zauberei trieb und die Ratschläge gab, die immer übel ausschlugen. Sie hatte nachts allerlei Zeremonien mit Fackeln hier und trieb wunderliche Tiere und Gestalten zusammen. Sie wurde zu Azo von den Madianiten auf ein Brett genagelt. Unter demselben Baum hatte Jakob die geraubten Götzen der Sichemiten vergraben.

Auch Joseph hatte mit der Heiligen Jungfrau und Jesus in der Nähe dieses Baumes auf der Flucht nach Ägypten sich eine Nacht und einen Tag verborgen. Die Verfolgung des Herodes war bekannt; und es war hier sehr unsicher zu reisen. Ich meine auch, daß auf der Reise nach Bethlehem, wo Maria fror, es hier am Baum so warm geworden ist.

Jesus segnete viele Kinder, welche ihm überall von den Müttern herbeigebracht wurden.

Am Nachmittag war eine große Mahlzeit rund um Obeds Haus und in dem Hofe unter Laubhütten, welche überall noch standen. Es nahmen schier alle Einwohner von Michmethath daran teil und besonders alle Armen der Gegend. Jesus ging um alle Tische, segnete und lehrte und teilte liebevoll Speisen aus. Er erzählte Parabeln. Die Frauen saßen in einer abgesonderten Laube. Hierauf ging Jesus noch zu einigen Kranken in die Häuser und heilte sie. Er segnete auch noch viele Kinder, welche ihm die Mütter reihenweise vorstellten. Es waren sehr viele Kinder hier, besonders bei Obeds Weib, welche sie lehrte. Obed hatte einen kleinen Sohn von etwa sieben Jahren, mit dem Jesus viel redete. Er lebte bei einem älteren Bruder auf dem Felde, war sehr fromm und kniete oft des Nachts auf dem

Felde, um zu beten. Der ältere Bruder war nicht ganz zufrieden damit, und Obed war darüber betrübt. Jesus sprach und richtete über dieses alles. Dieser Knabe ist nach Jesu Tod unter die Jünger gekommen.

Von hier ging Jesus wieder nordöstlich den Berg hinan nach Meroz, einer Stadt an der Mittagsseite eines Berges gelegen, an dessen Nordseite Atharoth liegt. Dieses Meroz liegt höher als Samaria und nördlich über Thebez, auch höher als das gegen Morgen liegende Aser-Michmethath.

In Meroz war Jesus noch nie. Der Ort war von einem trockenen Graben umgeben, in dem sich manchmal einiges Bergwasser sammelte. Es hatte dieser Ort einen üblen Ruf in Israel wegen seiner Treulosigkeit. Es hatten sich zu Meroz Nachkommen von Aser und Gad, den Söhnen Jakobs und der Zelpha, angesiedelt, von denen sich einzelne mit Heidinnen von Sichem vermählten. Die anderen Stämme wollten die Abkömmlinge dieser Mischehen nicht unter sich haben, und sie waren auch wegen Untreue und Verrat verachtet. Sie beschäftigten sich hauptsächlich mit Bereitung von Fellen, machten Leder, bereiteten Pelzwerk und Kleider daraus, machten lederne Sohlen, Riemen, Gürtel, Schilder, Soldatenwämser. Sie holten die Häute weit umher auf Eseln und bereiteten sie teils in einer Zisterne, in welche Wasser aus ihrem Stadtbrunnen floß. Weil dieser aber selbst von einer Wasserleitung herrührte und sie von daher nicht immer Überfluß hatten, so gerbten sie die Häute bei Ischariot, so hieß eine sumpfige Gegend, ein paar Stunden östlich von Meroz und nördlich von Aser-Michmethath. Es war ein wüster Winkel mit einigen Wohnungen, und es ging von da eine Schlucht mit einem Quell gegen das Jordanstal. Da bereiteten die Leute ihre Häute. Judas und seine Eltern hatten sich eine Zeitlang da aufgehalten. Er hatte den Namen davon.

Berufung des Judas Ischariot

Es kamen hier Bartholomäus, Simon Zelotes, Judas Thaddäus und Philippus zu ihm, die schon früher mit den Jüngern gesprochen hatten. Er empfing sie freundlich. Sie nahmen an dem Mahle teil und blieben die Nacht mit hier. Den Bartholomäus hatte Jesus schon mehrmals gesehen und innerlich berufen, auch den Jüngern von ihm gesagt. Simon und Thaddäus waren seine Vettern; auch Philippus war ihm verwandt und bereits wie Thaddäus unter den Jüngern. Er hatte auch diese alle schon genannt, daß sie ihm folgen würden, da Jesus bei seiner letzten Anwesenheit zu Kapharnaum an Petri Fischerstelle am See von der baldigen Nachfolge sprach und Petrus so sehr verlangte, er möge ihn doch als unfähig zu Hause lassen. Damals fielen Worte Petri vor, welche im Evangelium später stehen.

Auch Judas Ischariot war mit ihnen nach Meroz gekommen; war aber am Abend noch nicht bei Jesus, sondern in einem Hause der Stadt, wo er sonst sich oft aufhielt. Bartholomäus und Simon sprachen mit Jesus von Judas, daß sie ihn kennengelernt und wie er ein unterrichteter, gewandter und sehr dienstfertiger Mensch sei, der sehr verlange, unter den Jüngern zu sein. Jesus seufzte bei ihren Reden und schien betrübt. Da sie ihn fragten, warum? sagte er: „Es ist jetzt nicht Zeit, davon zu reden, sondern daran zu denken.“ Er lehrte die Anwesenden während des Mahles, und sie schliefen hier.

Die neuangekommenen Jünger waren von Kapharnaum gekommen, wo sie sich bei Petrus und Andreas versammelt hatten. Sie hatten Aufträge von dort und hatten Jesus einiges Geld, was für die Bedürfnisse der Reisen und der milden Gaben von den Frauen gesammelt war, mitgebracht. Judas war in Naim mit ihnen zusammengetroffen und hatte sie hierher gebracht. Er war in dieser Zeit bereits mit allen Jüngern bekannt und war neulich in Zypern gewesen. Seine vielfältigen Erzählungen dort von Jesus, seinen Wundern und von den Urteilen, die man über ihn fällte, wie ihn der eine Sohn Davids, der andere den Christus nenne und die meisten ihn für den größten Propheten hielten, hatten die Heiden und Juden dort noch begieriger auf Jesus gemacht, von dem sie schon viel Wunderbares durch seinen Aufenthalt in Sidon und Tyrus gehört hatten. Der zyprische Heide, welcher bei Jesus in Ophra war, war infolge dieser Reden von seinem Herrn, der durch sie sehr bewegt wurde, gesendet worden, und Judas war mit ihm zurückgereist. Er war auf dieser Rückreise auch in Ornithopolis, wo die aus Griechenland dahin gezogenen Eltern von Saturnin lebten.

Als Judas unterwegs erfuhr, daß Jesus in die Gegend von Meroz kommen werde, wo er sehr bekannt war, suchte er den Bartholomäus in Dabbeseth auf, den er schon kannte, und lud ihn ein, mit ihm nach Meroz zu ziehen und ihn Jesu vorzustellen. Bartholomäus wollte es gern tun; reiste aber zuerst nach Kapharnaum mit Judas Thaddäus zu den dortigen Jüngern und von da mit Thaddäus und Philippus nach Tiberias, wohin sie Simon Zelotes mitnahmen und trafen in Naim mit Judas zusammen, der ihnen entgegengereist war. Er ersuchte sie nochmals, ihn Jesu zum Jünger vorzuschlagen. Sie hatten Wohlgefallen an seiner Gewandtheit und Dienstfertigkeit und an seinem gefälligen Wesen.

Judas Ischariot mochte damals fünfundzwanzig Jahre alt sein, war von mittlerer Größe und nicht häßlich. Er hatte sehr schwarze Haare, sein Bart war etwas rötlich. In seiner Kleidung war er ganz sauber und feiner als die gemeinen Juden. Er war gesprächig, dienstfertig und machte sich gerne wichtig, erzählte mit der Miene der Vertraulichkeit gern von großen und heiligen Leuten und war vorlaut, wo man ihn nicht kannte. Wenn ihn aber jemand, der es besser wußte, der Unwahrheit strafte, so zog er sich beschämt zurück. Er war ehr-, rang- und geldsüchtig; war immer auf gut Glück ausgegangen, sehnte sich nach Ruhm, nach einem Amt, nach Ehre, nach Geld, ohne daß dieses alles noch recht klar in ihm geworden wäre. Jesu Erscheinung reizte ihn sehr. Die Jünger wurden verpflegt, der reiche Lazarus nahm teil an Jesus; man glaubte, er werde ein Reich aufrichten; man sprach allerhand von einem König, vom Messias, vom Propheten von Nazareth. Jesu Wunder und Weisheit erfüllten jeden Mund. Judas hatte große Begierde, sein Jünger genannt zu werden und an seiner Herrlichkeit, die er für eine weltliche hielt, einst teilzunehmen. Schon lange hatte er überall die Nachrichten über Jesus gesammelt und die Neuigkeiten von ihm herumgetragen. Er hatte sich mit mehreren der Jünger bekannt gemacht und war nun in seine Nähe gekommen. Er sehnte sich auch darum besonders in seine Nähe, weil er kein bestimmtes Geschäft hatte und ein halber Gelehrter war. Auch mit Rechnung und Handel hatte er sich abgegeben, und mit seinem Vermögen, das er von seinem natürlichen Vater erhalten hatte, ging es zu Ende. Er hatte in der letzten Zeit allerlei Kommissionen, Geschäfte und Mäkeleien für Leute getrieben, die ihn brauchten, und war sehr eifrig und geschickt dazu. Seines verstorbenen Vaters Bruder hieß Simeon und lebte vom Feldbau in Ischariot, einem Örtchen von etwa zwanzig Häusern, welches zu Meroz gehörte und nicht weit gen Morgen davon entfernt lag. Hier hatten seine Eltern sich eine Zeitlang aufgehalten und er meistens nach ihrem Tode, daher er den Namen Ischariotes erhalten. Seine Eltern trieben eine herumziehende Lebensart: denn seine Mutter war eine Tänzerin und Sängerin. Sie stammte aus Jephthes Geschlecht, aus dem seiner Frau, aus dem Lande Tob. Seine Mutter war auch Dichterin, machte Lieder und Sprüche und sang zur Harfe, lehrte andere junge Weibsleute tanzen und brachte allerlei Weiberschmuck und Moden von einem Ort zum andern. Ihr Mann, ein Jude, war nicht bei ihr; er lebte in Pella. Judas war ihr außereheliches Kind, dessen Vater ein Kriegsoberster bei Damaskus war. Als sie den Judas auf ihrer ziehenden Lebensart bei Askalon geboren hatte, machte sie sich durch Aussetzen von ihm los. Judas wurde bald nach seiner Geburt an einem Wasser ausgesetzt und reichen, kinderlosen Leuten zugespielt, bei denen er eine vornehme Erziehung erhielt. Er ist aber später ein böser Bube geworden und durch eine Betrügerei wieder zu seiner Mutter wie in Pension gekommen.

Es schwebt mir auch vor, daß der Ehemann seiner Mutter, als er den Ursprung des Judas erfuhr, ihn verflucht habe. Judas besaß einiges Vermögen von seinem natürlichen Vater und hatte viel Geschick. Nach dem Tode seiner Eltern lebte er meist in Ischariot bei seinem Oheim Simeon, einem Gerber, und ließ sich zum Handel gebrauchen. Er war übrigens jetzt noch kein Bösewicht; aber maulredend, ehr- und geldgierig und ohne Festigkeit. Er war auch nicht ausgelassen oder religionslos, sondern hielt alle jüdischen Gebräuche ordentlich. Er kommt mir vor wie ein Mensch, der eben so leicht zum Besten als auch zum Schlechtesten sich hinneigen kann. Bei all seiner Gewandtheit, Freundlichkeit und Gefälligkeit hatte er einen finsteren, traurigen Ausdruck im Gesicht, was von seiner Habsucht, seiner Begierde, seinem geheimen Neid, selbst nach den Tugenden anderer, herrührte.

Er war nicht gerade häßlich, hatte etwas Freundliches, Schmeichelndes, doch Widerliches, Niederträchtiges im Gesichte. Sein natürlicher Vater hatte etwas Gutes in sich, und davon kam etwas in Judas. Als er später zu seiner Mutter wieder zurückkam und diese darüber mit ihrem Manne in Streit geriet, verfluchte sie ihn. Sie und ihr Mann waren Gaukler, trieben allerlei Künste und waren bald wohlhabend, bald hatten sie nichts.

Die Jünger mochten den Judas anfänglich gut leiden wegen seiner Dienstwilligkeit; er putzte sogar die Schuhe. Er konnte erstaunlich laufen und machte anfangs große Wege für die Gemeinde. Ich sah ihn nie Wunder tun. Er war immer voll Eifersucht, Neid, und gegen Ende des Lebens Jesu war er des Herumziehens, des Gehorsams und des ihm unverständlichen Geheimnisvollen müde.

Auf diesem Wege kam Judas Ischariot zu den Jüngern. Und als Jesus mit ihnen wieder zusammentraf, stellten Bartholomäus und Simon Zelotes ihn Jesu mit den Worten vor: „Meister, hier ist Judas, von dem wir dir gesprochen haben." Jesus sah ihn sehr freundlich, aber mit unbeschreiblicher Wehmut an. Judas sagte, sich verbeugend: „Meister, ich bitte, mich teil an deiner Lehre nehmen zu lassen." Jesus erwiderte sehr sanft und prophetisch: „Das kannst du nehmen, wenn du es keinem andern überlassen willst." So ungefähr sagte er. Ich fühlte, daß er damit auf Matthias prophezeite, der seine Stelle unter den Zwölfen erhielt und auch auf das Verkaufen Jesu. Der Ausdruck war umfassender; aber ich fühlte dieses dabei.

Nun gingen sie miteinander den Berg hinauf, und Jesus begann zu lehren. Auf dem Gipfel des Berges war eine große Menge Volkes von Meroz, dem nördlich am Berge liegenden Atharoth und aus der ganzen Gegend versammelt; auch viele Pharisäer aus diesen Orten. Jesus hatte die Lehre einige Tage vorher durch die Jünger ansagen lassen. Er lehrte strenge vom Reich, von der Buße, von der Verlassenheit dieses Volkes, daß es sich aufraffen sollte aus seiner Trägheit. Es war hier oben kein Lehrstuhl. Die Lehre fand auf einem Hügel statt, der von einem runden Graben und einer Mauer umfangen war, auf der die Zuhörer ruhten und standen.

Jesus kehrte mit den Jüngern in die Herberge vor Meroz zurück und lehrte unterwegs vieles von dem Benützen der Zeit, von der langen Erwartung des Heils, von dessen Nähe, vom Verlassen des Seinigen, von der Nachfolge und dem Helfen der Dürftigen. In der Herberge nahm er mit den Jüngern ein Mahl. Auf dem Berge hatte er den Armen Geld austeilen lassen, das die Jünger von Kapharnaum mitgebracht hatten. Judas war dabei mit besonderer Begierde aufmerksam. Jesus lehrte in der Herberge beim Mahle und noch lange in die Nacht. Heute war Judas zum ersten Male mit ihm am Tisch und über Nacht unter einem Dache.

Jesus ging am Morgen von seiner Herberge mit den Jüngern eine kleine Stunde östlich nach Ischariot. Es liegen hier etwa fünfundzwanzig Häuser tief in einer Schlucht hinab auf sumpfigem Boden in einer Reihe neben einem schwarzen schilfichten Wasser, das, hier und da gestaut, Pfützen zum Gerben bildet.

Judas war seinem alten Oheim ganz lieb und brauchbar in seinem Lederhandel. Er sendete ihn bald mit Eseln aus, rohe

Häute einzukaufen, bald mit bereitetem Leder nach den Seestädten; denn er war ein gewandter und pfiffiger Makler und Unterhändler. Er war jetzt noch kein Bösewicht und, hatte er sich im Kleinen besiegt, er wäre nicht so weit gekommen. Die Heilige Jungfrau hat ihn sehr oft gewarnt. Er war sehr schwankend. Er war einer heftigen, aber keiner anhaltenden Reue fähig. Immer hatte er das weltliche Reich im Kopf; und als ihm das undeutlicher wurde, fing er an, sich Geld zu machen; darum ärgerte er sich, daß der Wert von Magdalenas Salbe nicht als Almosen durch seine Hände ging. Am letzten Laubhüttenfest Jesu begann er sich ganz auf die böse Seite zu werfen. Als er Jesus um Geld verriet, meinte er nicht, daß er getötet werden würde; er dachte, er werde schon wieder loskommen und wollte nur das Geld verdienen.

Judas war hier in Ischariot sehr dienstfertig und hilfreich; er war hier ganz zu Hause. Sein Oheim, der Gerber Simeon, empfing Jesus und die Jünger schon vor dem Orte und wusch ihnen die Füße und reichte den Imbiß. Dieser Mann ist sehr geschäftig und rüstig. Jesus war mit den Jüngern in seinem Hause; es waren Frau, Kinder und Gesinde, seine Familie, darin.

Jesus ging an die andere Seite des Ortes, wo auf einem Felde eine Art Lustgarten ist und wo die Laubhütten noch stehen. Hier waren alle Leute des Ortes versammelt. Jesus lehrte über die Parabel vom Sämann und dem verschiedenen Saatboden und ermahnte die Leute, seine Lehre, die sie auf dem Berge bei Meroz gehört hatten, einen guten Boden finden zu lassen.

Von hier ging Jesus mit den Jüngern gegen Westen schier bis in die Gegend der Herberge zurück, wendete sich dann nördlich und ging, den Berg, wo er gelehrt, zur Linken und einen anderen zur Rechten, durch ein Tal. Atharoth ließ er zur Linken, wendete sich etwas nordöstlich, dann wieder nördlich und ging eine Bergterrasse tiefer gegen Dothan, das in das östliche Tal der Ebene Esdrelon niedersieht. Es hat östlich Berge über und westlich das Tal unter sich.

Jesus ging mit den Jüngern zur Synagoge, wo man schon versammelt war. Es waren viele Pharisäer und Lehrer hier. Sie mußten Jesu Ankunft wissen; denn sie waren so höflich, ihn vor der Synagoge auf dem Platz zu empfangen, ihm die Füße zu waschen und den Bissen zu reichen. Dann führten sie ihn hinein und gaben ihm die Gesetzrollen. Die Lehre war vom Tode Saras und Abrahams zweiter Ehe mit Ketura und von Salomos Weihe. Außer dem Holzhandel war noch anderer Handel im Orte. Es wurden Teppiche, rohe Seide und solche Waren eingeführt, abgeladen und wieder versendet.

Solche Waren lagen auch bei dem kranken Manne, in dessen Haus Jesus durch Nathanael, der dort wohnte, gebeten wurde. Es ist ein sehr ansehnliches, reiches Haus mit Höfen und offenen Säulengängen umher und liegt nicht weit von der Synagoge. Es wohnte ein sehr reicher Mann von etwa fünfzig Jahren darin, der Issachar hieß und an der Wassersucht litt. Vor wenigen Tagen hatte er sich mit einer jungen Frau von fünfundzwanzig Jahren, namens Salome, verheiratet. Diese Verbindung hatte einen gesetzlichen Grund; es war so ein Verhältnis wie mit der Ruth und Booz. Es kam der Salome das Vermögen zu. Die bösen Mäuler in der Stadt, besonders die Pharisäer, hielten sich sehr über diese Ehe auf, und sie war das allgemeine Stadtgespräch. Issachar und Salome hatten aber ihr Vertrauen auf Jesus gesetzt und schon das letzte Mal, als er hier in der Nähe vorbeireiste, auf ihn gehofft.

Dieses Haus war aus früherer Zeit mit Jesus bekannt, als die Vorfahren der Salome noch lebten; denn Maria, da sie mit dem heiligen Joseph zu Elisabeth von Nazareth aus reiste, hatte in diesem Haus Herberge gehabt. Es war dieses kurz vor dem Osterfest. Joseph ging noch mit Zacharias von Hebron zum Osterfest, und als er nach Hebron zurückkam, blieb Maria noch da, und er kehrte nach Hause. So hatte also Jesus noch im Schoß seiner Mutter hier Gastfreundschaft empfangen und kam heute als der Heiland in dieses Haus, jene Liebe der Eltern an dem kranken Sohne nach einunddreißig Jahren zu belohnen.

Salome war das Kind dieses Hauses und die Witwe des Bruders von Issachar; dieser aber der Witwer ihrer verstorbenen Schwester. Das ganze Haus und Vermögen kam ihr zu. Beide waren kinderlos und die einzigen Nachkommen eines guten Stammes. Sie heirateten auf Jesu harmherzige Heilung hoffend. Salome rechnete sich aus der Verwandtschaft des heiligen Joseph, sie stammte aus Bethlehem, und Josephs Vater pflegte ihren Großvater aus diesem Hause Bruder zu nennen; obschon er nicht sein leiblicher Bruder war. Sie hatten einen Nachkommen der Familie Davids unter ihren Vorfahren, der, glaube ich, auch ein König gewesen war. Sein Name klang wie Ela. Aus dieser alten Freundschaft war Joseph mit Maria hier eingekehrt. Issachar war aus dem Stamme Levi.

Beim Eintritt in das Haus kam Salome Jesu mit ihren Mägden und Dienern entgegen, warf sich vor ihm nieder und bat um die Heilung ihres Mannes. Jesus ging mit ihr in die Kammer des Kranken. Er lag ganz eingewickelt auf seinem Lager. Er war wassersüchtig und an der einen Seite ganz gelähmt. Jesus grüßte ihn und redete liebreich mit ihm. Der Mann war sehr gerührt und freundlich; konnte sich aber nicht aufrichten. Jesus betete, rührte ihn an und gab ihm die Hand. Da richtete sich der Mann auf, legte ein anderes Gewand an und stand von seinem Lager auf; und er und seine Frau warfen sich vor Jesus nieder. Der Herr ermahnte sie, segnete sie und versprach ihnen Nachkommenschaft und trat mit dem Mann und der Frau aus der Kammer heraus zu den versammelten Hausgenossen, welche eine große Freude hatten. Es blieb diese Heilung heute noch verschwiegen.

Issachar lud Jesus ein, mit allen den Seinigen heute nacht bei ihm zu herbergen und nach der Synagoge das Mahl bei ihm einzunehmen, was Jesus annahm. Hierauf ging er in die Synagoge und lehrte.

Man aß bei der Mahlzeit Vögel, Fische, Honig und Brote. Es waren ungemein viele Turteltauben, andere Tauben und bunte Vögel hier, die wie Hühner in Menge um die Häuser liefen und einen schönen Ausflug nach der Ebene Jezrael hatten. Bei dem Mahle sprach Issachar von Maria, daß sie in diesem Hause in seiner Jugend gewesen und daß die Eltern seiner Frau oft davon erzählt hätten, wie jung und schön und fromm sie gewesen. Joseph sei auch ein bejahrter Mann gewesen. Er hoffe, daß Gott ihm auch Nachkommen geben könne, der ihn durch den Sohn Josephs geheilt habe.

Als Jesus am Morgen darauf mit den Jüngern vor die Stadt ging, nahte ihm Thomas und bat, unter die Zahl seiner Jünger aufgenommen zu werden. Er wolle ihm folgen und tun, was er von ihm verlange; er sei durch seine Lehre und durch seine Wunder, die er gesehen, überzeugt, daß Johannes und alle, die er von seinen Jüngern kenne, wahr von ihm gesprochen. Er bitte, er möge ihn teilnehmen lassen an seinem Reiche. Jesus sagte ihm, daß er ihn kenne und gewußt habe, daß er zu ihm kommen werde. Thomas aber wollte dieses nicht annehmen und behauptete, er habe nie sonst daran gedacht; denn er sei kein Freund von Absonderung und habe sich jetzt erst dazu entschlossen, da er durch seine Wunder überzeugt worden sei. Jesus antwortete: „Du sprichst wie Nathanael, du hältst dich für weise und redest töricht. Soll der Gärtner nicht die Bäume des Gartens, der Winzer nicht seine Reben kennen? Und soll er einen Weinberg bauen und die Knechte nicht kennen, die er hinsenden will?" Er sprach auch eine Gleichnisrede vom Sammeln der Feigen an den Dornen.

Zwei Johannisjünger, von dem Täufer zu Jesus gesendet, welche schon in Meroz seiner Berglehre und den Wundern beigewohnt hatten, sprachen hier auch mit Jesus und kehrten dann nach Machärus zurück. Sie gehörten zu den Jüngern, welche sich dort aufhielten und von Johannes vor seinem Kerker belehrt wurden. Sie hingen heftig an ihm; und weil sie die Taten Jesu noch nicht gesehen hatten, sendete er sie zu ihm, daß sie sich von der Wahrheit dessen überzeugen sollten, was er von ihm lehrte. Er ließ auch Jesus durch sie abermals bitten, er möge doch öffentlich und klar aussprechen, wer er sei, und sein Reich auf Erden gründen. Sie sagten zu Jesus, daß sie von allem überzeugt seien, was Johannes von ihm verkünde; ob er aber nicht bald kommen wolle, Johannes aus seinem Kerker zu befreien? Johannes hoffe durch ihn aus seinem Kerker befreit zu werden und sehne sich danach. Er möge doch sein Reich vollbringen und ihren Meister befreien. Sie glaubten, dieses würde noch ein nützlicheres Wunder sein als seine anderen Heilungen. Jesus sagte zu ihnen, er wisse, daß Johannes sich sehne und hoffe, bald aus diesem Kerker befreit zu werden. Er werde auch daraus befreit werden; daß er aber nach Machärus kommen und ihn befreien solle, das glaube Johannes nicht, der seine Wege bereitet habe. Sie sollten dem Johannes verkünden, was sie gesehen, und daß er seine Sendung vollbringen werde.

Ich weiß nicht, ob Johannes wußte, daß Jesus werde gekreuzigt werden, und daß sein Reich kein irdisches sei; ich meine, daß auch er glaubte, Jesus werde das Volk bekehren und befreien und ein heiliges Reich auf Erden einführen.

Gegen Mittag ging Jesus mit den Jüngern zur Stadt in das Haus Issachars zurück, wo schon viele Leute versammelt waren und wo das Gesinde und die Hausfrau mit Bereitung von Speisen beschäftigt waren. Trat man auf der Rückseite aus Issachars Haus, so kam man auf einen schönen Platz, wo ein trefflicher Brunnen, mit Gebäuden umgeben, stand. Dieser Brunnen galt als heilig; denn Eliseus hatte ihn gesegnet. Es war ein schöner Lehrstuhl daselbst, und waren Einzäunungen und schattige Bäume um ihn, wo vieles Volk zur Lehre sich versammeln konnte. Es wurden hier mehrmals im Jahr, besonders um Pfingsten, solche öffentlichen Lehren gehalten. Der schöne Brunnen hier hatte nur die Unbequemlichkeit, daß die Quelle sehr tief lag und daß das Wasser mit vieler Mühe mußte heraufgepumpt werden; dann lief es in Becken, die ringsumher standen.

Hier um den Brunnen waren auf Jesu und Issachars Einladung sehr viele Menschen versammelt. Jesus hielt auf dem Lehrstuhl eine Lehre an das Volk von der Erfüllung der Verheißung, von der Nähe des Reiches, von Buße und Bekehrung und von der Art, die Barmherzigkeit Gottes anzuflehen und die Gnaden und Wunder zu empfangen. Er sprach auch von Eliseus, der hier gelehrt, und wie die Syrier, die ihn fangen wollten, mit Blindheit geschlagen wurden, und wie Eliseus sie nach Samaria in die Hände der Feinde führte, sie bewirten und nicht erschlagen ließ, sondern wie er seine blinden Feinde sehend machte und zurücksendete zu ihrem König. Er legte dieses auf des Menschen Sohn und die Verfolgungen der Pharisäer aus. Er lehrte auch noch lange vom Gebet und guten Werken, vom betenden Pharisäer und Zöllner, und wie man sich schmücken und salben solle beim Fasten und nicht vor den Leuten prahlen mit seiner Andacht. Die Leute, welche hier sehr von den Pharisäern und Sadduzäern gequält wurden, waren sehr getröstet durch Jesu Lehre. Die Pharisäer und Sadduzäer aber waren erschrecklich ergrimmt, da sie diese freudige Versammlung sahen und die Lehre Jesu vernahmen. Besonders aber, als sie Issachar gesund unter dem Volke erblickten, und wie er mit den Seinigen und den Jüngern freudig dem Volke, welches sich den Steinbänken entlang gelagert hatte, die Speisen austeilte, wurden sie so erbittert, daß sie sich ungestüm gegen Jesus andrängten. Es war schier, als wollten sie ihn gefangennehmen; sie fingen wieder an, gegen die Heilung am Sabbat zu schmähen.

Judas Ischariot kehrte von hier nach Hause zurück und viele andere Jünger. Jesus behielt nur neune bei sich, darunter Thomas, Jakob den Kleineren, Judas Barsabas, Simon Thaddäus, den kleinen Kleophas (Nathanael), Manahem und Saturnin.

Nach Jesu Entfernung ging das Schwätzen und Höhnen der Pharisäer erst recht an. Sie sagten zu den Leuten: „Man sehe wohl, wer er sei; er habe sich von Issachar tüchtig spendieren lassen. Seine Jünger seien zusammengelaufenes, faules Volk, das er auf fremde Unkosten füttere und schlemmen lasse. Wenn er etwas Rechtes wäre, würde er zu Hause bleiben und seine arme Mutter ernähren; sein Vater sei ein armer Zimmermann gewesen, ihm habe aber das ehrliche Handwerk nicht behagt, nun ziehe er herum und mache das Land unruhig."

Als Issachar austeilte, sagte er immer: „Nehmt vorlieb! Nehmet! Es ist nicht das Meine, es gehört dem Vater im Himmel. Diesem danket, es ist mir nur geliehen!"

Verwandte von Jesus

Nach einem Wege von etwa fünf Stunden kamen Jesus und die Jünger, da es schon Nacht geworden war, vor einer einsamen Herberge an, wo nur Lagerstellen zu finden waren. Es war ein Brunnen in der Nähe, der noch von Jakob herrührte. Die Jünger sammelten Reiser und machten Feuer. Unterwegs hatte Jesus oft länger mit ihnen gesprochen, besonders zur Unterweisung des Thomas, Simon, Manahem, des kleinen Kleophas und der Neueren überhaupt. Er sprach von der Nachfolge, von dem Verlassen alles des Seinigen ohne Rückblick und Sehnsucht, sondern mit dem vollen Gefühle des Unwerts irdischer Güter; sie würden alles, was sie verlassen, tausendfältig in seinem Reich wieder erhalten. Sie sollten sich nun reichlich prüfen, ob sie das könnten.

Einzelnen Jüngern hatte Judas Ischariot nicht sonderlich gefallen und besonders dem Thomas nicht. Er sagte es geradeheraus zu Jesu, dieser Judas Simonis gefalle ihm nicht, er sage ihm zu leicht ja und zu leicht nein. Warum er denn diesen angenommen habe, da er doch gegen andere schwieriger gewesen sei? Jesus antwortete ausweichend, als sei dieser, wie alle, in dem Ratschluß Gottes von Ewigkeit.

Als die Jünger sich zur Ruhe begeben hatten, ging Jesus allein ins Gebirge und betete.

Er ging nun mit den Jüngern gen Endor. Auf dem Weg von Dothan bis Endor liegen zwei Brunnen Jakobs, zu welchen seine Herden geführt wurden. Er hatte immer dabei mit den Amorrhitern zu streiten.

Von hier ging Jesus gegen zwei Stunden nordöstlich in ein Tal, das aus der Ebene Esdrelon gegen den Jordan an der Nordseite des Gebirges Gilboe hinläuft. In diesem Tal liegt auf einem Hügel, wie eine Insel, die mittelgroße Stadt Abez, von Gärten und Alleen umgeben. Ein Flüßchen fließt vorbei, und östlicher im Tal ist ein schöner Brunnen, den sie Saulsbrunnen nennen, weil Saul hier verwundet wurde. Jesus ging noch nicht in die Stadt, sondern an dem nördlichen Abhang des Gebirges Gilboe zu einer Reihe Häuser, zwischen denen Gärten und Felder lagen, worauf hohe Getreidehaufen waren. Hier begab sich Jesus in eine Herberge, wo ihn viele ihm verwandte alte Männer und Frauen erwarteten. Sie wuschen ihm die Füße und bezeigten ihm eine aufrichtige vertrauliche Ehrerbietung. Es waren etwa fünfzehn an der Zahl, neun Männer und sechs Frauen. Sie hatten ihm gemeldet, daß sie hier mit ihm zusammentreffen wollten. Mehrere unter ihnen hatten Knechte und Kinder bei sich. Sie waren meist sehr alte Leute, Verwandte von Anna, Joachim und Joseph. Einer war ein jüngerer Halbbruder Josephs, der im Tale Zabulon wohnte, ein anderer war der Vater der Braut von Kana, auch die Verwandte Annas aus der Gegend von Sephoris, bei welcher er vor der letzten Anwesenheit in Nazareth den blinden Knaben geheilt hatte, war darunter. Alle waren vereinigt auf Eseln hierher gereist, um Jesus zu sehen und zu sprechen. Ihr Wunsch war, er möchte sich doch irgendwo einen festen Aufenthalt erwählen und nicht mehr herumziehen; sie wollten ihm einen Ort aussuchen, wo er ruhig lehren könne und wo keine Pharisäer wären. Sie stellten ihm die große Gefahr vor, der er laufe, da die Pharisäer und andere Sekten so erbittert gegen ihn seien.

Diese einfältigen frommen Leute taten Jesu diesen Antrag aus großer Liebe. Sie waren geärgert durch die steten Stichelreden der Übelgesinnten, die ihnen zu Gehör gesprochen wurden. Jesus sprach kräftig und liebevoll mit ihnen; aber auf ganz andere Weise als mit dem Volke und den Jüngern. Er redete deutlicher heraus, setzte ihnen die Verheißung auseinander und wie er den Willen seines Vaters im Himmel erfüllen müsse. Er sei nicht gekommen zu ruhen, nicht für einzelne Menschen, nicht für seine Verwandten, sondern für alle. Alle seien Brüder und Verwandten. Die Liebe ruhe nicht; wer zu helfen gesinnt sei, müsse die Armen aufsuchen; auf die Bequemlichkeit dieses Lebens sei es nicht abgesehen, sein Reich sei nicht von dieser Welt. Er gab sich sehr viel Mühe mit diesen guten alten Leuten, welche immer mehr erstaunten über seine Reden, und denen die Erkenntnis immer mehr aufging. Ihr Ernst und ihre Liebe zu ihm wuchs immer mehr. Er ging mit einzelnen abgesondert auf dem Berg im Schatten lustwandeln und belehrte und tröstete sie; redete dann wieder mit allen zusammen. So brachte er den Tag zu. Alle zusammen nahmen eine einfache Mahlzeit von Broten, Honig und getrockneten Früchten, welche sie mitgebracht hatten.

Von dem Brunnen ging Jesus mit den Jüngern noch eine Strecke östlicher; dann wandte sich sein Weg nach Norden.

Hier liegt die Stadt Dabrath in einer Bucht der ersten Terrasse des Tabor und schaut gerade über die hohe Ebene Saron nach der Gegend, wo der Jordan aus dem See kommt. Der Kisonbach läuft durch sie hindurch. Die Synagoge liegt auf einem freien Platz und auch jenes Haus, in das Jesus hineinging; denn hier wohnte ein Sohn von einem der Brüder Josephs, seines Nährvaters.

Dieser Bruder Josephs hieß Elia und hatte fünf Söhne, von welchen einer, namens Jesse, hier wohnt, der bereits ein alter Mann ist. Seine Frau lebt noch, und sie haben sechs Kinder, drei Söhne und drei Töchter. Zwei von den Söhnen sind schon achtzehn bis zwanzig Jahre alt. Sie heißen Kaleb und Aaron. Ihr Vater bat Jesus, sie zu Jüngern anzunehmen, welches er auch tat. Sie werden mit ihm gehen, wenn er wieder das Land herunterkommen wird. Dieser Jesse hat eine Einnahme für die Leviten und steht einer Tuchbereitung vor. Er kauft Wolle auf, die hier gewaschen, gesponnen und gewebt wird. Sie machen feines Tuch. Es ist hier eine ganze Straße, die für ihn arbeitet. Er hat auch in einem langen Gebäude eine Presserei, wo verschiedene Kräuter, die teils am Tabor wachsen, teils aus der

Fremde kommen, ausgepreßt werden, teils zum Färben, teils werden Saft, Getränke und Wohlgerüche bereitet. Ich sah runde hohle Stämme in Trögen stehen, in welchen durch einen beschwerten Stempel die eingelegten Pflanzen ausgepreßt werden. Die Röhren, aus denen das Ausgepreßte ausfließt, reichen außer das Haus und sind mit Zapfen versehen. Wenn die Stempel nicht mehr pressen sollen, werden Keile vorgeschoben. Sie bereiten auch ein Myrrhenöl. Jesse ist mit seiner ganzen Familie sehr fromm, und seine Kinder gehen täglich und er oft mit ihnen, an den Tabor zu beten. Jesus wohnt mit den Jüngern bei ihm.

Es waren hier Pharisäer und Sadduzäer. Es war wie eine Art Konsistorium hier; sie hielten nachher auch Rat zusammen, wie sie Jesu widersprechen wollten. Jesus ging am Abend mit den Jüngern an den Berg Tabor, wo eine Schar Menschen hinbeschieden war, und lehrte sie im Mondschein bis tief in die Nacht.

Ich habe noch einen späteren Namen davon gehört und sah, daß an diesem Orte Verwandte Jesu gewohnt haben, nämlich eine Schwester der Elisabeth, welche Rhode hieß, wie die Magd der Maria Markus. Diese Rhode hatte drei Töchter und zwei Söhne. Eine der beiden Töchter war eine der drei Witwen, Freundinnen Mariä, deren zwei Söhne unter den Jüngern waren. Einer von Rhodes Söhnen heiratete die Maroni. Als er starb, heiratete seine kinderlose Witwe in zweiter Ehe nach dem Gesetze aus demselben Geschlecht den Eliud, einen Neffen der Mutter Anna. Sie hatte von ihm den Martialis und zog nach Naim. Sie ward zum zweitenmal Witwe und ist die sogenannte Witwe von Naim, deren Sohn Martialis der Herr von den Toten erweckt hat.

Jesus lehrte auf einem Platz vor der Synagoge. Es waren sehr viele Kranke aus der Nachbarschaft gekommen; die Pharisäer aber waren sehr erbittert. In Dabrath war eine reiche Frau, namens Noemi, die ihren verstorbenen Mann sehr betrogen und im Ehebruch gelebt hatte, worüber er aus Kummer gestorben war. Jetzt hatte sie einen Geschäftsführer, dem sie längst die

Ehe versprochen; aber sie betrog auch ihn. Diese Frau hatte Jesu Lehre in Dothan gehört und war dadurch ganz verwandelt worden. Sie war voll Reue und verlangte nur, ihn um Vergebung und Buße zu bitten. Sie war nun hier bei Jesu Lehre und Heilung zugegen und suchte ihm auf alle Weise zu nahen; aber er wandte sich immer wieder von ihr. Sie war eine vornehme, bekannte Frau und nicht in öffentlicher Verachtung. Als sie auf alle Weise vordringen wollte, traten die Pharisäer ihr in den Weg und fragten sie, ob sie sich denn nicht schäme, und baten sie, nach Hause zu gehen. Sie ließ sich aber nicht abhalten und ward wie von Sinnen vor Begierde nach Vergebung. Sie drang durch die Menschen durch, warf sich vor Jesus nieder an die Erde und rief: „Herr, ist noch Gnade und Vergebung für mich? Herr, ich kann so nicht mehr leben! Ich habe schwer an meinem Manne gesündigt. Ich habe auch den Mann betrogen, der jetzt meinem Hause vorsteht!" So sagte sie ihre Schuld vor allen. Jedoch hörten es nicht alle; denn Jesus war abseits getreten, und es war ein großes Getöse umher, das die nachdrängenden Pharisäer machten. Als aber Jesus zu ihr sagte: „Stehe auf! Deine Sünden sind die vergeben!", verlangte sie eine Buße. Jesus beschied sie auf ein anderes Mal. Sie nahm all ihr Geschmeide ab, die Perlen um den Kopfputz, die Ringe, die Spangen, Schnüre um Arme und Hals, und sie reichte sie den Pharisäern hin, sie den Armen zu geben, und verschleierte das Gesicht.

Nun ging Jesus in die Synagoge, denn der Sabbat fing an. Die ergrimmten Pharisäer und Sadduzäer folgten ihm. Es wurde von Jakob und Esau gelesen. (1. Moses 25, 19–34. Malachias 1 und 2.) Jesus legte die Geburt Esaus und Jakobs auf seine Zeit aus. Esau und Jakob stießen sich im Mutterleibe, so auch die Synagoge und die heilig Gesinnten. Das Gesetz ist wild und rauh und zuerst geboren wie Esau; aber es verkauft seine Erstgeburt um ein Gericht, um den Wohlgeruch von allerlei kleinen Gebräuchen und Äußerlichkeiten an Jakob, der nun den Segen empfängt, ein großes Volk wird, und Esau müsse ihm dienen.

Die ganze Auslegung war sehr schön, die Pharisäer konnten nichts vorbringen; aber sie disputierten gegen Jesus sehr lange. Sie warfen ihm auch vor, er mache sich Anhang, stifte Herbergen im ganzen Lande, dahin flösse viel Gut und Geld der reichen Witwen, welches der Synagoge und den Lehrern hätte zugute kommen können. So werde es nun auch mit der Noemi gehen; wie er ihr die Sünden vergeben könne?

Am folgenden Morgen war Jesus nicht in der Synagoge, sondern in der Schule der Knaben und Mädchen. Diese Kinder waren danach auch bei dem Mittagsmahl, bei ihm im Vorhof des Hauses von Jesse, wo er sie ermahnte und segnete. Auch die bekehrte Frau war mit ihrem Verwalter bei ihm. Jesus redete mit beiden allein und zusammen. Die Frau sollte bei ihrer jetzigen Gesinnung nicht mehr heiraten, besonders weil der Mann aus einem geringeren Stande war. Sie trat ihm einen Teil ihres Vermögens ab, und das übrige, bis auf ihren Lebensunterhalt, erhielten die Armen.

Als aber das Volk die Synagoge verließ, und Jesus mit den Jüngern auch von dannen ging, wurde ihm in einem Vorhof von den Pharisäern der Weg versperrt. Sie umringten ihn in einer Halle und verlangten, er solle ihnen Rede stehen; es sei nicht nötig, daß man dem gemeinen Volke alles zu Gehör spreche. Nun taten sie allerhand verfängliche Fragen, besonders über ihr Verhältnis zu den Römern, die hier lagen. Jesus antwortete ihnen so, daß sie schweigen mußten. Und als sie zuletzt ihn schmeichelnd und drohend aufforderten, er solle sein Herumziehen mit Jüngern, sein Lehren und Krankenheilen lassen, sonst würden sie ihn als Ruhestörer und Aufwiegler verklagen und verfolgen, da sprach er: „Bis zum Ziel werdet ihr die Jünger, die Unwissenden, die Sünder, die Armen, die Kranken finden, wo ich wandeln werde, welche ihr unwissend, sündhaft, arm und krank lasset.“ Als sie ihm gar nichts anhaben konnten, verließen sie mit ihm die Synagoge und waren zum Schein ganz höflich; innerlich aber voll Grimm und Verwunderung.

Cyrinus aus Cypern

Als Jesus mit der Schar spät in der Nacht nach Hause zurückkehrte, näherte sich ihm auf dem Weg ein heidnischer Kaufmann aus Cypern, welcher die Lehre mit angehört hatte. Er wohnte in den Gebäuden des Jesse, mit dessen Kräuterpresserei er in Handelssachen zu tun hatte. Aus Bescheidenheit hatte er sich bisher ganz zurückgehalten. Nun aber nahm ihn Jesus allein in eine Halle des Hauses und saß mit ihm wie mit Nikodemus und unterrichtete ihn über alles, worüber er ihn mit großer Begierde und Demut fragte.

Dieser Heide, ein sehr edler und weiser Mann, hieß Cyrinus. Er sprach über alles sehr gründlich und nahm Jesu Lehre mit unbeschreiblicher Demut und Freude an. Jesus war auch sehr lieblich und vertraut gegen ihn. Cyrinus sagte, daß er schon lange die Nichtigkeit des Götzendienstes eingesehen und ein Jude habe werden wollen; aber es sei ein einziges, was ihm einen unwiderstehlichen Abscheu bringe, nämlich die Beschneidung. Ob es denn nicht möglich sei, ohne die Beschneidung zum Heile zu gelangen? Jesus sprach sehr tiefsinnig und vertraut zu ihm über dieses Geheimnis, er möge seine Sinne von Fleischeslust beschneiden und sein Herz und seine Zunge und möge nach Kapharnaum zur Taufe kommen. Hierauf fragte Cyrinus, warum er das nicht öffentlich lehre? Er glaube, daß dann mehrere Heiden, welche sich sehnten, sich bekehren würden. Jesus erwiderte: wenn er dem blinden Volke dieses sagen würde, so würden sie ihn töten; man müsse die Schwachen nicht ärgern. Auch könnten allerlei Sekten daraus entstehen, und für viele Heiden stehe dieses Gesetz noch als eine Prüfung und ein Opfer da. Es sei aber, da das Reich sich nahe, der Bund der Beschneidung im Fleische erfüllt, und jetzt müsse die Beschneidung des Herzens und des Geistes an dessen Stelle treten. Der Mann fragte auch von der Hinlänglichkeit der Bußtaufe Johannis; und Jesus sprach mit ihm darüber. Cyrinus erzählte auch von vielen Leuten, die sich in Cypern nach Jesu sehnten, und klagte ihm, daß seine beiden Söhne, deren Tugend er übrigens lobte, so große Feinde des Judentums seien. Jesus tröstete ihn darüber und verhieß ihm, daß seine Söhne noch eifrige Arbeiter im Weinberge sein würden, wenn er sein Werk vollendet haben werde. Sie hießen, glaube ich, Aristarchus und Trophimus und sind nachher Apostel jünger geworden. Dieses rührende nächtliche Gespräch dauerte bis in den Morgen hinein.

Jesse hatte auch an der Sonnenseite des Tabor in ausgehauenen Stellen an den Felsenwänden Gefäße stehen, worin Wohlgerüche aus Kräutern und andern Substanzen bereitet wurden. Es tropfte etwas aus den Gefäßen in andre nieder und wurde oft umgewendet.

Von Dabrath ging Jesus am Vormittag mit den Jüngern drei Stunden nordöstlich nach dem Felde und Orte Gischala, eine kleine Stunde von Bethulien. Gischala liegt auf einer Anhöhe; aber niedriger als die Höhe von Bethulien. Es ist eine Festung mit heidnischen Soldaten besetzt, die Herodes besolden muß. Die Juden wohnen in einem kleineren Orte eine halbe Viertelstunde davor.

Die Festung liegt auf der Höhe, und es führen in Absätzen gemauerte Wege hinauf. Das Judenstädtchen liegt offen am Abhang, davor ist ein Brunnen oder vielmehr ein Röhrkasten als Tränke. Das Quellwasser läuft durch Röhren hinein. An diesen Brunnen setzte sich Jesus mit den Jüngern bei seiner Ankunft.

Die Einwohner des Judenortes hatten gerade ein Fest. Groß und klein war in den Gärten und Feldern umher. Die heidnischen Kinder aus der Stadt waren auch gekommen und waren zurück etwas abgesondert versammelt. Als die Leute Jesus zum Brunnen ziehen sahen, kamen die Vorsteher und ihr wohlunterrichteter Schullehrer heran. Sie bewillkommneten Jesus und die Jünger, wuschen ihnen die Füße und reichten ihnen Früchte. Jesus lehrte am Brunnen von der Ernte in einer Parabel; denn diese Gegend war jetzt in der zweiten Ernte von Trauben und allerlei Früchten. Jesus ging auch noch zu den heidnischen Kindern, segnete sie und heilte einige, die krank waren.

Es feierten die Juden von Gischala heute den Gedächtnistag ihrer Befreiung von einem tyrannischen Manne, welcher der erste Urheber der Sadduzäer gewesen. Er lebte über zweihundert Jahre vor Christus; ich habe seinen Namen vergessen.

Bei seiner Lehre im Vorhofe sprach Jesus prohetische Worte über Gischala zu den Jüngern: drei Eiferer sollten von Gischala kommen: jener erste, wegen dessen die Juden heute das Fest hatten, dann ein künftiger großer Bösewicht, Johann von Gischala, der in Galiläa großen Aufruhr erregt und bei der Belagerung von Jerusalem greuliche Sachen getrieben hat. Und ein dritter, der schon lebe, und aus dem Zorn in Liebe übergehen werde. Er werde für die Wahrheit eifern und alles wieder gutmachen: Paulus, der hier geboren war und dessen Eltern später nach Tarsus zogen.

Paulus hat hier nach seiner Bekehrung auf der Reise nach Jerusalem sehr eifrig das Evangelium gepredigt. Seiner Eltern Haus steht noch und ist verpachtet. Es liegt am Ende der Vorstadt Gischala zu. Es sind weitläufige Anlagen von Staketen und kleine Häuschen, wie Bleichhütten, dabei, die schier bis Gischala reichen. Seine Eltern müssen eine Fabrikation von Tuch gehabt haben oder Webereien. Es hat dieses Haus jetzt ein heidnischer Offizier, namens Achias, gepachtet und wohnt daselbst.

Heilung des Sohnes eines heidnischen Hauptmannes

Die Fruchtbarkeit der Gegend hier ist nicht zu beschreiben. Die Leute haben jetzt die zweite Ernte an Wein, Obst, Würzkräutern und Baumwolle. Auch ein Rohr wächst hier mit unten größeren, oben kleineren Blättern, aus dem tropfenweise, gleich Harz, ein Zucker quillt. Die Bäume, worauf die Laubhüttenfrüchte wachsen, Patriarchenäpfel von ihnen genannt, da sie von den Patriarchen aus dem wärmeren Morgenlande mitgebracht waren, kommen hier vor.

Als Jesus durch die Felder und Gärten wandelte, welche voll von einsammelnden Menschen waren, sammelte sich hier und da eine Schar um ihn, und er lehrte sie in Parabeln, welche er von den Gegenständen ihrer Arbeit hernahm. Die heidnischen Kinder waren mit den jüdischen in der Ernte ziemlich vertraut; doch waren sie etwas anders gekleidet.

In dem Geburtshause des Paulus wohnt jetzt ein Hauptmann der heidnischen Soldaten aus der Festung. Er heißt Achias und hat einen kranken siebenjährigen Sohn, dem er den jüdischen Heldennamen Jephta gegeben hat. Achias, ein guter Mann, sehnte sich nach der Hilfe Jesu; aber es wollte ihn keiner der Einwohner bei Jesus melden; und die Jünger waren teils mit Jesus, teils zerstreut bei den Ernteleuten, denen sie von Jesus erzählten und einzelne seiner Lehren wiederholten. Andere waren bereits voraus als Boten gegen Kapharnaum und in die nächste Gegend gegangen. Die Einwohner liebten den Hauptmann nicht, da er ihnen zu nahe wohnte; sie hätten ihn gerne hinweg gehabt. Sie waren überhaupt nicht sehr freundlich, auch selbst um Jesus nicht sehr bekümmert. Sie taten ihre Arbeit so hin, hörten zu, erwiesen aber keine lebhafte, heftige Teilnahme. Der bekümmerte Mann war darum selber Jesu in der Ferne nachgeschlichen; und als er ihm näher kam, trat er vor ihn, verbeugte sich und sagte: „Meister, verschmähe deinen Knecht nicht! Erbarme dich meines kranken Söhnleins, das hier in meinem Hause liegt!" Jesus erwiderte ihm: „Es geziemt sich, erst den Kindern des Hauses das Brot zu brechen, ehe man es den Fremden gibt, die draußen stehen." Achias sagte aber: „Herr! Ich glaube, daß du mir helfen kannst und weiß, daß du gesprochen, die solches glauben, seien Kinder und nicht Fremde. Herr erbarm dich meines Kindes!" Da sagte Jesus: „Dein Glaube hat dir geholfen!", und ging mit einigen Jüngern in das Geburtshaus des Paulus, worin Achias wohnte.

Es war dieses Haus etwas vornehmer als die gewöhnlichen jüdischen Häuser; doch ziemlich mit derselben Einteilung. Vorne war ein Vorhof, dann trat man in einen großen Saal, in welchem zu beiden Seiten Schlafräume mit beweglichen Scheidewänden angebracht waren, dann kam man zu der Feuerstelle mitten in dem Hause, und rings um diese lagen einige große Zimmer und Säle mit breiten Steinbänken an den Wänden, auf welchen Teppiche und Kissen lagen. Die Fenster waren hoch oben. Achias führte Jesus in die Mitte des Hauses. Knechte trugen den Knaben in seinem Bett vor ihn. Die verschleierte Frau des Achias folgte, verbeugte sich scheu und stand in banger Erwartung etwas zurück. Achias war voll Freude, rief sein ganzes Hausgesinde herbei, welches neugierig in der Ferne stand. Der Knabe war ein schönes Kind von etwa sechs Jahren, hatte ein langes wollenes Hemd an und um den Hals einen Streifen Fell, der über der Brust gekreuzt war. Er war stumm und unbeweglich lahm, sah aber sehr klug und lieblich aus und blickte mit großer Rührung nach Jesus.

Jesus sprach zu den Eltern und allen Anwesenden von der Berufung der Heiden, von der Nähe des Reiches, von der Buße, vom Eingehen ins Haus des Vaters durch die Taufe. Dann betete er, nahm den Knaben von seinem Lager in seine Arme, legte ihn an seine Brust, beugte sich zu ihm, fuhr ihm mit den Fingern unter der Zunge hin, stellte ihn an die Erde und führte ihn gegen den Hauptmann, der mit der vor Freude zitternden Mutter entgegenstürzte und das Kind unter heftigen Tränen umarmte. Das Kind breitete gleich die Arme gegen die Eltern aus und sprach: „Ach Vater! Ach Mutter! Ich kann gehen, ich kann wieder reden!“ Jesus aber sagte: „Nehmt den Knaben hin! Ihr wißt nicht, welch ein Schatz euch an ihm gegeben worden. Euch ist er wiedergegeben und wird von euch gefordert werden!“ Die Eltern brachten das Kind wieder zu Jesus und warfen sich mit ihm unter Tränen dankend vor ihm nieder. Er segnete das Kind und redete sehr lieblich mit ihm. Der Hauptmann bat Jesus, mit ihm in ein Gemach zu treten und eine Erquickung anzunehmen, was er mit den Jüngern tat. Sie nahmen stehend Brote, Honig, kleine Früchte und tranken. Jesus sprach noch mit Achias, er solle nach Kapharnaum kommen, wo getauft werde; er könne sich dort an Serobabel anschließen, was er hernach mit seinem Gesinde getan hat. Der Knabe Jephta ist später ein sehr eifriger Jünger des Thomas geworden.

Die Soldaten hier in Gischala sind später bei der Kreuzigung Christi gewesen als Wachen. Sie wurden bei solchen Gelegenheiten wie Polizeidiener gebraucht.

Jesus verließ hierauf die Wohnung des glücklichen Achias und sprach mit seinen Jüngern von diesem Kinde, daß es einstens Früchte tragen werde und daß von diesem Hause ein anderer bereits ausgegangen sei, der Großes in seinem Reiche vollbringen werde.

Die erste Bekehrung Magdalenas

Von Gischala ging Jesus nicht nach dem nahen Bethulien, sondern ließ es links und wandelte durch das Tal und die Ebene nach der ziemlich bedeutenden Stadt Gabara, welche westlich am Fuße des nämlichen Berges liegt, auf dessen südöstlicher Seite das Herodianernest Jotapata versteckt liegt. Jotapata ist von Gabara, wenn man um den Berg herumgeht, in einer Stunde zu erreichen. Dieser Berg, auf welchen eingehauene Stufen führen, erhebt sich wie eine steile Wand hinter Gabara. Die Einwohner arbeiten in Baumwolle, die wie Seide ist; sie machen daraus Zeug und Decken, eine Art von Matratzen, die an Haken ausgespannt und befestigt werden: und das ist dann das ganze Bett. Auch Fische werden hier eingesalzen und weiter versendet.

Schon in Gischala hatte Jesus einzelne Jünger ausgesendet, um in den umliegenden Orten anzusagen, daß er auf dem Berge über Gabara eine große Lehre halten werde. Es zogen nun aus einem Umkreis von mehreren Stunden große Volksscharen auf den Berg und lagerten sich ringsum. Auf seiner Höhe war ein geschlossener Raum mit einem Lehrstuhl, der lange nicht mehr gebraucht worden war.

Es waren aber nach Gabara auch Petrus, Anderas, Jakobus,

Johannes, Nathanael-Chased und alle noch übrigen Jünger gekommen; außerdem die meisten Johannisjünger und die Söhne der ältesten Schwester der Heiligen Jungfrau. Im ganzen waren wohl an sechzig Jünger, Freunde und Verwandte von Jesus hier beisammen.

Magdalena ist auch auf dem Wege nach dem Lehrberge bei Gabara. Martha war mit Anna-Kleophä zu ihr von Damna aus, wo die heiligen Frauen eine Herberge hatten, nach Magdalum gereist, um sie zu bewegen, der Lehre anzuwohnen, welche Jesus auf dem Berge über Gabara halten werde. Veronika, Johanna Chusa, Dina und die Suphanitin waren indes in Damna geblieben, das drei Stunden von Kapharnaum und über eine Stunde von Magdalum entfernt war. Magdalena empfing ihre Schwester ziemlich wohlwollend und führte sie in einen Raum nicht weit von ihren Prachtzimmern, doch nicht in diese selbst. Es war ein Gemisch von wahrer und falscher Scham in ihr; teils schämte sie sich ihrer einfachen, frommen, schlechtgekleideten Schwester, welche mit dem von ihren Gästen und Gesellschaftern verachteten Anhang Jesu herumzog; teils schämte sie sich vor Martha, sie in die Gemächer zu bringen, welche der Schauplatz ihrer Torheiten und Laster waren. Magdalena war in ihrem Gemüt etwas gebrochen; sie hatte nur die Kraft nicht, sich loszureißen. Sie war bleich und abgehärmt. Der Mann, mit dem sie lebte, war ihr beschwerlich und war von gemeiner Gesinnung.

Martha behandelte sie sehr klug und liebevoll. Sie sagte zu ihr: „Dina und Maria die Suphanitin, welche du kennst, zwei liebwerte, geistreiche Frauen, laden dich ein, mit ihnen die Lehre Jesu auf dem Berge anzuhören. Es ist so nahe, und sie möchten gern in deiner Gesellschaft dabei sein. Du brauchst dich ihrer vor dem Volke nicht zu schämen; sie sind anständig und mit Auswahl gekleidet und haben feine Sitten. Es ist ein so wundervolles Schauspiel: die Menge der Menschen, die wunderbare Rednergabe des Propheten, die Kranken, die Heilungen, die er tut, die Kühnheit, womit er die Pharisäer anredet! Veronika, Maria Chusa und die Mutter Jesu, welche dir so wohl will, wir alle sind überzeugt, du werdest uns für die Einladung danken. Ich denke, es soll dich ein wenig erheitern. Du scheinst hier ganz verlassen; es fehlt dir an Leuten, welche dein Herz und deine Talente zu schätzen wissen. Oh! Wenn du eine Zeitlang bei uns in Bethulien sein wolltest! Wir hören so viel Wunderbares und haben so viel Gutes zu tun; und du bist ja immer voll Liebe und Barmherzigkeit gewesen." Magdalena war in Schwermut ganz willig, machte zwar kleine Einwürfe, aber sie gab nach und versprach Martha, mit nach Damna zu reisen.

Die heiligen Frauen und besonders Maria waren sehr bekümmert, denn die Pharisäer hatten laute Drohungen ausgesprochen. Sie sendeten einen Boten an Jesus mit der Bitte, er möge doch in Damna nach seiner Lehre zu ihnen kommen und sich nicht nach Kapharnaum begeben. Er möge lieber links oder rechts gehen, am besten über den See in die Heidenstädte, damit er nicht in Gefahr komme. Er ließ ihnen aber zurücksagen, sie sollten ihn sorgen lassen, er wisse, was er zu tun habe. Er werde in Kapharnaum zu ihnen kommen.

Magdalena und ihre Begleiterinnen waren bei guter Zeit auf dem Berge. Es waren schon unzählige Menschen umhergelagert. Kranke aller Art waren nach der Art ihres Übels an verschiedenen Stellen unter leichten Gezelten und Lauben zusammengestellt. Es waren Jünger heroben, welche die Leute mit vieler Liebe ordneten und ihnen auf alle Weise halfen. Um den Lehrstuhl war ein gemauerter Halbkreis, über demselben eine Decke, auch die Zuhörer hatten da und dort Zeltdächer über sich gespannt. Magdalena hatte in einiger Entfernung einen bequemen Sitz an der Anhöhe mit den Frauen zusammen.

Jesus kam mit den Jüngern gegen zehn Uhr oben an. Die Pharisäer, Herodianer und Sadduzäer kamen nach. Jesus ging auf den Lehrstuhl, die Jünger standen an der einen, die Pharisäer an der anderen Seite im Kreise. Es wurden in der Lehre mehrere Stillstände gemacht, wo die Leute wechselten und eine andere Abteilung hervortrat. Mehreres wurde in der Lehre wiederholt, und in Zwischenräumen nahmen die Zuhörer und auch

Jesus einmal eine Erquickung. Jesus nahm einen Bissen und zu trinken. Die Lehre, die Jesus hielt, war eine der schärfsten und gewaltigsten, die er je gehalten. Ehe er betete, sprach er gleich anfangs, sie sollten sich nicht an ihm ärgern, wenn er Gott seinen Vater nenne; denn wer den Willen des Vaters im Himmel tue, der sei sein Sohn; und daß er des Vaters Wille tue, bewies er ihnen dann. Hierauf betete er zu seinem Vater laut und begann die strenge Bußpredigt auf die Art der alten Propheten. Alles, was von der Zeit der ersten Verheißung an geschehen war, alle Vorbilder und alle Drohungen nahm er in die Lehre auf und zeigte, wie sie jetzt und in der nächsten Zukunft erfüllt werden. Er bewies die Ankunft des Messias aus der Erfüllung der Prophezeiungen. Er sprach von Johannes, dem Vorläufer und Wegbereiter, wie er seine Vorbereitung redlich erfüllt habe, wie sie aber immer verstockt geblieben. Er führte alle ihre Laster, ihre Heuchelei, ihre Abgötterei mit dem sündigen Fleisch an, schilderte die Pharisäer, Sadduzäer und Herodianer sehr scharf, sprach mit großem Eifer von dem Zorn Gottes und dem nahenden Gericht, von der Zerstörung Jerusalems und des Tempels und dem Wehe über dieses Land. Er sprach auch vieles aus dem Propheten Malachias und erklärte es und führte es aus: vom Vorläufer, vom Messias, von einem reinen, neuen Speiseopfer, was ich deutlich von dem hl. Meßopfer verstand, und vom Gericht über die Gottlosen und der Wiederkunft des Messias am Jüngsten Tage und vom Vertrauen und Trost der Gottesfürchtigen. Er sprach, daß die Gnade zu den Heiden hinweg, von ihnen ziehen werde.

Er redete die Jünger an, forderte sie zur Treue und Ausdauer auf, sagte ihnen, daß er sie senden wolle zu allen, um das Heil zu lehren. Er mahnte sie, sich nicht zu den Pharisäern, nicht zu den Sadduzäern, auch nicht zu den Herodianern zu halten, die er alle öffentlich scharf beschrieb und mit treffenden Vergleichen belegte, ja, auf die er gerade hinzeigte. Das war nun um so verdrießlicher für sie, weil keiner öffentlich ein Herodianer heißen wollte. Sie waren dieser Sekte meist heimlich zugetan.

Da Jesus in dieser Lehre einmal sagte: wenn sie das Heil nicht annehmen würden, werde es ihnen schlimmer gehen als Sodoma und Gomorrha, so traten die Pharisäer, als eine Pause war, zu ihm mit der Frage: ob denn dieser Berg, diese Stadt, ob das ganze Land mit ihnen allen versinken solle? Und ob noch etwas Schlimmeres möglich sei? Er aber antwortete: In Sodoma seien die Steine versunken, aber nicht alle Seelen; denn sie hätten die Verheißung nicht gekannt, das Gesetz nicht gehabt und keine Propheten. Er sprach noch Worte, welche ich von seiner Höllenfahrt verstand, und daß viele jener Seelen gerettet worden. Ihnen aber, den jetzt Lebenden, sei alles gegeben, sie seien das auserwählte Geschlecht, das Gott zu seinem Volke gemacht; sie hätten alle Weisungen und Warnungen, Verheißungen und Erfüllung; so sie dieselbe aber zurückstießen und im Unglauben beharrten, würden nicht die Steine, die Berge, die ihrem Herrn gehorchten, sondern ihre steinharten Herzen, ihre Seelen vom Abgrund verschlungen werden. Dieses sei ärger als das Schicksal Sodomas.

Als Jesus die Sünder so streng zur Buße gerufen, die Strafgerichte so scharf ausgesprochen hatte, wurde er wieder voll Liebe, lud alle Sünder zu sich, ja vergoß Tränen der Liebe. Er betete, daß sein Vater die Herzen rühre, auf daß auch nur ein Haufe, nur einige, nur einer zu ihm komme, wenngleich mit aller Schuld belastet; wenn er auch nur eine Seele gewinnen könne. Er wolle alles mit ihr teilen, alles für sie hingeben, gern mit seinem Leben für sie bezahlen! Er streckte die Hände gegen alle aus und rief: „Kommet! Kommet ihr, die ihr mühselig und belastet seid, kommet ihr Sünder, tut Buße, glaubet und teilet das Reich mit mir!" Auch nach den Pharisäern und seinen Feinden breitete er die Arme aus, wenn auch nur einer zu ihm kommen wolle!

Magdalena hatte anfangs wie eine vornehme, selbstsichere, oder doch so scheinen wollende Dame bei den Frauen gesessen; doch war sie innerlich beschämt und bewegt schon heraufgekommen. Anfangs sah sie unter der Menge umher; als aber Jesus erschien und lehrte, wurden ihr Blick und ihre Seele immer mehr auf ihn gefesselt. Sie wurde heftig von seiner Bußrede, von seiner Lasterschilderung, von den Drohungen der Strafe erschüttert; konnte nicht widerstehen, bebte und weinte unter ihrem Schleier. Als er nun liebevoll und flehend den Sündern zurief; sie sollten zu ihm kommen, waren viele Menschen hingerissen, und es war eine Bewegung in dem Kreise, das Volk drängte sich näher heran; auch Magdalena und die Frauen auf ihre Veranlassung nahten sich. Als er aber sagte: „Ach, und wenn es nur eine Seele wäre, die zu mir nahte!", war Magdalena so bewegt, daß sie zu ihm hin wollte. Sie tat einen Schritt vorwärts; die andern aber hielten sie zurück, um keine Störung zu machen und sagten: „Nachher! Nachher!" Er erregte diese ihre Unruhe kaum unter der nächsten Aufmerksamkeit, weil alle ganz auf Jesu Worte gespannt waren. Jesus aber, als wisse er Magdalenas Rührung, antwortete sogleich mit Trost für dieselbe, indem er fortfuhr: „Wenn auch nur ein Funke der Buße, der Reue, der Liebe, des Glaubens, der Hoffnung durch seine Worte in ein armes verirrtes Herz gefallen sei; es solle Früchte tragen, es solle ihm angerechnet werden, es solle leben und wachsen; er wolle es nähren und großziehen und zum Vater zurückführen!" Diese Worte trösteten Magdalena, sie fühlte sie durch und durch und setzte sich wieder zu den andern.

Hierüber ward es etwa sechs Uhr; die Sonne stand schon tief, dem Berge im Rücken. Jesus war bei der Lehre gegen Abend gerichtet, dahin ging die Aussicht des Lehrortes; hinter ihm standen keine Menschen. Er betete, segnete und beurlaubte die Menge. Den Jüngern gebot er Speise zu kaufen und den Armen und Bedürftigen auszuteilen; überhaupt was einzelne überflüssig hätten, sollten sie durch Bitten oder durch Kauf zu bekommen suchen und den Armen austeilen, selbst, um es mit nach Hause zu nehmen. Ein Teil der Jünger ging sogleich an dieses Geschäft. Die meisten Leute gaben gern, und andere verkauften gern. Die Jünger waren hier in der Gegend bekannt, und so wurden die Armen gut versorgt und dankten der Milde des Herrn.

Die andern Jünger gingen unterdessen mit Jesus zu den vielen Kranken, welche heraufgebracht worden waren. Die Pharisäer kehrten geärgert, gerührt, verwundert, ergrimmt nach Gabara zurück. Simon Zabulon, der Vorsteher, erinnerte Jesus, daß er ihn zur Abendmahlzeit in seinem Hause geladen habe. Jesus sagte, er werde kommen. So gingen sie hinab, mäkelten und krittelten unterwegs so lange über Jesus, seine Lehre und sein Wesen, indem sich einer vor dem andern schämte, seine Rührung merken zu lassen, daß sie in die Stadt gekommen ganz in ihrer Selbstgerechtigkeit wieder hergestellt waren.

Magdalena aber folgte mit den Frauen Jesu und stellte sich unter das Volk bei den kranken Frauen, als wolle sie helfen. Sie war sehr gerührt, und das Elend, das sie sah, erschütterte sie noch mehr. Jesus war zuerst lange mit den Männern beschäftigt und heilte Kranke aller Art. Der Lobgesang der wegziehenden Geheilten und ihrer Begleiter drang in die Luft. Als er den kranken Frauen nahte, wurden durch die andringende Menge und den Raum, den er und die Jünger bedurften, Magdalena und die Frauen etwas mehr entfernt. Sie suchte aber jede Gelegenheit, jede Öffnung, ihm zu nahen; er aber wendete sich immer wieder hinweg.

Jesus heilte einige blutflüssige Frauen. Aber wie wurde es der weichlichen, vom Anblick des Elends ganz entwöhnten Magdalena zumute, und welche Erinnerung, welcher Dank kam in die Seele der Maria von Suphan, als sechs, zu drei und drei aneinandergebundene Frauen von starken Mägden an langen Tüchern oder Riemen mit Gewalt gegen Jesus herangeführt wurden! Sie waren auf schreckliche Art von unreinen Geistern besessen. Es waren die ersten besessenen Frauen, die ich öffentlich zu ihm bringen sah. Sie waren teils über den See Genezareth, teils von Samaria hergebracht, und es waren auch Heidinnen dabei. Man hatte sie erst hier oben so zusammengebunden. Sie waren manchmal ganz still und sanft, taten auch einander nichts; manchmal aber wurden sie ganz rasend, schrien und wurden hin- und hergeschleudert. Man band sie und hielt sie abgesondert, während Jesus lehrte; nun wurden sie zuletzt herangeführt. Als sie Jesu und den Jüngern nahten, fielen sie in heftigen Widerstand; der Satan zerrte sie entsetzlich. Sie schrien die widerlichsten Töne aus und verdrehten ihre Glieder. Jesus wendete sich zu ihnen hin und gebot ihnen zu schweigen und zu ruhen; da standen sie still und starr. Nun nahte er ihnen, ließ sie losbinden, befahl ihnen niederzuknien, betete und legte ihnen die Hände auf, und sie sanken unter seiner Hand in eine kurze Ohnmacht. Der böse Feind wich wie ein dunkler Dampf von ihnen; nun wurden sie von ihren Angehörigen aufgenommen und standen weinend und verschleiert vor Jesus, beugten sich vor ihm zur Erde und dankten. Jesus ermahnte sie zur Bekehrung, Reinigung und Buße, damit das Übel nicht noch gräßlicher zurückkehre.

Es war schon in der Dämmerung, als Jesus endlich mit den Jüngern nach Gabara hinabging. Viele Scharen zogen vor und hinter ihm her. Magdalena aber, ihrer Empfindung immer ohne äußere Rücksichten hingegeben, folgte dicht nach ihm in der Schar der Jünger und ebenso die andern vier Frauen. Sie suchte Jesu immer so nahe als möglich zu sein. Da dieses für Frauen etwas ganz Ungewöhnliches war, so sagten es einige der Jünger Jesu. Er wendete sich aber zu ihnen und sprach: „Laßt sie gehen! Dieses ist nicht eure Sache!“ So kam Jesus zur Stadt, und als er dem Festhaus nahte, in welchem Simon Zabulon die Mahlzeit angerichtet hatte, war der Vorhof wieder voll Kranker und Armer, welche bei seiner Annäherung hineingetreten waren und seine Hilfe anriefen. Sogleich wendete er sich zu ihnen, ermahnte, tröstete und heilte sie. Indem aber kam Simon Zabulon mit einigen andern Pharisäern und sagte zu Jesus: Er möge doch zum Mahle kommen; sie warteten. Er habe doch heute wohl schon genug getan; diese Leute möchten bis auf ein andersmal warten; die Armen wollte er gar hinwegweisen. Jesus aber sagte: dieses seien seine Gäste, die er eingeladen, und er müsse sie zuerst erquicken. Wenn er ihn aber zur Mahlzeit eingeladen habe, so habe er diese auch eingeladen, und er werde erst zu seinem Mahle kommen, wenn diesen geholfen sei, und werde mit diesen kommen. Da mußten die Pharisäer wieder abziehen und noch dazu Tische für die genesenen Kranken und Armen um den Vorhof herrichten. Jesus heilte aber alle; und die Jünger brachten jene, welche bleiben wollten, an die Tische, welche für sie gerüstet waren, und es wurden ihnen Lampen angezündet.

Magdalena und die Frauen hatten auch Jesus hierher begleitet und hielten sich in den Hallen des Vorhofes auf, wo diese an den Speisesaal stießen. Jesus kam nachher mit einem Teil der Jünger zu Tisch und sendete von dem reichlichen Mahle Speisen an die Tische der Armen durch die Jünger, welche ihnen dienten und mit ihnen aßen. Er lehrte unter dem Mahle, und die Pharisäer waren eben in einem heftigen Disput mit ihm, als Magdalena, welche sich mit ihren Begleiterinnen dem Eingang der Halle genähert hatte, und auf einmal in demütiger Beugung des Leibes, das Haupt verschleiert, in der Hand eine kleine weiße Flasche haltend, die mit einem Büschel Kräuter verstopft war, mit raschen Schritten in die Mitte des Saales hinter Jesus ging und ihm das Fläschchen auf das Haupt ausgoß und das lange Ende ihres Schleiers zwischen beide Hände zusammengefaltet faßte und einmal über das Haupt Jesu streifte, als wolle sie die Haare glatt streichen und den Überfluß der Salbe damit abtrocknen. Als diese Handlung schnell geschehen war, trat sie einige Schritte zurück. Das heftige Gespräch stockte. Alles war still und schaute auf das Weib und Jesus. Wohlgeruch verbreitete sich. Jesus war ruhig. Viele steckten die Köpfe zusammen, blickten unwillig gegen Magdalena und flüsterten. Simon Zabulon schien besonders geärgert. Jesus sagte zu ihm: „Ich weiß wohl, was du denkst, Simon, du denkst, es sei nicht schicklich, daß ich von diesem Weibe mir das Haupt salben lasse. Du denkst, sie ist eine Sünderin; aber du hast Unrecht; denn sie hat aus Liebe getan, was du unterlassen hast. Du hast mir die Ehre, die dem Gast gebührt, nicht erwiesen!“ Nun wendete er sich zu Magdalena, die noch da stand, und sagte: „Gehe im Frieden! Dir ist vieles vergeben." Da ging Magdalena zu den andern zurück, und sie verließen das Haus. Jesus aber sprach zu der Gesellschaft von ihr und nannte sie ein gutes Weib, welches viel Mitleid habe, und sprach von dem Richten anderer, von dem Beschuldigen offener, bekannter Schuld, während man oft viel größere, heimliche in seinem Herzen trage. Er sprach und lehrte noch lange und ging dann mit den Seinigen zur Herberge.

Magdalena war gerührt und erschüttert von allem, was sie gehört und gesehen, sie war in ihrem Innern überwältigt. Und weil eine gewisse heftige Hingebung und Großmut in ihr war, wollte sie Jesus ehren und ihm ihre Rührung bezeugen. Sie hatte mit Bekümmernis gesehen, daß ihm, dem wunderbarsten, heiligsten Lehrer, dem liebevollsten, wundertätigsten Helfer von diesen Pharisäern keine Ehre, keine gastfreundliche Auszeichnung beim Empfang und während der Mahlzeit geschehen war, und fühlte sich in ihrem Innern bewogen, es statt aller zu tun. Die Worte Jesu: „wenn auch nur einer gerührt sei und kommen wolle", hatte sie nicht vergessen. Die kleine Flasche, welche etwa eine Hand groß war, trug sie meist bei sich, wie vornehme Damen dies hier wohl tun. Sie hatte ein weißes Oberkleid mit großen roten Blumen und kleinen Blättchen durchstickt; es hatte weite, mit Armringen kraus gefaßte Ärmel, war auf dem Rücken weit ausgeschnitten und hing von da ohne Taille in einem Stück nieder. Es war vorne offen und erst über den Knien mit Riemen oder Schnüren verbunden. Die Brust und den Rücken bedeckte ein festes, mit Schnüren und Geschmeide verziertes Stück, skapulierartig über die Schultern gelegt und an den Seiten verbunden; darunter war ein anderer bunter Rock. Sie hatte diesmal den Schleier, der sonst um den Hals geschlungen war, weit über alles ausgebreitet. Sie war größer als alle die andern Frauen, mächtig und doch schlank, hatte sehr schöne spitze Finger, kleine schmale Füße, eine edle Bewegung, sehr schöne, reiche und lange Haare.

Als Magdalena danach mit ihren Begleiterinnen in die Herberge zurückging, wurde sie von Martha eine Stunde weiter in die Herberge am Badesee von Bethulien geleitet, wo Maria mit den heiligen Frauen sie erwartete. Maria sprach mit Magdalena. Diese erzählte von Jesu Lehre; von ihrer Salbung und seinen Worten sprachen die beiden andern. Alle baten Magdalena, doch gleich bei ihnen zu bleiben und wenigstens eine Zeitlang mit nach Bethanien zu gehen. Sie sagte aber, sie müsse zuerst nach Magdalum, ihr Hauswesen in Ordnung zu bringen. Das war allen nicht lieb. Sie konnte übrigens nicht aufhören, von ihrer Rührung und Jesu Herrlichkeit, Macht, Sanftmut und Wundern zu sprechen; sie fühle, daß sie ihm folgen müsse, ihr Leben sei ihrer nicht wert, sie wolle zu ihnen kommen. Sie wurde sehr nachdenkend, weinte oft, und es war ihr leichter ums Herz; aber sie ließ sich nicht erbitten und kehrte nach Magdalum mit ihrer Magd zurück. Martha begleitete sie ein Stück Weges und traf dann mit den heiligen Frauen wieder zusammen, welche nach Kapharnaum zurückkehrten.

Magdalena war bald wieder in ihrem alten Geleise. Sie hatte Besuche von Männern angenommen, welche in gewohnter niederträchtiger Weise von Jesus, seinem Wandel, seiner Lehre und allen, die ihm anhingen, sprachen. Es wurde über das, was sie von Magdalenas Anwesenheit in Gabara gehört, gelacht; sie wollten es für ganz unglaublich halten. Übrigens fanden sie Magdalener schöner und angenehmer als in letzter Zeit. Durch solche Reden ließ sich Magdalena aufs neue betören, und bald sank sie tiefer als zuvor. Durch diesen Rückfall erhielt der Teufel größere Gewalt über sie; er focht sie heftiger an, da er gesehen, daß er sie verlieren könnte. Sie wurde besessen und fiel oft in Krämpfe und Konvulsionen.

Der Hauptmann Cornelius

Als Jesus am Morgen darauf mit einigen Jüngern nach dem an der entgegengesetzten nördlichen Anhöhe vor Kapharnaum liegenden Hause des heidnischen Hauptmannes Cornelius wandelte, kamen ihm in der Nähe des dem Petrus gehörenden Hauses die zwei jüdischen Männer entgegen, welche Cornelius schon einmal zu ihm gesandt hatte. Sie baten abermals, er möge sich doch seines Dieners erbarmen, Cornelius verdiene es wohl, er sei ein Freund der Juden und habe ihnen eine neue Synagoge erbaut und es sich noch zur Ehre gerechnet, es tun zu dürfen. Da Jesus erwiderte, er sei auf dem Wege zu ihm, sandten sie schnell einen Boten voraus, dem Cornelius die Ankunft Jesu zu melden. Vor Kapharnaum angelangt, nahm Jesus gleich rechts vom Tore den Weg zwischen der Stadt und der Mauer hinauf, kam an der Hütte eines Aussätzigen in der Mauer vorüber und hatte eine kurze Strecke weitergehend schon das Haus des Cornelius im Gesicht. Cornelius aber war auf die Botschaft, daß Jesus nahe, aus dem Hause getreten, und als er Jesus ansichtig wurde, kniete er nieder, und sich für unwürdig haltend, in die Nähe Jesu zu kommen und selbst mit ihm zu reden, hatte sein zu Jesus hineilender Bote zu sprechen: „Der Hauptmann läßt dir sagen: ‚Herr, ich bin nicht würdig, daß du unter mein Dach kommst, sprich nur ein Wort, so wird mein Diener gesund. Denn, wenn ich, der ich ein geringer Mensch bin und ein Untertan meiner Obern, zu meinen Knechten sagen kann: tue dies! tue jenes! und sie tun es, wie viel leichter muß es dir sein, deinem Knechte zu befehlen, er solle gesund sein, und daß er es sei!" Nach diesen Worten des Boten von Cornelius wendete Jesus sich an die Umstehenden und sprach: „Wahrlich, ich sage euch, unter den Israeliten habe ich keinen solchen Glauben angetroffen. So wisset denn! Viele werden vom Auf- und Untergange der Sonne kommen und werden mit Abraham, Isaak und Jakob im Himmel sein, und viele Kinder des Reiches Gottes, der Israeliten, werden in die äußerste Finsternis, wo Heulen und Zähneklappern sein wird, hinausgestoßen werden!" Und gegen den Knecht des Hauptmannes gewandt, sagte er: „Gehe hin! Dir geschehe, wie du geglaubt hast!" Und der Bote brachte diese Worte dem knienden Hauptmann, der zur Erde sich beugte, aufstand und nach Hause eilte. Unter dem Hause kam schon sein Diener ihm entgegen, in einen Mantel gehüllt und mit umwundenen Kopf. Er war kein hiesiger Mensch, sondern von gelb-brauner Farbe.

Jesus aber kehrte sogleich nach Kapharnaum zurück, und da er wieder an der Hütte des Aussätzigen vorüberkam, trat der Aussätzige aus der Hütte, warf sich nieder und sagte: „Herr, wenn du willst, so kannst du mich reinigen." Jesus sprach: „Strecke die Hand aus!" rührte sie an und sagte: „Ich will es, sei rein!" Da fiel der Aussatz von dem Manne, und Jesus befahl ihm, sich den Priestern zur Beschauung zu stellen und die Opfer zu tun, sonst aber nicht weiter davon Gerede zu machen. Er ging zu den pharisäischen Priestern und ließ sich untersuchen, ob er geheilt sei. Sie waren ganz ergrimmt, untersuchten ihn sehr scharf und mußten ihn freisprechen. Sie hatten aber doch ein Gezänke mit ihm, daß sie ihn schier von sich stießen.

Jesus lenkte hierauf in die Straße ein, welche in die Mitte der Stadt führte, wohin sehr viele Kranke gebracht waren und auch Besessene. Er heilte wohl noch eine Stunde. Die Kranken lagen meist um einen Brunnen, wo sich Hütten befanden. Jesus begab sich hierauf mit mehreren Jüngern aus der Stadt in die Schlucht über Magdalum, nicht weit von Damna, wo eine offene Herberge war. Hier harrten Maroni, die Witwe von Naim, die Heidin Lais von Naim und ihre zwei Töchter Sabia und Athalia, welche er beide zu Meroz aus der Ferne vom Teufel befreit hatte. Maroni, die Witwe von Naim, kam, um Jesus anzuflehen, er möge zu ihrem zwölfjährigen Sohne Martialis kommen, der so krank sei, daß sie fürchte, ihn tot zu Hause zu finden. Jesus sagte ihr, ruhig nach Hause zu kehren, er werde kommen; aber wann, sagte er nicht. Sie hatte Geschenke für die Herberge gebracht und eilte sogleich mit dem Knecht nach Hause zurück. Es waren von hier etwa neun Stunden. Sie war eine reiche vortreffliche Frau und eine Mutter allen armen Kindern in Naim.

In Kapharnaum sind jetzt alle künftigen Apostel, außer Matthäus, sehr viele Jünger und Verwandte Jesu und viele ihm verwandte Frauen anwesend. Auch Maria Heli, Mariä älteste Schwester, wohl siebenzig Jahre alt, nebst ihrem zweiten Mann Obed ist mit einem Esel und Geschenken bei Maria angekommen. Sie wohnte zu Japha, einem kleinen Orte, höchstens eine Stunde von Nazareth, wo Zebedäus sonst gewohnt hat, und wo seine Söhne geboren sind. Sie hatte sich sehr gefreut, ihre Söhne, die drei Johannesjünger Jakob, Sadoch, und Heliachim, wieder zu sehen. Dieser Jakobus war schon so alt wie Andreas und ist derselbe, welcher mit dem Jünger Kephas und einem Johannes einmal mit Paulus in jüdischen Beschneidungssachen zu tun hatte. Er wurde nach Jesu Tod Priester, war einer der vornehmsten und ältesten der siebzig Jünger, war später mit Jakobus dem Größeren in Spanien, auf den Inseln, auch in Cypern und in den heidnischen Landen an der Judengrenze. Nicht er, sondern Jakobus der Kleinere, des Alphäus und Maria Kleophä Sohn, war der erste Bischof zu Jerusalem.

Jesus lehrte einem Haufen Volkes in Parabeln. Die Jünger verstanden ihn nicht; und er erklärte nachher, da er mit ihnen sich absonderte, die Parabel vom Sämann und dem Unkraut unter dem Weizen und der Gefahr, Weizen mit dem Unkraut auszureißen. Es war besonders Jakob der Größere, der ihm gesagt, sie verstünden ihn nicht, und warum er nicht deutlicher rede. Jesus sagte: Er werde ihnen alles erklären; aber wegen der Schwachen und Heiden dürfe das Reich Gottes nicht nackt dargestellt werden. Da sie jetzt schon davor erschräken, weil es ihrer Versunkenheit zu schwer scheine, so müßten sie es erst in der Hülle des Gleichnisses kennenlernen, und es müsse wie ein Samenkorn in ihnen aufgehen, in welchem die Ähre verhüllt sei, und das selbst in die Erde verborgen werde. Er erklärte ihnen die Parabel, als auf ihren Beruf, in der Ernte zu arbeiten, sich beziehend. Er sprach überhaupt von der Nachfolge, und daß bald alle mit ihm immer wandeln würden und er ihnen alles erklären werde. Jakobus der Größere fragte auch: „Warum Meister, willst du es uns erklären, die wir unwissend sind, auf daß wir es verkünden? Sage doch lieber dem Täufer, der so großen Glauben hat, wer du eigentlich bist, der es ausbreiten und verkünden könnte!"

Als Jesus am Abend wieder in der Synagoge lehrte, fingen die Pharisäer, wieder ein wenig zu Atem gekommen, zuletzt noch an, mit ihm über sein Sündenvergeben zu disputieren. Sie warfen ihm vor, daß er in Gabara zu Maria Magdalena gesprochen, die Sünden seien ihr vergeben. Woher er das wisse? Wie er das könne? Dieses sei eine Gotteslästerung! Jesus brachte sie zum Schweigen. Sie wollten ihn reizen, zu sagen, daß er kein Mensch, daß er ein Gott sei; Jesus aber machte ihre Reden immer zuschanden. Es geschah dieses vor der Synagoge im Vorhof; zuletzt erhoben sie ein großes Geschrei und einen Tumult. Jesus aber entzog sich ihnen unter der Menge, so daß sie nicht wußten, wo er hingegangen. Er ging durch die Gartenschlucht hinter der Synagoge zu den Gärten Serobabels und kam dann durch Umwege in das Haus seiner Mutter. Er verweilte hier einen Teil der Nacht und ließ von hier dem Petrus und den andern Jüngern sagen, ihn am folgenden Morgen nach Naim zu begleiten und auf der andern Seite des Tales über Petri Fischerstelle mit ihm zusammenzutreffen.

Es hatte ihn auch der Hauptmann Cornelius und sein Knecht fragen lassen, was sie tun sollten. Er sagte ihnen, sich mit allen den Seinen taufen zu lassen.

Die Erweckung des Jünglings zu Naim

Der Weg nach Naim führte oberhalb Petri Fischerstelle quer durchs Tal Magdalum, östlich dem Berge, der über Gabara liegt, dann im Tale östlich von Bethulien und Gischala. Jesus mochte mit den Jüngern etwa neun bis zehn Stunden gewandelt sein, als sie in einer Herberge bei Hirten einkehrten, etwa drei bis vier Stunden vor Naim. Sie hatten den Bach Kison einmal überschritten. Unterwegs hatte Jesus gelehrt unter anderem: wie sie die falschen Lehrer unterscheiden sollten.

Naim ist ein schöner Ort mit festen Häusern und hieß auch Engannim. Es liegt auf einem angenehmen Hügel am Bache Kison gegen Mittag, eine kleine Stunde vom Berge Tabor, und sieht zwischen Mittag und Abend gen Endor. Jezrael liegt ihm mehr südlich; aber man kann es wegen der Anhöhen nicht sehen. Naim hat die schöne Ebene von Esdrelon vor sich und ist ungefähr drei bis vier Stunden von Nazareth entfernt. Es ist ungemein fruchtbar hier an Getreide, Obst und Wein; die Witwe Maroni besitzt einen ganzen Berg voll der schönsten Weinreben. Jesus hatte etwa dreißig Begleiter. Der Weg über die Hügel wurde hier schmäler, und es wandelte eine Schar voraus, eine nach, Jesus in der Mitte. Es war ungefähr neun Uhr morgens, als sie Naim nahten und am Tore dem Leichenzug begegneten.

Ein Trupp in Trauermäntel gehüllter Juden kamen mit der Leiche zu dem Tore heraus. Vier Männer trugen die Leiche zwischen sich in einem Kasten, der auf in der Mitte eingebogene Querstangen gelegt war. Der Kasten war auf Art eines menschlichen Leibes geformt, leicht wie ein geflochtener Korb und hatte oben einen angehefteten Deckel. Jesus ging durch die Jünger, welche sich in zwei Reihen am Wege aufstellten, den ankommenden Leichenbegleitern entgegen und sprach: „Bleibet stille stehen!" Und indem er die Hand auf den Sarg legte, sagte er: „Setzet den Sarg nieder!" Da setzten sie den Sarg nieder, die Leute traten zurück, die Jünger standen zu beiden Seiten. Die Mutter war mit mehreren Frauen der Leiche gefolgt, und sie standen, so eben aus dem Tore herausgetreten, mehrere Schritte vom Herrn. Sie waren verschleiert und sehr traurig. Die Mutter stand voran, weinte still und mochte wohl denken: „Ach nun kommt er zu spät!" Jesus sagte zu ihr sehr freundlich und doch ernst: „Weine nicht, Weib!" Der Kummer aller Leute umher rührte ihn; denn man liebte die Witwe sehr in der Stadt wegen ihrer großen Wohltätigkeit gegen die Waisen und Armen aller Art. Es waren aber doch auch manche tückische und böse Menschen umher und sammelten sich noch mehrere aus der

Stadt. Jesus begehrte Wasser und einen Zweig; man brachte einem der Jünger ein Kesselchen mit Wasser und ein Ysop-Zweiglein. Dieser reichte es Jesu, welcher den Trägern sagte: „Öffnet den Sarg und wickelt die Binde los!" Während sie damit beschäftigt waren, erhob Jesus seine Augen zum Himmel und sprach: „Ich preise dich Vater, Herr des Himmels und der Erde, weil du dies alles vor den Weisen und Klugen verborgen und den Einfältigen offenbar gemacht hast. Ja Vater! So war es vor dir wohlgefällig. Alles ist mir von meinem Vater übergeben, und niemand erkennt den Sohn als der Vater, und niemand erkennt den Vater als der Sohn, und wem es der Sohn offenbaren will. Kommt alle zu mir ihr Mühseligen und Belasteten! Ich will euch erneuern. Nehmet mein Joch auf euch und lernt von mir, weil ich sanftmütig und demütig bin von Herzen; ihr werdet Ruhe für eure Seele finden; denn mein Joch ist sanft, und meine Bürde ist leicht!" Als sie den Deckel entfernt hatten, sah ich den Leib wie eine Wickelpuppe eingewickelt in dem Sarg liegen. Sie machten nun die Binde, den Leib mit den Händen unterstützend, von ihm los, rollten sie auf, entblößten das Angesicht und die angebundenen Hände; und er lag nur noch mit einem Tuche eingeschlagen. Jesus aber segnete das Wasser, tauchte den Zweig hinein und besprengte das Volk ringsumher. Da sah ich viele kleine dunkle Gestalten, wie Insekten, Käfer, Kröten, Schlangen und kleine dunkle Vögel von manchen aus der Umgebung wegschweben; die Leute aber wurden inniger und gerührt, und es war, als würde alles heller und reiner. Nun sprengte Jesus mit dem Zweige auf den Jüngling und machte ein Kreuz über ihn mit der Hand; da sah ich eine dunkle schwarze Gestalt gleich einer Wolke von dem Körper weichen. Jesus sagte zu dem Jüngling: „Stehe auf!" und er richtete sich in sitzender Stellung und schaute neugierig verwundert rundumher. Da sprach Jesus „Gebt ihm ein Kleid!" und sie legten ihm einen Mantel um. Nun richtete er sich stehend auf und sprach: „Wie ist das? Wie komme ich hierher?" Sie legten ihm Sohlen an; da trat er heraus, und Jesus nahm ihn bei der Hand und führte ihn der entgegeneilenden Mutter in die Arme und sagte: „Hier hast du deinen Sohn zurück; aber ich fordere ihn wiedergeboren von dir in der Taufe.“ Die Mutter war so außer sich vor Freude, Staunen, Ehrfurcht, daß da gar kein Danken war, sondern nur Tränen und Umarmungen des Jünglings. Sie zogen mit ihm nach Hause, das Volk sang Lobgesänge. Jesus folgte mit den Jüngern in das Haus der Witwe, welches sehr groß und von Gärten und Höfen umgeben ist. Da angekommen, mehrten sich die Freunde von allen Seiten. Alles drängte sich, den Jüngling zu sehen. Er wurde gebadet und legte ein weißes Röckchen und einen Gürtel an. Jesus und den Jüngern wurden die Füße gewaschen und ein Imbiß gereicht; und sogleich ging es in dem Hause an ein ganz heiteres und überfließendes Austeilen und Schenken an die Armen, welche sich um das Haus glückwünschend versammelten. Es wurden Kleider, Tücher, Getreide, Brot, Lämmer, Vögel, Münzen ausgeteilt. Jesus lehrte dazwischen die versammelten Haufen im Hofe der Witwe.

Martialis in seinem weißen Röckchen war ganz fröhlich und lief hin und her, ließ sich besehen und teilte aus. Er war kindisch vergnügt; und es war lustig anzusehen, als die Schulkinder von den Lehrern in den Hof geführt wurden und er ihnen nahte. Da waren viele von den Kindern ganz scheu, als sei er vielleicht ein Geist; aber er lief auf sie zu, und sie wichen zurück; andere lachten sie aus und spielten die Tapferen und gaben ihm die Hand und sahen mit Selbstgefühl auf die Furchtsamen, wie ein größerer Knabe ein Pferd oder ein anderes Tier berührt, wovor der kleinere bangt.

Es wurde auch eine Mahlzeit im Hause und in den Höfen bereitet, woran alles teilnahm. Petrus als der Verwandte der Witwe, denn sie war seines Schwiegervaters Bruders-Tochter, war besonders froh und vertraut im Hause und machte gewissermaßen den Hausvater. Jesus nahm den geheilten Knaben öfters vor und lehrte, indem er, was er ihm sagte, den Anwesenden zu Gehör sprach, wodurch sie getroffen wurden. Nie aber sprach er von ihm als von einem Gestorbenen. Er sprach immer, als habe ihn der Tod, der durch die Sünde in die Welt gekommen, gebunden, gefesselt und so ihn in der Grube erwürgen wollen; als habe er blind in die Finsternis geworfen werden und dort zu spät die Augen auftun sollen, wo kein Erbarmen, keine Hilfe mehr ist. Vor dem Eingange aber habe ihm die Barmherzigkeit Gottes, eingedenk der Frömmigkeit seiner Eltern und einiger seiner Voreltern, die Fesseln gelöst; nun aber solle er sich durch die Taufe auch lösen lassen von der Krankheit der Sünde, auf daß er nicht noch in schrecklichere Gefangenschaft komme. Er lehrte über die Tugenden der Eltern, die in später Zeit den Kindern zugute kommen, und wie um der Gerechtigkeit der Altväter willen Gott bis jetzt Israel geführt und geschont habe; nun aber, da es vom Tod der Sünde gebunden und bedeckt, wie dieser Knabe, am Rande des Grabes stehe, sei seine Barmherzigkeit zum letzten Mal seinem Volke nahegekommen. Johannes habe die Wege bereitet und mit starker Stimme zur Erweckung der Herzen aus dem Todesschlaf gerufen, und der Vater erbarme sich nun zum letzten Mal und öffne die Augen derer zum Leben, welche sie nicht hartnäckig verschließen wollten. Er verglich das Volk in seiner Blindheit mit dem im Sarge verschlossenen Jüngling, welchem nahe dem Grabe, außer den Toren der Stadt das Heil entgegengetreten sei. Er stellte ihnen vor: wenn die Träger seine Stimme nicht gehört, den Sarg nicht niedergesetzt, nicht geöffnet, den gebundenen Leib nicht gelöst hätten, hartnäckig vorübereilend, den schwer Gefesselten des Todes lebendig begraben hätten, wie schrecklich das gewesen wäre! Er verglich damit die falschen Lehrer, die Pharisäer, welche das arme Volk vom Leben der Buße abhielten, mit den Binden ihrer Gesetze einschnürten, in den Sarg ihrer Gewohnheiten verschlössen und so in das ewige Grab würfen. Er flehte und ermahnte, die angebotene Barmherzigkeit seines himmlischen Vaters anzunehmen und zum Leben, zur Buße, zur Taufe zu eilen!

Merkwürdig war, daß Jesus hier mit geweihtem Wasser

segnete, um die bösen Geister zu vertreiben, welche eine Gewalt an verschiedenen Anwesenden hatten, die teils geärgert, teils neidisch, teils voll heimlicher Schadenfreude waren und meinten, er werde ihn wohl nicht erwecken. Bei der Erweckung des Jünglings sah ich auf den Segen mit dem Wasser sich eine kleine Wolke von Ungeziefergestalten oder Schatten von dem Leibe erheben und in die Erde verschwinden. Bei den andern, die Jesus vom Tode erweckte, rief er die Seele des Toten zurück, die von ihm getrennt in dem Kreis ihrer Schuld stand; sie kam dann über den Leib und senkte sich in ihn hinein, worauf er sich erhob. Hier aber bei dem Jüngling von Naim war es anders; die Seele war nicht getrennt, kehrte nicht zurück; es war, als höbe sich der Tod wie eine erstickende Last von dem Leib weg.

Auf die Nachrichten von Jesu Anwesenheit in Naim und der Erweckung des Knaben waren viele Menschen und Kranke aus der ganzen Gegend herangekommen und erfüllten die ganze Straße vor dem Hause Maronis in langen Reihen. Jesus heilte einen Teil derselben des Morgens und stiftete Frieden in mehreren Haushaltungen. Es kamen nämlich Weiber zu ihm und fragten, ob er ihnen keinen Scheidebrief geben könnte, und klagten über ihre Männer, mit denen sie nicht leben könnten. Es war aber dies ein listiger Anschlag der Pharisäer. Da sie durch seine Wunder beschämt ihm hier nichts anhaben konnten und doch mit Grimm erfüllt waren, so wollten sie ihn in Versuchung führen, etwas in Scheidungssachen gegen das Gesetz auszusprechen, um ihn dann als einen Irrlehrer zu verklagen. Jesus aber sagte zu den klagenden Ehefrauen: „Bringt mir ein Gefäß mit Milch und ein Gefäß mit Wasser; dann will ich euch antworten!“ Sie gingen in ein nahes Haus und brachten eine Schale Milch und eine voll Wasser. Jesus goß beides durcheinander und sagte: „Scheidet mir dieses, daß es wieder Milch allein und Wasser allein sei; dann will ich euch scheiden.“ Da sie sagten, wir könnten es nicht, sprach er von der Unauflöslichkeit der Ehe, und wie nur um der Verstocktheit der Menschen willen

Moses die Scheidung erlaubt habe; ganz getrennt aber könnten sie nie werden, denn sie seien ein Leib; und wenn sie gleich nicht zusammenlebten, müsse der Mann die Frau und Kinder doch ernähren, und keines dürfe wieder heiraten. Dann ging er mit ihnen in die Häuser ihrer Männer und sprach mit diesen allein; dann mit den Frauen und Männern zugleich und beschuldigte beide Teile, die Frauen aber mehr, und versöhnte sie. Sie weinten und blieben beisammen getreuer und glücklicher als je vorher. Die Pharisäer ärgerten sich sehr darüber, daß ihr Vorhaben mißlungen war.

Jesus lehrt die Johannesjünger

Während Jesus so mit den Jüngern durch die Feldwege zog, kamen vier reisende Johannesjünger heran, welche die Jünger begrüßten und ihnen zuhörten. Sie hatten Fellstreifen um den Nacken und Riemen um den Leib. Sie waren nicht von Johannes gesendet; wenn sie gleich mit ihm und seinen Jüngern verkehrten. Sie waren eine Ausartung der Johannesjünger, die auch mit den Herodianern zusammenhielten und ausgesendet waren, um zu lauern, was Jesus von seinem Reich lehre. Sie waren viel strenger und höflicher als die Jünger Jesu. Einige Stunden darauf kam eine zweite Abteilung von Johannesjüngern. Es waren zwölfe, von denen Johannes zwei gesendet hatte; die übrigen waren als Zeugen mitgegangen. Jesus kehrte, als sie herannahten, eben nach der Stadt zurück; und sie folgten nach. Einige davon waren bei den letzten Wundern Jesu gewesen und zu Johannes zurückgelaufen. Auch als er den Jüngling von Naim erweckte, waren Johannesjünger gleich nach der Erweckung gen Machärus geeilt und hatten zu Johannes gesprochen: „Was ist das? Woran sind wir? Alles das haben wir von ihm gesehen! Solche Worte von ihm gehört! Seine Jünger aber sind freier als wir in den Gesetzessachen! Wem sollen wir folgen? Wer ist er? Warum heilt er alle? Tröstet und hilft fremden Leuten? Und dich zu befreien tut er keinen Schritt!“

Johannes hatte immer seine Not mit den Jüngern. Sie wollten nicht von ihm ablassen. Er sendete sie allein deshalb so oft zu Jesus, damit sie ihn kennenlernen und ihm folgen sollten. Es wurde ihnen aber schwer, weil sie eine Art Dünkel auf ihre Johannesjüngerschaft im Kopfe hatten. Er ließ darum auch Jesus so oft bitten, doch öffentlich zu sagen, wer er sei, damit es seine Jünger erführen und sich mit allen Menschen zu ihm bekehrten. Als sie ihm diesmal wieder mit ihren Zweifeln gekommen waren, gedachte er, Jesus zu nötigen, laut zu bekennen, daß er der Messias, der Sohn Gottes sei, und schickte die zwei mit der bestimmten Frage an ihn ab.

Während Jesus im Kreise umher heilte, kam er an einen Kranken von Nazareth, der von seiner Bekanntschaft mit ihm zu sprechen begann: Ob er sich noch erinnere von seinem fünfundzwanzigsten Jahre her, da sein Großvater gestorben und sie öfters beisammen gewesen seien? Er meinte damit den zweiten oder dritten Mann Annas. Jesus ließ sich nicht weiter darauf ein, sagte nur, ja, er kenne ihn, und ging sogleich auf seine Sünden und Leiden über. Da er ihn reumütig und glaubend fand, heilte und ermahnte er ihn und begab sich zu den Folgenden.

Als er an dem entgegengesetzten Ende des Kreises angelangt war, traten ihm die Abgesandten des Johannes, welche die ganze Zeit über alle seine Wunder von der Mitte des Kreises aus, wo sie standen, angestaunt hatten, in den Weg und sprachen: „Johannes der Täufer hat uns zu dir gesendet und läßt dich fragen: bist du, der da kommen soll, oder sollen wir einen andern erwarten?" Jesus erwiderte: „Gehet hin, und verkündet dem Johannes, was ihr gesehen und gehört habt! Die Blinden sehen, die Tauben hören, die Lahmen gehen, die Aussätzigen werden rein, und die Toten stehen auf, die Witwen werden getröstet, und den Armen wird das Wort Gottes verkündet. Was krumm ist, wird gerade gemacht; und selig ist, wer sich an mir nicht ärgert!" Dann wendete er sich von ihnen weg; sie aber gingen sogleich von dannen.

Jesus konnte nicht deutlicher von sich sprechen; denn wer

hätte ihn verstanden? Seine Jünger waren gute, einfache, edle und fromme Leute; aber solcher Erkenntnis noch nicht fähig. Sie waren ihm teils verwandt und hätten sich geärgert oder wären auf verkehrte Gedanken gekommen. Das Volk war ganz unreif, die Wahrheit zu hören; und von Lauerern war er umgeben. Selbst unter den Johannesjüngern hatten die Pharisäer und Herodianer ihre Kreaturen.

Als die Boten des Johannes sich entfernt hatten, begann Jesus auf dem Platze zu lehren. Die geheilten Kranken, vieles Volk, die Schriftgelehrten des Ortes, seine Jünger und die fünf Zöllner, die hier wohnten, hörten ihm zu. Er lehrte noch lange bei Fackelschein; schon die letzten Kranken waren dabei geheilt worden. Er nahm von seiner Antwort an die Johannesjünger die Veranlassung zu seiner Lehre. Er sprach, wie man die empfangenen Wohltaten Gottes anwenden müsse, ermahnte zur Buße und Bekehrung; und weil er wußte, daß einige anwesende Pharisäer aus seiner allgemeinen kurzen Antwort an die Gesandten des Johannes Gelegenheit genommen hatten, dem Volke zu sagen: Er halte nichts von Johannes und lasse ihn zugrunde gehen, um selbst berühmter zu werden, so erklärte er seine Antwort auf die Frage, wer er sei und seine Lehre zur Buße, indem er sie selbst auf Johannes zurückwies, den sie doch gehört hätten, was er von ihm gesagt habe. Warum sie denn noch immer zweifelten? Was sie denn unter Johannes suchten? Er sagte: „Was zu sehen seid ihr denn hinausgegangen, als ihr zu Johannes ginget? Wolltet ihr ein Rohr sehen, das im Winde schwankt? Oder einen weichlich und prächtig gekleideten Menschen? Seht! Leute, die sich schön kleiden und weichlich leben, sind bei Königen an den Höfen. Was habt ihr also sehen wollen, da ihr ihn aufsuchtet? Wolltet ihr einen Propheten sehen? Ja, ich sage euch, wohl mehr als einen Propheten sahet ihr in ihm. Dieser ist es, von dem geschrieben ist: Siehe, ich sende meinen Boten vor deinem Angesichte her, daß er deinen Weg vor dir bereite! Ja, ich sage euch, unter den vom Weibe Geborenen ist kein größerer Prophet als Johannes der Täufer, und doch ist der Kleinste im Himmelreich größer als er. Aber von der Zeit Johannes des Täufers an leidet das Himmelreich Gewalt, und die Gewalt brauchen, reißen es an sich. Denn alle Propheten und das Gesetz bis auf Johannes haben davon geweissagt, und wenn ihr es annehmen wollt, so ist eben er der Elias, der da kommen soll. Wer Ohren hat zu hören, der höre!"

Alle Anwesenden waren sehr gerührt, ganz eins mit Jesu Worten und wollten sich taufen lassen; nur die Schriftgelehrten murrten und ärgerten sich besonders an Jesus, weil er mit den Zöllnern verkehrt hatte, die hier auch zugegen waren. Darum sprach Jesus noch davon, für was alles man Johannes und ihn schon ausgeschrien habe, und wie man ihm vorwerfe, daß er mit Zöllnern und Sündern umgehe.

Jesus trat von Megiddo den Rückweg nach Kapharnaum an, als das Neumondfest eingetreten war. Es gingen etwa vierundzwanzig Jünger und die vier verdächtigen Johannesjünger mit und einige der Zöllner von Megiddo, die in Kapharnaum getauft werden wollten. Sie gingen sehr langsam und standen und saßen oft an angenehmen Plätzen; denn Jesus lehrte auf dem ganzen Wege, welcher von Megiddo nordöstlich über die Höhen durch das Tal von Nazareth nach der Nordwestseite des Tabor führte. Seine Lehre war eine Vorbereitung zur baldigen, völligen Berufung und Sendung der Apostel. Er mahnte sie sehr zur Ablegung aller irdischen Sorgen und zur Losschälung von allen Gütern. Er sprach sehr rührend und lieblich und brach einmal eine Blume am Wege und sagte: „Diese sorgt sich nicht! Seht ihre Farbe, ihre feinen Fädchen! War der weise Salomon wohl schöner gekleidet in seiner Pracht?" Dieses Gleichnis hat Jesus oft gebraucht.

Wieder einmal lehrte er so, daß jeder Apostel sein eigenes Bild treffend darin finden konnte. Er sprach auch von seinem Reiche; sie sollten nicht so begierig nach Ämtern darin sein und es sich nicht so zeitlich vorstellen. Er sprach so, weil die vier Johannesjünger als heimliche Anhänger der Herodianer besonders darauf lauerten. Er ermahnte die Jünger auch, vor welchen Leuten sie sich künftig hüten sollten; und beschrieb diese nämlichen Herodianer so scharf, daß sie nicht zu verkennen waren. Unter anderm sagte er, sie sollten sich vor gewissen Leuten in Schafspelzen und mit langen Riemen hüten. Er sagte: „Hütet euch vor den Profanen in Schafsfellen und mit langen Gürteln!“ und verstand diese lauernden herodianischen Johannesjünger darunter, welche nach Art der rechten Johannesjünger eine Art Stola von Schafsfell um den Nacken und über die Brust trugen. Sie sollten sie erkennen, daß sie einem nicht gerade ins Gesicht sehen können; und wenn ihr, seiner Jünger, Herz über etwas vor Freude und Eifer überfließe, und sie teilen es jenen mit, so sollten sie dieselben daran erkennen, daß ihr Herz auszuweichen suche und daß es sich hin und her wende wie ein Tier. Er nannte einen Käfer, der eingesperrt sei und ein Loch zum Entschlüpfen suche. Er bog auf einmal einen Dornbusch zurück und sagte: „Sehet, ob ihr Früchte hier findet!“ Einige Jünger sahen einfältig hin. Jesus aber sagte: „Suchet man auch Feigen auf Disteln und Trauben an Dornen?“

Jesus wanderte nun mit den Jüngern den ganzen Tag sehr schnelle; nur dann und wann ruhten sie etwas und nahmen eine Erquickung. Er lehrte sie unterwegs von dem Verlassen zeitlicher Güter und in Parabeln von dem Reich Gottes. Er sagte, daß er ihnen jetzt unmöglich alles deutlich machen könne; es werde aber eine Zeit kommen, da sie alles verstünden. Er sprach vom Aufgeben irdischer Sorge um Kleidung und Nahrung; es würden bald mehr Hungernde als Speisen da sein, und sie würden zu ihm sprechen „Woher nehmen?“ Und es würde dennoch Überfluß da sein. Sie sollten sich Häuser bauen und sie befestigen! Er sprach dieses so, gleich als wenn sie durch Aufopferung und Anstrengung in seinem Reiche diese Häuser, nämlich Stellen und Ämter, erhalten würden. Sie verstanden es aber weltlich. Judas war sehr froh und vorlaut und sagte vor allen andern, er wolle schon arbeiten und das Seine tun. Da blieb Jesus stehen und sagte: „Wir sind noch nicht am Ende; es wird nicht immer so sein, daß ihr gut aufgenommen und gespeist werdet und alles in Fülle ist. Es wird eine Zeit kommen, da man euch verfolgt und ausstößt, da ihr kein Obdach, kein Brot, keine Kleider, keine Schuhe haben werdet." Sie sollten sich wohl bedenken und wohl vorbereiten, um alles zu verlassen; denn er habe Wichtiges mit ihnen vor. Er sprach auch von zwei Reichen, die sich entgegenstehen; niemand könne zwei Herren dienen. Wer in seinem Reiche dienen wolle, müsse das andere verlassen. Er sprach von den Pharisäern und ihren Gesellen und erwähnte etwas wie von Larven oder Masken, die sie trügen; und wie sie immer die tote Form lehrten und beobachtet haben wollten, den Kern aber und Inhalt, die Liebe, die Versöhnung, die Barmherzigkeit so ganz vernachlässigten. Er lehre das Gegenteil, die Schale ohne den Kern sei tot und fruchtlos; zuerst müsse der Inhalt, dann das Gesetz sein; der Kern müsse mit der Schale wachsen. Er lehrte sie auch von dem Gebet, wie sie in der Einsamkeit und nicht prahlerisch beten sollten und noch vieles dergleichen.

Überhaupt sooft er mit ihnen wandelte, lehrte er die Jünger immer auf diese Weise vorbereitend, auf daß sie besser verstünden, was in den öffentlichen Lehren vorkam, und es dem Volk nachher deutlich machen könnten. Er lehrte sehr oft dasselbe, nur mit verschiedenen Worten und in anderer Folge. Unter den Mitgehenden fragte besonders oft Jakobus der Größere, auch Judas Barsabas, manchmal Petrus. Judas sprach oft vorlaut. Andreas ist alles schon mehr gewohnt. Thomas denkt für sich und ist wie nachrechnend. Johannes nimmt alles kindlich und lieblich auf. Die gelehrten Jünger schweigen teils aus Bescheidenheit, teils weil sie nicht immer zeigen wollen, sie verstünden ihn nicht.

In der Nähe von Kapharnaum lehrte Jesus die Jünger besonders darüber, wie sie sich in Vorbereitung zu ihrer Sendung schon jetzt im Gehorsam üben und sich überhaupt auf ihren Wegen verhalten sollten, wenn er sie aussenden werde, das Volk zu lehren. Er gab ihnen auch einige allgemeine Regeln, wie sie sich gegen gewisse Gesellen benehmen sollten. Er sprach dieses kurz vor dem Abschied den mitgekommenen vier Herodianern zu Gehör. Er sagte, wenn sich auf ihren künftigen Wegen Profane zu ihnen gesellten, die sie wohl erkennen könnten an sanften, aushorchenden Reden, und die sich nicht abweisen ließen und immer halb einstimmend, halb gelinde widersprechend von Dingen fragten und sprächen, wobei ihnen das Herz überströme, dann sollten sie sich auf alle Weise von ihnen loszumachen suchen, weil sie noch zu schwach und treuherzig wären und leicht in eine Schlinge dieser Laurer eingehen könnten. Er wolle ihnen nicht ausweichen; denn er kenne sie und wolle, daß sie seine Lehre hörten.

Erweckung der Tochter des Jairus

Als Jesus später in Kapharnaum auf dem Platze vor der Synagoge mehrere Kranke heilte, kam Jairus, der Vorsteher der Synagoge, warf sich vor Jesus nieder und bat ihn, mit zu seiner kranken Tochter zu gehen, welche in den letzten Zügen liege, und sie zu heilen. Jesus war im Begriffe mit Jairus zu gehen, als Boten vom Hause zu Jairus kamen und sagten: „Deine Tochter ist gestorben; du brauchst den Meister nicht weiter zu bemühen." Da sagte Jesus zu Jairus: „Fürchte dich nicht! Glaube mir, so wird dir geholfen!" Sie gingen an der Nordseite der Stadt hinan, wo Cornelius wohnte, von dessen Haus das des Jairus nicht weit entfernt war. Als sie in die Nähe desselben kamen, sah man schon viele Trauerleute und Klageweiber vor der Türe und im Vorhause. Jesus nahm nur den Petrus, Jakobus den Größeren und Johannes mit hinein. Im Hofe sagte er zu den Klagenden: „Warum jammert und weint ihr so? Geht hinweg! Das Mägdlein ist nicht tot, sondern sie schläft nur." Da fingen die Klageleute an, ihn spöttelnd zu verlachen, weil sie wußten, daß sie tot war. Jesus aber sagte, sie sollten hinausweichen, und sie mußten aus dem Hofe hinaus, der geschlossen wurde. Er trat in den Raum, wo die betrübte Mutter und die

Magd mit Vorbereitung der Totenhüllen beschäftigt waren, und ging mit dem Vater, der Mutter und den drei Jüngern in die Kammer, wo die Tochter lag. Jesus trat gegen das Lager, die Eltern standen hinter ihm, die Jünger rechts zu Füßen des Bettes. Die Mutter gefiel mir gar nicht, sie hatte kein Vertrauen und war kalt; der Vater, auch kein begeisterter Freund Jesu, war so, daß er es mit den Pharisäern nicht verderben wollte, und nur die Angst und Not hatten ihn zu Jesus getrieben. Heilte dieser das Kind, so hatte er es wieder; wo nicht, so war es ein Triumph für die Pharisäer. Doch hatte ihn zuletzt die Heilung von Cornelius Knecht sehr bewegt und ihm mehr Vertrauen gegeben.

Das Töchterchen war nicht groß und sehr abgezehrt. Ich hielt es höchstens für elf Jahre alt und von den kleinsten dieses Alters; denn man findet Judenmädchen von zwölf Jahren, die vollkommen ausgewachsen sind. Es lag in einem langen Kleide eingewickelt auf dem Lager. Jesus hob es leicht mit dem Arm gegen seine Brust und hauchte es an. Da sah ich etwas Wunderbares. Neben dem Leichnam zur rechten Seite war eine lichte Gestalt in einem hellen Kreise, welche, als Jesus das Mägdlein anhauchte, in dessen Mund als kleine lichte Menschenfigur einsank. Jesus ließ den Leib nieder auf das Lager, faßte den Arm des Mägdleins über der Hand und sagte: „Mägdlein, richte dich auf!" Da richtete sie sich sitzend im Bette auf; er hatte sie fortwährend an der Hand, und sie richtete sich ganz auf, hatte die Augen offen und stieg an der Hand Jesu vom Lager. Er führte die noch Schwache und Schwankende in die Arme der Eltern, die der ganzen Handlung anfangs kalt und bang, dann mit Zittern und Beben zugesehen hatten und jetzt vor Freude wie außer sich waren. Jesus sagte ihnen, dem Kinde zu essen zu geben und keinen unnötigen Lärm von der Sache zu machen, und kehrte nach dem Danke des Vaters hinab zur Stadt. Die Frau war verschämt und verblüfft und dankte nicht viel. Es war aber gleich unter den Klageleuten erschollen, das Mägdlein lebe. Sie traten aus dem Wege, schämten sich teils, teils lächelten doch noch manche Niederträchtige, gingen in das Haus und sahen das Mägdlein essen.

Jesus sprach auf dem Rückweg mit den Jüngern von dieser Heilung: diese Leute hätten zwar keinen rechten Glauben gehabt und keine aufrichtige Gesinnung; ihre Tochter aber sei vom Tode erweckt um ihrer selbst willen und zur Ehre des Reiches Gottes. Dieses sei ein unschuldiger Tod; sie müsse sich aber vor dem Tod der Seele hüten.

Berufung des Matthäus

Jesus aber ging einen Weg am Seeufer rechts ab mit den Jüngern, so daß sie in einiger Entfernung von Matthäi Haus vorüberkamen. Von diesem Weg lenkte aber ein Seitenpfad nach der Zollstätte des Matthäus; und da Jesus sich dahin wendete, blieben die Jünger scheu stehen. Als Matthäus, vor dessen Zollhaus Knechte und Zöllner mit allerlei Waren beschäftigt waren, Jesus und die Jünger von der Anhöhe zu ihm kommen sah, schämte er sich und zog sich in seine Hütte zurück. Jesus aber nahte und rief ihm über den Weg. Da kam Matthäus eilends heraus, warf sich vor Jesus auf sein Angesicht nieder und sagte, er habe sich nicht würdig geglaubt, daß Jesus mit ihm rede. Jesus aber sagte ihm: „Matthäus stehe auf und folge mir nach!" Und Matthäus stand auf und sagte, daß er alles sogleich mit Freuden verlassen und ihm folgen wolle. Er ging nun mit Jesus auf den Weg, wo die Jünger standen. Diese grüßten ihn und reichten ihm die Hände; besonders waren Thaddäus, Simon und Jakobus der Kleinere froh, denn sie waren vom Vater Alphäus her Brüder, der vor seiner Ehe mit Maria Kleophä Tochter den Matthäus mit einer früheren Frau gehabt hatte. Matthäus wollte, daß alle seine Gäste sein sollten. Jesus sagte ihm aber, daß sie morgen zu ihm kommen wollten, und so gingen sie weiter.

Matthäus eilte nach seinem Hause zurück, welches eine

Viertelstunde vom See an einer Bucht der Anhöhe liegt. Das Flüßchen, das von Gerasa in den See läuft, fließt nahe dabei vorüber. Es hat Aussicht auf den See und auf das Feld. Matthäus setzte gleich einen guten Mann von Petri Schiff an seine Stelle, das Amt bis zur näheren Anordnung zu verwalten. Er war verheiratet und hatte vier Kinder. Er sagte seiner Frau freudig das Glück, das ihm widerfahren, und wie er alles verlassen und Jesu ganz folgen wolle, worüber auch sie voll Freude war. Hierauf befahl er ihr, die Mahlzeit auf morgen zu bereiten und beschäftigte sich selbst mit den Einladungen und Anordnungen dazu. Matthäus war schier so alt wie Petrus und hätte wohl seines jüngeren Halbbruders Joses Barsabas Vater sein können. Er war ein schwerer, starkknochiger Mann mit schwarzem Bart und Haar. Seit er Jesus auf dem Weg nach Sidon kennengelernt, hatte er die Johannestaufe empfangen und sein ganzes Leben nach der größten Gewissenhaftigkeit eingerichtet.

Tags darauf kam Jesus gegen Mittag mit den Jüngern zu Matthäi Haus zurück, wo viele eingeladene Zöllner versammelt waren. Unterwegs schlossen sich ihm einige Pharisäer und Johannesjünger an, die aber nicht mit in das Haus, sondern draußen mit den Jüngern im Garten umhergingen und ihnen sagten: „Wie könnt ihr es dulden, daß er sich immer mit Sündern und Zöllnern so vertraut macht?" Da antworteten diese: „Sagt es ihm selber!" Die Pharisäer aber erwiderten: „Mit einem Menschen, der immer recht haben will, kann man nicht sprechen."

Matthäus empfing Jesus und die Seinigen gar liebevoll und demütig und wusch ihnen die Füße. Seine Halbbrüder umarmten ihn herzlich. Er brachte Jesu sein Weib und seine Kinder. Jesus sprach mit ihr und segnete die Kinder; hernach erschienen die Kinder nicht mehr. Ich habe mich oft gewundert, daß die Kinder, wenn er sie gesegnet hatte, gewöhnlich nicht mehr zum Vorschein kamen. Ich sah aber, daß Jesus saß und Matthäus vor ihm kniete, und daß Jesus ihm die Hand auflegte, ihn segnete und belehrende Worte dabei sprach. Matthäus hatte sonst Levi geheißen und erhielt jetzt den Namen Matthäus. Es war eine große Mahlzeit an einer ins Kreuz gestellten Tafel in offener Halle. Jesus saß von den Zöllnern umgeben; man stand in Zwischenräumen auf und besprach sich und saß wieder nieder bei neuen Gerichten. Es kamen vorübergehende arme Reisende heran, denen die Jünger Speise mitteilten. Es führte hier die Straße zur Überfuhr vorüber. Dazwischen nahten die Pharisäer den Jüngern, und es traten die Reden und Widerreden ein, welche im Evangelium des heiligen Lukas 5, 30–39 stehen. Sie sprachen aber hauptsächlich vom Fasten, weil am Abend bei strengen Juden ein Fasttag eintrat wegen der Verbrennung der Bücher Jeremiä durch König Joachim und auch deshalb, weil es bei den Juden in Judäa besonders nicht gewöhnlich war, auf dem Wege Früchte abzupflücken, was Jesus seinen Jüngern erlaubte. Als Jesus die Antworten gab, lag er zu Tisch mit den Zöllnern; die Jünger aber, an welche die Reden der Pharisäer gingen, standen und wandelten umher. Jesus wendete das Haupt und antwortete.

Letzte Berufung von Petrus, Jakobus, Andreas und Johannes

Als Jesus am folgenden Morgen an den See ging, von dem die Wohnung des Matthäus eine Viertelstunde entfernt lag, waren Petrus und Andreas im Begriff, in den See hinauszufahren und ihre Netze auszuwerfen. Jesus aber rief ihnen zu: „Kommt und folget mir! Ich will euch zu Menschenfischern machen." Sie ließen sogleich ihre Arbeit, legten das Schiff an und kamen ans Ufer. Jesus aber ging noch eine Strecke weiter am Ufer zu des Zebedäus' Schiff, der mit seinen Söhnen, Jakobus und Johannes die Netze auf dem Schiff in Ordnung brachte. Er rief auch ihnen, zu kommen, und sie kamen gleich ans Land. Zebedäus blieb mit den Knechten im Schiffe.

Nun sendete sie Jesus in das Gebirge mit dem Befehle, die dort gelagerten Heiden, welche es verlangen würden, zu taufen. Er hatte sie gestern und vorgestern schon vorbereitet.

Jesus hatte die Fischer schon früher von ihrem Geschäft förmlich abberufen; doch waren sie mit seinem Willen immer wieder dahin zurückgekehrt. So lange sie nicht selber lehrten, war es auch nicht nötig, daß sie ununterbrochen mit ihm zogen; auch war ihre Schiffahrt und ihr Verkehr mit den heidnischen Karawanen dem Aufenthalt Jesu in Kapharnaum sehr nützlich. Als sie nach den vorigen Ostern längere Zeit hindurch mit Jesus gewesen waren, hatten sie wohl da und dort schon gelehrt und selbst geheilt; doch war das letztere ihnen nicht immer gelungen aus Mangel an Glauben. Sie hatten auch Verfolgung schon erlitten; denn in Gennabris waren sie gebunden vor die Pharisäer geführt und gefangengehalten worden. Sie hatten damals auch von Jesus die Vollmacht empfangen, das Wasser zur Taufe zu segnen. Er hatte ihnen diese Vollmacht nicht durch Handauflegung, sondern mit einer Segnung gegeben.

Petrus hatte nicht bloß mit der Schiffahrt zu tun, sondern besaß auch Feldwirtschaft und Vieh; darum wurde es ihm schwerer als den anderen, von seinem Hauswesen sich loszumachen. Dazu kam noch das Gefühl seiner Unwürdigkeit und seines vermeintlichen Unvermögens zum Lehren, was ihm die Trennung noch mehr erschwerte. Sein Haus vor Kapharnaum war groß und lang und mit einem Hof und Seitengebäuden, Hallen und Schuppen umgeben. Der vorüberfließende Bach von Kapharnaum war zu einem hübschen Teich gestaut, worin Fische bewahrt wurden. Umher waren Rasenplätze, auf welchen gebleicht und Netze ausgespannt wurden.

Andreas war schon länger und mehr vom Geschäft getrennt. Jakobus und Johannes kehrten bis jetzt auch immer wieder zu ihren Eltern zurück.

Da die Evangelien den umständlichen Lebenswandel Jesu mit den Jüngern nicht enthalten sollten, sondern nur einen kurzen Auszug, so wurde dieses Abberufen der Fischer von ihren Schiffen und vom vorgehabten Fischzuge zum Fischen der Menschen, als den ganzen Beruf des heiligen Petrus, Andreas, Johannes und Jakobus umfassend, an den Anfang hingesetzt;

manche Wunder, Parabeln und Lehren Jesu aber als eine Beispielsammlung danach, ohne eine bestimmte Ordnung der Zeit.

Petrus, Andreas, Jakobus und Johannes zogen nach dem Lagerplatz der Heiden, wo Andreas taufte. Aus dem Bache wurde Wasser in einem Becken gebracht; die Täuflinge schlossen einen Kreis und knieten nieder mit vor der Brust gekreuzten Händen. In dem Kreise standen auch Knaben von drei bis sechs Jahren. Petrus hielt das Becken, und Andreas sprengte mit der Hand schöpfend dreimal drei Täuflingen über das Haupt und sprach die Taufworte; die andern Jünger gingen von außen herum und legten ihnen die Hände auf. An die Stelle der Getauften traten immer wieder neue ein. Es wurden dazwischen Pausen gemacht, und die Jünger erzählten die ihnen schon gangbaren Parabeln, sprachen von Jesus, seinen Lehren und Wundern und erklärten den Heiden, was sie noch nicht von den Gesetzen und Verheißungen Gottes wußten. Petrus konnte besonders eifrig und mit vieler Aktion erzählen; auch Johannes und Jakobus sprachen sehr schön. Jesus lehrte in einem andern Tale, und bei ihm taufte Saturnin.

Als alle am Abend wieder in des Matthäus Haus zusammenkamen, waren hier noch sehr viele Menschen, welche Jesus drängten; deswegen bestieg er mit den zwölf Aposteln und Saturnin das Schiff Petri und befahl ihnen, gegen Tiberias zu fahren, welche Richtung über die ganze Breite des Sees führt. Es schien, als wolle Jesus von dem Andrange der Leute ausruhen, denn er war sehr ermüdet. Er lag in der mittleren Terrasse der stufenförmigen Umgebung des Mastbaumes in einem der Behälter, wo die Wächter gewöhnlich liegen, und war eingeschlafen, so müde war er. Die Rudernden standen über ihm. Man konnte von diesen Ruhestellen frei heraussehen, und oben war man bedeckt. Es war ganz still und schön, als sie abfuhren. Sie waren ungefähr mitten auf dem See, als ein heftiges Ungewitter entstand. Es war mir seltsam, daß der Himmel ganz schwarz war und man doch die Sterne sehen konnte. Es war ein schrecklicher Wind, und die Wellen schlugen ins Schiff; das

Segel hatten sie herabgelassen. Ich sah auch oft einen lichten Schein über das bewegte Wasser hinfliegen; es muß geblitzt haben. Die Gefahr wurde immer größer, die Jünger waren in großer Angst, weckten Jesus und sagten: „Meister, bekümmerst du dich nicht um uns? Wir gehen zugrunde!" Da richtete sich Jesus auf, schaute hinaus und sagte ruhig und ernst, als rede er mit dem Sturme: „Schweige! Verstumme!" Da ward eine plötzliche Stille, alle erschraken und fragten einander flüsternd: „Wer ist er, daß er den Wellen gebieten kann?" Er aber verwies ihnen ihren geringen Glauben, daß sie sich gefürchtet hätten und befahl ihnen, gen Chorazin zurückzufahren, so heißt die Gegend von Matthäi Zollstätte wegen der Stadt Chorazin, wie jenseits die Gegend von Kapharnaum bis gegen Gischala Genezareth genannt ist. Des Zebedäus' Schiff kehrte auch mit zurück; ein anderes mit Überfahrenden fuhr nach Kapharnaum.

Botschaft Johannes des Täufers

Vor dem Sabbat kamen von Johannes gesendet mehrere seiner Jünger aus Machärus nach Kapharnaum. Sie waren aus den ältesten und vertrautesten Jüngern; die Brüder Mariä Kleophä, Jakobus, Sadoch und Heliachim, waren darunter. Sie beriefen die Vorsteher und die Kommission der Pharisäer vor die Synagoge in die Vorhalle und überreichten ihnen eine lange schmale Rolle, tütenförmig geschlossen. Es war ein Brief von Johannes, sein strenges deutliches Zeugnis über Jesus enthaltend. Während sie dieses lasen und etwas bestürzt hin und her redeten, versammelte sich vieles Volk, und die Boten sagten demselben laut, was Johannes in einer großen Rede zu Machärus vor Herodes und seinen Jüngern und vielem Volke ausgesprochen hatte. Als nämlich die Jünger, welche Johannes zu Jesus nach Meggido gesendet hatte, mit der Antwort Jesu zu ihm zurückgekommen waren und ihm die Nachrichten von seinen Wundern und Lehren und von der Verfolgung der Pharisäer mitgebracht hatten wie auch die verschiedenen Gespräche über Jesus und die Klagen mancher, daß er ihn nicht befreie, fühlte sich Johannes gedrungen, nochmals ein lautes Zeugnis von Jesus zu geben, weil er vergebens versucht hatte, ihn durch seine Anfrage zu bewegen, von sich selbst zu zeugen. Er ließ also dem Herodes sagen, er möge ihm vergönnen, allen seinen Jüngern, und wer ihn sonst hören wolle, eine Rede zu halten; denn bald werde er schweigen. Herodes gestand es ihm gern zu, und es wurden auf einen Platz im Schloß alle seine Jünger und vieles Volk eingelassen. Herodes und sein böses Weib saßen auf einem erhöhten Ort von vielen Soldaten umgeben. Da kam Johannes aus seinem Kerker und lehrte sie. Herodes ließ es gern geschehen; denn er wollte sich, um das Volk zu versöhnen, das Ansehen geben, als genieße Johannes eine sehr leichte Gefangenschaft. Der Täufer sprach mit großer Begeisterung von Jesus. Er selber sei nur gesendet, ihm den Weg zu bereiten, und er habe niemand verkündet als ihn; aber dieses hartnäckige Volk wolle ihn nicht erkennen. Ob sie denn vergessen hätten, was er von ihm gelehrt? Er wolle es ihnen deutlich nochmals wiederholen; denn sein Ende sei nicht mehr ferne! Als er dies sagte, wurden alle Anwesenden sehr bewegt, und viele seiner Jünger weinten. Herodes kam in Unruhe und Verlegenheit; denn er hatte keineswegs den Vorsatz, ihn zu töten; sein Kebsweib aber verstellte sich so gut sie konnte. Johannes sprach mit großem Eifer fort und wiederholte das Wunder bei der Taufe Jesu, und daß er der Sohn Gottes sei, der von den Propheten verkündet worden. Alles, was er lehre, sei die Lehre seines Vaters, und was er tue, tue der Vater, und niemand komme zum Vater als durch ihn. So sprach er lange, widerlegte alle Vorwürfe, welche ihm die Pharisäer machten, und besonders auch jenen der Sabbatsentheiligung. Er sagte, jeder müsse den Sabbat heiligen, die Pharisäer aber entheiligten ihn, weil sie den Lehren Jesu nicht folgten, des Sohnes dessen, der den Sabbat eingesetzt habe. Noch viel Ähnliches sagte er und verkündigte Jesus als den, außer dem kein Heil zu finden sei; wer nicht an ihn glaube und seiner Lehre nicht folge, werde verdammt werden. Er ermahnte auch alle seine Jünger, sich zu Jesus zu wenden und nicht verblendet bei ihm auf der Schwelle stehenzubleiben, sondern in den Tempel selbst hineinzugehen.

Nach dieser Rede sendete er mehrere mit einem Briefe an die Synagoge von Kapharnaum, in welchem er sein ganzes Zeugnis wiederholte, daß Jesus der Sohn Gottes und die Erfüllung der Verheißung und alles sein Tun und Lehren recht und heilig sei, und widerlegte ihnen alle ihre Einwürfe, drohte ihnen mit dem Gericht und ermahnte sie, das Heil nicht von sich zu stoßen. Er befahl auch den Jüngern, einen andern Brief dem Volk vorzulesen, der dasselbe sagte, und ihm alles zu wiederholen, was er hier geredet. Ich sah nun die Johannesjünger in Kapharnaum dieses tun. Es versammelten sich ungemein viele Menschen; denn Kapharnaum wimmelte von Menschen an diesem Sabbat. Es waren Juden aus allen Gegenden hier. Sie hörten die Worte des Johannes über Jesus mit großer Freude an. Viele waren voll Jubel und gaben sich ihrem Glauben mit neuer Kraft hin.

Die Pharisäer mußten der Menge weichen und konnten nichts vorbringen; sie zuckten die Achseln, schüttelten die Köpfe und stellten sich ganz geneigt; behaupteten jedoch ihre Autorität und sagten zu den Johannesjüngern, sie würden Jesus nichts in den Weg legen, wenn er die Gesetze nicht verletzen und die Ruhe nicht stören würde. Es sei wahr, er sei wunderbar ausgerüstet; aber sie müßten auf Ordnung sehen, und alles habe sein Maß. Johannes sei ein guter Mann und möge in seinem Gefängnisse nicht alles so recht wissen; er sei ja nie viel mit Jesus zusammen gewesen.

Hierüber ging der Sabbat an. Alles begab sich zur Synagoge, auch Jesus kam mit seinen Jüngern. Alles hörte ihn mit der größten Bewunderung. Er lehrte von der Verkaufung Josephs, 1. Mos. 37, 1–36 und aus Amos 2,6–3,9 über die Drohungen gegen die Sünden Israels. Man störte ihn nicht; die Pharisäer hörten mit geheimem Neid und abgedrungenem Staunen zu. Das Zeugnis des Johannes, vor allem Volk verkündet, hatte sie etwas verschüchtert.

Er begab sich hierauf mit den Jüngern zu dem Hause Petri, das gegen den See liegt, weil es dort ruhiger war. Nachts entfernte er sich zum Gebet. Unter allen, die Jesus heilte, habe ich nie sogenannte Wahnsinnige gesehen; sie wurden als Dämonische und Besessene geheilt.

Die Pharisäer waren noch beisammen und schlugen allerlei alte Schriften auf über die Propheten und ihr Wesen, besonders über Malachias, von dem man noch einiges wußte, über ihre Lehren und ihren Wandel, verglichen es mit Jesu Lehre und mußten ihm den Vorzug eingestehen und seine Gaben bewundern; mäkelten aber am Ende doch über seine Lehre.

Es kamen hier auch die Johannesjünger zu ihm, die das Schreiben gebracht hatten und klagten sich an, daß sie unwillig über ihn gewesen, weil er sich ihres Meisters in der Gefangenschaft nicht angenommen, und sagten, wie sie so strenge gefastet, um Gott zu rühren, daß er ihn bewegen möge, ihren Meister zu befreien. Jesus tröstete sie und lobte Johannes nochmals als den heiligsten Menschen. Nachher sprachen sie mit den Jüngern Jesu, warum Jesus denn nicht selbst taufe? Ihr Meister habe sich doch so gewaltig damit angestrengt!

Sie antworteten ihnen soviel als: Johannes habe getauft, weil er der Täufer sei; Jesus aber heile, weil er der Heiland sei. Johannes habe ja auch nicht geheilt.

Petri Fischfang

Als nun der Abend nahte, sagte Jesus zu Petrus, er solle seine Schiffe hinaus aufs Meer fahren lassen und die Netze zum Fischen auswerfen. Petrus erwiderte aber mit einigem Verdruß: „Wir haben heute die ganze Nacht gearbeitet und nichts gefangen; auf dein Wort aber will ich die Netze auswerfen"; und sie bestiegen ihre Schiffe mit den Netzen und fuhren hinaus. Jesus aber entließ das Volk und fuhr mit seinem Schifflein, worauf auch Saturnin, der Sohn Veronikas, der gestern gekommen, und einige der andern Jünger waren, hinter Petri Schiff her, erklärte ihnen nochmals die Gleichnisse und sagte ihnen, als sie auf der Höhe des Sees waren, wo sie auswerfen sollten. Dann aber fuhr er mit seinem Schifflein hinüber an die Anlände von Matthäus.

Unterdessen war es Nacht geworden. Am Rande der Schiffe, gegen das Netz zu, brannten Fackeln. Die Fischer warfen das Netz aus und fuhren gegen Chorazin zu; aber sie vermochten es nicht emporzuziehen. Als das Netz endlich bei ihrem Fortrudern gegen Osten aus der Tiefe auf Grund kam, ward es so schwer, daß es hie und da riß. Sie fuhren darum mit kleinen Kähnen in den Netzumfang hinein und griffen die Fische mit Händen in kleinere Netze und in Kasten, welche schwimmend an den Schiffen hingen, und riefen dem Schiffe Zebedäi zu, der auch einen Teil ausleerte. Sie waren ganz erschrocken über diesen Fischzug, denn niemals war ein solcher getan worden. Petrus war betroffen und fühlte, daß sie Jesus immer noch nicht genug geachtet hätten; er fühlte, daß ihre Sorge ums Fischen ganz nichtig sei, denn mit eigener Bemühung hatten sie vergebens gearbeitet, und auf sein Wort hatten sie plötzlich mehr als sonst in Monaten gefangen.

Als das Netz erleichtert war, fuhren sie völlig ans Land, zogen es heran und erschraken nochmals über die Menge der Fische. Jesus stand am Ufer, und Petrus warf sich beschämt vor ihm nieder und sprach: „Herr, verlasse mich! Ich bin ein sündhafter Mensch!“ Jesus aber sprach: „Fürchte dich nicht, Petrus, künftig sollst du ein Menschenfischer werden!“ Petrus aber war ganz zerknirscht über seine Unwürdigkeit und unnötige Erwerbssorge. Es war ungefähr drei bis vier Uhr in der Früh und begann zu tagen.

Nachdem die Jünger die Fische in Sicherheit gebracht, schliefen sie noch etwas auf ihren Schiffen; Jesus aber ging mit Saturnin und Veronikas Sohn östlich aufsteigend auf das nördliche Ende des Bergrückens, auf dessen südlichem Ende Gamala liegt. Es sind da Hügel mit Gebüschen. Er unterrichtete Saturnin und

Veronikas Sohn vom Gebete und gab ihnen mehreres davon zu betrachten; dann entfernte er sich von ihnen in die Einsamkeit. Sie aber ruhten, wandelten und beteten.

Die Jünger brachten den Tag mit Unterbringen ihrer Fische zu. Ein großer Teil ward den Armen verteilt. Allen erzählten sie das Ereignis. Viele kauften die Heiden, viele führten sie nach Kapharnaum und Bethsaida. Alle waren nun fest überzeugt, daß ihre Nahrungssorge töricht sei; denn wie das Meer im Sturm ihm gehorchte, so gehorchten ihm auch die Fische und wurden auf sein Wort gefangen.

Bergpredigt

Vor der Überfahrt aber hatte Jesus eine allgemeine Lehre an die Jünger gehalten und ihnen einen Begriff von der ganzen Lehre über die acht Seligkeiten gegeben, worüber er nun längere Zeit lehren werde. Er sagte ihnen auch, daß sie das Salz der Erde seien, daß sie auserwählt seien, die andern zu erfrischen und irdisch zu erhalten und daß sie selber nicht kraftlos werden dürften. Das legte er ihnen weitläufig mit Beispielen und Parabeln aus und fuhr dann über.

Die Fischerjünger und Saturnin tauften im Tal von Kapharnaum. Es wurde auch der Sohn der Witwe von Naim getauft und erhielt den Namen Martialis. Saturnin legte ihm die Hände auf. Die Frauen waren Jesu nicht zu der Lehre gefolgt. Sie blieben bei der Witwe von Naim und dem Tauffeste ihres Sohnes.

Es waren mit Jesus die Vettern Josephs von Arimathäa, die von Jerusalem gekommen waren, Nathanael, Manahem von Koreä und viele andere Jünger, deren in letzter Zeit wohl dreißig in Kapharnaum beisammen waren.

Wenn man unterhalb des Jordaneinflusses an der Ostseite des Sees landete, ging man östlich die Höhe hinan und wendete sich oben wieder etwas westlich bis zu der Lehrstelle.

Auf dem Berge war kein Lehrstuhl, aber ein Hügel mit einem Walle umher und mit einem Zeltdach. Es war gegen West und Südwest die Aussicht auf den See und die jenseitigen Berge, man konnte auch den Tabor sehen. Sehr viele Menschen und vorzüglich sehr viele getaufte Heiden waren umher gelagert, aber auch Juden waren da. Sie waren nicht sehr strenge hier geschieden, weil hier großer Verkehr unter ihnen war und auf dieser Seite die Heiden das Recht hatten.

Jesus lehrte zuerst von den acht Seligkeiten überhaupt, und dann legte er die erste aus: „Selig sind die Armen im Geiste; denn ihrer ist das Himmelreich." Er erzählte Beispiele und Parabeln, sprach vom Messias und besonders von der Bekehrung der Heiden; es sei nun eingetroffen, was der Prophet vom Troste der Heiden geweissagt: alle Heiden will ich bewegen, denn kommen soll der Trost der Heiden (Haggäus 2,8). Geheilt wurde nicht; denn die Kranken waren an den vorigen Tagen geheilt worden. Es waren auch die Pharisäer mit einem eigenen Schiffe herüber gefahren und hörten mit Neid und Ärger zu. Die Leute hatten sich Speise mitgebracht und aßen in den Pausen. Auch Jesus und die Jünger hatten Fische, Brot und Honig und kleine Krüge mit einem Saft oder Balsam, davon man ein weniges unter das Wasser mischte.

Gegen Abend kehrten die Leute von Kapharnaum, Bethsaida und andern nahen Orten nach Hause zurück, die Schiffe erwarteten sie am See. Jesus und seine Jünger gingen gegen das Jordantal hinab in eine Hirtenherberge, wo sie blieben. Er lehrte und bereitete die Jünger noch immer vor auf ihre künftige Bestimmung.

Jesus wird über die acht Seligkeiten an vierzehn Tagen lehren und dazwischen den Sabbat in Kapharnaum halten.

An den nächstfolgenden Tagen hat Jesus seine Lehre auf dem Berge fortgesetzt. Maria, Maria Kleophä, Maroni von Naim und noch zwei andere Frauen waren einmal zugegen. Als Jesus mit den Aposteln und Jüngern zurück zum See ging, sprach er von ihrem Beruf: „Ihr seid das Licht der Welt!", von der Stadt auf dem Berge, vom Licht auf dem Leuchter, vom Erfüllen des Gesetzes und fuhr nachher nach Bethsaida und blieb in Andreä Haus.

Unter den Täuflingen, welche Saturnin bei Kapharnaum an diesen Tagen taufte, befanden sich auch Juden aus Achaia, deren Voreltern zur Zeit der Babylonischen Gefangenschaft dahin geflüchtet waren.

Jesus lehrte die Jünger im Herabwandeln vom Lehrberg wieder von ihren künftigen Leiden und von schwerer Verfolgung. Er schlief auf dem Schiffe Petri.

Als Jesus tags darauf vom Lehrberg herab nach Kapharnaum sich begab, war vieles Volk versammelt, das ihn bewillkommte. Er begab sich aber in das Haus Petri vor Kapharnaum; es lag von der Talseite her rechts vor dem Tore. Als es bekannt wurde, daß Jesus mit den Jüngern in dem Haus sei, versammelten sich viele Menschen um ihn; auch die Pharisäer und Schriftgelehrten kamen herein. Der ganze Hof um die offene Halle her war voll, in der Jesus mit den Jüngern und Schriftgelehrten saß und lehrte. Er sprach von den Zehn Geboten und kam auf die Stelle, welche auch im Evangelium in der Bergpredigt vorkommt: „Ihr habt gehört, daß zu den Alten gesagt worden, ihr sollt nicht töten“, und knüpfte daran seine Lehre vom Verzeihen und von der Feindesliebe. Da entstand über dem Saal auf dem Dach ein Getöse, und durch die gewöhnliche Öffnung der Decke wurde von vier Männern ein Gichtbrüchiger in seinem Bett unter dem Ruf: „Herr, erbarme dich eines armen Kranken!“ an zwei Strikken mitten in die Versammlung vor Jesus niedergelassen. Die Leute hatten vergebens versucht, mit dem Kranken durch die Menge des Volkes im Hofe durchzudringen und waren endlich auf Treppen neben dem Haus auf das Dach des Saales gestiegen und hatten oben die Luke des Saales geöffnet. Alles schaute auf den Kranken, die Pharisäer ärgerten sich, es schien ihnen ein Unfug, eine Frechheit. Jesus aber freute sich über den Glauben der Leute, trat hinzu und sagte zu dem unbeweglichen Kranken: „Sei getrost mein Sohn! Deine Sünden sind dir vergeben!" Diese Worte waren den Pharisäern wie immer besonders ärgerlich, und sie dachten wieder, das ist Gotteslästerung! Wer außer Gott kann Sünden vergeben? Jesus sah ihre Gedanken und sprach: „Warum habt ihr denn solch arge Gedanken in eurem Herzen? Ist es leichter, zu dem Gichtbrüchigen zu sagen: deine Sünden sind dir vergeben, oder zu sagen: Stehe auf, nimm dein Bett und wandle? Damit ihr aber wisset, daß der Menschensohn auf Erden die Gewalt habe, die Sünden zu vergeben, so sage ich dir – hierbei wendete er sich zu dem Gichtbrüchigen – stehe auf! Nimm dein Bett und geh nach Haus!" Da stand der Mann gesund vor ihren Augen, rollte sein Bett auf, legte die Traglatten seines Lagers zusammen, nahm es unter den Arm und auf die Schulter und ging, von seinen Führern und Freunden begleitet, lobsingend hinweg, und alles Volk jubelte vor Freuden. Die Pharisäer aber schlichen einzeln voll Grimm hinweg. Jesus aber ging, da es Sabbat wurde, von der Menge begleitet, zur Synagoge.

Heilung der rückfälligen Jairustochter und andere Heilungen

Jairus der Vorsteher war auch in der Synagoge; er war sehr traurig und voll von Gewissensbissen. Seine Tochter war wieder dem Tode nahe, und zwar einem gefährlichen Tode; denn er war die Strafe ihrer Eltern und ihrer Sünden. Schon am vorigen Sabbat war sie wieder ins Fieber gefallen. Die Mutter und deren Schwester und des Jairus Mutter, die mit im Hause wohnten, hatten samt der Tochter die Heilung Jesu sehr leichtsinnig aufgenommen, ohne Dank, ohne Sinnesänderung, und Jairus, lau und hinfällig und von seiner schönen eitlen Frau sehr eingenommen, hatte alles nach ihrem Willen gehen lassen. Es war in dem Hause eine eitle Weiberwirtschaft, sie schmückten sich mit dem neuesten heidnischen Putz. Als das Mädchen wieder gesund war, lachten und spotteten die Weiber über Jesus mit ihr selbst, und sie stimmte mit ein. Das Mädchen war neulich noch ganz in der Unschuld gewesen, jetzt aber war sie nicht mehr so. Sie fiel in ein Fieber, hatte ungemein brennende Hitze und Durst und in der letzten Woche stete Delirien. Sie war nun dem Tode nahe. Die Eltern hatten die Strafe ihres Leichtsinnes darin geahndet, es sich aber nicht gestehen wollen. Nun war die Mutter so beschämt und erschüttert, daß sie zu Jairus sagte: „Wird Jesus sich nochmals über uns erbarmen?" und ihrem Manne auftrug, ihn nochmals demütig anzuflehen. Jairus aber schämte sich, vor den Herrn zu kommen, und wartete bis nach der Sabbatlehre; denn er hatte den Glauben, Jesus werde ihm jederzeit helfen können, wenn er es wolle. Auch schämte er sich, bei Tage vor den Leuten noch einmal um Hilfe zu flehen.

Als Jesus aus der Synagoge herausging, war ein großes Gedränge um ihn. Es waren viele Leute und Kranke da, die zu ihm wollten. Jairus nahte, warf sich betrübt vor ihm nieder und bat, sich nochmals seiner Tochter zu erbarmen, welche er sterbend verlassen. Jesus versprach ihm, mitzugehen. Es kam aber jemand aus Jairi Haus und suchte ihn, weil er so lange ausblieb, und die Frau glaubte, Jesus wolle nicht kommen. Der Bote sagte, die Tochter sei schon tot. Jesus aber sprach tröstend, er solle nur vertrauen. Es war schon dunkel und ein großes Gedränge um Jesus. Die blutflüssige Frau aber war im Dunkeln von ihren Wärterinnen unter den Armen hierhergeleitet worden. Sie wohnte nicht weit von der Synagoge. Die Frauen, welche, obschon nicht in dem Grade wie sie, krank, durch die Berührung des Kleides Jesu im Gedränge am Mittag bei der Überfahrt geheilt worden waren, hatten mit ihr gesprochen; und der lebendige Glaube war in ihr erwacht. Sie hoffte, in der Dämmerung unter den Leuten, welche mit Jesus die Synagoge verließen, ihn unbemerkt berühren zu können. Jesus wußte um ihre Gedanken und zögerte in seinen Schritten. Da ward sie ihm nahe geführt; auch ihre Tochter mit Lea und dem Oheim ihres Mannes waren in der Nähe. Sie setzte sich in die Knie, lehnte sich vorwärts auf eine Hand und berührte mit der andern den Saum von Jesu Kleid durch das Gedränge hindurch. Sie fühlte sich augenblicklich geheilt. Jesus aber blieb stehen, schaute zu den Jüngern um und fragte? „Wer hat mich angerührt?“ Da antwortete Petrus: „Du fragst, wer dich angerührt? das Volk drückt und drängt dich, wie du siehst.“ Jesus aber sagte: „Es hat mich jemand angerührt; denn ich fühlte ja, daß eine Kraft von mir ausging.“ Da schaute er umher, und indem etwas Raum um ihn ward, konnte das Weib sich nicht mehr verbergen; sie nahte ihm ganz blöde und furchtsam, warf sich vor ihm nieder und sagte vor allem Volk, daß sie es getan, daß sie so lange am Blutfluß gelitten und sich durch dieses Anrühren geheilt glaube; sie bat, er möge ihr vergeben. Da sprach Jesus zu ihr: „Sei getrost, meine Tochter, dein Glaube hat dir geholfen! Gehe hin in Frieden und sei frei von deinem Leiden!“ Und sie ging mit den Ihrigen von dannen.

Sie ist in den Dreißigern, sehr mager und bleich und heißt Enue. Ihr verstorbener Mann war ein Jude. Sie hat nur eine Tochter, welche bei ihrem Oheim erzogen wird, der nun mit dieser Tochter hierher zur Taufe gekommen ist, nebst einer Schwägerin von ihr, die Lea heißt und deren Mann unter den Pharisäern, den Feinden Jesu, ist. Enue hatte in ihrem Witwenstande eine Verbindung eingehen wollen, welche ihren reichen Verwandten zu gering schien; sie hatten sich widersetzt.

Jesus ging schnelleren Schrittes mit Jairus nach dessen Haus. Petrus, Jakobus, Johannes, Saturnin und Matthäus waren mit ihm. Im Vorhof standen wieder die Klagenden und Weinenden; sie spotteten aber nicht. Jesus sagte diesmal nicht „sie schläft nur“ und ging durch die Leute. Die Mutter Jairi, seine Frau und ihre Schwester kamen ihm weinend und schüchtern in Trauerkleidern und verschleiert entgegen. Jesus ließ Saturnin und Matthäus bei den Leuten im Vorhofe und ging mit Petrus, Jakobus, Johannes, mit dem Vater, der Mutter und der Großmutter hinein, wo die Tote lag. Es war ein anderer Raum als das erste Mal, da sie in einer kleinen Kammer lag. Jetzt lag sie in dem Raume hinter der Feuerstelle. Jesus hatte ein Zweiglein im Garten brechen lassen und ließ sich ein Becken mit Wasser reichen, das er segnete. Die Leiche lag erstarrt und sah nicht so angenehm aus als das letzte Mal. Neulich hatte ich ihre Seele in einem lichten Kreis dicht an der Seite ihres Leibes gesehen; jetzt sah ich sie nicht. Neulich sagte er „sie schläft", jetzt sagte er nichts. Sie war tot. Er besprengte sie mit dem geweihten Wasser durch den kleinen Zweig, betete, nahm sie bei der Hand und sprach: „Mägdlein, ich sage dir, steh auf!" Als er betete, sah ich ihre Seele in einer dunklen Kugel dem Munde sich nahen und in denselben einziehen. Sie schlug die Augen auf, folgte dem Zug von Jesu Hand, richtete sich auf und stieg von ihrem Lager. Jesus wendete sich zu ihren Eltern, welche sie unter heftigem Weinen und Schluchzen empfingen und zu den Füßen Jesu sanken. Er sagte aber, man solle ihr etwas zu essen bringen, und zwar Trauben und Brot. Dies geschah. Sie aß und sprach. Jesus ermahnte die Eltern ernstlich, die Barmherzigkeit Gottes dankbar anzunehmen, Eitelkeit und Weltlust ganz zu lassen und der verkündeten Buße zu folgen; auch ihr Kind, welches zum zweiten Male zum Leben zurückgekehrt, ferner nicht zum Tode zu erziehen. Er verwies ihnen ihr ganzes Wesen und ihre leichtfertige Annahme der ersten Gnade, und wie sie nachher getan; und wie in dieser kurzen Zeit das Mägdlein einem viel schwereren Tode, nämlich dem Tode der Seele, entgegengegangen. Das Mägdlein aber war sehr gerührt und weinte. Jesus warnte sie vor Augenlust und Sünde und sagte ihr, da sie von den Trauben und dem Brote aß, die er gesegnet hatte, sie solle künftig nicht mehr fleischlich leben, sondern vom Brote des Lebens, dem Worte Gottes, solle sie essen, solle büßen, glauben, beten und gottselige Werke tun. Die Eltern waren ganz bewegt und verwandelt; der Mann versprach, sich von allem loszumachen und seinen Befehlen zu folgen. Auch die Frau und alle anderen, die nun hereingekommen waren, versprachen, sich zu bessern, weinten und dankten. Jairus, ganz verändert, hat sogleich einen großen Teil seiner Güter den Armen gegeben. Die Tochter hieß Salome.

Da viele Leute vor das Haus gekommen waren, sagte Jesus

zu Jairus, sie sollten kein unnötiges Geschrei und Gerede hiervon machen. Er sagte dieses sehr oft den Geheilten, und zwar in mancherlei Absicht. Meist geschah es, weil das viele Schwätzen und Prahlen von einer Gnade die Rührung der Seele und die Betrachtung der Barmherzigkeit Gottes störte. Er wünschte, die Genesenen sollten innig sein, auf Besserung sinnen, nicht herumlaufen und sich mit dem geschenkten Leben belustigen, wodurch sie leicht in Sünde fielen. Oft geschah es auch, die Jünger aufmerksam zu machen, allen eitlen Ruhm zu vermeiden und das Gute allein aus Liebe und für Gott zu vollbringen. Einigemal geschah es auch, um die Menge der Neugierigen und Störer nicht zu vermehren und keine Kranken herbeizulocken, welche nicht die innere Regung des Glaubens zu ihm bewegte. Viele kamen, wie um zu probieren; und fielen dann wieder in Sünden und Krankheit, wie es bei Jairi Tochter der Fall gewesen.

Jesus ging nun mit den fünf Jüngern durch das Hinterhaus des Jairus hinweg, um dem Volke an der Türe auszuweichen. Die erste Heilung in Jairi Haus war bei Tageshelle geschehen, die heutige nach dem Sabbat beim Schein der Lampen. Des Jairus Haus lag an der Nordseite der Stadt; Jesus aber ging nun nach der Nordwestseite gegen den Wall zu. Es hätten ihn aber ein paar Blinde mit ihren Führern doch aufgespürt. Es war schier, als hätten sie ihn gerochen; denn sie folgten nach und riefen: „Jesus, du Sohn Davids, erbarme dich unser!“ Jesus aber ging in das Haus eines vertrauten Mannes, das in den Wall eingebaut war und auf der andern Seite einen Ausgang aus der Stadt hatte. Die Jünger kehrten da manchmal ein. Der Mann war ein Wächter in diesem Teil der Stadt. Es folgten ihm die Blinden in das Haus und flehten: „Erbarme dich unser, Sohn Davids!“ Da wandte sich Jesus zu ihnen und sagte: „Glaubt ihr, daß ich dieses tun kann?“ Und sie antworteten: „Ja, Herr!“ Da nahm er ein Fläschchen aus der Tasche mit Balsam oder Öl und goß davon in eine kleine Schale, die braun und nicht tief war. Er hielt sie in der Fläche der linken Hand und tat etwas Erde hinein, rührte sie mit dem Daumen und Zeigefinger der rechten Hand, berührte die Augen der Blinden damit und sprach: „Es geschehe euch nach eurem Willen!“ Da taten sie die Augen auf, sahen, fielen auf ihre Knie und dankten; und Jesus sagte auch diesen, sie sollten doch ja kein Geschrei davon machen. Jetzt sagte er dieses auch, damit die Leute ihn nicht auch hierher verfolgten und um die Pharisäer nicht noch mehr zu ärgern. Das Geschrei der Blinden, als sie ihm folgten, hatte aber schon seine Anwesenheit in dieser Gegend verraten, und sie erzählten ihr Glück auf dem ganzen Weg. Da nahte sich das Volk abermals.

Leute aus der Gegend von Sephoris, weitläufige Verwandte von Anna, brachten einen von einem stummen Teufel besessenen Mann herbei. Sie hatten ihm die Hände gebunden und führten und zerrten ihn an Stricken um den Leib; denn er war ganz rasend und sehr schändlich. Es war dieser Mann einer der Pharisäer von der Kommission, die Jesus belauerten, hieß Joas und war bei jenen gewesen, mit welchen Jesus in der einzeln liegenden Schule zwischen Sephoris und Nazareth disputiert hatte. Der Teufel hatte sich vor vierzehn Tagen seiner bemächtigt, als Jesus von Naim zurückkam. Da hatte er nämlich gegen seine innere Überzeugung aus bloßer Schmeichelei gegen die andern Pharisäer in die Lästerungen über Jesus eingestimmt: Er müsse einen Teufel haben, er laufe wie ein Rasender im Lande umher. Jesus hatte mit ihm bei Sephoris über Ehescheidung disputiert. Er war in schweren Sünden. Als er herbeikam, fuhr er auf Jesus zu. Er aber winkte mit der Hand und gebot dem Teufel, auszufahren. Da zuckte der Mensch, und ein schwarzer Dampf fuhr aus seinem Mund. Er sank vor Jesus in die Knie, bekannte seine Sünden und bat um Vergebung. Jesus vergab ihm und legte ihm eine Buße von einer Reihe von Fasttagen und Almosen auf; er mußte sich mehrerer Speisen, zum Beispiel des Knoblauchs, welchen die Juden sehr viel essen, ganz enthalten auf längere Zeit. Hierüber war ein großes Staunen; denn es wurde für sehr schwer gehalten, die stummen Teufel auszutreiben. Die Pharisäer hatten sich schon viele Mühe mit ihm gegeben. Wäre der Mann nicht von seinen Leuten hierhergebracht worden, so hätten ihn die Pharisäer nicht vor Jesus gelassen. Sie waren nur sehr ergrimmt, daß selbst einer aus ihrer Mitte Hilfe von Jesus erhielt und öffentlich seine Sünde bekannte, an welcher sie teilgenommen. Als er hinwegging, verbreitete sich der Ruf seiner Befreiung in Kapharnaum; die Leute sagten, solche Wunder seien unerhört in Israel. Die Pharisäer aber waren wütend und sagten: „Er treibt die Teufel durch den Obersten der Teufel aus."

Jesus ging nun durch die hintere Türe des Hauses mit den Jüngern hinaus und an der Westseite der Stadt herum bis zu Petri Haus vor der Stadt, wo er die Nacht zubrachte.

Vor den Jüngern wiederholte Jesus in diesen Tagen sein Zeugnis über Johannes den Täufer: er sei rein wie ein Engel, nie sei Unreines in seinen Mund gekommen, noch eine Sünde und Unwahrheit aus seinem Munde. Als sie ihn fragten, ob Johannes wohl sein Leben noch lange behalten werde, sagte Jesus, er werde sterben, wenn seine Zeit komme, die nicht ferne mehr sei. Darüber wurden die Jünger sehr traurig.

Fortsetzung der Bergpredigt

Als Jesus danach in Petri Haus zum Volke redete, war unter den Frauen auch Lea zugegen, die Schwägerin der geheilten blutflüssigen Enue. Ihr Mann war ein Pharisäer und heftiger Gegner Jesu; sie aber war sehr durch ihn gerührt. Ich sah sie anfangs ruhig und schwermütig hin und her ihre Stelle unter dem Volk wechseln, als suche sie jemand; es war aber nur der Drang, der sie bewegte, laut ihre Verehrung gegen Jesus kundzutun. Da nahte die Mutter Jesu von mehreren Frauen begleitet; es waren Martha, Susanna von Jerusalem, Dina die Samaritin und Susanna Alphäi, eine Tochter der Maria Kleophä und Schwester der Apostel. Sie war wohl schon dreißig Jahre alt und hatte große Kinder, ihr Mann lebte in Nazareth, woher die

Frauen sie mitgebracht hatten. Susanna Kleophä wollte nun in die Gemeinde der dienstleistenden Frauen eintreten. Maria und diese Frauen traten in den Hof um die Lehrhalle Jesu. Er hatte in seiner Lehre den Pharisäern ihre Tücke und Unreinheit vorgeworfen, und weil er immer die Lehre von den acht Seligkeiten mit einflocht, sprach er eben: „Selig die reinen Herzens sind, denn sie werden Gott schauen!" Da konnte Lea, indem sie Maria eintreten sah, sich nicht mehr bändigen und rief in einer Art Freudetrunkenheit mitten durch das Volk: „Seliger (so habe ich bestimmt verstanden), seliger der Leib, der dich getragen und die Brüste, die du gesogen hast!" Da sah Jesus sie ruhig an und sagte: „Ja, selig vielmehr, die Gottes Wort hören und dasselbe bewahren!" und fuhr in der Lehre weiter. Lea aber nahte Maria, grüßte sie und sprach von der Genesung Enues und wie sie entschlossen sei, das Ihrige zu der Gemeinde zu geben; Maria möge ihren Sohn doch bitten, daß er ihren Mann bekehre. Er war ein Pharisäer aus Paneas. Maria redete ganz still mit ihr; sie ahnte ihren Ausruf gar nicht und begab sich mit den Frauen hinweg.

Maria war unbeschreiblich einfach. Jesus zeichnete sie nie vor andern Menschen aus; nur daß er sie würdig behandelte. Sie ließ sich mit niemand ein als mit Kranken und Unwissenden; erschien immer ganz demütig und unbeschreiblich still und einfach. Alle, selbst die Feinde Jesu, ehren sie; und doch sucht sie niemand und ist still und allein.

Darnach war Jesus an Petri Schiffländе, wo er vor einer großen Menge Volkes in Parabeln vom Reich Gottes lehrte. Er lehrte auch auf seinem Schiffchen von dem See aus. Als ein Schriftgelehrter von Nazareth, namens Saraseth, sich erbot, ihm überallhin zu folgen, sagte Jesus auch zu ihm: „Die Füchse haben ihre Gruben" usw. Dieser war der künftige Ehemann der Salome Jairi, und nach Jesu Tod kamen beide zu der Gemeinde.

Außer diesem Schriftgelehrten kamen noch zwei andere, welche eine Zeitlang als Jünger mitgegangen waren. Einer sprach zu Jesus, ob er denn noch nicht anfangen wolle, das

Reich in Besitz zu nehmen. Er habe seine Sendung ja schon genug bewiesen; ob er sich denn nicht auf den Stuhl Davids setzen wolle? Als ihn Jesus darüber zurechtwies und ihm die Nachfolge befahl, sprach er, er wolle vorher zu Hause Abschied nehmen. Da antwortete Jesus: „Wer die Hand an den Pflug legt" usw. Ein Dritter, der schon bei Sephoris zu Jesus gekommen, sprach, er möge gern erst seinen Vater begraben. Da erwiderte Jesus: „Lasse die Toten ihre Toten begraben." Es hatte dieses aber eine andere Bedeutung; denn sein Vater war nicht gestorben; es war eine Redensart für die Teilung des Vermögens und die Versorgung des Vaters.

Die Nacht brachte Jesus auf dem Berge bei Chorazin mit ein paar Jüngern im Gebet unter einem Zelt zu. Am Morgen kamen auch die anderen Jünger zur Bergpredigt. Jesus legte die vierte Seligkeit und die Stelle aus Jesaias aus: „Siehe mein Knecht, den ich auserwählt habe, mein Geliebter, an dem meine Seele Wohlgefallen hat! Meinen Geist will ich auf ihn legen, und er wird das Gericht den Völkern verkünden." Es waren ungemein viele Menschen da und auch eine Schar römischer Kriegsknechte aus verschiedenen Besatzungen der Gegend. Sie waren hierher gesendet, um Jesu Lehre zu hören, sein Wesen zu sehen und darüber zu berichten. Man hatte aus Gallien und andern Provinzen nach Rom um Nachricht von dem Propheten in Judäa geschrieben, weil dieses Land unter den Römern stand; von Rom aus waren die Kriegsherrn wieder gefragt worden, und diese hatten nun ihre Leute geschickt. Es waren an hundert Soldaten hier. Sie standen, wo sie gut sehen und hören konnten.

Nach der Lehre begab sich Jesus mit den Jüngern in das Tal südlich von dem Berge herab, wo eine Quelle war und wo von den helfenden Frauen Brot und Fische bereitet waren. Die Volksmenge war am Abhang gelagert. Viele waren ohne Vorrat und sendeten einzelne an die Jünger und baten um Speise. Die Brote und Fische standen in Körben auf einer Terrasse. Jesus segnete die Körbe und teilte den Bittenden mit den Jüngern aus. Es schien bei weitem nicht genug zu sein: aber alle empfingen, was sie bedurften. Ich hörte die Leute sagen: „Es mehret sich in seinen Händen." Die römischen Soldaten begehrten auch von den gesegneten Broten, um sie als ein Wahrzeichen nach Rom zu senden, und damit zu überzeugen, was sie gehört und gesehen. Jesus befahl aber, ihnen von dem zu geben, was übrigbleibe; und es waren noch Brote genug, daß die Führer alle davon erhielten, welche diese Brote bewahrten und mit sich nahmen.

Die Besessenen und die Schweine

In den Zwischenräumen der öffentlichen Lehren und Heilungen hatte Jesus die Apostel und Jünger, wo immer er mit ihnen allein sein konnte, zu ihrem Berufe vorbereitet. Nun stellte er die Zwölfe auf einem einsamen Platz in der Nähe des Sees in der Reihe zusammen, wie sie im Evangelium angeführt sind, und gab ihnen die Gewalt, zu heilen und die Teufel auszutreiben, den Jüngern aber, zu taufen und die Hände aufzulegen. Er hielt eine rührende Anrede an sie, daß er immer bei ihnen sein und alles mit ihnen teilen werde. Die Gewalt, Teufel auszutreiben und zu heilen, gab er ihnen mit seinem Segen. Alle weinten, und auch Jesus war sehr bewegt. Er sagte auch am Schluß, es sei noch vieles zu verrichten, und dann wollten sie nach Jerusalem gehen, denn die Zeit der Erfüllung sei nahe. Da alle sehr begeistert sagten, daß sie alles tun wollten, was er befehle und ihm in allem getreu sein, sagte er, es werde noch Betrübtes und Schweres folgen, und es werde auch unter ihnen sich Böses zeigen. Damit meinte er Judas. Unter solchen Reden kamen sie zum Schiffe, und Jesus und die Zwölfe fuhren mit etwa fünf Jüngern, worunter Saturnin, an der Ostseite des Sees hinab an Hippos vorüber und landeten nächst dem kleinen Orte Magdala, der dicht am See nördlich von der finsteren Schlucht liegt, in welche sich das Wasser aus dem höherliegenden Sumpf bei Gergesa ergießt. Der Ort liegt so nahe an der Höhe, daß nur die Mittag- und Abendsonne hineinscheint. Es ist feucht und neblig daherum, besonders in der nahen Schlucht.

Es kam eine große Menge Volkes zusammen. Jesus ermahnte das Volk zur Buße, sprach von der Nähe des Reiches Gottes und verwies ihnen ihr Hängen an zeitlichen Gütern. Er sprach vom Wert der Seele. Sie sollten erkennen, daß Gott mehr an den Seelen liege als an großem irdischen Besitztum der Menschen. Es bezog sich das auf die Schweineherde, die bald in den See stürzen sollte; denn die Leute luden Jesus wieder ein, nach Gergesa zu kommen. Er sagte ihnen aber, er werde ihnen noch zu früh kommen, und sie würden ihn nicht sehr willkommen heißen. Sie baten ihn, nicht durch die Schlucht hinauf zu gehen; denn zwei Rasende, welche alle Ketten zerbrächen, liefen dort umher und hätten schon Menschen erwürgt. Jesus entgegnete aber, eben um dieser willen werde er hingehen, wenn es Zeit sei; denn der Elenden halber sei er gesendet. Er sprach hier auch die Stelle aus, wo es heißt (Matth. 11,23), wenn Sodoma und Gomorrha diese Dinge gehört und gesehen hätten, die hier in Galiläa geschehen, sie würden sich bekehrt haben.

Es war gegen zehn Uhr morgens, als Jesus mit einigen Jüngern in einem Kahn eine Strecke weit auf dem Bach stromaufwärts in die Schlucht hineinfuhr. Dieser Weg war näher als auf dem Fußsteig. Jesus stieg aus und ging an der nördlichen Wand der Schlucht hinan, und die Jünger kamen nach und nach wieder mit ihm zusammen. Höher oben rannten, während Jesus sich näherte, zwei wütende Besessene bald in Grabhöhlen, die dort waren, bald stürzten sie wieder hervor und warfen und schlugen sich mit den Totengebeinen. Sie schrien gräßlich und waren wie gebannt, denn sie entflohen nicht, sondern kamen Jesu immer näher und riefen in einiger Entfernung, hinter Hecken und Steinen etwas höher stehend: „Kommt herbei, ihr Kräfte! Ihr Mächte, helft! Es kommt ein Stärkerer als wir!“ Jesus hob die Hand gegen sie und befahl ihnen, sich niederzulegen. Da fielen sie platt auf ihr Angesicht; hoben aber die Köpfe empor und schrien: „Jesus! Du Sohn Gottes des Allerhöchsten! Was haben wir mit dir zu tun? Warum bist du gekommen, uns vor der Zeit zu quälen? Wir beschwören dich bei Gott, quäle uns nicht!" Nun waren Jesus und die Jünger ihnen genaht. Sie zitterten und bebten am ganzen Leibe auf eine schreckliche Art. Jesus befahl den Jüngern, ihnen eine Bedeckung zu geben, und den Besessenen, sich zu bedecken. Da warfen die Jünger ihnen von den Zeugbahnen zu, welche sie um den Hals zu tragen und worin sie das Haupt zu hüllen pflegten. Die Besessenen verhüllten sich damit unter krampfhaftem Zittern und Zucken, wie gegen ihren Willen gezwungen, standen auf und schrien, Jesus möge sie nicht peinigen. Er sprach aber: „Wie viele seid ihr?" Sie sagten: „Legion." Die bösen Geister sprachen auch aus den Besessenen in der Mehrzahl und sagten, die Begierden dieser Menschen seien unzählig gewesen. Damit sagte der Teufel einmal die Wahrheit; denn siebzehn Jahre hatten diese Menschen in teuflischer Gemeinschaft und Zauberei gelebt und dann und wann schon solche Anfälle gehabt; seit zwei Jahren aber waren sie rasend in der Wüste herumgeirrt. Sie waren in alle Zauberlaster verwickelt gewesen.

In der Nähe lag ein Weinberg an einer Sonnenstelle, in welchem eine große gezimmerte Kufe stand, die mit Balken zusammengefügt war. Sie war nicht ganz mannshoch und so breit, daß wohl zwanzig Menschen darin stehen konnten. Die Gergesener pflegten Trauben mit tollmachendem Kraut vermischt darin zu stampfen. Der Saft lief in kleinere Tröge und aus diesen in große irdene Gefäße mit engem Hals, die sie gefüllt im Weinberg unter die Erde vergruben. Es war dieses jenes berauschende Getränk, wovon die Menschen solche Anfälle kriegten. Die berauschende Pflanze war etwa armlang mit vielen fetten grünen Blättern übereinander wie Hauswurz und hatte oben einen Knopf. Sie brauchten den Saft, um sich in teuflische Entzückungen zu bringen. Das Getränk wurde seiner berauschenden Dünste wegen im Freien bereitet; sie spannten jedoch bei der Arbeit ein Zelt über die Kufe. Die Kelterer waren eben zu dieser Arbeit genaht. Da befahl Jesus den Besessenen, oder vielmehr der Legion in ihnen, die Kufe umzustürzen. Und sie faßten die große volle Kufe und stellten sie leicht auf den Rand, so daß der ganze Inhalt harausströmte und die Arbeiter mit großem Geschrei davon flohen. Die Besessenen kehrten zitternd und bebend zurück; und die Jünger waren sehr erschrocken. Die Teufel schrien aus den Besessenen: Er solle sie doch nicht in den Abgrund stürzen. Er solle sie doch nicht aus dieser Gegend treiben und endlich: „Lasse uns in diese Schweine fahren!" Da sagte Jesus: „Fahret hin!" Auf diese Worte sanken die elenden Leute unter heftigen Zuckungen nieder, und es ging eine ganze Wolke von Dampf aus ihrem Leib in unzähligen Gestalten von Insekten, Kröten, Würmern und besonders von Maulwurfsgrillen. Wenige Augenblicke darauf entstand ein Grunzen und Wüten unter den Schweineherden und ein Gejage und Geschrei unter den Hirten. Die Schweine, einige Tausende an der Zahl, rasten aus allen Winkeln hervor und stürzten von allen Abhängen durch das Gebüsch nieder; es war wie ein Donnerwetter mit rasendem Tiergekreisch vermischt. Doch war dieses nicht die Sache von wenigen Minuten, sondern gewiß von ein paar Stunden; denn die Schweine rasten lange hin und her, stürzten und wurden geschleudert und bissen sich. Viele stürzten oben in den Sumpf und kamen den Wasserfall niedergerast. Alle aber tobten dem See zu.

Die Jünger waren nicht zufrieden damit, weil sie das Wasser, auf dem sie fischten, und auch die Fische verunreinigt glaubten. Jesus merkte ihre Gedanken und sagte ihnen, sie sollten sich nicht fürchten, die Schweine würden alle in dem Strudel am Ausgange der Schlucht untergehen. Es war hier eine Art stehender Sumpf, der durch eine mit Schilf und Gesträuch bewachsene Sand- oder Strand-Bank, die bei hohem Wasser manchmal überschwemmt wurde, von dem eigentlichen See getrennt war. Es war ein tiefer Abgrund, der einen Einfluß von dem See durch die Bank, aber keinen Ausfluß in den See hatte und war ein Wirbel darin. In diesen Kessel stürzten sich alle Schweine. Die Hirten, welche anfänglich den Schweinen nachgerannt waren, kamen nun zu Jesus, sahen die geheilten Besessenen, hörten alles und jammerten gewaltig über den Schaden. Jesus aber sagte, es sei am Heil dieser Seelen mehr als an allen Schweinen der Welt gelegen. Sie sollten hingehen und es den Herren der Schweine sagen: die Teufel, welche die Gottlosigkeit des Landes in die Menschen schicke, seien durch ihn aus den Menschen vertrieben und in die Schweine gefahren! Die geheilten Besessenen aber sendete er nach Hause, sich Kleider zu holen, und ging mit den Jüngern hinan gegen Gergesa. Mehrere Hirten waren schon nach der Stadt gelaufen, und es liefen von allen Seiten Menschen herbei. Auch die bei Magdala Geheilten waren da, ihn zu erwarten und die gestern geheilten zwei jüdischen Jünglinge mit den meisten Juden der Stadt. Die geheilten zwei Besessenen kamen sehr schnell anständig gekleidet zurück und hörten Jesu Lehre an. Sie waren vornehme Heiden aus der Stadt, und zwar mit heidnischen Priestern verwandt.

Die Leute, welche mit der Weinbereitung beschäftigt gewesen waren, und denen die volle Kufe war umgestürzt worden, waren auch in die Stadt gelaufen und hatten den Schaden, den die Besessenen angerichtet, gemeldet, und es entstand ein großer Lärm und Aufruhr in der Stadt. Viele Leute der Gegend liefen nach den Schweinen, ob sie noch etwas retten könnten; andere liefen nach dem Weinfaß. Es dauerte dieses bis in die Nacht.

Judas Ischariot war bei diesem Volk besonders tätig und geschäftig; denn er war hier bekannt. Seine Mutter hatte hier eine Zeitlang, als er noch jung war, gleich nachdem er aus der Familie, wo er heimlich erzogen worden, entwichen war, mit ihm gewohnt, und die beiden Besessenen waren Jugendbekannte von ihm.

Die Juden waren heimlich sehr froh über den Schaden der Heiden mit den Schweinen; denn sie waren sehr von ihnen gedrückt und durch die vielen Schweine geärgert. Doch gab es auch viele Juden hier, die sich mit den Heiden vermischt und mit ihren abergläubischen Händeln besudelt hatten.

Es wurden von den Jüngern alle, welche heute und gestern

geheilt worden waren, und auch die beiden letzten Besessenen getauft. Alle waren sehr gerührt und ganz verwandelt. Die letzteren und die beiden jüdischen Jünglinge flehten, Jesus möge erlauben, bei ihm zu bleiben und seine Jünger zu werden. Er sagte zu den beiden jetzt Geheilten, er wolle ihnen ein Amt geben; sie sollten durch die zehn Orte der Gergesener gehen, sich überall zeigen und überall erzählen, was an ihnen geschehen, was sie gehört und gesehen hätten und die Leute zur Buße und Taufe rufen und zu ihm senden. Sie sollten sich nicht stören lassen; wenn man auch mit Steinen hinter ihnen herwerfe. Wenn sie diesen seinen Willen recht vollbringen würden, so sollten sie den Geist der Weissagung empfangen. Auch sollten sie dann immer wissen, wo er sei, und sollten die Leute, die zu seiner Lehre verlangten, zu ihm senden, sollten die Hände auf die Kranken legen, und diese sollten gesund werden. Als er ihnen dieses gesagt, segnete er sie. Sie begannen aber am folgenden Tage schon ihre Sendung und sind später Jünger geworden.

Jesus wandelt über das Meer

Es war schon ganz dunkel, als ich Jesus gerade über das Meer hinwandeln sah. Es war ungefähr Tiberias gegenüber, östlicher, als in der Mitte des Sees, wo er in ziemlicher Entfernung an dem Schiff der Jünger vorübergehen zu wollen schien. Es war heftiger Gegenwind, und die Jünger ruderten sehr mühselig. Da sahen sie die Gestalt und waren erschreckt, wußten nicht, ob er es sei oder sein Geist, und schrien laut auf vor Furcht. Jesus sagte aber: „Fürchtet euch nicht! Ich bin's!“ Da rief Petrus: „Herr! Wenn du es bist, heiße mich auf dem Wasser zu dir zu kommen!“ Da sprach Jesus: „Komm!“ und Petrus stieg auf dem Leiterchen in seinem Eifer aus dem Schiff und eilte eine sehr kleine Strecke auf dem bewegten Wasser wie auf ebenem Lande zu ihm. Er schien mir darüber zu schweben, denn das bewegte Wasser hinderte ihn nicht. Als er aber sich verwunderte und mehr an das Wasser, an Wind und Wellen als an das Wort Jesu dachte, kam er in Angst, fing an zu sinken, schrie: „Herr, rette mich!" und sank bis an die Brust und streckte die Hand aus. Da war Jesus da, faßte die Hand und sagte: „Du Kleingläubiger, warum zweifelst du?" Nun waren sie an dem Schiff, stiegen hinein, und Jesus verwies ihm und den andern ihre Furcht. Der Wind legte sich sogleich, und sie fuhren nach Bethsaida. Beim Einsteigen wurde eine Treppe herausgeschlagen.

Als Jesus nun weiter gegen Kapharnaum zog, kam ihm ein Besessener, der stumm und blind war, entgegen. Er heilte ihn sogleich. Über diese Heilung war ein großes Erstaunen; denn dieser Mensch hatte schon in der Nähe Jesu seine Sprache wieder bekommen und gerufen: „Jesus, du Sohn Davids, erbarme dich meiner!" Jesus bestrich ihm auch die Augen, und er ward sehend. Er hatte viele Teufel in sich; denn er war ganz unter die Heiden von jenseits geraten. Die Gaukler und Wahrsager vom Gergesener-Land hatten sich seiner bemächtigt, schleppten ihn an einem Strick mit herum und ließen ihn an andern Orten sehen, wo er mit seiner Stärke allerlei Gewaltkünste machen mußte. Auch zeigten sie, wie er, obwohl blind und stumm, doch alles tat, wußte und verstand, überall hinging, alles holte und erkannte auf gewisse Beschwörungen hin; denn das alles tat der Teufel in ihm. So brauchten die heidnischen Gaukler, welche häufig aus Gergesa die Dekapolis und sonst die Städte durchzogen, den Teufel in den armen Menschen, ihr Brot zu verdienen. Wenn sie über den See fuhren, war er nicht im Schiff, sondern mußte auf ihren Befehl nebenher schwimmen wie ein Hund. Niemand bekümmerte sich mehr um ihn; man hielt ihn für verloren. Er hatte meist kein Obdach, lag in Gräben und Löchern, und die ihn gebrauchten, mißhandelten ihn noch dazu. Er war schon länger in Kapharnaum gewesen, hatte jedoch bisher niemand, der ihn zu Jesus brachte. Nun aber kam er selbst und wurde geheilt.

Vor Anfang des Sabbats, da Jesus in Petri Haus beim Tor

noch lehrte, war in Kapharnaum ein großer Tumult entstanden. Das Wunder mit den Schweinen und die Befreiung des stummen und blinden Besessenen hatten großes Aufsehen gemacht. Es waren mehrere Schiffe mit Gergesener-Juden herübergekommen, welche von den Wundern erzählten, die sie gesehen. Die Pharisäer aber breiteten überall aus, Jesus treibe die Teufel durch die Teufel aus. Das gefiel dem Volk nicht; es kam ein großer Teil desselben vor der Synagoge zusammen.

Es war aber der Vorabend des Tempelweihfestes. In den Häusern und Schulen brannten pyramidalisch zusammengestellte Lampen; auch in Gärten, Höfen und an Brunnen waren Lampen und Fackelfeuer in allerhand Figuren errichtet. Jesus kam mit den Jüngern in die Synagoge und lehrte ungestört, denn sie fürchteten sich. Er kannte ihre Gedanken und was sie dem Volk vorgeschwätzt hatten, stellte sie darüber zur Rede und sagte: „Jedes Reich, das mit sich selbst uneinig ist, wird nicht bestehen; und wenn der Satan den Satan austreibt, so ist er gegen sie entzweit, wie soll dann sein Reich bestehen? Wenn ich aber durch den Beelzebub die Teufel austreibe, durch wen treiben eure Söhne sie aus?“ Mit solchen Worten brachte Jesus sie zum Schweigen und kam ohne heftigen Widerspruch aus der Synagoge. Er übernachtete in Petri Haus.

Tags darauf besuchte Jesus mit einigen Jüngern die Familie des Jairus, ermahnte und tröstete sie. Sie sind sehr demütig und ganz verändert, haben das Ihrige in drei Teile geteilt, einen Teil für die Armen, einen Teil für die Gemeinde, einen Teil für sich. Die alte Mutter Jairi ist besonders gerührt und gut geworden. Die Tochter kam nicht eher, als sie gerufen wurde, war verschleiert und sehr demütig. Sie ist wie gewachsen, geht aufrecht und hat das Aussehen einer Genesenen. Auch bei dem heidnischen Hauptmann Cornelius war Jesus, tröstete und lehrte seine Familie und ging mit ihm zu Serobabel. Hier kam die Rede auf des Herodes Geburtstag und auf Johannes. Die beiden, Serobabel und Cornelius, sagten, Herodes habe alle Vornehmen und auch sie zu seinem Geburtstag nach Machärus eingeladen, und fragten Jesus, ob er es ihnen erlaube, dahin zu gehen. Jesus sagte, wenn sie in allem, was dort vorfalle, sich teilnahmslos zu halten getrauten, sei es nicht unerlaubt für sie, dahin zu gehen. Besser sei es jedoch, wenn sie sich entschuldigen könnten und zurückblieben. Sie äußerten auch ihren Unwillen über des Herodes ehebrecherisches Leben und des Johannes Gefangenschaft und hofften für gewiß, Herodes werde ihn an seinem Geburtstag frei geben.

Es ist rührend, wenn Jesus so durch die Straßen Kapharnaums geht, bald das Kleid lang, bald geschürzt, ohne viele Bewegung und doch ohne alle Starrheit so ruhig und wie schwebend, einfacher und mächtiger als alle Menschen. Nichts Auffallendes, kein Schwanken, kein Fehltritt, kein Schritt vergeblich, kein Blick, keine Wendung umsonst und doch keine auffallende Absichtlichkeit in allem!

Aussendung der Apostel und Jünger

Danach verließ Jesus mit den Zwölfen und dreißig Jüngern Kapharnaum in nördlicher Richtung. Es zogen auch Scharen Volkes denselben Weg. Jesus machte oft Stillstand und lehrte bald diese, bald jene Schar, welche sich dann nach der Richtung ihrer Heimat von ihm trennten. So kam er etwa gegen drei Uhr nachmittags auf einen schönen Berg drei Stunden von Kapharnaum und nicht ganz so weit vom Jordan. Es führten fünf Wege auf denselben und lagen ungefähr fünf kleine Orte umher. Das Volk, das bis hierher noch mitgezogen war, entließ Jesus und begab sich mit den Seinen allein auf die Höhe, nachdem sie am Fuße des Berges noch einige Speise zu sich genommen hatten. Auf dem Berg war ein Lehrstuhl, auf dem Jesus den Aposteln und Jüngern nochmals eine Lehre über ihre Sendung hielt. Er sagte: nun sollten sie zeigen, was sie bis jetzt gelernt; sie sollten verkünden, das Reich habe sich genaht, die letzte Zeit zur Buße sei herangekommen, Johannes' Ende sei sehr nahe. Sie sollten taufen, Hände auflegen, Teufel austreiben. Er lehrte sie, wie sie sich in Streitigkeiten verhalten, wie sie eigennützigen Anhang und falsche Freunde erkennen und abweisen sollten. Er sagte ihnen, daß jetzt keiner mehr als der andere sei. In den Orten sollten sie zu frommen Leuten gehen, sehr arm und gering leben, niemand lästig fallen. Er sagte auch, auf welche Weise sie sich verteilen und wieder vereinigen sollten, wie zwei Apostel und einige Jünger zusammen, andere Jünger vorausgehen sollten, die Leute zu sammeln und Botschaft zu bringen. Die Apostel trugen kleine Fläschchen mit Öl bei sich, und er lehrte sie, dasselbe zu weihen und bei Heilungen zu gebrauchen. Er gab ihnen die Lehren alle, welche bei der Aussendung im Evangelium stehen und machte ihnen noch keine Gefahr bekannt, sondern sagte: „Heute werdet ihr noch überall willkommen sein; es wird aber eine Zeit kommen, wo man euch verfolgen wird!"

Nachher knieten sie im Kreise um ihn nieder, und er betete und legte ihnen die Hände auf den Kopf; die Jünger segnete er nur. Dann umarmten sie sich und schieden.

Er hatte ihnen die Richtungen, ihre Wege und eine feste Zeit bestimmt, wo sie ihm wieder näher kommen sollten, um die Jünger bei ihnen und ihm auszuwechseln und Botschaft zu bringen. Mit Jesus gingen aber sechs Apostel: Petrus, Jakobus der Kleinere, Johannes, Philippus, Thomas und Judas, außerdem zwölf Jünger, worunter die drei Brüder Jakobus, Sadoch und Heliachim (Mariä Heli Söhne), Manahem, Nathanael, der kleine Kleophas genannt, und mehrere andere der Jüngsten. Die sechs andern Apostel hatten achtzehn Jünger bei sich, worunter Joses Barsabas, Judas Barsabas, Saturnin, Nathanael Chased. Der Bräutigam von Kana, Nathanael, zog nicht mit, er hatte andere Geschäfte für die Gemeinde und wirkte in seinem näheren Kreis wie Lazarus. Sie weinten alle, als sie sich trennten. Die scheidenden Apostel gingen den Weg östlich gegen den Jordan hinab, wo ich einen Ort liegen sah, Lekkum genannt, etwa eine Viertelstunde vom Jordan. Jesus wurde am Fuße des

Berges wieder von einem Haufen der von Kapharnaum in ihre Heimat zurückkehrenden Leute umgeben.

Vor dem Fuß des Berges zog Jesus mit den Jüngern südlich von Saphet, das auf einem hohen Berg liegt, nach einem Ort, der Hukok hieß.

In der Synagoge lehrte Jesus vom Gebet und vom Messias. Er sei schon da, sie lebten in seiner Zeit, er lehre seine Lehre. Er sprach vom Anbeten Gottes im Geist und in der Wahrheit, und ich fühlte, daß dies so viel heiße als vom Anbeten Gottes im Heiligen Geiste und in Jesus Christus; denn er war die Wahrheit, der wahre, der lebendige, fleischgewordene Gott, der Sohn empfangen aus dem Geist. Die Lehrer sagten hierauf ganz freundlich zu ihm, er solle doch sagen, wer er eigentlich und woher er wäre, und ob denn seine Eltern nicht seine Eltern, seine Verwandten nicht seine Verwandten wären? Er solle doch deutlich sagen, ob er denn der Messias, der Sohn Gottes, sei. Es wäre doch gut, wenn die Schriftgelehrten recht wüßten, woran sie wären; sie seien doch die Vorgesetzten, und es wäre gut, wenn sie ihn erkennten. Jesus sprach aber ausweichend: wenn er sage: „Ich bin es!“ würden sie es nicht glauben und sagen, er sei dieser Leute Sohn. Sie sollten nicht nach seinem Herkommen fragen, sie sollten seine Lehren und Handlungen betrachten: wer den Willen des Vaters erfülle, der sei der Sohn des Vaters, denn der Sohn sei im Vater und der Vater im Sohn, und wer den Willen des Sohnes erfülle, erfülle den Willen des Vaters. Er sprach aber so schön hierüber und vom Gebet, daß viele ausriefen: „Herr, du bist der Christ! Du bist die Wahrheit!“ und sich niederwarfen und ihn anbeten wollten. Er sagte aber wieder: „Betet den Vater an im Geist und in der Wahrheit!“ und begab sich aus der Stadt nach der Vorstadt mit dem Vorsteher, wo er mit den Jüngern übernachtete. Es ist hier in der Vorstadt nur eine Schule, keine Synagoge; es wird aber sehr viel da gelehrt. Es ist noch immer das Lichterfest.

Auch tags darauf lehrte Jesus in Hukok in der Parabel vom Sämann und der verschiedenen Aufnahme des Samens; dann vom Guten Hirten, der gekommen sei, die verirrten Schafe zu suchen, auch wenn er nur eines auf seinem Nacken zurückbringe. Er sagte: so werde der Gute Hirte tun, bis die Feinde ihn töten würden; seine Knechte und seiner Knechte Knechte sollten auch so tun bis ans Ende der Tage. Wenn am Ende auch nur ein Schaf gerettet würde, sei die Liebe doch erfreut. Er lehrte gar lieblich hiervon.

Jesus in Kirjathaim und Abram

Kirjathaim ist eine Levitenstadt, und es sind keine Pharisäer hier. Es wohnen ein paar Familien da, welche mit Zacharias verwandt sind. Jesus besuchte sie; sie waren sehr bekümmert um Johannes. Jesus stellte ihnen alles vor Augen, was der Geburt des Johannes vorhergegangen und bei ihr vorgefallen war und seinen wunderbaren Lebenswandel und Beruf. Er brachte ihnen auch vieles von der Geburt des Sohnes Mariä in Erinnerung und wies sie darauf hin, daß des Johannes Geschick in den Absichten Gottes liege und daß er sterben werde, wenn er seinen Beruf vollendet habe. Er bereitete sie auf seinen Tod vor.

Jesus wurde von den gestern hierher gewiesenen Besessenen und vielen andern Kranken um Heilung angesprochen bei der Synagoge. Er heilte mehrere; andere aber wies er ab und gab ihnen vorerst Fasten, Almosen und Beten auf. Er tat dieses hier mehr als anderswo, weil dieser Ort ernster im Gesetz war. Nachher zog er mit den Jüngern nach dem Garten, in dem er empfangen worden war. Hier lehrte er, und die Jünger tauften. Es lagen Heiden unter Zelten in der Nähe, die ihn hier erwarteten; denn sie waren schon im Kapharnaum hierher beschieden worden. Es wurden im ganzen wohl an hundert Menschen hier getauft. Sie standen im Wasser um ein Becken; es taufte Petrus und Jakobus der Kleinere, die andern legten die Hände auf.

Am Abend lehrte Jesus in der Synagoge von den acht Seligkeiten und von dem falschen Trost der falschen Propheten, welche den Drohungen der wahren Propheten widersprochen hätten; es seien aber die Weissagungen erfüllt worden. Er wiederhole seine Prophezeiungen über die, welche den Gesandten Gottes nicht annehmen.

Jesus ging mit den Jüngern von Kirjathaim südwärts. Bei seinem Auszug wurde er eben so feierlich von den Leviten und Schulkindern begleitet wie bei seinem Eingange.

Auram liegt etwa drei Stunden südlich von Kirjathaim. Jesus ist aber auf Umwegen gewiß an fünf Stunden gegangen.

Am Abend kamen Thomas, Johannes und Nathanael wieder zu Jesus in die Herberge. Die andern Jünger waren noch in den Städten umher. Die Grenze zwischen Nephtali und Zabulon teilt den Berg, worauf Abram liegt, der Länge nach. Der Verwalter der Herberge legte Jesus einen Streit zur Entscheidung vor, der über einen nahen Brunnen zur Tränke des Viehes war, über den er die Aufsicht hatte. Weil die Stämme hier sich so nahe waren und sehr viele Weiden hier oben hatten, so zankten sie immer über den Brunnen. Der Wirt sagte: „Herr, wir lassen dich nicht gehen, du entscheidest denn unsern Streit." Jesus entschied ungefähr so: sie sollten eine gleiche Anzahl Vieh von beiden Seiten gehen lassen und von welcher Seite ungetrieben das meiste Vieh zu dem Brunnen eile, die solle das größere Recht an dem Brunnen haben. Er leitete hieraus eine tiefsinnige Lehre vom lebendigen Wasser ab, das er ihnen geben wolle; die es am heftigsten begehrten, denen gehöre es.

Die andern Apostel und Jünger, welche Jesus vor Kirjathaim verlassen hatten, kamen zur Herberge wieder zurück, ebenso Andreas und Matthäus. Thomas und Jakobus der Kleinere sind statt ihrer nach Achzib in Aser, ungefähr zehn bis zwölf Stunden westlich von hier, gegangen. Mit Andreas sind an zwanzig Mann gekommen, Fremde und Geheilte, welche Jesu Lehre hören wollten. Die beiden Apostel erzählten, wie es ihnen ergangen und wie alles ihnen gelungen sei: Heilen, Teufelsaustreiben, Lehren und Taufen. Es kamen auch viele Kranke und Rat- und Trostbegierige zu Jesu Herberge, meist Lahme mit verzerrten Gliedern, alte ausgedörrte und dämonische Leute, auch kranke Frauenspersonen, welche in einem Raume allein waren. Die Gichtbrüchigen, welche Jesus gestern geheilt hatte, wollten ihm bei andern Kranken Handreichung tun; er wies sie aber zurück und sagte, er sei gekommen zu dienen und nicht um bedient zu werden.

Jesus heilte und lehrte den ganzen Morgen und hatte abermals einen Brunnenstreit zu schlichten. Weil hier die Grenzen von Aser, Nephtali und Zabulon zusammenstoßen und die Leute viel Hirtenwesen treiben, haben sie immer Händel um die Brunnen. Einer klagte, daß andre den Brunnen, den ihre Väter gegraben, benützten; doch was Jesus sage, wollten sie tun; aber sie wollten nicht leichthin die Rechte der Nachkommen veräußern. Jesus entschied, er solle sich einen Brunnen auf einem andern Feld bohren, dessen Gegend er ihm zeigte; er werde da viel mehr und besseres Wasser finden. Es wurden auch etwa zwanzig bis dreißig Juden, worunter die mit Andreas und Matthäus gekommenen, getauft. Es war hier kein Wasser zum Hineinstehen; sie wurden im Kreise kniend aus einem Becken mit der Hand getauft. Danach ging Jesus in die Stadt.

Schon am ersten Tage seines Einzuges in Abram hatte Jesus zwei Brautpaare ermahnt und hatte der Trauung beigewohnt. Es waren aber noch drei andere Paare in einem Haus, und als die Eltern und nächsten Verwandten, auch einige Pharisäer beisammen waren, belehrte sie Jesus über die Ehe.

Er sprach von der Untertänigkeit der Frauen aus Gehorsam gegen das Gebot, das auf die erste Sünde folgte; daß aber die Männer in den Frauen die Verheißung ehren sollten: „Der Same des Weibes soll der Schlange das Haupt zertreten." Jetzt aber, da die Zeit der Erfüllung nahe sei, trete die Gnade an die Stelle des Gesetzes, jetzt sollten die Frauen aus Ehrfurcht und Demut gehorchen und die Männer mit Liebe und Billigkeit befehlen. Es kam in dieser Lehre auch vor: sie sollten nicht fragen, wie die Sünde in die Welt gekommen; sie sei durch den Ungehorsam gekommen, das Heil aber durch den Gehorsam und den Glauben. Er sprach auch von der Scheidung, es sei Mann und Weib ein Leib, und sie könnten nicht geschieden werden; es sei denn, daß große Sünde durch ihr Zusammenleben entstünde, dann mögen sie sich voneinander absondern, jedoch könnten sie nicht wieder heiraten. Die Gesetze seien teils für die Kindheit und Rohheit der Völker; nun aber, da sie keine Kinder mehr seien und da die Fülle der Zeit eingetreten sei, sei das Wiederheiraten der Geschiedenen eine Verletzung des ewigen Gesetzes der Natur; die Absonderung aber sei eine Zulassung gegen die Gefahr der Sünde und nur nach ernster Prüfung erlaubt. Er hielt diese Ermahnung in einem ansehnlichen Familienhause von den Eltern des einen Brautpaares; es waren aber alle Brautpaare versammelt und durch einen Vorhang die Bräute von den Bräutigamen getrennt. Jesus stand an dessen Ende und lehrte; die Mütter und Väter standen auch dabei, jeder hinter seinem Geschlecht, einige Jünger und Pharisäer bei Jesus.

Diese Lehre über die Ehe war der erste Fall, wo Jesus hier einigen Widerspruch von den Pharisäern hatte. Sie begannen ihre Disputation jedoch nicht hier, sondern am Abend in der Synagoge, wo Jesus von der Bedrückung der Kinder Israel in Ägypten und aus Jesaias lehrte. Hier betritten sie seine Lehre von der Ehe, die ihnen in bezug der Untertänigkeit der Weiber zu gelinde, in bezug auf die Scheidung zu strenge schien. Sie hatten allerlei Schriften vorher nachgeschlagen und konnten sich trotz seiner abermaligen Auseinandersetzung der Lehre nicht fügen. Doch blieb ihr Widerspruch, wiewohl lebhaft, noch in den Schranken der Schicklichkeit.

Tags darauf war Jesus bei der Trauung der Ehepaare mit ein paar Jüngern gleichsam wie ein Zeuge zugegen. Sie wurden vor der Gesetzlade unter freiem Himmel getraut. Es war nämlich die Kuppel in der Synagoge losgedeckt. Ich sah, daß beide Teile Blut aus dem Ringfinger in ein Glas Wein tropfen ließen und tranken, und daß sie Ringe wechselten, und andere Zeremonien. Nach der Synagoge war der Anfang der Hochzeit mit Tanz und

Mahlzeit und Spiel, wozu Jesus und die Jünger eingeladen waren. Es war in dem schönen mit Säulen unterstützten öffentlichen Festhause. Die Brautpaare waren nicht alle aus der Stadt; auch aus nahegelegenen Orten. Sie feierten aber ihre Hochzeiten hier zusammen, weil sie sich dazu bei der Nachricht von Jesu Ankunft verabredet hatten. Einzelne waren mit ihren Eltern bei den Lehren in Kapharnaum gewesen. Die Leute waren überhaupt gutartig hier und gesellig, und die Hochzeiten der Ärmeren wurden nun mit denen der Reichen festlicher und wohlfeiler gemacht.

Ich bemerkte, daß die Gäste gewisse Gaben brachten, und daß auch Jesus für sich und seine Jünger ein Geschenk an Geld machte, das sie ihm aber mit einigen Körben von feinen Hochzeitsbroten vermehrt wieder nach seiner Herberge zurücksendeten, worauf er es den Armen austeilen ließ.

Anfangs war ein Brauttanz sehr mäßig und mit langsamen Schritten. Die Bräute waren verschleiert, die Paare standen sich gegenüber, und jeder Bräutigam tanzte einmal mit der Braut. Sie berührten sich nicht, sondern faßten das Ende von Tüchern, die sie in den Händen hatten. Der Tanz währte, weil jeder mit allen einmal tanzte und dann alle zusammen, und weil es sehr sanft herging, an eine Stunde; dann ging man zu der Mahlzeit, und Männer und Frauen trennten sich. Die Musikanten waren Kinder, Knaben und Mädchen, mit Wollkränzen an den Armen und auf dem Kopf; sie hatten Pfeifen, krumme Hörnchen und andere Instrumente. Die Tische der Mahlzeit waren so getrennt, daß man sich hören, aber sich nicht sehen konnte. Jesus nahte aber dem Brauttisch, erzählte eine Parabel auf Art der zehn weisen und törichten Jungfrauen und legte dieselbe ganz häuslich und zeitlich und zugleich ganz geistlich aus. Er sagte jeder, wie sie dieses und jenes in ihrem neuen Hausstand besorgen und in Vorrat halten müsse; und das hatte dann auch immer wieder eine geistliche Bedeutung und war auf den Charakter und die Fehler einer jeden ganz passend. Das Sinnbild der Lampe kam auch darin vor.

Bekehrung der rückfälligen Magdalena

Ungefähr eine Stunde südöstlich von der Herberge zu Dothaim lag um eine Höhe, worauf ein Lehrstuhl, von dem herab in früherer Zeit schon die Propheten gelehrt hatten, der kleine Ort Azanoth. Durch die Jünger war es in der Gegend bekannt geworden, daß Jesus hier eine große Lehre halten werde; und es zogen Leute aus ganz Galiläa dahin. Martha aber war mit ihrer Magd zu Magdalena gereist, um sie zu bewegen, dieser Lehre anzuwohnen. Sie wurde sehr schnöde von Magdalena, mit der es zum Äußersten gekommen war, empfangen. Sie war bei der Ankunft Marthas gerade mit ihrem Putz beschäftigt und ließ dieser sagen, sie könne sie jetzt nicht sprechen. Martha harrte unter Gebet mit unaussprechlicher Geduld. Endlich kam die unglückliche Magdalena schnöde, trotzig und heftig, denn sie schämte sich der einfachen Kleidung Marthas und fürchtete, die anwesenden Gäste könnten sie bemerken, und begehrte von ihr, sie möge sich wieder wegbegeben. Martha bat nur um einen Winkel zur Ruhe. Sie ward mit ihrer Magd in eine Stube im Nebengebäude gebracht und ohne Speise und Trank gelassen oder vergessen. Es war dieses am Nachmittag. Indessen schmückte sich Magdalena zur Gasterei, bei der sie auf einem verzierten Sitz saß, während Martha und ihre Magd beteten. Am Ende der Schwelgerei kam endlich Magdalena und brachte Martha etwas auf einem Tellerchen und zu trinken; das Tellerchen hatte einen blauen Rand. Sie sprach heftig und verächtlich; ihr Wesen war stolz, frech, bange und in sich zerrissen. Martha lud sie mit großer Liebe und Demut ein, doch wieder die große Lehre Jesu in der Nähe mit anzuhören; alle Freundinnen, die sie neulich dabei gefunden, würden dabei sein und freuten sich sehr auf sie. Sie selber habe ja schon Zeugnis davon gegeben, wie sehr sie Jesum ehre; sie solle nun ihr und Lazarus doch die Freude antun und hinkommen. Sie werde nicht so bald wieder die Gelegenheit haben, den wunderbaren Propheten so in ihrer Nähe zu hören und zugleich alle ihre Freunde zu sehen. Sie habe durch die Salbung Jesu bei dem Mahle in Gabara bewiesen, daß sie alles Hohe und Herrliche zu ehren wisse; sie solle nun wieder begrüßen, was sie einmal so edel und ohne Scheu öffentlich gewürdigt habe. Es ist gar nicht zu sagen, mit welcher Liebe und Geduld Martha ihr zuredete und wie sie ihr entsetzliches schnödes Wesen ertrug. Endlich sagte Magdalena: „Ich werde hingehen; aber nicht mit dir! Du kannst vorausgehen; denn ich will nicht so schlecht gekleidet einherziehen; ich will mich meinem Stande gemäß schmücken und mit meinen Freundinnen hingehen." Hierauf trennten sie sich. Es war sehr spät.

Nun verließ Martha ihre Schwester und ging nach der Herberge bei Damna, um Maria und den heiligen Frauen zu erzählen, daß es ihr gelungen sei, Magdalena zum Anhören der Lehre in Azanoth zu bewegen.

Von der Herberge in Dothaim kam Jesus mit sechs Aposteln und vielen Jüngern nach Azanoth. Auf dem Wege dahin traf er mit den heiligen Frauen zusammen, welche von Damna her kamen. Auch Lazarus war bei ihm.

Magdalena wurde nach der Entfernung Marthas sehr vom Teufel gepeinigt, der sie abhalten wollte, zu Jesu Lehre zu gehen. Sie würde auch unterlassen haben, dahin zu gehen, wenn nicht ihre Gäste sich auch verabredet hätten, mit nach Azanoth zu ziehen, um auch das Spektakel, wie sie sagten, mitanzusehen. Magdalena und die anderen Sünderinnen ritten auf Eseln in die Herberge der Frauen am Badesee von Bethulien; bepackte Esel brachten den prächtigen Sitz für Magdalena und Kissen und Teppiche für die anderen eben dahin.

Am anderen Morgen kleidete sich Magdalena wieder in den üppigsten Putz und erschien mit ihren Gesellinnen auf dem Lehrplatz, wohin sie von der Herberge ein Stündchen Weges hatte. Mit großem Geräusch und Aufsehen, plaudernd und umhergaffend setzten sie sich abgesondert von den heiligen Frauen weit voraus unter ein offenes Zelt. Es waren auch Männer ihres Gelichters bei ihnen. Sie saßen auf weiblichen Stühlen, Kissen und Teppichen allen zur Schau; Magdalena voran. Sie war Ursache eines allgemeinen Geflüsters und Murrens; denn sie war hier herum noch mehr gehaßt und verachtet als in Gabara. Die Pharisäer, welche von ihrer ersten auffallenden Bekehrung bei Gabara und von ihrem nachmaligen Rückfall wußten, ärgerten sich besonders an ihr und hielten sich darüber auf, daß sie hier erscheinen dürfe.

Jesus begann seine große strenge Lehre, nachdem er zuerst viele Kranke geheilt hatte. Des einzelnen vermag ich mich nicht mehr erinnern; doch weiß ich noch, daß er Wehe über Kapharnaum, Bethsaida und Chorazim ausrief; auch daß er sagte, die Königin Saba von Mittag sei gekommen, Salomons Weisheit zu hören; aber hier sei mehr als Salomon. Sehr wunderbar war es, daß unter seiner Lehre verschiedene Kinder, die noch nie gesprochen hatten, auf den Armen ihrer Mütter laut riefen: „Jesus von Nazareth! Heiligster Prophet! Sohn Davids! Sohn Gottes!" Viele Menschen und selbst Magdalena wurden dadurch erschüttert. Mit Bedacht auf Magdalena sagte Jesus: wenn der Teufel ausgetrieben und das Haus gefegt sei, dann kehre er mit sechs Gesellen zurück und treibe es ärger als vorher. Diese erschrak sehr darüber. Nachdem Jesus auf solche Weise die Herzen vieler gerührt hatte, gebot er im allgemeinen, und nach allen Seiten sich wendend, dem Teufel, von denen auszufahren, welche sich nach Befreiung sehnten; die aber mit ihm verbunden bleiben wollten, sollten ihn mit sich von dannen nehmen und diesen Ort verlassen. Auf diesen Befehl schrien die Besessenen rings im Kreise: „Jesus, du Sohn Gottes!" Und hie und da sanken Menschen in Ohnmacht.

Auch Magdalena, welche auf ihrem stolzen Sitz aller Augen auf sich gezogen, sank unter heftigen Krämpfen nieder; die andern Sünderinnen strichen sie mit Wohlgerüchen an und wollten sie hinwegbringen, um bei dieser Gelegenheit selbst anständig fortzukommen; denn sie wollten den Teufel behalten. Da aber das Volk umherschrie „Halt ein, Meister! Halt ein! Dieses Weib stirbt!" hielt Jesus in seiner Lehre ein mit den

Worten: „Setzt sie auf ihren Stuhl! Der Tod, den sie jetzt stirbt, ist ein guter Tod; er wird sie lebendig machen!"

Sie setzte sich aber bald wieder auf ihren schönen Sitz und stellte sich, als habe sie eine gewöhnliche Ohnmacht erlitten. Das Aufsehen ward aber immer größer, als auch andere Besessene hinter ihr auf dieselbe Weise zusammensanken und befreit wurden. Als Magdalena nun zum dritten Mal in heftigen Krämpfen niederfiel, wurde der Lärm noch größer. Martha eilte zu ihr; und da sie wieder zu sich kam, war sie wie von Sinnen, weinte heftig und wollte zu dem Sitz der heiligen Frauen hin. Ihre Gefährtinnen hielten sie mit Gewalt zurück und sagten, sie solle doch keine Närrin sein. Nun brachte man sie hinab in den Ort. Lazarus, Martha und andere gingen zu ihr und nahmen sie in die Herberge der heiligen Frauen, welche alle auch hinabgingen. Das weltliche Gesindel aber, das mit Magdalena gekommen war, hatte sich bereits aus dem Staube gemacht.

Jesus heilte noch mehrere Blinde und andere Kranke und ging dann hinab in seine Herberge. Danach lehrte er noch in der Schule. Magdalena war abermals zugegen; sie war noch nicht ganz geheilt, aber sehr erschüttert und nicht mehr so üppig gekleidet. Sie hatte die überflüssigen Zierate abgelegt, welche aus ganz feinen, spitzenartig ausgehackten Stoffen bestanden und die man wegen ihrer Vergänglichkeit nur einigemal tragen konnte. Sie war nun verschleiert. Jesus lehrte nochmals ihr sehr zu Gehör; und als er sie durchdringend anblickte, ward sie abermals ohnmächtig, und es verließ sie wieder ein böser Geist. Ihre Mägde brachten sie hinweg. Martha und Maria empfingen sie vor der Synagoge und brachten sie zur Herberge. Sie war nun wie irrsinnig, schrie und weinte, rannte durch die Straßen, schrie den Leuten zu, sie sei eine Lasterhafte, eine Sünderin, ein Auswurf der Menschheit. Die Frauen hatten die größte Mühe, sie zu beruhigen. Sie zerriß ihre Kleider, zerraufte ihre Haare, hüllte sich ganz ein. Als Jesus nachher in seiner Herberge mit den Jüngern und einigen Pharisäern war, wo sie stehend etwas aßen, wußte Magdalena sich von den Frauen zu entfernen, kam mit zerstreuten Haaren und großen Wehklagen dahin, drang durch alle durch, warf sich zu Jesu Füßen, jammerte und flehte, ob noch Rettung für sie sei. Die Pharisäer und Jünger, an ihr verärgert, sagten zu Jesus: Er solle doch nicht länger dulden, daß dieses verworfene Weib überall Unruhe bringe, er solle sie doch für immer abweisen. Jesus aber sprach: „Laßt sie weinen und jammern! Ihr wißt nicht, was mit ihr vorgeht!" wendete sich zu ihr mit dem Trost: sie solle von Herzen bereuen, glauben und hoffen, sie werde bald Ruhe gewinnen; jetzt möge sie vertrauend zurückkehren. Martha, die mit ihren Mägden gefolgt war, brachte sie nun wieder nach Hause. Sie tat aber nichts als die Hände ringen und jammern; denn sie war noch nicht ganz befreit, und der Teufel zerriß und peinigte sie mit den fürchterlichsten Gewissensbissen und Verzweiflung. Es war keine Ruhe in ihr, und sie glaubte sich verloren.

Lazarus ging auf die Bitte Magdalenas sogleich nach Magdalum, um ihren Besitz an sich zu nehmen und ihre dortigen Verhältnisse aufzulösen. Sie hatte bei Azanoth und überhaupt in der Gegend Feld und Weingüter, welche Lazarus vorher schon ihrer Verschwendung halber in Beschlag gelegt hatte.

Noch in der Nacht wandelte Jesus des großen Gedränges wegen mit den Jüngern in die Nähe von Damna, wo auch ein schöner Lehrhügel und eine Herberge war. Als am Morgen auch die Frauen mit Magdalena dorthin zogen, fanden sie Jesus schon mit vielen Menschen umgeben, welche Hilfe suchten. Als nämlich sein Wegziehen bekannt wurde, strömten gleich ihm viele nach, und alle, welche ihn in Azanoth hatten aufsuchen wollen, zogen ihm ebenfalls nach; so kamen während der ganzen Lehre immer neue Scharen herzu.

Magdalena saß nun bei den heiligen Frauen, ganz elend und zermalmt. Jesus lehrte sehr scharf gegen die Sünden der Unreinigkeit und sagte, daß sie das Feuer auf Sodoma und Gomorrha herabgerufen. Er sprach aber auch von der Barmherzigkeit Gottes und der jetzigen Gnadenzeit und flehte beinahe zu den Menschen, diese Gnade anzunehmen. Dreimal blickte er in dieser Lehre Magdalena an, und dreimal sah ich sie niedersinken und dunklen Dampf von ihr weichen. Das dritte Mal aber brachten die Frauen sie hinweg. Sie war wie vernichtet, bleich, abgezehrt und kaum mehr zu kennen. Ihre Tränen flossen unaufhörlich. Sie war ganz verwandelt, jammerte sehnlich, ihre Sünden Jesu zu bekennen und Vergebung zu erhalten. Nach der Lehre ging Jesus zu ihr an einen abgesonderten Ort. Maria selbst und Martha führten sie entgegen. Sie lag mit zerstreutem Haar weinend vor ihm auf dem Angesicht. Jesus tröstete sie; und als die andern sich zurückzogen, schrie sie um Vergebung, bekannte ihre vielen Verbrechen und fragte immer: „Herr, ist noch Rettung für mich?" Jesus vergab ihr die Sünden, und sie flehte, er möge verleihen, daß sie nicht mehr zurückfalle. Jesus versprach es ihr, segnete sie und sprach mit ihr von der Tugend der Reinheit und von seiner Mutter, welche rein von allem Makel sei. Er pries sie hoch und auserwählt, was ich sonst nie aus seinem Munde gehört habe, und befahl Magdalena sich ganz an Maria anzuschließen und allen Rat und Trost von ihr zu nehmen. Als sie wieder mit Jesus zu den Frauen kam, sagte er: „Sie war eine große Sünderin; aber sie wird auch das Muster aller Büßenden zu ewigen Zeiten sein."

Magdalena war durch die heftigen Erschütterungen und durch ihre Reue und Tränen nicht mehr wie ein Mensch, sie war wie ein schwankender Schatten; aber sie war nun ruhig und weinend und müde. Es trösteten und liebten sie alle; sie flehte alle um Vergebung an. Da nun die andern Frauen nach Naim aufbrachen und sie zu schwach war, um zu folgen, gingen Martha, Anna Kleophä und Maria die Suphanitin mit ihr nach Damna, um nach einiger Ruhe am andern Morgen zu folgen.

Das Fest des Herodes und Tötung des hl. Täufers Johannes

Schon seit ein paar Wochen sind viele Gäste zu Herodes nach Machärus gekommen, besonders von Tiberias her. Es war eine Reihe von Festen und Schmausereien.

Serobabel und Cornelius von Kapharnaum kamen nicht hin, sie hatten sich entschuldigt.

Johannes hatte in der letzten Zeit ganz frei innerhalb des Schlosses umher gehen können; auch seine Jünger durften aus- und eingehen. Er hatte auch einigemal im Schlosse öffentlich gelehrt und Herodes ihm zugehört. Man hatte ihm die Freiheit versprochen, wenn er die Ehe des Herodes billigen oder doch wenigstens nie davon reden wollte. Er aber hatte immer gewaltig gegen dieselbe gesprochen. Dennoch gedachte Herodes, ihm an seinem Geburtstag die Freiheit zu geben; sein Weib aber dachte heimlich anders. Herodes wünschte, Johannes möge während des Festes sich öffentlich sehen lassen, um vor den Gästen mit seiner leichten Haft sich weiß zu brennen. Kaum aber begannen die Gelage und Spiele und herrschten alle Laster in Machärus, als Johannes nicht mehr seinen Kerker verließ und auch seinen Jüngern befahl, sich zurückzuziehen. Die meisten begaben sich in die Gegend von Hebron, woher viele waren.

Ich sah während dieser Feste und auch sonst oft einen Mann bei der schändlichen Herodias und sehr vertraut auch in der Nacht an ihrem Bett, und ich sah, als sei der Teufel in der Gestalt eines Liebhabers oder des Herodes. Ich habe dieses Weib immer in allen Lastern ersoffen gesehen und in allen Arten der Unzucht und Verräterei.

Die Tochter der Herodias war ganz von ihrer Mutter unterrichtet und deren Gehilfin von Jugend auf. Sie war blühend und bewegte sich sehr frei und war frech gekleidet. Herodes sah sie längst mit lüsternen Augen; darauf baute die Mutter ihren Plan.

Vor dem Saale des Herodes war im Hof ein prächtiger Triumphbogen errichtet, zu dem man auf Stufen hinaufstieg, und der in den Saal hineinführte. Man sah so tief hinein, als nähme er kein Ende. Alles glänzte von Spiegeln, Blumen, Gold und grünen Büschen. Man wurde ganz blind; denn alles bis tief zurück, alle Säulen und Gänge waren voll Fackeln und Lampen und durchsichtigen, schimmernden Sprüchen, Bildern und Gefäßen.

Herodias und ihre Weibergesellschaft standen in den höheren Galerien ihrer Wohnung in prächtigem Putz und schauten herab, als Herodes, von vielen prächtig gekleideten Gästen umgeben und von singenden Chören begrüßt, durch den Hof über Teppiche nach dem Triumphbogen zog, auf welchem mit Kränzen geschmückte Knaben und Mädchen auf allerlei Instrumenten musizierend und mit Blumengewinden winkend standen. Als er über die Stufen zum Triumphbogen hinantrat, kam ihm Salome, zwischen Knaben und Mädchen tanzend, entgegen und überreichte ihm eine Krone, die zwischen glänzenden Verzierungen lag und von Kindern ihres Gefolges unter einer durchsichtigen Decke getragen wurde. Diese Kinder waren in dünne eng anliegende Gewänder gekleidet und hatten eine Art Flügel. Salome trug ein durchschimmerndes langes Kleid, das auf den Beinen hie und da mit glänzenden Haften aufgeheftet war. Ihre Arme waren mit goldenen Ringen, Perlenschnüren und kleinen Federkränzen umgeben, Hals und Brust waren mit Perlen und glänzenden Kettchen bedeckt. Sie tanzte eine Zeitlang vor Herodes, der ganz entzückt und verblendet ihr seine Bewunderung zu erkennen gab, wie auch alle seine Gäste, und ihr sagte, sie solle morgen ihm wieder diese Freude machen.

Nun zogen sie in den Saal, wo das Schmausen anging. Die Weiber aßen in dem Flügel der Herodias.

Den Johannes aber sah ich in seinem Kerker mit ausgebreiteten Armen kniend gegen Himmel schauend und beten. Alles war licht um ihn; es war aber ein ganz anderes Licht als das in dem Saal des Herodes, das wie eine Höllenglut dagegen aussah. Ganz Machärus war von Fackeln beleuchtet und schimmerte wie brennend weit in den Bergen umher.

Der Festsaal des Herodes war nach dem höher gegenüberliegenden Saal der Herodias zu offen, so daß durch diese offene Seite die schmausenden und spielenden Frauen in der abschüssigen Spiegelfläche des Festsaales sich abspiegelten. Es standen zwischen Blumenpyramiden und grünen Bäumchen wohlriechende, in feinen Strahlen springende Wässer im Saal. Als man gegessen und viel getrunken hatte, baten die Gäste den Herodes, die Salome wieder tanzen zu lassen. Man räumte den Platz dazu und setzte sich an den Wänden umher. Herodes setzte sich auf den Thron, um ihn her einige Vertraute, die Herodianer waren. Salome erschien mit einigen Tänzerinnen ganz durchsichtig gekleidet; ihre Haare waren teils mit Perlen und Edelsteinen durchwebt, teils flogen sie in Flocken um sie her. Dieser Tanz war ein stetes Beugen, Wiegen und Drehen des Leibes, als hätten sie gar keine Knochen; kaum standen sie in dieser Stellung, so waren sie schon wieder in eine andere übergegangen. Dabei hatten sie Kränze und Tücher in den Händen, die sie um sich her schwenkten und schlugen. Der ganze Tanz ahmte die schändlichsten Leidenschaften nach, und Salome übertraf alle. Ich sah den Teufel an ihrer Seite, als drehe und böge er ihr alle Glieder, diesen Greuel hervorzubringen. Herodes war ganz hingerissen und verwirrt von ihren Stellungen. Als sie schließend vor seinen Thron kam, tanzten die andern Tänzerinnen weiter und beschäftigten die Aufmerksamkeit der Gäste, so daß nur die Nächsten hörten, wie Herodes zu ihr sagte: „Begehre, was du von mir willst, ich will es dir geben! Ja, ich schwöre dir, so du mein halbes Reich begehrst, will ich es dir geben!“ Salome aber sagte: „Ich will meine Mutter fragen, was ich begehren soll!“ und verließ den Saal, ging zu dem Saal der Weiber und fragte ihre Mutter. Diese befahl ihr, das Haupt des Johannes auf einer Schüssel zu begehren. Salome eilte zu Herodes zurück und sagte: „Ich will, daß du mir sogleich das Haupt des Johannes auf einer Schüssel gibst!“ Nur wenige der nächsten Vertrauten hörten es. Herodes war wie vom Schlage gerührt; sie mahnte ihn aber an seinen Schwur. Er ließ durch einen Herodianer seinen Scharfrichter rufen, befahl diesem, Johannes zu enthaupten und das Haupt auf einer Schüssel der Salome zu geben. Da ging der Scharfrichter weg, und Salome folgte ihm nach kurzer Zeit. Herodes aber verließ den Saal mit seinen Vertrauten, als sei ihm nicht wohl. Er war sehr traurig; und ich hörte, daß sie ihm sagten, diese Bitte zu bewilligen hätte er nicht nötig gehabt; sie versprachen einstweilen die größte Verschwiegenheit, um das Fest nicht zu stören. Herodes, sehr betrübt, ging wie unsinnig in den entferntesten Gemächern umher. Das Fest ging seinen Gang fort.

Johannes war im Gebet. Der Scharfrichter und sein Knecht ließen die beiden Soldaten, welche den Zugang seines Gefängnisses bewachten, mit hereintreten. Die Soldaten hatten Fackeln bei sich; aber ich sah es so licht bei Johannes, daß die Flammen der Fackeln mir wie ein Licht am Tage vorkamen. Salome harrte in den Vorhallen des weitläufigen Gefängnisses mit der Magd, welche dem Henker die mit einem roten Tuch verhüllte Schüssel gegeben hatte. Dieser sprach zu Johannes: „Herodes der König sendet mich, dein Haupt auf dieser Schüssel seiner Tochter Salome zu bringen." Johannes ließ ihn nicht aussprechen, blieb knien, wendete das Haupt gegen ihn und sagte: „Ich weiß, warum du kommst. Ihr seid meine Gäste, die ich längst erwartet habe. Wüßtest du, was du tust, du würdest es nicht tun. Ich bin bereit." Da wendete er sein Haupt von ihm und betete vor dem Stein, vor dem er immer kniend betete. Der Scharfrichter enthauptete ihn mit einer Maschine, welche ich mit nichts vergleichen kann als mit einer Fuchsfalle; denn ein eiserner Ring wurde ihm um die Schulter gelegt, und durch einen Stoß oder Druck des Henkers fuhren schneidende Eisen durch seinen Hals und trennten augenblicklich das Haupt vom Rumpf. Johannes blieb knien, das Haupt flog an die Erde, und ein dreifach aufspringender Blutstrahl übersprengte das Haupt und den Leib des Heiligen, der so in seinem Blute getauft wurde. Der Knecht des Richters aber hob das Haupt bei den Haaren auf, verhöhnte es und legte es auf die Schüssel, welche der Scharfrichter hielt und der harrenden Salome brachte. Sie empfing es mit Freude und heimlichen Grausen und jenem weiblichen Ekel, welchen der Sünde ergebene Menschen vor Blut und Wunden haben. Sie trug das heilige Haupt in der rotbedeckten Schüssel, von der ihr vorleuchtenden Magd begleitet, durch die unterirdischen Gänge, in dem sie die Schüssel scheu von sich weg hielt und den geschmückten Kopf schief abwendete. So ging sie durch einsame Wege aufsteigend in eine Art Küchengewölbe unter dem Schloß der Herodias, welche ihr entgegenkam, die Decke von dem heiligen Haupte riß, es beschimpfte und mißhandelte. Dann nahm sie eine spitze Küchennadel von der Wand, wo mehrere solche Instrumente steckten, zerstach ihm Zunge, Wangen und Augen und schleuderte es, mehr einem Teufel als Menschen gleich, an die Erde und stieß es mit den Füßen durch eine runde Öffnung in einen Graben hinab, in welchen man den Abfall und Unrat der Küche zu fegen pflegte. Darauf kehrte das Scheusal nebst ihrer Tochter zu dem Lärm und den Lastern des Festes zurück, als sei nichts geschehen. Den heiligen Leib sah ich mit dem Fell bedeckt, das er gewöhnlich trug, von den beiden Soldaten auf sein Steinlager gelegt. Dieselben waren sehr gerührt, wurden aber abgelöst und selbst eingesperrt, damit sie nicht sprechen sollten. Allen, die davon wußten, wurde strenges Schweigen auferlegt. Die Gäste dachten nicht an Johannes.

Jesus in Bethanien

Lazarus war von Magdalum her schon nach Bethanien zurückgekommen. In Magdalum hat er alles in Ordnung gebracht und einen Verwalter des Schlosses und Gutes dort eingesetzt. Dem Mann, der mit Magdalena gelebt hat, hat er Wohnung und Unterhalt auf dem hochliegenden Gute bei Ginnim angewiesen, was er ohne Trotz angenommen hat.

Magdalena bezog bei ihrer Ankunft in Bethanien gleich die Wohnung ihrer verstorbenen Schwester, der stillen Maria, von welcher sie sehr geliebt worden war. Sie brachte die ganze Nacht in Tränen zu; als Martha sie am Morgen aufsuchte, fand sie Magdalena weinend auf dem Grabe der Schwester mit aufgelösten Haaren.

Die Frauen von Jerusalem waren gleich dahin zurückgekehrt.

Sie alle hatten die Reise zu Fuß zurückgelegt; und so schwach von ihrer Krankheit und Erschütterung und so ungewohnt Magdalena des Fußreisens auch war, so wollte sie doch nicht anders reisen und hatte sich die Füße ganz blutig gelaufen. Die Frauen, welche sie seit ihrer Bekehrung unaussprechlich liebten, führten sie oft. Sie war bleich und von Tränen verzehrt. Sie konnte ihre Sehnsucht, Jesus zu danken, nicht bezwingen und ging ihm über eine Stunde weit entgegen, warf sich vor seinen Füßen nieder und benetzte sie mit Tränen der Reue und des Dankes. Jesus reichte ihr die Hand, hob sie auf und sprach mit ihr freundlich, auch von ihrer verstorbenen Schwester Maria. Er sagte, sie solle in deren Fußstapfen treten und büßen, wie diese gebüßt, obschon sie nicht gesündigt habe. Magdalena kehrte dann mit ihrer Magd auf einem andern Wege zurück.

Jesus ging mit Petrus und Johannes in die Gärten des Lazarus, welcher entgegenkam und ihnen wie gewöhnlich in der Halle die Füße wusch und den Imbiß reichte. Nikodemus war nicht hier; aber Joseph von Arimathäa. Jesus hielt sich innerhalb des Hausraumes und sprach mit niemand als mit den Hausgenossen und Frauen. Mit Maria allein sprach er vom Tode des Johannes; sie wußte von ihm durch innere Offenbarung. Jesus sagte ihr, binnen acht Tagen etwa wieder nach Galiäa zu reisen, ehe die galiläischen Gäste des Herodes aus Machärus dahin zurückkehrten, um ungestört auf ruhigem Wege reisen zu können.

Darnach ging Jesus vor dem Bethlehemer Tor Jerusalems nach dem Hause, wo Maria und Joseph mit ihm an seinem vierzigsten Lebenstage eingekehrt waren, da sie zum Tempel gingen, ihn darzustellen. Hier hatte auch Anna, zur Krippe reisend, übernachtet und Jesus in seinem zwölften Jahre, als er bei Machmas die reisenden Eltern verließ und zum Tempel zurückkehrte. Es wohnen sehr fromme einfältige Leute in dieser kleinen Herberge, in welcher Essener und andere fromme Menschen ihre Einkehr nahmen. Jetzt waren die Kinder jener Eltern, die damals hier gelebt, und noch ein alter Mann da, der sich an alles wohl erinnerte. Sie kannten Jesus nicht mehr; er war seitdem nicht mehr dort gewesen, und sie meinten, er sei vielleicht Johannes der Täufer, von dem auch hier das Gerede ging, er sei jetzt freigelassen.

Sie zeigten Jesu in einem Winkel des Hauses eine Windelpuppe, gerade gekleidet, wie Maria ihn zum Tempel trug und in einer ähnlichen Krippe liegend, und es brannten Lichter und Lampen, wie aus Papiertüten heraus, dabei. Sie sagten ihm: Jesus von Nazareth, der große Prophet, vor dreiunddreißig Jahren in Bethlehem geboren, sei mit seiner Mutter hier gewesen. Was von Gott komme, dürfe man ehren, und so feiern sie seinen Geburtstag sechs Wochen lang, so gut als Herodes' Geburtstag gefeiert werde, der kein Prophet sei.

Diese Leute waren durch den Umgang mit Anna und allen Vertrauten der Heiligen Familie und durch die Hirten, welche auch hier einkehrten, wenn sie nach Jerusalem gingen, glaubende Verehrer Jesu und der ganzen Heiligen Familie. Als Jesus sich ihnen zu erkennen gab, war ihre Freude unbeschreiblich. Sie zeigten ihm alle Orte im Hause und Garten, wo Maria und Joseph und Anna gewesen waren. Jesus lehrte und tröstete sie, und sie beschenkten sich gegenseitig. Er ließ ihnen Münzen durch einen Jünger geben, und sie gaben dagegen Brot, Honig und Früchte mit auf den Weg und gingen noch eine gute Strecke als Geleit, da Jesus mit den Jüngern von der Herberge weiter gegen Hebron wandelte.

Jesus am Geburtsort des Täufers

Jesus ging mit seinen Begleitern von hier fünf Stunden bis nach Juta und Hebron, dem Geburtsort des Täufers. Maria, Veronika, Susanna, Johanna Chusa, Johanna Markus, Lazarus, Joseph von Arimathäa, Nikodemus und mehrere jerusalemische Jünger waren verteilt schon dahin voraus gereist, und einen nähern Weg durch Jerusalem gehend, mehrere Stunden vor Jesus dort angekommen.

Das Haus des Zacharias lag vor Juta auf einem Hügel. Haus und Güter, in Weinbergen bestehend, waren das Erbteil des Täufers. Der Brudersohn seines Vaters, welcher auch Zacharias heißt, wohnte hier und verwaltete alles. Er war Levit und mit Lukas gut Freund und von ihm noch vor kurzem in Jerusalem besucht worden, wo er ihm viel von der Heiligen Familie erzählte. Er ist jünger als der Täufer, von dem Alter des Apostels Johannes. Seit seiner Jugend war er immer wie ein Kind hier im Hause. Er gehörte zu einer Art Leviten, welche Ähnlichkeit mit den Essenern hatten und, von ihren Voreltern her gewisser Geheimnisse teilhaftig, auf die Ankunft des Messias mit besonderer Andacht harrten. Er war erleuchtet und verheiratete sich nicht. Jesus und seine Begleitung ward mit Fußwaschung und Imbiß von ihm empfangen. Und Jesus ging darauf nach Juta zur Synagoge.

Es war Fasttag und begann am Abend ein örtliches Fest in Juta und Hebron zum Gedächtnis des Sieges Davids über den Aufstand Absalons, den dieser in Hebron, als seinem Geburtsort, zuerst begonnen hatte. Es wurden bei diesem Fest viele Lampen selbst den ganzen Tag hindurch in der Synagoge und den Häusern angezündet. Sie dankten für die Erleuchtung, daß sie das Recht damals erwählt hatten, und flehten um Erleuchtung, daß sie es auch ferner erwählen möchten. Jesus lehrte vor vielem Volke und empfing große Liebe und Achtung von den Leviten. Sie nahmen auch eine Mahlzeit zusammen.

Als Maria mit den Frauen hierher reiste, erzählte sie ihnen von ihrer Reise mit Joseph zu Elisabeth, zeigte ihnen die Stelle, wo Joseph wieder abgereist war und sagte, wie ihr so bange gewesen, was Joseph wohl denken werde, wenn er wiederkehrend ihren veränderten Zustand erblicken werde. Sie besuchte auch mit den heiligen Frauen alle die Orte, wo Geheimnisse bei ihrem Besuche und bei der Geburt des Johannes vorgefallen waren. Sie sprach von dem Aufhüpfen des Johannes im Mutterleibe, von dem Gruß der Elisabeth und wie Gott ihr das Magnifikat eingegeben, welches sie immer abends mit Elisabeth gebetet. Sie erzählte von der Stummheit des Zacharias, und wie Gott ihm durch die Aussprechung des Namens Johannes die Sprache wiedergegeben. Alle diese ihnen bis jetzt unbekannten Geheimnisse erzählte sie vertraulich und unter Tränen andächtiger Erinnerung den heiligen Frauen, welche auch an den Stellen Tränen vergossen, doch freudiger als Maria, welche zugleich um den Tod des Johannes weinte, der ihnen noch unbekannt war. Auch den Brunnen zeigte sie ihnen, der auf ihr Gebet in der Nähe des Hauses entsprungen war, und sie tranken daraus.

Bei dem gemeinsamen Mahl lehrte Jesus. Die Frauen saßen abgesondert. Nach dem Mahl ging die Heilige Jungfrau mit Jesus, Petrus, Johannes und den drei Johannisjüngern Jakobus, Heliachim und Sadoch, den Söhnen ihrer älteren Schwester Maria Heli, in die Stube, worin Johannes geboren wurde. Eine große Decke war an der Erde auseinandergerollt, und sie knieten und saßen um sie her. Jesus aber stand und sprach mit ihnen von der Heiligkeit und Laufbahn des Johannes. Die Heilige Jungfrau erzählte ihnen die Umstände, unter denen diese Decke gemacht worden war. Maria hatte sie bei der Heimsuchung mit Elisabeth zusammen verfertigt und Johannes wurde auf ihr geboren. Sie war das Lager Elisabeths bei der Geburt des Johannes, war von gelblicher Wolle, gesteppt und mit Blumen verziert. Am oberen Rand waren Sprüche aus dem Gruße Elisabeths und dem Magnifikat mit großen Buchstaben eingenäht. In der Mitte war eine Art Hülle für die Wöchnerin befestigt, in welche man die Füße wie in einen Sack hineinknöpfen konnte; oben bildete diese Hülle eine Art Mantel, den man umschlagen konnte, und hatte eine Kapuze. Die Hülle war von gelblicher Wolle mit braunen Blumen. Es war ungefähr, als wenn man einen Schlafrock mit seiner untern Hälfte auf einer gesteppten Decke befestigt. Ich sah, daß Maria den oberen Rand der Decke vor sich emporhielt und den Anwesenden die eingenähten Sprüche und Prophezeiungen las und erklärte. Sie sagte auch, daß sie der Elisabeth prophezeit habe, Johannes werde Jesus nur dreimal von Angesicht sehen, und wie dieses wahr geworden. Er habe ihn nur dreimal gesehen, das erste Mal als Kind in der Wüste, da sie auf der Flucht nach Ägypten in einiger Entfernung bei ihm vorübergekommen; das zweite Mal bei der Taufe; das dritte Mal, als er ihn am Jordan vorübergehen sah und Zeugnis von ihm gab.

Nun eröffnete ihnen Jesus, daß Johannes von Herodes getötet sei. Eine große Betrübnis ergriff sie alle, sie begossen die Decke mit Tränen, besonders Johannes warf sich weinend an die Erde. Es war ganz herzzerreißend, wie sie schluchzend und wehklagend mit dem Angesicht auf der Decke lagen. Jesus und Maria aber standen an den beiden Enden. Er tröstete sie ernst und auf noch Härteres vorbereitend; gebot ihnen aber zu schweigen, weil außer ihnen es bis jetzt nur die Täter wüßten.

Jesus lehrte in der Synagoge von Hebron bei einem Fest, welches wegen der Austreibung der Sadduzäer aus dem Synedrium gefeiert wurde, die unter Alexander Jannäus die größte Partei darin gewesen waren.

Jesus lehrte in der Synagoge sehr stark gegen die Sadduzäer und sprach von der Auferstehung der Toten. Es waren auf das Fest Pharisäer von Jerusalem hierhergekommen; sie stritten nicht mit Jesus und waren ganz höflich. Er hatte überhaupt hier keinen Widerspruch.

Juta und Hebron hängen zusammen. Juta ist eine Art Vorstadt und hängt durch eine Reihe Häuser mit Hebron zusammen. Ehemals müssen sie wohl getrennt gewesen sein, denn es ziehen sich zerstörte Mauern mit Türmen zwischen beiden Orten durch, und es ist eine kleine Vertiefung zwischen ihnen. Das Haus des Zacharias enthält die Schule von Juta und liegt eine Viertelstunde von der Stadt ab auf einem Hügel, hat sehr schöne Gärten und Weinberge und auch noch einen entfernteren schönen Weingarten mit einem Häuschen. Die Schule stößt an der einen Seite an die Stube, in der Johannes geboren worden; ich habe es gesehen, als sie die Decke darin ausbreiteten.

Als Jesus wiederum in der Synagoge von Hebron lehrte, war die Synagoge auf allen Seiten geöffnet und war ein hoher Lehrstuhl an den Eingang gestellt, worauf er stand. Alle Einwohner der Stadt und viele Leute aus den umliegenden Orten waren versammelt. Die Kranken lagen auf kleinen Betten oder saßen auf Matten um den Lehrstuhl, und eine große Menge füllte den Platz. Die Festbogen standen noch. Es sah sehr rührend aus, denn alle waren sehr bewegt und erbaut, und es war überhaupt kein Widerspruch hier. Nach der Lehre heilte Jesus viele Kranke.

Jesus hielt eine sehr tiefsinnige Lehre. Die Lektion war von der Finsternis in Ägypten, der Einsetzung des Osterlammes und dem Auslösen der Erstgeburt und etwas aus Jeremias. Er machte eine wunderbar tiefe Erklärung von der Auslösung der Erstgeburt. Ich entsinne mich daraus, daß er ungefähr sprach: „Wenn Sonne und Mond sich verfinstern, bringet die Mutter das Kind zum Tempel zur Auslösung." Er brauchte mehrmals den Ausdruck vom „Sichverfinstern der Sonne und des Mondes". Er sprach von der Empfängnis, Geburt und Beschneidung und Darstellung im Tempel in bezug auf Verfinsterung und Lichtwerden. Es war ganz geheimnisvoll der Ausgang aus Ägypten auf die Geburt des Menschen angewendet. Dann sprach er von dem Schicksal des Propheten und dem hohen Priester Zacharias, der zwischen dem Heiligsten und dem Altare ermordet worden war. Auch von Jeremias' Leiden in der Grube zu Jerusalem und den Verfolgungen der andern hat er gesprochen. Als er von der Ermordung des ersten Zacharias zwischen Tempel und Altar sprach, dachten die anwesenden Verwandten auch an den traurigen Tod des Vaters des Täufers, den Herodes nach Jerusalem locken und in der Nähe in einem Hause totschlagen ließ. Jesus berührte dieses jedoch nicht. Zacharias war bei seinem Hause vor Juta begraben, in einem Gewölbe.

Als Jesus so rührend und auf eine ganz eigene Weise von Johannes und vom Tode der Propheten sprach, ward die Stille in der Synagoge immer größer. Alles war sehr erschüttert; viele Leute weinten, und selbst die anwesenden Pharisäer waren sehr bewegt. Mehrere Verwandte und Freunde des Johannes aber erhielten ein inneres Licht, als sei Johannes wohl auch getötet, und sanken vor Betrübnis in Ohnmacht. Es wurde eine Störung dadurch in der Synagoge. Jesus aber sagte, man solle die Ohnmächtigen nur unterstützen, sie würden schon wieder zu sich kommen, und so lagen sie einige Minuten in den Armen ihrer Freunde, während Jesus in seiner Lehre fortfuhr.

Für mich war etwas Deutliches in dem „zwischen Tempel und Altar" bei der Ermordung jenes Zacharias, das sich auf den Tod Johannes des Täufers bezog, als stehe sein Tod auch im Leben Jesu zwischen Tempel und Altar, was aber die Anwesenden nicht fühlen konnten, denn er starb ja zwischen Jesu Geburt und Kreuzigung.

Jesus war mit Petrus, Johannes, Jakobus Kleophä, Heliachim, Sadoch, Zacharias, der Nichte Elisabeths und ihrem Mann in einer Stube. Die Verwandten des Johannes fragten ihn zagend: „Herr, werden wir wohl Johannes wiedersehen?" Sie waren aber eingeschlossen, daß sie niemand stören konnte. Jesus sagte, indem er weinte: „Nein!" und sprach auf eine sehr rührende und tröstende Weise von seinem Tode. Als sie in ihrer Trauer die Furcht äußerten, daß sein Leib mißhandelt werden könnte, sagte ihnen Jesus, nein, sein Körper liege unangetastet, sein Haupt sei mißhandelt und weggeworfen; aber auch dieses werde bewahrt werden und einst zutage kommen. Er sagte ihnen auch, in einigen Tagen werde Herodes Machärus verlassen und das Gerücht von des Johannes Tod laut werden; dann könnten sie den Leib abholen. Er weinte mit den Anwesenden. Sie nahmen nachher ein kleines Mahl, das wegen der Abgesondertheit, der Stille, des Ernstes und der großen Rührung und Innigkeit Jesu mich an das Abendmahl erinnerte.

Jesus war vor der Weiterreise von Juta noch am Grabe des Zacharias mit dessen Neffen und den Jüngern. Es ist nicht wie die gewöhnlichen Gräber, sondern besteht wie die Katakomben in einem Gewölbe mit Säulen und ist ein sehr geehrter Begräbnisort für Priester und Propheten. Es war beschlossen worden, daß des Johannes Leib in Machärus abgeholt und hier begraben werden sollte. Sie räumten daher in dem Grabgewölbe und richteten ein Totenlager her. Es war gar rührend zu sehen, wie Jesus seinem Freunde ein Grab bereiten half. Er erwies auch den Überresten des Zacharias Ehre.

Elisabeth ist nicht hier begraben, sondern bei der ersten Höhle, in der Johannes als Knabe in der Wüste war, auf einem höheren Berge.

Als Jesus Juta verließ, gaben ihm Männer und Frauen das Geleit. Die letzteren kehrten nach einer Stunde wieder zurück, nachdem sie kniend seinen Segen empfangen hatten. Sie wollten seine Füße küssen, aber Jesus ließ es nicht zu.

Jesus weilte hier in der Gegend, um dem Pilatus nicht zu begegnen, der mit seiner Frau und einem Gefolge von fünfzig Personen von Jerusalem über Bethzur und Antipatris nach Apollonia auf dem Wege war, wo er sich nach Rom einschiffte, um gegen Herodes Klage zu führen.

Vor seiner Abreise aus Jerusalem hatte er mit seinen Beamten eine Unterredung über Jesus den Galiläer, der so große Wunder tue und jetzt in der Nähe von Jerusalem sich aufhalten solle. Pilatus fragte: „Zieht vieles Volk mit ihm? Sind sie bewaffnet?" Nein, erwiderte man, er zieht nur mit wenigen Schülern und Leuten ohne Amt aus geringem Stande und manchmal auch ganz allein umher. Er lehrt auf Höhen und in Synagogen und heilt die Kranken und gibt Almosen. Bei solchen Lehren kommt oft viel Volk zusammen, wohl mehrere Tausende! „Lehrt er nicht gegen den Kaiser?" Nein, er lehrt bessere Sitten und Barmherzigkeit, und man solle dem Kaiser das Seine geben und Gott das Seine. Er soll aber oft von seinem Reich lehren, daß es nahe sei. Da sagte Pilatus: „Solange er nicht mit Kriegsvolk oder mit einer bewaffneten Menge herumziehend seine Wunder tut, ist nichts von ihm zu besorgen. Hat er den Ort verlassen, wo er Wunder getan, und geht er an einen andern, so wird man ihn vergessen und verlästern. Ich höre ja, daß die jüdischen Priester selbst gegen ihn schelten. Er bringt keine Gefahr. Zieht er aber einmal mit bewaffnetem Volke umher, so muß man sein Treiben enden!"

Pilatus hatte schon mehrere Händel mit den Juden gehabt; sie hassen ihn sehr. Einmal hat er römische Fahnenbilder in die Stadt bringen lassen, worüber die Juden aufrührerisch wurden. Ein andermal sah ich seine Soldaten auf einem Fest, wo die Juden keine Waffen führen, noch Geld berühren, in den Tempel gehen und den Opferstock erbrechen und alles Geld herausnehmen. Das war, als Johannes noch bei On am Jordan taufte und Jesus aus der Wüste kam.

Bestattung des Täufers

Als Saturnin mit den Jüngern vor Machärus ankam, stiegen sie mit drei handbreiten festen Stangen, die sie unter dem Arm trugen, mit einer ledernen Hülle in zwei Teilen, mit Schläuchen, Beutelbüchsen, aufgerollten Tüchern, Schwämmen und andern Instrumenten den Schloßberg hinan. Die hier bekannteren Jünger verlangten von der Schloßwache eingelassen zu werden, was diese aber nicht gestattete. Da zogen sie sich zurück, gingen um den Wall herum und stiegen in der Gegend von Johannis Gefängnis, einer auf den Schultern des andern, über drei Wälle und zwei Gräben. Es war, als hälfe ihnen Gott, so schnell und ohne Störung kamen sie hinüber. Nun stiegen sie durch eine runde Öffnung von oben in die inneren Räume. Als die zwei Soldaten, welche die Vorhöfe bewachten, sie bemerkten, und mit ihrer Fackel nahten, traten die Jünger ihnen entgegen und sagten: „Wir sind die Jünger des Täufers und wollen den Leib unseres Meisters holen, den Herodes ermorden ließ." Die Soldaten aber taten ihnen nichts, sondern öffneten den Kerker, weil sie, über Herodes wegen der Ermordung des Johannes erbittert, an dem guten Werk auch teilnehmen wollten. Es hatten mehrere Soldaten schon vor einigen Tagen die Flucht ergriffen.

Als sie in den Kerker traten, erlosch die Fackel, und ich sah den ganzen Kerker mit Licht erfüllet. Ich weiß nicht, ob auch sie dies Licht sahen; aber ich meine schier, es muß so gewesen sein, denn sie taten alles so schnell und fertig, als sei es heller Tag. Die Jünger eilten zu Johannes hin, sich weinend auf ihn beugend. Außer ihnen erblickte ich die Erscheinung einer großen leuchtenden Frau in dem Kerker; sie sah beinahe aus, wie die Mutter Gottes in ihrem Tode; erst später erkannte ich in ihr die heilige Elisabeth; denn anfangs war sie mir so natürlich, indem ich sie alles mittun sah, daß ich mich manchmal besann, wer sie wohl sei, und wie sie nur mit hereingekommen wäre.

Der Leichnam lag noch mit dem härenen Gewande überdeckt. Die Jünger gingen schnell an die Leichenbereitung. Sie breiteten Tücher aus, legten den Leib darauf und wuschen ihn. Wasser hatten sie in Schläuchen bei sich, und die Soldaten brachten noch einige braune Schüsseln. Judas Barsabas, Jakob und Heliachim waren mit der Bereitung beschäftigt; die andern taten Handreichung. Die Erscheinung sah ich immer mitbeschäftigt, und es war, als tue sie alles: aufdecken, zudecken, legen, wenden, wickeln, und wonach jeder griff, das war da; es schien eine ungemeine Beschleunigung und Ordnung durch sie hervorgebracht. Ich sah, daß sie den Leichnam öffneten und die Eingeweide herausnahmen und in einen Schlauch taten; dann packten sie allerlei Gewürze um ihn und wickelten ihn ganz fest in Binden. Er war um den Leib ganz erstaunlich dünn und schien überhaupt wie ausgetrocknet.

Unterdessen hatten andere Jünger eine Menge seines Blutes, das auf der Stelle geronnen lag, wo sein Haupt hingefallen war, und wo sein Leib gelegen hatte, aufgenommen und in die leeren Büchsen getan, worin das Gewürz gewesen. Sie legten dann den eingewickelten Leib in die lederne Hülle und schlossen sie durch einen oben durchgesteckten Stock und steckten die zwei leichten Stangen, welche, obwohl sehr dünne, doch nicht schwankten, durch Riemen, die an dem ledernen Troge waren. Darüber aber deckten sie das Fell des Johannes, womit er gewöhnlich bekleidet war, und trugen zu zweit den heiligen Leib hinaus. Die andern trugen die Eingeweide in dem ledernen Schlauch und das Blut in den Büchsen. Die beiden Soldaten aber verließen Machärus mit ihnen und führten sie durch schmale Wege hinter den Wällen durch jenen unterirdischen Gang hinaus, durch den Johannes in die Gefangenschaft war hereingebracht worden. Alles ging mit unbeschreiblicher Rührung und Schnelligkeit vor sich.

Ich sah sie anfangs ohne Licht mit eiligen Schritten den Berg hinabziehen; später sah ich eine Fackel bei ihnen, und daß zwei den Leib zwischen den Stangen auf den Schultern trugen und die andern nachzogen. Ich kann gar nicht sagen, wie rührend dieser Zug durch die Nacht mit der Fackel so still und schnell dahinzog. Es war, als schwebten sie. Da sie bei grauendem Tage über den Jordan schifften, wo Johannes zuerst getauft, und sie ihm gefolgt waren, wie weinten sie da! Sie zogen aber dicht am Toten Meere herum immer durch einsame Pfade und die Wüste und kamen durch das Tal der Hirten gegen Bethlehem, wo sie in einer Höhle mit der Leiche bis zur Nacht blieben und dann nach Juta weiterzogen. Vor Tagesanbruch kamen sie in die Nähe des Grabes von Abraham und brachten den Leichnam in eine Höhle bei den Zellen der Essener, welche den Tag über den Leib bewachten.

Gegen Abend, um die Stunde, da unser Herr auch gesalbt und in das Grab gelegt worden ist, und auch an einem Freitag, sah ich den Leib von den Essenern zu der Gruft bringen, wo Zacharias und viele Propheten lagen, und wo Jesus neulich aufräumen ließ.

Die verwandten Frauen und Männer des Täufers waren mit den Jüngern und den beiden von Machärus mitgekommenen Soldaten im Grabgewölbe versammelt und mehrere von den Essenern, darunter sehr alte Leute in langen weißen Kleidern, welche dem Johannes in der ersten Zeit seiner Verborgenheit in der Wüste Unterhalt gegeben hatten. Die Frauen waren weiß gekleidet in langen Mänteln und verschleiert; die Männer trugen schwarze Trauermäntel und hatten schmale Bahnen um den Hals hängen, welche an den Enden in Streifen zerrissen waren.

Es brannten viele Lampen in dem Gewölbe. Der Leib wurde auf einen Teppich gelegt, losgewickelt und unter vielen Tränen mit Salben, Gewürzen und Myrrhen einbalsamiert. Es war ein herzzerreißender Anblick für sie: der Leib ohne Kopf. Sie waren sehr betrübt, ihm nicht in das Antlitz sehen zu können und suchten mit der Seele nach ihm in der Ferne. Jeder fügte ein Myrrhenbüschchen oder anderes Gewürz hinzu, und dann legten die Jünger den eingewickelten Leib auf das, über dem Grab seines Vaters eingehauene Grablager, dessen Gebeine sie gereinigt und neu eingewickelt hatten.

Nun ward noch eine Art Gottesdienst von den Essenern gehalten, welche den Johannes als einen der ihrigen, ja als einen ihnen verheißenen Propheten verehrten. Es stand ein tragbarer Altartisch zwischen den beiden Reihen, die sie bildeten, und einer verrichtete mit zwei Gehilfen den Dienst. Alle legten kleine Brote auf den Altar, in dessen Mitte die Figur eines Osterlammes lag, das sie mit allerlei Kräutern und Zweiglein bestreuten. Auf dem Altar lag ein rotes und darüber ein weißes Tuch. Auch das Bild des Lammes schimmerte anfangs rot und dann weiß; es waren vielleicht Lampen darunter und schienen durch die roten und dann durch die weißen Decken. Der Priester las aus Rollen, räucherte, segnete und sprengte mit Wasser. Alle sangen, wie im Chor. Die Johannesjünger und Verwandten standen in Reihen umher und sangen mit. Der Älteste hielt eine Rede von der Erfüllung der Prophezeiungen, von der Bedeutung des Johannes und sprach mehreres, was auf Christus deutete. Ich erinnere mich noch, daß er vom Tode der Propheten und vom Tode des Hohenpriesters Zacharias sprach, der zwischen Tempel und Altar ermordet wurde. Er sagte auch, daß Zacharias, des Johannes Vater, ebenso gemordet worden sei zwischen Tempel und Altar, jedoch in höherer Bedeutung; Johannes aber sei der wahre Blutzeuge zwischen Tempel und Altar. Er deutete damit auf Christi Leben und Tod.

Die Zeremonie mit dem Lamm hatte Bezug auf ein prophetisches Bild, das Johannes in der Wüste einem Essener mitgeteilt hatte und das sich auf das Osterlamm, auf das Lamm Gottes, auf Jesus, das Abendmahl, die Passion und den Opfertod bezog. Ich glaube nicht, daß sie dieses ganz verstanden; sie taten es in einem prophetischen, vorbildlichen Geist, wie sie denn viel Prophetisches unter sich hatten.

Der Älteste teilte den Jüngern nach der Handlung die kleinen Brote wieder aus, die auf dem Altare gelegen, und gab jedem ein Zweiglein, das auf dem Lamme gesteckt. Die andern Verwandten erhielten auch Zweige; aber nicht die von dem Lamm. Die Essener aßen die Brote. Danach wurde das Grablager zugesetzt.

Als durch die Dienerschaft der Herodias in Machärus ruchbar wurde, wohin das Haupt des Johannes geworfen war, reiste Johannes Chusa mit Veronika und einer Verwandten des Täufers dahin, um Versuche zu machen, das Haupt zu erhalten; allein, solange die überwölbte Kloake nicht geöffnet und abgelassen war, konnte man nicht zu dem Haupt, das auf einem aus der Mauer vorspringenden Stein lag, gelangen. So vergingen noch ein paar Monate, bis in Machärus allerlei Bauwerke und Geräte, die zu des Herodes Hofleben gedient hatten, weggeschafft und alles mehr für Soldaten und Verteidigung eingerichtet wurde.

Es waren viele Leute hier, welche, was abgerissen wurde, hinwegtrugen und aus den Gräben den Schlamm auf ihre Felder führten. Unter diesen Leuten hielten sich einige Frauen von Juta und Jerusalem mit Knechten auf, bis der steile, tiefe Graben gereinigt wurde, in welchem das heilige Haupt sich befand. Sie beteten jede Nacht, fasteten und flehten zu Gott, es zu finden. Der Grund dieses Grabens war wegen des Berges aufsteigend. Das ganze untere Ende war schon gereinigt und ausgeleert. Man mußte von da an hervorspringenden Steinen zu der höheren Stelle klettern, wohin die Knochen aus der Küche herabgeworfen wurden und wo das Haupt lag. Es lag da ein hoher Haufen Knochen, und es war weit vom Eingange herein bis an diese Stelle.

Während die Arbeiter zum Essen gingen, ließen erkaufte Leute die Frauen in den Graben hinein, der rein bis zu jenem Knochenhaufen war. Sie beteten fortwährend, Gott möge sie das heilige Haupt finden lassen, und stiegen mit Mühe hinan. Da sahen sie das Haupt auf einem vorspringenden Stein aufrecht auf dem Halse stehen, als schaue es ihnen entgegen, und sahen einen Glanz wie zwei Flammen dabei. Sie hätten sich sonst irren können, denn es lagen noch andere Menschenköpfe in der Kloake. Das Haupt war traurig anzusehen; das braune Angesicht war mit Blut überronnen, die Zunge, welche Herodias durchstochen, sah aus dem offenen Munde hervor, die gelben Haare, bei welchen es die Henker und Herodias gefaßt hatten, standen starr empor. Die Frauen verhüllten es mit einem Tuch und trugen es mit eilenden Schritten hinweg.

Kaum hatten sie eine Strecke Wegs gemacht, als wohl tausend Soldaten des Herodes nach dem Schlosse zogen und die paar Hundert ablösten, die darauf waren. Sie versteckten sich vor diesen in eine Höhle. Als sie aber ihren Weg durchs Gebirge weiter fortsetzten, fanden sie einen Soldaten, der, durch einen Fall am Knie schwer verwundet, auf dem Wege ohnmächtig liegengeblieben war. Hierher waren ihnen der Neffe des Zacharias und ein paar Essener entgegengekommen. Sie legten dem Verwundeten das heilige Haupt auf, und er kam zu sich, richtete sich auf und sprach, er habe den Täufer gesehen, der ihm geholfen habe. Sie waren sehr gerührt, wuschen seine Wunden mit Öl und Wein und brachten ihn in eine Herberge, ohne ihm jedoch etwas von des Johannes Haupt zu sagen. Sie zogen nun weiter, sich so einsam haltend wie bei des Johannes Leichenabholung. Sie brachten das Haupt zu den Essenern bei Hebron, wo kranke Essener damit berührt auch wieder genasen. Von den Essenern wurde das Haupt gereinigt, kostbar balsamiert und mit Feierlichkeit zu dem Körper ins Grab gebracht.

Jesus in Jerusalem und Heilungen

Am folgenden Morgen ging Jesus mit den Jüngern nach Jerusalem und kehrte bei Johanna Chusa ein. Martha und Magdalena waren nicht dabei.

Gegen zehn Uhr sah ich Jesus im Tempel, wo er auf dem Lehrstuhl im Vorhofe der Frauen das Gesetz las und lehrte. Man bewunderte seine Weisheit, und niemand störte oder machte Einwürfe. Die anwesenden Priester mochten ihn kaum kennen, und die ihn kannten, waren ihm nicht entgegen; seine Hauptfeinde, die Pharisäer und Sadduzäer, waren meistens verreist.

Ungefähr nach drei Uhr ging Jesus mit einigen Jüngern an den Teich Bethesda. Er ging aber an der äußersten Seite durch ein Tor, welches geschlossen war und nicht mehr gebraucht wurde. Dahin waren die Ärmsten und Verlassensten geschoben und bis an dieses Tor, den entferntesten Winkel, war ein achtunddreißig Jahre kranker, lahmer Mann zurückgedrängt, der in einer Kammer der Männer lag.

Als Jesus an dem geschlossenen Tore pochte, öffnete es sich. Er ging an dem Kranken vorüber hinab zu den Gängen, welche dem Teich näher waren, wo allerlei Kranke saßen und lagen, und lehrte. Die Jünger teilten den Ärmeren Kleider und Brote, Decken und Tücher aus, welche die Frauen ihnen gegeben hatten. Den Kranken, welche meist sich selbst oder Dienern überlassen hier lagen, waren dieser Trost und diese Liebesdienste eine ganz neue Erfahrung, und sie waren sehr gerührt. Jesus lehrte an verschiedenen Stellen und fragte dann mehrere, ob sie glaubten, daß Gott ihnen helfen könne? Ob sie wünschten, geheilt zu sein? Ob sie ihre Sünden bereuen, Buße tun und sich taufen lassen wollten? Da er aber ihre Sünden ihnen nannte, wurden sie sehr erschüttert und sagten: „Meister, du bist ein Prophet! Du bist wohl Johannes!“ Dessen Tod war noch nicht allgemein bekannt, und an vielen Orten ging noch das Gerede von seiner Befreiung. Jesus sprach aber nur in allgemeinen Ausdrücken, wer er sei, und heilte mehrere. Die Blinden ließ er die Augen mit Wasser aus dem Teiche waschen, mischte Öl darunter und sagte ihnen, still nach Hause zu gehen und nicht viel davon zu reden bis nach dem Sabbat. Die Jünger heilten in den andern Gängen. Alle Geheilten aber mußten sich in dem Teich waschen.

Da aber durch die Heilungen Aufsehen entstand, indem bald hier, bald dort einer zum Teich kam, sich zu waschen, ging Jesus mit Johannes nach jenem entlegenen Ausgang zurück nach der Stelle, wo der Mann lag, der schon achtunddreißig Jahre lang krank war. Er war ein Gärtner, der sonst an den Hecken gearbeitet und Balsamstauden gezogen hatte. Nun aber, so lange schon krank und hilflos, war er ganz verkommen und lag als ein öffentlicher Armer hier, der die übrigen Brocken der andern Kranken aß. Er war schon, weil seit so vielen Jahren hier, von jedermann als der unheilbare Kranke genannt. Jesus redete ihn an, ob er gesund sein wolle? Er aber, gar nicht meinend, daß Jesus ihn heilen wolle, sondern nur im allgemeinen frage, warum er hier liege, erwiderte, daß er keine Hilfe habe, keinen Diener oder Freund, der ihm hinab in den Teich helfe, wenn das Wasser bewegt werde; bis er hinab krieche, seien ihm schon andere zuvorgekommen und hätten Stellen, wo die Stufen in den Teich führten, eingenommen. Jesus sprach noch länger mit dem Manne, stellte ihm seine Sünden vor Augen, erregte seine Reue und sagte, er solle nicht mehr in Unreinigkeit leben und nicht wieder gegen den Tempel lästern; denn dadurch hatte er sich seine Krankheit als Strafe zugezogen. Er tröstete ihn auch, daß Gott alle wieder annehme und allen helfen könne, welche sich reumütig an ihn wenden. Der arme Mann, dem nie ein Trost geworden, der in seinem Elende ganz verrottet und verdumpft war und oftmals murrte, daß ihm niemand helfe, ward durch diese Reden des Herrn ganz gerührt, und Jesus sprach: „Stehe auf! Nimm dein Bett und wandle!" Dies ist aber nur der Hauptbegriff von dem, was Jesus ihm sagte: denn er hatte ihm auch befohlen, zum Teich hinabzugehen und sich zu waschen und hatte einem Jünger, der herankam, gesagt, diesen Mann in eine der kleinen Wohnungen für Arme zu führen, welche die Freunde Jesu am Coenaculum auf dem Berge Sion eingerichtet hatten, welches Joseph von Arimathäa mit seiner Steinmetzenarbeit inne hatte.

Der bisher lahm und ganz unrein im Gesicht gewesene Mann nahm sein zerlumptes Lager zusammen, ging gesund zum Teich hinab und wusch sich; er war so eilig und freudig, daß er schier sein Bett vergessen hätte. Der Sabbat war nun angegangen, und Jesus ging unbemerkt durch das Tor bei des Kranken Hütte mit Johannes hinaus. Der Jünger, der den Kranken melden sollte, ging voraus, und der Kranke wußte, wohin er gehen sollte. Da er nun aus den Gebäuden des Teiches Bethesda hinausging und einige Juden sahen, daß er geheilt war, meinten sie, die Gnade des Teiches habe ihn geheilt, und sagten zu ihm: „Weißt du nicht, daß es Sabbat ist? Du darfst dein Bett nicht tragen!" Der Mann sagte aber: „Der mich geheilt hat, sagte mir: Stehe auf! Nimm dein Bett und wandle!" Sie fragten ihn: „Wer ist der Mensch, der zu dir sagte: nimm dein Bett und wandle?" Das wußte der Mann aber nicht; denn er kannte Jesus nicht und hatte ihn sonst nie gesehen. Jesus war aber schon hinweg und die andern Jünger auch.

Was im Evangelium bei diesem Wunder steht, daß dieser Mann Jesus im Tempel sah und zeigte, daß dieser es sei, der ihn geheilt habe, und daß Jesus einen Disput deswegen über das Sabbatheilen mit den Pharisäern hatte, ist erst auf einem andern Fest geschehen und von Johannes hier gleich zusammengeschrieben. Ich habe diese Erklärung ausdrücklich dabei erhalten.

Jesus in Bethanien und Thirza

In Bethanien war Jesus noch im Hause Simons, der sich nicht öffentlich zeigte; denn er war krank, sein Aussatz begann. Er hatte viele rote Flecken an sich und war, in einen weiten Mantel gehüllt, in einem fernen Gemach. Jesus sprach mit ihm. Simon schien wie einer, der seine Krankheit noch nicht will merken lassen; aber er wird es nicht lange mehr können. Er zeigte sich mit Zurückhaltung.

Spät in der Nacht kamen die Jünger von Juta zurück, das sie nach dem Sabbat verlassen hatten, und erzählten Jesu, wie sie des Johannes Leib von Machärus geholt und ihn neben seinem Vater begraben hätten. Die beiden Soldaten von Machärus waren auch bei ihnen. Lazarus hielt sie bei sich verborgen und wollte für sie sorgen.

Da Jesus zu den Jüngern sagte: „Wir wollen uns an einen einsamen Ort begeben, ausruhen und trauern, nicht um Johannes Tod, sondern daß es so kommen mußte"; dachte ich: Wie wird er ausruhen? Denn die andern Apostel und Jünger sind bereits nach Kapharnaum zu Maria gegangen. Eine ganz erstaunliche Volksmenge ist von allen Orten, selbst aus Syrien und Basan herangezogen, und bei Chorazin ist alles mit Lagern von Menschen bedeckt, die auf Jesus warten.

Als Jesus am frühen Morgen mit den sechs Aposteln und etwa zwanzig Jüngern Bethanien verließ, zogen sie ohne Aufenthalt und alle Orte vermeidend elf Stunden nördlich bis nach Lebona an der Südseite des Berges Garizim. Der heilige Joseph hatte vor seiner Vermählung mit Maria hier als Zimmermann gearbeitet und später noch Freundschaft im Ort gehabt. An einem Vorsprung des Berges lag allein eine Burg, wohin von Lebona der Weg zwischen Gebäuden und alten Mauern aufsteigend, hinführte. Auf diesem Wege war die Werkstelle Josephs, und hier kehrte Jesus mit allen seinen Jüngern ein. Er wurde, wenngleich unerwartet und zu später Zeit kommend, mit ungemeiner Freude und Verehrung aufgenommen. Es war eine Levitenfamilie; und hier oben war auch die Synagoge.

Von Lebona wandelte Jesus mit den Jüngern den ganzen folgenden Tag mit raschen Schritten durch Samaria gegen den Jordan in nordwestlicher Richtung. Sie kamen über Aser-Michmethat, weilten eine kleine Zeit in der Herberge zu Aser und gingen noch bis vor Thirza, welches etwa eine Stunde vom Jordan und zwei von Abelmehola in einer ungemein reizenden Gegend liegt. Auch hier in Thirza, wie in allen Orten des Weges hierher, wurde das Fest, das in Jerusalem begonnen hatte, sehr freudig gefeiert. Die ganze Gegend ist so mit Gärten und Bäumen bedeckt, daß man die Stadt nicht eher sehen kann, als bis man vor ihr ist.

Mitten in der Stadt, nämlich in ihrem ehemaligen Umfang, liegt auf einem großen öden Platze etwas hoch ein weitläufiges Gebäude mit dicken Mauern, mehreren Höfen und runden turmartigen Gebäuden, in welchen inwendig auch noch Höfe sind. Es ist das alte zerstörte Schloß der Könige von Israel, teils wüst liegend, teils zu einem Kranken- und Gefangenenhause eingerichtet. Einzelne Teile davon sind überwachsene Ruinen, worauf allerlei Gartenanlagen. Auf dem Platz vor dem Hause ist ein Brunnen, dessen Wasser durch ein Rad, welches ein Esel bewegt, in ledernen Schläuchen gehoben wird und das sich in ein großes Becken ausgießt, von welchem es durch Rinnen nach allen Seiten in Tröge fließt, so daß jeder Teil des Ortes seinen Wassertrog hat.

Nun ging Jesus mit den Jüngern in das Schloß zu dem Vorsteher der Kranken hinein und begehrte, zu ihnen geführt zu werden. Der Vorstand führte ihn hinein. Jesus ging durch Hallen und Höfe in die Zellen und Winkel der Kranken aller Art, lehrte, tröstete und heilte.

Es saßen auch viele arme Männer in diesem Gebäude in schwerer und schwerster Gefangenschaft, teils wegen Schulden, teils wegen Beschuldigung des Aufruhrs, manche auch, die man aus Feindschaft und Rache, oder um sie aus dem Wege zu bringen, hierhergesteckt hatte. Viele waren vergessen und in ihren Kerkern ganz verkommen. Von den geheilten Kranken und anderen Leuten hörte Jesus bittere Klagen darüber. Er wußte es wohl und war hauptsächlich wegen des allgemeinen Elends hierhergekommen.

Thirza hatte viele Pharisäer und Sadduzäer, und unter diesen waren viele Herodianer. Das Gefängnis aber war von römischen Soldaten bewacht und hatte einen römischen Vorgesetzten. Vor den einzelnen Gefängnissen waren Wohnungen von Aufsehern und Soldaten. Jesus ging zu diesen und ward von ihnen zu jenen Gefangenen gelassen, mit welchen man sprechen durfte. Jesus ließ sich von allen ihre Not und Leiden klagen, ließ sie erquicken, lehrte sie, tröstete sie, und da viele ihm ihre Sünden bekannten, vergab er sie ihnen. Mehreren wegen Schulden Gefangenen und vielen andern versprach er Loslassung; anderen aber Linderung.

Hierauf ging Jesus zu dem römischen Befehlshaber, der kein böser Mann war, und sprach mit ihm sehr ernst und rührend über die Gefangenen und erbot sich, ihre Schulden zu bezahlen und teils für ihre Unschuld und Besserung Kaution zu stellen. Er verlangte auch, mit mehreren lang und schwer Gefangenen zu sprechen. Der Vorsteher hörte Jesus sehr ehrerbietig an, erklärte ihm aber, daß alle diese Gefangenen Juden und unter Umständen hierher gebracht seien, wegen welcher er erst mit den jüdischen Vorstehern des Ortes und den Pharisäern sprechen müsse, ehe er ihn zu diesen Leuten lassen und sein Anerbieten annehmen könne. Jesus sagte ihm, er wolle mit den Vorstehern zu ihm kommen, wenn er in der Synagoge gelehrt habe, und ging noch zu den gefangenen Frauen, tröstete und ermahnte sie, vernahm die Bekenntnisse und Buße mehrerer, vergab ihnen ihre Sünden, ließ ihnen Geschenke reichen und versprach ihnen Aussöhnung mit den Ihrigen.

So hatte Jesus von morgens neun Uhr bis nachmittags gegen vier Uhr in diesem Hause voll Not und Elend gearbeitet und hatte es ganz mit Freude und Trost erfüllt an einem Tage, wo hier allein alles betrübt war, während in der Stadt alles voll Freude jubelte; denn es war der erste von den Freudentagen, die durch Salomon dem Fest Ennorum wegen der Geschenke der Königin Saba angefügt worden waren; den Sabbat dieses ersten Tages hatte Jesus gestern abend schon in Bezech feiern sehen. Heute war hier in dem bewohnteren Teil der Stadt auch alles voll Freude; auch hier waren Triumphbögen und Springen und Wettlaufen und Getreidehaufen, welche ausgeteilt wurden.

Bei dem Kranken- und Gefangenenhaus aber war alles still. Jesus allein hatte an sie gedacht und hierher die wahre Freude gebracht. Er nahm mit den Jüngern in dem Haus vor der Stadt noch einen Imbiß von Brot, Früchten und Honig und sendete einige nach dem Gefängnis mit mancherlei Vorrat und Erquikkung, während er mit den übrigen zur Synagoge ging.

Es war bereits in der ganzen Stadt der Ruf von seinen Taten in dem Krankenhaus verbreitet. Viele Kranke waren genesen in die Stadt zurückgekommen und gingen in die Synagoge; andere versammelten sich vor derselben, wo Jesus und die Apostel noch mehrere heilten. Die Pharisäer und Sadduzäer und viele heimliche Herodianer waren in der Synagoge. Auch Pharisäer von Jerusalem waren dabei, die hierher zur Rekreation gekommen waren. Alle waren voll Gift und Bosheit über Jesu Tun, weil das ihrige dadurch beschimpft wurde. Es waren sehr viele Menschen in der Schule, auch von Bezech, die hierher gefolgt waren. Jesus lehrte über das Fest und seine Bedeutung, sich zu erholen und Freude und Wohltun anderen zu erteilen, auch wieder von den acht Seligkeiten: „Selig sind die Barmherzigen." Er erzählte die Parabel vom verlorenen Sohne, die er auch schon den Gefangenen erzählt hatte; sprach auch von diesen und den Kranken und ihrem Elend, wie sie vergessen und vernachlässigt seien, und wie andere sich mit dem bereicherten, was zu deren Unterhalt ausgesetzt sei. Er redete scharf gegen die Pfleger dieser Anstalten, von welchen sich einige unter den anwesenden Pharisäern befanden, die mit stummem Grimm zuhörten. Die Parabel vom verlorenem Sohn erzählte er mit der Auslegung auf die, welche wegen Verbrechen gefangen saßen und Reue hatten, um sie mit den anwesenden Ihrigen auszusöhnen. Alles war sehr gerührt.

Er erzählte hier auch die Parabel vom barmherzigen König und dem unbarmherzigen Knecht und legte sie aus auf jene, welche die armen Gefangenen schmachten ließen wegen kleiner Schuld, während ihnen selbst so große Schuld von Gott bis jetzt nachgelassen sei.

Die heimlichen Herodianer hier hatten die Leute durch allerlei Schikane ins Gefängnis gebracht, und Jesus deutete einmal unbestimmt auf sie, als er in seiner Strafrede gegen die Pharisäer sagte: „Es sind wohl viele unter euch, welche wissen mögen, wie es mit Johannes beschaffen ist." Die Pharisäer schmähten gegen Jesus und bedienten sich unter anderem des Ausdrucks: Er führe Krieg mit Hilfe der Weiber und ziehe mit ihnen herum; er werde keine großen Reiche mit diesem Heer erobern.

Jesus aber nötigte hierauf die Vorsteher, mit ihm zu dem römischen Aufseher der Gefangenen zu gehen, und verlangte die ganz Verlassenen loszukaufen. Dies alles wurde öffentlich vor vielem Volk gesprochen, und die Pharisäer konnten ihm nicht widerstehen. Als Jesus nun mit seinen Jüngern zu dem römischen Aufseher ging, folgte vieles Volk, das ihn sehr lobte. Der Aufseher war viel besser als die Pharisäer, welche aus Bosheit die Summen sehr hoch setzten, und für manchen mußte Jesus das Vierfache bezahlen. Weil er aber die Summen nicht bei sich hatte, so gab er als Pfand eine dreieckige Münze, woran ein Pergamentzettel hing, auf welchen er einige Worte schrieb und die Summen auf Magdalums Preis aussetzte, welches Lazarus zu verkaufen im Begriffe stand. Der ganze Ertrag war von Magdalena und Lazarus für Erledigung von Armen, Schuldnern und Sündern bestimmt. Es war aber Magdalum ein bedeutenderes Gut als Bethanien. Die Seiten der dreieckigen Münze waren wohl drei Zoll groß, in der Mitte war eine Schrift, den Wert bezeichnend, eingeschlagen. An dem einen Ende hing sie an einem gegliederten beweglichen Metallstreifen wie an einer Kette von wenig Gliedern, und hieran wurde die Schrift geheftet.

Nachdem dies geschehen war, ließ der Aufseher die armen Gefangenen hervorholen. Jesus und die Jünger halfen dabei. Manche wurden aus dunklen Löchern heraufgezogen und waren ganz zerrissen, halb nackt und mit Haaren bedeckt. Die Pharisäer begaben sich grimmig hinweg. Manche waren ganz schwach und krank und lagen weinend zu Jesu Füßen, der sie tröstete und ermahnte. Er ließ sie kleiden, baden, speisen und sorgte für ihre Wohnung und Freiheit; jedoch noch unter Aufsicht im Bezirk des Gefängnisses und Krankenhauses, bis die Lösung in wenigen Tagen entrichtet sein werde. So geschah auch den gefangenen Frauen. Alle wurden gespeist, und Jesus und die Jünger bedienten sie und erzählten abermals die Parabel vom verlorenen Sohn.

So war dieses Haus auf einmal mit Freude erfüllt und erschien wie als ein Vorbild der Befreiung der Altväter aus der Vorhölle, denen Johannes nach seinem Tode die Nähe des Erlösers verkündete. Jesus und die Jünger übernachteten abermals in dem Hause vor Thirza.

Diese Ereignisse hier waren es, welche Herodes hinterbracht wurden und sein Augenmerk auf Jesus lenkten, so daß er sagte: „Ist Johannes aus dem Grabe erstanden?“ und ihn nachher zu sehen wünschte. Er hatte wohl schon durch den allgemeinen Ruf und durch Johannes von Jesus gehört; aber nicht besonders auf ihn geachtet. Jetzt aber, da sein Gewissen ihn drückte, war er auf alles sehr aufmerksam. Er wohnte in Hebron und hatte seine Soldaten zusammengezogen, auch Römer, die er besoldete.

Von Thirza bis nach Kapharnaum, wohin nun Jesus mit den Jüngern wandelte, war ein Weg von achtzehn Stunden. Sie zogen nicht in dem Jordanstal hinauf, sondern am Gebirge Gilboe hin, das Tal von Abez durchschneidend und den Tabor zur Linken lassend.

Jesus lehrt in Kapharnaum
Vaterunser und Ordnung der Apostel und Jünger

In Kapharnaum waren nun nicht weniger als vierundsechzig Pharisäer aus allen Gegenden zusammengekommen. Schon auf der Herreise hatten sie den berühmtesten Heilungen nachgeforscht und die Witwe von Naim mit ihrem Sohn und Zeugen von Naim nach Kapharnaum berufen lassen wie auch den Knaben des Hauptmanns Achias von Gischala. Sie hatten den Serobabel und seinen Sohn, den Hauptmann und seinen Knecht, Jairus und seine Tochter, mehrere Blinde und Lahme und alles, was von Geheilten in der Gegend war, sehr strenge verhört, untersucht und Zeugen abgehört.

Da sie bei allem bösen Willen nichts als Beweise für die Wahrheit der Wunder Jesu finden konnten, wurden sie noch ergrimmter, und ihre Zuflucht war abermals, daß er mit dem Teufel zu tun habe. Auch erklärten sie: Er ziehe mit schlechten Weibern herum, mache das Volk aufrührerisch, entziehe der Synagoge die Almosen, entheilige den Sabbat, und prahlten, sie wollten ihm nun das Handwerk legen.

Jesus und die Apostel und etwa vierundzwanzig Jünger lehrten und heilten den ganzen Morgen. Es waren auch Besessene hier, welche Jesus anschrien, und deren Teufel ausgetrieben wurden. Die Pharisäer waren nicht hier, aber Lauerer und Halbgesinnte.

Nachdem Jesus geheilt hatte, begab er sich in die Halle und lehrte. Es folgten ihm die Genesenen und andere Leute dahin. Die Jünger fuhren teils fort zu heilen, teils waren sie um ihn. Er lehrte aber wieder von den Seligkeiten und erzählte mehrere Parabeln. Unter anderem lehrte er vom Gebet, davon man nicht ablassen dürfe; erzählte und erklärte das Gleichnis vom ungerechten Richter, welcher der immer wieder anpochenden Witwe endlich Recht schaffe, um sie loszuwerden. Wenn dies vom ungerechten Richter geschehe, so werde der Vater im Himmel noch barmherziger sein.

Er lehrte auch, wie sie beten sollten, sagte die sieben Bitten des Vaterunsers nacheinander her und erklärte den Anfang „Vater unser, der du bist in dem Himmel.“ Er hatte hiervon den Jüngern einiges schon auf den Reisen erklärt; nun aber führte er das Vaterunser in seine öffentliche Lehren, wie die acht Seligkeiten, ein und wird es nach und nach erklären, überall wiederholen und durch die Jünger ausbreiten lassen. Er fährt zugleich mit den acht Seligkeiten fort. Er lehrte auch vom Gebet; wenn ein Kind seinen Vater um Brot bittet, gibt er ihm keinen Stein, um einen Fisch, keine Schlange oder einen Skorpion.

Es war schon gegen drei Uhr. Maria hatte mit ihren Schwestern und andern Frauen und den Söhnen von Josephs Brüdern aus Dabrath, Nazareth und dem Tal Zabulon in einem Vorgebäude des Hauses Speise bereitet für Jesus und die Jünger; denn diese hatten bei großer Anstrengung mehrere Tage lang keine ordentliche Mahlzeit mehr genommen. Als Jesus aber nicht abließ zu lehren, trat Maria mit ihren Verwandten, um sich nicht allein der Menge zu nähern, heran und begehrte, mit Jesus zu sprechen und ihn zu bitten, daß er etwas Speise zu sich nehmen möge. Sie konnten aber unmöglich durch die Menge hindurch, und so kam die Rede von ihrem Begehren bis zu einem Mann in der Nähe von Jesus, der zu den Lauerern der Pharisäer gehörte. Da Jesus mehrmals seines himmlischen Vaters erwähnt hatte, sagte der Lauerer nicht ohne heimlichen Hohn zu ihm: „Siehe, deine Mutter und deine Brüder stehen draußen und wünschen mit dir zu sprechen!" Jesus aber sah ihn an und sprach: „Wer ist meine Mutter und meine Brüder?" schob die Zwölfe auf einen Trupp, stellte die Jünger neben sie, streckte die Hand über sie aus und sprach, auf die Apostel deutend: „Diese sind meine Mutter" und auf die Jünger: „und diese meine Brüder, welche das Wort Gottes hören und befolgen; denn wer den Willen meines Vaters tut, der im Himmel ist, der ist mein Bruder, meine Schwester und meine Mutter!" Jesus aber ging auch jetzt nicht essen und lehrte fort; seine Jünger aber entließ er abwechselnd, damit sie Speise zu sich nähmen.

Als Jesus hierauf nach der Synagoge mit den Jüngern ging, flehten ihn Kranke, welche noch gehen konnten, um Hilfe an, und er heilte sie. In der Vorhalle der Synagoge, da der Sabbat schon begonnen hatte, trat ihm ein Mann entgegen, zeigte ihm seine ganz verkrümmte verdorrte Hand und bat ihn um Hilfe; Jesus aber sagte ihm, zu warten bis nachher.

Die Bürger von Kapharnaum und die vielen Fremden waren voll Ehrfurcht und Bewunderung gegen ihn, und so wagten die

Pharisäer nicht, ihn ohne einen Scheingrund zu stören. Sie waren überhaupt mehr aus gegenseitiger Prahlerei hier, als ihm ernsthaften Widerstand zu leisten, was sie nicht vermochten. Sie liebten es nicht mehr, ihm vielen offenen Widerspruch zu tun, weil sie durch seine Antworten meistens vor allem Volke beschämt wurden. Wenn Jesus aber hinweg war, so suchten sie auf alle Weise die Leute von ihm abwendig zu machen und Lügen gegen ihn auszusprengen.

Sie wußten nun, daß der Mann mit der verdorrten Hand zugegen war und wollten Jesus versuchen, ob er am Sabbat heilen werde, um ihn zu verklagen. Es waren dies die neu von Jerusalem Angekommenen, welche gern etwas nach Hause vor das Synedrium mitbringen wollten. Weil sie aber gar nichts anderes gegen ihn von Bedeutung wußten, so brachten sie, obgleich ihnen seine Gesinnung hierin längst bekannt war, doch immer dasselbe wieder vor, als ob sie es noch nicht wüßten, und Jesus gab ihnen mit unendlicher Geduld meist wieder dieselbe Antwort. Es fragten ihn also mehrere: „Ist es auch erlaubt, am Sabbat zu heilen?" Jesus, ihre Gedanken kennend, rief den Mann mit der verdorrten Hand, und da er nahte, stellte er ihn in ihre Mitte und fragte: „Ist es erlaubt, am Sabbat Gutes zu tun oder Böses? Ein Leben zu retten oder verderben zu lassen?" Keiner antwortete. Und Jesus sprach das in solchen Fällen gewöhnliche Gleichnis aus: „Wer unter euch wird sein eigenes Schaf, das am Sabbat in die Grube fällt, nicht herausziehen? Besser aber ist ein Mensch als ein Schaf. Also ist Gutes zu tun am Sabbat erlaubt." Er war sehr betrübt über die Verstocktheit dieser Männer, sah sie zürnend und ins Innere treffend an, nahm den Arm des Menschen mit seiner Linken, fuhr mit der Rechten daran herab und zog ihm die gekrümmten Finger auseinander und sagte: „Strecke deine Hand aus!" Da streckte der Mann seine Hand aus und bewegte sie; sie war so lang und gesund wie die andere. Es war dies das Werk eines Augenblicks. Der Mann warf sich dankend vor Jesus nieder, das Volk jubelte, die Pharisäer waren ergrimmt, traten am Eingang zusammen und sprachen miteinander. Jesus aber trieb noch den Teufel aus dem daliegenden Besessenen, er ward hörend und sprechend. Das Volk aber war voll Freude und Jubel, die Pharisäer aber lästerten wiederum: „Er hat den Teufel! Er treibt einen Teufel mit dem andern aus." Jesus wendete sich gegen sie und sagte: „Wer unter euch kann mich einer Ungerechtigkeit beschuldigen? Ist der Baum gut, so ist auch seine Frucht gut, ist der Baum schlecht, so ist auch die Frucht schlecht. Aus der Frucht erkennt man den Baum. Ihr Schlangenbrut, wie könnt ihr Gutes reden, ihr seid ja böse! Der Mund läuft über, wovon das Herz voll ist."

Nachdem Jesus die Lehre geschlossen und die Menge auf den folgenden Tag an den Ort der Bergpredigt beschieden hatte, begab er sich mit den Aposteln und Jüngern auf die Höhe des Berges an einen einsamen schattigen Ort. Außer den Zwölfen waren mit ihm zweiundsiebenzig Jünger, darunter die zwei aus Machärus gekommenen Soldaten und solche, welche noch nicht förmlich als Jünger aufgenommen und noch nie bei einer Sendung gewesen waren. Auch die Brudersöhne von Joseph waren dabei.

Es lehrte Jesus hier die Jünger über das Bevorstehende, sagte ihnen, daß sie keine Tasche, kein Geld, kein Brot, nur einen Stock und Sohlen mitnehmen sollten; daß sie an Orten, wo sie unfreundlich aufgenommen würden, den Staub aus den Schuhen schütteln sollten. Er gab ihnen allgemeine Vorschriften für die Zukunft über das Apostel- und Jüngeramt, nannte sie das Salz der Erde, sprach vom Licht, das nicht unter den Scheffel gestellt werden dürfe, von der Stadt auf dem Berge; doch kündigte er ihnen noch nicht die volle Schwere der Verfolgungen an.

Die Hauptsache aber war, daß er die Apostel bestimmt den Jüngern vorsetzte und ihnen sagte, daß sie die Jünger senden und rufen sollten, wie er sie sende und rufe, nämlich in Kraft ihrer eigenen Sendung. Auch unter den Jüngern machte Jesus mehrere Klassen und setzte die älteren und unterrichteteren den jüngeren und neueren vor. Er stellte alle folgenderweise geordnet zusammen: die Apostel stellte er zwei und zwei; Petrus und Johannes aber standen voraus. Die ältern Jünger standen im Kreise um sie und hinter diesen die jüngeren nach ihren Graden. Dann lehrte er sie noch sehr ernst und rührend und legte den Aposteln abermals zu dieser Vorsetzung die Hände auf; die Jünger aber segnete er nur. Alles dieses geschah mit großer Stille und allgemeiner Rührung. Keiner hatte einen Widerspruch oder irgendwelche ärgerliche Empfindung. Hierüber war es Abend geworden, und Jesus ging mit Andreas, Johannes, Philippus und Jakobus Minor tiefer ins Gebirge und brachte die Nacht im Gebete zu.

Die Speisung der Fünftausend

Als am folgenden Morgen Jesus mit den Aposteln auf den Berg sich begab, wo er schon mehrmals von den acht Seligkeiten gelehrt hatte, war schon vieles Volk herangezogen, und die anderen Apostel hatten die Kranken bereits an geschützten Stellen geordnet. Jesus und die Apostel begannen zu heilen und zu lehren. Viele, welche in diesen Tagen zum erstenmal nach Kapharnaum gekommen waren, wurden im Kreise kniend mit Wasser, das in Schläuchen heraufgebracht worden war, durch Besprengung getauft.

Jesus aber lehrte von den acht Seligkeiten und kam bis zu der sechsten, wiederholte auch die schon in Kapharnaum begonnene Lehre vom Gebet und legte einzelne Bitten des Vaterunsers aus.

Lehre und Heilungen dauerten bis nach vier Uhr. Die vielen Menschen aber hatten nichts zu essen. Schon am vorigen Tag waren sie ihm nachgezogen, und ihr kleiner Vorrat, den sie mit sich getragen, war aufgezehrt. Viele unter ihnen wurden ganz schwach und schmachteten nach Nahrung. Die Apostel, dies wahrnehmend, traten zu Jesus mit der Bitte, die Lehre zu schließen, damit die Leute vor Nacht sich Herberge suchen und Speise verschaffen könnten. Jesus aber erwiderte: „Sie brauchen darum nicht hinwegzugehen. Gebt ihr ihnen zu essen!" Da sprach Philippus: „Sollen wir gehen, um für ein paar hundert Denare Brot zu kaufen und ihnen zu essen zu geben?" Er sagte dies mit einiger Verdrossenheit, weil er glaubte, Jesus mute ihnen die große Mühe zu, für die ganze Menge Brot aus der Gegend zusammenzuschleppen. Jesus versetzte aber: „Seht zu, wie viele Brote ihr habt!" und fuhr in seiner Lehre weiter. Es hatte ein Knecht den Aposteln fünf Brote und zwei Fische von seinem Herrn zum Geschenk gebracht, was Andreas Jesus mit den Worten meldete: „Was ist das für so viele?" Jesus aber befahl, diese Brote und Fische herbeizubringen, und als sie auf den Rasen vor ihm gelegt waren, lehrte er noch weiter von der Bitte um das tägliche Brot. Viele Leute wurden ohnmächtig, und Kinder weinten nach Brot. Da sprach Jesus zu Philippus, ihn auf die Probe stellend: „Wo kaufen wir Brot, daß diese zu essen bekommen?" und Philippus erwiderte: „Zweihundert Denare reichen nicht hin für alle diese." Nun sprach Jesus: „Lasset das Volk sich niedersetzen, die Hungrigsten zu fünfzig, die andern zu hundert und bringt mir die Brotkörbe, welche vorhanden sind!" Sie setzten eine Reihe flacher, von breitem Bast geflochtener Brotkörbe zu ihm hin und verteilten sich unter das Volk, das sich um den Berg lagerte, der treppenförmig und mit schönem langem Gras bewachsen war, zu Hunderten und zu Fünfzigen. Sie lagen nun tiefer, als Jesus stand, am Abhang des Berges.

Während die Jünger die Leute zu fünfzig und hundert zum Essen niederlegen ließen und sie dabei zählten, was Jesus ihnen befohlen hatte, ritzte er alle fünf Brote mit einem beinernen Messer vor und schnitt die Fische, die der Länge nach gespalten waren, in Querstreifen; dann hob er eines der Brote auf den Händen empor und betete, so auch einen der Fische. Vom Honig erinnere ich mich es nicht. Es waren ihm aber drei Jünger zur Seite. Jesus segnete nun die Brote, die Fische und den Honig und begann das Brot der Quere nach in Streifen zu brechen und diese Streifen wieder in einzelne Teile. Und jeder Teil ward wieder groß und hatte wieder Ritzen. Jesus brach die einzelnen Teile, die so groß waren, daß ein Mann daran satt hatte und gab sie hin und die Stücke Fische ebenso. Saturnin, der zur Seite stand, legte immer ein Stück Fisch auf ein Stück Brot, und ein junger Jünger des Täufers, ein Hirtensohn, der später Bischof wurde, legte auf jede Portion ein Stückchen Honig. Die Fische nahmen nicht merklich ab, und die Honigwaben schienen zu wachsen. Thaddäus aber legte die Portionen Brot, worauf ein Stück Fisch und etwas Honig, in die flachen Körbe, welche nun zu den hungrigsten, die zu fünfzig aßen, zuerst gebracht wurden.

Sobald die leeren Körbe zurückkamen, wurden sie immer mit gefüllten umgetauscht; und diese Arbeit dauerte ungefähr zwei Stunden, bis alle gespeist waren. Jene, welche Weib und Kinder hatten, die von den Männern abgesondert saßen, fanden ihren Anteil so groß, daß sie diese auch sättigen konnten. Die Leute tranken auch Wasser aus Schläuchen, welche heraufgebracht waren, und hatten meist Becher von zusammengedrehter Rinde, wie eine Tüte, auch hohle Kürbisse bei sich.

Als alle gesättigt waren, sagte Jesus den Jüngern, mit Körben umher zu gehen und die Brocken zu sammeln, damit nichts zugrunde gehe. Sie sammelten zwölf Körbe voll. Viele Leute baten aber, einzelne Stückchen mit sich als Andenken zu nehmen. Dieses Mal waren gar keine Soldaten hier, deren ich sonst immer bei so großen Lehren viele bemerkte. Sie waren um Hesebon, wo Herodes sich aufhielt, zusammengezogen.

Nachdem sich die Leute wieder erhoben hatten, traten sie überall in Haufen zusammen, waren voll Staunen und Verwunderung über dieses Wunder des Herrn, und von Mund zu Mund lief das Wort: „Dieser ist es wahrhaftig! Dieser ist der Prophet, der in die Welt kommen soll! Er ist der Verheißene!“ Jesus entließ nun das Volk, das sehr bewegt war. Kaum hatte Jesus die Lehrstelle verlassen, so erhoben sich Stimmen: „Er hat uns Brot gegeben Er ist unser König! Wir wollen ihn zu unserem König machen!“ Jesus aber entwich in die Einsamkeit und betete.

Jesus wandelt über das Meer und der Glaube des Petrus

Das Schiff Petri mit den Aposteln und mehreren Jüngern wurde durch widrigen Wind in der Nacht aufgehalten. Sie ruderten sehr und wurden doch aus der Richtung der Überfahrt mehr gegen Mittag getrieben.

Da wandelte Jesus über das Meer von Nordost gegen Südwest. Er leuchtete, es war ein Schimmer um ihn, und man sah seine Gestalt zu seinen Füßen umgekehrt im Wasser. Von der Gegend von Bethsaida-Julias gegen Tiberias zu wandelnd, welchem gegenüber das Schiff Petri sich ungefähr befand, ging er quer durch die beiden Nachtwachenboote durch, welche von Kapharnaum und von jenseits eine Strecke ins Meer gefahren waren. Die Leute in diesen Booten sahen ihn wandeln, erhoben ein großes Angstgeschrei und bliesen auf dem Horn; sie hielten ihn für ein Gespenst. Die Apostel auf dem Schiffe Petri, welches nach dem Licht jener Wachtschiffe sich richtete, um wieder in die rechte Bahn zu kommen, schauten auf und sahen ihn heranziehen. Es war, als schwebe er schneller, als man geht; und da er nahte, ward das Meer still. Es war aber Nebel auf dem Wasser, und sie erblickten ihn erst in einer gewissen Nähe. Wenn sie ihn gleich schon einmal so wandeln gesehen, jagte ihnen doch der fremde gespenstige Anblick einen großen Schrecken ein, und sie schrien.

Als sie sich aber an das erstmalige Wandeln erinnerten, wollte Petrus abermals seinen Glauben beweisen und rief in seinem Eifer wieder: „Herr, bist du es, so heiß mich zu dir kommen!" Und Jesus rief abermals: „Komm!" Petrus lief diesmal eine viel größere Strecke zu Jesus; aber sein Glauben reichte doch nicht aus. Als er schon dicht bei Jesus war, dachte er wieder an die Gefahr und fing an zu sinken, streckte die Hand aus und rief: „Herr, rette mich!" Er sank aber nicht so tief wie das erste Mal, und Jesus sagte wieder zu ihm: „Du Kleingläubiger, warum zweifelst du?" Als Jesus aber in das Schiff trat, eilten sie zu ihm, warfen sich ihm zu Füßen und sagten: „Wahrhaftig, du bist Gottes Sohn!" Jesus aber verwies ihnen ihre Furcht und Kleingläubigkeit, hielt eine ernstliche Strafrede und lehrte noch vom Vaterunser. Er befahl ihnen mittäglich zu fahren. Sie hatten einen guten Wind, fuhren sehr schnell und schliefen etwas in dem Kasten unter den Ruderstellen um den Mast. Diesmal war der Sturm nicht so groß als neulich; sie waren aber in den Trieb des Sees gekomen, der in der Mitte sehr stark ist, und konnten nicht heraus.

Jesus ließ den Petrus auf dem Wasser zu sich kommen, um ihn zu demütigen, indem er wohl wußte, daß er sinken werde. Petrus ist sehr eifrig und stark glaubend und hat eine Neigung, im Eifer seinen Glauben Jesus und den Jüngern zu zeigen. Indem er aber sinkt, wird er vor Stolz bewahrt. Die andern getrauten sich nicht, so zu handeln, und indem sie Petri Glauben bewundern, erkennen sie doch, daß sein Glaube, obschon er den ihren übertrifft, doch nicht zureicht.

Mit Sonnenaufgang landete das Schiff Petri an der Ostseite des Sees zwischen Magdala und Dalmanutha vor ein paar Häuserreihen, welche zu Dalmanutha gehörten.

Lehre vom Brot des Lebens

Die Nacht hatte Jesus auf dem Schiff zugebracht, das zwischen Matthäi Zollstätte und Bethsaida-Julias gelandet war. Am Morgen lehrte er vor etwa hundert Menschen vom Vaterunser, und gegen Mittag fuhr er mit den Jüngern nach der Gegend von Kapharnaum, wo sie unbemerkt landeten und in das Haus Petri sich begaben. Hier kam Jesus mit Lazarus zusammen, der mit dem Sohn der Veronika und einigen Leuten aus Hebron hierher gereist war.

Als Jesus darnach auf die Höhe hinter Petri Haus ging, wo der kürzeste Weg von Kapharnaum nach Bethsaida führte, folgte das dort umher gelagerte Volk ihm nach, und mehrere, die bei der Brotvermehrung gewesen und ihn gestern und heute gesucht hatten, fragten: „Meister, wann bist du herübergekommen? Wir haben dich gesucht, drüben und hier!“ Jesus aber antwortete, seine Lehre beginnend: „Wahrlich, wahrlich, ihr sucht mich nicht, weil ihr Wunder gesehen, sondern weil ihr von dem Brot gegessen habt und satt geworden seid. Bemüht euch nicht um vergängliche Speise, sondern um Speise, die bis zum ewigen Leben währt, die euch der Menschensohn geben wird; denn ihn hat Gott der Vater beglaubigt.“ Er sagte dieses viel weitläufiger, als es im Evangelium steht, wo nur die Hauptsätze stehen. Die Leute flüsterten zusammen: „Was will er nur mit dem Menschensohn? Wir sind ja auch Menschenkinder!“ Und da sie auf seine Mahnung, daß sie Gottes Werke tun sollten, fragten, was sie tun sollten, um Gottes Werke zu tun, erwiderte er: „An den glauben, den Er gesandt hat!“ und lehrte über den Glauben. Sie fragten aber wieder: was er für ein Wunder tun wolle, auf daß sie glaubten? Ihren Vätern habe Moses Brot vom Himmel gegeben, daß sie an ihn glaubten, das Manna. Was er ihnen geben wolle? Da antwortete Jesus: „Ich sage euch, nicht Moses hat euch Brot vom Himmel gegeben, sondern mein Vater gibt euch das wahre Brot vom Himmel; denn das Brot Gottes ist dieses, das vom Himmel herabkommt und der Welt das Leben gibt.“

Hierüber lehrte er ganz ausführlich, und einige sagten: „Herr, gib uns doch immer solches Brot!“ Andere aber sprachen: „Sein Vater gibt uns Brot vom Himmel! Was soll das sein? Sein Vater Joseph ist ja tot!“ Jesus lehrte hierüber lange und mannigfaltig und erklärte es sehr deutlich; aber nur wenige verstanden ihn, weil sie sich klug dünkten und allerlei zu wissen glaubten. Er lenkte aber ein und lehrte noch vom Vaterunser und aus der Bergpredigt und sagte noch nicht, daß er das Brot des Lebens sei. Die Apostel und älteren Jünger aber fragten nicht, sie dachten nach, verstanden es oder ließen es sich nachher erklären.

Am folgenden Tag setzte Jesus auf der Anhöhe hinter Petri Haus die gestrige Lehre fort. Es waren wohl ein paar tausend Menschen gegenwärtig, die abwechselnd vor- und zurücktraten, um besser zu hören. Jesus ging auch manchmal von einer Stelle zur andern und wiederholte seine Lehre mit großer Liebe und Geduld und widerlegte oft dieselben Einwürfe. Es waren auch viele Frauen verschleiert an abgesondertem Orte da. Die Pharisäer gingen ab und zu, fragten und zischelten ihre Zweifel wieder unter dem Volk aus.

Heute sprach Jesus aus: „Ich bin das Brot des Lebens, wer zu mir kommt, den wird nicht hungern, und wer an mich glaubt, den wird nicht dürsten! Wen der Vater ihm gebe, der komme zu ihm, und er werde ihn nicht verstoßen. Er sei vom Himmel gekommen, nicht seinen, sondern des Vaters Willen zu tun. Es sei aber des Vaters Wille, daß er nichts verliere, was Er ihm gegeben, sondern am Jüngsten Tage erwecke. Es sei der Wille seines Vaters, wer den Sohn sehe und an ihn glaube, solle das ewige Leben haben, und er werde ihn am Jüngsten Tage erwecken."

Es waren aber viele, welche ihn nicht verstanden und sagten: „Wie kann er sagen, er sei vom Himmel herabgekommen? Er ist ja der Sohn des Zimmermanns Joseph, seine Mutter und seine Verwandten sind unter uns, und die Eltern seines Vaters Joseph kennen wir! Er spricht heute: Gott sei sein Vater und dann sagt er wieder, er sei des Menschen Sohn", und murrten. Jesus aber sagte, sie sollten nicht untereinander murren. Durch sich selbst könnten sie nicht zu ihm kommen; der Vater, der ihn gesandt habe, müsse sie zu ihm ziehen. Das konnten sie wieder nicht begreifen und fragten, was das heißen solle, der Vater solle sie ziehen? Sie nahmen das ganz roh. Er sagte aber: „Es steht in den Propheten: es werden alle von Gott gelehrt werden. Wer es also vom Vater hört und lernt, kommt zu mir!"

Da sagten wieder viele: „Sind wir nicht bei ihm? Und doch haben wir es nicht vom Vater gehört noch gelernt?" Da erklärte Jesus wieder: „Keiner hat den Vater gesehen, als der von Gott ist. Wer an mich glaubt, der hat das ewige Leben. Ich bin das Brot, das vom Himmel herabkam, das Brot des Lebens."

Da sprachen sie wieder, sie kennten kein Brot, das vom Himmel gekommen, als das Manna. Er erklärte, dieses sei nicht das

Brot des Lebens, denn ihre Väter, die es gegessen, seien gestorben. Hier aber sei das Brot, das vom Himmel gekommen, damit, wer davon esse, nicht sterbe. Er sei dieses lebendige Brot, und wer davon esse, werde ewig leben.

Alle diese Lehren waren weitläufig mit Erklärungen und Erwähnungen aus dem Gesetz und den Propheten; aber die meisten wollten es nicht begreifen, nahmen alles roh nach dem gemeinen fleischlichen Verstand und fragten wieder: „Was das heißen solle, daß man ihn essen solle und ewig leben? Wer denn ewig leben und wer von ihm essen könne? Henoch und Elias seien von der Erde genommen, und man sage, sie seien nicht gestorben; auch von Malachias wisse man nicht, wo er hingekommen, man wisse seinen Tod nicht; aber sonst würden wohl alle Menschen sterben." Jesus antwortete ihnen und fragte: ob sie wüßten, wo Henoch und Elias seien und wo Malachias? Ihm sei es nicht verborgen. Ob sie aber wüßten, was Henoch geglaubt? – Was Elias und Malachias prophezeit? Und erklärte mehreres von diesen Prophezeiungen.

Er lehrte aber heute nicht weiter. Es war eine außerordentliche Spannung und Nachdenken und Disputieren unter dem Volk. Selbst viele von den neueren Jüngern und besonders die neulich hinzugekommenen Johannesjünger zweifelten und irrten. Sie waren es, welche die Zahl der Siebenzig jetzt voll gemacht hatten; denn Jesus hatte erst sechsunddreißig Jünger. Der Frauen waren jetzt ungefähr vierunddreißig; aber es war ihre Anzahl im Dienst der Gemeinde mit allen Pflegerinnen, Mägden und Vorsteherinnen der Herbergen zuletzt auch siebenzig.

Jesus lehrte das Volk abermals auf der Höhe vor der Stadt, sprach aber nicht von dem Brot des Lebens, sondern aus der Bergpredigt und dem Vaterunser.

Als Jesus am Abend in der Synagoge über die Sabbatlesung lehrte, unterbrachen sie ihn mit der Frage: „Wie er sich das Brot des Lebens nennen könne, das vom Himmel herabgekommen, da man doch wisse, wo er her sei?" Jesus aber wiederholte seine ganze bisherige Lehre hierüber.

Die Pharisäer brachten nun dieselben Einwände wieder vor, und da sie auf ihren Vater Abraham und auf Moses sich berufend sprachen, wie er denn Gott seinen Vater nenne? fragte er sie, wie sie Abraham ihren Vater nennen könnten und Moses ihren Lehrer, da sie Abrahams und Mosis Geboten und Wandel nicht folgten?, und stellte ihren verkehrten Wandel und ihr böses heuchlerisches Leben ihnen öffentlich vor Augen. Sie waren beschämt und erbittert.

Nun fuhr Jesus in der Lehre vom Brot des Lebens weiter fort und sagte: „Das Brot, das ich geben werde, ist mein Fleisch, das ich für das Leben der Welt hingeben werde." Da ward ein Murren und Flüstern: „Wie kann er uns sein Fleisch zu essen geben?" Jesus lehrte aber fort und viel weitläufiger, als im Evangelium steht. Wer sein Blut und Fleisch nicht trinken und essen werde, der werde kein Leben in sich haben. Wer es aber tue, habe das ewige Leben, und er werde ihn am Jüngsten Tage auferwecken; „denn mein Fleisch ist wahrhaftig eine Speise und mein Blut wahrhaftig ein Trank. Wer mein Fleisch ißt und mein Blut trinkt, der bleibt in mir und ich in ihm. Wie mich der lebendige Vater gesendet hat und wie ich durch den Vater lebe, so wird, wer mich ißt, durch mich leben. Hier ist das Brot, das vom Himmel herabgekommen ist, kein Brot wie das Manna, das eure Väter aßen und doch starben! Wer dieses Brot ißt, wird leben in Ewigkeit." Er legte alles aus den Propheten aus und besonders aus Malachias und zeigte die Erfüllung desselben in Johannes dem Täufer, von dem er weitläufig sprach. Und da sie fragten: wann er ihnen dann diese Speise geben wolle? sagte er deutlich: „Zu seiner Zeit", und bestimmte eine Zeit in Wochen mit einem eigenen Ausdruck; und ich rechnete nach und erhielt: ein Jahr, sechs Wochen und etliche Tage. Alles war sehr erregt, und die Pharisäer hetzten die Zuhörer auf.

Jesus lehrte darauf wiederum in der Synagoge und erklärte die sechste und siebente Bitte des Vaterunsers, und „Selig sind die Armen im Geiste." Er sagte die, welche gelehrt seien, sollten es nicht wissen, so auch die Reichen sollten es nicht wissen, daß sie reich seien. Da murrten sie wieder und sagten, wenn man es nicht wisse, könne man es auch nicht brauchen. Er sagte aber: „Selig sind die Armen im Geiste!" Sie sollten sich arm fühlen und demütig sein vor Gott, von dem alle Weisheit komme und außer dem alle Weisheit ein Greuel sei.

Da sie ihn aber wieder aus seiner gestrigen Lehre vom Brot des Lebens, vom Essen seines Fleisches und Trinken seines Blutes fragten, wiederholte Jesus seine Lehre streng und bestimmt. Es murrten viele seiner Jünger und sagten: „Das ist ein hartes Wort, wer kann das anhören?" Er erwiderte ihnen aber, sie sollten sich nicht ärgern, es würden noch ganz andere Dinge kommen und sagte deutlich voraus, man werde ihn verlassen und fliehen. Da werde er seinem Feinde in die Arme laufen, und man werde ihn töten. Er werde aber die Fliehenden nicht verlassen, sein Geist werde bei ihnen sein. Das „seinem Feind in die Arme laufen" war nicht ganz so gesagt; es war, wie: „seinen Feind umarmen oder von ihm umarmt werden", ich weiß es nicht mehr recht. Es deutete auf den Kuß des Judas und dessen Verrat.

Da sie aber sich noch mehr hieran ärgerten, sprach er: „Wie aber, wenn ihr den Menschensohn dahin auffahren sehen werdet, wo er zuvor war? Der Geist ist es, der lebendig macht, das Fleisch nützt nichts. Die Worte, die ich zu euch geredet habe, sind Geist und Leben. Aber es gibt einige unter euch, die nicht glauben, daher sagte ich euch: Niemand kann zu mir kommen, wenn es ihm nicht von meinem Vater gegeben wird."

Nach diesen Worten entstand in der Synagoge Murren und Höhnen. Etliche dreißig der neueren Anhänger, besonders die einseitigen Johannesjünger, traten näher zu den Pharisäern, flüsterten und murrten mit diesen; die Apostel und älteren Jünger aber traten näher mit Jesus zusammen. Er lehrte noch laut: es sei gut, daß jene zeigten, wes Geistes Kinder sie seien, ehe sie größeres Unheil verursachten.

Als Jesus die Synagoge verließ, wollten die Pharisäer und abtrünnigen Jünger, welche sich miteinander besprochen hatten, ihn zurückhalten, um zu disputieren und mancherlei Erklärungen von ihm zu begehren. Die Apostel, seine Jünger und Freunde umgaben ihn, und so entkam er dieser Zudringlichkeit unter Lärm und Geschrei. Ihre Reden waren so, wie sie heutzutage auch sein würden: „Da haben wir es ja! Nun brauchen wir nichts mehr. Er hat für jeden vernünftigen Menschen deutlich gezeigt, daß er ganz unsinnig ist. Man solle sein Fleisch essen! Sein Blut trinken! Er sei vom Himmel! Er wolle in den Himmel fahren!"

Jesus ging aber mit den Seinigen, die auf verschiedenen Wegen sich zerstreuten, bei den Wohnungen Serobales und des Cornelius an der Nordhöhe der Stadt und des Tales hin, und als sie sich an einer bestimmten Stelle gefunden, lehrte er. Da Jesus danach die Zwölfe fragte: ob auch sie ihn verlassen wollten, sprach Petrus für alle: „Herr! zu wem sollen wir gehen? Du hast Worte des ewigen Lebens! Und wir haben geglaubt und erkannt, daß du Christus, der Sohn des lebendigen Gottes bist!" Jesus erwiderte unter anderem: „Ich habe euch Zwölfe erwählt, und doch ist einer unter euch ein Teufel!"

Maria war mit anderen Frauen auch bei den letzten Lehren Jesu auf dem Berg und in der Synagoge gegenwärtig gewesen. Von allen Geheimnissen, welche in diesen Lehren vorgekommen waren, hatte sie von jeher die innere Erkenntnis gehabt; allein, gleichwie die zweite Person der Gottheit in ihr Fleisch angenommen, Mensch und ihr Kind geworden war, so waren auch in ihr diese Erkenntnisse in die demütigste, ehrfurchtvollste Mutterliebe zu Jesus wie eingehüllt. Da nun Jesus von diesen Geheimnissen deutlicher als je zum Ärgernis der Verblendeten gelehrt hatte, sah ich Maria in ihrer Kammer betend und in der inneren Anschauung des Englischen Grußes, der Geburt und der Kindheit Jesu, ihrer Mutterschaft und seiner Kindschaft. Sie sah ihr Kind als den Sohn Gottes und ward dermaßen von Demut und Ehrfurcht überwältigt, daß sie in Tränen zerfloß. Alle diese Anschauungen hüllten sich abermals in das Gefühl der mütterlichen Liebe zu dem göttlichen Sohne ein, wie die Gestalt des Brotes den lebendigen Gott im Sakrament verhüllt.

Bei der Trennung der Jünger von Jesus sah ich in zwei Kreisen das Reich Christi und das Reich des Satans. Ich sah die Stadt des Satans und die babylonische Hure, seine Propheten und Prophetinnen, seine Wundertäter und Apostel, alles in großem Glanze und viel prächtiger und reicher und voller als das Reich Jesu. Könige und Kaiser und selbst viele Priester jagten mit Roß und Wagen dahin, und Satan hatte einen prächtigen Thron.

Das Reich Christi auf Erden aber sah ich arm und unscheinbar, voll Not und Pein und Maria als die Kirche und Christus am Kreuz auch als Kirche und den Eingang in die Kirche durch seine Seitenwunde.

Die Syrophönizierin

Während dieser Heilungen war von einem Haus zum anderen eine bejahrte, auf einer Seite gekrümmte Heidenfrau aus Ornithopolis Jesu immer nachgegangen, hatte sich aber demütig in einiger Ferne gehalten und manchmal um Hilfe gefleht. Jesus aber ließ sie immer unbeachtet und wich ihr aus; denn er heilte jetzt nur die kranken Juden. Ein Diener begleitete sie mit einem Pack. Sie war ausländisch gekleidet in gestreiftes Zeug, hatte Schnüre um die Arme und den Hals des Kleides, auf dem Kopfe eine vorstehende spitze Mütze und ein buntes Tuch darum, außerdem einen Schleier. Diese Frau hatte zu Hause eine besessene kranke Tochter und hatte schon lange auf Jesus gehofft. Sie war schon hierhergekommen, als die Apostel hier waren, und diese erinnerten nun Jesus mehrmals an sie. Jesus aber antwortete, es sei noch nicht Zeit, er wolle das Ärgernis nicht, er wolle den Heiden nicht vor den Juden helfen.

Am Nachmittag ging Jesus mit Petrus, Jakobus und Johannes in das Haus eines hiesigen Judenältesten, der sehr wohlgesinnt, ein Freund des Lazarus und Nikodemus und heimlicher Anhänger Jesu war. Er gab sehr viel zu dem Gemeindealmosen und den Herbergen her, hatte zwei Söhne und drei Töchter von gesetztem Alter und war ein ganz schwacher Greis. Die Kinder waren nicht verheiratet, sie waren Nasiräer, trugen gescheitelte lange Haare und ungekürzte Bärte. Die Töchter hatten gescheitelte Haare unter der Kopfverhüllung hervorsehend. Alle waren weiß gekleidet. Der alte Vater mit langem weißem Bart wurde von den Söhnen Jesu entgegengeführt, da er nicht allein gehen konnte. Er weinte vor Ehrfurcht und Freude. Die Söhne wuschen Jesu und den Aposteln die Füße und gaben ihnen einen Imbiß von Früchten und kleinen Broten. Jesus war sehr freundlich und vertraut, sprach von seinen nächsten Wegen und daß er zu Ostern nicht öffentlich auf dem Fest in Jerusalem sein werde. Er blieb nicht lange in dem Hause; das Volk hatte seinen Aufenthalt ausgespürt und sammelte sich umher und in dem Vorhof, und er ging hinaus in den Vorhof und den Garten des Hauses, heilte und lehrte zwischen Terrassenmauern, welche Gärten stützten, mehrere Stunden. Das heidnische Weib hatte schon lange in der Ferne geharrt. Jesus kam nicht in ihre Nähe; und sie wagte nicht, sich zu nähern, rief aber einigemal, wie schon früher: „Herr! Du Sohn Davids, erbarme dich meiner! Meine Tochter wird von einem unreinen Geiste geplagt!" Die Jünger baten Jesus, ihr doch zu helfen. Jesus aber sagte: „Ich bin nur zu den verlorenen Schafen aus Israel gesendet." Die Frau kam endlich näher, trat in die Hallen, warf sich vor Jesus nieder und sagte: „Herr, hilf mir!" Jesus antwortete: „Lasse zuerst die Kinder satt werden! Es ist nicht billig, den Kindern das Brot zu nehmen und es den Hunden vorzuwerfen." Die Frau aber flehte: „Ja, Herr! Denn auch die Hündlein essen unter dem Tisch von den Brosamen der Kinder, die von ihres Herrn Tisch fallen." Da sprach Jesus: „Weib, dein Glaube ist groß! Um dieses Wortes willen sei dir geholfen!"

Mit der Frage, ob sie selbst nicht auch geheilt sein wolle, denn sie war zusammengekrümmt nach einer Seite hin, hielt sich aber der Heilung nicht würdig und flehte nur für die Tochter, legte ihr Jesus die eine Hand auf den Kopf, die andere in die Seite und sagte: „Richte dich auf! Es geschehe dir, wie du willst! Der Teufel ist von deiner Tochter ausgefahren.“ Da richtete sich die Frau groß und schlank in die Höhe, war einige Augenblick still und rief dann mit erhobenen Händen: „O Herr! Ich sehe meine Tochter ruhig und gesund im Bett liegen!“ Sie war wie außer sich vor Freuden. Jesus aber begab sich mit den Jüngern hinweg.

Als Jesus am folgenden Morgen unter den Säulenhallen des Marktes heilte und lehrte, brachte die Frau ihren Verwandten herzu, der mit ihr von Ornithopolis gekommen, aber lahm am rechten Arme und stumm und taub war. Die Frau bat Jesus um Hilfe für ihn und flehte, er möge doch in ihre Heimat kommen, damit sie ihm danken könnten.

Jesus nahm den Mann aus dem Gedränge beiseite, legte ihm die Hand auf den lahmen Arm, betete und streckte ihm den Arm gesund aus. Dann benetzte er mit ein wenig Speichel die Ohren, ließ ihn die geheilte Hand an die Zunge führen, blickte empor und betete; der Mann aber richtete sich auf, sprach und dankte. Jesus trat mit ihm zu dem andrängenden Volke, und der Mann fing nun an, ganz wunderbar und prophetisch zu sprechen. Er warf sich vor die Füße Jesu nieder und dankte, dann wendete er sich zu den Heiden und Juden, sprach Drohungen gegen Israel aus, nannte die einzelnen Orte und Wunder Jesu und die Hartnäckigkeit der Juden und sagte: „Die Speise, die ihr verwerfet, ihr Kinder des Hauses, sammeln wir Verworfene auf und werden davon leben und danken. An der Frucht der Brosamen, die wir sammeln, wird ersetzt werden, was ihr an dem Brot des Himmels zugrunde gehen lasset!“ Er redete so wunderbar und begeistert, daß eine große Bewegung im Volke entstand.

Die Syrophönizierin war eine sehr vornehme Frau in ihrer Heimat. Sie war schon hierdurch nach Hause gezogen und hatte Jesu eine sehr gute Herberge bestellt. Die Heiden kamen Jesu und seiner Schar sehr demütig entgegen, führten sie abgesondert und taten alle Dienste sehr schüchtern und ehrfurchtsvoll, Jesus für einen sehr großen Propheten haltend.

Am folgenden Tage zogen Jesus und die Jünger in der Nähe einer kleinen heidnischen Stadt nach einer Anhöhe, auf welcher ein Lehrstuhl noch aus den ersten Zeiten der Propheten stand, deren einige öfters hier gelehrt hatten. Die Heiden hielten diesen Platz von jeher in einer gewissen Achtung und hatten ihn mit einer schönen Zeltdecke über dem Lehrstuhl heute verziert.

Es waren viele Kranke da, die scheu sich ferne hielten, bis Jesus ihnen näher trat und mit den Jüngern viele, welche Geschwüre hatten, lahme, ausgedörrte, melancholische oder halbbesessene, welche nach der Heilung wie aus dem Schlafe erwachten, heilte. Jenen, welche ganz dick und bösartig geschwollene Glieder hatten, legte Jesus die Hand auf die Geschwulst, wodurch sie sank und gutartig wurde. Er ließ von den Jüngern eine Pflanze bringen, die dort auf nacktem Felsen wuchs und große fette, tief eingekerbte Blätter hatte. Jesus segnete ein solches Blatt und goß Wasser darauf, das er in einer Flasche bei sich trug, und die Jünger legten es den Geheilten mit der gekerbten Seite um die kranke Stelle und banden es zu.

Nach den Heilungen hielt Jesus eine ungemein rührende Lehre von der Berufung der Heiden, erklärte mehrere Stellen aus den Propheten und schilderte die Nichtigkeit ihrer Götzen. Hierauf ging er mit den Jüngern drei Stunden nordwestlich nach Ornithopolis, welches vom Meere noch dreiviertel Stunden entfernt ist. Es ist nicht sehr groß, aber es sind schöne Gebäude dort; östlich davon liegt auf einer Höhe ein Götzentempel.

Jesus wurde mit ungemeiner Liebe empfangen. Die Syrophönizierin hatte alles auf das reichlichste und ehrenvollste eingerichtet und ließ aus Demut alles von den wenigen hier wohnenden armen Judenfamilien verrichten. Der ganze Ort war voll von der Genesung der Tochter, dem Geradewerden der Frau und besonders von der Heilung ihres taubstummen Verwandten, welcher auch hier auf prophetische Weise von Jesus bei der

Verkündigung seiner Genesung gesprochen hatte. Alles war vor den Häusern versammelt; die Heiden hielten sich in demütiger Entfernung zurück und hielten dem Zuge grüne Zweige entgegen. Die Juden, etwa zwanzig an der Zahl, darunter sehr alte Männer, die geführt werden mußten, kamen Jesus entgegen, auch der Lehrer mit allen Kindern; Frauen und Töchter folgten verschleiert.

Es war Jesus und den Jüngern ein Haus bei der Schule eingeräumt und von der Frau mit schönen Teppichen, Gefäßen und Lampen ausgerüstet. Es wurden ihnen dort sehr demütig die Füße von den Juden gewaschen und andere Kleider und Sohlen gegeben, bis die ihrigen ausgeschüttelt, gereinigt und gestrichen waren. Jesus war dann mit den Vorstehern in der Schule und lehrte.

Am Sabbat besuchte Jesus die einzelnen Judenfamilien, teilte Almosen aus, heilte und tröstete. Sie waren hier sehr arm und verlassen. Er versammelte sie in der Synagoge und sprach ungemein rührend und tröstlich mit ihnen; denn sie hielten sich für ausgestoßen und unwürdig in Israel. Er bereitete auch viele zur Taufe vor; es wurden etwa zwanzig Männer in einem Badegarten getauft, worunter der geheilte taubstumme Verwandte der heidnischen Frau.

Jesus ging mit den Jüngern auch zu der Syrophönizierin, die in einem schönen, mit vielen Gärten und Höfen umgebenen Hause wohnte. Er wurde mit vielen Feierlichkeiten empfangen, das Gesinde war festlich gekleidet und breitete Teppiche unter seinen Füßen aus.

Am Nachmittag des folgenden Tages nahm Jesus Abschied von der Frau, die ihm wie ihre Tochter und der geheilte Verwandte noch handlange Figuren von Gold schenkten und Vorrat von Broten, Balsam, Früchten, Honig in Bienenkörbchen und Fläschchen für die Reise und für die Armen in Sarepta in die Herberge sendeten. Jesus ermahnte die ganze Familie, empfahl ihr die armen Juden und ihr eigenes Heil und schied aus dem Hause unter den Tränen aller, die sich vor ihm demütigten. Die

Frau war immer sehr erleuchtet und suchte das Gute. Sie geht mit ihrer Tochter nicht mehr zum Heidentempel, sondern hält sich zur Lehre Jesu und schließt sich an die Juden an und sucht auch ihre Leute nach und nach dahin zu bringen.

Jesus unterrichtete die Jünger noch mehrmals über ihre Ordnung und Pflichten auf ihrer jetzigen Sendung. Thomas, Thaddäus und Jakobus der Kleinere gingen mit den Jüngern, welche nicht bei Jesus blieben, in den Stamm Aser hinab. Sie durften nichts bei sich haben. Jesus aber ging mit den übrigen neuen Aposteln, mit Saturnin, Judas Barsabas und noch einem Dritten, von allen Juden und vielen Heiden eine Strecke Weges begleitet, nördlich gegen Sarepta. Sechzehn Juden gingen ganz mit dahin. Er zog nicht in Sarepta ein, das ungefähr zwei und eine halbe Stunde nordöstlich von hier entfernt war, sondern kehrte bei einer Reihe von Häusern ein, welche ziemlich weit von Sarepta an dem Orte lagen, wo die Witwe von Sarepta Reiser sammelte, als Elias zu ihr kam.

Von hier ging Jesus mit Johannes Bartholomäus und einem Jünger südlich drei Stunden nach Nobah, einer Stadt der Dekapolis. Heiden und Juden wohnen gesondert in den zwei Stadtteilen, welche etwas verschiedene Namen haben. Alle Städte hier herum sind von einem schwarzen glimmernden Stein gebaut. Jesus lehrte in Nobah und in einzelnen kleinen Orten der Umgegend. Johannes und Bartholomäus waren mit ihm; die andern Apostel und Jünger waren zerstreut in der Gegend.

Jesus bereitete auch zur Taufe vor, und Bartholomäus taufte. Es war an diesen Orten nur schwarzes, schlammiges Wasser; sie hatten aber große runde Steinbecken, worin sie es abklären und dann in große Becken laufen ließen und zudeckten. Die Apostel gossen Wasser, das sie in Trinkgefäßen bei sich hatten, hinein, und Jesus segnete das Wasser. Die Leute knieten um das Gefäß, den Kopf überbeugend.

Die Heiden in Nobah empfingen Jesus sehr feierlich. Sie zogen ihm mit grünen, blühenden Zweigen entgegen und breiteten Decken und Bahnen vor ihm aus, welche sie quer über die

Straße hielten und die er mehrere Male überschreiten mußte; denn sie liefen damit immer wieder vor ihn hin. An der Judenstadt empfingen ihn die Rabbiner, welche Pharisäer waren. Er lehrte in der Synagoge. Es war der Sabbat des Purimfestes. Hernach war ein Mahl in dem Festhaus, wo die Pharisäer wieder stritten und stichelten, daß die Jünger Früchte auf dem Wege äßen und Ähren abstreiften.

Jesus erzählte die Parabel von den Arbeitern im Weinberge und vom reichen Prasser und armen Lazarus. Er warf nämlich den Pharisäern vor, daß sie die Armen nicht wie gebräuchlich eingeladen, worauf sie sagten, dazu seien ihre Einkünfte zu gering. Er fragte, ob sie dieses Mahl für ihn angestellt hätten, und als sie „ja" sagten, legte er an einem Kettchen fünf große, gelbe, dreieckige Stücke auf den Tisch und sagte, sie möchten dieses den Armen zuwenden, und ließ auch durch die Jünger viele Arme herbeirufen und am Tische niedersitzen und labte sie. Er diente, lehrte und teilte viele Speisen aus. Jenes Geld war vielleicht die an jenem Tage gebräuchliche Tempelgabe oder das heute gewöhnliche Geschenk; denn auch hier beschenkten sich an diesem Feste die Leute mit Früchten, Broten, Getreide und Kleidern.

Man las an diesem Feste aus ganz eigenen Rollen die Geschichte der Esther in der Synagoge und las sie auch kranken und alten Leuten in den Häusern vor. Auch Jesus ging herum und las alten Leuten die Estherrollen und heilte einige Kranke. Ich sah auch Festspiele und Aufzüge der jungen Mädchen und Frauen, die große Rechte am heutigen Tage hatten. Einmal kamen sie, wie mit einer Gesandtschaft, in die Synagoge ganz in den vordersten Teil. Sie hatten eine geschmückte Königin unter sich gewählt und schenkten den Priestern schöne geistliche Kleidungsstücke. In einem Garten hatten sie eigene Spiele, wählten bald die eine, bald die andere zur Königin und setzten sie wieder ab. Sie hatten auch eine Puppe, die mißhandelt und aufgehängt wurde, während kleine Jungen mit Hämmern auf Bretter klopften und Verwünschungen ausschrien.

Schluß der Bergpredigt

Schon vor Tag fuhren sie von Bethsaida wieder an die Ostseite, wo Jesus auf dem Bergrücken über Matthäi Zollstätte eine Lehre hielt. Es waren Heiden aus der Dekapolis und Karawanenvolk dabei. Viele Kranke wurden auf Bahren und Eseln hinaufgetragen, und Jesus heilte sie.

Jesus lehrte vom Gebet, wie und wo sie beten sollten, und vom dringenden Gebet. Er sprach: „Wenn ein Kind um Brot bittet, gibt ihm der Vater keinen Stein, wenn um einen Fisch, keine Schlange; statt eines Eies keinen Skorpion", erwähnte als ein Beispiel, daß er Heiden kenne, welche solches Vertrauen zu Gott hätten, daß sie um gar nichts flehten, sondern nur für alles Empfangene dankten und sagte: „Wenn die Knechte und Fremdlinge solches Vertrauen haben, welches Vertrauen müssen die Kinder des Vaters erst haben!" Er sprach auch von der Danksagung für empfangene Heilung durch Besserung des Lebens und von der Strafe der Rückfälligen und daß diese in üblerem Seelenzustand als vorher seien. Das Gedränge wurde aber so groß, daß er sich wieder entfernte; kündigte aber auf den folgenden Tag eine große Lehre auf einem anderen Berg an. Es lag dieser Berg östlich der Berge der Seligkeiten. Das Volk zog von allen Seiten dahin. Es war in der ganzen Gegend an Höhen und Tälern gelagert und forschte überall nach, wohin Jesus sich begeben habe. Er lehrte von der siebenten und achten Seligkeit. Danach begab er sich, um dem Gedränge zu entgehen, mit den Aposteln und Jüngern auf das Schiff Petri. Sie fuhren den See abwärts, landeten aber nicht, weil das Volk auch Schiffe bestiegen hatte und folgte.

Am folgenden Morgen stieg Jesus mit den Seinigen bei Klein-Chorazin eine Stunde nordöstlich hinter dem ersten Brotvermehrungsberge in die höheren Berge hinauf. Es war rechts in der Wüste von Chorazin und zwei und eine halbe Stunde westlich von Regaba, das noch höher lag. Oben, wo Jesus lehrte, war ein großer Baum und nicht weit davon der Weg, auf dem er neulich aus Cäsarea-Philippi gegen Regaba gegangen war. Der Ort war benutzt, er war ein Lagerplatz für Reisende mit Spuren von Wällen und mit einer großen Steinbank, an welcher die Reisenden zu essen pflegten. Sonst war die Gegend sehr einsam. Tiefer lagen kleine Buchten, worin Esel und andere Tiere weideten. Die Leute waren teils schon oben, teils zogen sie von allen Seiten heran.

Hier hielt Jesus den Schluß der acht Seligkeiten und der sogenannten Bergpredigt. Er lehrte ungemein stark und rührend. Es waren viele Fremde und Heiden heraufgekommen, im ganzen ohne Weiber und Kinder wohl viertausend Menschen. Gegen Abend hielt Jesus etwas inne, sprach mit Johannes, daß die Leute schon drei Tage ihm nachzögen und er sie nun auf länger verlassen werde; er möchte sie aber nicht hungernd fortgehen lassen. Johannes erwiderte: „Hier sind wir ganz in der Wüste, und es ist weit, um Brot zu holen; sollen wir ihnen vielleicht Beeren und Früchte sammeln, die in der Gegend noch an den Bäumen hängengeblieben?“ Jesus aber sagte, er solle die andern fragen, wie viele Brote sie hätten. Sie sagten: „Sieben Brote und sieben kleine Fische“; diese waren aber wohl armslang. Nun ließ Jesus die leeren Brotkörbe der Leute heranbringen und Brote und Fische auf die Steinbank legen und lehrte indes wohl noch eine gute halbe Stunde. Er sprach sehr deutlich aus, daß er der Messias sei, auch von seiner Verfolgung und nahen Aufnahme. An jenem Tage aber sollten diese Berge erschüttert werden und dieser Stein zerspringen. Er zeigte auf die Steinbank, wo er die Wahrheit verkündet habe, die nicht angenommen worden. Er rief Wehe über Kapharnaum, Chorazin und viele Orte der Gegend aus. Sie alle sollten am Tage seiner Aufnahme fühlen, daß sie das Heil von sich gestoßen. Er sprach von dem Glück dieser Gegend, der er das Brot des Lebens gebrochen; aber die Durchziehenden nähmen das Glück mit hin, die Kinder des Hauses werfen das Brot unter den Tisch und die Fremden, die Hündlein, wie die Syrophönizierin gesprochen, sammeln die Brosamen auf, und sie werden ganze Flecken und Dörfer mit denselben erquicken und entzünden. Er nahm auch Abschied von den Leuten, flehte sie nochmals an zur Buße und Bekehrung, schärfte seine Drohung ein und sprach, daß dieses der Schluß seiner Lehre hier sei. Die Leute weinten und waren voll Bewunderung, wenngleich sie nicht alles verstanden. Dann befahl er ihnen, sich am Abhang um den Berg zu lagern. Die Apostel und Jünger mußten wieder wie das vorige Mal Ordnung machen. Jesus verfuhr mit den Broten und Fischen auch wie damals, und die Jünger trugen Brote und Fische in den Körben den Gelagerten von beiden Seiten zu. Nachher wurden sieben Körbe voll Brocken gesammelt und unter arme Reisende verteilt.

Während der Lehre hatte eine Anzahl Pharisäer unter dem Volke gestanden, einzelne aber hatten sich noch vor dem Schluß wieder hinab in das Tal begeben; die übrigen hatten die Drohung noch mit angehört und waren auch Zeugen der Brotvermehrung. Ehe das Volk auseinanderging, begaben sie sich aber den Berg hinab, um mit den anderen sich zu beratschlagen, wie sie Jesu entgegentreten wollten, wenn er herabkommen werde. Es waren ihrer gegen zwanzig. Unter dem Vorwand, die Synagogen zu visitieren, waren sie die ganze Zeit über in kleineren Abteilungen Jesu nachgezogen, um zu lauern, so in Cäsarea-Philippi, Nobah, Regaba und Chorazin. Sie berichteten alles mündlich oder durch Boten nach Kapharnaum und Jerusalem.

Jesus entließ das Volk. Sie weinten, dankten und priesen ihn mit lauter Stimme. Er konnte nur mit Mühe von ihnen loskommen und ging zu dem See mit den Jüngern, um nach der südöstlichen Seite in die Grenzen von Magdala und Dalmanutha zu fahren. Ehe er aber oberhalb Matthäi Zollstätte das Schiff bestieg, kamen die Pharisäer am Fuße des Berges der ersten Brotvermehrung zu ihm heran und begehrten, weil er oben von drohenden Erschütterungen der Erde und Zeichen der Natur gesprochen hatte, ein Zeichen am Himmel von ihm zu sehen. Er antwortete ihnen, wie es im Evangelium steht. Ich hörte aber auch, daß er eine Zahl von Wochen aussprach, da ihnen das Zeichen des Jonas gegeben werden und daß diese Zahl gerade auf seine Kreuzigung und Auferstehung auslief. Dann ließ er sie stehen und ging mit den Aposteln an den See zu Petri Schiff, wo die andern Jüngern schon alles bereitet hatten.

Die Fahrt ging langsam, und Jesus lehrte sie vieles. Er sprach von seiner bevorstehenden Aufnahme, von seinem Leiden und den Verfolgungen und sagte deutlicher als je, daß er Christus, der Messias sei. Sie glaubten es auch; aber, indem sie es mit ihren einfältigen menschlichen Begriffen nicht reimen konnten und den gewöhnlichen Erfahrungsansichten Raum gaben, ließen sie diese Worte wieder dahingestellt sein und rechneten sie unter die tiefsinnigen prophetischen Reden. Er sprach auch von Gehen nach Jerusalem und von Verfolgung daselbst; sie würden sich noch an ihm ärgern, und es würde so weit kommen, daß man mit Steinen nach ihm werfe. Er sprach auch, wer nicht das Seine und die Seinigen verlasse und ihm glaubend nicht in seiner Verfolgung nachfolge, der könne sein Jünger nicht sein, und von den Wegen, die noch zu tun seien vor seiner Aufnahme und von mancherlei Arbeit und daß viele, die sich getrennt hätten, wieder zurückkehren würden. Da fragten sie, ob auch der zurückkehren werde, der seinen Vater erst habe begraben wollen? Ob er ihn nicht aufnehmen wolle, denn er scheine ihnen dieses wohl zu verdienen? Jesus legte ihnen aber das Gemüt dieses Menschen aus und wie er am irdischen Gut hänge. Dabei hörte ich, daß „Vater begraben“ eine figürliche Redensart sei und die Anordnung und Teilung des Erbes zwischen ihm und seinem alten Vater bedeute, um diesen von sich zu scheiden und das Seinige sicherzustellen. Da Jesus vom Hängen dieses Menschen am zeitlichen Gute sprach, eiferte Petrus mit den Worten: „Gott sei Dank! Solche Gedanken habe ich nicht gehabt, da ich dir folgte.“ Jesus aber gab ihm einen Verweis und sagte, daß er dieses hätte verschweigen sollen, bis er es ihm gesagt haben würde.

Als sie in Bethsaida anlangten, kehrten sie im Haus des Andreas ein, um sich zu erquicken. Hier waren sie ungestört und ohne großen Zulauf, indem die Scharen nicht wußten, wo Jesus geblieben war und sich verteilt hatten.

Petrus empfängt die Schlüssel des Himmelreichs

Jesus lehrte und heilte bis gegen Abend und ging dann mit den Aposteln und Jüngern etwa eine Stunde zurück auf eine Höhe, wo er den größten Teil der Nacht im Gebet zubrachte.

Auf dem Weg zu der Höhe und bis Jesus sich zum Gebete von ihnen absonderte, hatten die Apostel und Jünger, welche zuletzt von ihrer Aussendung zurückgekommen waren, über alles berichtet, was sie gelehrt, getan und erfahren hatten. Jesus hatte sie über alles angehört und sie aufgefordert, zu beten und sich bereitzuhalten, was er ihnen mitteilen werde.

Als sie vor Tagesanbruch sich wieder um Jesus versammelten, standen die Zwölfe, einen Kreis bildend, um Jesus. Zu seiner Rechten standen Johannes, dann Jakobus der Ältere, der dritte war Petrus; die Jünger standen außerhalb des Kreises, und zwar die älteren Jünger dem Kreise am nächsten. Nun fragte Jesus, gleichwie anknüpfend an die Unterredungen der verflossenen Nacht: „Wer sagen denn die Menschen, daß ich sei?" Die Apostel und älteren Jünger sprachen von den verschiedenen Meinungen der Leute über Jesus, wie sie dieselben da und dort vernommen hatten, daß ihn einige für den Täufer, andere für Elias, wieder andere für Jeremias halten, der von den Toten aufgestanden sein sollte. Sie erzählten, was ihnen hierüber bekanntgeworden und waren in Erwartung, was Jesus ihnen erwidern werde. Es war eine kurze Pause. Jesus war sehr ernst, und sie schauten voll Erwartung ihm ins Angesicht. Da sagte er: „Ihr aber, für wen haltet Ihr mich?" Keiner fühlte sich getrieben zu antworten; nur Petrus, voll Kraft und Feuer, trat mit einem Fuß in dem Kreis vor und sprach mit gehobener Hand feierlich beteuernd, als die Stimme und Zunge aller, laut und kräftig:

„Das bist Christus, der Sohn des lebendigen Gottes!" Jesus antwortete mit großem Ernst, seine Stimme war stark und belebend. Er war in einem feierlichen prophetischen Wesen, schien zu leuchten und war von der Erde erhoben: „Selig bist du, Simon, Jonas Sohn; denn Fleisch und Blut hat dir dieses nicht offenbart, sondern mein Vater, der im Himmel ist! Und ich sage dir: du bist ein Fels, und auf diesen Felsen will ich meine Kirche bauen, und die Pforten der Hölle werden sie nicht überwältigen, und ich will dir die Schlüssel des Himmelreichs geben; was du bindest auf Erden, das soll im Himmel gebunden sein, und was du lösest auf Erden, das soll auch im Himmel gelöset sein!" Petrus empfand die prophetischen Worte Jesu in ihrer vollen Bedeutung durch denselben Geist, durch den er das Bekenntnis der Gottheit ausgesprochen hatte, er war ganz davon durchdrungen. Die andern Apostel aber schienen bestürzt, blickten Jesus und sich und Petrus scheu an, als dieser mit solchem Feuer gesprochen: „Du bist Christus der Sohn Gottes!" Selbst Johannes gab sein Erschrecken so merklich zu verstehen, daß Jesus nachher, mit ihm allein des Weges wandelnd, ihm sein Befremden ernsthaft verwies.

Die Rede Jesu an Petrus war bei Sonnenaufgang. Sie war um so ernster und feierlicher, da Jesus mit den Jüngern sich dazu ins Gebirge abgesondert und ihnen zu beten befohlen hatte. Die andern Apostel verstanden sie nicht ganz; Petrus aber fühlte sie. Die andern machten sich noch immer irdische Auslegungen, meinten, Jesus wolle in seinem Reiche dem Petrus das Hohepriesteramt geben, und Jakobus äußerte gegen Johannes auf dem Wege, dann würden sie doch wahrscheinlich die nächsten Stellen nach Petrus erhalten.

Jesus aber sagte nun den Aposteln ganz deutlich, daß er der verheißende Messias sei, wendete alle Stellen der Propheten auf sich an und sagte, daß sie nun zum Fest nach Jerusalem ziehen wollten. Nun traten sie den Rückweg südwestlich nach der Jordansbrücke an.

Petrus ganz voll von den Worten Jesu von der Schlüsselgewalt nahte sich ihm auf dem Wege, Unterweisung und Auskunft über einzelne Fälle zu begehren, die ihm nicht ganz klar waren; denn er war so glaubend und eifrig, daß er meinte, seine Arbeit gehe nun gleich an, indem ihm die Bedingung des Leidens Christi und der Sendung des Heiligen Geistes noch unbekannt war. Er fragte daher, ob er in diesen und jenen Fällen auch die Sünden lösen könnte; er sprach etwas von Zöllnern und vom öffentlichen Ehebruch. Jesus beruhigte ihn; er werde alles noch deutlicher erfahren; es sei anders, als er erwartete, es komme ein anderes Gesetz.

Weiter des Weges wandelnd, fing Jesus an, ihnen alles Bevorstehende zu erklären; sie würden jetzt nach Jerusalem gehen, bei Lazarus das Osterlamm essen, es werde noch viele Arbeit, Mühe und Verfolgung kommen. Er sagte viele Ereignisse im allgemeinen voraus, wie er einen ihrer besten Freunde vom Tode erwecken und dadurch so großes Ärgernis erregen werde, daß er werde fliehen müssen, wie sie über ein Jahr wieder zum Feste gehen würden, wie einer ihn verraten werde, wie man ihn mißhandeln, geißeln, verhöhnen und schimpflich töten werde, und wie er sterben müsse für die Sünden der Menschen, aber am dritten Tage wieder auferstehen werde. Er sagte dieses alles ausführlich, bewies es aus den Propheten und war sehr ernst und liebevoll dabei. Petrus betrübte sich über das Mißhandeln und Töten so sehr, daß er in seinem Eifer Jesu nachging und, allein mit ihm sprechend, dagegen stritt und eiferte: das könne nicht so kommen, das werde er nicht zugeben; er wolle eher sterben als das dulden! „Das sei fern von dir, Herr! Das soll dir nicht geschehen!" Da wendete sich aber Jesus sehr ernsthaft um und sagte ihm eifrig: „Weg von mir, du Satan! Du bist mir zum Anstoß, du hast keinen Sinn für das, was Gottes ist, sondern für das, was des Menschen ist!" Und ging vorwärts. Petrus voll Schrecken überlegte nun, wie Jesus gesagt, er habe nicht aus Fleisch und Blut, sondern aus Gottes Offenbarung ihn als Christus verkündet und wie er ihn nun Satan nenne und einen, der nicht aus Gott, sondern nach Menschen Sinn und Gelüsten spreche, da er sein Leiden verhindern wolle, verglich beides und ward demütiger und sah Jesus bewundernder und glaubender an. Er war aber sehr betrübt, da er die Wahrheit seines Leidens dadurch mehr erkannte.

Jesus, die Apostel und Jünger wandelten in getrennten Haufen bis in die Nacht, da sie in den Herbergen beim Badesee von Bethulien einkehrten, wo Lazarus mit einigen jerusalemischen Jüngern Jesum erwartete.

Lazarus hatte es schon erfahren, daß Jesus mit den Seinigen bei ihm das Osterlamm essen wolle, und war hierher ihm entgegengekommen, um ihn mit den Aposteln und Jüngern in bezug dieses Osterfestes zu warnen. Er sagte, daß ein Aufstand bei dem Fest drohe. Pilatus wolle nämlich eine neue Abgabe vom Tempel haben, um dem Kaiser ein Bild zu errichten; er verlange auch zu Ehren des Kaisers gewisse Opfer und daß ihm gewisse hochverehrende Namen öffentlich zugestanden werden sollten. Die Juden aber hätten einen Aufstand dagegen vorbereitet; es solle eine große Anzahl Galiläer und an ihrer Spitze ein gewisser Judas, ein Gaulonite, dagegen auftreten, der viel Anhang habe und ganz gegen die Knechtschaft und den Römerzins lehre. Jesus möge sich daher am Feste zurückhalten, weil große Unruhe entstehen könne. Jesus aber antwortete dem Lazarus: es sei seine Zeit noch nicht, es werde ihm noch nichts geschehen. Dieser Aufruhr werde nur das Vorbild eines viel größeren Aufruhrs über ein Jahr sein, wo seine Zeit komme und der Menschensohn den Händen der Sünder werde überliefert werden.

Von hier zog er am folgenden Tage über Lebona und Koreä durch die Wüste nach Bethanien.

Das Osterlamm

Jesus ging nicht durch Bethanien, sondern von hinten in des Lazarus Haus. Da er ankam, eilten sie ihm in den Hof entgegen, und Lazarus wusch ihm die Füße; dann gingen sie durch die

Gärten. Die Frauen grüßten ihn verschleiert. Es war seine Ankunft sehr rührend; denn es wurden gerade vier Osterlämmer gebracht, die man von der Herde abgesondert hatte und in einen abgezäunten Grasplatz tat. Die Heiligste Jungfrau, welche auch hier war, und Magdalena hatten Kränzchen gemacht, die ihnen um den Hals gehängt wurden. Jesus war kurz vor dem Sabbat angekommen. Er feierte ihn mit allen in einem Saale. Er war sehr ernst, las die Sabbatlesung und lehrte darüber. Abends beim Mahle sprach er vom Osterlamm und seinem künftigen Leiden.

Am Sabbat lehrte Jesus im Hause des Lazarus, und dann gingen sie in den Gärten spazieren. Jesus sprach von seinen Leiden und sagte deutlicher, daß er der Christus sei. Die Ehrfurcht und Bewunderung wächst in allen. In Magdalena kann die Reue und Liebe nicht mehr wachsen. Sie folgt Jesus überall, sitzt zu seinen Füßen, steht und harrt überall auf ihn, denkt nur an ihn, sieht nur auf ihn, weiß nur von ihrem Erlöser und ihren Sünden. Jesus sagte ihr oft tröstende Worte. Sie ist sehr verändert. Ihre Gestalt und ihr Wesen sind noch ausgezeichnet und edel, aber von Tränen und Kasteiungen zerstört. Sie sitzt fast immer einsam in ihrem engen Bußgewölbe und tut niedere Dienste bei Armen und Kranken.

Tags darauf ging Jesus morgens gegen zehn Uhr mit den Aposteln und etwa dreißig Jüngern über den Ölberg durch Ophel zum Tempel. Alle gingen in braunen Röcken von ordinärer Wolle, wie die gemeinen Galiläer zu gehen pflegen. Jesus hatte nur einen breiteren Gürtel mit Buchstaben darauf. Er fiel gar nicht auf; denn es gingen viele Scharen so gekleideter Galiläer umher. Das Fest ist nahe, es sind große Lager von Hütten und Zelten um die Stadt, und überall zieht viel Volk heran. Jesus lehrte im Tempel vor seinen Jüngern und einer großen Zahl von Menschen wohl eine Stunde lang. Es waren mehrere Lehrstühle, wo gelehrt wurde. Alles war mit den Zurüstungen zum Fest so beschäftigt und zugleich mit dem Aufruhr gegen Pilatus, daß Jesus kein vornehmerer Priester angriff.

Einige geringe boshafte Pharisäer gingen ihn an und fragten ihn, wie er es wage, sich hier sehen zu lassen und wie lange es mit ihm noch währen solle; man werde ihm wohl das Handwerk bald legen. Jesus antwortete sie beschämend, lehrte ungestört fort und ging dann wieder nach Bethanien und am Abend noch an den Ölberg.

Am folgenden Tag ging Jesus morgens wieder mit allen Jüngern in den Tempel. Seine Anwesenheit war schon bekannt, und in dem Vorhof des Tempels harrten, wo er vorüber kam, Leute mit Kranken, und schon an dem aufsteigenden Weg brachte man einen wassersüchtigen Mann auf einem Tragebett. Jesus heilte ihn und am Tempel noch mehrere Kranke und Gichtige.

Es lehrte Jesus im Tempel vor vielen Menschen an zwei Stunden vom Opfer. Er sprach, daß sein himmlischer Vater von ihnen kein blutiges Brandopfer verlange, sondern ein reumütiges Herz; auch vom Osterlamm als dem Vorbild eines höchsten Opfers, das sich bald erfüllen werde. Es kamen aber viele seiner boshaften Feinde unter den Pharisäern, schmähten und stritten gegen ihn und brachten unter anderem die höhnischen Worte vor: ob der Prophet ihnen die Ehre antun wolle, das Osterlamm mit ihnen zu essen? Jesus antwortete: „Der Menschensohn ist selbst ein Opfer für eure Sünden!"

Es war aber auch jener Jüngling in Jerusalem, der gesagt hatte, er wolle erst seinen Vater begraben, und dem Jesus geantwortet: „Lasse die Toten die Toten begraben!" Er hatte dieses den Pharisäern hinterbracht, und sie warfen Jesu diese Rede vor und fragten ihn, was er darunter verstehe, wie ein Toter den andern begraben könne? Jesus sagte ihnen: wer seiner Lehre nicht folge, nicht Buße tue und an seine Sendung nicht glaube, habe kein Leben in sich und sei tot; wer aber sein Hab und Gut mehr schätze als sein Heil, der folge seiner Lehre nicht und glaube nicht an ihn und habe kein Leben in sich, sondern den Tod. So sei auch jener Jüngling gesinnt; denn er habe sich erst mit seinem alten Vater um sein Erbe abfinden und den Vater auf Pension setzen wollen; er habe am toten Erbe gehangen, könne also kein Erbe seines Reiches und des Lebens werden; und darum habe er ihn gewarnt, er solle die Toten ihre Toten begraben lassen und selbst zum Leben sich wenden. Jesus fuhr hierin fort und verwies ihnen ihre Habsucht streng. Da er aber seine Jünger vor dem Sauerteig der Pharisäer warnte und die Parabel vom reichen Manne und armen Lazarus erzählte, wurden die Pharisäer so erbittert, daß sie ein großes Getümmel erhoben. Jesus mußte sich unter dem Volke verlieren und entweichen, sonst hätten sie ihn festgenommen.

Die vier Lämmchen, welche von vier Ostergesellschaften bei Lazarus in Bethanien sollten gespeist werden und die täglich an einem Brunnen gewaschen und mit frischen Kränzen geschmückt worden waren, wurden am Abend dieses Tages nach Jerusalem zum Tempel getragen. Jedes hatte einen Zettel mit dem Namen und Zeichen des Hausvaters an einem Kränzchen um den Hals. Sie wurden, nachdem sie nochmals gewaschen waren, in bestimmte eingezäunte schöne Rasenplätze am Tempelberg gebracht. Alle Hausgenossen des Lazarus nehmen heute Waschungen vor. Und Lazarus trug selbst das Wasser herbei, das zur Bereitung der süßen Brote gebraucht wurde; auch ging er mit einem Diener in verschiedene Gemächer. Der Diener leuchtete ihm, und er fegte wie zu einer Zeremonie ein wenig aus den Ecken; dann reinigten und fegten die Knechte und Mägde alles und wuschen und scheuerten die Geschirre und Zubereitungsorte der süßen Brote. Dies war das Ausfegen des Sauerteigs.

Simon der Pharisäer von Bethanien war auch schon bei Jesus; er schien neulich dem Aussatz nahe, jetzt aber scheint er reiner. Er ist ein schwankender Anhänger Jesu. Auch der Geheilte vom Teiche Bethesda lief nach Bethanien und wo sich Jesus sehen ließ. Er erzählte überall den Pharisäern, daß Jesus es gewesen, von dem er geheilt worden. Die Pharisäer entschlossen sich, Jesus gefangenzunehmen und beiseite zu schaffen.

An diesem Osterfest wurde im Tempel das Osterlamm nicht so früh geschlachtet wie bei der Kreuzigung Christi, wo das Schlachten schon um halb ein Uhr anfing, da Jesus auch ans Kreuz geschlagen wurde. Damals war es Freitag, und man fing wegen des eintretenden Sabbats früher an. Heute begann es gegen drei Uhr nachmittags. Die vier Lämmer für Lazari Haus schlachteten die Viere, welche die Hausväter vorstellten: Lazarus, Heli von Hebron, Judas Barsabas und Heliachim, ein Sohn der Maria Heli und Bruder der Maria Kleophä. Die Lämmer wurden an einem hölzernen Spieß mit einem Querholz wie gekreuzigt und im Backofen stehend gebraten. Die Eingeweide, Herz und Leber lagen ins Osterlamm hineingesteckt; bei einigen wurde es auch vorne an den Kopf gesteckt. Betphage und Bethanien wurden mit zu Jerusalem gerechnet, und man konnte das Osterlamm dort essen.

Am Abend, da der 15. Nisan begann, aßen sie das Osterlamm. Alle waren geschürzt, hatten neue Sohlen an und Stäbe in der Hand. Zuerst sangen sie Psalmen, „Gebenedeit sei der Herr Gott Israels“, auch: „Gelobt sei der Herr“, indem sie heranwandelnd sich mit erhobenen Händen paarweise einander gegenüber stellten. An dem Tisch, wo Jesus mit den Aposteln saß, war Heli aus Hebron Hausvater; Lazarus war es an dem Tisch seiner Hausgenossen und Freunde, an einem dritten Tisch, der Jünger, war es Heliachim, an einem vierten Judas Barsabas. Es aßen sechsunddreißig Jünger das Pascha hier.

Nach den Gebeten wurde dem Hausvater ein Becher mit Wein gebracht, den der segnete, trank und herumreichte; dann wusch er die Hände. Es standen auf dem Tisch: das Osterlamm, eine Schüssel mit Osterkuchen, eine Schale mit einem braunen Mus und eine Schale mit einer Brühe, auch eine mit kleinen Bündeln bitterer Kräuter und eine, worauf grünes Kraut aufrecht, wie ein wachsender Rasen, dicht beieinander stand. Der Hausvater zerlegte dann das Osterlamm, und sie teilten es herum, und sie aßen es sehr geschwinde auf. Sie schnitten von dem dichten Kraut ab, tauchten es in die Brühe und aßen es.

Es brach auch der Hausvater einen von den Osterkuchen und legte ein Stückchen davon unter das Tischtuch, und das alles ging sehr schnell und mit allerhand Gebeten und Sprüchen vor sich, und sie lehnten dabei an den Sitzen. Nachher ging wieder ein Becher herum, und der Hausvater wusch wieder die Hände und legte dann ein Bündelchen von den bittern Kräutern auf ein Täfelchen Brot, tauchte es ein und aß davon, und die andern taten auch so.

Das Osterlamm wurde ganz aufgegessen, die Knochen mit beinernen Messern rein abgeschabt, gewaschen und nachher verbrannt. Dann sangen sie wieder und legten sich nun förmlich zu Tische und aßen und tranken. Mancherlei zierlich geformte Speisen waren da, und sie waren voll Freude und Lust. Hier bei Lazarus hatten alle Gäste schöne Schalen, worauf sie aßen. Beim letzten Osterlamme Jesu waren Brotscheiben mit allerlei eingedrückten Figuren, die in Höhlungen des Tisches lagen, ihre Teller.

Die Frauen standen auch bei ihrer Mahlzeit und waren reisemäßig gekleidet; sie hatten auch Psalmen, aber sonst keine Zeremonien. Sie zerlegten ihr Lamm nicht selber, es wurde ihnen von einem andern Tisch gesendet. In den Seitenhallen des Speiseraumes aßen noch viele arme Leute ihr Osterlamm, deren Mahlzeit Lazarus besorgt hatte und die alle beschenkt wurden.

Jesus lehrte und erzählte während des Mahles. Er hielt besonders eine sehr schöne Lehre vom Weinstock, vom Veredeln des Weinstockes, vom Ausrotten des schlechten, vom Pflanzen edler Reben, vom Beschneiden derselben nach jedem Aufschießen. Er sagte den Aposteln und Jüngern, daß sie diese Reben seien und daß des Menschen Sohn der wahre Weinstock sei und daß sie in ihm bleiben müßten und wenn er gekeltert sei, müßten sie fort und fort den wahren Weinstock, ihn selbst, verbreiten und alle Weinberge mit anbauen. Sie waren bis sehr spät in die Nacht zusammen und sehr gerührt und freudig.

Der reiche Prasser und der arme Lazarus

Jesus, die Jünger, Lazarus, seine Hausgenossen und auch die Frauen gingen, als es Tag geworden, zum Tempel, und Jesus stand unter der Menge des Volkes mit den Seinigen zusammen. Gegen Mittag war eine Pause mit den Opfern, etwa um elf Uhr, und es hatten sich schon viele Leute zerstreut und waren teils bei den Küchen im Vorhof der Weiber, wo von den Opfern Speisen bereitet wurden, die dann in den Eßsälen von ganzen Gesellschaften zusammen verzehrt wurden. Die Frauen waren früher nach Bethanien zurück.

Jesus hatte mit den Seinen bis zur Zeit des Stillstandes ruhig gestanden und begab sich nun, da alle Zugänge wieder offen waren, nach dem großen Lehrstuhl im Tempel vor dem Heiligen in der Vorhalle. Es zogen sich viele Menschen zusammen, und auch Pharisäer waren darunter.

Als Jesus nun zu lehren begann, kamen viele zu ihm her und unterbrachen seine Lehre durch mancherlei Einwürfe und Vorwürfe. Sie fragten ihn, warum er das Osterlamm nicht mit ihnen im Tempel gegessen und ob er heute ein Dankopfer gebracht habe? Jesus wies sie an die Hausväter, die es für ihn entrichtet hatten. Sie brachten wieder vor, seine Jünger hielten die Gebräuche nicht, äßen mit ungewaschenen Händen und naschten Ähren und Früchte auf dem Weg, man sehe ihn nie Opfer bringen, es seien sechs Tage zur Arbeit, der siebente zur Ruhe, und er habe den Mann am Sabbat geheilt und sei ein Sabbatschänder. Jesus aber lehrte sehr strenge gegen sie vom Opfer. Er sagte wieder, des Menschen Sohn sei selbst ein Opfer, und sie schändeten das Opfer durch ihren Geiz und ihre Lästerungen gegen den Nebenmenschen. Gott verlange keine Brandopfer, sondern bußfertige Herzen; ihr Opfer werde ein Ende nehmen, der Sabbat werde bestehen; aber um der Menschen willen zu ihrem Heil, damit ihnen geholfen werde, sei er da und nicht die Menschen um des Sabbats willen.

Sie fragten ihn auch über die Parabel vom armen Lazarus,

die er neulich erzählt hatte, und machten sie ganz lächerlich: woher er denn die Geschichte so genau wisse und was Lazarus, Abraham und der reiche Mann gesprochen? Ob er denn bei ihnen in Abrahams Schoß und in der Hölle gewesen sei? Ob er sich denn nicht schäme, dem Volk solche Dinge aufzubinden? Jesus lehrte wieder über diese Parabel, verwies ihnen ihren Geiz, ihre Grausamkeit gegen die Armen, ihr selbstsicheres Beobachten der leeren Formen und Gebräuche bei gänzlichem Mangel der Liebe und legte die Geschichte des reichen Prassers ganz auf sie aus; denn seine Geschichte ist wahr und bekannt bis zu seinem Tod, der gräßlich war. Ich habe auch wieder gesehen, daß der reiche Prasser und arme Lazarus in Wirklichkeit gelebt haben und daß sie durch ihren Tod im Lande sehr bekannt geworden sind. Sie wohnten aber nicht zu Jerusalem, wo nachher den Pilgern Häuser von ihnen gezeigt wurden. Sie starben in den Jugendjahren Jesu, und man sprach damals viel in frommen Familien davon. Die Stadt, wo sie lebten, heißt Aram oder Amthar und liegt westlich vom Galiläischen Meer im Gebirge. Ich weiß die ganze Geschichte nicht mehr ausführlich; aber so viel weiß ich noch, der Reiche war sehr reich und wohllebend und Ortsvorstand, ein berühmter Pharisäer, der das Gesetz äußerlich sehr strenge beobachtete, aber er war sehr hart und unbarmherzig gegen die Armen, und ich sah ihn die Armen des Orts, welche von ihm Pflege und Hilfe begehrten, weil er Vorstand war, sehr streng von sich weisen. Es war aber ein gar frommer und elender armer Mann da, der Lazarus hieß und voll von Geschwüren und Elend, aber demütig und voll Geduld war. Er ließ sich hungernd zum Hause des Reichen bringen, um die Sache der abgewiesenen Armen zu vertreten. Der Reiche lag zu Tische und praßte; Lazarus aber war als ein Unreiner hart von ihm abgewiesen und lag nun vor der Türe und flehte nur um die Brosamen, die von seinem Tische fielen; jedoch niemand gab ihm etwas. Aber die Hunde waren barmherziger und leckten seine Geschwüre, und das hatte die Bedeutung, daß die Heiden barmherziger seien als die Juden. Nachher starb Lazarus sehr schön und erbaulich; der Reiche starb auch, aber eines fürchterlichen Todes, und man hörte auch eine Stimme aus seinem Grabe, wovon die Rede im ganzen Lande war.

Jesus setzte das Ende der Parabel aus der inneren Wahrheit hinzu, was den übrigen Menschen unbekannt war. Darum spotteten ihn die Pharisäer aus und sagten, ob er denn alle diese Reden in Abrahams Schoß mitangehört habe? Da nun dieser reiche Prasser ein sehr strenger pharisäischer Beobachter der Gebräuche gewesen, ärgerte es die Pharisäer besonders, daß sie damit verglichen wurden, weil es darin heißt, daß sie Moses und die Propheten nicht hörten. Jesus sagte ihnen aber gerade heraus: wer ihn nicht höre, höre die Propheten nicht, denn sie sprächen von ihm; wer ihn nicht höre, höre Moses nicht, denn er spräche von ihm; und wenn auch die Toten auferständen, würden sie nicht an ihn glauben. Sie würden auferstehen und von ihm zeugen; (das geschah das Jahr darauf in demselben Tempel bei seinem Tode) und sie würden nicht glauben; sie würden aber auch auferstehen, und er werde sie richten. Alles aber, was er tue, tue sein Vater in ihm, auch die Toten erwecken. Auch von Johannes und dessen Zeugnis sprach Jesus und daß er es nicht bedürfe, er habe ein größeres Zeugnis; seine Werke zeugten von seiner Sendung, und der Vater zeuge selbst davon. Sie aber kennten Gott nicht; sie wollten durch die Schrift selig werden und hielten die Gebote nicht. Er werde sie auch nicht anklagen, Moses werde es tun, dem sie nicht glaubten, und der doch von ihm geschrieben.

So lehrte Jesus noch vieles unter oftmaligen Unterbrechungen. Zuletzt wurden sie so ergrimmt, daß sie gegen ihn andrangen und lärmten und nach der Wache sendeten, denn sie wollten ihn ergreifen. Es wurde aber finster, und Jesus schaute empor, da das Getümmel groß wurde und sagte: „Vater zeuge von deinem Sohn!“ Da kam eine dunkle Wolke vor den Himmel, es geschah wie ein Donnerschlag, und ich hörte eine gellende Stimme durch die Halle: „Das ist mein lieber Sohn, an dem ich mein Wohlgefallen habe!" Die Feinde wurden ganz verwirrt und schauten erschrocken empor; die Jünger aber, welche in einem Halbkreis hinter Jesus standen, setzten sich in Bewegung, und Jesus ging zwischen ihnen ungehindert durch die sich öffnende Menge hindurch, an der Abendseite zum Tempel hinaus und aus der Stadt durch das Ecktor bei Lazari Haus. Sie zogen noch nördlich nach Rama.

In den Lehren, welche Jesus in diesen Tagen im Tempel und auch in Bethanien an die Jünger und das versammelte Volk gehalten, sprach er mehrmals von der Nachfolge und dem Kreuznachtragen. „Wer sein Leben retten will, wird es verlieren; wer es aber um meinetwillen verliert, der wird es gewinnen. Was hilft es, wenn einer die Welt gewinnt und leidet Schaden an der Seele? Wer sich meiner vor diesem ehebrecherischen, sündhaften Geschlecht schämt, dessen wird sich auch des Menschen Sohn schämen, wenn er in der Herrlichkeit seines Vaters kommen wird, jedem nach seinen Werken zu vergelten." Er sagte auch einmal, daß solche unter den Zuhörern seien, welche den Tod nicht empfinden würden, bis sie das Reich Gottes in Kraft kommen gesehen. Es spotteten manche darüber; aber ich weiß nicht mehr anzugeben, was Jesus damit gemeint hat. Die Worte, die im Evangelium stehen, höre ich immer wie die hervorstehenden Hauptlehren; aber es ist alles viel weitläufiger, und was man da in ein paar Minuten lesen kann, davon lehrte er oft stundenlang.

Stephanus ist schon in Berührung mit den Jüngern. An dem Feste, da Jesus den Mann am Bethesda heilte, wurde er mit Johannes bekannt und ist seitdem viel mit Lazarus umgegangen. Er ist sehr schlank und liebenswürdig und ein Schüler in der Schriftgelehrsamkeit. Dieses Mal war er mit mehreren andern Jerusalemsjüngern in Bethanien und hörte die Lehren Jesu an.

Die Verklärung auf Tabor

Zu Kisloth sammelte sich wieder eine große Schar von Reisenden um Jesus, welche von Jerusalem kamen. Er lehrte und heilte einige Kranke. Nachmittags sendete er die Jünger rechts und links um den Berg herum aus, zu lehren und zu heilen. Er selbst behielt Petrus, Johannes und Jakobus Major bei sich und ging mit ihnen auf einem Fußpfad den Berg hinauf. Sie brachten gegen zwei Stunden auf dem Weg zu; denn Jesus verweilte oft an Stellen und Höhlen, wo Propheten gewohnt hatten, erklärte ihnen mancherlei und betete mit ihnen. Sie hatten keine Speise mitgenommen. Jesus hatte es ihnen verboten und gesagt, sie würden überflüssig gesättigt werden. Auf dem Gipfel des Berges war eine weite Aussicht und ein großer freier Platz, der mit einer Umwallung und schattigen Bäumen umgeben war. Der Boden war mit wohlriechenden Kräutern und Blumen bedeckt. Es war ein Wasserbehälter in einem Felsen verborgen, und wenn man an einem Zapfen zog, floß helles, sehr kühles Wasser. Sie wuschen Jesu und sich die Füße und erfrischten sich. Jesus begab sich aber mit ihnen in eine etwas vertiefte Stelle vor einem Felsen, der eine Höhle bildete wie ein Tor; es war wie die Bethöhle am Ölberg, man konnte aber auch in Gewölbe hinab gehen.

Jesus setzte hier seine Lehre fort, sprach mit ihnen auch von dem kniend Beten und sagte, daß sie jetzt dringend mit emporgehobenen Händen beten sollten. Er lehrte sie auch das Vaterunser mit einigen dazwischen einfallenden Stellen aus den Psalmen; und sie beteten dieses in einem Halbkreis auf den Knien. Jesus kniete ihnen gegenüber, an einen aus der Erde hervorstehenden Felsen gelehnt, und lehrte abwechselnd wunderbar tiefsinnig und süß von der Erschaffung und Erlösung. Er sprach ungemein liebevoll und begeistert; und die Jünger waren ganz trunken von seinen Worten. Er hatte im Anfang seiner Lehre gesagt, er wolle ihnen zeigen, wer er sei; sie sollten ihn verherrlicht sehen, damit sie nicht wankten im

Glauben, wenn sie ihn verschmäht, mißhandelt und von aller Herrlichkeit verlassen in seinem Tod sehen würden.

Die Sonne war gesunken, und es ward dunkel; aber sie bemerkten es nicht, so wunderbar war Jesu Rede und Wesen. Er ward immer leuchtender, es waren Erscheinungen von englischen Geistern um ihn her. Petrus sah sie auch; denn er unterbrach Jesus und sagte: „Meister, was bedeutet das?" Jesus sagte: „Sie dienen mir!" Petrus rief aber ganz begeistert aus, mit vorgestreckten Händen: „Meister, wir sind ja hier! Wir wollen dir dienen in allem!" Jesus lehrte weiter, und es kamen mit dem Erscheinen der Engel Ströme von wechselndem Wohlgeruch und Sättigung und himmlisches Genügen über die Apostel. Jesus aber leuchtete immer mehr und war wie durchschimmernd. Der Kreis um sie war in der dunklen Nacht so erleuchtet, daß man jedes Kräutchen, wie am hellen Tag, auf dem Rasen erkennen konnte. Die drei Apostel wurden so innerlich und so erquickt, daß sie, als das Leuchten einen hohen Grad angenommen, das Haupt verhüllt zur Erde niederbeugten und so liegen blieben.

Es war etwa um zwölf Uhr in der Nacht, als ich diese Glorie am höchsten sah. Vom Himmel nieder sah ich eine leuchtende Bahn und eine stets wechselnde Bewegung von Engeln der verschiedensten Art. Einige waren klein, doch in ganzer Gestalt, andere schimmerten bloß wie Angesichter aus dem Licht hervor, viele waren priesterlich, andere waren kriegerisch erscheinend. Alle hatten ein verschiedenes Wesen in sich, und es kamen verschiedene Erquickungen, Kräfte, Wonnen und Lichter mit ihnen. Sie waren in steter Tätigkeit und Bewegung.

Die Apostel lagen mehr entzückt, als schlafend, auf ihrem Angesicht. Da sah ich drei leuchtende Gestalten zu Jesus in das Licht eintreten. Sie schienen ganz natürlich zu kommen wie einer, der aus der Nacht auf eine beleuchtete Stelle tritt. Zwei erschienen bestimmter und körperlicher. Sie redeten Jesus an und sprachen mit ihm: es waren Moses und Elias. Die dritte Erscheinung sprach nicht, war leichter und geistiger; es war Malachias.

Ich hörte, wie Moses und Elias Jesus begrüßten, und wie er von seiner Erlösung und seinem Leben mit ihnen sprach. Ihr Zusammensein hatte etwas ganz Einfaches und Natürliches. Moses und Elias erschienen nicht so alt und abgelebt, wie sie die Erde verlassen hatten, sie waren blühend und jung. Moses, größer, ernster und majestätischer als Elias, hatte auf der Stirne wie zwei ausgewachsene Zitzen und ein langes Gewand. Es war ein ganz fester Mann und wie ein strenger Zuchtmeister, aber sehr rein und recht einfach. Er sagte zu Jesus, wie er sich freue, ihn zu sehen, der ihn und sein Volk aus Ägypten geführt habe und nun abermals erlösen wolle. Er erwähnte viele Vorbilder seiner Zeit und sprach sehr tiefsinnig von dem Osterlamm und dem Lamm Gottes. Elias war viel anders, er war feiner, lieblicher und milder anzuschauen. Beide aber waren sehr von der Erscheinung des Malachias verschieden; denn beiden konnte man etwas Menschliches, Erlebtes in ihren Gesichtern und Gestalten ansehen, man sah in ihren Gesichtern Familiengesichter. Malachias sah ganz anders aus, er hatte etwas Außermenschliches wie ein Engel, er sah aus wie die Gestalt einer einfachen Kraft und Aufgabe. Er war ruhiger und geistiger als die andern.

Jesus sprach mit ihnen von allen Schmerzen, welche er bis jetzt erlitten, und von allem, was ihm bevorstand. Er beschrieb seine ganze Leidensgeschichte Punkt für Punkt. Elias und Moses sprachen oft ihre Rührung und Freude darüber aus, und ihre Reden waren ein Mitleiden und Trösten, ein Verehren des Heilandes und ein beständiges Lobpreisen Gottes. Sie sprachen oft die Vorbilder dessen aus, was Jesus sagte, und lobten Gott, daß er sich seines Volkes von Ewigkeit her erbarmt habe. Malachias aber schwieg.

Die Jünger erhoben die Häupter und sahen lange Jesu Herrlichkeit und sahen Moses, Elias und Malachias. Als Jesus in der Beschreibung seines Leidens auf seine Erhöhung am Kreuz kam, breitete er seine Arme aus, als sagte er: so wird des Menschen Sohn erhöht werden. Sein Angesicht war gegen

Mittag gekehrt, und er war ganz von Licht durchdrungen, sein Gewand schimmerte bläulichweiß. Er und die Propheten, auch die drei Apostel waren über die Erde empor gehoben.

Indem schieden die Propheten von ihm; Elias und Moses gegen Morgen, Malachias abendwärts in die Dunkelheit verschwindend. Und Petrus außer sich sprach freudig: „Meister! Hier ist gut sein für uns, hier wollen wir drei Hütten bauen! Dir eine, Moses eine und Elias eine!“ Er meinte, sie brauchten keinen anderen Himmel, es sei ja alles so selig und süß; unter den Hütten verstand er Orte der Ruhe und Ehre, Wohnungen der Heiligen. Er sprach dieses aber im Taumel seiner Freude und in einem entrückten Zustand, ohne zu wissen, was er sagte.

Als sie wieder in das gewöhnliche Wachen zurückkehrten, kam eine weiße, lichte Wolke über sie, wie der Tau morgens über den Wiesen schwebt. Über Jesus sah ich den Himmel offen und das Bild der Allerheiligsten Dreifaltigkeit, Gott Vater auf dem Thron, wie einen priesterlichen Greis, und zu seinen Füßen Scharen von Engeln und Gestalten. Ein Strom von Licht ergoß sich auf Jesus, und wie ein süßes flüsterndes Wesen kam eine Stimme über die Apostel: „Dieser ist mein geliebter Sohn, an dem ich mein Wohlgefallen habe; diesen höret!“ Es befiel aber Furcht und Zagen die Apostel, sie warfen sich mit dem Angesicht auf die Erde und wurden sich wieder bewußt, daß sie arme, schwache Menschen seien und welche Herrlichkeit sie gesehen. Sie zagten vor Jesus, über welchen sie das Zeugnis seines himmlischen Vaters hatten aussprechen hören.

Jesus trat nun zu ihnen, rührte sie an und sprach: „Steht auf und fürchtet euch nicht!“ Sie standen von der Erde auf und sahen Jesus allein. Es war etwa gegen drei Uhr morgens. Das nahende Tageslicht schimmerte weiß am Himmel, und feuchte Tauwolken schwebten über der Landschaft am Fuße des Berges. Die Apostel waren aber sehr schüchtern und ernst. Jesus sprach zu ihnen, wie er sie die Verklärung des Menschensohnes habe sehen lassen, um ihren Glauben zu stärken, damit sie nicht mehr wankten, wenn sie ihn für die Sünden der Welt in die Hände der Missetäter gegeben sehen würden; damit sie nicht an ihm sich ärgerten, wenn sie Zeugen seiner Erniedrigung sein würden, und daß sie dann die Schwächeren stärken möchten. Er erwähnte wieder den Glauben des Petrus, der ihn früher als die andern durch Gott erkannt habe und sprach von dem Felsen, auf dem er seine Kirche bauen wolle. Sie beteten noch und gingen dann bei der Morgenröte an der Nordwestseite des Berges hinab.

Im Niedersteigen sprach Jesus über das, was sie gesehen, und sagte, sie sollten niemand etwas von diesem Gesicht sagen, bis des Menschen Sohn von den Toten auferstanden sein würde. Sie merkten auch diesen Befehl und waren überhaupt sehr erschüttert und ehrerbietiger als sonst, sie gedachten der Stimme: „Diesen höret!" mit Angst und Reue an früheren Zweifel und Unglauben. Als sie aber mit dem sich verbreitenten Tageslicht im Herabsteigen der gewöhnlichen Empfindung wieder näher gerückt waren, teilten sie sich untereinander ihr Befremden über den Ausdruck mit, was das heißen solle: „Bis des Menschen Sohn von den Toten auferstanden ist?" Sie wagten aber jetzt nicht, Jesus darüber zu fragen.

Zinsgroschen und Streit um den Rang im Himmelreich

Als Jesus in Petri Haus sich befand, redeten Leute aus Kapharnaum den Petrus vor dem Hause an, ob sein Meister den Zinsgroschen, zwei Drachmen, nicht bezahle. Petrus bejahte es, und als er in das Haus kam, sagte Jesus zu ihm: „Was meinst du, Simon, von wem fordern die Könige auf Erden Zoll und Zins? Von ihren Kindern oder den Fremden?" Petrus anwortete: „Von den Fremden", und Jesus versetzte: „Die Kinder sind also frei! Aber damit wir sie nicht ärgern, wirf die Angel ins Meer, und in dem Mund des zuerst anbeißenden Fisches wirst du einen Stater finden, den zahle für mich und dich!“ Petrus ging nun in einfältigem Glauben an seine Fischerstelle, ließ eine der dort stehenden Angeln nieder, zog sie auf und fing einen sehr großen Fisch. Er griff ihm ins Maul und fand eine länglich-runde, gelbliche Münze darin, die er für sich und Jesus bezahlte. Der Fisch war so groß, daß sie am Mittag alle satt daran zu essen hatten.

Darnach fragte Jesus die Jünger, über was sie auf dem Weg von Dothaim nach Kapharnaum geredet hätten? Sie schwiegen; denn es war, wer der Größte unter ihnen sei? Er aber kannte ihre Gedanken und sagte: „Wer der Erste sein will, sei der Letzte, der Diener von allen!“

Nach dem Mahl zog er mit den Zwölfen und den Jüngern nach Kapharnaum hinein, wo ein Fest für die von Jerusalem Zurückgekommenen war. Straßen und Häuser waren mit Blumen und Kränzen geschmückt. Kinder, Greise, Frauen und die Schulen kamen den Wiedergekehrten entgegen, welche in Scharen, wie eine Prozession, durch die Straßen zogen und die Häuser der Freunde und Angehörigen besuchten. Die Pharisäer und viele andre zogen ganz freundlich mit Jesus und den Jüngern umher und trennten sich auch zuweilen wieder.

Die Jünger fragten abermals, wer der Größte im Himmelreich sei. Da rief Jesus die wohlhabende Frau eines Kaufmannes, welche mit ihrem vierjährigen Knaben in einiger Entfernung unter der Haustüre stand. Sie verschleierte sich und kam mit dem Knaben herbei, welchen Jesus von ihr nahm; sie trat wieder zurück. Er umarmte den Knaben, stellte ihn vor die Jünger in die Mitte, es standen noch viele andre Kinder umher, und sprach: „Wer nicht wird wie die Kinder, kommt nicht ins Himmelreich! Wer ein Kind in meinem Namen aufnimmt, nimmt mich, ja den auf, der mich gesendet. Und wer sich demütigt wie dieses Kind, der ist der Größte im Himmelreich.“

Johannes fiel Jesus auch in die Rede, da er vom Aufnehmen in seinem Namen sprach. Sie hätten einem gewehrt, der nicht unter seinen Jüngern sei und doch in seinem Namen Teufel ausgetrieben habe. Das verwies ihnen Jesus und lehrte noch länger fort. Dann segnete er den Knaben, welcher sehr lieblich war und schenkte ihm Früchte und ein Röckchen, winkte der Mutter und gab ihr den Knaben zurück, indem er ihr einige prophetische Worte über die Zukunft des Knaben sagte, welche erst später verstanden wurden. Er wurde ein Jünger der Apostel und Ignatius genannt, er wurde Bischof und Märtyrer.

Während des ganzen Zuges und der Lehre Jesu war eine verschleierte Frau unter dem Volk. Sie war fortwährend wie außer sich vor Rührung und Freude und sagte oft mit zusammengefalteten Händen die Worte halblaut vor sich hin, doch so, daß sie die umstehenden Frauen damit rührte und zur Andacht bewegte: „Selig der Leib, der dich getragen! Selig die Brüste, die du gesogen! Ja, selig diejenigen, die Gottes Wort hören und dasselbige bewahren!" Sie sprach dieses unter häufigen Tränen und mit einer rührenden Bewegung der Hände aus dem innersten Herzen bei jeder kleinen Pause in Jesus Lehre, bei jedem zusammenhängenden Spruch seines Mundes, aus ungemeiner Rührung, Liebe und Bewunderung. Sie nahm einen unbeschreiblichen, hingerissenen Anteil an dem Leben und Dasein und der liebevollen Lehre des Erlösers. Es war Lea, eines bösgesinnten Pharisäers aus Cäsarea Philippi Frau, die Schwester des verstorbenen Mannes der Enue, der geheilten Blutflüssigen aus Cäsarea Philippi. Sie hatte jene Worte: „Selig der Leib", hier bei den Lehren Jesu schon ausgerufen, und Jesus hatte zu ihr gesprochen: „Ja vielmehr selig, die Gottes Wort hören und es bewahren!" Seitdem war ihr der damalige Ausruf, mit Jesu Antwort verbunden, stets im Munde und ein Gebet der Liebe und Andacht geworden. Sie war hierher zu den heiligen Frauen gekommen und hatte vieles des Ihrigen zur Gemeinde geschenkt.

Am Tag nach dem Sabbat zog Jesus mit den Jüngern nördlich von Kapharnaum gegen den Berg der Aussendung, ungefähr zwei Stunden weit bei den Korn schneidenden Bauern und den Hirten umher und lehrte die Jünger und diese Leute abwechselnd. Man war mit der Ernte beschäftigt.

Jesus lehrte die Leute in den Ruhepausen, indem er sie fragte, wieviel sie gesäet, wieviel sie geerntet, wem das Getreide gehöre, wie ihr Boden sei, wie sie ihn bearbeiteten? Und knüpfte Parabeln daran vom Säen, vom Unkraut, vom Weizenkörnlein, vom Gericht und Verbrennen des Unkrauts. Er lehrte auch die Jünger, wie sie wieder lehren sollten, und machte die Lehre ihnen wieder zur Lehre, indem er die Ernte geistlich auslegte, sie seine Sämänner und Schnitter nannte und ihnen sagte, daß sie sich jetzt das Saatkorn sammeln müßten zu Schätzen künftiger Fruchtbarkeit, weil er nicht mehr bei ihnen sein würde. Die Jünger waren sehr bange und fragten, er werde doch wohl noch bis Pfingsten bei ihnen bleiben? Da sagte Jesus zu ihnen: „Was sollte aus euch werden, wenn ich nicht länger bliebe!"

Auch bei den Hirten knüpfte Jesus das Gespräch auf mancherlei Weise an: „Ist dieses deine eigene Herde? Sind dies Schafe mehrerer Herden? Wie hütest du? Warum gehen deine Schafe zerstreut?" usw. So fragte er und knüpfte seine Lehre vom verlorenen Schaf, vom Guten Hirten dabei an.

Jesus wurde mit den Jüngern zu einem Mahl nicht weit von der Wohnung des Hauptmanns Cornelius von einem Pharisäer geladen. Es war ein Wassersüchtiger daselbst, der um Hilfe bat. Da fragte Jesus die Pharisäer, ob es erlaubt sei, am Sabbat zu heilen? Da sie schwiegen, legte er die Hand auf den Kranken und heilte ihn. Als dieser dankend weggegangen, sagte Jesus zu den Pharisäern, wie gewöhnlich bei solcher Gelegenheit, keiner von ihnen werde seinen Ochsen oder Esel, der ihm am Sabbat in die Wassergrube gefallen sei, nicht wieder herausziehen. Sie ärgerten sich und wußten ihm nicht zu antworten.

Der Pharisäer hatte nur seine Verwandten und Freunde geladen, und da Jesus sah, daß diese Pharisäer die besten Plätze am Tisch einnahmen, sprach er: wenn man eingeladen sei, solle man sich nicht gleich oben ansetzen; denn es könne ein Vornehmerer auch eingeladen sein und der Wirt einen zwingen, vor diesem zu weichen, das beschäme dann. Wenn man sich aber unten ansetze, so spreche wohl der Wirt: „Freund, rücke weiter herauf!" und das bringe dann Ehre. Denn sich zu erhöhen, das erniedrige, wer sich aber demütige, der werde erhöht. Und zu dem Wirt sagte Jesus: wer seine Verwandten, Freunde und reiche Nachbarn zu Gast bitte, die ihn wieder einladen, der habe seinen Lohn weg; wer aber Arme, Lahme, Blinde und sonst gebrechliche Menschen einlade, die es ihm nicht vergelten könnten, der werde selig seinen Lohn bei der Auferstehung empfangen. Als einer der Gäste erwiderte: „Ja selig, wer im Reiche Gottes mitspeist", wendete sich Jesus zu ihm und erzählte die Parabel vom großen Gastmahl.

Jesus hatte durch die Jünger viele Arme zu dem Hause rufen lassen und fragte die Pharisäer, ob sie die Mahlzeit für ihn bestellt hätten, und da sie es bejahten, dankte er und ließ nach der Sättigung alles übrige den Armen austeilen.

Hierauf zog er mit den Jüngern über das Gut des Hauptmannes Serobabel in eine schöne, einsame Gegend zwischen Tiberias und Magdalum. Da ihm viele Leute nachzogen, lehrte er von der Nachfolge. Wer ihm nachfolgen und sein Jünger sein wolle, müsse ihn mehr lieben, als alle seine nächsten Verwandten, ja als sich selbst, und müsse ihm sein Kreuz nachtragen. Wer einen Turm bauen wolle, müsse erst die Kosten überschlagen, sonst könne er nicht vollenden und werde verlacht. Wer in den Krieg ziehe, solle vorerst seine Armee gegen die des Feindes zählen; und so sie nicht ausreiche, lieber um Frieden bitten. Um sein Jünger zu werden, müsse man allem entsagen.

Jesus fährt nach Cypern

Ganz früh darauf sendete Jesus die Jünger und Apostel aus. Er legte den Aposteln und ersten Jüngern die Hände auf; die übrigen aber segnete er nur. Er füllte sie dadurch mit neuer Kraft und Stärke. Es war dieses noch keine Priesterweihe, sondern nur eine Füllung und Stärkung. Er sagte ihnen nochmals mehreres vom Gehorsam unter den Vorgesetzten.

Petrus und Johannes blieben nicht mit Jesus, sondern zogen südlich, Petrus nach der Gegend von Joppe und Johannes mehr östlich nach Judäa. Einige zogen nach Obergaliläa, andere in die Dekapolis. Thomas erhielt seine Sendung nach dem Gebiet der Gergesener, wohin er auf einem Umweg mit einer Schar Jünger nach der Stadt Asach zog. Diese Stadt lag auf einer Höhe zwischen zwei Tälern ungefähr neun Stunden von Sephoris und von dem Weg höchstens eine Stunde zur Linken. Es waren viele Juden in der Stadt, die den Leviten gehörte.

Jesus zog in nordwestlicher Richtung mit fünf Aposteln, deren jeder zehn Jünger unter sich hatte. Ich erinnere mich, den Judas, den Jakobus den Kleineren, Thaddäus, Saturnin, Nathanael, Barnabas, Asor, Mnason und die cyprischen Jünglinge dabei gesehen zu haben. Sie gingen am ersten Tage wohl sechs bis acht Stunden. Es lagen mehrere Städte zur Linken und Rechten des Weges, und es trennten sich einzelne Haufen des Zuges, nach diesen hinwandelnd. Jesus ließ Tyrus zu seiner Linken unten am Meeresufer liegen. Er hatte den Aposteln und Jüngern einen Ort bestimmt, wo er etwa nach dreißig Tagen wieder mit ihnen zusammentreffen wollte. Er übernachtete mit seinen Begleitern abermals unter Baumlauben wie in der vorigen Nacht.

Ich sah Jesus mit seinen Begleitern, Jüngern und anderen Leuten, wohl an fünfzig Mann, in einer hohlen Bergschlucht weiter wandern.

Der Weg führte hinab an den klaren und ziemlich starken Fluß Leontes, der in einem tiefen Bett ein paar Stunden nördlich von Tyrus ins Meer fließt. Eine hohe Steinbrücke führte über diesen Fluß nach einer großen Herberge, wo die Jünger wieder mit Jesus zusammentrafen.

Von hier aus sendete Jesus mehrere seiner Begleiter in die Städte des Landes Chabul und den Judas Ischariot mit einigen Jüngern nach Kana bei Sidon. Die Jünger hatten, was sie bei sich hatten, dem Apostel, der ihnen vorstand, zu übergeben.

Dem Judas allein gab Jesus eine Summe für sich. Er kannte seinen Geldgeiz und wollte ihn nicht in der Versuchung wissen, das Geld der andern anzugreifen; denn er hatte seinen Kummer um das Geld wohl bemerkt, obschon Judas prahlte, wie mäßig er sei, wie streng er das Gebot der Armut halten wolle. Da er nun das Geld empfing, fragte er Jesus, wieviel er täglich davon anwenden dürfe. Und Jesus antwortete ihm: wer sich so strenge gemäßigt fühle, der bedürfe kein Maß, noch Gebot, der trage sein Gesetz in sich.

In der Herberge erwarteten Jesus wohl an hundert Personen von jenem Judenstamm, welchen er in Ornithopolis und bei Sarepta schon getröstet hatte. Diese Juden hier stammen von einem Nebensohn des Patriarchen Juda, welcher von seinen Brüdern Her und Onan verfolgt hierher geflohen war und sich angesiedelt hatte. Seine Familie hatte sich mit den hier wohnenden Heiden verbunden und war nicht mit nach Ägypten gezogen und verwilderte gänzlich.

Die Heiden hier, mit denen seine Familie sich verbunden hatte, hatten schon, da Jakob nach dem Falle der Dina auf dem Erbteil Josephs bei Samaria wohnte, ein großes Verlangen getragen, Ehen mit Jakobs Söhnen oder doch mit seinen Knechten und Mägden einzugehen. Sie zogen über die Berge zu ihm hin, verlangten demütig, mit seinen Angehörigen sich zu verehelichen und erboten sich gern, die Beschneidung anzunehmen. Jakob aber wies sie auf alle Weise zurück. Als nun dieser vertriebene Nebensohn des Juda mit seiner Familie zu ihnen kam, wurde er sehr liebevoll von den Heiden aufgenommen, und seine Kinder verbanden sich mit ihnen. Wie wunderbar erscheint die Fügung Gottes, daß die rohe Begierde der Heiden nach Verbindung mit dem heiligen Stamm, auf dem die Verheißung ruhte, nicht ganz verworfen wurde, und daß durch spätere Schicksale ein vertriebener Nebensproß dieses Stammes sie veredeln mußte!

Trotz der großen Verwilderung durch diese gemischten Ehen hatte sich doch eine Familie unter ihnen rein erhalten und ward zuerst durch Elias,, der viel hier in der Gegend lebte, im Gesetz unterrichtet. Salomon hatte sich schon viele Mühe gegeben, sie wieder mit den Juden zu vereinigen; aber es war ihm nicht gelungen. Jetzt waren etwa hundert fromme Leute von reiner Abkunft aus Juda unter ihnen. Elias hatte diesen abgeirrten Stamm wieder mit Israel vereinigt, und in der Zeit von Joachim und Anna kamen Lehrer aus der Gegend von Hebron dahin, um sie in der Ordnung zu erhalten. Die Familien derselben lebten jetzt noch unter ihnen, und durch sie schloß sich die Syrophönizierin mit ihren Leuten an die Juden an. Sie lebten sehr demütig und achteten sich nicht würdig, den Boden des gelobten Landes zu betreten. Der Cyprier Cyrinus hatte in Dabrath mit Jesus von ihnen gesprochen, und Jesus nahm von dieser Erzählung die äußere Veranlassung, viel und vertraut mit ihnen zu reden.

Er lehrte zuerst vor der Herberge die unter offenen Lauben oder Schuppen umherstehenden Leute. Die Herberge hier gehörte den Juden oder war von ihnen gemietet. Danach lehrte Jesus in der Synagoge, wo viele Heiden von außen zuhörten. Die Synagoge war hoch und schön, und man konnte oben auf ihr herumgehen und hatte eine sehr weite Aussicht.

Am Abend gaben die Juden Jesus eine festliche Mahlzeit in der Herberge, bei welcher sie alles aufwendeten, ihm ihren großen Dank zu bezeigen, daß er nicht verschmäht habe, auch zu ihnen, den verlorenen Schafen aus Israel, zu kommen und ihnen das Heil zu verkünden. Sie hatten ihre Stammregister in guter Ordnung, legten sie Jesus vor und waren tief gerührt, mit ihm aus einem Stamme hervorgegangen zu sein. Es war eine fröhliche Mahlzeit. Alle waren zugegen. Sie sprachen viel von den Propheten, besonders mit großer Liebe von Elias und seinen Prophezeiungen vom Messias, ebenso von Malachias, und daß jetzt die Zeit der Erfüllung sein müsse. Jesus legte ihnen alles aus und versprach ihnen, sie von hier nach Judäa zu führen. Er siedelte sie später an der mittägigen Grenze von Judäa zwischen Hebron und Gaza an.

Es trug hier Jesus ein langes weißes Reisekleid; er und seine

Begleiter waren gegürtet und geschürzt, wenn sie wandelten. Bündel hatten sie nicht; ihre Bedürfnisse trugen sie unter dem Kleide über dem Gürtel rundum den Leib. Einige hatten Stäbe. Kopfbedeckungen sah ich nie bei Jesus; nur manchmal eine Bahn Zeug, die sonst um den Hals lag, übers Haupt gezogen.

Jesus ging mit seinen Begleitern nach dem Wohnort der Syrophönizierin, welche ihn durch ihren geheilten Verwandten zur Mahlzeit hatte bitten lassen. Es waren viele Menschen versammelt, auch Arme und Krüppel, deren Jesus viele heilte.

Jesus ward sehr feierlich empfangen, und als er zu Tische lag, goß die Tochter der Witwe eine Flasche wohlriechender Salbe über sein Haupt. Die Mutter beschenkte ihn mit Zeugen, Gürteln und dreieckigen Stücken Goldes; die Tochter mit Stücken, die zusammengekettet waren. Er verweilte jedoch nicht lange, sondern ging mit seinen Gefährten nach dem Hafenort, wo er von den jüdischen Einwohnern und den nach Cypern zurückreisenden Ostergästen feierlich empfangen wurde. Er lehrte in der Synagoge; sehr viele Heiden standen draußen umher und hörten zu.

Bei Sternenschein begleiteten ihn alle an den Hafen und schifften sich ein. Es war eine helle Nacht. Die Sterne sehen dort größer aus. Es war eine kleine Flotte. Ein großes Lastschiff enthielt das Gepäck, Waren und Vieh, besonders viele Esel. Zehn Ruderschiffe mit Segeln trugen die cyprischen Ostergäste und Jesus mit den Seinen. Fünf dieser Ruderschiffe waren mit langen Stricken an den Seiten und vorne an dem Lastschiff befestigt und zogen es vorwärts. Die fünf übrigen segelten umher. Alle diese Schiffe hatten wie Petri Schiff auf dem Galiläischen See um den Mast erhöhte Ruderbänke mit Ruhestellen darunter. Auf einem der angehängten Schiffe stand Jesus an dem Mast und segnete Land und Meer, da sie abfuhren. Viele Fische folgten dem Zuge, darunter ganz große mit wunderlichen Schnauzen. Sie spielten umher und streckten die Köpfe aus dem Wasser, als hörten sie zu, wenn Jesus während der Überfahrt lehrte.

Die Fahrt ging so ungewöhnlich schnell bei ganz ruhigem Meer und dem schönsten Wetter vor sich, daß die Schiffsleute, Juden und Heiden, ausriefen: „O welch glückliche Fahrt! Das kommt von dir, o Prophet!“ Jesus stand am Mast, gebot ihnen, zu schweigen und dem allmächtigen Gott allein die Ehre zu geben und sprach von dem einen allmächtigen Gott und seinen Werken, von der Nichtigkeit der heidnischen Götter, von der Nähe der Zeit, ja von ihrer Gegenwart, wo das größte Heil auf der Erde sei, und von der Berufung der Heiden. Die ganze Lehre war für die Heiden eingerichtet.

Die Schiffe kamen gegen Abend im Hafen von Salamis an. Der sehr feste und mit hohen Mauern und Bollwerken eingefaßte Hafen ist sehr weit und sicher, die beiden Ufer springen weit ins Meer vor.

Am Ufer waren viele Juden aus der Stadt in einem festlichen Aufzug. Sie hatten das Schiff aus der Ferne kommen sehen. Es ist der Brauch, die vom Pascha kommenden Juden immer so zu empfangen. Es waren meistens alte Leute, Frauen, Jungfrauen und die Schulkinder mit ihren Lehrern. Sie hatten Pfeifen und trugen fliegende Wimpel, Kränze an Stangen und Zweige und machten einen freudigen Gesang.

Cyrinus, drei ältere Brüder des Barnabas und einige alte Juden in Feierkleidern empfingen Jesum und die Seinen, führten sie eine Strecke vom Hafen auf eine schöne grüne Terrasse. Da waren Teppiche ausgebreitet und Waschbecken mit Wasser aufgestellt, und auf Tafeln standen Schalen mit Erfrischungen. Sie wuschen Jesu und den Seinen die Füße und labten sie.

Als Jesus mit den Seinen ankam, waren die andern Paschajuden schon auf einem terrassierten freien Platz versammelt. Ein Ältester und Synagogenvorsteher stand erhöht, damit er alle überschauen konnte. Es war mir, wie wenn man Soldaten verliest, ob alle da seien. Es wurde über alles Erkundigungen eingezogen, ob keiner Schaden gelitten oder gegen andere Reisekameraden zu klagen habe, und über das, was in Jerusalem vorgefallen. Jesus und die Seinen waren hier nicht mit dabei. Jesus wurde von vielen alten ehrwürdigen Juden feierlich begrüßt und hielt eine Ermahnung an das versammelte Volk an diesem Ort von der Höhe herab, worauf sie mit den Ihrigen nach ihren Wohnungen zogen.

Jesus und die Seinigen wurden von den Vorstehern nahe bei der Synagoge in eine große Halle gebracht, wo sie übernachteten. Hier heilte Jesus noch einige Wassersüchtige, welche man in den Vorhof der Herberge auf Tragebetten gebracht hatte. Es war dieses Haus eine große Lehrhalle, in welcher man reisende Rabbinen beherbergte.

Am Morgen des folgenden Tages wurde Jesus von dem Ältesten, einem ehrwürdigen Greise, und den Lehrern nach dem Krankenhaus begleitet, das rund um einen Garten gebaut war.

Der dritte Teil des Krankenhauses war mit weiblichen Kranken besetzt und durch geschlossene Tore von den anderen Räumen getrennt. Jesus heilte einige wassersüchtige und gichtkranke Männer, auch solche, die mit einem leichten Aussatz behaftet waren. Die Geheilten folgten ihm auf den freien Platz, wo sich die anderen Juden indessen versammelt hatten und wo Jesus zuerst vor den Männern von dem Sammeln des Mannas in der Wüste lehrte und wie eben jetzt die Zeit des wahren himmlischen Manna der Lehre und Bekehrung gekommen sei, und wie ihnen ein neues Himmelsbrot solle gegeben werden.

Nach dieser Lehre verließen die Männer den Platz, und die Frauen nahmen ihn ein. Es kamen auch viele heidnische Frauen dazu, die abgesondert zurück standen. Jesus lehrte allgemeiner vor den Frauen, weil Heidinnen darunter waren. Er sprach von dem einen allmächtigen Gott, dem Vater und Schöpfer Himmels und der Erde, von der Torheit der Vielgötterei und von der Liebe Gottes zu den Menschen.

Der Älteste führte Jesus in ein Seitengebäude, wo seine Frau mit andern Frauen war; auch einige Lehrer kamen hierher. Nachdem die verschleierten Frauen Jesus mit tiefer Verbeugung gegrüßt und er einige freundliche Worte gesprochen hatte, kam ein Zug mit Kränzen geschmückter Kinder auf Flöten und andern Instrumenten spielend und holten Jesus zur Mahlzeit. Die Tafel war mit Blumenbüschen und Gefäßen geschmückt; sie war etwas höher als in Judäa, und sie lagen dichter und nicht so ausgestreckt zu Tisch. Man wusch sich die Hände. Unter vielen andern Speisen war ein Lamm, das Jesus zerlegte und auf runden Brotkuchen herum gab. Es war zuvor schon zerschnitten und nur wieder zusammengelegt.

Ich sah Jesus und die Seinen nicht lange zu Tische liegen. Er sendete immer Speisen und Getränke nach den Tischen der Ärmeren durch seine Jünger, welche hier immer den anderen dienten. Nachher ging auch er von Tisch zu Tisch, teilte aus, lehrte und erzählte.

Am Sabbatmorgen lehrte Jesus wiederum in der Synagoge ganz hinreißend von der Zeit der Gnade und der Erfüllung der Prophezeiungen, so daß viele Menschen weinten. Er ermahnte zur Buße und Taufe. Die Lehre dauerte wohl an drei bis vier Stunden.

Danach wandelte er mit den Seinen, von den Lehrern begleitet, zum Hause des Cyrinus, wo sie zu Gast geladen waren.

Halb in die heidnische Stadtmauer gebaut liegt am Ende der Straße das große Haus des Cyrinus mit Höfen und Nebengebäuden. Sobald das Haus in der Ferne sichtbar wurde, nahten die Frau und die Töchter des Cyrinus mit den Dienern und begrüßten Jesus und die Seinen. Er hatte fünf Töchter, Nichten und andere Verwandte. Alle seine Kinder hatten Geschenke bei sich, die sie, nachdem sie sich vor Jesus tief verbeugt hatten, vor seine Füße auf Teppiche, die sie ausbreiteten, niedersetzten. Es waren unter diesen Geschenken Seltenheiten in allerhand Formen, z. B. Bernstein, Korallenbäumchen auf einem Gestell. Es schien, als wollte jedes Kind das Liebste bringen, was es besaß, und was sie nicht bei Jesus anbringen konnten, reichten sie seinen Begleitern dar.

Darauf ward der Sabbat in der Synagoge geschlossen, und Jesus lehrte hier abermals von den Opfern aus dem dritten Buch Mosis und aus Ezechiel. Er sprach wunderbar süß und eindringend, die Gesetze Mosis auf die jetzige Erfüllung ihrer Bedeutung auslegend. Er sprach vom Opfer eines reinen Herzens, und wie die tausendfachen Opfer nichts mehr nützen könnten, man müsse seine Seele reinigen und seine Leidenschaften zum Opfer bringen. Er schob keine Anordnung des Gesetzes beiseite, als verwerfe er etwas. Er löste sie in ihre höhere Bedeutung auf und machte das Gesetz durch die Erklärung seines Inhaltes nur noch ehrwürdiger und schöner. Er bereitete zugleich zur Taufe vor und ermahnte zur Buße, denn die Zeit sei nahe.

Seine Worte, der Ton seiner Stimme waren gleich lebendigen, tief eindringenden Strahlen. Er redete ungemein ruhig und kräftig, nie sehr schnell, außer manchmal mit den Pharisäern; dann waren seine Worte wie scharfe Pfeile und seine Stimme strenger. Der Ton seiner Stimme ist ein sehr wohlklingender Tenor, ganz rein und ohne seinesgleichen. Man hörte ihn vor allen Stimmen aus einem großen Geräusche deutlich heraus, ohne daß er schreit.

Die Lektionen und Gebete werden in den Synagogen in einem singenden Ton rezitiert, auf die Art wie die Chorgesänge und Messen der Christen, manchmal singen die Juden auch wechselweise. Er las die Lektionen auch so.

Am folgenden Tage bereitete Jesus im Krankenhaus und an dem neuen Taufbrunnen die Leute zur Taufe vor. Im Krankenhause bekannten ihm mehrere an einem abgesonderten Ort ihre Sünden. Er ließ hier das Wasser für die Taufe in Mulden absondern, worin die Kranken von den Jüngern später getauft wurden.

Auf dem freien Platz um den Taufbrunnen war, als Jesus dahin kam, eine große Volksmenge versammelt, unter der sich auch viele Heiden befanden. Die Leute waren zum Teil schon während der Nacht aus der Umgegend heran gezogen. Jesus lehrte unter einem Zeltdach von seiner Sendung, von der Buße und der Taufe und vom Vaterunser.

Jesus beim Landpfleger in Salamis

Während der Lehre kam ein heidnischer Soldat oder Gerichtsdiener zu den Vorgesetzten und sagte, daß der römische Landvogt in Salamis den neuen Lehrer zu sprechen wünsche und zu sich entbiete. Er sagte dieses mit einigem Ernst, als nähme er es ihnen übel, daß sie Jesus nicht gleich zu ihm geführt hätten. Sie ließen es durch die Jünger Jesu in einer Pause sagen. Er antwortete, daß er kommen werde und lehrte weiter. Nach der Lehre folgte er mit den Jüngern und Ältesten dem Boten des Landvogtes. Sie hatten wohl eine halbe Stunde auf dem Weg zu gehen.

Ich sah hier und da Götterbilder stehen, die nicht wie in Griechenland und Rom, Bilder in menschlicher Gestalt, sondern wie in Sidon, Tyrus und Joppe Figuren mit Flügeln oder Schuppen waren. Ich sah auch einige wie Wickelpuppen.

Tiefer in der Stadt hatten sich immer mehr Menschen auf dem Weg an Jesus angeschlossen, und auf dem freien Platz kamen sie von allen Seiten angeströmt. In der Mitte dieses Platzes ist ein schöner Brunnen; man stieg auf Stufen hinab, und in der Mitte des Beckens wallte es auf. Ein Säulendach ist darüber gebaut und offene Galerien und Bäumchen und Blumen darum her. Der Zugang zum Brunnen ist geschlossen. Die Leute erhalten nur durch eine gewisse Bevorzugung von seinem Wasser, weil es das beste in der Stadt ist und für sehr heilsam gehalten wird.

Diesem Brunnen gegenüber steht der Palast des Landvogts mit Säulenhallen. Auf einer offenen, vorspringenden Terrasse unter einem Säulendach saß der römische Landvogt, ein Kriegsmann, auf einem steinernen Stuhle und sah Jesus ankommen.

Alle Heiden waren erstaunt über seine Ehrerbietung vor Jesus; denn, als er herankam, stieg der Landvogt die Terrasse herab, faßte Jesu Hand mit einem Tuch, das er in der Hand hatte, und drückte sie mit der andern Hand, welche das Ende des Tuches hielt, indem er sich etwas beugte. Dann ging er mit

Jesus auf die Terrasse hinauf, wo er ganz freundlich mancherlei neugierige Fragen stellte: „Er habe von ihm gehört, daß er ein weiser Lehrer sei. Er achte das Gesetz der Juden. Er solle so große Wunder tun, ob die Gerüchte von ihm alle wahr seien? Wer ihm die Kraft dazu gegeben? Ob er der verheißende Tröster, der Messias der Juden sei? Die Juden erwarteten ja einen König, ob er dieser König sei? Mit welcher Macht er dann sein Reich in Besitz nehmen wolle? Ob er Kriegsvolk habe irgendwo? Ob er vielleicht hier in Cypern unter den Juden Volk sammeln wolle? Ob es noch lange währen solle, bis er sich in seiner Macht zeigen werde?“ Allerhand solche Fragen tat der Landvogt mit einem verbindlichen Ernst und sichtbarer Rührung und Ehrfurcht an Jesus, welcher immer ganz allgemein und unbestimmt antwortete, wie er sonst Obrigkeiten auf solche Fragen Antwort gab, z. B. „Du sagst es! So glaubt man. Die Zeit der Verheißung erfüllt sich. Die Propheten haben es so gesagt!“ Auf die Frage von seinem Reich, seinem Kriegsvolk sagte er: sein Reich sei nicht von dieser Welt; die Könige der Welt brauchen Krieger, er sammle die Seelen der Menschen zum Reich des allmächtigen Vaters, des Schöpfers Himmels und der Erde. Er ließ allerlei Lehren und tiefe Worte mit einfließen, und der Landvogt war ganz erstaunt über seine Worte und sein Wesen.

Der Landvogt sprach auch von Pilatus und dessen Gewalttätigkeit im Tempel und dem ganzen Wesen des Pilatus mit einer merklichen Mißbilligung, auch von der eingestürzten Wasserleitung bei Silo.

Jesus hielt hier an dem Brunnen noch ein Gespräch mit ihm von dem Wasser und den verschiedenen Quellen, trüben und klaren, bitteren, salzigen und süßen und von dem großen Unterschied ihrer Wirkung, und wie sie in Brunnen gefaßt und ausgeteilt würden; und er kam hierauf auf die Lehre der Heiden und Juden und auf das Wasser der Taufe und die Wiedergeburt der Menschen durch Buße und Glauben, und wie sie alle Kinder Gottes würden. Es war eine wunderbare Lehre und hatte etwas von seiner Unterredung mit der Samariterin am

Brunnen. Seine Worte machten vielen Eindruck auf den Landvogt, welcher bereits den Juden sehr geneigt ist und Jesus öfters zu hören wünscht.

Jesus hielt am folgenden Morgen eine große Lehre vor Juden und Heiden auf dem Lehrplatz am Taufbrunnen. Er lehrte von der Ernte, von der Vermehrung des Getreides, vom Undank der Menschen, die größten Wunder Gottes so lau hinzunehmen, und wie es den Undankbaren gehen werde gleich dem Stroh und Unkraut, man werde sie ins Feuer werfen. Er sprach auch, wie aus einem Korn endlich eine ganze Ernte werde, und wie alles aus einem allmächtigen Gott komme, dem Schöpfer Himmels und der Erde, dem Vater aller Menschen, ihrem Ernährer, Belohner und Strafer. Er sprach auch, wie sie sich statt zu Gott dem Vater zu Geschöpfen, zu toten Klötzen wendeten und an den Wundern Gottes kalt vorüber gingen und die glänzenden, aber doch so armseligen Werke der Menschen und jeden Gaukler, Zauberer anstaunten, ja ihm Ehre erwiesen. Seine Rede kam hier auch auf die heidnischen Götter und alle ihre Meinungen von ihnen und ihre gänzliche Verwirrung, ihren Dienst und auf alle die Greuel, welche sie von denselben erzählten. Und nun sprach er von den einzelnen Göttern und fragte und antwortete selbst in seiner Rede: „Wer ist dann jener? Wer dieser? Und wer ist sein Vater?“ und entwickelte die ganze Verwirrung ihrer Götterabstammungen und Familien, und was sie alles für Schändlichkeiten von ihnen sagten, und zeigte im ganzen die elende Verwirrung und den Greuel, welcher nicht im Reiche Gottes, sondern allein im Reiche des Vaters der Lügen sei. Er erwähnte die verschiedenen sich widersprechenden Bedeutungen dieser Götter und löste sie auf.

Er sprach auch von der Berufung der Heiden zum Reich Gottes, und daß viele Fremde vom Auf- und Niedergang die Stühle der Kinder des Hauses einnehmen würden, welche das Heil von sich stießen.

Jesus in der Judenstadt

Jesus ging hierauf mit den Seinigen und einigen der Lehrer etwa eine halbe Stunde nördlich nach der abgesonderten Judenstadt. Es folgten ihm viele Zuhörer seiner Lehre, und er sprach fortwährend mit einzelnen Haufen.

Jesus ging mit seiner Gesellschaft zu den Wohnungen der Rabbinen an der Synagoge. Der älteste Rabbine empfing ihn höflich, aber mit einer unangenehmen Zurückhaltung. Er bot Jesus die gewöhnliche Erquickung und sprach einiges obenhin mit ihm von seinem Besuch dieses Landes und von seinem großen Ruhm. Doch die ganze Schar hier war nicht so wohlgesinnt und offen wie die Juden bei Jesu Herberge in Salamis. Sie hatten etwas Pharisäisches, und nachdem sie warm geworden, führten einzelne anzügliche Reden: ob er denn nicht mehr bequem in Palästina habe bleiben wollen? Was er denn hier bei ihnen suche? Er möge doch keine Unruhen hier machen; und ob er denn lange hier zu bleiben gedächte? Auch berührten sie allerlei Punkte seiner Lehre und seines Wandels, welche die Pharisäer in Palästina immer auftischten. Jesus antwortete wie gewöhnlich und scharf treffend oder gelinder nach dem Maß der Höflichkeit. Er sagte, daß er gekommen sei, die Werke der Barmherzigkeit zu üben und zu tun, wie der Vater im Himmel es wolle. Das Gespräch war sehr lebhaft und führte eine strenge Straflehre Jesu herbei, wobei er jedoch ihre Milde gegen die Armen und alles Lobenswerte lobte, alle Heuchelei aber strafte. Es war schon spät, als Jesus mit den Seinen zurückkehrte. Die Rabbinen geleiteten ihn bis zum Tor.

Die Götzenpriesterin Merkuria

Als Jesus mit den Jüngern wieder in der Herberge war, kam ein heidnischer Mann zu ihm und bat ihn, einige Schritte mit ihm zu einem Garten zu gehen, wo ihn eine Person erwarte, die in ihrer Bedrängnis um Hilfe flehe. Jesus ging mit den Jüngern nach dem Ort, und da er zwischen Mauern am Wege eine heidnische Frau stehen sah, welche sich vor ihm beugte, ließ er die Jünger etwas zurücktreten und fragte das Weib, was ihr Verlangen sei. Es war dieses eine sehr wunderliche Frau. Sie war ganz ohne allen Unterricht, tief im Heidentum, und zwar im schändlichsten Dienste befangen. Es war eine Unruhe durch Jesu Anblick in sie gekommen, sie hatte ein Gefühl, daß sie im Unrecht sei; aber sie war ohne einfachen Glauben und hatte eine sehr verwirrte Art, sich anzuklagen. Sie sagte Jesu, sie habe gehört, daß er der Magdalena geholfen habe und auch der Blutflüssigen, die nur seinen Saum berührt; sie bitte ihn auch um Hilfe, sie könne nicht mehr den Dienst der Göttin ertragen. Sie erkenne, daß die Forderungen dieses ausschweifenden Dienstes unrecht seien. Sie bitte ihn, er möge sie heilen und belehren; aber er könne sie vielleicht nicht heilen, weil sie nicht körperlich krank sei wie die Blutflüssige. Sie bekannte, daß sie verheiratet sei und drei Kinder habe; das eine aber sei ohne Wissen ihres Mannes im Ehebruch erzeugt. Sie habe auch Umgang mit dem römischen Landvogt. Als Jesus gestern in Salamis zum Landvogt gegangen, habe sie, hinter einem Fenster stehend, ihn erblickt und einen Glanz um sein Haupt gesehen. Da sei sie heftig erschüttert worden. Sie habe anfangs gedacht, es sei dieses Liebe zu ihm; bei diesem Gedanken aber sei eine schreckliche Angst über sie gekommen, und sie sei ohnmächtig niedergestürzt. Als sie zu sich gekommen, sei ihr ganzes Dasein und Leben ihr so fürchterlich vorgekommen, daß sie keine Ruhe mehr gehabt habe. Sie habe ihm nachgefragt und von jüdischen Frauen die Heilung Magdalenas und der blutflüssigen Enue von Cäsarea-Philippi gehört. Sie flehte ihn nun auch an, er möge sie, wenn möglich, heilen. Jesus sagte ihr, der Glaube der blutflüssigen Frau sei einfach gewesen, sie habe keine lange Wahl und Erklärung gemacht, sie sei heimlich heran gekrochen und habe fest geglaubt, wenn sie nur den Saum seines Kleides berühre, werde sie genesen, und ihr Glaube habe ihr geholfen.

Die törichte Frau fragte Jesus noch, wie er das aber habe wissen können, daß sie ihn berührt, und daß er ihr geholfen habe; und hatte gar keinen Begriff von Jesus und seiner Macht; aber sie verlangte doch herzlich um Hilfe. Jesus aber wies sie zurück, befahl ihr, ihrem schändlichen Leben zu entsagen, sprach ihr von Gott dem Allmächtigen und seinem Gebot: Du sollst nicht ehebrechen. Er stellte ihr den ganzen Greuel der Unzucht vor, gegen den sich selbst ihre Natur in dem unreinen Dienst ihrer Götzen empöre, und er traf sie mit so ernsten und zugleich barmherzigen Worten, daß sie weinend und ganz zerknirscht von dannen ging.

Die Leute haben hier eine sehr schöne Schule und offenen Lehrstuhl, auch einen Lehrer; zum Sabbat aber gehen sie zur Synagoge bei Jesu Herberge in Salamis.

Der Weg war sehr schön. Kaum bemerkten die Arbeiter Jesus, den sie schon in der Synagoge und bei der Taufe gesehen hatten, als sie auch truppenweise ihre Arbeit verließen, ihr Werkzeug und das Stück Baumrinde, das sie gegen die Sonne auf dem Kopfe trugen, ablegten und von den hohen Wällen herab eilten und sich am Weg vor Jesus niederbeugten. Manche warfen sich ganz zur Erde. Jesus grüßte und segnete sie, und sie kehrten zurück. Als er sich der Schule näherte, hatten sie es dem Lehrer schon hinterbracht, und dieser trat Jesu mit anderen ehrbaren Männern entgegen, hieß ihn willkommen, führte ihn an einen schönen Brunnen, wusch ihm die Füße, nahm ihm den Mantel ab, der geschüttelt und gestreckt wurde, reichte ihm zu trinken und einige Speise.

Jesus ging mit diesen Leuten und andern, die noch von Salamis dazu gekommen waren, von Feld zu Feld und lehrte hier und da die Schnitter in kurzen Parabeln vom Sämann, von der Ernte, vom Absondern des Weizens und Unkrauts, vom Bauen der Scheune, vom Unkraut ins Feuerwerfen. Die einzelnen Haufen hörten ihm zu und arbeiteten dann fort, wenn er wieder zu anderen ging.

Jesus wandelte so lehrend wohl eine halbe Stunde Wegs in

die Gegend hinein und kehrte dann zum Brunnen an der Schule zurück, wo ihm und den anderen auf einer Steinbank eine Brühe, ich meine Honig in Schalen, lange Stangen, von denen man Schnittchen aufs Brot legte, und Brotkuchen, auch Früchte und kleine Krüge vorgesetzt wurden.

In Salamis sah ich an diesem Tage die Sünderin Merkuria in großer Unruhe und Trauer in ihren Gemächern auf- und niedergehen. Sie weinte, rang die Hände, lag oft ganz eingehüllt in einer Ecke. Ihr Mann, der mir etwas dumm vorkommt, und die Mägde hielten sie für wahnsinnig. Sie aber ist ganz von Reue zerrissen, denkt und sinnt nur, wie sie hier los und zu den andern heiligen Frauen nach Palästina kommen könnte. Sie hat zwei Töchter von acht und neun und einen Knaben von fünf Jahren. Ihr Haus liegt nahe am großen Tempel, ist sehr groß und von schweren Mauern, mit Gesindewohnungen, Säulen und Terrassen und Gärten umgeben. Man forderte sie auf, in den Tempel zu gehen, sie schlug es aber aus und sagte, sie sei krank. Dieser Tempel ist ein erstaunliches Gebäude von Säulen, Kammern, Wohnungen der Götzenpriester und Gewölben. Es steht ein riesenhaftes Bild der Göttin darin, das wie von Gold schimmert, einen Fischleib und einen Kopf mit Hörnern hat wie eine Kuh. Es hat eine zweite Figur vor sich, auf deren Schultern es seine kurzen Arme oder Pratzen legt. Die ganze Figur steht auf einem hohen Postament mit Öffnungen, worin Rauchwerk und anderes verbrannt wird. Sie opferten selbst Kinder, besonders Krüppel, zu Ehren der Göttin. Das Haus der Merkuria ist das nachmalige Wohnhaus des Vaters der heiligen Katharina, der Costa hieß.

Als Jesus auch am folgenden Tage durch die Erntefelder wandelnd die Arbeiter lehrte, war ein wunderlicher Nebel den ganzen Tag über, daß einer den andern kaum sehen konnte.

Jesus lehrte in Ernteparabeln und vom täglichen Brot und heilte mehrere lahme Kinder, welche in einer Mulde oder einem Trog auf Schaffellen lagen. Da einige von den Leuten in großes Lob seiner Lehre ausbrachen, verwies Jesus ihnen das und sagte Worte, wie: „Dem, der da hat, wird gegeben, wer nicht hat, dem wird genommen."

Die Juden waren hier über allerlei Punkte im Zweifel, worüber Jesus sie belehrte. Sie fürchteten, keinen Anteil am Gelobten Lande zu haben. Sie meinten, Moses habe nicht durchs Rote Meer gebraucht, auch nicht so lange in der Wüste umzuziehen, es gebe nähere Wege. Jesus entgegnete ihnen: das Gelobte Land liege nicht allein in Kanaan; das Reich Gottes könne man an sich reißen und brauche dann freilich nicht so lange in der Wüste zu irren. Er forderte sie auf, wenn sie solches dem Moses vorwürfen, doch selbst nicht in der Wüste der Sünde, des Unglaubens und Murrens herum zu ziehen, sondern den kürzeren Weg einzuschlagen durch Buße, Taufe und Glauben. Es haben sich die Juden in Cypern viel mit Heiden vermischt; doch so, daß die Heiden Juden geworden sind.

Nach vier Stunden Weges kam Jesus in eine Herberge, mehr als eine halbe Stunde vor Chytrus, bis wohin noch immer Bergwerke liegen. Hier kehrten sie ein, und der Vater des Barnabas nebst einigen andern Männern empfing den Herrn und leistete ihm die gewöhnlichen Liebesdienste. Jesus ruhte hier und lehrte und nahm eine kleine Mahlzeit mit seiner Begleitung ein.

Da ich sehr betrübt darüber wurde, daß die große Mühe und Arbeit Jesu so wenig in Cypern sollte gewirkt haben, so daß man, wie der Pilger sagte, gar nichts in der Schrift noch sonst von dieser Reise wisse, und daß auch nicht erwähnt sei, daß Paulus und Barnabas viel dort ausgerichtet haben, erhielt ich ein Bild darüber, von welchem ich mich noch an folgendes erinnere. Fünfhundert und siebenzig Seelen hat Jesus in Cypern gewonnen, Heiden und Juden. Ich sah, daß die Sünderin Merkuria mit ihren Kindern Jesu bald gefolgt ist und vieles Gut und Geld mitgenommen hat. Sie kam zu den heiligen Frauen und hat bei den ersten christlichen Niederlassungen um Ophel bis gen Bethanien hin unter den Diakonen vieles zum Bauen und Unterhalt hergegeben. Ich sah auch, daß bei dem Aufstand gegen die Christen, da Saulus noch nicht bekehrt war, Merkuria ermordet wurde. Es war, da Saulus gegen Damaskus auszog. Als bald nach Jesu Abreise viele andere Heiden und Juden mit Geld und Gut Cypern verließen und nach Palästina wanderten und nach und nach ihr Vermögen herauszogen, entstand ein großes Geschrei unter den Andersgesinnten der Familien, die sich dadurch verletzt fanden. Man schmähte auf Jesus als einen Betrüger. Juden und Heiden hielten zusammen; es durfte nicht mehr von ihm gesprochen werden. Man zog viele Menschen ein und geißelte sie. Die Heidenpriester marterten die Ihrigen und zwangen sie zu opfern. Der Landvogt, der mit Jesus gesprochen hatte, wurde nach Rom gerufen und abgesetzt; ja es kamen römische Soldaten und besetzten alle Häfen und ließen niemand mehr zu Schiff. Mit der Kreuzigung aber erlosch Christi Andenken ganz, und man sprach von ihm wie von einem Rebellen und Verräter, und die noch etwas glaubten, wankten und schämten sich seiner. Zwölf Jahre nachher fanden Paulus und Barnabas keine Spur mehr; sie blieben nicht lange hier, nahmen aber doch einiges mit.

Chytrus ist ein sehr lebendiger Ort. Es wohnen viele Heiden und Juden hier, die untereinander vertrauter sind, als ich sie sonst wohl sah; obschon sie in getrennten Straßen wohnen. Die Heiden haben mehrere Tempel und die Juden zwei Synagogen. Sie haben sich auch viel untereinander verheiratet; doch immer so, daß der Heide Jude wurde.

Vor der Stadt kamen Jesu die jüdischen Ältesten und Lehrer entgegen und auch zwei von den Philosophen aus Salamis, welche von seiner Lehre gerührt, hierher gefolgt waren, ihn weiter zu hören. Nachdem sie Jesus in einem gewöhnlichen Haus den Empfang mit Fußwaschung und Imbiß erwiesen hatten, baten sie ihn um die Heilung von mehreren Kranken, welche ihn sehnlich erwarteten. Jesus ging mit ihnen in die Judenstraße, wo an dem Weg vor einzelnen Häusern etwa zwanzig Kranke lagen, welche er heilte. Es waren Lahme darunter, welche sich auf Krücken lehnten, die wie Gestelle waren und von drei Füßen getragen wurden. Die Genesenen lobten und riefen, wie auch ihre Verwandten, Jesu kurze Lobsprüche meist aus Psalmen nach; die Jünger aber beruhigten sie wieder.

Jesus ging nun in das Haus des Synagogenvorstehers, wo noch mehrere Gelehrte versammelt waren, darunter mehrere von der Sekte der Rechabiten.

Die Synagoge war voll von Menschen, und viele Heiden hörten von außen auf den Terrassen zu. Jesus lehrte aus dem dritten Buche Mosis vom Opfer zur Stiftshütte und aus Jeremias von der Verheißung (Lev. 3,26 – Jerem. 23,6–28). Er sprach vom toten und lebendigen Opfer; und sie fragten um den Unterschied. Außerdem lehrte er von den acht Seligkeiten.

Darnach sah ich Jesus an dem Brunnen vor Chytrus auf einem Lehrstuhl. Er bereitete zur Taufe vor, und die Jünger tauften zuerst die Juden und dann die Heiden.

Jesus sprach hier auch mit jüdischen Lehrern über die Beschneidung; man solle sie diesen Heiden nicht zumuten, es sei denn, daß sie es selbst verlangten. Jedoch könne auch den Juden nicht zugemutet werden, die Heiden in die Synagoge zuzulassen; man müsse Ärgernis vermeiden und Gott danken, wenn die Heiden den Götzendienst verließen und das Heil erwarteten. Auch solle ihnen anderer Abbruch und die Beschneidung des Herzens und aller Gelüste aufgelegt werden. Er werde ihnen Lehre und Gebet abgesondert anordnen.

Um den Brunnen vor Chytrus, an dem die Jünger getauft hatten, erblickte ich Männer, die ihn ehrerbietig zuschlossen. Die Schar der Zuhörer und Getauften war im Begriffe, sich nach verschiedenen Seiten hinweg zu begeben. Einzelne standen noch um reisende Juden, die eben herbei gekommen waren und antworteten auf deren Fragen: „Der Prophet hat von frühem Morgen bis Mittag hier gelehrt. Nun ist er mit seinen Jüngern und etwa sieben getauften Philosophen aus

Salamis nach dem großen Dorfe Mallep gezogen." Dieser Ort ist von den Juden erbaut; darum wohnen nur Juden darin.

Als Jesus hier ankam, zogen ihm die Lehrer der Synagoge, die Schulkinder und vieles Volk bis vors Tor entgegen. Alle waren festlich geschmückt. Kinder sangen und musizierten und trugen Palmzweige in den Händen. Die Mägdlein zogen vor den Knaben. Jesus ging segnend durch die Kinder durch und wurde von den Lehrern mit seiner Begleitung, etwa dreißig Mann, in eine Halle geführt, wo ihnen die Füße gewaschen wurden.

Unterdessen waren gegen zwanzig Kranke, Lahme und Wassersüchtige in die Straße vor das Haus gebracht, die Jesus heilte und ihm zu dem Brunnen in der Mitte der Stadt zu folgen hieß. Alle zogen gesund unter großer Freude ihrer Verwandten mit zu dem Brunnen, wo Jesus vom täglichen Brot und der Dankbarkeit gegen Gott lehrte.

Von hier ging er zur Synagoge und lehrte von: „Zukomme uns dein Reich." Er sprach vom Reich Gottes in uns, von seiner Nähe, und wie es ein geistliches, kein weltliches sei, und wie es denen ergehen werde, die es von sich stoßen. Die Heiden, welche ihm gefolgt waren, standen außerhalb; sie waren hier mehr abgesondert als in den heidnischen Städten.

Lehre vor heidnischen Philosophen und jüdische Trauungsfeiern

Jesus wandelte mit den Jüngern und den sieben getauften Philosophen durch das ganz reizende Wiesental, das von Mallep nach dem Dorf Lanifa führt.

Jesus lehrte die heidnischen Philosophen den ganzen Weg, bald wandelnd, bald an einem schönen Platz verweilend. Er lehrte sie vom gänzlichen Verderben der Menschen vor der Sündflut, von der Rettung Noes, von der neuen Verwilderung und der Aussonderung Abrahams und der Führung von dessen Geschlecht bis zur Zeit, da der verheißene Tröster aus ihm hervorgehen könne. Die Heiden baten sich allerlei Erläuterungen aus und brachten manche große Namen von alten Göttern und Helden vor, und was man für Wohltaten von ihnen erzähle. Jesus sagte ihnen, daß alle Menschen mehr oder weniger natürliche Gnaden hätten und mit ihren Gaben manches Bequeme und zeitlich Nützliche und Weise hervorbrächten; daß aber viele Laster und Greuel aus diesen Wirkungen mit hervorwüchsen. Er zeigte ihnen die ganze abgöttische Versunkenheit und den teilweisen Untergang jener Völker und die lächerliche fabelhafte Entstellung ihrer Göttergeschichten, gemischt mit dämonischen Weissagungen und zauberischen Täuschungen, die als Wahrheit hineingewebt seien.

Die Philosophen erwähnten auch einen ältesten weisen König, der hoch oben hinter Indien hervor gekommen sei, Dsemschid heiße und mit einem goldenen Dolch, den er von Gott erhalten, so viele Länder geteilt und bevölkert und überall Segen verbreitet habe, und fragten Jesus über ihn und allerlei Wunder, die sie von ihm erzählten. Jesus sagte ihnen, daß Dsemschid ein natürlich-kluger und sinnlich-weiser Mann und Völkerfürst gewesen sei, der einen Stamm Völker, als sie sich nach der Trennung beim Turm von Babel zerstreuten, geführt und Länder nach gewissen Ordnungen mit ihnen besetzt habe; und daß es Führer gegeben habe, welche übler gehaust hätten als er, weil sein Stamm nicht so verfinstert gewesen sei. Er zeigte ihnen aber auch, welche Fabeln auf seine Rechnung geschrieben würden, und wie er ein falsches Nebenbild und Irrbild des Priesters und Königs Melchisedech sei. Er sagte ihnen, auf diesen zu schauen und auf Abrahams Stamm; denn als die Ströme der Völker sich bewegten, habe Gott den besseren Familien den Melchisedech gesendet, daß er sie führe und verbinde und ihnen Länder und Wohnstätten bereite, auf daß sie rein erhalten und nach ihrem Wert der Annäherung an die Gnade der Verheißung fähiger oder unfähiger würden. Wer Melchisedech gewesen sei, das möchten sie selbst denken; aber das sei die Wahrheit, er sei ein frühes Vorbild künftiger, jetzt so naher Gnade der Verheißung gewesen, und sein Opfer von Brot und Wein, welches er gebracht, werde erfüllt werden und vollendet und werde bestehen bis ans Ende der Welt.

Viele Menschen folgten Jesu zu einem Lehrplatz bei dem Brunnen, worunter sieben Bräutigame und deren Führer und Verwandte.

Jesus lehrte vom Sündenfall, vom Verderben der Menschen, von der Verheißung, von der Verwilderung und Entartung, von der Absonderung besserer Menschen, vom Wachen über die Vermählung, um die Tugenden und Gnaden der Eltern zu vererben, von der Heiligung der Ehe durch Gesetz, Mäßigung und Enthaltsamkeit. So kam er auf Braut und Bräutigam zu sprechen und nahm ein Beispiel von einer Art Bäume auf der Insel, welche von Bäumen weit entfernt, ja übers Meer befruchtet werden und sagte: so mache die Hoffnung, das Vertrauen auf Gott und die Sehnsucht nach dem Heil die Demut und Keuschheit zur Mutter der Verheißung. In dieser Weise kam er auf die geheime Bedeutung der Ehe als der Verbindung des Trösters von Israel mit seiner Gemeinde zu sprechen und nannte die Ehe ein großes Geheimnis. Er sprach so schön und wunderbar darüber, daß ich es nicht zu wiederholen wage. Er lehrte hierauf von der Buße und der Taufe, welche reinige und austilge die Schuld der Trennung und alle fähig mache, an dem Verband des Heiles teilzunehmen.

Nach Sabbatschluß brachten einige der Philosophen die Frage vor, ob denn Gott die schreckliche Sündflut habe müssen über die Erde gehen lassen? Und warum er denn so lange die Menschen auf den Tröster warten lasse? Er habe ja das alles ändern und einen schicken können, der alles gut mache. Da lehrte Jesus, daß dieses nicht im Ratschluß Gottes gelegen sei und daß er die Engel mit freiem Willen und mit englischen Kräten geschaffen habe, und daß diese durch Hoffart von ihm ab und in ein finsteres Reich gefallen seien, und daß der Mensch zwischen diesem finstern Reich und dem Reich des Lichts abermal mit freiem Willen gestanden sei und sich durch die verbotene Frucht dem finsteren Reich hingegeben habe; daß aber der Mensch nun mitwirken müsse, auf daß Gott ihm helfe, und daß er das Reich Gottes herabziehen müsse, auf daß Gott es ihm gebe. Der Mensch habe wollen wie Gott werden durch den Genuß der verbotenen Frucht, und es könne ihm nicht geholfen werden, als wenn der Vater seinen Sohn unter ihnen aufstehen lasse, der sie wieder mit Gott aussöhne. Die Menschen seien aber so verunstaltet in ihrem ganzen Wesen, daß es großen Erbarmens und wunderbarer Führungen bedurft habe, um das Reich Gottes zur Erde zu führen, indem das Reich der Finsternis im Menschen es zurückstoße. Er sprach auch davon, daß dieses Reich keine weltliche Herrschaft und Herrlichkeit sei, sondern die Erneuerung und Aussöhnung des Menschen mit dem Vater und die Verbindung aller Guten in einem Leib.

Am folgenden Tag lehrte Jesus abermals an dem Taufplatz. Es waren die sieben Brautpaare zugegen, darunter ein paar Heiden, welche die Beschneidung angenommen hatten und Judentöchter heirateten. Andere Heiden, welche jüdisch gesinnt waren, hatten die Erlaubnis begehrt, die Lehre mit anhören zu dürfen.

Zuerst lehrte Jesus im allgemeinen über die Pflichten des Ehestandes und besonders der Frauen; sie sollten nach den Augen des Mannes sehen und sonst die Augen niederschlagen. Er sprach von Gehorsam, Demut, Keuschheit, Arbeitsamkeit, Kinderzucht.

Er sprach auch von Segola, jener frommen heidnischen Frau aus Ägypten, welche sich zu Abila niedergelassen, so viel Gutes getan und Gnade vor Gott gefunden habe. Er sprach von der Art, wie die Heiden streben und sich heiligen sollen, damit die göttliche Gnade zu ihnen komme; denn die heidnischen Zuhörer wußten von Elias und Segola.

Nach der Taufe der Bräutigame wurden Jesus und die Seinen mit allen Brautleuten und Rabbinen zu einer Mahlzeit nach dem Dorf Leppe, westlich von Mallep, von dem dortigen Judenlehrer eingeladen, dessen Tochter die Braut eines heidnischen Philosophen von Salamis war, der dort schon Jesu Lehre gehört und die Beschneidung angenommen hatte.

Es war hier ein einfaches Mahl von Vögeln, Fischen, Honig, Brot und Früchten. Die Bräute und Brautjungfern saßen abgesondert am Ende der Tafel und waren verschleiert. Sie trugen ganz lange gestreifte Kleider und hatten Kränze von bunter Wolle und Federchen auf dem Kopf.

Jesus lehrte während und nach der Mahlzeit von der Heiligkeit der Ehe und daß sie sich nach einem Weib sollten genügen lassen; denn sie hatten hier die Gewohnheit, sich leicht zu scheiden und eine andere zu nehmen. Dagegen sprach er sehr streng und erzählte auch die Parabel vom hochzeitlichen Mahl, vom Weinberg und Königssohn. Es wurden von den Brautführern die Vorüberreisenden eingeladen, am Mahl und der Lehre teilzunehmen.

Unter der Trauungslaube ward ein Teppichhimmel aufgerichtet. Jesus und seine Jünger gingen auf Bitten hin; und weil ehemalige Heiden unter den Bräutigamen waren, so standen auch einige der Philosophen und andere Heiden in bescheidener Entfernung. Die sieben Bräute und ihre Bräutigame kamen von verschiedenen Seiten mit vortretenden, spielenden, bekränzten Knaben und Mädchen, von den Brautführern und Führerinnen begleitet und von ihren Verwandten umgeben, unter die Laube gezogen. Die Bräutigame hatten lange Mäntel um und an ihren Röcken Gürtel und Riemen mit Buchstaben und weiße Schuhe. Sie hatten gelbe Tücher in den Händen. Die Bräute hatten sehr schöne wollweiße lange Kleider an mit Goldblumen und Linien durchziert. Ihre Haare, worunter auch gelbe, waren über dem Rücken zu einem Netz mit Perlen und Goldfäden verflochten und unten mit einem Rand eingefaßt. Der Schleier lag im Nacken und über das Gesicht nieder, auf dem Kopf selbst war ein Ring mit drei Zacken und einem höheren Bügel vorne, hinter welchem man den Schleier auflüften konnte. Sie trugen auch Feder- oder Seidenkrönchen. Mehrere dieser

Schleier waren ganz glänzend, als seien sie von schöner Seide oder sonst seltsamem Gewebe. Sie trugen lange goldene Fakkeln in den Händen, wie Leuchter ohne Füße. Sie hielten sie mit einem schwarzen oder dunklen Tuch gefaßt und hatten weiße Schuhe oder Sandalen.

Bei der Trauung, welche vom Rabbinen geschah, waren allerlei Gebräuche, die ich nicht mehr recht nach der Ordnung weiß. Es wurden Rollen abgelesen, ich meine Heiratsverträge und Gebete. Das Paar trat unter den Teppichhimmel, die Anverwandten warfen Weizen nach ihnen und sprachen einen Segen aus. Der Rabbine verwundete Braut und Bräutigam am kleinen Finger und ließ einige Tropfen Blut von jedem in einen Becher Wein laufen, den sie zusammen tranken; dann reichte der Bräutigam den Becher hinter sich, und er wurde in ein Becken mit Wasser gelegt. Es lief von dem Blut in die flache Hand, und sie rieben sich einander dies in die Hände, die sie sich reichten. Es wurde ein weißes Fädchen um die Wunde gelegt und die Ringe gewechselt. Ich meine, sie hatten nachher zwei Ringe, einen am kleinen, den andern am Zeigefinger. Dabei wurde eine gestickte Decke oder Bahn über das Haupt des Paares gelegt. Die Braut nahm die Fackel, die sie einstweilen der Führerin gegeben hatte, mit dem schwarzen Tuch in die Rechte und gab sie in die Rechte des Mannes, der sie in die Linke nahm und ihr in die Linke gab, worauf sie dieselbe der Führerin wieder gab. Es wurde auch ein Becher Wein gesegnet, woraus alle Verwandten tranken. Wenn die Braut nun vermählt war, nahmen ihr die Führerinnen den Kopfputz ab und verschleierten sie; dabei bemerkte ich, daß das große Haargewebe falsches Haar war.

Die Trauungen wurden durch drei Rabbinen vollzogen. Das ganze dauerte an drei Stunden. Danach zogen zuerst die Bräute mit ihrem Zug nach dem Festhaus durch den Laubengang; die Männer folgten unter den Segenswünschen der Zuschauer. Nach dem Imbiß gingen die Brautleute nach dem Badegarten an der Wasserleitung, wo sie sich erlustigten.

Am Abend war in der Synagoge eine Lehre für die Getrauten. Nachdem die Rabbinen gesprochen hatten, baten sie auch Jesus, den neuen Eheleuten eine Unterweisung zu geben.

Die Bräutigame gingen auch zu den Rabbinen und legten in der Synagoge ein Gelübde der Enthaltung während gewisser Feste ab. Sie wurden in Buße getan, wenn sie dieses Gelübde brachen. Sie versprachen, in der Pfingstnacht zusammen zu wachen und Gebete abzulesen. Vom Festhaus aus wurden die Paare in ihre Haushaltungen eingewiesen. Jener Teil, der ein Haus als Mitgift mitbrachte, stand vor demselben, und die Verwandten führten den anderen Teil aus dem Festhaus dahin, indem sie dreimal mit ihm um das Haus zogen. Auch die Hochzeitsgeschenke wurden feierlich hineingetragen, und die Armen wurden beschenkt.

Das Pfingstfest – Jesu Lehre über die Taufe

In Mallep ist nun alles mit den Vorbereitungen zum Fest, mit Putzen, Scheuern und Baden beschäftigt.

Im Vorhof der Synagoge werden Pfingstbrote in eigens dazu bestimmten Kammern gebacken, wozu die Rabbinen das Mehl segneten. Zwei Brote sind aus Weizen der diesjährigen Ernte. Für andere Brote und große dünne gekerbte Kuchen, um sie in Bissen zu brechen, war das Mehl aus Judäa verschrieben von dem Feld, auf welchem Abraham das Opfermahl des Melchisedech empfangen hatte. Das Mehl ward in langen Büchsen hierher gesendet. Sie nannten es die Saat Abrahams. Dieses wurde nicht gesäuert. Alles mußte gegen vier Uhr fertig sein. Es waren noch Mehl und Kräuter da, die gesegnet wurden.

Am Morgen dieses Tages lehrte Jesus in seiner Herberge vor den getauften Heiden und alten Juden vom Pfingstfest, vom Gesetz auf Sinai und von der Taufe sehr tiefsinnig. Er berührte vieles, was sich aus den Propheten darauf bezog. Er sprach auch von den heiligen Broten, die zu Pfingsten geweiht werden, von dem Opfer des Melchisedech und dem von Malachias prophezeiten Opfer. Er sagte, daß dessen Einsetzung nahe sei und daß alsdann, wenn dieses Fest wiederkehren werde, eine neue Gnade über die Taufe kommen werde, und daß alle Getauften, welche alsdann an den Tröster von Israel glauben würden, dieser Gnade teilhaftig werden sollten. Als hierüber Streit und Disputieren entstand und einige es gar nicht verstehen wollten, sonderte Jesus ungefähr fünfzig ab, welche reif zu seiner Lehre seien; die andern wies er hinweg, um sie ein andermal vorzubereiten. Hierauf wandelte er mit den Ausgewählten vor die Stadt nach den Wasserleitungen am Badegarten und lehrte. Als er ihnen die große Gnade und das alleinige Heil durch die Taufe erklärte, welches nach der Vollbringung jenes Opfers kommen werde, fragten einige, ob ihre jetzige Taufe denn diese Gnade auch habe? Er sagte ja, so sie im Glauben beharrten und jenes Opfer erkennen würden; denn selbst die Altväter, welche diese Taufe nicht empfangen, aber sich danach gesehnt und sie im Geiste geahnt hätten, würden Hilfe durch jenes Opfer und jene Taufe empfangen.

Es fragte auch einer, ob denn die Toten auch von der Taufe etwas haben könnten, also die Seelen im Reinigungsort, die doch gar nichts davon wüßten? Da sagte ihnen Jesus: Ja, die Verstorbenen könnten die Taufgnade empfangen durch das Gebet und die guten Werke der Lebenden, und wenn diese mit vollem Glauben und mit der vollen Liebe sich sehnten, den Geistern der Verstorbenen die Taufe zu erteilen, so sie könnten. Sie würden alsdann nach der Vollbringung jenes Opfers der vollen Gnade der Taufe teilhaftig.

Er sprach auch von dem Nutzen des eifrigen Gebetes in dieser Festzeit, welches die frommen Israeliten allezeit beobachtet und um die Erfüllung des Trostes von Israel gefleht hätten.

Jesus sprach sehr viele tiefe Dinge, welche ich nicht mehr richtig wiederholen kann. Ich erinnere mich, daß ich sonst immer gesehen habe, wenn Jesus nach der Auferstehung mit den Seelen der Altväter durch Palästina wandelte, daß er sie auch an seinen Taufort am Jordan geführt und sie selbst getauft hat. Vielleicht war dieses geistiger Weise so eine Handlung, um welche der Heide mit dem Zweig an der Quelle fragte, nur daß ich diese Seelen wirklich gesehen habe.

Vor Eintritt des Sabbats wurden die Rabbinen von den Schulkindern feierlich in die Synagoge abgeholt, so auch die Bräute von den Frauen und auch die Bräutigame von den jungen Männern. Jesus begab sich mit den Seinen auch zur Synagoge. Der Gottesdienst war keine besondere Erklärung, sondern nur Singen und wechselweise Lesen und Beten. Die geweihten Brote wurden in Stückchen in der Synagoge verteilt. Sie hielten es für ein Mittel gegen Krankheiten und Zauberei. Mehrere Juden, unter anderen die sieben jungen Ehemänner, brachten die Nacht unter Gebet in der Synagoge zu.

Tags darauf ging Jesus mit den Jüngern in zwei Stadtviertel, die er noch nicht besucht hatte. Dies währte schier bis zum Abend, daß Jesus sich zur Synagoge begab.

Es war die Lesung aus Lev. 26 und Jeremias 17 vom Fluche Gottes über die, welche seine Gebote nicht halten, vom Zehnten, von Abgötterei, vom entheiligten Sabbat usw. Jesus hielt hier eine so strenge Strafrede, daß sehr viele Leute ganz zerknirscht schluchzten und weinten. Die Synagoge war überall offen, und seine Stimme tönte so hell und einzig wie keine andere Menschenstimme. Er lehrte besonders gegen jene, welche sich an die Kreaturen hängen und von Menschen Hilfe und Lust erwarten. Er sprach von dem teuflischen Zuge der Ehebrecher und Ehebrecherinnen zueinander, von dem Fluch der verletzten Eheleute. der auf die Kinder solcher Vermischungen komme, dessen Schuld aber auf die Ehebrecher falle. Die Leute waren so erschüttert, daß viele am Schluß der Lehre sagten: „Ach, er sprach, als ob der Tag des Gerichts schon nahe sei!" Auch gegen die Hoffart spitzfindiger Gelehrsamkeiten und Grübeleien sprach Jesus. Er zielte damit auf das

Treiben jüdischer Gelehrsamkeit an der großen Schule, welche für solche Juden hier war, die nachher auf ihre Wissenschaft weiter reisten.

Nach dieser Strafrede kamen viele Leute in die Herberge Jesu, welche Hilfe und Aussöhnung verlangten. Es waren Gelehrte und Schüler der hiesigen Schule darunter, die Anweisung verlangten, wie sie ihre Studien treiben sollten; auch sonst geängstigte Menschen, die in allerlei Händel mit den Heiden verwickelt waren, weil ihre Güter an die der Heiden grenzten. Es waren aber auch die Männer jener Frauen dabei, welche bei Jesus geklagt hatten, und andere in gleichen Verbrechen, über die keine Anklage gekommen war. Sie traten einzeln als Sünder vor Jesus, warfen sich vor ihm nieder, bekannten ihre Schuld und flehten um Aussöhnung. Sie waren besonders geängstigt, daß der Fluch ihrer Weiber die unehelichen sonst unschuldigen Kinder treffen könnte und fragten, ob dieser Fluch gesühnt und getilgt werden könne. Jesus sagte, daß der Fluch durch große Liebe und Aussöhnung des Fluchenden und durch Buße und Reue des Veranlassers zu tilgen sei. Der Fluch müsse zurückgenommen werden vor dem Priester, der darüber segnen müsse. Er sagte auch, der Fluch treffe die Seelen nicht; denn der allmächtige Vater sage: alle Seelen sind mein; aber er treffe das Fleisch und zeitliche Gut. Das Fleisch aber sei das Haus und Werkzeug der Seele, und das verfluchte Fleisch mache der Seele große Not und Bedrängnis, welche an der mitempfangenen eigenen Bürde schon so schwer trage. Ich sah bei dieser Gelegenheit, wie der Fluch verschieden wirkt durch die Intention des Fluchenden und durch das Wesen der Kinder selbst. Viele Konvulsionäre und Dämonische haben davon ihren Zustand. Die unehelichen Kinder selbst sehe ich meistens mit zeitlichen, sündhaften Vorzügen. Sie haben etwas von jenen, die aus der Vermischung der Kinder Gottes mit den Töchtern der Menschen hervorgingen. Sie sind oft schön, listig, voll Versteckheit, steter Begierde, möchten alles an sich reißen und wollen das doch nicht anerkennen. Sie tragen das Gepräge ihres Ursprungs in ihrem Fleisch, und ihre Seele geht häufig dadurch zugrunde.

Nachdem Jesus diese Sünder einzeln angehört und ermahnt hatte, mußten sie ihre Weiber zu ihm senden. Auch diesen sagte er einzeln die Reue der Männer, ermahnte sie zu herzlicher Aussöhnung und gänzlichem Vergessen und Zurücknahme des Fluches. So sie nicht herzlich hierin handelten, komme die Schuld des Rückfalls auf sie. Die Frauen weinten und dankten und versprachen alles.

Nach der Mahlzeit ging Jesus und alles Volk zur Synagoge, den Sabbat zu schließen. Jesus setzte seine gestrige Lehre fort, aber nicht mehr so strenge und sprach, wie Gott sie doch nicht verlassen wolle, so sie zu ihm riefen. Zuletzt sprach er noch von dem Hängen an ihren Häusern und Gütern und ermahnte sie, so sie seiner Lehre glaubten, die große Gelegenheit zur Sünde, in der sie unter den Heiden lebten, zu verlassen und im gelobten Lande unter den ihrigen der Wahrheit zu folgen. Judäa sei groß genug, sie zu ernähren und aufzunehmen; wenn sie auch anfangs unter Zelten leben müßten. Es sei besser, alles zu verlassen, als die Seele zu verlieren wegen ihrer Abgötterei mit ihren schönen Häusern und Gütern und ihrer Bequemlichkeit zu sündigen. Auf daß das Reich Gottes zu ihnen komme, sollten sie ihm entgegengehen. Sie sollten nicht trotzen auf diese schönen festen Wohnungen in einem lustigen Lande; denn die Hand Gottes werde sie hier ereilen, und sie würden alle hier vertrieben und ihre Wohnungen zerstört werden. Er wisse wohl, ihre Tugend sei scheinheilig und ruhe auf Lauigkeit und Bequemlichkeit. Sie strebten nach den Gütern der Heiden und suchten sie durch Wucher, Handel, Bergbau und Heiraten an sich zu ziehen; sie würden sie aber einst alle verlieren. Er warnte sie auch vor solchen Heiraten mit den Heiden, wo beide Teile lau in ihrem Glauben würden und nur um Gut und Geld, um größere Freiheit und Sinnenlust sich verbänden. Alle waren sehr erschüttert und getroffen, und viele baten, mit ihm sprechen zu dürfen.

Von Mallep begab sich Jesus mit den Jüngern, dem jüngst von Naim angekommenen Jünger und den Söhnen des Cyrinus von Salamis, welche auch in diesen Tagen gekommen waren, sie waren ungefähr zu zwölf, nach einem Bergmannsdorf bei Chytrus, aber auf einem großen Umweg von etwa sieben Stunden.

Gegen Abend kamen sie ins Bergmannsdorf, eine halbe Stunde von Chytrus. Es liegt in der Nähe der Bergwerke um einen hohen Felsrücken herum, in welchen viele Wohnungen mit der Rückseite eingebaut sind. Auf diesem Felsrücken sind Gärten und ein mit schattigen Bäumen umgebener Lehrplatz. Jesus ging zu einer Herberge, wo der Aufseher wohnt, der diesen Leuten befiehlt und ihnen Sold und Lebensmittel verabreicht. Die Leute empfingen ihn sehr freudig. Es waren auf das Fest schon alle Eingänge des Orts und das Haus des Aufsehers mit grünen Bogen und Blumenkränzen geschmückt. Sie führten Jesus und die Seinen in das Haus, wuschen ihnen die Füße und boten ihm einen Imbiß. Er zog dann mit ihnen auf den Felsen zum Lehrhügel. Er saß, und die Menge lagerte umher. Er sprach vom Glück der Armut und Arbeit, wie sie glücklicher seien als die reichen Juden in Salamis; wie vor Gott nur der Tugendhafte reich sei, und wie sie weniger Gelegenheit zur Sünde hätten. Er sagte auch, daß er zu ihnen komme, um zu zeigen, daß er sie nicht verschmähe, daß er sie liebe. Er lehrte bis in die Nacht vom Vaterunser in Parabeln.

Von Chytrus aus waren Vorräte jeder Art an Kleidungsstücken, Speisen und Getreide hierher geschafft worden, und tags darauf kamen des Barnabas Vater und Brüder und mehrere vornehme Bürger und Bergwerksbesitzer mit einigen Rabbinern von Chytrus hierher. Nachdem alle Gaben auf Plätzen des Ortes zusammengetragen waren, wo das Volk sich in Reihen versammelt hatte, gingen sie dahin. Hier wurde muldenweis Getreide ausgeteilt, auch große Brottafeln, etwa zwei Fuß im Geviert, Honig und Früchte, Krüge und lederne Kleidungsstücke, Decken und allerlei Gerätschaften. Die Frauen erhielten

Stücke von dickem Zeug wie Teppiche, von etwa anderthalb Ellen im Geviert. Während des Austeilens war Jesus mit den Jüngern auch zugegen. Darnach lehrte er auf der Felshöhe, wo alles wieder versammelt war, von den Arbeitern im Weinberg und vom Barmherzigen Samaritan, vom Dank und Segen der Armut, vom täglichen Brot und vom Vaterunser. Nach dieser Lehre hatten die Leute ein Gastmahl im Freien unter Lauben, wobei Jesus, die Jünger und die vornehmeren Leute ihnen dienten.

Die Bergleute sind trotz ihrer schmutzigen Erdarbeit zu Hause und in ihren Festkleidern sehr reinlich.

Ich sah Jesus mit den Jüngern den Jünger von Naim nach dem Hafen zu begleiten, wohl an fünf Stunden weit. Ein Trupp ging voraus, einer folgte, Jesus ging mit dem Jünger und einigen andern abwechselnd in der Mitte. Jesus segnete beim Abschied den Jünger, und die andern Jünger umarmten ihn; dann ging er mit diesen wieder zum Bergmannsdorf zurück. Der Jünger reiste nach der Salzgegend bei Citium. Der Hafen ist hier nicht so weit vom Ort wie bei Salamis; das Meer tritt weit ins Land, und man meint, die Stadt liege im Meer. Von da nicht fern liegt ein sehr hoher Berg. Es ist auch ein Salzberg in der Nähe. An der Schiffslände bei dem Salzort sind nur kleine Schiffe und Flöße; auch schwimmt viel Bauholz da.

Abreise aus Cypern

In Mallep hielt Jesus eine große Lehre am Brunnen in der Stadt. Er sprach wiederum von der Nähe des Reiches, vom Entgegengehen demselben, vom Abschied, von der kurzen Zeit, die er überhaupt noch bleiben werde und von der schweren Vollendung seines Werkes, von der Nachfolge und Mitarbeit. Er redete abermals von der bald folgenden Zerstörung und Strafe über Jerusalem und von denen, welche das Reich Gottes von sich stießen, nicht Buße tun und sich bekehren wollten, sondern an ihrem irdischen Gut und ihren Lüsten hängen blieben. Er stellte ihnen vor, wie alles hier so angenehm und bequem aussehe, aber nur ein bunt angetünchtes Grab sei, inwendig voll Moder und Unrat. Er wies sie auf ihr Inneres zurück: sie sollten selbst schauen, wie es in ihnen bei all der äußeren schönen Einrichtung sei. Er sprach von ihrem Wucher, ihrem Geiz, ihrer auf Habsucht beruhenden Vermischung mit den Heiden, ihrer Gefangenschaft in irdischem Gut, ihrer Scheinheiligkeit und sagte nochmals, sie sollten umherschauen über alle diese Herrlichkeit und Bequemlichkeit, alles dieses werde zerstört werden, und es werde eine Zeit kommen, wo kein Israelite mehr hier leben werde. Er sprach sehr deutlich von sich und der Erfüllung der Propheten; doch nur wenige verstanden ihn. Die Leute traten während dieser Lehre scharenweise abwechselnd in die Nähe, Greise, Männer, Jünglinge, Frauen, Jungfrauen. Alle waren tief erschüttert, weinten und schluchzten.

Nachher ging Jesus mit einigen Jüngern und nachfolgenden Leuten von Mallep ein paar Stunden morgenwärts, wohin ihn die Bewohner mehrerer Bauerngüter zu kommen gebeten hatten, zu denen er schon einmal von Mallep aus gewandelt war. Sie hatten einen schattigen Lehrhügel. Auch der Jünger von Naim war vom Hafen bei Citium hierhergekommen, um über seine Anstalten zur Abreise von Cypern zu berichten.

Jesus lehrte hier zum Abschied, wie in Mallep, ging danach in einige Hütten und heilte mehrere Kranke, die ihn gebeten hatten. Schon auf dem Rückweg nach Mallep begriffen, bat ihn ein alter Bauer in sein Haus und um Erbarmen für seinen blinden Knaben. Es waren in dem Haus drei Familien von zwölf Personen, Großeltern und zwei verheiratete Söhne mit Kindern. Die verschleierte Mutter brachte Jesu den blinden Knaben, der schon sprechen und gehen konnte, auf den Armen zu. Jesus nahm das Kind auf die Arme und strich ihm mit dem Finger der rechten Hand Speichel auf die Augen, segnete es, stellte es nieder und hielt ihm etwas vor die Augen. Das Kind griff ungeschickt danach, lief nach der Stimme der Mutter und zum

Vater und aus einem Arm in den andern. Sie führten es zu Jesus zurück und dankten weinend auf den Knien. Jesus drückte das Kind an sich und gab es den Eltern zurück mit der Ermahnung, es zum wahren Licht zu führen, damit es mit sehenden Augen nicht in tiefere Finsternis als vorher falle. Er segnete auch die andern Kinder und das ganze Haus. Die Leute weinten und lobsangen ihm nach.

Jesus hielt zuletzt eine große Lehre über das Wort Amen. Er sprach, daß es die ganze Summe des Gebetes sei. Wer es leicht hinspreche, der vernichte sein Gebet. Das Gebet rufe zu Gott, verbinde uns mit Gott, tue uns seine Barmherzigkeit auf, und mit dem Wort Amen, so wir recht gebetet, nehmen wir die Gabe aus seinen Händen. Er sprach gar wunderbar von der Kraft des Wortes „Amen". Er nannte es Anfang und Ende von allem, er sprach schier, als habe Gott die ganze Welt damit geschaffen. Er sprach auch das Amen über alles, was er sie gelehrt, und über seinen Abschied hier und bei der Vollendung seiner Sendung und endete ganz feierlich mit Amen. Diese Lehre dauerte bis spät in die Nacht. Er segnete alle; sie weinten und riefen ihm nach.

Nach dem Abschiedsmahl gingen sie nach dem Ort, wohin der römische Landvogt einige seiner Leute mit Eseln bestellt hatte. Alle setzten sich auf. Jesus saß seitwärts auf einem Quersitz mit einer Lehne, der über den Esel gelegt wurde.

Außer dem Palmsonntag sah ich nur hier Jesus reiten. Als der Morgen anfing zu dämmern, und sie noch drei Stunden zum Meer hatten, schied der Landvogt von Jesus, um kein Aufsehen zu machen. Jesus reichte ihm die Hand und segnete ihn. Jesus ritt nur bis auf etwa eine Stunde vor dem Ort hin; dann stiegen alle ab und sendeten die Esel mit den Knechten zurück. Sie kamen nun durch die Salzhügel nach einem langen Gebäude, wo sie mit den sie erwartenden Schiffen zusammentrafen. Es war eine stille, einsame Gegend am Meer mit wenigen Bäumen und einem ganz erstaunlich langen Wall, der mit Rasen und Bäumen besetzt war. Nach der Meerseite waren Wohnungen und offene Hallen, wo arme Judenfamilien und einige Heiden wohnten. Am tieferen Ufer waren ausgemauerte Buchten mit Treppen, worin drei Schiffchen für die Reisenden lagen. Es ist hier gut landen, und es wird von hier das Salz in die Uferstädte gefahren.

Die Gesellschaft Jesu war siebenundzwanzig Mann stark. In der Abenddämmerung fuhren sie in drei kleinen Schiffen ab. Das Schiff Jesu war das kleinste, und es waren vier Jünger und einige Ruderknechte darin.

Jesus landete bei der Ausmündung des Kison, östlich von Hepha, das nahe am Meere liegt. Am Ufer empfingen ihn mehrere Apostel und Jünger, darunter Thomas, Simon, Thaddäus, Nathanael Chased und Heliachim. Sie waren unbeschreiblich erfreut und umarmten Jesus und seine Begleiter. Sie umgingen nun etwa vierthalb Stunden weit den Meerbusen, überschritten ein Flüßchen, das bei Ptolemais in den Meerbusen fällt, auf einer langen Brücke gleich einer gemauerten Straße. Sie gingen die Anhöhe hinauf nach der Vorstadt der Levitenstadt Misael, welche durch eine Wendung der Anhöhe getrennt liegt. Hier kam Jesu bei einem Brunnen ein Festzug von Leuten des Ortes mit singenden Kindern entgegen, welche Palmzweige trugen, woran noch Datteln hingen. Es war jener Simeon aus der Wasserstadt Libnath mit seiner ganzen Familie dabei, welcher nach seiner Taufe nach Misael gezogen ist; denn seine Kinder ließen ihm keine Ruhe, bis er sich wieder ganz mit den Juden vereinigt hatte. Er hatte den ganzen Empfang Jesu auf seine Kosten veranstaltet. Als sie in der Herberge anlangten, kamen neun Leviten von Misael, um Jesus zu begrüßen.

Wanderung nach Kapharnaum

Nördlich von der Vorstadt lag am Abhang der schöne Lustgarten von Misael mit herrlicher Aussicht über den Meerbusen. Jesus wandelte in diesem Garten mit den Jüngern und erzählte die Parabel von einem Fischer, der übers Meer fuhr, zu fischen, und fünfhundertsiebenzig Fische fing. Er sprach, daß ein guter Fischer die guten Fische aus schlechtem Wasser in gutes versetze, daß er die Quellen verbessere gleich Elias und die guten Fische aus dem bösen Wasser weg tue, wo die Raubfische sie verschlingen würden und ihnen neue Brutteiche mache in besserem Wasser. Es kam in der Parabel auch der Fall vor, wie sie aus Eigensinn auf die Sandbank gekommen seien, indem sie dem Schiffmeister nicht gefolgt hätten. Die mitgekommenen cyprischen Männer weinten, als er von den in besseres Wasser mühsam versetzten Fischen sprach. Jesus sprach die Zahl „fünfhundertsiebenzig guter Fische", welche gerettet seien, bestimmt aus und sagte, daß dieses wohl die Arbeit lohne.

Auch vor den Leviten sprach Jesus von Cypern; sie freuten sich, daß Juden von dort herüberkommen. Es werden viele über Ptolemais kommen und auch hierher. Man besprach einige Anordnungen. Jesus sprach von der Gefahr, die ihnen dort drohe. Die Leviten fragten bange, ob die Heiden auch hier so mächtig werden würden, daß Gefahr komme. Jesus aber sprach von dem Gericht, das über das ganze Land hier kommen werde und von der Gefahr, die ihm selbst bevorstehe, und von der Strafe über Jerusalem. Sie konnten nicht begreifen, daß er wieder dahin wollte; er sagte aber, er habe noch vieles zu tun und dann zu vollenden.

Die Syrophönizierin aus Ornithopolis hat goldene Stängelchen und zusammengekettelte Goldbleche durch Jünger hierher gesendet. Sie will auch der Merkuria von Cypern mit einem ihrer Schiffe zur Flucht helfen.

Judas, der gern Geschäfte macht, und Thomas, dessen Familie Floßholz im Hafen liegen hat, und der dort gut bekannt ist, sind mit mehreren Jüngern nach Hepha gegangen, um Einrichtungen wegen der ankommenden Cyprier zu treffen.

Jesus aber wandelte mit etwa zehn Jüngern, worunter auch Saturnin, nach der Levitenstadt Thanach, wo ihn die Synagogenvorsteher empfingen. Die Pharisäer hier waren zwar nicht offene Feinde, doch spitz und lauernd; ich merkte es an ihren zweideutigen Reden.

Von Thanach ging Jesus nach einem Zimmermannshof, wo Joseph zuerst gearbeitet hatte, als er von Bethlehem geflohen war. Es war ein Gebäude, worin wohl zwölf Leute, die sich mit Handel von Holzwaren beschäftigten, um den Hof wohnten. Die Werkstelle, worin Joseph gearbeitet hatte, war von den Nachkommen jenes Meisters bewohnt; sie machten aber die Sache nicht mehr selbst, sondern ließen sie von ärmeren Leuten machen und verkauften sie teils auf die Schiffe. Es waren feine Holzplatten, Stäbe und geflochtene Stellwände. Es war noch das Gerede davon, daß des Propheten Vater einmal hier gearbeitet haben solle; aber sie wußten doch nicht mehr recht, ob es der nämliche Joseph von Nazareth gewesen sei oder nicht. Ich dachte, wenn diese Leute das schon nicht mehr recht wußten, so ist es kein Wunder, daß wir so wenig davon wissen. Jesus lehrte in dem Hof von der Arbeitsamkeit und dem Wucher.

Von hier ging Jesus mit den Jüngern nach Naim in etwa anderthalb Stunden. Es kamen ihm bei dem Brunnen vor Naim mehrere Jünger und der erweckte Jüngling von Naim entgegen, so daß nun gegen zwölf Jünger, aber keine Apostel, um Jesus waren.

Als er am Sabbat zur Synagoge ging, trat er nicht an den Lehrstuhl, sondern stand, wo die reisenden Lehrer zu stehen pflegen, mit seinen Jüngern. Die Rabbinen aber nötigten ihn, nachdem sie ihn bewillkommt hatten und die Gebete gebetet waren, vor die aufgelegten Rollen zu treten und zu lesen. Es war die Lektion (4. Mos. 8, 1.–13., Zacharias 2, 10.–4., 8.) von den Leviten, von dem Murren und den Wachteln und der Strafe der Mirjam. Im Propheten Zacharias kam von der Erwählung der Heiden und dem Messias vor. Jesus lehrte sehr scharf und sagte: die Heiden würden im Reich des Messias in die Stelle der verhärteten Juden treten. Er lehrte auch vom Messias, daß sie ihn nicht erkennen würden; er werde ganz anders erscheinen, als sie ihn erwarteten. Unter den Pharisäern waren drei besonders frech, die auch mit bei der Kommission in Kapharnaum gewesen waren. Sie forderten ihn auf, sich ruhig zu verhalten und den Sabbat nicht mit Heilen zu stören. Er möge sich überhaupt zurückziehen und die Unruhen vermeiden. Jesus versetzte, er werde tun, was seines Amtes sei, wandeln und lehren, bis seine Zeit erfüllt sei.

Den ergrimmten Pharisäern entgegnete er mit strengen Worten, ob es am Sabbat verboten sei, Gutes zu tun? Ob sie sich selbst am Sabbat nicht hegten und pflegten? Ob diese Kranken nicht geheilt seien, um selbst den Sabbat zu heiligen? Ob man am Sabbat auch nicht trösten dürfe? Ob man am Sabbat ungerechtes Gut behalten müsse? Ob man die Witwen und Waisen und die Armen, welche die Woche hindurch gequält und belastet seien, auch am Sabbat in der Qual lassen müsse? So hielt er ihnen ihre Heuchelei und ihr Bedrücken der Armen vor und sprach aus, wie sie unter dem Vorwand, die Synagoge, die doch allen Überfluß habe, zu erhalten, die Armen auspressen und ihnen dafür in dieser Synagoge noch das Gesetz aufbürden wollen, am Sabbat die Gnade Gottes nicht empfangen und nicht gesund werden zu dürfen, während sie selbst am Sabbat doch äßen und tränken, was sie von diesen Leuten erpreßt hätten. Dadurch brachte er sie zum Schweigen, und sie gingen zur Synagoge, wo sie ihm doch die Schriftrolle vorlegten und zu lehren aufforderten, und zwar aus List, um ihn einer Irrlehre beschuldigen und Ankläger gegen ihn sein zu können. Als er nun von den Zeiten des Messias sprach, daß da viele Heiden zum Volk Gottes kommen sollten, sagten sie spottweise zu ihm, er sei wohl in Cypern gewesen, um sich Heiden zu holen? Jesus lehrte auch vom Zehnten und vom Bürdenauflegen und Selbstnichttragen und von dem Unterdrücken der Witwen und Waisen; denn von Pfingsten bis zum Laubhüttenfest wurden die Zehnten zum Tempel gebracht. In den von Jerusalem entlegeneren Orten aber, wie hier, sammelten die Leviten ein. Dabei waren Unordnungen eingerissen, indem die Pharisäer den Leuten den Zehnten abdrückten und für sich behielten. Darüber strafte sie

Jesus. Sie wurden sehr erbittert, und als er die Synagoge verlassen hatte, lehrten sie gegen ihn.

Am folgenden Tage ging er nach Damna, wo er vor der Stadt eine Herberge hatte, welcher Verwandte von Josephs Familie vorstanden. Hier erwartete ihn Lazarus mit zwei jerusalemischen Jüngern. Lazarus war wohl schon acht Tage in der Gegend. Er hatte noch wegen der Grundstücke und Gebäude von Magdalum Geschäfte; denn es waren nur die Hausgerätschaften und dergleichen Magdalenas verkauft. Jesus umarmte den Lazarus. Er pflegte dieses nur mit ihm und den älteren Aposteln und Jüngern zu tun, den andern bot er die Hände. Jesus sprach von den cyprischen Leuten, den Bekehrten und Herüberkommenden, wie sie untergebracht werden sollten. Da hörte ich, daß Jakob d. J. und Thaddäus gen Gessur seien, um die dort angekommenen sieben heidnischen Philosophen zu empfangen und zu führen. Er war mit Lazarus sehr vertraut und wandelte lange allein mit ihm, der groß und ein sanfter, ernster Mann, sehr stille, gesittet, in allem gemäßigt ist und etwas Vornehmes bei aller Vertraulichkeit mit den andern hat. Seine Haare sind schwarz, und er hat Ähnlichkeit mit Joseph, aber strengere, bestimmtere Züge. Joseph hatte etwas ungemein Weiches, Mildes und Dienstwilliges in seinem Wesen und hatte gelbe Haare.

Apostel und Jünger bei Jesus in Kapharnaum

Nach kurzer Zeit waren schon gegen dreißig Jünger um Jesus versammelt. Einzelne waren von Judäa gekommen mit der Meldung, daß in Joppe Schiffe mit zweihundert cyprischen Juden angekommen und dort von Barnabas, Mnason und dessen Bruder empfangen worden seien. Für die weitere Unterbringung derselben ist Johannes besorgt, der noch in Hebron bei den Verwandten von Zacharias verweilt.

Die Jünger erzählten, wo sie gewesen und wie es ihnen ergangen war. Hier und da waren Steine nach ihnen geworfen, sie aber nicht getroffen worden. An einigen Orten mußten sie flüchten; waren aber immer wunderbar beschützt. Sie hatten auch gute Leute gefunden, hatten geheilt, getauft und gelehrt. Jesus hatte ihnen befohlen, nur zu den verlorenen Schafen Israels zu gehen; sie hatten also die Juden in den heidnischen Städten aufgesucht und sich mit Heiden nicht eingelassen, außer mit solchen, welche bei Juden Knechte waren.

Als der Sabbat eintrat, ging Jesus mit den Jüngern zur Synagoge. Die Pharisäer standen schon auf dem Lehrplatz. Jesus aber ging gerade hinauf, und sie räumten ihm den Platz. Die Lehre war von den Kundschaftern Mosis nach Kanaan, dem Murren des Volkes und seiner Strafe und von den Kundschaftern Josuas nach Jericho und von Rahab (2. Mos. 13–16. Jos. 2.). Die Pharisäer waren über seine Kühnheit sehr erbittert und sagten zueinander: sie wollten ihn jetzt nur reden lassen; aber am Abend Rat halten, oder wenn der Sabbat aus sei; dann wollten sie ihm schon den Mund schließen. Jesus, der ihre Tücke erkannte, sagte, daß sie Kundschafter einer ganz eigenen Art seien; sie seien nicht hier, die Wahrheit zu erkunden, sondern sie zu verraten. Er lehrte scharf gegen sie und kam auf die Zerstörung von Jerusalem und das Gericht über das Volk, das nicht Buße tue und das Reich des Messias nicht erkenne. Auch die Parabel von dem König, dessen Sohn in dem Weinberg von den ungetreuen Knechten erschlagen werde, kam in seiner Lehre vor. Die Pharisäer wagten aber nicht ihm zu widersprechen. Alle heiligen Frauen waren in der Synagoge, wo sie eigene Plätze haben.

Auf dem erhöht liegenden Marktplatz von Kapharnaum, zu dem vier Straßen laufen, ging Jesus in das Haus der Eltern von Ignatius und heilte diesen. Er ist ein sehr lieblicher, etwa vier Jahre alter Knabe. Die Eltern sind wohlhabend und handeln mit erzenen Gefäßen; denn ich sah in langen Gängen viele solche Sachen stehen. Die Leute hatten Jesus vor ein paar Tagen darum gebeten, da er die Kinder eines nahewohnenden Teppichhändlers heilte. Der Markt ist mit Bogengängen umgeben, worin die Waren der Kaufleute ausgestellt sind. Es ist ein Brunnen in der Mitte, und an beiden Enden sind zwei große Gebäude. Die Pharisäer waren voll Grimm über diese Heilungen, und drei von ihnen kamen danach in den Hof von Petri Haus, in dessen Hallen auch Kranke gebracht worden waren, die Jesus heilte. Sie drängten sich vor Jesus, sprachen, er möge das Heilen unterlassen, keine Störung am Sabbat erregen, und wollten zu disputieren anfangen. Jesus aber wendete sich von ihnen weg und sagte, er habe nichts mit ihnen zu tun, an ihnen sei, als an Unheilbaren, nichts zu heilen.

Am Abend dieses Tages kamen Petrus, Jakobus Major, Matthäus mit einigen der alten Johannesjünger an und begrüßten Jesus im Hause seiner Mutter. Petrus weinte vor Freude. Tags darauf ging Jesus mit den Aposteln und Jüngern zu Schiff; das große Schiff Petri und das von Jesus wurden vom Ufer entfernt zusammengehängt, und man ließ sie, ohne zu rudern, sanft treiben. Jesus wollte ungestört mit ihnen sich unterreden. Es war ein schöner Tag; sie hatten die Segel zum Schatten über sich gespannt und fuhren erst gegen Abend wieder zurück. Petrus war sehr eifrig zu erzählen, sprach mit Freude davon, wieviel Gutes sie erfahren und gewirkt hätten. Da wandte sich Jesus nach ihm und hieß ihn schweigen. Petrus, den der Herr doch so liebte, wurde ganz still und erkannte mit Reue, daß er zu eifrig sei. Judas ist ruhmsüchtig ohne Offenheit; er nimmt sich mehr in acht, nicht beschämt zu werden, als nicht zu sündigen.

Wenn ich so das Leben und Wandeln Jesu mit seinen Aposteln und Jüngern betrachte, so kommt mir oft die deutliche Gewißheit, daß, käme er zu uns, es ihm noch viel hinderlicher gehen würde. Wie frei kann er die Seinigen gehen, lehren und heilen! Außer von den ganz verhärteten, aufgeblasenen Pharisäern geschieht ihm kein Hindernis, und diese selbst wissen nicht, woran sie mit ihm sind. Sie wissen wohl, daß die Zeit der Verheißung da ist, da die Propheten sich erfüllen; sie sehen etwas Unwiderstehliches, Heiliges, Wundervolles an ihm. Wie oft sehe ich sie sitzen und die Propheten und alte Auslegungen aufschlagen; aber niemals wollen sie sich beugen.

Als endlich alle Apostel zurückgekehrt waren, die zuletzt gekommen waren, Thomas, Johannes und Bartholomäus, ging Jesus mit ihnen nach Kana, wohin auch alle siebenzig Jünger und die heiligen Frauen von Kapharnaum aus sich begaben. Mitten in Kana war auf einem Hügel ein Lehrstuhl, auf dem Jesus von seiner Sendung und ihrer Erfüllung lehrte; daß er nicht um die Bequemlichkeit und Lust des Lebens gekommen sei; und wie es töricht sei, anderes von ihm zu verlangen als den Willen seines Vaters. Er sprach deutlicher als je, daß derjenige da sei, der lange erwartet worden; er werde aber nur von wenigen erkannt und werde, wenn seine Arbeit getan sei, zum Vater zurückkehren. Er sprach drohend und bittend eine sehr ernste Mahnung aus, das Heil und die Zeit der Gnade nicht zurückzustoßen.

Von Kana wandelte Jesus mit allen Aposteln und Jüngern auf den Lehrberg bei Gabara. Sie wandelten langsam in Haufen, oft um Jesus her stillstehend. Er war sehr liebevoll und redete sie oft an mit den Worten: „Meine lieben Kinder!“ befahl ihnen, alles zu erzählen, was sie erlebt hatten, und wie es ihnen ergangen war.

Petrus erzählte sehr eifrig, was für verschiedene Arten von Besessenen es gegeben, wie er sie behandelt habe und wie sie in Jesu Namen vor ihm gewichen seien. Er hatte in seiner Begeisterung den Verweis auf dem Schiffe wieder vergessen. Er war gleich so feurig und eifrig. Da winkte ihm Jesus zu schweigen, schaute empor, alle schwiegen, er aber sagte: „Ich sah den Satan aus dem Himmel fallen als einen Blitz.“ Ich sah dabei einen sich windenden trübfeurigen Strahl durch die Luft zucken. Und Jesus verwies dem Petrus seinen Eifer und allen, die auch prahlhaft sprachen oder dachten: sie sollten handeln und wirken in seinem Namen und aus ihm und in Demut aus dem Glauben, nicht denken, einer könne mehr als der andere. Er sagte auch:

„Seht, ich habe euch die Macht gegeben, auf Skorpionen und Schlangen zu treten und über alle Gewalt des Feindes, nichts wird euch schaden. Aber sucht keine Freude darin, daß euch die Geister gehorchen, freut euch, daß eure Namen im Himmel geschrieben stehen!" Noch mehreres sagte er immer gar freundlich und liebend mit der Anrede „liebe Kindlein" und hörte noch viele an. Auch Thomas und Nathanael erhielten einen Verweis wegen einer Nachlässigkeit, aber mit großer Liebe und Innigkeit.

Als Jesus auf dem Hügel stand, war er ganz ernst freudig und selig und hob die Hände empor. Ich sah Licht um ihn, das wie eine helle Wolke über ihn kam. Er war ganz entzückt und betete freudig: „Ich bekenne dich, Vater, Herr des Himmels und der Erde, daß du solches den Weisen und Verständigen verborgen und es den Kleinen geoffenbart hast! Ja, Vater, weil es dir so gefallen hat. Alles ist mir von meinem Vater übergeben, und niemand weiß, wer der Sohn ist, als nur der Vater, und niemand weiß, wer der Vater ist, als nur der Sohn allein, und wem der Sohn es offenbaren will!" Und zu den Jüngern sprach er: „Selig die Augen, welche sehen, was ihr sehet; denn ich sage euch, viele Propheten und Könige wünschten zu sehen, was ihr seht, und sahen es nicht, und zu hören, was ihr hört, und hörten es nicht!"

Am darauffolgenden Sabbat lehrte Jesus in der Synagoge von Kapharnaum über Samuels Niederlegung des Richteramtes sehr ernst und strenge. Die Pharisäer fühlten sich überall getroffen; konnten aber nichts Falsches in der Lehre auf ihn heraus bringen und hatten allerlei Läppereien aus dem Wandel seiner Jünger zusammenspioniert, die sie ihm vorwarfen. Sie sagten, daß seine Jünger nicht ordentlich die Fasten hielten und auch selbst am Sabbat Ähren abstreiften und Früchte auf dem Weg aufläsen und äßen, daß sie grob und unrein seien mit ihrer Kleidung, daß sie hier oder dort in die Synagoge mit von der Reise beschmutzten Kleidern gekommen und nicht gehörig abgeschürzt gewesen seien, daß sie sich da und dort beim Essen nicht gewaschen hätten. Da hielt Jesus eine scharfe Straflehre gegen die Pharisäer, schilderte ihr Tun und Treiben, nannte sie Natterngezücht, die andern Bürden auflegen und selbst nicht tragen. Er sprach von ihrem Herumspazieren am Sabbat, von ihrer Bedrückung der Armen, ihrem Unfug mit Zehnten, ihrer Gleisnerei, führte auch an, daß sie den Splitter im Auge eines andern tadelten und den Balken vor ihrem eigenen Auge nicht, daß er aber lehren und wandeln und heilen werde, bis die Zeit seiner Aufnahme komme.

Am Abend schloß Jesus den Sabbat in der Synagoge, wohin er sich mit den Aposteln und Jüngern schon vorher, noch ehe die Zeit des Sabbatschlusses gekommen war, begeben hatte, damit jedermann erfahren sollte, was er die Seinen lehre, und wie er nicht im geheimen sie zu lehren brauche. Er warnte sie in seiner Lehre vor den Pharisäern und falschen Propheten, empfahl ihnen Wachsamkeit und legte die Parabel vom guten wachsamen und von dem faulen Knechte aus. Da nun Petrus während des Vortrages Jesus fragte, ob diese seine Worte nur den Jüngern oder allen Zuhörern gälten, richtete er seine Rede so an Petrus, als sei Petrus der Hausherr, der Aufseher über die Knechte und sprach das Lob eines guten Haushalters, aber verurteilte auch strenge den schlechten, der seine Pflicht nicht tue.

Jesus lehrte, bis die Pharisäer kamen, den Sabbat zu schließen, und da er ihnen Platz machen wollte, sprachen sie ganz höflich: „Rabbi, lege die Lektion aus", und legten die Rollen vor ihn. Da lehrte er ganz wunderbar von der Niederlegung des Richteramtes Samuels.

Das Schreien der Israeliten nach einem König, von dem sie wie die heidnischen Völker regiert sein wollten, und ihr Abweisen der Richter deutete Jesus auf ihre verkehrte Erwartung eines weltlichen Reiches, eines prächtigen weltlichen Königs und Messias, bei dem sie in weltlicher Pracht und Freude leben könnten, und der alle ihre Sünden und Greuel nicht mit Mühe, Leiden, Buße und Genugtuung hinweg nähme, sondern sie samt ihrem Schmutz und Greuel in seinen prächtigen Königsmantel einhüllte und für ihre Sünden sie noch belohnte.

Daß ferner Samuel nicht aufhörte, für das Volk zu beten, und daß er Donner und Regen auf sein Gebet vor ihnen erscheinen ließ, legte Jesus aus, als Gottes Erbarmen mit den Bessern, und daß dessen Gesandter, den sie nicht aufnehmen, sondern verstoßen würden, auch seinen Vater bis ans Ende für sie anflehen werde. Die erbetenen Regen und Donner legte Jesus aus als die Zeichen und Wunder, welche den Gesandten Gottes begleiten würden, auf daß die Besseren sich bekehren und erwachen möchten. Daß ihr König und sie Gnade vor Gott finden würden, wenn sie vor Gott wandelten, der sie nicht verstoßen werde, legte er aus, daß die Gerechten Gerechtigkeit erfahren würden und Gnade zur Erkenntnis, den Ungerechten aber werde Samuel ein schweres Gericht werden. Dann kam Jesus auf David und dessen Salbung zum Gegenkönig und auf die Scheidung der Guten von den Bösen und auf den Untergang Sauls und der Seinen.

Lehre des Vaterunsers – Die letzte Seligpreisung

Jesus ging tags darauf ganz frühe von Mariä Haus, den Weg von Kapharnaum nach Bethsaida durchschneidend, mit den neuesten, noch nicht so unterrichteten Jüngern gegen jenen Lehrberg zu, auf welchem er die Apostel einmal ausgesendet hatte.

Hier auf der einsamen Höhe nun baten die Jünger Jesus, er möge sie doch beten lehren. Und er lehrte sie das Vaterunser, alle einzelnen Bitten weitläufig auslegend, wobei er die schon früher erwähnten Beispiele wiederholte; wenn einer nachts bei einem Freunde um Brot poche und dringend wieder poche, bis er befriedigt werde; vom Kinde, das den Vater um ein Ei bitte, der ihm keinen Skorpion geben werde, und so alles, was er früher vom dringenden Gebet und von dem ganz väterlichen

Verhältnis Gottes zu den Menschen gesagt hatte. Er lehrte alle seine Jünger dasselbe und wiederholte es sehr oft mit rührender Mühe und Geduld, auf daß auch sie überall genau dasselbe wieder lehren könnten.

Von Bethsaida-Julias wandelte Jesus nordöstlich nach dem anderthalb Stunden entfernten Lehrberg der Brotvermehrung, wo sich alle Apostel und Jünger nebst vielen Leuten aus Kapharnaum, Cäsarea Philippi und anderen Orten versammelt hatten. Er lehrte hier von der achten Seligpreisung; wenn sie euch hassen und verfolgen um des Menschensohnes wegen; auch, wehe den Reichen, Gesättigten von den Gütern der Welt, sie haben ihren Lohn schon, und daß sie aber sich freuen sollten auf zukünftigen Lohn; auch vom Salz der Erde, von der Stadt auf dem Berge, vom Licht auf dem Leuchter, von Erfüllung des Gesetzes, von der Verborgenheit der guten Werke, dem Gebet in der Kammer und vom Fasten, daß man es fröhlich, mit gesalbtem Haupt und nicht scheinheilig öffentlich tun solle. Ferner vom Sammeln der Schätze im Himmel, der Sorglosigkeit und daß niemand zwei Herren dienen könne, von der engen Pforte, dem breiten Wege, von dem schlechten Baum und der schlechten Frucht, von dem weisen Mann, der ein festes Haus baue, und den Toren, die auf Sand bauen. Die Lehre dauerte länger als drei Stunden.

Jesus segnet die Kinder und besucht den Zöllner Zachäus

Als Jesus mit den Aposteln sich Bethabara am Jordan näherte, war hier schon eine unzählige Menschenmenge versammelt. Der ganze Ort war voll; sie lagerten in Schuppen und unter Bäumen. Besonders viele Mütter zogen mit Scharen von Kindern in großen Prozessionen heran; es waren Kinder von jeglichem Alter, selbst Säuglinge, die auf den Armen getragen wurden. Als sie auf der breiten Straße des Ortes Jesu entgegen kamen, wollten die vor ihm gehenden Jünger die Frauen und

Kinder der großen Arbeit Jesu wegen unfreundlich zurückweisen, denn er hatte schon viele gesegnet. Jesus aber wehrte ihnen, und es ward Ordnung gemacht. Zu einer Seite der Straße stellten sich in fünf langen Reihen Kinder verschiedenen Alters und Geschlechtes hintereinander auf, doch Knaben und Mägdlein gesondert. Es waren viel mehr Mägdlein als Knaben. Die Mütter mit den Säuglingen auf den Armen standen hinter der fünften Reihe. Auf der andern Seite der Straße stand das übrige Volk, das abwechselnd sich vordrängte. Jesus ging nun längs der ersten Reihe der Kinder hinab, legte ihnen die Hand auf das Haupt und segnete sie. Einigen legte er eine Hand auf das Haupt und die andere auf die Brust, einige schloß er an seine Brust, manche stellte er den anderen wie ein Muster vor, und er lehrte, ermahnte, ermunterte und segnete. Wenn er an einer Reihe der Kinder hinabgeschritten war, so ging er an der andern Seite der Straße bei den erwachsenen Leuten wieder hinauf, ermahnte und lehrte auch diese und stellte ihnen einzelne Kinder vor; dann ging er an der folgenden Reihe der Kinder wieder hinab und gelangte nachher wieder hinab zu den Erwachsenen, von denen wieder andere in die vordere Linie geraten waren. So tat er fort, bis er dieselbe Liebe auch den Säuglingen erwiesen hatte. Alle Kinder, die er segnete, erhielten eine innere Gnade und wurden später Christen. Es waren nach und nach wohl an tausend Kinder hier; denn es erneuerte sich der Andrang einige Tage hindurch. Jesus war in steter Arbeit, immer ernst, milde und ruhig, mit einer rührenden geheimen Trauer. Er lehrte bald auf der Straße, bald zogen sie ihn bei den Kleidern in ein Haus. Er erzählte viele Parabeln, lehrte die Weisen und die Einfältigen. Zu jenen sprach er, sie sollten alles Gott aus Dankbarkeit wiedergeben, was er ihnen gegeben habe; so tue er auch.

In nächster Nähe vor der Stadt, wo Gärten, Lustplätze und Häuser liegen, kam Jesus mit seinem Gefolge in ein dichteres Gedränge. Es waren Menschen aus allen Gegenden zusammengekommen, welche nebst den vielen Kranken, die unter Schuppen und Zelten gebettet waren, seiner harrten und ihn umringten. Auch Zachäus, ein Oberzöllner, der außerhalb der Stadt wohnte, war hier an den Weg gekommen, wo Jesus vorbei mußte. Da er aber klein war, stieg er auf einen Feigenbaum, um Jesus im Gedränge recht sehen zu können. Jesus sah auf den Baum und sagte: „Zachäus, steige geschwind herunter, denn ich muß heute in deinem Hause einkehren!" Zachäus stieg eilends herunter, demütigte sich, war sehr gerührt und begab sich nach Hause, um alles vorzubereiten. Daß Jesus zu ihm sagte, er müsse heute in sein Haus kommen, bezog sich aber auf sein Herz, in das er heute einkehrte; denn er zog heute in die Stadt Jericho, nicht in das Haus des Zachäus ein.

Als nun der Sabbat eintrat, ging er mit den Seinen in die Synagoge der Stadt und nachher in die Herberge.

Auch Zachäus kam herbei. Die neuen Jünger hatten schon vor der Stadt gemurrt, daß Jesus mit dem verrufenen Zöllner sich abgebe und gar bei ihm einkehren wolle; denn die besonders ärgerten sich an Zachäus, indem einzelne von ihnen mit Zachäus verwandt waren und sich schämten, daß er so lange Zöllner geblieben und bis jetzt sich nicht bekehrt habe. Zachäus nahte ihnen vor dem Haus; aber keiner wollte sich mit ihm einlassen, keiner bot ihm etwas an. Da trat Jesus unter die Halle, winkte ihn herein und bot ihm Speise und Trank.

Als Jesus am folgenden Morgen wieder nach der Synagoge ging und den Pharisäern sagte, daß sie weichen möchten, indem er die Sabbatlektion auslegen und lehren werde, hoben sie ein großes Gezänke an; vermochten aber nichts. Er lehrte strenge gegen den Geiz und heilte auch einen Kranken vor der Synagoge, den man auf einer Tragbahre herangetragen hatte. Nach Sabbatschluß ging er mit den Aposteln aus Jericho hinaus zu der Wohnung des Zachäus; die Jünger waren nicht dabei. Auf dem Weg dahin folgte ihm abermals die Frau nach, welche Hilfe für ihre Tochter begehrte. Nun legte er ihr die Hand auf, um sie selbst von ihrem Fehler zu befreien und sagte, sie solle nach Hause ziehen, ihr Kind sei gesund. Bei dem Mahl, das aus

Honig, Früchten und einem Lamm bestand, wartete Zachäus auf; sooft aber Jesus sprach, hörte er mit Andacht zu. Jesus erzählte die Parabel vom Feigenbaum im Weinberg, der drei Jahre keine Früchte getragen, für den der Weingärtner aber noch auf ein Jahr um Geduld gebeten habe. Er sprach dieses so gegen die Apostel, als seien sie der Weinberg, er der Herr, Zachäus aber der Feigenbaum; denn dieser war, nachdem seine Verwandten das ehrlose Amt verlassen und ihm gefolgt waren, bereits ins dritte Jahr länger bei seinem ehrlosen Geschäft geblieben und darum besonders bei den Jüngern verachtet. Nun aber hatte Jesus seiner sich erbarmt, da er ihn von dem Baum herabrief. Jesus sprach auch von unfruchtbaren Bäumen, die viele Blätter trügen, aber keine Früchte; die Blätter seien das äußere Tun und rauschten immer ohne Dauer und Samen des Guten; die Früchte aber seien das innere, wirkende Wesen in Glauben und Tun mit der Erquickung der Frucht und der Fortdauer des Baumes im Kern der Frucht. Es schien mir, als habe er zu Zachäus gesagt, vom Baume herabzusteigen, gleich als solle er sich der geräuschvollen Äußerlichkeit begeben und als sei Zachäus die reifere Frucht, welche nun den Baum verlasse, der drei Jahre unfruchtbar im Weinberg gestanden sei. Auch von den treuen Knechten, welche wachten und kein Geräusch litten, damit sie hören könnten, wenn der Herr anpoche, war die Rede.

Noch vor der Weiterreise Jesu von Jericho brachten Boten aus Bethanien an die Jünger die Meldung, wie sehr Martha und Magdalena nach seiner Ankunft verlangten, da Lazarus sehr krank sei. Jesus aber ging nicht nach Bethanien, sondern nach einem kleinen Ort etwa eine Stunde nördlich von Jericho. Auch hier hatten sich viele Leute versammelt, und Kranke, Blinde und Krüppel harrten seiner Ankunft. Zwei Blinde saßen am Wege mit ihren Führern. Als Jesus vorüberkam, riefen sie ihm nach und flehten um Heilung. Das Volk aber drohte ihnen, sie sollten schweigen. Sie wurden ihm aber, ein jeder von zweien, nachgeführt und schrien immerfort: „Ach du Sohn Davids! erbarme dich unser!" Da wandte Jesus sich nach ihnen, ließ sie heranführen, berührte ihre Augen; sie wurden sehend und folgten ihm. Über diese und jenen Blinden, welchen Jesus geheilt hatte, als er in Jericho einzog, entstand viel Tumult. Die Pharisäer stellten Untersuchungen an und fragten einen der Geheilten und auch dessen Vater aus.

Die Auferweckung des Lazarus

Als Jesus darauf in einem kleinen Orte bei Samaria verweilte, wohin auch die Heilige Jungfrau mit Maria Kleophä über den Sabbat gekommen war, erhielten sie die Botschaft vom Tode des Lazarus. Seine Schwestern verließen nach dem Tode Bethanien und begaben sich nach ihrem Gut bei Ginäa, um dort mit Jesus und der Heiligen Jungfrau zusammenzutreffen. In Bethanien wurde die Leiche auf jüdische Weise balsamiert und eingewikkelt und in einen gewölbten von Stäben geflochtenen Sarg gelegt. Um Jesus waren nun wieder alle Apostel vereinigt.

Nun wandelte er lehrend mit den Aposteln gegen Bethanien. Das Gut des Lazarus lag teils innerhalb der verfallenen Ringmauern des Fleckens, ein Teil der Gärten und Vorhöfe aber außerhalb. Lazarus war nun acht Tage tot; vier Tage hatten sie ihn über der Erde gelassen in der Hoffnung, Jesus werde kommen und ihn erwecken. Die Schwestern waren ihm nach dem Gut bei Ginäa entgegengegangen; da er aber noch nicht mitgehen wollte, waren sie zurückgekehrt und hatten Lazarus begraben lassen. Jetzt befanden sich Männer und Frauen aus Bethanien und Jerusalem bei ihnen, um nach der Sitte mit ihnen den Toten zu beklagen. Es schien mir gegen Abend, als Maria Zebedäi zu Martha, die unter den Frauen saß, hereintrat und ihr leise sagte, der Herr komme. Martha ging mit ihr in den Garten hinter dem Haus, wo Magdalena allein in einer Laube saß, und sagte, Jesus nahe. Sie wollte aus Liebe Magdalena zuerst dem Herrn entgegengehen lassen. Ich sah aber nicht, daß sie zu ihm gelangte; Jesus ließ die Frauen, wenn er mit den Aposteln und Jüngern war, nicht leicht zu jeder Zeit zu sich. Da es schon dämmerte, kam Magdalena wieder zu den Frauen und nahm den Platz Marthas ein, die Jesus entgegen ging, welcher mit den Aposteln und anderen Leuten an der Grenze ihrer Gärten vor einer offenen Laube stand. Martha sprach mit ihm und kehrte dann zu Magdalena zurück, die nun auch dahin sich begab und Jesu zu Füßen fallend sprach: „Wärest du da gewesen, er wäre nicht gestorben!" Die Anwesenden weinten; auch Jesus trauerte und weinte und hielt eine sehr lange dauernde Lehre über das Sterben. Manche von den Zuhörern, die vor der Laube standen und sich immer vermehrten, flüsterten und murrten, daß er Lazarus nicht am Leben erhalten habe.

Es schien mir in frühester Morgenzeit, als Jesus mit den Aposteln zum Grabe ging. Auch Maria und die Schwestern des Lazarus, im ganzen an sieben Frauen, waren dabei und viel Volk. Es ward ein wachsendes Gedränge, ja schier ein Tumult wie bei Christi Kreuzigung. Sie gingen durch einen Weg, an dessen beiden Seiten grün durchwachsene Zäune waren, dann durch ein Tor und hatten nun noch etwa eine Viertelstunde nach dem von einer Mauer umgebenen Begräbnisort von Bethanien. Vom Tor des Begräbnisortes führte rechts und links der Weg um einen aufgeworfenen Hügel, welcher von einem Gewölbe durchschnitten war, in welchem die durch Gitter abgeteilten Grüfte sich befanden und dessen Ende auch durch ein Gitter geschlossen war, so daß man von der Türe an durch die ganze Länge des Gewölbes hindurch das Grün der Bäume am gegenüber liegenden Ende erblicken konnte. Das Licht fiel auch durch Öffnungen von oben herein.

Die Gruft des Lazarus war die nächste rechts am Eingang in das Gewölbe, in welches einige Stufen hinab führten. In dieser Gruft war das länglich-viereckige, etwa halbmannstiefe, mit einem Steine bedeckte Grab, welches den leichten, durchsichtig geflochtenen Sarg mit dem Leichnam enthielt und um welches man herum gehen konnte. Jesus ging mit einigen Aposteln an das Grab, die heiligen Frauen, Magdalena und Martha, standen in der Türe; die anderen Leute aber drängten sich so herzu, daß sie auf die Höhe des Gewölbes und auf die Kirchhofmauer kletterten, um zu sehen. Jesus befahl den Aposteln, den Stein vom Grabe aufzuheben, den sie nun gegen die Wand lehnten und eine leichtere Türe darunter ebenso. Da sprach Martha, Lazarus sei vier Tage begraben und rieche schon. Nun nahmen die Apostel auch den leichten geflochtenen Deckel des Sarges weg, daß man die eingehüllte Leiche liegen sah. Jesus aber blickte empor, betete laut und rief mit starker Stimme: „Lazarus, komm heraus!" Bei diesem Rufe erhob sich der Leichnam in sitzende Stellung; die Menge draußen drängte sich gewaltsamer heran, so daß der Herr dieselbe vor den Kirchenhof hinaus zu weisen befahl. Die Apostel, welche in der Gruft an dem Sarg standen, nahmen dem Lazarus, der wie schlaftrunken war, das Schweißtuch vom Gesicht, lösten ihm Hände und Füße aus den Binden, gaben die Binden hinaus und empfingen einen Mantel herein. Lazarus stieg nun aus dem Sarg und dem Grab empor und schwankte wie ein Schatten. Sie hängten ihm einen Mantel um, und er schritt wie ein Traumwandelnder an dem Herrn vorüber zur Türe hinaus, wo die Schwestern und andere Frauen scheu wie vor einem Geist zurücktraten und ohne ihn zu berühren sich auf das Angesicht nieder warfen. Jesus aber trat hinter ihm aus der Gruft und faßte ihn freundlich ernst an den beiden Händen.

Nun begaben sie sich nach des Lazarus Wohnung. Das Gedränge war groß; aber es war ein gewisser Schrecken unter den Leuten, und der Zug hatte Raum durch die mitfolgende Menge. Lazarus ging wie schwebend, hatte aber noch allen Schein einer Leiche. Jesus ging neben ihm, die anderen gingen weinend und schluchzend in stummer banger Verwunderung umher. Sie kamen wieder durch ein altes Tor, dann den Weg zwischen den grünen Gartenzäunen bis an die Laubhalle, wo sie ausgegangen waren, und in welche der Herr mit Lazarus und den Seinigen trat. Das Volk drängte sich in Massen draußen herum; es war ein großes Getöse. Hier legte sich Lazarus vor Jesus platt an die Erde wie einer, der in einen Orden aufgenommen wird. Nachdem Jesus seine Rede hier geendet hatte, gingen sie in das Haus Lazari, das etwa hundert Schritte davon war.

Jesus, die Apostel und Lazarus waren allein in dem Speisesaal. Die Apostel stellten sich im Kreise um Jesus und Lazarus, der vor ihm auf den Knien lag. Jesus aber legte ihm die rechte Hand auf das Haupt und hauchte ihn siebenmal mit leuchtendem Odem an. Ich sah, wie von Lazarus ein dunkler Dampf wich und sah den Teufel als eine schwarze fliegende Gestalt rückwärts außer dem Kreis in der Höhe grimmig und unmächtig. Hiermit weihte Jesus den Lazarus zu seinem Dienst, reinigte ihn von allem Zusammenhang mit der Welt und ihren Sünden und stärkte ihn mit geistlichen Gaben. Er sprach noch lange mit ihm, wie er ihn erweckt habe, auf daß er ihm diene und daß er große Verfolgung von den Juden werde leiden müssen.

Bis jetzt war Lazarus noch in den Grabtüchern; nun ging er, sie abzulegen und sich zu kleiden. Dann erst umarmten ihn seine Schwestern und Freunde; denn vorher hatte er etwas Leichenähnliches, das Scheu erregte. Ich sah aber auch, daß seine Seele an einem stillen, dämmernden, peinlosen Orte gewesen war, seit sie den Leib verlassen hatte, und daß sie dort den Gerechten: Joseph, Joachim, Anna, Zacharias, Johannes usw. erzählte, wie weit es mit dem Erlöser auf Erden gekommen.

Lazarus empfing durch das Anhauchen sieben Gaben des Heiligen Geistes und wurde ganz vom Zusammenhang mit dem Irdischen abgetan. Er hat diese Gaben vor den andern Aposteln erhalten; denn er hatte durch seinen Tod große Geheimnisse erkannt, hatte eine andere Welt gesehen, war in Wirklichkeit gestorben und nun wiedergeboren; darum konnte er diese Gaben empfangen. Lazarus hat eine große Bedeutung und ein großes Geheimnis in sich.

Nun aber wurde eine Mahlzeit bereitet, und alle lagen zu Tisch. Es waren viele Gerichte da, und kleine Krüge standen auf dem Tisch; ein Mann wartete auf. Die Frauen kamen nach dem Mahl und traten in den Hintergrund, die Lehre Jesu mit anzuhören; Lazarus saß neben ihm. Es war ein entsetzlicher Lärm um das Haus, es waren viele von Jerusalem gekommen, auch Wachen, welche das Haus umher besetzten. Jesus schickte aber die Apostel hinaus, welche die Leute und die Wachen fortweisen mußten. Jesus lehrte noch bei Lampenschein und sprach auch mit den Jüngern, daß er morgen nach Jerusalem mit zwei Aposteln gehen wolle. Da sie ihm die Gefahr vorstellten, sagte er, man werde ihn nicht kennen, er werde nicht öffentlich sein. Ich sah, daß sie nachher an den Wänden umher ein wenig schliefen.

Vor Tagesanbruch ging Jesus mit Johannes und Matthäus, welche sich auf etwas andere Art als sonst schürzten, von Bethanien nach Jerusalem. Sie gingen um die Stadt herum und kamen auf Nebenwegen in jenes Haus, worin nachher das Abendmahl gefeiert wurde. Sie waren dort den ganzen Tag und die folgende Nacht in der Stille. Jesus lehrte und stärkte seine hiesigen Freunde. Ich sah Maria Markus und auch Veronika in dem Hause und wohl noch ein Dutzend verschiedener Männer. Nikodemus, welchem dieses Haus gehörte, das er aber gern den Freunden Jesu zum Gebrauche überließ, war nicht dabei; er war an diesem Tag nach Bethanien gegangen, um Lazarus zu sehen.

Ich sah auch eine Versammlung der Pharisäer und Hohenpriester wegen Jesus und Lazarus und hörte unter anderem, daß sie fürchteten, Jesus möchte ihnen alle Toten erwecken, und dann würde es große Verwirrung geben.

In Bethanien war am Mittag ein großer Tumult; wenn Jesus da gewesen wäre, würden sie ihn gesteinigt haben. Lazarus mußte sich verstecken; die Apostel wichen aus, nach allen Seiten sich verteilend; die Freunde Jesu in Bethanien verbargen sich. Es ward aber wieder ruhiger, da sie bedachten, daß man Lazarus mit keinem Rechte etwas tun könne.

Jesus war noch die ganze Nacht bis früh in dem Haus auf dem Berge Sion. Vor Tag verließ er mit Matthäus und Johannes Jerusalem und floh über den Jordan; aber nicht den letzten Weg gen Bethabara, sondern zwischen Morgen und Mitternacht hinauf. Gegen Mittag mochte er schon über dem Jordan sein; am Abend kamen auch die Apostel von Bethanien her zu ihm; sie übernachteten unter einem großen Baume.

Reise in das Land der Heiligen Drei Könige

Als Jesus mit seinen Begleitern tags darauf den Ort wieder verließ, zogen sie nordöstlich durch den Stamm Gad. Ich hörte ihn davon sprechen, wohin er nun reisen werde und daß die Apostel und Jünger sich von ihm trennen, wo sie lehren, und an welchen Orten sie nicht lehren, und wo sie wieder mit ihm zusammentreffen sollten. Er macht eine wunderbare Reise. Den nächsten Sabbat will er in Groß-Chorazin halten, dann nach Bethsaida gehen und von da wieder ganz hinab gegen Mittag in die Gegend von Machärus und Madian. Er wird auch dahin kommen, wo Hagar den Ismael ausgesetzt und wo Jakob den Stein aufgerichtet hat. Jesus gab seine Abwesenheit etwa auf drei Monate an. Am Brunnen Jakobs bei Sichar würden sie ihn dann bestimmt wiederfinden; jedoch könnten sie ihm auch schon früher begegnen, da er durch Judäa heimkehren werde. Er unterrichtete sie von allem in einer langen Lehre; besonders gab er ihnen viele Anweisungen, wie sie sich während seiner Abwesenheit in ihrem Lehrwandel verhalten sollten. Ich erinnere mich auch der Worte, daß sie dort, wo sie nicht gut aufgenommen würden, den Staub von ihren Schuhen schütteln sollten. Matthäus ging auf eine Zeitlang nach Hause. Er ist verheiratet; seine Frau ist sehr gut, und sie leben seit seiner Berufung in vollkommener Enthaltung. Er wird zu Hause lehren und sich ruhig verachten lassen.

Ich sah, daß mehrere Jünger in einer Gegend jenseits des Jordan, wo weißer Sand und kleine weiße Steine waren, in einem offenen Hirtenschuppen seine Ankunft erwarteten. Es waren drei schlanke Jünglinge bei ihnen, die sie mitgebracht hatten. Der Herr sagte ihnen, daß er mit den drei Jünglingen allein durch Chaldäa und das Land Ur, wo Abraham geboren wurde, und durch Arabien nach Ägypten ziehen werde. Die Jünger sollten sich hie und da in den Grenzen zerstreuen und lehren, er werde auch lehren, wo er hinkomme. Nach drei Monaten bestimmte er ihnen abermals als Hauptsammelplatz den Brunnen Jakobs bei Sichar. Unter den Jüngern sah ich Simeon, Kleophas und Saturnin.

Mit Tagesanbruch trennte sich Jesus von den Aposteln und Jüngern und reichte einem jeden die Hand. Sie waren sehr betrübt, daß er nur drei Jünglinge mitnehmen wollte, die sechzehn bis achtzehn Jahre alt und ganz anders als die Juden, schlanker und gewandter waren und lange Gewänder trugen. Sie sind wie die Kinder um Jesus, dienen ihm sehr lieblich; sooft er an ein Wasser kommt, waschen sie ihm die Füße. Sie gehen auf dem Wege hin und her, bringen Stäbe, Blumen, Früchte und Beeren herbei. Jesus belehrt sie sehr liebevoll und erklärt ihnen in Parabeln alles, was bis jetzt geschehen ist. Die Eltern dieser Jünglinge waren aus dem Stamme Mensors. Sie waren mit dem Zug der drei Könige nach Palästina gekommen und bei den Hirten im Tal der Hirten nach der Heimreise der Könige zurückgeblieben. Sie wurden Juden, verheirateten sich mit Töchtern der Hirten und hatten Weiden zwischen Samaria und Jericho. Der jüngste hieß Eremenzear und wurde später Hermas genannt. Er war der Knabe, den Jesus auf die Bitte seiner Mutter nach dem Gespräch mit der Samaritin am Brunnen Jakobs in der Gegend von Sichar geheilt hat. Der mittlere hieß Sela oder Silas, der älteste hieß Eliud und erhielt in der Taufe den Namen Siricius. Man nannte sie auch die verschwiegenen Jünger, und sie waren später mit Thomas, Johannes und Paulus. Eremenzear hat von dieser Reise geschrieben.

Jesus trug bei dieser Reise einen bräunlichen gestrickten oder gewobenen Hemdrock, welcher sich dehnte und in längliche Falten zog; darüber hatte er ein langes, feines, wollweißes Gewand mit weiten Ärmeln, das um den Leib mit einem breiten Gürtel von demselben Stoffe gehalten war wie das Tuch, das er beim Schlaf um das Haupt hüllte. Jesus war größer als die Apostel; wo sie gingen oder standen, war es immer, als rage er mit seiner weißen, ernsten Stirne über sie hervor. Er wandelte sehr gerade und aufrecht, war nicht hager und auch nicht dick, sondern durchaus gesund und edel gebildet, mit breiten Schultern und breiter Brust. Seine Muskeln waren ausgebildet durch Reisen und Übung und hatten doch keine Spur von schwerer Arbeit.

Der Weg, den Jesus mit den Jünglingen nach dem Abschied von den Aposteln einschlug, führte immer absteigend gegen Morgen über einen weißen sandigen Boden durch Zeder- und Dattelbäume. Gegenüber erhoben sich die Berge von Galaad. Er wollte zum Sabbat in der letzten jüdischen Stadt nach dieser Richtung sein; ich meine, daß sie Kedar hieß. Unterwegs aßen sie Baumfrüchte und Beeren. Die Jünglinge trugen Beutel mit kleinen Broten und Krüglein mit Getränk und hatten Stäbe. Manchmal brach der Herr auch einen Stab und ließ ihn wieder zurück. Er hatte Sohlen unter den bloßen Füßen. Am Abend traten sie in ein einzelnes Haus, worin einfältige, rohe Menschen wohnten. Sie schliefen in der Nacht dort. Jesus gab sich nirgends zu erkennen, und doch lehrte er in allerhand schönen Parabeln, meistens vom Guten Hirten. Die Leute fragten ihn hier auch über Jesus von Nazareth; aber er sagte ihnen nicht, daß er es sei. Er fragte um ihre Arbeit und Geschäfte, und sie hielten ihn für einen reisenden Hirten, der sich nach guten Weidegegenden umsehe, wie es oft Reisende in solchen Geschäften im Judenland gab. Ich sah ihn hier nicht heilen, auch nicht Wunder tun. Er reiste am Morgen weiter und mochte nun noch einige Meilen von Kedar sein, welches auf wieder aufsteigendem Boden liegt; das Gebirge liegt dahinter. Das Vaterland Abrahams liegt von dieser Richtung, wie ich meine, noch weit gegen Nordost, das Land der drei Könige gegen Morgen südwärts.

Jesus wandelte mit den drei Jünglingen lehrend durch die Landschaft umher und kam erst gegen Abend des folgenden Tages nach der kleinen am Abhang eines Gebirges liegenden Stadt Sichar-Kedar. Es kamen ihm Leute entgegen und führten ihn nach dem öffentlichen Festhaus der Stadt, schier wie das zu Kana in Galiläa, wo viele Leute versammelt waren. Junge Eheleute hatten plötzlich ihre Eltern durch den Tod verloren und bewirteten hier alle, welche die Leichen zu Grabe begleitet hatten. Vor dem Haus war ein umgitterter Hof mit künstlich geflochtener Laube. Jesus und seinen Begleitern wurden in einer Halle nächst dem Hofe die Füße gewaschen und der Imbiß gereicht. Sie gingen nach dem andern Raum, wo ein Mahl bereitet war. Hier diente Jesus zu Tische, reichte allen das Brot, die Früchte und die großen Honigwaben, goß aus den Krügen in die Becher dreierlei Getränke, einen grünen Saft, ein gelbes Getränk und eine ganz weiße Flüssigkeit. Er lehrte dabei. Dieses Sichar-Kedar ist der Ort, von welchem Jesus zu Edon auf dem Hochzeitsfeste gehört hatte, daß so viele Leute in unerlaubten Eheverhältnissen dort lebten.

Von den beiden Eheleuten war bei dem Leichenmahl nur der Mann anwesend. Er hieß Eliud, war auch bei der Hochzeit zu Edon gewesen und hatte bei seiner Heimkehr seine beiden Schwiegereltern nicht mehr am Leben gefunden; denn diese waren plötzlich vor Kummer gestorben, da sie entdeckten, ihre Tochter, das Weib des Eliud, sei eine Ehebrecherin. Eliud selbst hatte davon keine Ahnung und so auch nicht von der Ursache des plötzlichen Todes seiner Schwiegereltern. Nach dem Mahl ließ sich Jesus von Eliud in sein Haus führen; die drei Jünglinge waren nicht dabei. Hier sprach Jesus mit dem Weib, das in großer Trauer war, allein, und sie bekannte weinend und zu seinen Füßen sinkend ihre Vergehen. Dann verließ er sie, und Eliud brachte ihn nach seiner Schlafstelle. Ich sah den Herrn dem Mann noch ernste, rührende Worte sagen, und als er ihn verließ, beten und zur Ruhe gehen. Morgens früh trat Eliud mit einem Waschbecken und einem grünen Zweig wieder zu Jesus herein, da er noch auf seinem Lager auf den Arm gestützt lag. Er stand auf, Eliud wusch ihm die Füße und trocknete sie mit seinem Gewand. Nun sagte ihm der Herr, er solle ihn nach seiner Betkammer führen, er wolle ihm auch die Füße waschen. Der Mann wollte dieses nicht zugeben; Jesus aber sagte ihm ernst, so er dieses nicht zugeben wolle, werde er sogleich sein Haus verlassen; dieses müßte so sein, und so er ihm nachfolgen wolle, dürfe er sich nicht weigern. Nun führte der Mann Jesus in seine Betkammer und brachte Wasser in einem Becken. Jesus aber ergriff ihn bei den Händen, sah ihm liebevoll ins Angesicht, sprach mit ihm von der Fußwaschung und endlich davon, daß sein Weib eine Ehebrecherin sei, aber bereue und daß er ihr verzeihen möge. Da warf sich der Mann weinend an die Erde aufs Angesicht und wälzte sich in großem Schmerz wehklagend auf dem Boden. Jesus aber wendete sich von ihm und betete. Nach einer Weile, da der erste Schmerz vorüber war, kehrte Jesus sich zu ihm, hob ihn auf, tröstete ihn und wusch ihm die Füße. Da ward der Mann still und ruhig, und Jesus befahl ihm, sein Weib zu rufen. Diese kam verschleiert. Jesus nahm ihre Hand, legte sie in die Hand Eliuds, segnete sie, tröstete sie und hob den Schleier der Frau auf. Nun ließ er sie abtreten und die Kinder zu ihm senden, die er segnete und dann zu ihren Eltern führte. Die Leute blieben von nun an treu beieinander, und beide gelobten Enthaltung. Jesus ging an diesem Tag auch in viele Häuser, um die Leute aus ihren Verirrungen zurechtzuführen. Ich sah ihn Haus für Haus mit den Leuten von ihren Umständen sprechen und ihre Herzen gewinnen.

Da Jesus von den Leuten hier gefragt wurde, woher er sei, antwortete er immer in Parabeln, welche sie einfältig glaubten. Er sagte auch, sein Vater habe ihm einen Weinberg gegeben, den müsse er bebauen und schneiden und müsse Arbeiter in den Weinberg suchen; darum sei er ausgegangen. Es müßten viele überflüssige, faule Knechte hinausgeworfen werden wie die Reben, die sie nicht schnitten. Und nun erklärte er ihnen das Schneiden am Weinstock und sprach von dem vielen überflüssigen Holz und Laub und den wenigen Trauben und von dem Überflüssigen, das in den Menschen durch die Sünde gekommen sei, und wie dieses durch Entsagung abgeschnitten und getötet werden müsse, auf daß Früchte kämen. So kam er endlich auf die Ehe und ihre Gesetze und die Zucht und Sittsamkeit in der Ehe. Dann kam er wieder auf den Weinstock zu reden und sagte, sie sollten doch hier auch Wein bauen. Sie sagten ganz unschuldig, es sei keine Gegend hier dazu. Er erwiderte aber, sie sollten bauen, wo die vielen Bienen seien, da sei eine gute Lage, und nun erzählte er eine Parabel von den Bienen. Die Leute meinten, so er es wolle, wollten sie in seinem Weinberg arbeiten. Er sagte aber, er müsse fort und die Schulden bezahlen und müsse den wahren Weinstock keltern zu einem Wein des Lebens, auf daß die andern den Wein bauen und bereiten lernten. Da waren sie betrübt in Einfalt, daß er fort wollte, und flehten, er solle bleiben; worauf er sagte, so sie ihm glaubten, wolle er einen senden, der sie alle zu Arbeitern im Weinberg machen sollte. Ich sah auch, daß dieser ganze Ort in der Verfolgung auswanderte und daß sie durch Thaddäus Christen geworden sind.

Als Jesus darauf wiederum vom Weinbau, von der Pflege des Weinbergs, vom Beschneiden der Reben in wunderbar tiefer Anwendung auf die Ehe lehrte, war mir merkwürdig und klar überzeugend sein Ausspruch, daß, wo die Ehe uneinig sei und nicht gute reine Früchte bringe, da liege die Schuld vornehmlich auf Seite des Weibes. Sie habe zu dulden, zu leiden, sie müsse die Früchte hüten, bilden und könne durch ihr geistliches Arbeiten und Ringen alles in sich und ihrer Frucht ausgleichen und das Böse darin tilgen; denn all ihr Tun und Wirken gereiche der Frucht zum Segen oder zum Verderben. In der Ehe sei nicht von Lust, sondern von Buße und Abtötung die Rede, von Sorge und von beständigen Kämpfen gegen Sünde und Begierlichkeit durch Überwindung und Gebet; und solches Streiten und Überwinden bringe auch den Kindern den Sieg. Alles dieses wurde vom Herrn mit sehr tiefen und doch einfachen Worten gelehrt. Er sprach noch sehr vieles und Bestimmtes von der Ehe, und ich war so ergriffen von der Wahrheit und dem Bedürfnis dieser Lehren, daß ich mit großer Heftigkeit in mir gedachte: Warum ist kein Jünger da, der dieses aufschreibt, daß es alle Leute erfahren? Ich war aber in diesem ganzen Bild wie ein gegenwärtiger Zuhörer und ging mit hin und her. Als ich jenen Gedanken so begierig dachte, wendete sich mein himmlischer Bräutigam nach mir um und sagte so viel als: „Ich wirke die Liebe und baue den Weinberg, wo es Früchte trägt. Wäre dieses aufgeschrieben, es wäre wie vieles Geschriebene vernichtet oder verdreht oder unbefolgt. Dieses und unendliches vieles, was nicht geschrieben steht, ist fruchtbringender geworden als das Geschriebene. Nicht das geschriebene Gesetz ist das befolgte, in den Glaubenden, Hoffenden, Liebenden ist alles geschrieben." Die Art, wie Jesus dies alles lehrte in steter Anwendung von Parabeln, indem er aus der Natur des Weinstockes alles bewies, was er von der Ehe sagte und hinwiederum aus der Ehe das, was er vom Weinbau aussprach, war unbeschreiblich schön und überzeugend. Die Leute fragten dabei den Herrn auch ganz einfältig, und er gab ihnen Antworten, durch welche ihnen diese Bilder und Gleichnisse immer mehr zur Sache selber wurden, über welche er lehrte.

Eines Mittags fand vor der Synagoge auch eine Trauung armer junger Brautleute statt, bei der Jesus zugegen war. Beide waren ganz unschuldig, und der Herr war ihnen sehr gut. Dem Zug zur Synagoge gingen geschmückte Kinder von sechs Jahren voraus, auf Pfeifen blasend, mit Kränzen auf dem Haupt, und junge, weißgekleidete Mädchen mit Körbchen, die Blumen streuten, und Jünglinge, welche auf Harfen, Triangeln und andern seltsamen Instrumenten spielten. Der Bräutigam war schier wie ein Priester gekleidet. Beide Brautleute hatten Führer, welche bei der Trauung die Hände auf ihre Schultern legten. Die Trauung geschah in einer Halle, deren Decke dabei geöffnet wurde, unter freiem Himmel bei der Synagoge durch den jüdischen Priester. Als die Sterne am Himmel erschienen, hielten sie den Sabbat in der Synagoge und fasteten bis zum folgenden Abend, wo dann die Hochzeit in dem Festhaus gefeiert wurde. Hier nun erzählte Jesus viele Parabeln wie von dem

Haus. Der Bräutigam hatte kein eigenes Haus und sollte im verlorenen Sohne und von den Wohnungen in seines Vaters Hause der Mutter seiner Braut wohnen. Jesus aber sagte ihm, daß er, bis er eine Wohnung im Hause seines Vaters erhalten werde, unter einem Zelt Wohnung nehmen solle in dem Weinberg, den er am Bienenhügel anlegen wolle. Dann lehrte Jesus wieder viel von der Ehe: so die Eheleute in Zucht und Ehrbarkeit lebten und ihren Stand als einen Stand der Buße erkennten, da würden auch die Kinder zum Heil geführt, und ihr Stand würde nicht zum Zerstreuen, sondern ein Sammeln in die Wohnungen seines Vaters. Jesus nannte sich in dieser Lehre den Bräutigam einer Braut, in welcher die Gesammelten wiedergeboren würden, und kam auf die Hochzeit von Kana und das Verwandeln des Wassers in Wein zu sprechen, wobei er von sich immer in der dritten Person redete als von jenem Mann in Judäa, den er so gut kenne und der so verfolgt werde und den sie töten werden.

Als Jesus danach mit den Männern nach dem Bienenberg ging, um ihnen das Pflanzen der Reben zu zeigen, war der Platz für das Zelthaus schon abgesteckt und ein Spalier aufgerichtet.

Aus den herzu gebrachten Reben las er fünf aus, die er in den von ihm selbst gelockerten Grund einlegte und zeigte, wie die Reben am Spalier ins Kreuz aufzubinden seien. Und alles, was er dabei von der Natur und der Pflege des Weinstockes sprach, bezog sich auf das Geheimnis der Ehe und die Heiligung ihrer Früchte. Als er darauf diese Lehre in der Synagoge fortsetzte, sprach er von der Pflicht der Enthaltung nach der Empfängnis und führte zum Beweise, wie tief die Verderbtheit der Menschen hierin geworden sei, das bessere Beispiel der Elefanten an, deren es in dieser Gegend gab. Zum Schluß sprach er noch davon, daß er sie nun bald verlassen müsse, um auf dem Kalvarienberg den Weinstock zu pflanzen und zu begießen; doch werde er jemand senden, der sie alles lehren und in den Weinberg seines Vaters führen werde.

Besuch bei den Heiligen Drei Königen

Als Jesus weiter zog nach dem Land der drei Könige, begleiteten ihn etwa zwölf Hirten von hier, die eine Abgabe entrichtet zu haben schienen. Sie trugen Körbe mit Vögeln hin. Die Reise war sehr einsam.

Als Jesus mit den Leuten von jenen Männern sprach, welche einmal dem Stern gefolgt seien, erzählten sie ihm, daß dieselben nach ihrer Rückkehr aus dem Jugendland an dem Ort, wo sie zum ersten Male den Stern erblickt hatten, eine hohe Betpyramide und um sie her eine ganze Zeltstadt erbaut hätten, in der sie alle wohnen geblieben seien, während sie vordem weit voneinander getrennt gelebt hätten. Sie hätten auch die Gewißheit erhalten, daß der Messias sie noch besuchen werde; und wenn er wieder wegziehen würde, wollten auch sie diesen Ort verlassen. Mensor, der Älteste, lebe noch gesund; Theokeno, der zweite, könne vor Altersschwäche nicht mehr gehen; Seir, der dritte von ihnen, sei vor einigen Jahren gestorben, und sein Leichnam läge ganz unversehrt in einer Grabpyramide. An dem Sterbetag gehe man hin, öffne die Gräber und besuche sie mit Festlichkeit. Auch werde Feuer bei ihnen erhalten. Sie erkundigten sich auch bei Jesus nach jenen von dem Zug, die draußen im gelobten Lande geblieben seien, und sendeten Boten zu der ein paar Stunden entfernten Zeltstadt Mensors mit der Meldung, daß sie glaubten, es sei ein Abgesandter jenes Königs der Juden bei ihnen angelangt.

Bei Eintritt des Sabbats begehrte Jesus für sich und die Jünger eine einsame Hütte; und weil man hier keine Lampen auf jüdische Art hatte, richteten sie sich selbst eine zu und feierten den Sabbat.

Mensor, welcher auch glaubte, daß nur ein Abgesandter von Jesus herannahe, setzte alles in Bewegung, um diesen Abgesandten so feierlich zu empfangen, als komme der König der Juden selber. Er beriet sich mit den anderen Häuptern und

Priestern und ordnete die Festanstalten. Kleider und Festgeschenke wurden bereitet und die Wege geschmückt. Alles war voll Ernst und Freude. Mensor zog auf einem reich geschmückten Kamel, das an beiden Seiten Kasten trug, mit einem Gefolge von zwanzig der vornehmeren Männer, von denen einzelne bei dem Zug nach Bethlehem gewesen waren, Jesus entgegen, welcher mit den drei Jünglingen und den sieben Boten den Weg nach dem Zeltschloß angetreten hatte. Der Zug Mensors sang eine feierlich wehmütige Melodie, wie sie auch des Nachts auf der Reise nach Bethlehem gesungen hatten. Mensor, der älteste der Könige, von bräunlicher Gesichtsfarbe, trug eine runde hohe Mütze mit weißem Wulste und einen goldgestickten weißen Schleppmantel. Dem Zug wurde als Ehrenzeichen eine flatternde Fahne, welche einem Pferdeschweif glich, auf einer Stange mit gezackter Spitze vorangetragen. Der Weg ging durch eine Allee über schöne Wiesen, aus welchen da und dort zarte weiße Moosdecken, wie ein dichter Pilz, herausschimmerten. Als der Zug zu einem Brunnen kam, der von einem grünen, künstlich geschnittenen Laubtempel umgeben war, stieg Mensor vom Kamel, um den Herrn zu erwarten, den sie nahen sahen. Einer aus den sieben Boten, welche Jesus abgeholt hatten, lief ihm voraus und meldete seine Ankunft. Es wurden aus den Kasten des Kamels prächtige, goldgestickte Gewänder, goldene Becher, Teller und Schalen mit Früchten herausgenommen und an dem Brunnen auf Teppiche niedergelegt. Der von Alter gebeugte Mensor ging von zweien geführt nebst seinem Schleppträger Jesu mit großer Demut entgegen, in seiner Rechten einen langen, mit Gold verzierten und nach oben in ein Zepter auslaufenden Stab haltend. Beim Anblick Jesu empfand er eine innerliche Mahnung, wie ehemals an der Krippe, wo er auch zuerst auf seine Knie sich niedergelassen hatte. Er überreichte Jesu seinen Stab und warf sich vor ihm nieder; Jesus aber hob ihn vom Boden auf. Dann ließ sich der Greis die Geschenke bringen und bot sie Jesu dar, der sie den Jüngern reichte, die sie wieder auf das Kamel legten. Jesus nahm die Gewänder an; doch wollte er sich nicht damit bekleiden. Auch das Kamel schenkte ihm der Greis; aber Jesus dankte.

Nun traten sie in die Brunnenlaube, wo Mensor dem Herrn frisches Wasser reichte, in das er Saft aus Fläschchen goß und auf kleinen Schalen Früchte. Unbeschreiblich demütig und kindlich-freundlich fragte er Jesus nach dem König der Juden; denn er hielt ihn für dessen Gesandten und konnte sich seine große innerliche Bewegtheit nicht erklären. Seine Begleiter sprachen mit den Jünglingen und weinten vor Freude, als sie von Eremenzear hörten, er sei ein Kind der bei Bethlehem zurückgebliebenen Leute der Könige, die von der zweiten Frau Abrahams, der Ketura, ihre Herstammung ableiteten. Mensor wollte, daß Jesus sich auf sein Kamel setze, als sich der Zug nach dem Zeltschloß wieder in Bewegung setzte; doch Jesus wandelte mit den Jüngern dem Zug voran. Unter dem Ehrenbogen vor dem Eingang kam Jesus und den Jüngern eine Schar geschmückter Jungfrauen entgegen, welche paarweise Blumenkörbe trugen und den Weg mit Blumen bestreuten, daß er ganz bedeckt damit war. Vor der Brücke stand ein geschmückter Ehrenbogen, unter welchem Jesus von fünf Priestern in weißen, langen Schleppmänteln und reich mit Schnüren verzierten Gewändern, von denen am rechten Arm Manipeln bis zur Erde niederhingen, empfangen wurde. Auf dem Kopf trugen sie gezackte Kronen mit einem herzförmigen Schildchen vor der Stirn, woraus eine Spitze emporragte. Zwei trugen ein goldenes Feuerbecken, in welches sie aus goldenen, schifförmigen Gefäßen Weihrauch streuten. Die Schleppen ihrer Mäntel ließen sie vor Jesus angelangt sich nicht nachtragen, sondern schürzten sie rückwärts in eine Schlinge. Jesus zog durch alle diese Ehren ruhig wie am Palmsonntag.

Als Jesus die zweite Brücke überschritt, wurde er von den Jünglingen mit Musik von Flöten und kleinen Trommeln empfangen, welche hier an der Brücke in niederen viereckigen Zelten, die rechts und links in Bogen hinliefen, ihre Wohnungen hatten. Diese Jünglinge waren eine Art Leibwache; denn sie trugen kurze Schwerter und standen auch zur Wache. Sie trugen Mützen mit einem Federbügel.

Nachdem Jesus am Brunnen etwas verweilt hatte, geleiteten sie ihn durch den bedeckten Zeltgang in das Schloß und führten ihn in einen großen Saal, der achteckig abgespannt war und in der Mitte eine stützende Säule hatte, um welche runde Scheiben übereinander angebracht waren, um Sachen darauf zu stellen. Die Wände waren mit bunten Teppichen überdeckt, worauf man Blumen, Figuren wie Knaben mit Bechern sah. Auch der Fußboden war mit Teppichen belegt. Jesus ließ sich von da gleich zu Theokeno durch Mensor führen. Seine Wohnung war in dem vergitterten unteren Raum an dem Gärtchen. Er ruhte auf einem Lager von Polstern und nahm dann an dem Mahl teil, das in sehr schönen Gefäßen aufgetragen wurde. Jesus aß nur Brot und einige Früchte und trank aus einem Becher, der sonst noch nie gebraucht worden war. Ich sah ihn nur bei seiner Ankunft hier mit den Heiden essen; sonst nie. Ich sah ihn hier ganze Tage lehren und nur selten einen Bissen nehmen.

Er lehrte bei dem Mahl und sagte ihnen zuletzt, daß er nicht der Gesandte, sondern der Messias selber sei. Sie warfen sich weinend auf das Angesicht, Mensor weinte besonders heftig, und konnten sich vor Liebe und Ehrerbietung gar nicht fassen und nicht begreifen, daß er sich gewürdiget, zu ihnen zu kommen. Jesus aber erwiderte, er sei für die Heiden wie für die Juden, er sei für alle gekommen, die an ihn glaubten. Sie meinten, es wäre die Zeit, daß sie ihr Land verlassen sollten und waren bereit, ihm gleich nach Judäa zu folgen. Er sagte aber, daß sein Reich nicht von dieser Welt sei und daß sie Ärgernis nehmen und im Glauben wanken würden, wenn sie sehen müßten, wie er von den Juden verachtet und mißhandelt werde. Sie konnten das gar nicht begreifen und fragten ihn, wie das doch sei, daß es so vielen bösen Menschen gut gehe und daß die Guten so viel leiden müßten? Da sagte er, daß die, welche ihre Lust hier hätten, dort Rechenschaft geben müßten und daß dieses Leben ein Bußleben sei.

Die Könige wußten auch von Abraham und David; und da Jesus von seiner Abstammung sprach, brachten sie alte Bücher herbei und suchten nach, ob sie nicht auch Verwandtschaft mit diesem Stamm hätten.

In der Nacht vor Jesu Ankunft oder in der darauffolgenden waren um das Zeltschloß und weithin alle Wege beleuchtet. Auf Stangen waren durchsichtige Kugeln mit Lichtern aufgestellt, und auf jeder Kugel war ein Krönchen, das wie ein Stern blitzte.

Fest bei den Heiligen Drei Königen

Als der Herr den Tempel der Könige zum ersten Male besuchte, geschah es bei Tage. Er wurde von den Priestern feierlich aus dem Zeltschloß abgeholt. Sie hatten jetzt hohe Mützen auf und hatten von der einen Schulter Schnüre mit vielen silbernen Schildchen herabhängen und am anderen Arm wieder die langen Manipeln. Der ganze Weg war mit Tuch überspannt, und die Priester gingen barfuß.

Sie zeigten Jesus ein Krippenbild, welches sie bei ihrer Rückkehr von Bethlehem hier errichtet hatten, ganz so, wie sie es im Stern gesehen. Die ganze Vorstellung war von Gold und von einer sternförmigen Goldplatte umgeben. Das goldene Kindchen saß in einer Krippe, wie die von Bethlehem, auf einer roten Decke; es hatte die Händchen auf der Brust gekreuzt und war von den Füßen bis an die Brust eingewickelt. Sie hatten sogar das Heu dabei angebracht; es war ein weißes Kränzchen, ich weiß nicht mehr wovon, hinter dem Kopf des Kindes zu sehen. Sie hatten sonst kein Bild im Tempel.

Sie führten Jesus auch in die Gräber des verstorbenen Königs Sair und seiner Familie, welche in den Gewölben des bedeckten Ganges um die Tempelpyramide gleich Ruhebetten in der Wand waren. Die Leiber lagen in weißen Kleidern, und schöne Decken hingen vor den Lagern nieder. Ich sah ihre halbverhüllten Angesichter und ihre nichtbedeckten Hände schneeweiß; weiß aber nicht, ob es nur die Knochen oder die eingetrocknete Haut war, denn ich sah auf den Händen tiefe Furchen. Es war in den Grabgewölben ganz wohnlich und stand auch in jedem ein Sessel. Die Priester brachten Feuer mit hinein und räucherten. Sie weinten alle, besonders der alte König Mensor, wie ein Kind. Jesus nahte dem Leichnam und sprach von dem Tode. Theokeno hatte zuvor Jesus von Sair erzählt, daß eine Taube oftmals auf dem Zweig von ihnen erblickt werde, welchen sie nach ihrer Gewohnheit auf die Tür seines Grabes gesteckt hätten, und gefragt, was dieses zu bedeuten habe. Und auf die Frage Jesu, welches der Glaube Sairs gewesen sei, hatte Theokeno erwidert: „Herr! Sein Glaube war wie der meinige. Seit wir den König der Juden verehrt haben, hatte er immer bis zu seinem Tode bei allem, was er dachte und tat, verlangt, es solle nichts von ihm geschehen, als was der Wille des Königs der Juden sei.“ Darauf hatte ihm Jesus erklärt, die Taube auf dem Zweig bedeute, daß Sair mit der Taufe der Begierde getauft sei.

Die Könige hatten seit ihrer Rückkehr von Bethlehem in jedem Jahre durch drei Tage hindurch das Gedächtnis des Tages gefeiert, an welchem sie fünfzehn Jahre vor Christi Geburt zum erstenmal den Stern mit dem Bild der Jungfrau erblickt hatten, welche in der einen Hand das Zepter, in der anderen die Waage mit Ähre und Traube hielt. Die drei Tage waren zu Ehren Jesu, Mariä und des heiligen Joseph, den sie besonders verehrten, weil er sie so liebevoll empfangen hatte. Die Zeit dieser Feier war jetzt wieder eingetreten; allein aus Demut vor dem Herrn wollten sie den dabei üblichen Gottesdienst nicht halten, sondern baten ihn, daß nur er allein lehren möge. Jesus aber sagte, sie sollten ihr Fest nur feiern, um den Leuten, die nicht anders unterrichtet seien, kein Ärgernis zu geben.

Am Abend dieses ersten der drei Festtage begann für Jesus

der Sabbat; darum sonderte er sich mit den drei Jünglingen in einem Gemach des Zeltschlosses zur Sabbatfeier ab. Sie hatten weiße Kleider, schier wie Totenkleider bei sich, welche sie anlegten, Gürtel mit Buchstaben und Riemen, welche gleich einer Stola über die Brust gekreuzt wurden. Auf einen rot und weiß gedeckten Tisch wurde eine Lampe mit sieben Lichtern gestellt. Bei dem Gebet stand Jesus zwischen zwei Jünglingen und der dritte hinter ihm. Von den Heiden war keiner bei ihrer Sabbatfeier zugegen.

Am letzten Tag des Festes wollte Jesus die Priester und Könige im Tempel und alles Volk umher lehren. Damit der altersschwache König Theokeno auch zuhören könnte, begab sich Jesus mit Mensor zu ihm, befahl ihm aufzustehen und mit ihm zu gehen. Er nahm ihn an der Hand, und der gläubige Theokeno richtete sich auf und konnte gehen. Jesus führte ihn zum Tempel, und er konnte fortan immer gehen. Jesus ließ die Türen der Tempelpyramide öffnen, so daß ihn alle Leute umher sehen und hören konnten. Er lehrte bald im Tempel, bald umher Männer und Frauen, Jünglinge, Jungfrauen und Kinder. Er erzählte viele der Parabeln, welche er den Juden erzählt hatte. Die Zuhörer durften ihm in die Rede fallen und ihn fragen. Er hatte ihnen das geboten. Manchmal rief er auch einen auf, seine Zweifel laut vor allen zu sagen; denn er erkannte die Gedanken eines jeden. Unter anderem fragten sie: warum er keine Toten hier erwecke und keine Kranken heile, der Judenkönig habe dieses getan? Er sagte, daß er dieses bei den Heiden nicht tue; er werde ihnen aber Leute senden, welche viele Wunder bei ihnen tun und sie durch das Bad der Taufe reinigen würden. Sie sollten seinen Worten glauben.

Vor den Priestern und Königen lehrte Jesus, daß alles, was in ihrer Lehre den Schein der Wahrheit habe, eine Lüge sei, denn es sei nur ein Schein oder die leere Form der Wahrheit, und der Teufel habe sich diese Formen ausgefüllt. Sobald der gute Engel weiche, trete der Satan vor, verderbe den Dienst und nehme ihn in Besitz. Sie hatten ehedem alles verehrt, womit sie nur einen Gedanken an eine Kraft verbinden konnten; doch hatten sie bei der Rückkunft von Bethlehem darin schon etwas nachgelassen. Dann befahl ihnen Jesus, die Tierbilder abzuschaffen und einzuschmelzen; und gab ihnen Leute an, welchen sie den Wert schenken sollten. All ihr Dienst und ihr Wissen sei nichts; sie sollten ohne diese Bilder Liebe und Barmherzigkeit lehren und dem Vater im Himmel danken, daß er sie so barmherzig zur Erkenntnis berufen habe.

Jesus wollte ihnen auch ein von ihm selbst geweihtes Brot und Wein zurücklassen. Die Priester hatten auf seine Anordnung sehr weiße feine Brote, wie kleine Kuchen, zu bereiten und ein Krüglein mit roter Flüssigkeit. Jesus gab ihnen die Form des Gefäßes an, worin dies alles aufbewahrt werden sollte. Dasselbe hatte die Gestalt eines großen Mörsers, zwei Handhaben, einen Deckel mit einem Knopf und innen zwei Abteilungen; in die obere wurden die Brote gelegt, und in die untere, die ein Türchen hatte, wurde das Krüglein mit der Flüssigkeit gestellt. Das Gefäß glänzte von außen wie Quecksilber, inwendig war es gelb. Jesus stellte die Brote und den Wein auf den kleinen Altar, betete und segnete. Die Priester und die beiden Könige lagen dabei vor ihm auf den Knien mit über der Brust gekreuzten Händen. Er betete über sie, legte ihnen die Hände auf die Schultern und belehrte sie, wie sie das Brot, das er ihnen kreuzweise schnitt, erneuern sollten und gab ihnen die Worte und die Art des Segens an. Es sollte ihnen dieses Brot und der Wein ein Vorbild des heiligen Abendmahles sein. Die Könige wußten von Melchisedech und hatten Jesus über sein Opfer gefragt. Als er ihnen das Brot segnete, lehrte er in Andeutungen von seinem Leiden und seinem Abendmahl. Sie sollten das erste Mal von dem Brote und Weine an dem Jahrestag ihrer Anbetung vor der Krippe Gebrauch machen und von da an dreimal im Jahre oder alle drei Monate; ich weiß es nicht mehr recht.

Tags darauf lehrte Jesus wieder im Tempel, wo alles versammelt war. Er ging bald hinaus, bald herein und ließ eine Schar nach der andern zu sich kommen. Auch die Frauen und die Kinder ließ er kommen und sprach, wie die Mütter ihre Kinder erziehen und beten lehren sollten. Da sah ich zum erstenmal hier viele Kinder beisammen. Die Knaben trugen nur ein kurzes Kleidchen; die Mädchen hatten kleine Mäntelchen um.

Jesus segnete die Kinder, indem er ihnen die Hand auf die Schultern legte, nicht auf den Kopf wie den Kindern in Judäa.

Er lehrte auch von seiner ganzen Sendung und seinem nahen Ende, und wie es ein Geheimnis sei für die Juden, daß er hier sei. Er habe sich von Kindern begleiten lassen, welche kein Ärgernis nähmen an den Dingen und gehorchten; die Juden würden ihn ermordet haben, wenn er nicht entwichen wäre. Er habe aber noch zu ihnen kommen wollen, weil sie zu ihm gekommen seien und geglaubt, gehofft und geliebt hätten. Er ermahnte sie, Gott zu danken, daß er sie nicht ganz im Götzendienst habe erblinden lassen, und daß sie treu glauben und seinen Geboten folgen sollten. Wenn ich mich nicht irre, sprach er ihnen auch von der Zeit seines Rückganges zum himmlischen Vater, und wann seine Gesandten zu ihnen kommen sollten; auch daß er nach Ägypten gehe, wo er als Kind mit seiner Mutter gewesen, weil dort Menschen seien, welche ihn in seiner Kindheit erkannt hätten. Er werde dort ganz unbekannt sein; denn es seien Juden dort, die ihn fangen und ausliefern könnten; seine Zeit sei aber noch nicht gekommen.

Sie konnten seine menschliche Behutsamkeit nie begreifen und meinten ganz kindlich, wie man ihm dann solches tun könnte, er sei ja Gott! Da erwiderte er ihnen, daß er a u c h Mensch sei, und der Vater habe ihn gesendet, alle Zerstreutheit zurück zu führen, und als ein Mensch könne er auch leiden und von Menschen verletzt werden zu seiner Zeit; und weil er ein Mensch sei, könne er auch so vertraut mit ihnen sein.

Er ermahnte sie abermals, alles Götzenwerk zu lassen und sich zu lieben, und kam, da er von seinem Leiden geredet, auf das wahre Mitleiden zu sprechen: sie sollten die übertriebene Pflege der kranken Tiere sein lassen, ihre Liebe den Menschen an Leib und Seele zuwenden, und wo sie keine Bedürftigen in der Nähe hätten, sie in der Ferne aufsuchen und für alle bedürftigen Brüder beten. Er sagte auch, daß sie ihm tun, was sie den Bedürftigen täten; übrigens sollten sie die Tiere nicht grausam behandeln.

Jesus lehrte noch in der Nacht im Tempel und umher. Alles war voll Leuchter, und im Tempel war außerordentlich viel Licht. Alle Bewohner der Gegend waren versammelt, jedes Alters und Geschlechts. Die Götzenbilder hatten sie gleich bei seinem ersten Verbot weggeschafft. Ich sah aber etwas im Tempel, was ich noch nie gesehen hatte. Oben in der Höhe sah man einen ganzen leuchtenden Sternenhimmel und dazwischen eine Menge von kleinen Gärtchen und Wässerchen und Bäumchen sich spiegeln, welche oben in dem Tempel aufgestellt und mit Lichtern besteckt waren. Es war dieses eine ganz wunderbare Einrichtung, von der ich nicht weiß, wie sie gemacht war.

Vor Tagesanbruch, da noch die Lampen brannten, verließ Jesus die Zeltstadt der Könige wieder. Sie hatten ihm ein ebenso festliches Geleite, als der Willkomm war, bestimmt; er hatte es aber nicht angenommen, auch kein Kamel. Die Jünger nahmen nur etwas Brot und Saft in Flaschen mit. Mensor weinte wie ein Kind; die Tränen rollten ihm wie Perlen von den gelbbraunen Wangen.

Mensor, die Priester und viele andere gaben Jesus das Geleite, indem abwechselnd zwei und zwei ihm zur Seite gingen. Jesus und die Jünger trugen Stäbe. Als Mensor mit den Priestern wieder heimkam, war es schon dunkel. Überall waren Lampen angezündet, und alles Volk war in und um den Tempel versammelt, betete kniend oder lag mit dem Angesicht auf der Erde. Mensor erklärte, daß jeder, der nicht nach dem Gesetze Jesu leben und seiner Lehre nicht glauben wolle, sein Land verlassen solle.

Der Weg Jesu führte morgenwärts. Sein erstes Nachtlager, etwa zwölf Stunden vom Zeltschloß Mensors, war in einem Hirtenort, der noch zum Stamme Mensors gehörte. Er schlief mit den Jüngern in einem runden Zelt, dessen Schlafstellen durch Stellwände voneinander getrennt waren.

Am folgenden Morgen verließ er diesen Ort, ehe die Bewohner erwachten.

Ich empfing auch die Unterweisung, warum die Reise Jesu so verborgen geblieben sei und weiß davon noch, daß Jesus seinen Aposteln und Jüngern gesagt hatte, er wolle sich nur ein wenig entfernen, um in Vergessenheit zu kommen, und daß sie selbst nicht von diesem Wege wußten. Der Herr hatte einfache Knaben mitgenommen, welche kein Ärgernis an den Heiden hatten und nicht auf alles achteten. Er hatte ihnen auch strenge verboten, danach davon zu sprechen, worauf einer gar kindlich erwiderte: „Der sehend gewordene Blinde, dem du verboten, nichts davon zu sprechen, hat es doch getan und ward nicht gestraft!" Worauf Jesus antwortete: „Jenes geschah zur Verherrlichung, dieses würde großes Ärgernis gebären!" Ich meine die Juden und selbst seine Apostel hätten teilweise Ärgernis genommen, wenn sie erfahren hätten, daß er bei den Heiden gewesen sei.

Rückkehr nach Judäa

Etwa eine Stunde von der Stadt, in welcher Jesus als Kind mit seiner Mutter gewohnt hatte (Heliopolis), kam er auf demselben Weg, auf dem er mit Maria und Joseph in sie eingezogen war. Sie lag am ersten Arm des Nils, der in der Richtung gegen Judäa floß. Am Wege sah ich hier und da Leute Hecken schneiden, große Balken schleifen und in tiefen Gräben arbeiten. Es war gegen Abend, als Jesus vor der Stadt ankam. Er und die Jünger hatten sich die Kleider niedergelassen, was ich sonst nie auf dem Weg gesehen habe. Einzelne dieser Arbeiter brachen, als sie Jesus ansichtig wurden, Zweige, eilten ihm entgegen, warfen sich vor ihm nieder und reichten ihm die Zweige. Hatte er sie in der Hand gehabt, dann steckten sie dieselben am Weg in die Erde. Ich weiß nicht, woher sie Jesus gleich erkannten;

vielleicht erkannten sie ihn an der Kleidung als einen Juden. Sie hatten ihn erwartet und glaubten, daß er sie befreien werde. Ich sah aber auch Leute, welche unwillig schienen und nach der Stadt liefen. Es waren wohl zwanzig Männer, welche mit gegen die Stadt zogen, vor der viele Bäume standen.

Die Leute führten Jesus dem Tempel gegenüber unter den Vorbau einer dicken Mauer und riefen noch mehrere Einwohner herbei. Es kamen deren viele, lauter Juden und darunter sehr alte Männer, mit langen Bärten, auch junge Leute; unter den Weibern fiel mir besonders eine große alte Frau auf. Alle bewillkommten Jesus ehrerbietig. Sie waren Freunde der Heiligen Familie gewesen, als diese hier lebte. Hinter dem Vorbau war in der Mauer der nun festlich gezierte Raum, in welchem der heilige Joseph die Wohnung für die Heilige Familie eingerichtet hatte, und wohin nun die Männer Jesus führten, die mit ihm als Kinder hier gelebt hatten. Es hingen Lampen darin.

Am Abend wurde Jesus durch einen sehr alten Juden in die vollkommen eingerichtete Schule geführt. Die Frauen standen zurück auf einer vergitterten Bühne und hatten eine Lampe für sich. Jesus betete und lehrte. Sie ließen ihm ehrerbietig den Vortritt. Auch am folgenden Tage sah ich ihn in der Synagoge lehren.

Als Jesus in Begleitung vieler Einwohner Heliopolis verließ, nahm er einen fünften Jünger von da mit sich. Er hieß Deodatus und seine Mutter Mira. Sie war die große alte Frau, die am ersten Abend schon bei Jesus unter dem Vorbau gewesen war. Als Maria hier wohnte, war ihre Ehe kinderlos; auf die Fürbitte der Heiligen Jungfrau aber hatte sie später diesen Sohn erhalten. Er war groß und schlank und schien etwa achtzehn Jahre alt. Als die Begleitenden wieder zurückgekehrt waren, sah ich Jesus mit den fünf Jüngern durch die Wüste ziehen. Er ging in einer östlicheren Richtung als der Weg der Flucht nach Ägypten. Die Stadt, wo er gewesen, heißt Eliopolis. Das E stand verkehrt mit dem L zusammen, was ich nie sonst gesehen habe; und darum habe ich gemeint, es sei ein X darin. (Sie sah EL.)

Als Jesus diesen Ort verließ, folgten ihm zwei neue Jünger, Nachkommen des Mathathias. Die Reise ging nun weiter durch die Wüste in großer Eile. Sie reisten Tag und Nacht mit kurzer Unterbrechung für die Ruhe. Ich sah Jesus mit seinen Begleitern in lieblicher Gegend vor schönen Balsamhecken an jener Quelle Rast machen, welche für die Heilige Familie auf ihrer Flucht nach Ägypten entsprungen war und an der sie sich erquickt und Maria ihr Kind gewaschen hatte. Hier durchschritt die Richtung, in welcher Jesus aus Ägypten heraus ging, den Umweg, auf welchem Maria hineingeflohen war. Maria war auf der Abendseite in einem Bogenweg hereingekommen, und Jesus zog an der Morgenseite mehr in gerader Richtung heraus. Auf dem Weg aus Arabien nach Ägypten hatte Jesus den Berg Sinai zu seiner Rechten in der Ferne liegen gesehen.

Jesus reiste in der Nacht weiter, um durch seine Wiederkehr nach Judäa keine plötzliche Aufregung zu veranlassen. Durch die Hirtentäler bei Jericho zog er zum Brunnen Jacobs, wo er in der Abenddämmerung ankam. Der Brunnen Jacobs ist von schönen Rasenplätzen mit Schattenbäumen umgeben. Die Apostel Petrus, Andreas, Johannes, Jacobus, Philippus hatten Jesus hier erwartet; sie weinten vor Freude, ihn wieder zu sehen und wuschen ihm und den Jüngern die Füße.

Jesus war sehr ernst und sprach von der Nähe seines Leidens, von dem Undank der Juden und dem Gericht, das über sie kommen werde. Drei Monate wird es noch dauern bis zu seinem Leiden. Ich habe das Osterfest immer richtig eintreffen gesehen, wenn es später fiel. Jesus ging mit seinen sechzehn neuen Jüngern zu den Eltern von Eliud, Silas und Eremenzear, welche in einem nahen Hirtenorte wohnten; die Apostel aber bestellte er zum Sabbat nach Sichar.

Petrus und Johannes kamen dem Herrn auf dem Wege entgegen, und vor dem Tore des Ortes harrten noch sechs andere Apostel, die den Herrn und die Jünger in ein Haus führten, wo der Hausherr, der Jesus früher nie gesehen hatte, sie gut empfing. Jesus aber schien sich noch nicht öffentlich machen zu wollen. Er war wie einer der andern. Den Ankommenden wurden die Füße gewaschen, und da der Sabbat begann, wurde die Lampe angezündet. Sie legten die langen weißen Kleider und Gürtel an, beteten und gingen dann in die Schule, welche etwas höher lag.

Nach dem Mahl verlangte Jesus, daß ihm die Synagoge geöffnet werde, weil er, nachdem er ihre Lehre mitangehört habe, nun auch lehren wolle. Alle Apostel und Jünger begleiteten ihn dahin, und auch einige Juden hörten zu. Jesus sprach von den Zeichen und Wundern, die nichts helfen, wenn die Leute darüber vergessen, wie sündhaft und liebeleer sie seien. Nötiger sei für sie die Lehre als ein Wunder. Schon vor dem Mahl hatten die Apostel Jesus gebeten, er möge sich doch deutlicher erklären, sie verstünden ihn noch nicht; er rede immer von seinem nahen Ende; er möge aber doch nach Nazareth noch einmal gehen, dort seine Macht zeigen und durch Wunder seine Sendung kundmachen. Da hatte ihnen Jesus entgegnet, daß die Wunder nichts nützen könnten, wenn die Menschen sich nicht besserten, wenn sie nur bei den Wundern stehen blieben und nicht anders würden. Was er denn mit den Zeichen und Wundern, mit der Speisung der Fünftausend, der Erweckung des Lazarus bewirkt habe, wenn sogar sie noch mehr Wunder begehrten? Petrus und Johannes waren seiner Meinung; die anderen aber waren nicht zufrieden.

Ich sah, daß die Juden von hier durch Boten in Jerusalem melden ließen, Jesus lasse sich bei ihnen wieder sehen. Die Pharisäer in Sichar waren besonders unzufrieden und drohten ihm mit Gefangennehmung und Auslieferung nach Jerusalem; Jesus aber entgegnete, seine Zeit sei noch nicht gekommen, er wolle selber nach Jerusalem, und er habe nicht für sie, sondern für seine Begleiter geredet.

Von Ephron sandte Jesus die drei verschwiegenen Jünger den heiligen Frauen entgegen, welche, zehn an der Zahl, in der gemieteten Herberge bei Jericho angekommen waren: die Heiligste Jungfrau, Magdalena, Martha mit noch zwei andern, Petri Frau

verschiedenen Wegen hierher gereist. Sie bereiteten ein Mahl, bei dem an fünfzig Gäste teilnahmen. Nachher begab sich Jesus in die Schule, deren Schlüssel er holen ließ. Die heiligen Frauen und sehr vieles Volk hörten seine Lehre an.

Am andern Morgen heilte Jesus viele Kranke in der Stadt; an manchen Häusern ging er jedoch vorüber und heilte auch in der Herberge. Dann sendete er die Apostel hinweg: einige nach Kapharnaum, andere an den Ort der Brotvermehrung. Die heiligen Frauen zogen gen Bethanien zu. Er selbst ging nach derselben Richtung und hielt den Sabbat mit allen Jüngern, die er von der großen Reise mitgebracht hatte, in einer Herberge. Sie hängten eine Lampe mitten in dem Saal auf, überdeckten den Tisch mit Rot und Weiß, legten ihre weißen Sabbatkleider an und traten um Jesus in die Betordnung her. Er betete aus einer Rolle vor. Sie waren etwa zu zwanzig. Die Sabbatlampe brannte den ganzen Tag. Jesus unterrichtete unter abwechselndem Gebet die Jünger fortwährend in ihren Pflichten.

Auf dem Weg gegen Bethanien zu setzte Jesus seine Unterweisungen für die neuen Jünger fort, legte ihnen das Vaterunser aus, sprach von der treuen Nachfolge und daß er nun in Jerusalem lehren und dann bald zu seinem himmlichen Vater zurückkehren werde. Er sagte ihnen auch, daß einer von ihm abfallen werde, der den Verrat schon im Herzen habe. Diese neuen Jünger blieben Jesus treu. Jesus heilte auf diesem Weg mehrere Aussätzige, welche an die Straße gebracht wurden. Eine Stunde vor Bethanien kehrten sie in dem Herbergshaus ein, wo Jesus vor Lazari Erweckung so lange gelehrt hatte und Magdalena ihm entgegengekommen war. Die Heiligste Jungfrau war mit den anderen Frauen auch in der Herberge und fünf Apostel, Judas, Thomas, Simon Jakobus d. J. und Thaddäus, Johannes Markus und einige andere. Lazarus war nicht zugegen. Die Apostel kamen dem Herrn ein Stück Weges bis zu einem Brunnen entgegen, wo sie ihn begrüßten und ihm die Füße wuschen. Er lehrte hier, und es war eine Mahlzeit. Die Frauen gingen nach Bethanien; Jesus aber blieb mit den andern hier. Er ging auch am folgenden Tage noch nicht nach Bethanien, sondern wandelte mit den drei verschwiegenen Jüngern in der Umgegend; die anderen verteilten sich in zwei Haufen, welchen Thaddäus und Jakobus vorstanden, zogen umher und heilten.

Hierauf ging Jesus nach Bethanien. Der Geheilte und viele andere zogen ihm nach und voraus nach Bethanien, wohin auch die von den Aposteln Geheilten kamen. Da war ein großes Getümmel in Bethania, denn die Geheilten machten ihr Glück überall bekannt. Ich sah auch, daß Jesus Priester entgegen kamen und ihn in die Synagoge führten, wo sie ihm ein Buch Moses' vorlegten, worüber er lehren sollte. Es waren viele Menschen in der Schule und die heiligen Frauen am Frauenorte.

Nachher gingen sie in das Haus des geheilten aussätzigen Simon von Bethanien, wo die Frauen in dem daselbst gemieteten Saal ein Mahl bereitet hatten. Lazarus war nicht hier. Jesus und die drei verschwiegenen Jünger übernachteten in einer Herberge der Synagoge; die Apostel und andere Jünger in dem Herberghause vor Bethanien.

Am folgenden Morgen lehrte Jesus wieder in der Schule, wo unter den vielen Jüngern auch Saturnin, Nathanael Chased und Zachäus zugegen waren. Es waren auch viele Kranke nach Bethanien gebracht worden. Im Hause des geheilten Simon war wieder eine Mahlzeit, bei welcher Jesus alles, was da war, an die Armen verteilte und sie zum Mittagessen einlud. Darüber entstand unter den Pharisäern und in Jerusalem das Gerede, Jesus sei ein Verschwender und vergeude alles an Gesindel.

Als er vor dem Sabbat wieder nach Bethanien zurück und zur Schule ging, hörte ich, daß die Juden gegen ihn prahlten, er könne doch nicht tun, was Gott für die Kinder Israels getan habe, da er Manna in der Wüste habe niedertauen lassen. Sie waren ganz unwillig über Jesus. Er übernachtete diesmal nicht in Bethanien, sondern draußen in der Jüngerherberge.

Die Jünger brachten auch die Nachricht, daß die Hohenpriester und Pharisäer in den Orten rings um Jerusalem Laurer aufstellen wollten, ihn, sobald er sich nähere, gefangenzunehmen. Jesus nahm hierauf nur die beiden neuesten Jünger, Selam von Kedar und Silvanus, zu sich und ging mit ihnen die ganze Nacht hindurch nach dem bei Ginäa gelegenen Gut des Lazarus, wo dieser sich jetzt aufhielt.

Jesus kam vor der Morgendämmerung, da es noch dunkel war, auf dem Gut des Lazarus an und pochte an dem Tor der Hofmauer. Lazarus öffnete selbst, leuchtete und führte Jesus in einen Saal, wo auch Nikodemus, Joseph von Arimathäa, Johannes Markus und Jairus, der jüngere Bruder Obeds, anwesend waren.

Danach sah ich Jesus mit den beiden Jüngern wieder in Bethabara und Ephron, wo er den Sabbat hielt und wohin von Bethanien her Andreas, Judas, Thomas, Jakobus d.J., Thaddäus, Zachäus und außerdem sieben andere Jünger zu Jesus kamen. Als Judas von Bethanien wegging, sah ich die Heiligste Jungfrau ihn dringend warnen, daß er sich mäßige, auf sich acht gebe und nicht in alles sich so einmische.

Letzte Lehre vor der Passion

Nach Bethanien zurückgekehrt, ging Jesus schon tags darauf zum Tempel, um zu lehren. Es begleitete ihn seine heiligste Mutter ein Stück Weges. Er bereitete sie auf sein nahes Leiden vor und sagte, es nahe die Zeit, daß die Weissagung Simeons, es werde ein Schwert ihr durch die Seele gehen, an ihr erfüllt werde. Man werde ihn ohne Erbarmen verraten, gefangennehmen, mißhandeln und wie einen Verbrecher hinrichten, und sie werde dies mit ansehen müssen. Jesus sprach sehr lange davon, und Maria war sehr betrübt.

Jesus herbergte im Hause der Maria Markus, der Mutter des Johannes Markus, das etwa eine Viertelstunde vom Tempel entfernt und wie vor der Stadt war. Tags darauf lehrte er, nachdem die Juden den Tempel verlassen hatten, in demselben öffentlich und sehr ernst. Es waren alle Apostel in Jerusalem, gingen aber nur vereinzelt und von verschiedenen Seiten her zum Tempel. Jesus lehrte in der runden Halle, wo er in seinem zwölften Jahre geredet hatte. Es waren Stühle und Stufen für die Zuhörenden angebracht, und sehr viele Leute waren zusammengekommen.

Nikodemus, Joseph von Arimathäa, die Söhne Simeons und andere heimliche Jünger erscheinen nicht öffentlich bei den Lehren Jesu im Tempel; sind keine Pharisäer zugegen, so hören sie, wie versteckt, aus der Ferne zu.

In seinen Lehren sprach Jesus dieser Tage wiederholt in Gleichnissen von einem verwilderten Acker, der behutsam behandelt werden müsse, damit mit dem Unkraute nicht zugleich der gute Weizen, der fortwuchern müsse, ausgerissen werde. Jesus sagte dabei den Pharisäern so treffend die Wahrheit, daß sie bei allem Zorn doch eine heimliche Freude daran hatten.

Er sagte, daß er für dreierlei Menschen gekommen sei, wobei er nach drei Seiten des Tempels, nach drei Weltgegenden hinzeigte, und darin sei alles begriffen. Schon auf dem Wege zum Tempel hatte er zu den begleitenden Aposteln gesagt, wenn er von ihnen geschieden sein werde, dann sollten sie ihn im Mittag suchen. Petrus war aber immer so dreist und fragte, was das heiße „im Mittag"? Da hörte ich Jesus sagen, im Mittag stehe die Sonne über uns, und es sei kein Schatten; im Morgen und Abend sei Schatten bei dem Licht, und um Mitternacht sei Nacht. Sie sollten ihn im Mittag suchen, sie würden ihn finden auch in sich, wenn kein Schatten sei. Es hatten diese Worte aber auch eine Bedeutung von Weltgegend; was ich jedoch nicht mehr zu sagen weiß.

Am Sabbat darauf lehrte Jesus vom Morgen bis zum Abend im Tempel, teils vor den Aposteln und Jüngern allein in einem besonderen Raum, wobei er ihnen in allgemeinen Worten vieles Zukünftige vorhersagte, teils in der Lehrhalle, wo auch die lauernden Pharisäer und andere Juden die Lehre mit anhören konnten. Nur um Mittag machte er eine Pause. Jesus sprach von verfälschten Tugenden, von einer Liebe, worin Selbstliebe und Habsucht, von einer Demut, worin Eitelkeit sei, und wie fein sich das Böse in alles einschleiche. Er wies darauf hin, daß viele glaubten, es sei ein weltliches Reich und in ihm ein Amt zu erwarten, und daß sie nun hofften, bei ihm ohne Leiden etwas zu werden, wie selbst die fromme Mutter der Kinder Zebedäi eine Auszeichnung ihrer Söhne von ihm verlangt habe. Er sprach auch, daß man sich keine toten Schätze sammeln solle, und vom Geiz; und ich fühlte, daß er damit auf Judas zielte. Auch redete er von der Abtötung, vom Fasten und Beten und von der Heuchelei, welche von manchen darin getrieben werde, und erwähnte dabei des Zornes der Pharisäer gegen die Jünger, als sie vor einem Jahre um diese Zeit Ähren abstreiften. Er wiederholte manche früheren Lehren und erklärte überhaupt vieles aus seinem ganzen Wandel. Dann kam er auf die nahe Erfüllung seiner Sendung, auf sein Leiden und sein baldiges Ende, vor welchem er aber noch feierlich in Jerusalem einziehen werde. Er berührte, wie erbarmungslos sie mit ihm umgehen würden; er müsse aber leiden und unendlich leiden, um genugzutun. Bei den Worten von seinem genugtuenden Leiden tobten und höhnten die Juden. Einzelne gingen hinaus und redeten mit bestelltem Gesindel. Jesus aber sprach zu den Seinen, sie sollten sich nicht darüber beunruhigen, seine Zeit sei noch nicht da; auch dieses gehöre zu seinem Leiden.

Er berührte in seiner Lehre das Abendmahls- und Versammlungshaus, wo sie später den Heiligen Geist empfingen, ohne es jedoch zu nennen. Er sprach von einer Versammlung und dem Genuß einer Stärkung und Erquickung, und wie er ewig in derselben bei ihnen sein wolle. Auch von seinen heimlichen Jüngern war die Rede, den Söhnen Simeons und andern. Er entschuldigte vor den öffentlichen Jüngern ihre Zurückhaltung, sie sei nützlich; denn sie hätten einen anderen Beruf. Da mehrere Leute von Nazareth aus Neugierde in den Tempel gekommen waren, ihn zu hören, so sprach Jesus ihnen zu Gehör, daß es ihnen nicht ernst sei.

Als die Apostel und Jünger allein um ihn standen, berührte Jesus vieles, was nach seinem Hingang zum Vater vorgehen werde. Zu Petrus sagte er, er werde viel zu leiden haben; er solle sich aber nicht fürchten und getreu ausharrend der Gemeinde vorstehen, die sich wunderbar mehren werde. Drei Jahre solle er mit Johannes und Jakobus d. J. in Jerusalem bei der Kirche bleiben. Er sprach von dem Jüngling, der zuerst sein Blut vergießen werde; doch ohne den Namen des Stephanus zu nennen. Auch von der Bekehrung des Verfolgers, der mehr tun werde als viele andere, sprach er, ohne aber den Namen des Paulus auszusprechen. Sie konnten das nicht recht einsehen.

Er deutete auf die Verfolgungen des Lazarus und der heiligen Frauen und sagte den Aposteln, wohin sie nach seinem Tode und im ersten halben Jahre gehen sollten. Petrus, Johannes, Jakobus d. J. sollten in Jerusalem bleiben, Andreas, Zachäus sollten ins Land Galaad, Philippus und Bartholomäus nach Gessur an der syrischen Grenze gehen. Ich sah dabei, wie diese vier Apostel bei Jericho über den Jordan und dann gegen Mitternacht zogen, und wie Philippus in der Stadt Gessur eine Frau heilte und sehr geliebt, später aber verfolgt wurde. Nicht weit von Gessur war Bartholomäus zu Hause, der von einem König dieser Stadt, der mit David verwandt war, abstammte. Er war auch so fein gegen die andern Apostel. Diese vier Apostel blieben nicht beieinander, sondern wirkten an verschiedenen Orten der Gegend. Galaad, wohin Andreas und Zachäus gingen, war nicht weit von Pella, wo Judas in seiner Jugend war erzogen worden.

Jakobus der Größere und ein anderer Jünger sollten in die heidnischen Grenzen nördlich von Kapharnaum hinauf; Thomas und Matthäus aber vorerst nach Ephesus, um die Gegend vorzubereiten, wo einst seine Mutter und viele, die an ihn glaubten, wohnen würden. Sie wunderten sich aber sehr, daß Maria da wohnen sollte. Thaddäus und Simon sollten anfangs nach Samaria gehen. Da wollte keiner gern hin, lieber wollten sie in ganz heidnische Städte.

Er verkündete ihnen auch, daß sie alle noch zweimal in Jerusalem zusammenkommen würden, ehe sie das Evangelium im fernen Heidenlande verkündigen würden.

Als Jesus nach dieser Lehre den Tempel verließ, lauerten die erbitterten Pharisäer am Ausgang und auf dem Weg auf ihn und wollten ihn steinigen. Jesus aber entzog sich ihnen, ging nach Bethanien und kam drei Tage lang nicht mehr zum Tempel. Er wollte den Aposteln und Jüngern Zeit lassen, über das Gehörte ruhig nachzudenken. Sie kamen auch zu ihm, um sich manches noch erklären zu lassen. Jesus befahl ihnen, das, was er über die Zukunft gesagt, aufzuzeichnen. Ich sah, daß Nathanael, der Bräutigam von Kana, der sehr geschickt zu schreiben war, dies tat; und wunderte mich, daß nicht Johannes, sondern ein Jünger die Aufschreibung machte. Nathanael hatte damals noch keinen anderen Namen; er empfing ihn erst in der Taufe.

Jesus, der bisher nur mit drei Begleitern zum Tempel gegangen war, ging von jetzt an mit der ganzen Schar der Apostel und Jünger dahin. Ich sah die Pharisäer von seinem Lehrstuhle hinweg in die Hallen umher zurückweichen und durch die Bogen herein auf ihn lauern, da er zu lehren begann und den Jüngern sein Leiden voraussagte.

In den Mauern eines Vorhofes vorne am Eingang zum Tempel hatten sieben bis acht Krämer ihren Aufenthalt, um Lebensmittel und ein rotes Getränk in kleinen Flaschen zu verkaufen. Sie waren wie Marketender, und ich weiß nicht, ob sie sehr fromm waren. Die Pharisäer aber sah ich oft zu ihnen hinschleichen. Da nun Jesus, der in Jerusalem übernachtet hatte, mit allen den Seinigen des Morgens zum Tempel gehend an die Halle dieser Krämer kam, befahl er ihnen, augenblicklich mit ihren Waren sich fortzumachen. Da sie zögerten, legte er selber Hand an, räumte die Sachen zusammen und ließ sie hinwegtragen. Als er nun in den Tempel kam, war der Lehrstuhl von anderen besetzt; aber sie wichen so rasch, als würden sie von ihm selbst hinweggetrieben.

Am Sabbat darauf lehrte er wieder im Tempel, nachdem die

Juden ihre Sabbatfeier geschlossen hatten, bis spät in die Nacht.

Diese Lehre verursachte große Unruhe unter den Schriftgelehrten und Pharisäern. Sie hielten im Hause des Kaiphas eine Versammlung und erließen ein Verbot, Jesus und die Jünger irgendwo aufzunehmen. Sie ließen auch am Tor auf Jesus lauern; er aber hielt sich in Bethanien bei Lazarus verborgen.

Der feierliche Einzug in Jerusalem

Jesus verkündete den Aposteln, daß morgen der Tag seines Einzuges in Jerusalem sei und ließ auch alle anderen Apostel herbeirufen, mit denen er lange redete. Sie wurden sehr traurig. Gegen den Verräter Judas war er freundlich und gab ihm den Auftrag, auch die Jünger herbeizurufen. Dergleichen Aufträge liebte Judas sehr; denn er war begierig, etwas zu gelten und zu bedeuten.

Danach trug Jesus den heiligen Frauen und Lazarus eine große Parabel vor und legte sie aus. Er begann seine Lehre mit dem Paradiese, dem Fall von Adam und Eva und der Verheißung eines Erlösers; sprach von dem Wuchern des Bösen und der geringen Zahl der treuen Arbeiter im Garten Gottes und knüpfte daran die Parabel von einem König, der einen herrlichen Garten besaß und zu dem eine prächtige Frau kam und ihm den Gewürzgarten eines frommen Mannes zeigte, der hart an den Garten des Königs grenzte. Sie sprach zum König: da dieser Mann aus dem Lande ziehen werde, so soll er ihm den Garten abkaufen und sein Gewürz darin bauen. Der König aber wollte Knoblauch und ähnliches stinkendes Gewürz in dem Garten des armen Mannes bauen, den dieser sehr heilig hielt und in dem er nur das edelste Gewürz zog. Der König ließ den armen Mann zu sich rufen; derselbe wollte aber weder wegziehen noch seinen Garten abtreten. Ich sah auch diesen guten Mann in seinem Garten, wie redlich er ihn baute, und daß er ihn selber brauchte. Er wurde aber sehr verfolgt; man wollte ihn in seinem Garten sogar steinigen, so daß er ganz krank wurde. Endlich aber ging der König mit aller seiner Herrlichkeit zugrunde; der Garten des frommen Mannes aber und er selbst und all das Seine gedieh und nahm zu. Ich sah diesen Segen, gleich einem Baum sich weit ausbreiten und über die ganze Welt sich verteilen.

Jesus legte in seiner Lehre diese Parabel aus als von dem Paradiese, dem Sündenfall und der Erlösung, vom Reiche der Welt und dem Weinberg des Herrn in derselben, der vom Fürsten der Welt angefochten wird, und in welchem dieser Fürst der Welt den Sohn Gottes mißhandelt, dem der Vater die Pflege des Weinbergs übergeben hat. Die Parabel deutete auch an, daß wie die Sünde und der Tod in einem Garten angefangen habe, auch das Leiden dessen, der die Sünden der Welt auf sich genommen, in einem Garten beginnen und die Genugtuung und der Sieg über den Tod durch die Auferstehung in einem Garten werde vollendet werden.

In der Frühe des folgenden Tages sandte Jesus den Eremenzear und Silas auf den durch eingezäunte Gärten und Feldgüter über Bethphage nach Jerusalem sich hinziehenden Seitenweg, damit sie durch Öffnung der Zäune und Schranken diesen Weg gangbar machen sollten. Er sagte ihnen, daß sie bei dem Herbergshaus vor Bethphage, durch welches der Weg führte, eine Eselin mit ihrem Füllen auf der Weide finden würden; sie sollten die Eselin an den Zaun binden; und wenn sie gefragt würden, sagen, der Herr wolle es so haben. Sie sollten den Weg bis an den Tempel räumen und dann zurückkehren.

Ich sah, wie die zwei Jünglinge sich auf den Weg machten, die Zäune öffneten und alles Hindernde aus dem Wege räumten. Das große Herbergshaus, wo die Esel auf der Weide gingen, hatte einen Hof und Brunnen. Die Esel gehörten Fremden, die zum Tempel ziehend ihre Tiere hier eingestellt hatten. Sie banden die Eselin an, das Füllen blieb frei. Ich sah sie hierauf ihren Weg bis in den Tempel nehmen und alles Störende beiseite schaffen.

Jesus hatte indes auch einen Teil der älteren Jünger auf der gewöhnlichen Straße nach Jerusalem voraus gesendet, um, einzeln dahin sich begebend, der Maria Markus, Veronica, dem Nikodemus, den Söhnen Simeons und solchen Freunden seinen Einzug zu melden. Dann machte er selbst mit allen Aposteln und den übrigen Jüngern sich auf den Weg nach Bethphage. Die heiligen Frauen folgten, unter dem Vortritt der Heiligsten Jungfrau, in einiger Entfernung nach. Als der Zug vor einem am Wege liegenden, mit Garten, Hof und Hallen umgebenen Haus anlangte, machte er eine gute Weile halt. Jesus sendete zwei Jünger mit Decken und Mänteln, die sie von Bethanien mit sich genommen, gegen Bethphage, um die Eselin zu rüsten und zu sagen, daß der Herr ihrer bedürfe.

Nun ordnete Jesus seinen Zug. Die Apostel ließ er paarweise vor sich her schreiten und sagte, daß sie von nun an und nach seinem Tode überall die Gemeinde vertreten müßten. Petrus war der erste; ihm folgten die, welche nachher das Evangelium am weitesten verbreitet haben. Die letzten vor Jesus waren Johannes und Jakobus der Kleinere. Alle trugen Palmzweige. Als die vor Bethphage harrenden zwei Jünger den Zug herankommen sahen, zogen sie mit den beiden Tieren ihm auf dem Weg entgegen. Über die Eselin waren Decken gelegt, welche bis zu den Füßen niederhingen, nur der Kopf und der Schweif des Tieres blieben sichtbar.

Nun legte Jesus das wollweiße, feine Festkleid mit Schleppe um, welches ein Jünger nachgetragen hatte; auch einen breiten Gürtel mit Buchstaben und um den Nacken eine bis über die Knie herabhängende breite Stola, auf deren beide Enden etwas, gleich zwei Schildern, mit bräunlicher Farbe gestickt war. Die beiden Jünger halfen ihm auf den Quersitz der Eselin. Das Tier hatte keinen Zaum, um den Hals aber einen schmalen Streifen Tuch, der niederhing. Ich weiß nicht, ob Jesus auf der Eselin oder dem Füllen ritt; denn beide waren gleich groß, und das leere Tier lief nebenher. Eliud und Silas gingen zu beiden Seiten des Herrn und hinter ihm Eremenzear; dann folgten die neuesten Jünger, welche Jesus teils von der Reise mitgebracht, teils in der letzten Zeit angenommen hatte. Als der Zug in Ordnung war, schlossen sich die Frauen paarweise an, und die Heiligste Jungfrau, welche sich sonst immer zurückgezogen und wie die letzte gehalten hatte, ging an ihrer Spitze. Sie begannen weiterziehend zu singen und die Leute aus Bethphage, welche sich um die beiden harrenden Jünger gesammelt hatten, folgten wie ein Schwarm hinten nach. Jesus hatte den Jüngern nochmals gesagt, daß sie auf jene achten sollten, welche die Kleider vor ihm breiten, welche Zweige abbrechen, und welche beides tun würden; die letzten seien jene, welche ihn mit der eigenen Aufopferung und auch mit den Reichtümern der Welt ehren würden.

In Jerusalem aber hatten dieselben Krämer und Leute, welchen am Morgen Eremenzear und Silas gesagt hatten, den Tempel zu räumen, denn der Herr werde einziehen, gleich freudig begonnen, den Weg zu schmücken: sie rissen das Pflaster auf und pflanzten Bäume, welche oben zu Bogen zusammengebunden und mit allerlei gelben Früchten, wie mit großen Äpfeln, behängt wurden. Die Jünger, welche von Jesus nach Jerusalem gesendet worden waren und unzählige Fremde, welche zu dem nahen Fest nach Jerusalem gezogen waren (es wimmelten alle Wege von Reisenden), und sehr viele Juden, welche Jesu letzte Rede gehört hatten, drängten sich nach jenem Teil der Stadt, durch welchen Jesus hereinziehen sollte. Es waren auch viele Fremde in Jerusalem, welche von der Erweckung des Lazarus gehört hatten und Jesus zu sehen wünschten. Da nun die Nachricht sich verbreitete, daß er nahe, zogen sie ihm ebenfalls entgegen.

Den unter Gesang heranziehenden Aposteln und Jüngern kamen die aus der Stadt herausdrängenden Scharen entgegen; es traten ihnen aber auch mehrere alte Priester in ihrem Ornat in den Weg und hielten sie an. Sie schwiegen etwas betroffen. Die Priester stellten Jesus zur Rede, was er für eine Ordnung mit seinen Leuten habe? Warum er ihnen diesen Lärm nicht untersage? Jesus aber erwiderte, wenn diese schwiegen, so sollten die Steine auf dem Weg zu schreien beginnen. Da zogen sie sich zurück.

Die Hohenpriester aber hielten Rat, ließen alle Männer und Verwandten der Frauen und Kinder vorrufen, welche aus Jerusalem Jesu entgegengezogen waren und hielten sie in dem großen Hof versperrt und schickten Leute aus, um zu lauern.

Aus den Scharen, die mit Jesus nach dem Tempel zogen, brachen viele Zweige von den Bäumen und streuten sie in den Weg, zogen ihre Oberkleider aus, breiteten sie darüber und sangen und schrien.

Jesus weinte. Auch die Apostel weinten, als er sagte, daß viele, die jetzt so jubelten, ihn bald verspotten und einer ihn sogar verraten würde. Er sah die Stadt an und weinte, daß sie bald werde zerstört werden. Da er aber durch das Tor kam, ward der Jubel immer größer. Viele Kranke aller Art wurden geführt und getragen herangebracht. Jesus hielt oft an, stieg ab und heilte alle ohne Ausnahme. Es waren auch viele seiner Feinde da, welche mit schrien und lärmten.

Als Jesus am folgenden Tage mit den Aposteln nach Jerusalem ging, hungerte ihn; aber mir war es, als hungere er nach der Bekehrung der Juden und nach seiner Vollendung. Er sehnte sich, sein Leiden möchte überstanden sein; denn er kannte dessen Größe und bangte davor. Er nahte einem Feigenbaum am Wege und sah hinauf, und da er keine Frucht und nur Blätter an ihm sah, verfluchte er ihn, daß er verdorre und niemals mehr Frucht trage. Es werde jenen, die ihn nicht anerkennen, auch so gehen. Ich erkannte, als bedeute der Feigenbaum das alte, der Weinstock das neue Gesetz. Auf dem Wege zum Tempel sah ich noch einen Haufen der Zweige und Kränze vom gestrigen Fest. In den ersten Hallen vor dem Tempel hatten sich wieder viele Krämer eingefunden. Jesus wies alle diese Händler hinweg; und als sie zögerten, drehte er einen Gürtel zusammen und trieb sie auseinander und hinaus.

Während Jesus lehrte, ließen ansehnliche Fremde aus Griechenland durch ihre aus der Herberge abgesandten Diener den

Philippus fragen, wie sie mit dem Herrn reden könnten, da sie sich nicht herandrängen wollten. Philippus sagte es Andreas und dieser dem Herrn, der sie auf den Weg zwischen dem Tor und dem davorliegenden Haus des Johannes Markus beschied, wenn er aus dem Tempel nach Bethanien zurückgehen werde. Jesus fuhr in seiner Lehre fort. Er war sehr betrübt; und da er mit gefalteten Händen empor blickte, sah ich einen Strahl wie aus lichter Wolke über ihn kommen und hörte einen Schall. Das Volk schaute erschüttert empor und flüsterte. Jesus redete weiter. Es wiederholte sich dies einigemal. Hierauf sah ich ihn von dem Lehrstuhl herabgehen und unter den Jüngern, der Menge sich entziehend, den Tempel verlassen.

Wenn Jesus lehrte, legten die Jünger ihm einen festlichen weißen Mantel um, den sie bei sich trugen; und ging er von dem Lehrstuhl herab, so nahmen sie ihm den Mantel ab, und er konnte, wie die andern gekleidet, sich leichter vor dem Volk verbergen.

Es war heller Tag, da Jesus sich mit den Seinen in der Gegend von des Johannes Markus Haus zusammenfand. Hier traten die Griechen zu ihm, mit welchen er einige Minuten sprach. Es waren auch Frauen bei ihnen, welche zurückstanden. Diese Leute haben sich bekehrt und waren von den ersten, welche auf Pfingsten sich zu den Jüngern gesellten und getauft wurden.

Jesus ging voll Betrübnis mit den Aposteln nach Bethanien zum Sabbat. Wenn er im Tempel lehrte, mußten die Juden ihre Häuser verschlossen halten, und es war verboten, ihm oder den Jüngern eine Erquickung zu reichen. In Bethanien gingen sie in das Herbergshaus Simons, des geheilten Aussätzigen, wo ein Mahl bereitet war. Magdalena, voll Mitleid mit den Anstrengungen des Herrn, nahte ihm in einem Bußkleid mit Gürtel und mit unter dem schwarzen Schleier aufgelösten Haaren unter dem Eingang des Hauses. Sie warf sich zu seinen Füßen nieder und wischte mit ihren Haaren den Staub davon ab, wie man einem die Schuhe putzt. Sie tat es offen vor allen; und manche ärgerten sich daran.

Nachdem sie sich zum Sabbat bereitet, ihre Kleider angelegt und unter der Lampe gebetet hatten, legten sie sich zur Mahlzeit nieder. Gegen Ende derselben erschien die von Liebe, Dank, Reue und Betrübnis getriebene Magdalena nochmals hinter dem Lager des Herrn, zerbrach ein Fläschchen mit Wohlgeruch über seinem Haupt und goß davon auf seine Füße, die sie wieder mit ihren Haaren abtrocknete; danach verließ sie den Saal. Mehrere ärgerten sich, besonders Judas, welcher auch Matthäus, Thomas und Johannes Markus zum Unwillen reizte. Jesus aber entschuldigte ihre Liebe. Sie hat ihn oft so gesalbt; wie überhaupt manches, was nur einmal im Evangelium steht, oft geschehen ist.

In Jerusalem waren sehr viele Fremde; sie hatten Lehre und Gottesdienst am Morgen und Abend im Tempel. Jesus lehrte in der Zwischenzeit. Wer ihm etwas entgegnete, stand auf, und er setzte sich dann. Beim Lehren aber stand er.

Unter seiner heutigen Lehre traten Priester und Schriftgelehrte herzu und fragten, aus welcher Macht er alles dieses tue? Jesus antwortete: „Auch ich will euch um etwas fragen; und wenn ihr es mir sagt, so werde ich euch sagen, aus welcher Vollmacht ich solche Dinge tue." Und nun fragte er sie, aus welcher Vollmacht Johannes getauft habe; und da sie ihm keine Antwort darauf geben wollten, versetzte er, so wolle auch er ihnen nicht sagen, aus welcher Vollmacht er selber wirke.

In seiner Lehre am Nachmittag trug Jesus das Gleichnis von dem Weingärtner und dem von den Bauleuten verworfenen Eckstein vor, indem er den ermordeten Weingärtner auf sich selber und die Mörder auf die Pharisäer auslegte. Darüber wurden sie so ergrimmt, daß sie ihn gern festgenommen hätten; allein sie getrauten sich nicht weil sie sahen, wie alles Volk ihm anhing. Sie beschlossen nun, durch fünf den Jüngern verwandte und mit ihnen vertraute Männer lauern und es versuchen zu lassen, Jesus durch verfängliche Fragen zu fangen. Diese Fünf waren teils Anhänger der Pharisäer, teils Diener des Herodes.

Als tags darauf Jesus im Tempel den Lehrstuhl in der runden

Halle bestieg, drangen die fünf von den Pharisäern bestellten Männer durch den Weg, welcher vom Eingang her durch die rund um den Lehrstuhl stehenden Gestühle führte, zu ihm und fragten, ob sie dem Kaiser Zins zahlen dürften. Jesus sagte, sie sollten ihm den Groschen zeigen; worauf einer eine gelbe Münze, etwa so groß wie ein preußischer Taler, aus der Brusttasche zog und auf ihr das Bild des Kaisers zeigte. Jesus sagte, daß sie dem Kaiser geben sollten, was des Kaisers sei.

Danach sprach er vom Reich Gottes, das einem Menschen gleich sei, welcher eine Pflanze pflege, die sich ins Unendliche verbreite. Zu den Juden komme es nicht wieder; jene aber, die sich bekehrten, würden zu dem Reich Gottes kommen. Es werde das Reich aber zu den Heiden kommen; und eine Zeit werde sein, wo im Aufgang alles verfinstert, im Abend aber leuchtend werde. Er lehrte auch, daß sie das Gute im geheimen tun sollten, wie er getan; nun werde er seinen Lohn am Mittag empfangen. Er sagte auch, daß sie einen Mörder ihm vorziehen würden.

In einer späteren Stunde traten sieben Sadduzäer zu Jesus und fragten ihn von der Auferstehung und über ein Weib, das schon sieben Männer gehabt. Jesus antwortete, daß nach der Auferstehung kein Geschlecht und kein Freien sei, und daß Gott ein Gott der Lebendigen und nicht der Toten sei. Ich sah, daß alles über seine Lehre erstaunte. Die Pharisäer traten aus ihren Stühlen und sprachen zusammen. Einer, der ein Amt am Tempel hatte, namens Manasse, fragte Jesus sehr bescheiden, welches das höchste Gebot sei; da Jesus ihm antwortete, lobte Manasse ihn aufrichtig. Jesus aber erwiderte, das Reich Gottes sei nicht weit von ihm, und sprach dann noch von Christus und David und schloß damit die Lehre.

Am nächsten Tage lehrte Jesus wohl an sechs Stunden im Tempel. Die Jünger, durch seine gestrige Rede angeregt, fragten, was es heiße: „Dein Reich komme zu uns?“ Jesus sprach viel darüber und auch, daß er und der Vater eines seien und daß er zum Vater gehe. Sie fragten aber, wenn er und der

Vater eines seien, warum er dann zum Vater zu gehen brauche? Da redete Jesus von seiner Sendung, und daß er sich von der Menschheit wende, von dem Fleische; und daß, wer sich von seiner eignen gefallenen Menschheit wende durch ihn zu ihm, sich auch zum Vater wende. Er sprach so rührend davon, daß die Apostel ganz freudig und begeistert aufsprangen und riefen: „Herr! Wir wollen dein Reich verbreiten bis ans Ende der Welt!" Jesus antwortete ihnen aber, wer so spreche, der tue nichts! Da wurden sie traurig; und er sprach abermals, sie sollten nie sagen: „Ich habe in deinem Namen Teufel ausgetrieben, und dieses und jenes getan!" Auch sollten sie ihre Werke nicht öffentlich tun. Er erwähnte dabei, wie er in seiner letzten Absonderung im geheimen vieles getan habe; sie aber hätten damals immer gewollt, er solle in seine Heimat gehen, obwohl die Juden wegen der Erweckung des Lazarus ihn hätten umbringen wollen! Wie aber dann alles hätte erfüllt werden sollen? Sie fragten auch, wie sein Reich offenbar werden könnte, wenn sie alles geheimhalten sollten? Ich weiß seine Antwort nicht mehr. Sie wurden wieder ganz traurig. Gegen Mittag gingen die Jünger aus dem Tempel. Er aber blieb mit den Aposteln. Jünger brachten ihm zu trinken.

Als Jesus nach dem Mahl von der Nähe der Zeit sprach, und wie des Menschensohn werde übergeben werden durch Verrat, trat Petrus eifrig vor und sagte, warum er immer spreche, als ob sie ihn verraten würden; wenn er auch glauben könne, daß es einer von den anderen sei, so stehe er doch für die Zwölfe, daß sie ihn nicht verraten würden! Petrus sagte dieses ganz keck und wie an seiner Ehre angegriffen. Jesus aber ward so heftig gegen ihn, wie ich ihn nie gesehen habe; ja eifriger als damals, da er zu Petrus sagte: „Weiche von mir Satanus!" Er sagte, wenn seine Gnade und Gebet sie nicht erhalte, würden sie alle fallen. Wenn die Stunde komme, würden ihn alle verlassen. Einer sei unter ihnen, welcher nicht wanke; und auch dieser werde fliehen und wiederkehren. Er meinte damit Johannes, welcher bei der Gefangennehmung fliehend sein Gewand zurückließ. Sie wurden sehr betrübt. Judas schien bei diesen Reden ganz freundlich, lächelnd und dienstfertig.

Da sie Jesus auch über sein Reich fragten, das zu ihnen kommen solle, sprach er unbeschreiblich süß davon und sagte, es werde ein anderer Geist über sie kommen; dann erst würden sie alle verstehen. Er müsse zum Vater gehen und ihnen den Geist senden, welcher von dem Vater und ihm ausgehe. Ich erinnere mich deutlich, daß er dieses gesagt hat. Auch sagte er, was ich nicht recht wiedergeben kann, so viel, als er sei ins Fleisch gekommen, um den Menschen zu erlösen. Er sei mehr körperlich in seiner Wirkung auf sie; der Körper wirke mehr körperlich, und darum könnten sie ihn nicht verstehen. Er werde aber den Geist senden, welcher den Geist erschließe. Dann sprach Jesus von einer betrübten Zeit, die kommen werde; allen werde so bange sein und wie einem Weib in Geburtswehen. Auch von der Schönheit der menschlichen Seele, die nach dem Ebenbild Gottes geschaffen sei; und wie herrlich es sei, die Seelen zu retten und heimzuführen. Er wiederholte, daß sie ihn so oft mißverstanden hätten, und wie nachgiebig er mit ihnen gewesen sei; und daß auch sie nach seinem Hingang ebenso gegen die Sünder sein sollten.

Das Opfer der Witwe und das Wehe über die Zerstörung des Tempels

Jesus ging am anderen Tag sehr früh zum Tempel. Jesus nahm heute den Sitz beim Opferstock ein; es war ein Opfertag für alle, die sich zum Osterfest reinigen wollten. Die Pharisäer, welche später kamen, ärgerten sich sehr, Jesus an diesem Platze zu finden, weigerten sich aber, ihn einzunehmen, als Jesus den Platz für sie räumen wollte. Die Apostel standen paarweise neben ihm. An den Opferstock kamen zuerst die Männer, dann die Frauen; sie gingen zu einer andern Türe links wieder hinaus.

Die letzte Opfernde war eine arme, schüchterne Witwe gewesen. Man konnte nicht sehen, was die Opfernden einlegten, aber Jesus wußte, was sie gegeben hatte und sprach zu den Jüngern, daß sie mehr gegeben als alle. Sie hatte alles gegeben, was sie noch hatte, um sich heute Nahrung zu verschaffen. Jesus ließ ihr sagen, sie solle bei dem Haus des Johannes Markus auf ihn warten.

Am Nachmittag lehrte Jesus wieder an dem gewöhnlichen Lehrplatz in der Vorhalle des Tempels. Der runde Lehrplatz war gerade der Türe gegenüber, und links und rechts um ihn herum führten Stufen hinauf in das Heilige und aus diesem wieder Stufen ins Allerheiligste. Als die Pharisäer herbeikamen, sprach er von dem Opfer der armen Witwe; und als er gegen Abend aus dem Tempel ging, redete er unterwegs mit ihr und sagte, daß ihr Sohn zu ihm kommen solle, worüber sie sehr erfreut war. Dieser kam noch vor der Kreuzigung zu den Jüngern. Die Witwe war sehr fromm und streng jüdisch; aber einfältig und treu.

Unterwegs zeigte ein Jünger nach dem Tempel und sprach zu Jesus von dessen Schönheit. Jesus erwiderte, daß kein Stein auf dem andern bleiben werde, und ging mit ihnen an den Ölberg, dessen aufsteigende Höhe einen Lustplatz mit Lehrstuhl und Rasensitzen enthielt, wo sich die Priester manchmal abends nach langer Arbeit hinzusetzen pflegten, um zu ruhen. Jesus setzte sich auf diesen Stuhl; und da einige Apostel fragten, wann die Zerstörung sein werde, sprach Jesus das Wehe. „Selig, wer beharret bis ans Ende", war sein letztes Wort. Er war kaum eine Viertelstunde hier.

In der Frühe des folgenden Tages war Jesus wieder an dieser Stelle des Ölberges und sprach noch einmal von der Zerstörung Jerusalems in dem Gleichnis von einem Feigenbaume, der da stand. Er sagte auch, daß er schon verraten sei; der Verräter aber habe seinen Namen nicht genannt, er habe ihn nur angeboten. Die Pharisäer sehnten sich, den Verräter wieder zu sehen; Jesus aber wünschte, daß der Verräter sich bessere, bereue und nicht verzweifle. Er sprach dies, während Judas lächelnd zuhörte, in verhüllten, allgemeinen Worten aus.

Jesus sagte auch, er werde nur zweimal noch öffentlich lehren. Und vom Ende der Welt und der Zerstörung Jerusalems sprechend, gab er auch die Zeichen an, an denen sie erkennen sollten, daß die Stunde seines Abschiedes nahe sei. Er sagte, es werde ein Streit unter ihnen sein, welcher der Größte sei; und das solle ihnen ein Zeichen sein, daß er sie verlassen werde. Er deutete auch an, daß einer aus ihnen ihn verleugnen werde. Dies alles sage er ihnen, damit sie demütig und wachsam auf sich sein möchten. Er redete mit ungemeiner Liebe und Geduld.

Des anderen Morgens, da auch die andern Apostel und Jünger herzukamen, sagte er ihnen noch manches voraus. Er werde noch zweimal mit ihnen beim Mahle sein; er sehne sich, das letzte Liebesmahl mit ihnen zu halten, an dem er alles ihnen geben wolle, was er ihnen menschlich noch geben könne. Dann ging er mit ihnen zum Tempel, wo er von seinem Hingang zum Vater sprach und daß er der Wille des Vaters sei, was ich nicht verstanden habe. Er nannte sich gerade heraus das Heil der Menschen, daß er es sei, welcher die Gewalt der Sünde über den Menschen hinwegnehme; und erklärte, warum die gefallenen Engel nicht erlöst würden, sondern die Menschen. Die Pharisäer lösten sich paarweise ab, um zu lauern. Jesus sprach, daß er gekommen sei, um der Herrschaft der Sünde über die Menschen ein Ende zu machen. In einem Garten habe die Sünde angefangen, in einem Garten werde sie auch enden; in einem Garten würden sie die Hände an ihn legen. Er warf ihnen vor, daß sie ihn schon nach der Erweckung des Lazarus hätten töten wollen; er habe sich aber entfernt, damit alles erfüllt werde. Er teilte seine Reiseentfernung in drei Teile, ich weiß nicht mehr, ob in dreimal vier oder fünf oder sechs Wochen. Er sagte auch, wie sie mit ihm verfahren und ihn unter Mördern hinrichten werden; doch werde es ihnen nicht gelingen, ihm nach seinem Tode Schande anzutun. Er sprach nochmals von den ermordeten Gerechten, die auferstehen werden; ja er zeigte sogar nach den

Plätzen hin, wo sie aufstehen würden. Sie, die Pharisäer, aber würden in Angst und Furcht nicht erreichen, was sie mit ihm vorhätten.

Er sprach auch von Eva, durch welche die Sünde auf die Erde gekommen sei; darum seien die Frauen gestraft und dürften nicht ins Heiligtum eingehen. Es sei aber auch durch die Frau die Heilung der Sünde auf die Welt gekommen; und so befreie er sie von der Sklaverei, nicht aber von der Untertänigkeit.

Jesus aber blieb wieder in der Herberge unten am Ölberg. Sie hatten eine Lampe und beteten die Sabbatgebete.

Jesus ging des Morgens früh mit den Jüngern nach Jerusalem. Als er dem Tempel gegenüber über den Bach Kidron gekommen war, ging er außerhalb der Stadt gegen Mittag, dann durch eine kleine Pforte hinein und am Fuße des Berges Sion auf einer gemauerten Brücke über einen tiefen Abgrund; auch unter dem Tempel sah man Höhlen; dann von der Mittagsseite durch einen langen gewölbten Gang, der nur von oben etwas Licht hatte, in den Vorhof der Weiber, von da wandte er sich gegen Morgen und ging durch die Türe, in welche die beschimpften Frauen gestellt wurden, über den Opferplatz in die erste Tempelhalle auf den Lehrstuhl. Diese Türe war immer offen; wenngleich bei seiner Lehre oft alle Eingänge zum Tempel von den Pharisäern versperrt wurden. Sie sagten: „Die Sündentüre bleibe immer für den Sünder offen!"

Jesus lehrte sehr tiefsinnig und wunderbar von Vereinigung und Scheidung. Er brauchte das Gleichnis von Feuer und Wasser, die sich löschten und einander zuwider seien. Wenn das Wasser das Feuer nicht überwältige, so werde die Flamme dadurch nur gewaltiger und wilder. Er sprach von Verfolgung und Marter. Unter dem Feuer verstand er jene Jünger, welche ihm getreu blieben, unter dem Wasser aber jene, welche sich von ihm trennten und die Tiefe suchten. Er erklärte das Wasser als Marter des Feuers. Er sprach auch von der Verbindung der Milch und des Wassers, die er eine innige Verbindung nannte, welche man nicht trennen könne. Er verstand darunter seine eigene Verbindung mit den Seinen und wies dabei auf die Milde und Nahrung der Milch; und kam auch auf die Verbindung der Ehe, da die Jünger über die Wiedervereinigung der Freunde und der Ehegatten nach dem Tode ihn gefragt hatten. Jesus sagte, es gebe eine zweifache Verbindung der Ehe; eine Verbindung von Fleisch und Blut, welche der Tod auseinander scheide, und die so Verbundenen fänden sich nach dem Tode nicht wieder zusammen; die Ehen des Geistes aber blieben auch dort vereinigt. Sie sollten nicht bange sein, ob sie sich einzeln oder zusammen wieder fänden. Die in der Ehe des Geistes seien, würden sich in einem Leibe finden. Er sprach auch von dem Bräutigam und der Kirche als seinem Brautleibe. Von der Marter des Leibes sagte er, sie sollten sie nicht fürchten, die Marter der Seele sei schrecklicher.

Als er auf die Taufe und die anderen Sakramente zu reden kam, erwähnte er die Taufe des Johannes, welche nur äußerlich die Sünden abgewaschen habe; er werde ihnen aber den Heiligen Geist senden, welcher durch seine Taufe alle zu Kindern der Erlösung machen werde. Sie sollten nach seinem Tod am Teich Bethesda alle taufen, die kommen und es verlangen würden.

Petrus, der von Jesus als der Erste über die andern gesetzt war, fragte als solcher, ob sie dann immer so tun sollten, ohne die Leute erst zu prüfen und zu unterrichten? Jesus erwiderte, die Leute seien müde des Harrens am Fest und verschmachteten in der Dürre, sie sollten nur so tun. Wenn sie den Heiligen Geist würden empfangen haben, würden sie fortan immer wissen, was sie zu tun hätten. Er sprach auch mit Petrus von der Buße und Lossprechung. Zu allen redete er vom Ende der Welt und von den Zeichen, die ihm vorangehen werden; es werde ein Erleuchteter ein Gesicht darüber haben. Er meinte die Offenbarung Johannis und bediente sich ähnlicher Bilder. Er sprach von den an der Stirn Bezeichneten und daß der Quell des lebendigen Wassers, das vom Calvarienberg strömen werde, am Ende der Zeit werde ganz wie vergiftet werden; doch werde alles gute Wasser im Tale Josaphat gesammelt werden Es war mir auch, als sagte er: alles Wasser müsse wieder Taufwasser werden. Während dieser ganzen Lehre waren keine Pharisäer zugegen. Jesus ging abends nach Bethanien zu Lazarus.

Als Jesus gegen Abend den Tempel verließ, sprach er, von demselben Abschied nehmend, er werde ihn in diesem Leib nicht mehr betreten. Es war dies so rührend, daß alle Apostel und Jünger sich an die Erde warfen und laut schrien und weinten. Auch Jesus weinte. Judas weinte nicht; er war aber in Angst und Unruhe wie schon die letzten Tage über. Jesus hatte gestern kein Wort von ihm gesprochen.

Auf dem Vorplatz der Heiden harrten viele derselben auf Jesus, um sich an ihn zu wenden. Sie sahen die Apostel weinen, und Jesus sagte ihnen, sie sollten sich nachher an seine Apostel und Jünger wenden, denen er alle seine Macht gebe; jetzt sei keine Zeit. Nun ging er auf dem Palmsonntagsweg zur Stadt hinaus und wendete sich noch oft mit traurigen und ernsten Worten zum Tempel zurück. Er ging in die offene Herberge am Ölberg und im Dunkel nach Bethanien.

Letzte Salbung durch Magdalena und Verrat des Judas

Am Morgen des folgenden Tages lehrte Jesus im Hof vor Lazari Haus vor sehr vielen Jüngern; es waren ihrer mehr als sechzig. Nach Mittag, etwa um drei Uhr, wurden Tische für die Jünger im Hof aufgestellt, und Jesus diente ihnen mit den Aposteln beim Mahl. Er ging von Tisch zu Tisch, reichte dieses und jenes und lehrte dabei. Judas war nicht zugegen; er kaufte zu dem bei Simon bestellten Mahl ein. Auch Magdalena war nach Jerusalem gegangen, Salbe zu kaufen.

Jesus aber redete mit den Jüngern von seinem nahen Tod und dessen Folgen. Es werde ihn einer, der ihm vertraut sei und ihm alles zu verdanken habe, an die Pharisäer verkaufen.

Er werde ihn nicht einmal im Preise halten, sondern nur fragen: „Was wollt ihr mir für ihn geben?" Wenn die Pharisäer einen Sklaven kauften, so würde ihnen doch der Preis gesagt; dieser aber werde ihn verkaufen um das, was sie böten. Er werde ihn schlechter verkaufen als einen Sklaven. Die Jünger weinten bitterlich und konnten vor Betrübnis nicht mehr essen; Jesus aber nötigte sie freundlich. Ich habe oft die Jünger viel zärtlicher als die Apostel gegen Jesus gesehen. Ich glaube, weil sie nicht so häufig mit ihm waren, waren sie demütiger.

Während dieser Lehren kam Magdalena von Jerusalem mit der gekauften Salbe zurück. Sie war zu Veronika gegangen und hatte in deren Haus verweilt, bis diese für sie den Einkauf der Salbe besorgt hatte. Es war dreierlei und das Köstlichste, was zu haben war. Magdalena hatte, was sie noch besaß, dazu verwendet. Es war dabei eine Flasche mit Nardenöl.

Die Frauen waren in Simons Hause und halfen das Mahl zubereiten. Judas hatte alles eingekauft; er hatte heute den Beutel recht aufgetan und heimlich gedacht, er wolle es am Abend schon wieder kriegen. Bei einem Mann in Bethanien, der Gärten hatte, kaufte er Grünes, zwei Lämmer, Früchte Fische, Honig u. dgl. Der Speisesaal bei Simon war heute ein anderer als der, wo sie das vorige Mal, den Tag nach dem Einzug in den Tempel, gespeist hatten. Heute aßen sie in einer offenen geschmückten Halle hinten am Hause, die auf den Hof sah.

Die Gäste lagen diesmal auf niedrigen Querbänken, welche rückwärts eine anschließende Lehne und voran einen Arm hatten, auf den man sich stützte. Die Bänke standen paarweise und waren so breit, daß immer zwei und zwei einander gegenüber saßen. Nur Jesus ruhte in der Mitte auf einem Sitz allein. Die Frauen saßen diesmal in einer offenen Halle links und konnten schräg über den Hof auf das Mahl der Männer sehen.

Als alles bereitet war, gingen Simon und sein Diener, Jesus, die Apostel und Lazarus abzuholen. Sie trugen Festkleider. Simon ein langes Kleid, einen Gürtel mit Figuren und an dem Arm eine lange, unten zottige Manipel. Der Diener hatte keine

Ärmel im Oberkleid. Simon führte Jesus, der Diener die Apostel. Sie zogen nicht über die Straße zu Simons Haus; sondern gingen in ihren Festkleidern hinten durch den Garten in den Saal.

Auf dem Tisch standen mehrere große Becher und immer zwei kleine daneben, mit dreierlei Getränken, grünlichem, rotem und gelbem; ich meine, es war eine Art von Birnsaft dabei. Zuerst wurde ein Lamm aufgetragen; es lag ausgestreckt mit dem Kopf auf den Vorderfüßen auf einer länglichrunden Schüssel und ward mit dem Kopf gegen unsern Herrn gestellt. Er nahm ein weißes Messer wie von Bein oder Stein, setzte es in den Nacken an der einen Seite des Halses, dann an der andern nieder; dann machte er einen langen Schnitt über den ganzen Rücken und Kopf; ich dachte bei der Linie dieses Schnittes unwillkürlich an das Kreuz. Er legte das Abgeschnittene dem Johannes, Petrus und sich vor. Dann machte Simon der Wirt Querschnitte zu beiden Seiten und legte die Stücke links und rechts nach der Folge den Aposteln und dem Lazarus vor.

Die heiligen Frauen saßen in der Runde um ihren Tisch; Magdalena, die immer weinte, saß der Heiligsten Jungfrau gegenüber. Es waren ihrer sieben oder neun. Sie hatten auch ein Lämmchen, aber es war kleiner und lag breiter in der Schüssel und zeigte mit dem Kopf nach der Muttergottes, die es zerlegte.

Nach dem Lamm kamen drei große Fische und kleine dazwischen. Die großen Fische lagen wie schwimmend auf dem Bauche in einer weißen starren Brühe. Dann kam ein Backwerk, Brötchen in Gestalt von Lämmern und Vögeln mit ausgebreiteten Flügeln; dann Honigwaben, grünes Kraut wie Salat, und eine Brühe, worin sie dies Kraut eintauchten, ich meine Öl.

Jesus lehrte während des ganzen Mahles; da es schon am Ende war, hörten ihm die Apostel gespannt, mit offenem Munde zu; auch Simon, der sonst diente, saß ganz starr und hörte zu.

Magdalena aber war still von ihrem Sitz bei den Frauen aufgestanden. Sie hatte einen feinen blauweißen dünnen Mantel um, schier wie das Mantelzeug der Hl. Drei Könige, ihre aufgelösten Haare waren mit einem Schleier bedeckt. Sie trug die Salbe in einer Falte des Mantels, ging durch die Laubgänge hinter Jesus in den Saal, warf sich zu seinen Füßen nieder und weinte heftig, indem sie ihr Angesicht auf seinen Fuß niederbeugte, der auf dem Ruhebett lag, den andern Fuß, der mehr an den Boden gesenkt war, reichte ihr der Herr selbst dar. Sie löste die Sandalen und salbte die Füße oben und an den Sohlen. Dann faßte sie ihre aufgelösten, mit dem Schleier bedeckten Haare in beide Hände und fuhr damit abstreifend über die gesalbten Füße des Herrn, die sie wieder mit den Sandalen bekleidete. Hierdurch entstand eine Unterbrechung in Jesu Rede. Er hatte Magdalenas Kommen wohl bemerkt; die andern aber waren plötzlich gestört. Jesus sprach: „Ärgert euch nicht an diesem Weib!" und redete dann leise zu ihr. Magdalena aber trat nun hinter Jesus und goß ihm das köstliche Wasser über das Haupt, daß es in sein Gewand niederrann, und strich ihm noch Salbe mit der Hand vom Wirbel über das Hinterhaupt nieder. Wohlgeruch erfüllte den Saal.

Die Apostel flüsterten und murrten, selbst Petrus war unwillig über die Störung. Magdalena aber ging weinend und verschleiert hinter dem Tisch herum; und als sie bei Judas vorüber kam, hielt er ihr die Hand in den Weg, daß sie stehen blieb; er sprach unwillig von Verschwendung, und man hätte es können den Armen geben. Magdalena schwieg und weinte bitterlich. Jesus aber sagte, sie sollen sie gehenlassen, sie habe ihn zu seinem Tode gesalbt, sie werde es nachher nicht mehr können; und wo man dieses Evangelium lehren werde, werde ihre Tat und ihr Murren auch erwähnt werden.

Es gingen nun alle wieder zu Lazarus. Judas aber voll Grimm und Geiz dachte bei sich, es sei diese Wirtschaft nicht länger zu ertragen. Er ließ sich aber nichts merken, legte sein Feierkleid ab und nahm den Schein an, als müsse er sich entfernen, um in dem Speisehaus die Überreste der Mahlzeit noch für die Armen zu bewahren. Er lief aber spornstreichs nach Jerusalem. Ich sah den Teufel immer mit ihm rot, spitz und dünnleibig, er war vor und hinter ihm, und es war, als leuchte er ihm. Judas sah und lief, ohne sich zu stoßen, ganz sicher im Dunkeln. Ich sah ihn in Jerusalem in das Haus laufen, wo Jesus nachher verspottet wurde.

Zwei sprachen mit ihm unten im Hof. Als er sagte, er wolle Jesus überantworten und was sie ihm dafür geben wollten, waren sie sehr froh und meldeten es den andern. Da kam einer heraus und bot dreißig Silberlinge. Judas wollte sie gleich haben; aber sie wollten sie ihm nicht geben; er sei schon einmal da gewesen und so lang ausgeblieben, er solle erst das seinige tun, und dann wollten sie zahlen. Ich sah sie den Akkord mit Handschlag machen und am Kleide beiderseits etwas zerreißen. Sie wollten, er solle noch bleiben und ihnen sagen, wie oder wann, er aber drang zu gehen, um keinen Verdacht zu erregen. Er sagte, daß er alles genauer noch erfahren müsse; dann könne es morgen ohne Aufsehen geschehen. Ich sah den Teufel immer dazwischen; da lief er wieder nach Bethanien, zog sein Kleid an und war bei den andern.

Hier beginnt das „Bittere Leiden unseres Herrn Jesu Christi“, welches in einem eigenen Bande erschienen ist.
(Siehe Anzeige am Schluß dieses Buches.)

NACH DER AUFERSTEHUNG

Erste Agape

In der offenen Vorhalle vor dem Saale des heiligen Abendmahles bereitete Nikodemus für die Apostel, die heiligen Frauen und einen Teil der Jünger eine Mahlzeit. Thomas war nicht zugegen, er hatte sich eigenmächtig zurückgezogen. Alles, was hier geschah, war nach Anordnung Jesu, welcher unter dem heiligen Abendmahl dem Petrus und Johannes, die ihm zur Seite saßen und von ihm zu Priestern geweiht worden waren, nähere Unterweisungen von dem heiligen Sakrament mit dem Befehle erteilt hatte, auch die anderen mit Anführung seiner früheren Lehren zu unterrichten.

Ich sah zuerst Petrus und dann Johannes den im Kreis um sie stehenden acht andern Aposteln die Geheimnisse, welche ihnen der Herr anvertraut hatte, mitteilen und seine Absicht über die Art, dieses Sakrament zu spenden und die Jünger zu belehren, eröffnen. Alles, was Petrus sagte, wurde auch von Johannes gesagt. Die Apostel trugen ihre weißen Feierkleider, und über diese hatten Petrus und Johannes von den Schultern herab eine Stola hängen, welche über der Brust gekreuzt und mit einer Klammer gehalten war. Die übrigen Apostel trugen eine Stola von einer Schulter quer über Rücken und Brust und unter den Armen mit einer Klammer kreuzweise befestigt. Petrus und Johannes waren von Jesu geweihte Priester; die andern waren noch wie Diakonen.

Nach diesem Unterricht kamen die heiligen Frauen, neun an der Zahl, auch in den Saal, Petrus sprach mit ihnen und lehrte sie.

Nun wurde ein Tisch in der Vorhalle bereitet, welcher so lang war, daß ein Teil der Jünger über die Halle hinaus in den das Cönaculum umgebenden, mit Bäumen bepflanzten Hof zu sitzen kam.

Das Mahl war ein ordentliches Mahl; sie beteten stehend und aßen liegend, und während desselben lehrten Petrus und Johannes. Am Schluß des Mahles ward von Petrus ein flaches geripptes Brot gesetzt, an welchem er jedes zur Teilung gezeichnete Stückchen nochmals teilte; und dann ließ er auf zwei Tellern diese Bissen links und rechts herum gehen. Es ging nachher auch ein großer Becher herum, aus welchem sie alle tranken. Obschon Petrus das Brot segnete, so war dieses doch nicht ein Sakrament, sondern nur ein Liebesmahl; und Petrus sprach dabei, daß sie alle einig sein wollten, wie dieses Brot eines sei, das sie ernähre, und dieser Wein, den sie tränken. Nachher standen sie auf und sangen Psalmen.

Matthäus lehrte und tat ebenso im Hof des Lazarus bei einem ähnlichen Mahl mit viel mehr Jüngern, welche nicht in dem Grade der Vorbereitung, wie diese hier waren.

Die Emmausjünger

Lukas, der erst seit kurzem bei den Jüngern war, aber schon früher die Johannestaufe empfangen hatte, war bei dem Liebesmahl und dem Unterricht vom heiligen Sakrament, den Matthäus am Abend zu Bethanien in Lazarus' Haus gehalten hatte, zugegen gewesen. Nach dieser Lehre aber ging er zweifelnd und bekümmert nach Jerusalem in des Johannes Markus Haus, wo er übernachtete.

Es waren aber in des Johannes Markus Haus noch mehrere Jünger versammelt und darunter auch Kleophas, ein Enkel von dem Vaterbruder der Maria Kleophä. Die Jünger redeten über die Auferstehung Jesu und zweifelten; Lukas und Kleophas waren besonders unentschieden im Glauben. Da außerdem von neuem der Befehl des Hohenpriesters bekanntgemacht worden war, man solle den Jüngern Jesu keinen Aufenthalt und keine Speise vergönnen, beschlossen die beiden, welche sich kannten, nach Emmaus zu wandeln. Sie verließen die Versammlung; der eine ging von Johannes Markus Haus rechts außerhalb von Jerusalem mitternächtlich herum, der andere von der andern Seite, als wollten sie nicht zusammen gesehen werden. Der eine berührte die Stadt nicht mehr, der andere kam zwischen Mauern zu dem Tore hinaus. Sie kamen auf einem Hügel vor dem Tore wieder zusammen, hatten Stäbe und Bündel an der Seite. Lukas hatte eine lederne Tasche; ich sah ihn oft vom Weg abtreten und Kräuter sammeln.

Ich fühlte, daß beide in Unruhe und Zweifeln waren und sich über alles besprechen wollten, was sie gehört hatten. Es machte sie besonders irre, daß der Herr so schimpflich gekreuzigt worden! Sie konnten nicht begreifen, wie der Erlöser und Messias so schmählich mißhandelt werden konnte.

Ungefähr auf der Mitte ihres Weges nahte ihnen Jesus von einem Seitenpfad. Als sie ihn bemerkten, gingen sie langsamer, als wollten sie diesen Mann voraus lassen und als scheuten sie, in ihrem Gespräch behorcht zu werden. Jesus aber ging nun auch langsamer und trat erst auf den Weg, als sie weiter vorwärts waren. Ich sah ihn eine Zeitlang hinter ihnen gehen, dann zu ihnen treten und sie fragen, was sie sprächen.

An der Wegscheidung vor Emmaus, einem hübschen reinlichen Ort, schien Jesus den Weg in der Richtung nach Bethlehem mittagwärts nehmen zu wollen; sie nötigten ihn aber, in ein Haus einzugehen, das in der zweiten Reihe der Häuser von Emmaus lag. Ein Mann trug einen Honigwaben in einem geflochtenen, korbähnlichen Gefäße auf, einen großen viereckigen Kuchen und ein kleines, dünnes, fast durchsichtiges Passabrot, welches vor den Herrn, als dem Gast, gesetzt wurde.

Zuerst aß Jesus zu Tische liegend, nachdem sie gebetet hatten, von dem Kuchen und Honig mit ihnen; dann nahm er den kleinen Kuchen, der gerippt war, brach drei Bissen davon in einem Stück, nachdem er mit dem kurzen, weißen Beinmesser vorgeritzt hatte. Dieses Stück legte er auf das Tellerchen, segnete es, stand auf, hob es mit beiden Händen empor und betete in die Höhe schauend. Die zwei standen ihm gegenüber ganz bewegt und wie von Sinnen. Als Jesus die Bissen brach, nahten sie mit offenem Munde das Haupt seiner darreichenden Hand über den Tisch und empfingen die Bissen in den Mund. Ich sah aber, daß er in der Bewegung seiner Hand, den dritten Bissen nach seinem Munde zu führen, verschwand. Ich kann nicht sagen, daß er den Bissen wirklich nahm. Die Bissen leuchteten, da er sie gesegnet hatte. Die beiden Jünger sah ich noch eine Weile wie erstarrt stehen und dann sich einander unter Tränen der Rührung in die Arme schließen.

Dieses Bild war besonders rührend durch die sanfte Lieblichkeit des Herrn und durch die stille Freude der beiden Jünger, während sie ihn noch nicht erkannten und durch ihre Entzückung, als sie ihn erkannten und er verschwand. Kleophas und Lukas eilten aber gleich nach Jerusalem zurück.

Am Abend desselben Tages waren, außer Thomas, alle Apostel mit vielen Jüngern, mit Nikodemus und Joseph von Arimathäa im Abendmahlssaal bei verschlossenen Türen versammelt. Alle trugen weiße lange Gewänder. Petrus aber, Johannes und Jakobus der Jüngere hatten eine mehr ausgezeichnete Kleidung und hielten Schriftrollen in der Hand.

Es wunderte mich, daß die Mehrzahl der Apostel und Jünger, obwohl Jesus dem Petrus, Johannes und Jakobus erschienen war, doch noch nicht recht daran glauben wollten und immer noch sich Gedanken machten, als sei diese seine Erscheinung nicht eine wirkliche und körperlich gewesen, sondern nur ein Gesicht, eine Erscheinung, ähnlich denen, wie die Propheten sie gehabt.

Alle hatten nach einer Lehre Petri sich wieder zum Gebet geordnet, als Lukas und Kleophas von Emmaus zurück eilend an dem verschlossenen Hoftore pochten und eingelassen wurden. Sie erzählten ihre Freudenbotschaft, das Gebet wurde etwas unterbrochen. Kaum aber war es wieder fortgesetzt, als ich alle Anwesenden wie leuchtend vor freudiger Rührung erblickte. Jesus war durch die geschlossene Türe eingetreten, in einem weißen, einfach gegürteten langen Gewande. Er zeigte ihnen seine Hände und Füße und öffnete sein Gewand, ihnen die Seitenwunde zu zeigen. Er redete, und da sie sehr erschrokken waren, begehrte er Speise. Ich sah Licht von seinem Munde auf sie ausgehen. Sie waren ganz wie entzückt.

Nun sah ich noch, daß Petrus hinter eine Stellwand oder hinter einen hängenden Teppich in einen abgesonderten Raum des Saales ging, den man nicht bemerkte, weil die Trennung von dem nämlichen Stoff wie die ganze Wandbekleidung war. Auf diesem Tisch stand ein ovalrunder tiefer Teller mit einem weißen Tüchlein bedeckt, welches Petrus dem Herrn brachte. Es war aber ein Stück Fisch und etwas Honig darin, und Jesus dankte und segnete die Speise, aß und gab einigen, doch nicht allen, Bissen davon. Auch seiner heiligsten Mutter und den andern Frauen, die in der Öffnung der Vorhalle standen, teilte er davon mit.

Hernach sah ich ihn lehren und Kräfte austeilen. Der Kreis um ihn stand dreifach, im innersten die zehn Apostel; Thomas war nicht zugegen. Wunderbar erschien mir, daß einen Teil seiner Worte und Mitteilungen nur die zehn Apostel vernahmen; ich kann nicht sagen, hörten; denn ich sah nicht, daß Jesus die Lippen bewegte. Er leuchtete, es strahlte Licht aus seinen Händen, Füßen und seiner Seite und seinem Munde auf sie, als hauche er sie an; und dieses Licht floß in sie hinein, und sie wurden inne und hatten es vernommen, (aber ich habe kein Reden mit dem Munde und kein Hören mit den Ohren gesehen) daß sie die Sünden vergeben könnten und taufen sollten und heilen und Hände auflegen und Gift ohne Schaden trinken. Ich weiß nicht, wie dieses war, aber ich empfand, daß er ihnen dies nicht mit Worten gab, daß er es sagte nicht mit Worten, und daß es nicht alle hörten, sondern daß er es wesentlich, wie mit einer Substanz, einem Einstrahlen, gab. Ich weiß jedoch nicht, ob sie es selbst so empfangen zu haben fühlten, oder ob sie meinten, es bloß natürlich gehört zu haben; das aber fühlte ich, daß es nur der innere Kreis der Apostel vernommen oder empfangen hatte. Es war mir wie ein innerliches Reden, und doch kein Flüstern, kein leises Reden.

Jesus legte ihnen mehrere Punkte der Heiligen Schrift aus, die sich auf ihn und das heiligste Sakrament bezogen und ordnete eine Verehrung des heiligsten Sakramentes nach der Sabbatfeier an.

Danach verschwand er. Ich sah die Versammelten ganz freudetrunken durcheinander. Sie öffneten die Türe und gingen aus und ein, versammelten sich jedoch wieder und beteten Dank- und Lobgesänge unter der Lampe.

Predigt über die Auferstehung und Thomas

Noch in derselben Nacht begab sich ein Teil der Apostel auf Jesu Geheiß nach Bethanien, die anderen machten noch Wege in Jerusalem. In Bethanien blieben ältere Jünger zurück, um die neueren und schwächeren zu belehren, was sie teils bei Lazarus, teils in der Synagoge taten. Auch Nikodemus und Josef von Arimathäa hielten sich bei Lazarus auf.

Die Apostel aber zogen mit einer Schar von Jüngern, unter denen auch Lukas, in der Richtung gegen Sichar. Petrus sprach freudig, da sie auszogen; wir wollen zum Meere ziehen und Fische fangen; indem er Seelen darunter verstand. Sie verteilten sich nach verschiedenen Wegen und lehrten in Herbergen und im Freien von dem Leiden und der Auferstehung Jesu. Es war dies eine Vorbereitung zur Bekehrung am Pfingstfest.

In der Herberge vor Thänath-Silo kamen alle wieder zusammen; auch Thomas kam mit zwei Jüngern dahin, als sie bei einer Mahlzeit vereinigt waren, welche der Vater des Silvan, der die Aufsicht über die Herberge führte, ihnen bereitet hatte. Die Apostel erzählten dem Thomas von der Erscheinung des auferstandenen Heilandes in ihrer Mitte; er aber wehrte sich mit den Händen und wollte es nicht glauben, bis er seine Wunden berührt habe. Ebenso tat er vor den Jüngern, als auch sie die Erscheinung des Herrn ihm beteuerten. Thomas hatte sich von der Gemeinschaft etwas zurückgezogen und war dadurch im Glauben gesunken.

In Jerusalem gingen in diesen Tagen Leute von der Partei der Hohenpriester in alle Häuser, deren Besitzer mit Jesus und den Jüngern Zusammenhang hatten, sagten sie von ihren öffentlichen Ämtern los und hoben die Gemeinschaft mit ihnen auf. Nikodemus und Joseph von Arimathäa hatten seit Christi Grablegung nichts mehr mit den Juden zu tun gehabt. Josef von Arimathäa war so wie ein Gemeindeältester, und er stand immer mit den Juden wie ein Mann, der sich durch geräuschlose Verdienste und stetes bescheidenes Wirken die Achtung selbst der Bösen erworben hat. Was mich sehr freute war, daß ich sah, wie der Mann Veronikas ihr nachgab, da sie ihm erklärte, sie werde sich eher von ihm als dem gekreuzigten Jesu scheiden. Ich sah, daß auch er von öffentlichen Geschäften getrennt ward, aber ich erhielt auch die Weisung, er tue es mehr aus Liebe zu seinem Weib als zu Jesus. Außerdem ließen die Juden Wege und Stege zum Heiligen Grab am Kalvarienberg durch Gräben und Zäune verstellen, weil viele dahin wandelten und mancherlei Rührungen und Wunder dort geschahen.

Pilatus hat Jerusalem aus innerer Unruhe auch verlassen. Herodes ist seit ein paar Tagen nach Machärus gezogen, hat aber dort keine Ruhe gefunden und ist weiter nach Madian. Hier, wo sie den Herrn einstens nicht aufgenommen hatten, öffneten sie nun dem Mörder die Tore.

Während dieser Tage sah ich Jesus an vielen Orten erscheinen, zuletzt in Galiläa in einer Talgegend über dem Jordan, wo eine große Schule war. Es standen mehrere Leute zusammen, sprachen von ihm und zweifelten an dem Gerücht seiner Auferstehung; da erschien er mitten unter ihnen und verschwand wieder nach einigen Reden. So sah ich ihn in verschiedenen Gegenden erscheinen.

Die Apostel reisten aus der Gegend von Sichar sehr schnell wieder zurück und schickten einen Boten nach Bethanien voraus, ihre Rückkehr zu melden und mehrere Jünger zum Sabbat nach Jerusalem zu bescheiden; andere sollten den Sabbat in Bethanien halten; denn sie hatten schon eine gewisse Ordnung und Gesetz.

Die Apostel kamen so spät im Abendmahlshause zusammen, daß sie das zubereitete Mahl nicht mehr nehmen konnten, sondern sogleich die Sabbatfeier begannen. Sie legten alsobald die Feierkleider an; das Fußwaschen ging immer voraus. Die Lampe wurde angezündet, und ich bemerkte bereits eine Abweichung von der jüdischen Sabbatfeier; denn zuerst wurden die Decken vor dem Allerheiligsten geöffnet und der Stuhl davor gestellt, auf welchem Jesus bei Einsetzung des heiligen Abendmahles zu Tisch lag. Sie bedeckten ihn mit einer Decke und hatten ihre Gebetsrollen darauf liegen. Petrus kniete davor, Johannes und Jakobus mehr rückwärts; die übrigen Apostel hinter ihnen und dann die Jünger. Wenn sie knieten, waren sie mit dem Kopf bis zur Erde gebeugt, die Hände vor das Gesicht haltend. Die Verhüllung wurde von dem Kelch abgenommen; aber das weiße Tuch hing darüber. Es waren nur jene Jünger zugegen, welche schon mehr in das Geheimnis des heiligsten Sakramentes eingeweiht waren; so wie sie auch auf der Reise nach Sichar hauptsächlich jene mitgenommen hatten, welche den Herrn nach seiner Auferstehung gesehen hatten, um dieses beteuern zu können. Petrus mit Johannes und Jakobus zur Seite hielt eine Betrachtung oder ein Gebet, worin der heiligen Einsetzung des Herrn und seiner Leiden gedacht und ein innerliches Opfer der Andacht dargebracht wurde. Hernach begannen sie die gewöhnliche Sabbatfeier unter der Lampe stehend. Nachdem alles dieses vorüber war, nahmen sie eine Mahlzeit in der Vorhalle. Im Speisesaal selbst habe ich sie nicht mehr nach der Einsetzung des Abendmahls essen gesehen; außer vielleicht Brot und Wein.

Jesus hatte bei seiner Erscheinung durch die verschlossenen

Türen ihnen den Zusatz zu dem Sabbatdienst, der das Sakrament betraf, gelehrt.

Nach dem Schluß ·des Sabbats, als die Apostel ihre Feierkleider schon abgelegt hatten, sah ich ein großes Mahl in der Vorhalle; es war ein Liebesmahl wie das am letzten Sonntag. Thomas mußte den Sabbat woanders in der Nähe gehalten haben; denn ich sah ihn erst nach der Mahlzeit kommen, da sie wieder im Saale waren. Es war noch nicht spät am Abend, die Lampe war noch nicht angezündet. Mehrere Apostel und Jünger waren in dem Saal, andere sah ich kommen. Sie gingen in dem Saal hin und wieder, legten lange, weiße Kleider an und bereiteten sich zum Gebet, wie das letztemal. Petrus, Johannes und Jakobus legten wieder die ausgezeichnetere Priesterkleidung an.

Während sie zum Gebet sich rüsteten, sah ich Thomas in den Saal eintreten. Er ging durch die schon angekleideten Apostel durch, sich auch anzukleiden. Sie sprachen mit ihm; einige faßten ihn bei den Ärmeln; andere bewegten im Gespräch die rechte Hand beteuernd, Nachdruck gebend gegen ihn. Er aber betrug sich wie einer, der sich schnell anzukleiden beschäftigt ist, und dem andere, bereits Angekleidete indessen etwas sehr Merkwürdiges an dem Orte, wo es geschehen war, beteuerten, was er aber nicht glauben kann.

Die Apostel beteten wieder zuerst vor dem Allerheiligsten kniend, dann unter der Lampe stehend und sangen chorweise Psalmen. Petrus stand vor der Lampe, das Gesicht gegen das Allerheiligste gekehrt, Johannes und Jakobus der Jüngere zu seiner Seite; dann zu beiden Seiten der Lampe die übrigen Apostel. Die Seite gegen das Allerheiligste war unbesetzt. Petrus stand zwischen den beiden mit dem Rücken gegen die Türe, so daß hinter ihnen entfernter die beiden heiligen Frauen standen.

Nach einiger Zeit schienen die Versammelten in einer Gebetsunterbrechung. Es war, als sei das Gebet zu Ende, und sie sprachen, wie sie ans Meer von Tiberias gehen und wie sie sich verteilen wollten. Bald aber wurden ihre Angesichter wunderbar innig und erregt durch die Annäherung des Herrn. Ich sah Jesus bereits im Hofe leuchtend in weißem Gewand und mit weißem Gürtel. Er ging gegen die Türe der Vorhalle, die sich vor ihm öffnete, hinter ihm schloß. Die Jünger in der Vorhalle schauten nach der sich öffnenden Türe und wichen Raum machend nach beiden Seiten zurück. Jesus aber wandelte schnell durch die Halle in den Saal und trat zwischen Petrus und Johannes, welche wie alle anderen Apostel nach beiden Seiten zurückwichen, auf die Stelle des Petrus. Sein Hineinschreiten war kein eigentliches gewöhnliches, menschliches Gehen, auch kein Geisterschweben. Es machte mir beim Zurückweichen aller den Eindruck, als schreite ein Priester in der Albe durch die gedrängte Gemeinde. Es erschien auf einmal im Saale alles weit und licht. Jesus war mit Licht umgeben, und die Apostel waren nur aus diesem Lichtkreis herausgetreten; sonst, meine ich, hätten sie ihn nicht sehen können.

Zuerst sprach Jesus: „Friede sei mit euch!" Dann redete er mit Petrus und Johannes. Es kam ein Verweis darin vor, sie hätten etwas aus eigner Meinung außer seiner Anordnung getan, und darum sei es ihnen nicht gelungen.

Nun trat Jesus unter die Lampe, und der Kreis um ihn verengte sich. Thomas, sehr erschüttert beim Anblick des Herrn, zog sich wie scheu etwas zurück. Jesus aber nahm mit seiner Rechten die Rechte Thomas, dessen Zeigefinger fassend, und legte die Spitze desselben in die Wunde seiner linken Hand; dann nahm er mit der Linken diese Hand des Thomas und legte dessen Finger in die Wunde seiner rechten Hand; dann führte er die rechte Hand des Thomas mit seiner Rechten, ohne seine Brust zu entblößen, unter sein Gewand und legte den Zeige- und Mittelfinger desselben in die Wunde seiner rechten Seite. Er sprach dabei einige Worte. Thomas aber sank mit den Worten: „Mein Herr und Gott!" indem Jesus ihn immer an der Hand hielt, in sich wie ohnmächtig zusammen. Die Nahestehenden unterstützten ihn, und Jesus hob ihn an seiner Hand wieder empor. Das Sinken und Wiederaufrichten hatte eine Bedeutung.

Als Jesus des Thomas Hand ergriff, sah ich seine Wunden nicht wie blutige Male, sondern wie hellstrahlende kleine Sonnen. Die andern Jünger waren sehr bewegt bei diesem Auftritt und streckten, ohne sich hinzudrängen, die Köpfe vor, um zu sehen, was der Herr den Thomas fühlen ließe.

Jesus verschwand nicht gleich, er sprach noch und begehrte auch etwas zu essen. Ich sah ihm wieder aus dem Verschlage, wo der Tisch stand, ein länglich-rundes Schüsselchen, nicht ganz so wie das erstemal, bringen. Es war wieder etwas Fisch darauf, wovon er aß, segnete und Thomas zuerst, dann anderen den Rest gab.

Jesus sprach davon, warum er mitten unter ihnen stehe, da sie ihn doch verlassen hätten, und warum er sich nicht näher zu einzelnen stelle, die ihm treuer geblieben seien. Er sprach auch davon, wie er zu Petrus gesagt habe, seine Brüder zu stärken, und warum er dieses zu ihm gesagt habe. Er wendete sich zu allen und sagte, warum er ihnen Petrus zum Führer geben wolle, wenn er ihn gleich verleugnet habe; es müsse aber ein Hirt der Herde sein, und er sprach von dem Eifer Petri.

Johannes brachte aus dem Allerheiligsten auf dem Arm den bunten, weiten, gestickten Mantel, welchen Jakobus von Maria empfangen hatte und an welchem er in der letzten Zeit die heiligen Frauen in Bethanien gearbeitet hatten; außerdem einen hohlen, schlanken, hohen, oben gekrümmten Stab, wie ein Hirtenstab, aber blinkend und wie ein hohes Rohr. Der Mantel war weiß mit roten Streifen und waren Ähren, Weinreben, ein Lamm und andere Figuren in Farben darauf gestickt.

Nun kniete Petrus vor Jesus, der ihm einen runden Bissen, wie einen kleinen Kuchen, zu essen gab; ich erinnere mich keines Tellers, auch nicht, wo Jesus den Bissen hernahm, aber er leuchtete. Ich ward inne, als erhalte Petrus eine sonderbare Kraft damit; auch sah ich, daß Jesus den Petrus anhauchte und eine Gewalt, eine Kraft in ihn goß. Es war dieses kein eigentliches

Anhauchen, es waren Worte und eine Kraft, ein Wesentliches, das Petrus emfing, keine bloß gesprochenen Worte. Jesus näherte seinen Mund dem Mund und den beiden Ohren Petri und ergoß in diese drei jene Kraft. Es war dieses noch nicht der Heilige Geist selbst, sondern etwas, was der Heilige Geist am Pfingsttag erst in Petrus ganz beleben sollte. Jesus legte ihm auch die Hände auf und gab ihm eine Kraft und Obergewalt über die andern; dann legte er ihm auch den Mantel um, den der nebenstehende Johannes auf dem Arme hatte, und gab ihm den Stab in die Hand. Er sprach dabei, daß der Mantel alle Kraft und Gewalt in ihm zusammenhalten solle, welche er ihm gegeben, und daß dieser Mantel zu tragen sei, wenn Petrus von seiner Kraft Gebrauch machen wolle.

Petrus redete alle in seiner neuen Würde an; er war dabei wie ein anderer Mensch und voll Kraft. Sie hörten ihn sehr gerührt unter Tränen an; er tröstete sie und sprach von vielem, was Jesus immer vorher gesagt, und wie es nun in Erfüllung gegangen sei. Er sprach auch, wie ich mich noch entsinne, wie Jesus achtzehn Stunden lang leidend den Hohn und die Schmach der ganzen Welt getragen habe; auch kam drin vor, wieviel an der Erfüllung seines vierunddreißigsten Jahres fehlte. Während Petri Rede war Jesus verschwunden. Kein Schrecken, keine Verwunderung unterbrach die Aufmerksamkeit auf Petri Rede, welcher mit einer ganz neuen Kraft ausgerüstet erschien. Sie sangen nachher einen Dankpsalm. Jesus hatte weder mit seiner heiligsten Mutter noch mit Magdalena geredet.

Jesus sprach auch von einer großen Taufe, wenn der Heilige Geist auf sie gekommen sein werde, und daß Petrus acht Tage nachher, was er ihm gegeben, diese Kraft, wieder anderen geben sollte. Er sagte noch, daß einige das weiße Kleid ablegen und ein anderes mit einem Brustschild anlegen sollten; andere aber sollten wieder in das abgelegte weiße Gewand eintreten. Es waren Anordnungen vom Eintreten höherer geistlicher Würden und Weihen unter ihnen.

Hierauf stellten sich die anwesenden Jünger auf Jesu Befehl

in sieben einzelne Scharen zusammen, deren jeder ein Apostel vortrat. Jakobus der Kleinere und Thomas aber standen bei Petrus. Sie hatten sich auf Jesu Befehl so geordnet. Es war, als stellten sie sieben Gemeinden, sieben Kirchen vor. Jesus sagte noch zu Petrus, daß sie nach Tiberias fischen gehen sollten.

Jesus am See Genezareth

Ehe die heiligen Apostel an den See zogen, wandelten sie noch den Kreuzweg nach dem Kalvarienberg und gingen dann nach Bethanien, von wo sie verschiedene Jünger mit sich nahmen. Sie zogen auf verschiedenen Wegen in mehreren Abteilungen an das Galiläische Meer. Petrus ging mit Johannes. Jakobus Major, Thaddäus, Nathanael, Johannes Markus und Silas, es waren sieben Mann, gegen Tiberias. Sie ließen Samaria zur Linken. Alle Apostel gingen auf Wegen, welche die Orte vermieden. Sie begaben sich vor Tiberias an eine Fischerei, welche Petrus in Pacht gegeben hatte, und worauf nun ein anderer Mann, ein Witwer mit zwei Söhnen, war. Sie aßen bei diesem Manne; und ich hörte Petrus sagen: daß er in drei Jahren hier nicht gefischt habe.

Sie stiegen in zwei Schiffe; das eine war etwas größer und besser, das andere kleiner. Sie ließen dem Petrus den Vorzug des größeren Schiffes, in das er mit Nathanael, Thomas und einem Diener des Fischers hineinstieg; in dem andern Schiffe waren Johannes, Jakobus, Johann Markus und Silas.

Sie fuhren mit Fackeln die ganze Nacht hin und her, warfen oft das Netz zwischen den beiden Schiffen aus, zogen es aber immer wieder leer heraus. Dazwischen beteten und sangen sie Psalmen.

Im Begriffe, sich anzukleiden und zu ruhen, sahen sie hinter dem Schilf des Ufers eine Gestalt. Es war Jesus, welcher rief: „Kinder, habt ihr keine Zuspeise?“ Sie antworteten: „Nein!“ Da rief Jesus wieder, sie sollten das Netz gegen Abend von Petri Schiff auswerfen. Das taten sie, und Johannes mußte deswegen mit seinem Schiff gegen die andere Seite von Petri Schiff hinfahren. Und wie sie das Netz so schwer fühlten, erkannte Johannes Jesus und rief dem Petrus über das stille Meer zu: „Es ist der Herr!" Da warf Petrus gleich seinen Rock um, sprang ins Wasser und watete ans Land zu Jesus durch das Schilf. Johannes aber kam auf einer Anlände. Es war dies ein leichtes, sehr schmales Boot, das an seinem Schiff befestigt war; es hingen zwei dergleichen aneinander, und man schob eines vor das andere und ging darüber ans Land, es konnte nur ein Mann darin gehen, und man brauchte es in der Nähe des Landes, wo es seicht war.

Während die Apostel auf dem Meer fischten, sah ich den Heiland, umgeben von vielen Seelen der Altväter, welche er aus der Vorhölle befreit hatte, und auch mit anderen erlösten Seelen, die an verschiedene Orte in Höhlen und Sümpfen und Wüsten gebannt gewesen waren, aus dem Tal Josaphat daherschweben. Während der ganzen Zeit dieser vierzig Tage sehe ich Jesus, wenn er nicht bei den Jüngern ist, mit den Seelen, welche ihn hauptsächlich angehen, von Adam und Eva an bis auf Noe, Abraham und die andern Altväter und mit seinem ganzen Stamme alle merkwürdigen Orte seines Lebens durchziehen und ihnen alles zeigen und lehren, was er für sie getan und gelitten hat, wodurch sie unbeschreiblich erquickt und durch Dank geläutert werden.

Mit diesen Seelen sah ich den Herrn am See ankommen, als die Apostel noch fischten. Ich sah nicht, daß Jesus Feuer anmachte oder einen Fisch fing oder sonst woher erhielt. Feuer und Fisch und alles Nötige kam in Gegenwart der Altväterseelen sogleich zum Vorschein, als der Herr gedachte, hier solle ein Fisch bereitet werden. Wie, kann ich nicht sagen.

Die Geister der Altväter hatten einen Teil an diesem Fisch und seiner Zubereitung. Er deutete auf die leidende Kirche, auf die Seelen in der Reinigung.

So viel hatte ich gesehen, als Jesus über den Wall ans Meer ging. Petrus schwamm nicht, er watete durchs Wasser; man konnte den Grund sehen, doch war es ziemlich tief. Als er schon bei Jesus stand, kam auch Johannes, und die auf dem Schiffe riefen, die auf dem Land sollten am Netze ziehen helfen. Jesus sagte zu Petrus, er solle die Fische bringen; und sie zogen das Netz ans Land, und Petrus warf die Fische aus dem Netze heraus auf das Ufer. Es waren 153 Fische von allerlei Art. Diese Zahl deutete auf die neuen Gläubigen, die zu Thebez gewonnen wurden. Als sie dahin kamen, waren die Geister der Altväter verschwunden. Die Apostel waren sehr verwundert, das Feuer und einen Fisch darauf, der doch nicht von den ihrigen war, zu sehen und Brot und Honigrooß[1]). Die Apostel und Jünger legten sich an den Balken, und Jesus machte den Wirt. Er gab jedem auf einem Brotkuchen eine Portion des Fisches aus der Pfanne, und ich sah nicht, daß der Fisch weniger ward. Er gab ihnen auch von dem Honigrooß und aß mit ihnen. Alles dieses geschah sehr still und feierlich.

Thomas war der dritte von denen gewesen, die schon auf dem Schiff eine Empfindung von der Anwesenheit Jesu hatten. Sie waren aber alle scheu und furchtsam; denn Jesus war geisterhafter als sonst, und das ganze Mahl und die Zeit hatte etwas Geheimnisvolles. Keiner wagte zu fragen; alles hatte eine heilige, staunenerregende Feierlichkeit und Stille. Jesus erschien verhüllter, und man bemerkte seine Wunden nicht an ihm.

Nach dem Mahl sah ich Jesus mit ihnen aufstehen, am Meere hin und wieder gehen und stehen bleibend feierlich zu Petrus sprechen: „Simon, Jonas-Sohn, liebst du mich mehr als diese?" Petrus erwiderte schüchtern: „Ja Herr! Du weißt, daß ich dich liebe!" Da sagte Jesus zu ihm: „Weide meine Lämmer!" Und im selbigen Augenblicke sah ich ein Bild von der Kirche und dem obersten Bischof, wie er die ersten Christen lehrte und führte, und sah das Taufen und Abwaschen der neuen Christen wie der zarten Lämmer.

---

[1]) Sie sagt, es seien geröstete Kuchen von Mehl und Honig gewesen, von denen immer ein größerer zwischen zwei kleinen lag. Diese Kuchen seien Honigrooß oder Honigruß genannt worden.

Dann sagte ihm Jesus wieder nach einer Pause, während sie immer wandelten und Jesus sich manchmal umwendend stehen blieb und sich alle zu ihm kehrten: „Simon Johannis liebst du mich?“ Und Petrus sehr schüchtern und demütig, seiner Verleugnung eingedenk, sagte abermals: „Ja, Herr, du weißt, daß ich dich liebe!“ Und Jesus sagte abermals feierlich: „Weide meine Schafe!“ Und wieder hatte ich ein Bild von der wachsenden Kirche und deren Verfolgung, und wie der oberste Bischof die sich mehrenden, zerstreuten Christen sammelte, schützte, Unterhirten zu ihnen aussendete und sie regierte.

Nach einer Pause, da sie gewandelt, sagte Jesus nochmals: „Simon, Jonas-Sohn, liebst du mich?“ Und ich sah Petrus betrübt, weil er glaubte, Jesus fragte so oft, als zweifle er an seiner Liebe, und er gedachte seiner dreimaligen Verleugnung und sagte: „Herr! Du weißt alles, du weißt, daß ich dich liebe!“ Ich aber sah, daß Johannes gedachte: „Oh, welche Liebe muß Jesus haben und muß ein Hirte haben, daß er Petrus, dem er die Herde übergeben, dreimal um die Liebe fragt!“ Jesus sagte wieder: „Weide meine Schafe! Wahrlich! Wahrlich Ich sage dir, wie du jung warst, hast du dich selbst gegürtet und gingst, wohin du wolltest; wenn du aber alt sein wirst, wirst du deine Hände ausbreiten, und ein anderer wird dich binden und wird dich hinführen, wohin du nicht willst. Folge mir nach!“

Nun wendete sich Jesus wieder, um fortzugehen, und Johannes ging mit ihm, indem Jesus mit ihm allein etwas sprach, was ich nicht hörte. Ich sah aber, daß Petrus, dies sehend, den Herrn fragte, indem er auf Johannes deutete: „Herr! Was wird aber mit diesem werden?“ Und Jesus sagte ihm, seine Neugierde strafend: „Wenn ich will, daß er bleibe, bis ich komme, was geht dich das an, folge du mir nach!“ Und nun wendete er sich wieder, und sie gingen weiter.

Als Jesus zum dritten Male sagte, weide meine Schafe und man werde Petrus im Alter binden und führen, hatte ich ein Bild der sich ausbreitenden Kirche, sah Petrus in Rom gebunden und gekreuzigt und die Martern der Heiligen. Auch Petrus empfing ein Gesicht von seinem Martertode und den künftigen Leiden des Johannes.

Sie gingen noch eine Strecke mit Jesus, der ihnen sagte, was sie weiter tun sollten, und dann vor ihnen verschwand in der Richtung gegen Morgen des Sees nach Gergesa zu. Sie kehrten nach Tiberias zurück, kamen aber nicht wieder über die Stelle, wo Jesus ihnen zu essen gegeben hatte.

Von den Fischen, welche die Apostel gefangen, wurden keine zum Mahle gebraucht. Als Jesus sagte, daß sie dieselben herbeibringen sollten, warf Petrus sie reihenweise vor die Füße Jesu, wobei sie gezählt wurden. Es war dieses das Anerkennen, daß sie die Fische nicht durch sich und für sich, sondern durch sein Wunder und für ihn gefangen hätten. Als die Fische da lagen, sagte Jesus: „Kommt und esset" Und führte sie über den Hügel oder Wall, wo man das Meer nicht sehen konnte, und wo die Erdhütte über der Feuerstelle war. Jesus legte sich nicht zu Tisch, sondern ging zu der Pfanne und brachte jedem sein Stück Fisch auf einem Stück Brot. Er segnete auch die Portionen, und sie leuchteten. Die Honigkuchen lagen nicht in der Pfanne; sie waren bereitet und lagen aufeinander. Jesus teilte sie auch aus; und als alle ihren hatten, aß er auch. Es war nur ein Fisch in der Pfanne; er war aber größer als alle die anderen. Mit diesem Mahle war ein Geheimnis. Die Anwesenheit der Altväter und anderer Seelen, ihr Anteil mit an der Bereitung des Mahles und die darauf folgende Berufung Petri gaben mir zu erkennen, daß in diesem geistigen Mahl dem Petrus und der Kirche auch die leidende Kirche, die Seelen am dritten Orte, einverleibt und untergeben worden seien. Ich kann nicht sagen wie, aber ich hatte im Gesicht diese Überzeugung; darum schloß Jesus auch mit der Prophezeiung von Petri Tod und Johannis Zukunft.

Von diesem Ort, der einige Stunden südlich von Tiberias lag, zog Petrus mit den anderen und vielem Volke abendwärts nach einer hochliegenden Gegend, welche gegen Mitternacht ein ungemein fruchtbares Tal hatte, wo mitten im Winter das höchste, schönste Gras wächst. Die Apostel und Jünger hatten gewußt, daß sie hier zusammenkommen sollten. Sie verteilten sich umher in Schuppen und im Freien. Petrus erzählte den Aposteln und Frauen das Wunder des Fischzuges und begab sich dann mit allen andern auf den Berg, wo das Volk von einem Teil der Jünger schon geordnet war.

Auf dem Berg war eine Vertiefung, in deren Mitte eine mit Moos bewachsene Lehrsäule stand, in welcher man wie auf eine Kanzel hinaufsteigen konnte. Die Vertiefung, in welcher diese Säule stand, war stufenförmig, so daß viele Zuhörer übereinander wegsehen konnten. Petrus stellte fünf Apostel an die fünf Wege, welche auf den Berg führten, und diese lehrten das Volk, weil ihn wegen der Menge nicht alle hören konnten. Er selbst stand in der Mitte an der Säule, die Apostel, Jünger und vieles Volk um ihn her. Er verkündigte das Leiden und die Auferstehung und die Erscheinungen des Herrn und die Nachfolge.

Ich sah aber Jesus von derselben Seite der Gegend herkommen, von welcher Petrus hergekommen war. Er ging den Berg hinan; die heiligen Frauen, welche an dem Pfad des Berges standen, warfen sich vor ihm nieder. Er redete mit ihnen im Vorübergehen. Als er aber leuchtend durch die Menge hinschritt, schauderten viele und ängstigten sich; und diese sind nicht treu geblieben. Dann trat er in die Mitte an die Säule, wo Petrus gestanden, der sich ihm nun gegenüberstellte, und sprach von Verlassung des Seinigen, von der Nachfolge und von der Verfolgung, welche sie leiden würden. Es entfernten sich bei zweihundert der Anwesenden, als sie ihn solches reden hörten. Als diese hinweggegangen waren, sagte Jesus, er habe milde gesprochen, um die Schwachen nicht zu ärgern, und redete sehr ernst von den Leiden und Verfolgungen derer, die ihm nachfolgten auf Erden, und von ihrem ewigen Lohn. Er redete dies zu den Aposteln und Jüngern, wie er es schon in seinen letzten Tempellehren einmal getan hatte. Er sagte, sie sollten erst in Jerusalem bleiben und sollten, wenn er ihnen den Geist gesendet, taufen im Namen des Vaters und des Sohnes und des

Heiligen Geistes und sollten vorerst eine Gemeinde gründen. Hierauf sagte er, wie sie sich verteilen, entferntere Gemeinden bilden, dann wieder sich versammeln und wieder weit ausziehen sollten und daß sie auch die Taufe des Blutes empfangen würden.

Während Jesus sprach, umgaben die Geister der Altväter die ganze Versammlung; doch dieser unsichtbar. Jesus verschwand aber wie ein erlöschendes Licht in ihrer Mitte, und viele warfen sich auf ihr Angesicht. Petrus lehrte und betete hierauf noch. Es war dieses die Haupterscheinung Jesu in Galiläa, wo er lehrte und allen seine Auferstehung zeigte; die andern Erscheinungen waren mehr im geheimen.

Ich sah die Apostel in Bethanien, wohin ihnen etwa dreihundert Gläubige und darunter an fünfzig Frauen gefolgt waren, welche ihr Eigentum an die Gemeinde gegeben hatten. Auch die Heiligste Jungfrau war von Jerusalem nach Bethanien in das Haus von Martha und Magdalena gekommen. Es wurde ein großes Liebesmahl mit Brotbrechen und herumgehendem Becher in der offenen Halle des Hofes von Lazari Haus gehalten.

Petrus lehrte nachher vor einer großen Menge. Es waren auch Laurer unter den Zuhörern; und da Petrus verkündete, sie sollten nur alles verlassen und zu ihnen kommen, er wolle ihnen alles geben, was sie brauchten, lachten sie spottend, er habe selbst nichts, sei ein armer Fischer und Landstreicher, der seine Frau zu Hause kaum ernähren könne. Petrus lehrte noch immer mehr auf Befehl Jesu als aus innerem lebendigem Gefühle, welches die Apostel erst mit dem Heiligen Geist erhielten. Petrus führte nun in den Versammlungen das Wort; außer, wenn er bei zu großer Menge auch andere auf verschiedenen Punkten zu lehren verordnete. Seit der Bekleidung mit dem Mantel durch Jesus und seit dem Mahle des Fisches, der kein natürlicher Fisch gewesen war und wodurch er eine eigene Kraft empfangen hatte, hat er ein ganz anderes Wesen. Alle erkennen ihn als das Haupt, als den Mund und die Hand der Gemeinde.

Die Apostel aber begaben sich von Bethanien in das Abendmahlshaus nach Jerusalem, wo sie unter der Lampe vor dem Allerheiligsten beteten. Es waren etwa sieben Jünger bei ihnen. Sie konnten nicht mehr durch die Stadt in das Abendmahlshaus gelangen; der Weg von dieser Seite her war durch die Juden unterbrochen worden; sie mußten links vom Tempel den Weg dahin einschlagen, auf dem Petrus und Johannes am grünen Donnerstag dahin gegangen waren. Überhaupt wurden von den Juden alle Orte um Jerusalem, welche durch den Wandel und den Leidensweg Jesu besonders merkwürdig und den Seinigen besonders heilig waren, boshaft verwüstet.

Ich ward aber auch inne, daß alle Zerstörer der Kreuzwege, der Kreuze, Kapellen oder Kirchen, der alten Andachten, der geheiligten Übungen und Gewohnheiten und überhaupt alles dessen, was zum engeren Anschluß an die Geschichte der Erlösung mahnet, sei es Bauwerk, Bild, Schrift oder Sitte, Feier und Gebet, mit den Feinden der blutigen Fußstapfen Jesu, als zu diesen gehörend, werden gerichtet werden.

Die letzten Tage vor der Himmelfahrt

Am vorletzten Tage vor der Himmelfahrt sah ich Jesus mit fünf Jüngern von der Morgenseite her nach Bethanien kommen, wohin auch die Heiligste Jungfrau mit anderen heiligen Frauen von Jerusalem her sich begab. Um Lazari Haus waren viele Gläubige versammelt, welche vernommen hatten, daß Jesus sie nun bald verlassen werde, und die ihn nochmals sehen und Abschied nehmen wollten. Als Jesus in Lazari Haus eingegangen war, wurden diese Leute in den großen Hofraum eingelassen, der dann geschlossen wurde. Jesus nahm mit den Aposteln und Jüngern stehend einen Imbiß, und als die letzteren bitterlich weinten, sprach Jesus: „Warum weint ihr, liebe Brüder? Seht dieses Weib! Sie weint nicht!“ Und zeigte auf seine heiligste Mutter, die mit den heiligen Frauen unter dem Eingang zum Saal stand. Im Hof war ein langer Tisch für die vielen

Fremden bereitet. Jesus ging zu ihnen hinaus, segnete kleine Brote und teilte sie aus; dann gab er ihnen ein Zeichen, sich zu entfernen.

Von Lazarus nahm Jesus besonders rührenden Abschied. Er gab ihm einen leuchtenden Bissen, segnete ihn und reichte ihm die Hand. Lazarus, der sich meist in seinem Haus verborgen hielt, blieb zurück, als Jesus darauf mit den Aposteln und Jüngern auf dem Palmsonntagswege, aber mit vielen Umwegen, nach Jerusalem wandelte. Sie gingen in vier Abteilungen in ziemlichen Zwischenräumen. Die Elfe zogen mit Jesus voraus; die heiligen Frauen folgten zuletzt. Ich sah Jesus leuchtend und über alle hervorragend. Seine Wundmale waren mir nicht immer sichtbar; wenn ich sie aber sah, leuchteten sie wie die Sonne. Alle waren in großer Niedergeschlagenheit und Angst, einzelne weinten, andere sprachen auch untereinander: „Er ist schon oft vor uns verschwunden"; denn sie wollten noch immer nicht glauben, daß er sie verlassen werde. Nur Petrus und Johannes erschienen ruhiger und besser den Herrn verstehend. Jesus hielt oft inne und erklärte ihnen manches. Er war aber auch manchmal für sie nicht mehr sichtbar, dann plötzlich wieder sichtbar in ihrer Mitte, gleich als wollte er sie auf seinen nahen Abschied vorbereiten. Sie waren dann sehr bestürzt.

Nikodemus und Joseph von Arimathäa hatten ein Mahl bereitet, welches in der auf allen Seiten nach außen geöffneten Vorhalle des Abendmahlhauses angerichtet wurde. Links von der Vorhalle führte ein Gang durch den mit Bäumen bepflanzten Hofraum zu dem an die Umgebungsmauer angebauten kleinen Hause mit dem Küchenherd. Auch die Bogengänge rechts von der Vorhalle waren gegen den Hofraum zu geöffnet, und hier waren die Tische für die Jünger, welche nur aus großen Brettern bestanden. Der Tisch für Jesus und die Elfe war in der Vorhalle gerüstet. Es standen kleine Krüge und eine große mit feinem Kraut verzierte Platte darauf, in welcher ein Fisch und kleine Brote lagen. Auf die Tische der Jünger wurden Früchte und dreieckige Schüsseln mit Honigwaben und beinernen

Spateln gestellt; neben jeder Schüssel lagen drei Brotschnitten; denn auf drei Essende kam je eine Schüssel.

Nach diesem Liebesmahl versammelten sich alle vor der Halle unter den Bäumen. Jesus sprach zu ihnen hier noch lange und segnete sie zuletzt. Seiner heiligsten Mutter, welche vor den heiligen Frauen stand, reichte er die Hand. Alle waren sehr bewegt, und ich fühlte, daß Magdalena sich heftig sehnte, Jesu Füße zu umarmen. Sie tat es aber nicht, denn sein Wesen war so ernst, daß alle mit heiliger Scheu erfüllt wurden. Als er sie nun verließ, weinten sie sehr. Es war nicht ein äußerliches Weinen; es war, als wenn die Seele weint. Die Heiligste Jungfrau sah ich nicht weinen. Ich habe sie überhaupt nie heftig äußerlich weinen sehen, als da sie den zwölfjährigen Jesus auf der Heimreise vom Osterfest verloren hatte und nach seinem Tode unter dem Kreuze. Sie waren hier bis vor Mitternacht.

Die Himmelfahrt

In der Nacht vor seiner wunderbaren Himmelfahrt sah ich Jesus mit der Heiligsten Jungfrau und den Elfen in dem inneren Saal des Abendmahlhauses. Die Jünger und die heiligen Frauen waren betend in den Seitenhallen. Im Saal stand der Tisch des Abendmahles mit den Osterbroten und dem Kelch unter der angezündeten Lampe. Die Apostel waren in ihren Feierkleidern. Die Heiligste Jungfrau war Jesu gegenüber, der wie am Grünen Donnerstag Brot und Wein consecrierte.

Das heiligste Sakrament sah ich, da es Jesus ihnen reichte, wie einen leuchtenden Körper in den Mund der Apostel eingehen und seine Worte bei der Consecration des Weines wie einen roten Strahl in den Kelch fließen.

Als der Tag graute, verließ Jesus mit den Elfen das Abendmahlhaus. Die Heiligste Jungfrau ging dicht hinter ihnen, und die Schar der Jünger folgte in kleinem Zwischenraum. Sie zogen durch die Straßen von Jerusalem, wo alles noch still und schlafend war. Der Herr wurde immer ernster und schneller in seinen Reden und seinem ganzen Tun. Am gestrigen Abend schien er mir in seinen Reden viel teilnehmender. Ich erkannte den Weg, und ich empfand, Jesus gehe alle Wege seines Leidens mit ihnen, um in ihnen durch Lehre und Ermahnung die Erfüllung der Verheißung recht lebendig werden zu lassen. An jedem Ort, wo eine Szene seines Leidens vorgefallen, verweilte er einige Augenblicke und belehrte sie von der Erfüllung prophetischer Worte und Verheißungen und erklärte ihnen die Bedeutung der Orte. An jenen Stellen, wo die Juden Verwüstungen, Gräben, Steinhaufen oder andere Hindernisse angebracht hatten, um die Verehrung derselben zu stören, befahl er den nachfolgenden Jüngern, voranzugehen und die Hindernisse wegzuräumen, welches sie schnell taten. Sie ließen ihn dann an sich vorübergehen, verbeugten sich und folgten wieder nach. Vor dem Tor, das nach dem Kalvarienberg führt, wendeten sie sich vom Wege ab nach einem angenehmen Platz unter Bäumen, der ein Betort war, wie mehrere um Jerusalem waren. Hier setzte sich Jesus mit ihnen, lehrte und tröstete sie. Unterdessen wurde es Tag, und ihre Herzen wurden etwas leichter; es war ihnen, als könnte er doch wohl noch bei ihnen bleiben.

Es kamen neue Scharen von Gläubigen herzu; ich sah aber keine Frauen unter ihnen. Jesus zog wieder in den Weg, der nach dem Kalvarienberg und dem Heiligen Grab führt, zog aber nicht ganz bis hin, sondern wendete sich um die Stadt herum nach dem Ölberg. Es wurden auch auf diesen Wegen einzelne Verwüstungen und Verzäunungen an Bet- und Lehrorten Jesu durch die Jünger wiederhergestellt. Die Werkzeuge dazu fanden sie in den Gärten umher; ich erinnere mich runder Schaufeln, die aussahen wie unsere Backofenschaufeln.

Am Ölberg verweilte Jesus mit der Schar an einem ungemein anmutigen und kühlen Ort mit schönem langem Gras; ich wunderte mich, daß es gar nirgends niedergetreten war. Die Menge der Menschen um Jesus wurde hier so groß, daß ich sie nicht mehr zählen konnte. Jesus sprach hier sehr lange mit ihnen als einer, der nur sein Wort abschließt und auf dem Punkt zu scheiden ist. Sie ahnten, daß die Scheidestunde nahe, doch glaubten sie die Zeit nicht so kurz.

Der Herr wandelte nun gegen Gethsemane und vom Ölgarten aus den Ölberg hinan. Den Weg, wo er gefangen worden, betrat er nicht. Die Menschenmenge folgte wie in Prozessionen auf verschiedenen Wegen rings um den Berg nach; viele drangen durch die Hecken und Gartenzäune. Jesus aber ward immer leuchtender und schneller. Die Jünger eilten nach, vermochten aber nicht, ihn einzuholen. Als er auf der Spitze des Berges angekommen war, glänzte er wie ein weißes Sonnenlicht. Vom Himmel senkte sich ein leuchtender Kreis zu ihm, der in Regenbogenfarben schimmerte. Die Nachdringenden standen in weitem Kreis wie geblendet. Jesus leuchtete heller als die Glorie um ihn. Er legte die linke Hand vor die Brust und segnete mit gehobener Rechten, sich rings wendend, die ganze Welt. Die Menge stand unbewegt still; ich sah alle gesegnet. Er segnete nicht, wie die Rabbinen, mit den Handflächen, sondern wie die christlichen Bischöfe. Ich fühlte sein Segnen der ganzen Welt mit großer Freude.

Nun aber strahlte das Licht von oben mit Jesus eigenem Glanz zusammen. Und ich sah seine Sichtbarkeit vom Haupt an in diesem Himmelslicht sich auflösen und wie empor verschwinden. Es war, als ob eine Sonne in die andre, eine Flamme in ein Leuchten eingehe, ein Funke in eine Flamme schwebe. Es war, als ob man in die volle Sonne am Mittag schaue; aber weißer und heller; der volle Tag schien finster dagegen. Als ich sein Haupt nicht mehr sehen konnte, unterschied ich seine Füße noch leuchtend, bis er ganz in dem Himmelsglanz verschwunden war. Unzählige Seelen sah ich von allen Seiten in dieses Licht eingehen und mit dem Herrn empor verschwinden. Ich kann nicht sagen, daß ich ihn wie etwas Fliegendes in der Luft habe kleiner werden gesehen, sondern wie in die Lichtwolke nach oben verschwinden.

Nach einigen Augenblicken, da der Glanz etwas gewichen

war, blickte die ganze Versammlung in größter Stille und mannigfaltigster Seelenbewegung starr zu dem Lichtschein empor, der noch länger andauerte. Ich sah in diesem Licht zwei Gestalten, anfangs klein, niederkommen und dann groß in langen weißen Gewändern, mit Stäben in der Hand, wie Propheten erscheinen. Sie sprachen zu der Menge, ihre Stimmen klangen laut wie Posaunen; es war mir, als müßte man sie in Jerusalem hören können.

Auf der Spitze des Ölberges, wo Jesus auffuhr, war eine Steinfläche. Er stand darauf und sprach noch, ehe er segnete und die Lichtwolke ihn aufnahm. Seine Fußstapfen blieben auf den Stein abgedrückt und auf einem anderen die Spur einer Hand der Heiligsten Jungfrau. Es war schon Mittag vorüber, bis die ganze Menge sich verloren hatte.

Als die Apostel und Jünger sich nun allein fühlten, waren sie anfangs unruhig und hielten sich für verlassen; sie wurden aber durch die ruhige Anwesenheit der Heiligsten Jungfrau unter ihnen voll Trost, und ganz auf Jesu Wort vertrauend, daß sie ihnen die Mittlerin, die Mutter und Fürbitterin sei, empfingen sie Frieden. In Jerusalem war unter den Juden eine gewisse Scheu. Ich sah manche Türen und Läden verschließen oder in Häusern zusammenkommen. Sie hatten in den letzten Tagen schon etwas eigentümlich Banges und heute ganz besonders.

Die Apostel hielten sich sehr zurückgezogen; ich sah niemand aus der größeren Schar der Anhänger zu ihnen in das Abendmahlhaus gehen. Sie hüteten sich mehr vor den Verfolgungen der Juden und hielten sich in strengerem, geordneterem Gebet als die Schar der Jünger in den anderen Räumen des Abendmahlhauses, welche mehr aus- und einwandelten und von welchen ich auch viele nächtlich die Wege des Herrn mit großer Andacht wandeln sah.

Bei der Wahl des Matthias zum Apostel sah ich Petrus im Abendmahlhaus in seinem bischöflichen Mantel mitten im Kreise der Apostel stehen; die Jünger waren in den geöffneten Seitenhallen versammelt. Petrus schlug Josef Barsabas und Matthias vor, die beide unter der abgesonderten Schar der Jünger standen. Unter diesen waren einzelne, welche an die Stelle des Judas gewählt zu werden wünschten, die beiden aber hatten gar nicht daran gedacht und waren ohne alles Verlangen. Am Tag danach wurde das Los über sie geworfen, wobei sie selbst nicht zugegen waren. Da nun das Los auf Matthias fiel, ging einer in den Aufenthalt der Jünger und holte ihn herüber.

Das heilige Pfingstfest

Das ganze Innere des Abendmahlssaales war am Vorabend des Festes mit grünen Bäumen geschmückt, in deren Zweige Gefäße mit Blumen gestellt wurden. Grüne Gewinde liefen von einer Seite des Saales zur andern. Die Stellwände gegen die Seitenhallen und die Vorhalle waren geöffnet; nur das äußere Hoftor war geschlossen. Petrus im Bischofsmantel stand vor dem Vorhang zum Allerheiligsten unter der Lampe an einem rot und weiß gedeckten Tisch, auf dem Rollen lagen; ihm gegenüber unter dem Eingang aus der Vorhalle die Heiligste Jungfrau mit verschleiertem Angesicht und hinter ihr in der Vorhalle die heiligen Frauen. Die Apostel standen in zwei Reihen den beiden Seiten des Saales entlang nach Petrus hingewendet, und aus den Seitenhallen herein nahmen hinter den Aposteln stehend die Jünger am Chorgesang und Gebet teil. Als Petrus die von ihm gesegneten Brote brach und austeilte, zuerst an die Heiligste Jungfrau und die herantretenden Apostel und Jünger, küßten sie ihm die Hand, und auch die Heiligste Jungfrau tat es. Es waren außer den heiligen Frauen ihrer hundertzwanzig im Abendmahlshause und den Umgängen versammelt.

Nach Mitternacht entstand eine wunderbare Bewegung in der ganzen Natur, die allen Anwesenden sich mitteilte, welche an den Pfeilern des Saales und in den Seitenhallen in tiefer Innigkeit, mit über der Brust gekreuzten Armen still betend umher standen. Ruhe breitete sich über das Haus, und in seinem ganzen Umfang herrschte lautlose Stille.

Gegen Morgen sah ich über den Ölberg eine silberweiß glänzende Lichtwolke vom Himmel herab in sinkender Richtung dem Hause sich nähern. In der ersten Ferne sah ich sie wie eine runde Kugel, deren Bewegung ein süßer warmer Windstrom begleitete. Näherkommend wurde sie größer und zog wie eine leuchtende Nebelmasse über die Stadt, bis sie über Sion und dem Abendmahlshause, sich immer dichter zusammenziehend und stets durchsichtiger leuchtend, still stand und mit steigendem Windesbrausen gleich einer tief hängenden Gewitterwolke sich niedersenkte. Bei diesem Brausen sah ich viele Juden, welche die Wolke wahrnahmen, erschreckt nach dem Tempel eilen; und ich selber kam in eine kindische Angst, wohin ich mich verbergen könnte, wenn der Schlag erfolgen würde; denn das ganze hatte Ähnlichkeit mit einem schnell heranziehenden Gewitter, das statt von der Erde herauf vom Himmel herab, statt dunkel ganz licht, statt donnernd sausend heranzieht. Diese sausende Bewegung fühlte sich wie tief erquickender warmer Luftstrom.

Als die Lichtwolke ganz nieder über das Abendmahlshaus herab hing und mit steigendem Sausen immer leuchtender wurde, sah ich auch das Haus und seine Umgebung immer heller, und die Apostel, Jünger und Frauen immer stiller und inniger werden. Gegen drei Uhr morgens vor Sonnenaufgang aber ließen sich plötzlich aus der sausenden Wolke weiße Lichtströme auf das Haus und seine Umgebung nieder, die sich siebenfach durchkreuzten und unter der Durchkreuzung in feinere Strahlen und feurige Tropfen sich auflösten. Der Punkt, wo die sieben Lichtströme sich durchschnitten, war mit Regenbogenlicht umgeben, in welchem eine leuchtende, schwebende Gestalt erschien, mit unter den Schultern ausgebreiteten Flügeln oder flügelähnlichen Strahlen. In diesem Augenblick war das ganze Haus und sein Umfang durch und durch mit Licht erfüllt. Die fünfarmige Lampe leuchtete nicht mehr. Die Versammelten waren entzückt, richteten unwillkürlich ihr Antlitz dürstend in die Höhe, und in den Mund eines jeden ergossen sich Lichtströme wie lodernde Flammenzungen. Es war, als atmeten, als tränken sie das Feuer dürstend in sich und als lodere ihre Begierde aus dem Munde diesen Flammen entgegen. Auch auf die Jünger und anwesenden Frauen im Vorgemach ergoß sich dieses heilige Feuer; und so löste sich die Glanzwolke wie in verschiedener Stärke und Färbung.

Nach dem Ergusse herrschte freudige Kühnheit in der Versammlung. Alle waren bewegt und wie mit Freude und Zuversicht berauscht. Sie traten um die Heiligste Jungfrau, die ich allein ganz ruhig und wie immer in stiller heiliger Fassung sah. Die Apostel umarmten sich untereinander und von freudiger Kühnheit zu reden durchdrungen, riefen sie sich zu: „Wie waren wir, was ist aus uns geworden?" Auch die heiligen Frauen umarmten sich. Die Jünger in den Umgängen waren ebenso bewegt, und die Apostel eilten auch zu ihnen. In allen war ein neues Leben voll Freude, Zuversicht und Kühnheit. Ihre Freudigkeit ging nun in Danksagung über, sie traten in die Betordnung zusammen, dankten und lobsangen Gott in großer Bewegung. Indessen verschwand das Licht. Petrus hielt nun eine Rede an die Jünger und sendete mehrere hinaus nach den Herbergen der ihnen anhängenden Pfingstgäste.

NACHWORT

In den ersten Monaten des Jahres 1813 war in der Umgebung von Dülmen die Stigmatisation der durch die politischen Ereignisse aus ihrem Kloster vertriebenen Augustinerin Anna Katharina Emmerick[1]) zur allgemeinen Kenntnis gekommen, und Dr. Wesener, ein angesehener Landarzt, der im Jahre 1807 von Haltern aus als zur Konsultation zugezogener zweiter Arzt die Nonne noch zur Zeit ihres Klosteraufenthaltes gelegentlich untersucht hatte, erfuhr in einer kleinen Abendgesellschaft zuerst von dem Stadtgespräch, wehrte sich aber gegen die Anerkennung der natürlichen oder übernatürlichen Erscheinungen. Immerhin nahm er Veranlassung, auf dem Rückwege im Vorübergehen an der Wohnung der Begnadeten vorzusprechen, wurde aber zunächst nicht sehr freundlich empfangen. Als er am nächsten Tag seinen Besuch wiederholte, überzeugte er sich von den mystischen Zuständen und gewann mit seiner inneren religiösen Umkehr das Vertrauen und die Freundschaft der Anna Katharina Emmerick. Er war es, der die erste systematische kirchliche und ärztliche Untersuchung und Feststellung veranlaßte. Das Interesse Weseners ist dann auch während der Jahre bis zu ihrem Tode ebenso ein ärztliches und freundschaftliches wie auch ein religiöses geblieben, nachdem von der ersten Begegnung an das religiöse Leben des Mannes sich vertiefte.

Schon im Anfang der Begnadung mit den Wundmalen finden wir in den Begegnungen der Nonne mit ihren Freunden das

---

[1]) Clemens Brentano schrieb „Emmerich", während das Taufregister ihren Namen mit „Emmerick" ausweist.

christliche Anliegen, über das Leben Jesu vollständig unterrichtet zu werden, ausgesprochen. Am 1. Mai 1813 notiert Dr. Wesener in seinem Tagebuch über ein Gespräch mit ihr: „Ich bedauerte . . . , daß wir nicht eine genauere Geschichte der früheren Lebensgeschichte Jesu besäßen; darauf sagte sie mir, sie wisse alles so haarklein, als wenn sie selbst alles gesehen hätte. Auch die Geschichte der Mutter Jesu wisse sie ganz genau. Sie wunderte sich selbst darüber, daß ihr das alles so lebhaft vorschwebe, indem sie das doch nicht alles habe lesen können. Sie versprach, mir beides zu erzählen." Tatsächlich konnte Wesener schon am 26. Mai den Beginn einer Erfüllung des Versprechens eintragen. Die Erzählung begann mit der Geburt Mariens und beschäftigte sich nach der Erwähnung ihres Jugendlebens im Tempel vor allem mit der Verbindung der Hl. Jungfrau und des hl. Josef. Dennoch ist nicht Dr. Wesener der Überlieferer der Gesichte geworden. Er war offenbar beruflich zu sehr beschäftigt, um sich den Erzählungen in den geeigneten Stunden widmen zu können. Zwar kam gelegentlich eine kurze Szene aus dem Leben Jesu zum Gespräch, auch machte Wesener gelegentlich nochmals die Bemerkung, daß die Aufgabe, eine Lebensgeschichte Jesu über die Nachrichten der Evangelien hinaus zu gestalten, noch offen stehe, aber der berufene Verkünder der Gesichte Anntrinkens, wie der Volksmund die Stigmatisierte nannte, ist dann doch Clemens Brentano, „Der Pilger", geworden. Man geht aber aus dem angedeuteten Verlangen, eine Lebensgeschichte Jesu zu erhalten und der Bereitschaft der Emmerick, sie zu geben, völlig sicher, wenn man alle Weitergabe der Gesichte der Augustinerin unter dem Gesichtspunkt betrachtet, daß mit ihnen etwas über Jesus Christus gesagt werden soll, wenn auch vielleicht nur der Raum und die Zeit seiner Weltwirklichkeit erhellt wurde.

Für den überzeugten Christen ist naturgemäß das Werk der Erlösung die wichtigste historische Tatsache aller Zeiten, und auch im Leben Jesu kann es für uns keinen erregenderen Zeitraum geben. So ist die Tatsache natürlich, daß auch die Evangelien sich vordringlich mit den drei Jahren beschäftigen, in denen Jesus öffentlich lehrte und sein Leiden und Sterben sich vollzog. Bei Matthäus finden wir über Jesus vor seinen Lehrjahren nur den Stammbaum und die Stellung des Nährvaters im 1. Kapitel und die Anbetung der Hl. Drei Könige im zweiten; dann geht der Bericht des Synoptikers sofort zu dem öffentlichen Auftreten Jesu über. Die beiden Kapitel enthalten also nur eine Epiphanie Christi, ein erstes Erscheinen seiner Gottheit vor Menschen, die an der Menschwerdung keinen unmittelbaren Anteil haben, aber erste Bekenner der Gottmenschheit sind. Markus und Johannes beginnen sofort mit dem öffentlichen Auftreten, und allein Lukas, dieser treue Freund und Verehrer der allerseligsten Jungfrau und Mutter, erzählt uns von der Menschwerdung und der Jugend des Erlösers und von dem Anteil der heiligen Gottesmutter an dem Erlösungswerk.

Es darf also nicht wundernehmen, daß in ähnlicher Verteilung des Schwergewichtes der Pilger, dem Anna Katharina ihre Gesichte über das Leben und Wirken Jesu erzählt hatte, zuerst und vor allem das bittere Leiden und Sterben unseres Heilandes aus diesen Gesichten der Öffentlichkeit vorlegte, die gern diese Gabe aufnahm, um sich an ihr zu erbauen. Dieses Buch ist in Zusammenfassung und Ausgestaltung ganz mit der Ergriffenheit ausgefüllt, mit der Brentano an den Erlebnissen der Seherin teilnehmen durfte. Die Zeitspanne war kurz, über die berichtet wird, sie umfaßte nur wenige Tage aus dem Leben Jesu, und entsprechend war auch der Umfang der Tagebuchblätter über die Mitteilungen der Begnadeten leicht zu überblicken. Das Gedächtnis vermochte daher die Vergleichsstellen leicht auf einen gemeinsamen Grundzug auszurichten.

Die Schwierigkeit freilich wuchs, wenn der ganze Inhalt aller Schauungen dem Zwecke dienstbar gemacht werden sollte, der betrachtenden Erbauung über das Walten Gottes in seiner Schöpfung tragbaren Untergrund zu bieten. Enthüllt da schon der Ausspruch Anntrinkens eine Schwierigkeit, daß die verschiedene Auffassung einer Gestaltung des Weihnachtsgeheimnisses sie nie gestört habe, und daß sie in jeder Gestaltung immer nur die Menschwerdung Christi miterlebt habe, so daß die Möglichkeit der verschiedenartigen äußeren Gestaltungen ihrer eigenen Schauungen damit angedeutet schien, so muß menschliche Gedächtnisbeschränkung und der Zusammenstoß verschiedenartiger Erlebnisbilder in Erzählerin und Wiedererzähler den Versuch fast scheitern lassen, einen größeren Abschnitt heiliger Zeit und Entwicklung in einer exakten Gesamtschau zu bieten. Wir wissen, daß Clemens Brentano, dessen Wissen sich aus der ersten Quelle nährte, nie den mit allem Ernst angesetzten Versuch zum Abschluß brachte, aus allen gesammelten Berichten auch nur das Leben Jesu, aber auch nicht das Leben Mariae oder die Schöpfungsgeschichte oder die alttestamentarischen Vorgänge oder eine Hagiographie oder eine Reliquienkunde abgeschlossen vorzulegen. Und doch lag zu allen Gestaltungen der Stoff in den Erzählungen der Seherin vor, und doch hatte der Dichter Brentano die Begnadete reichlich gequält, daß sie ihm Klarheit der Schau übermittle.

In den vorausgehenden Zeilen ist schon die Möglichkeit ausgesprochen, die Fülle der erzählten Gesichte nach den besonders interessanten Stoffen zu ordnen, und aus dieser Möglichkeit sind dann in der Folge auch einzelne Themen herausgegriffen und gestaltet worden. Für gefühlsbetonte Menschen hat immer das Leben der heiligen Gottesmutter Maria eine große Anziehungskraft besessen, und es sind daher auch verschiedene Ausgaben über dieses heilige Leben, über das die Hl. Schrift selber so schweigsam ist, besonders erschienen. Fragen wir uns aber, weshalb der Heilige Geist, der doch in der Hl. Schrift spricht, so zurückhaltend über das Leben seiner heiligen Braut ist, so können wir über den auch von Anna Katharina gelegentlich ausgesprochenen Grund einer Vorsicht nicht hinweggehen, daß nicht von den Christen über die Verherrlichung Mariens die Zentralsonne, nämlich der Gottmensch, übersehen oder doch in den Hintergrund gedrängt werde. Jesus Christus bleibt der Erlöser, wenn auch Maria durch ihren demütigen Gehorsam beim Spruch des Engels indirekt am Erlösungswerk mitzuwirken gewürdigt wurde. Wir wissen, wie sehr diese Gefahr seit der großen deutschen Glaubensspaltung bis heute der ersehnten Wiedergewinnung der *sancta catholica ecclesia,* wie sie von Jesus vor seinem Tode erfleht wurde, entgegenwirkt. Nur weil Jesus Gottmensch ist, ist Maria die Gottesmutter. An Gewicht reiht sich für die Erlösung, für die Sicht Gottes und das Wissen von der Übernatur an das *Bittere Leiden und Sterben Jesu Christi* das Leben und die Lehre Jesu unmittelbar an, und dieses Gewicht überragt das von der Kenntnis der beteiligten Menschen im Alten und Neuen Bunde so sehr, wie Gott die Menschen überragt.

Es ist und bleibt also neben der Ausgestaltung des Bitteren Leidens und Sterbens das allererste und wichtigste Anliegen, dem irdischen Leben des Gottmenschen das Gesicht zu geben, wie es Anna Katharina gesehen hat und aus der Fülle ihrer Beschreibungen dieses Gesicht so herauszulösen, daß es von seinen Bekennern erkannt wird, um aus der Teilnahme an der Schau, also der Beschauung, Kraft zur Liebe des Geschauten und zur Begeisterung eines Bekenntnisses der Zugehörigkeit zu ihm zu schöpfen. Es muß besonders dankbar anerkannt werden, daß der erste und vorzüglichste Verwalter des Brentanoschen Nachlasses, der Redemptorist P. Schmöger, als ihm der Pilger diese Aufgabe hinterließ, die Erfüllung seiner Aufgabe nicht in einer eigenen Bearbeitung, sondern zunächst in einer Veröffentlichung der ungeänderten Aufzeichnungen Brentanos erblickte. An der doppelten Belastung der Gebundenheit einer Gestaltung an die Auffassungs- und Wiedergabemöglichkeiten von Erzählerin und Aufzeichner trägt die geschichtliche Wirklichkeit schwer genug. Viele Jahre hatte ja Brentano damit verbracht, seine Blätter in 14 Bänden zu ordnen und dann doch nur das Bittere Leiden und Sterben als abgeschlossene Gestaltung veröffentlicht. Es wurde also zunächst wichtig, die Niederschriften Brentanos unverändert einem größeren Kreise zugänglich zu machen. So ernst nahm P. Schmöger seine Aufgabe, daß er die erste Veröffentlichung des Lebens Jesu, die allerdings auch noch das Material zum Leben Mariens und zum Bittern Leiden und Sterben Jesu Christi enthielt und nach dem Vorbild der meisten Evangelisten erst mit der Vollreife des Erlösers begann, in drei umfangreichen Bänden (1858–1860) jedem Gesicht das Datum der Erzählung an den Pilger voransetzte und nach diesem Datum die Erzählung ordnete, so daß damit die beschauende Aufnahme durch eine nüchterne Objektivität eines für die Betrachtung unwesentlichen Umstandes gehemmt wurde. Er nahm damit sogar den Mangel einer sachlichen Ordnung der Schauungen in Kauf. Das mochte Schmöger auch empfunden und deshalb selbst an eine umfangreiche Gesamtdarstellung gedacht haben, in der äußere Widersprüche ausgeglichen werden könnten. Das aus den Mängeln der Weitläufigkeit und der unwesentlichen Angabe der Diktatdaten entstandene Verlangen nach einer zur Betrachtung geeigneten zusammengefaßten Ausgabe hatte schon andere Herausgeber gereizt, und als Schmöger davon erfuhr, versuchte er schnell in einer eigenen Gesamtschau den geschäftigen Absichten zuvorzukommen. Diese seine Ausgabe ist 1869 erschienen. Seine Eile machte für ihn selber wohl die Ausgabe wenig befriedigend; deshalb ruhte sein Plan nicht, die gesamten Schauungen in einem Bande herauszugeben und der Herausgabe zwar die unveränderten Diktate zugrunde zu legen, doch dabei kleine Verschiedenheiten der Bilder auszugleichen und nunmehr die Veröffentlichung dem Ablauf der Lebenszeit Jesu und nach dem Gang der Geschehnisse, nicht mehr nach dem Datum der Diktate ordnend zu unterstellen. So kam die Ausgabe von 1882 zustande, die alle Schauungen vom Beginn der Welt bis zum Tode Mariens vorlegte. Das Ergebnis war ein dicker Band in Lexikongröße, dessen Seiten in zwei Spalten aufgeteilt waren. Der Umfang war durch die Lückenlosigkeit der Quelle bedingt, die nicht nur das Leben Jesu, sondern auch die Vorgeschichte, die Begleitgeschichte und die nächste Nachgeschichte umfaßte.

In dem Vorwort zu dieser Ausgabe versicherte P. Schmöger:

„Der Herausgeber unterließ es absichtlich, durch wenn auch noch so einfache und den Sinn ändernde Einschiebungen diesen Charakter (der Diktate nach den Schauungen) zu mildern, damit der Leser stets die volle Gewißheit habe, es werde ihm nur das und das nur so geboten, was und wie die selige Emmerich es zu erzählen vermocht hatte.“ Schmöger hielt auch die Wiedergabe Brentanos für korrekt: „Allein es findet sich in seinen Tagebüchern keine Spur eines solchen Versuches (nämlich die Lücken weiter auszumalen), wohl aber zahllose Klagen, daß die Erzählende ihm nicht eine größere Vollständigkeit zu bieten vermocht habe. Und so wird der Leser für die Treue seiner Aufschreibung und für die lauterste Wahrhaftigkeit und Absichtslosigkeit der Erzählerin den klarsten Beweis gerade in dem dürftigen und bruchstücklichen Charakter des Mitgeteilten erkennen.“

Diese Versicherung des Herausgebers gibt uns das Recht, in der Ausgabe von 1882 die Originalquelle für die Schauungen der Anna Katharina Emmerick anzusprechen, soweit Clemens Brentano sie aufnahm. Man muß also Anna Katharina als die Erzählerin gelten lassen und Brentano als niederschreibenden Sammler der Berichte. Welchen Einfluß die doppelte Persönlichkeit der Gestaltung auf die Echtheit des Inhaltes hat, darüber ist in dem Nachwort zu der Ausgabe *des Bitteren Leidens und Sterbens unseres Herrn Jesu Christi* (Pattloch-Verlag, Aschaffenburg), die eine getreue Wiedergabe der Ausgabe von Clemens Brentano ist, wohl das Nötigste gesagt. Da es aber eine umfangreiche Ausgabe des Lebens unseres Herrn Jesu Christi aus der Hand Brentanos nicht gibt, muß die hier vorliegende Ausgabe sich rechtfertigen.

Wenn man als Unterlage die Schmögersche Ausgabe von Brentanos Niederschriften hat, dann ist die Möglichkeit gegeben, das Leben Jesu aus den Diktaten der Emmerick so abzulesen, daß der Meister lebendig und plastisch vor uns tritt, wie unser Verlangen sein Bild als unser Vorbild und ihn als unsern Lehrmeister begehrt. In der Approbation und Empfehlung des

Bischofs von Regensburg vom 9. Februar 1881, die der Schmögerschen Ausgabe von 1882 vorangestellt ist, heißt es wörtlich: „Die gottselige Anna Katharina Emmerich hat einstens von sich selbst gesagt: ich habe nie etwas von geistlichen Dingen geglaubt, als was Gott der Herr geoffenbart hat und durch die heilige katholische Kirche zu glauben vorstellt, es sei solches ausdrücklich geschrieben oder nicht; und nie habe ich das, was ich in Gesichten gesehen, ebenso geglaubt. Ich sah diese an, wie ich hier und da verschiedene Weihnachtskrippen andächtig betrachtete, ohne an der einen durch die Verschiedenheit der andern gestört zu werden, und ich betete in einer jeden nur dasselbe liebe Jesuskind an." Die Approbation und Empfehlung des Bischofs von Limburg, die am 21. September 1882 ausgestellt wurde, fügte dem hinzu: „Das Buch kann und will selbstverständlich nichts anderes sein als ein Mittel, uns die Person des Erlösers und seiner heiligen Mutter, wie die Schrift sie schildert, menschlich näher zu rücken und die Betrachtung der geoffenbarten Wahrheit, deren unfehlbare Verkünderin die Kirche ist, zu erleichtern und uns dadurch zur innigsten Liebe und wahrsten Nachfolge Jesu und Mariae zu begeistern."

Es dürfte für den einfachen, aber gutwilligen Christen kaum ein besseres Mittel geben, seine natürliche Verbindung mit Gott lebendig zu halten, als die Beschauung des Lebens des Gottmenschen, und darum kann es auch kein dringlicheres Verlangen geben, weil Jesus durch seine Einheit von Gott und Mensch uns das Ideal unserer Menschlichkeit, also den Menschen in der Vollendung, bedeutet und deshalb in jeder Lage betrachtenswert ist. Gewiß, unsere Vollendung ist Gnade, ebenso wie die innigste Liebe und wahrste Nachfolge Jesu Gnade ist, der aber der Wille entgegenkommen muß, und fast alle Künder der Mystik behandeln die Beschauung als die normale Krönung des christlichen Lebens. Es ist Sache der Kirche, zu prüfen, ob wir in den Visionen der Augustinerin eine außerordentliche Begnadung anerkennen dürfen. Wir, die wir diese Bilder von ihr empfingen und sie beschauen, können sie zur Anregung werden lassen, die uns der entgegenneigenden Gnade öffnen soll, damit wir durch echte liebende Nachfolge an diesem Leben Anteil erhalten. Die Visionen können uns also die Brücke zur Vollendung des Lebens unserer christlichen Berufung werden.

Beobachten wir doch und haben aus jüngster Zeit Beispiele genug, daß auch edle Juden oder selbst Literaten, die sich gegen das Bekenntnis Gottes sträuben, den Menschensohn zu erfassen und sein Wesen zu erschauen versuchen, wenn auch ihr Wille nicht frei genug ist, die Gnade restlos auszuschöpfen und ihren Weg bis zu Ende zu gehen. Wieviel mehr muß uns Christen, denen durch den Erlöser der Zugang zum ewigen Ziel freigemacht wurde, das Verlangen ergreifen, die Person des Erlösers bis in die Einzelzüge seines Lebens kennenzulernen.

Damit ist unsere Aufgabe festgelegt. Wir müssen die Visionen, die von den empfehlenden Bischöfen uns als geeignetes Mittel bezeichnet werden, so wiedergeben, daß durch sie die Person Jesu Christi uns menschlich näher gerückt, die Betrachtung der geoffenbarten Wahrheit dadurch erleichtert und die Begeisterung zur innigsten Liebe und wahrsten Nachfolge Jesu dadurch geweckt wird. Wenn dazu auch Voraussetzung ist, daß wir die überlieferten Bilder nicht ändern und die Sprache des Pilgers unangetastet lassen, so müssen wir doch zu erreichen suchen, das Ganze so zu ordnen, daß es für einen möglichst großen Kreis erfaßbar ist. Es muß also als Ergebnis ein Buch vorgelegt werden, dessen Preis für viele erschwingbar ist und das auch geistig bewältigt werden kann. Es schien uns wünschenswert, das Buch der Ausgabe des Bitteren Leidens und Sterbens anzugleichen, zumal wir damit eine Einheit dokumentieren können, da wir nun das Bittere Leiden und Sterben aus dem Leben Jesu ausscheiden und auf seine Sondergestaltung verweisen können. Dann können wir es auch andern Autoren überlassen, die nebenher aus den Gesichten anfallenden Gestaltungsmöglichkeiten auszuschöpfen und uns lediglich auf die Gesichte, die vom Erlöser sprechen, beschränken.

Es bleibt der Umfang der Niederschriften Brentanos immer

noch zu gewaltig, um gekürzt in ein handliches Buch hineingepreßt werden zu können. Wir dürfen hier aber auf den Ausspruch der Anna Katharina verweisen, daß viele der Taten Jesu, die in den Evangelien nur als Einzelerscheinungen erscheinen, wiederholt geschehen sind. Wenn also etwa in den Berichten der Augustinerin die Teufelsaustreibungen sich so sehr wiederholen, daß sie die Lehren und Taten Jesu schier erdrücken, dann können wir wohl verantworten, diese Berichte einzuschränken, daß zwar erkennbar bleibt, wie sehr die Besessenheit im auserwählten Volke jener Heilstage eine allgemeine Plage und eine besondere Anstrengung Luzifers war, daß aber die fortgesetzte Wiederholung nicht zum langweilenden Füllsel wird, mit dem nichts Neues über Jesus mehr gesagt wird. Natürlich können wir nicht darauf verzichten, die zweimalige Erweckung der Tochter des Jairus oder die wiederholte Bekehrung der Maria Magdalena stehen zu lassen, weil hier ein Licht auf die Barmherzigkeit Jesu gegenüber dem rückfälligen Sünder geworfen wird; auch die Wiederholung der Salbung Jesu durch Maria Magdalena durften wir nicht unterdrücken, um die Tiefe der Reue nicht zu übergehen. Es schien uns aber wichtiger, manche der Begegnungen Jesu auf seinen Wanderungen in größerer Breite stehen zu lassen als jeden seiner Wege zu beschreiben, durch die sein Wirken kaum vorwärts getrieben war. Auch in der Hl. Schrift nicht erwähnte Reisen Christi, so die zu den Heiligen Drei Königen oder die nach Cypern, ließen wir stehen.

Natürlich geben wir zu, daß hier das subjektive Ermessen eine Rolle spielt, gegen das Einwände möglich sind, wir dürfen aber das Ziel nicht außer acht lassen, den Lebensweg Jesu überblickbar zu halten und das Interesse des Lesers nicht durch zu viele Kleinigkeiten zu überlasten. Es bleibt ja für die *besonders Interessierten* immer noch die Möglichkeit, in größeren Bibliotheken auf die Schmögerschen Ausgaben der Tagebücher Brentanos zurückzugreifen. Wir möchten glauben, daß es gerade die Verschiedenartigkeit der Ziele war, die Brentano daran hinderte, das Leben Jesu zu gestalten. Für ihn stand die Wahrheitskundgebung gegenüber Anna Katharina Emmerick, deren Sprachrohr er war, im Kampf mit der Gestaltung zu einem Buche, das im gläubigen Christen die Spannung nicht verlor. Bei ihm mußte die historische Treue der Weitergabe das Interesse an dem Eindruck auf den Empfänger überragen. Die Treue der Weitergabe war einmalig und unabänderlich, während der Eindruck beim Empfänger durch die subjektive Bereitschaft wechseln konnte. Für uns ist die subjektive Bereitschaft zur Beschauung bei aller Wahrung der überlieferten Lebensbilder die wichtigste Grundlage für die Ausnutzung der Quellen, d. h. wir haben zwar die Pflicht, die Schauungen der Emmerick treu und genau zu überliefern, aber auf die Wirkung beim Empfänger Rücksicht zu nehmen. Wir dürfen ihn weder durch ein Zuviel ermüden, noch durch eine reichliche Wiederholung ungeduldig machen, noch durch Belanglosigkeiten das Interesse abnützen. Die Bekanntschaft mit mystischen Schauungen findet ihren Wert darin, daß sie die Eigenschau anregen soll. „Es handelt sich nicht darum", wie der Meister mystischer Lehre, P. Garrigou-Lagrange, in dem Vorwort des Werkes „Des Christen Weg zu Gott" betont, „Wissen zu häufen, es geht vielmehr darum, den Geist zu bilden, ihm feste Prinzipien und zugleich das nötige Feingefühl für ihre mannigfache Anwendung zu geben." Die in unmittelbarer Gnade von der Anna Katharina empfangenen Bilder sollen uns das Hilfsmittel zur Beschauung des Lebensweges Jesu werden. Das allein konnte unsere Vorschrift bei der Zusammenfassung der Quellen sein. Wir wollen also auch nicht nebenher Geographie oder Naturgeschichte oder Geschichte lehren. Wenn auch die Erfahrung und Forschung den äußeren Wirklichkeitsgehalt der Schauungen auffallend bestätigt, so liegt nicht darin das Ziel der Wiedergabe, sondern es ist beabsichtigt, wie es Bischof Blum aussprach, die den gläubigen Christen ergreifende Wiedergabe des Lebens Jesu zu bringen, so daß dessen Beschauung uns den Weg zu ihm öffnet. Daß es im Wesen der Persönlichkeit liegt, die jeder für sich selbst einmalig empfangen hat, verschieden angesprochen zu werden, soll nicht verkannt werden; in der Einmaligkeit der Schauungen der Anna Katharina Emmerick liegt dennoch die Möglichkeit eines einmaligen Anrufs. Wenn es uns gelungen sein sollte, die Herzen vieler anzurühren, so dürfte auch dafür aller Dank der Gnade des Dreieinigen Gottes gebühren, dem schon die gottselige Augustinerin ein demütiges Werkzeug war.

Theo Rody

ANNA KATHARINA EMMERICH

Authentische Werke

aufgezeichnet von Clemens Brentano während seines mehrjährigen Aufenthaltes am Krankenbett der stigmatisierten Augustinerin des Klosters Agnetenburg zu Dülmen.

Visionen

Ganzleinen, 244 Seiten, Bestell-Nr. 91 060

Schon als Kind hat Anna Katharina Emmerich Visionen gehabt und jenseitige Dinge gesehen. Hier berichtet sie in ihren Schauungen über die Gliederungen der Engel, die armen Seelen im Fegfeuer, die streitende und leidende Kirche, das hl. Meßopfer und über das jenseitige Leben in Lohn und Strafe.

Anna Katharina war von tiefem Mitleiden für die armen Seelen im Fegfeuer erfüllt, für die sie Schmerzen, Sorgen und Krankheit litt und aufopferte um ihnen zu helfen. Oftmals jammerte sie: „Es ist traurig, wie jetzt so wenig den armen Seelen geholfen wird. Und ihr Elend ist doch so groß, sie selber können sich ja gar nicht helfen."

Ein dringendes Anliegen der Seherin ist das Gebet. Sie sagt: „Eine der größten Gnaden, welche der liebe Gott den sündigen Menschen erweist, ist die, daß sie zu ihm beten können. Was könnte es auch für ein Geschöpf Wünschenswerteres geben, als daß es mit seinem Schöpfer wie ein Kind mit seinem Vater reden darf?"

PAUL PATTLOCH

Die Geheimnisse des Alten Bundes

162 Seiten, Ganzleinen
Bestell-Nr. 91 008

Die Visionen der Anna Katharina Emmerich über die „Geheimnisse des Alten Bundes" sind Gesichte, über die sie bereits als Kind berichtete. Sie beginnen mit dem Sturz der gefallenen Engel vor der Erschaffung der Welt, zeigen die gesamte Schöpfungsgeschichte, den Sündenfall und die Verheißung des Heiles. Sie berichten uns ausführlich über die Familie Adams, die Sintflut und über Noe und seine Nachkommen. Sie schildert dabei ausführlich die Gestalt des Religionsstifters Hom, von der wir erst durch die Nachforschungen des Frhr. von Ow seit dem Jahre 1906 Kenntnis haben. Wie es möglich war, daß die Seherin von Dülmen hierüber bereits etwa hundert Jahre vorher berichten konnte, gehört zu den unbegreiflichen Wundern ihrer Visionen.

Das arme Leben unseres Herrn Jesu Christi

568 Seiten, Ganzleinen
Bestell-Nr. 91 006

Über anderthalb Jahrhunderte hinweg haben die Visionen der großen Seherin ihre Anziehungskraft auf gläubige Menschen bewahrt, ergänzen sie doch die knappen Berichte der Evangelien durch viele ansprechende Einzelheiten.

Das bittere Leiden unseres Herrn Jesu Christi

480 Seiten, Ganzleinen
Bestell-Nr. 91 007

In eine großartigen Schau erlebte Anna Katharina Emmerich das bittere Leiden und Sterben unseres Herrn; verblüffend ist die Wiedergabe der geringsten Einzelheiten, die einer wissenschaftlichen Prüfung standhielten.
